职业彩民丛书

彩票 双色球中奖战法揭秘

刘大军 著

企业管理出版社
ENTERPRISE MANAGEMENT PUBLISHING HOUSE

图书在版编目（CIP）数据

彩票双色球中奖战法揭秘 / 刘大军著. — 北京：企业管理出版社，2018.3

ISBN 978-7-5164-1679-2

Ⅰ. ①彩… Ⅱ. ①刘… Ⅲ. ①社会福利－彩票－基本知识－中国

Ⅳ. ①F726.952

中国版本图书馆 CIP 数据核字（2018）第 049240 号

书　　名	彩票双色球中奖战法揭秘
作　　者	刘大军
责任编辑	赵喜勤
书　　号	ISBN 978-7-5164-1679-2
出版发行	企业管理出版社
地　　址	北京市海淀区紫竹院南路17号　　邮编：100048
网　　址	http://www.emph.cn
电　　话	编辑部（010）68420309　发行部（010）68701816
电子信箱	zhaoxq13@163.com
印　　刷	香河闻泰印刷包装有限公司
经　　销	新华书店
规　　格	170毫米 × 240毫米　16 开本　33 印张　350 千字
版　　次	2018年3月 第1版　2020年4月 第2次印刷
定　　价	98.00元

版权所有　　翻印必究·印装有误　负责调换

序

读者朋友们好,相见即是缘分!希望缘分的开始就是你幸运的起点!

八年中,作者陆续出版了《双色球擒号绝技》《双色球终极战法》和《双色球蓝球中奖绝技》,不但一版再版,读者好评如云,受益者更是不计其数,也有应用作者技术的大奖得主来电,表达万分感激之情。

为了便于更多的双色球玩家学习应用,作者对已出版书内的精华技术进行了严谨的整合和优化,通过双色球排序定位、断区转换和精准选蓝三大核心选号战法,向读者一站式、全方位揭秘了一整套前沿、科学、高效的双色球预测技术。

本书揭秘的几种双色球擒号绝技,读者朋友们如能在实战中结合使用,珠联璧合,一定会威力无比,受益无穷!

彩票是智者的游戏,不是愚者的赌局。

玩彩票双色球只是生活的很小一部分,本来不应左右我们的生活,可是很多人的生活却被彩票双色球搞得一团糟糕。我们本来想依靠彩票来改善自己的生活,却没料到自己的生活先被彩票改变了。我们离自己最初的目标越来越远,却还勇往直前。为什么不好好坐下来想想,究竟哪里出问题了?是思想,还是技术?

如果你觉得我的方法好,或许会适合你。你首先必须把方法领会,然后自己去总结,去发现,看看有什么规律值得你去使用它。千万不要把别人总结的规律死套,从而干扰你自己的判断。

博彩的最高境界是什么?很多人都认为是以小博大,一注中上几十几百倍。作者认为,单纯的以小博大并不可取,只有建立在风险控制基础上的以小博大,才是最理想的境界。如果要想成为一名成功的职业博彩者,想必这是唯一途径。利润是风险控制的回馈,而不是欲望的产品。

世界上没有什么万全的博彩方法,每一种方法都只是从另外一个角度来分析彩票号码结构的一种手段。条条大道通罗马,此路不顺畅,你就另外选条路走。如果有人说他的方法怎么怎么好,或者宣称破解了彩票的密码,这样的人你完全可以当他是骗子或疯子。

不要幻想一夜暴富,更不要孤注一掷。一夜暴富,可遇不可求。孤注一掷,99.99%不能一夜暴富,可是却可以让你变得一无所有。

最后,我衷心地希望一如既往地支持我的读者们都能够科学地看待博彩行为,从技术和思想上做一名聪明的玩家。如果你能成为这样的玩家,致富的机会就会更大。

彩民的朋友

刘大军

2017.10.19

目 录

彩票双色球中奖战法揭秘
红球战法揭秘（上编）

第一篇　双色球红球选号战法

导　读

第一章　双色球入门一点通 ·· 3
第一节　凭什么选择双色球 ··· 3
第二节　双色球基本游戏常识 ·· 5
第三节　催生千万大奖的523新规则 ··· 7
第四节　双色球实战术语 ··· 15

第二章　双色球排序定位战法 ··· 27
第一节　排序定位法及应用原理 ·· 27
第二节　排序定位法的指标应用 ·· 31
第三节　排序定位法实战操练 ··· 58
第四节　排序定位指标遗漏值量化表 ·· 68

第三章　双色球断区转换战法 ··· 71
第一节　断区转换原理 ··· 72
第二节　断区指标统计 ··· 90
第三节　断区指标分析 ··· 109
第四节　断区指标选用 ··· 117
第五节　断区选号流程 ··· 123
第六节　断区转换拓展 ··· 124
第七节　断区两码应用 ··· 128
第八节　断区实战案例 ··· 137

第四章　双色球走势图战法 ··· 158
第一节　双色球走势图概述 ··· 158

| 第二节 | 如何利用走势图选号 | 160 |
| 第三节 | 走势图分析策略 | 175 |

第二篇　双色球组号优化战法

导　读

第一章　红球常规组号 179
第一节　单式组号 179
第二节　复式组号 180

第二章　红球胆拖组号 183
第一节　什么是胆拖组号 183
第二节　胆拖组号的优点 184
第三节　如何合理选胆 186
第四节　选几个胆码合适 188
第五节　胆拖投注金额及注数计算 190

第三章　红球矩阵组号 192
第一节　旋转矩阵及优势 193
第二节　旋转矩阵的用法 196
第三节　定位旋转矩阵及应用 199

第四章　红球形态优化 201
第一节　形态优化技术 201
第二节　形态优化技术的选用原则 230
第三节　形态优化实战案例 232

第五章　常用图表速查 234
第一节　双色球形态遗漏值量化表 234
第二节　双色球形态规律统计表 236
第三节　双色球复式胆拖投注速查 245
第四节　常用旋转矩阵公式 249

蓝球战法揭秘（下编）

第三篇　双色球蓝球选号战法

导读

第一章　双色球蓝球的神奇魔力 …………………………………………… 257
　第一节　为什么与双色球大奖擦身而过 …………………………………… 257
　第二节　双色球玩家为什么必须要玩转蓝球 ……………………………… 265
　第三节　双色球蓝球魔力对大奖奖池的巨大影响 ………………………… 267

第二章　蓝球走势图全攻略 …………………………………………………… 270
　第一节　蓝球号码走势图 …………………………………………………… 271
　第二节　蓝球号码振幅走势图 ……………………………………………… 281
　第三节　蓝球尾数走势图 …………………………………………………… 317
　第四节　蓝球尾数振幅走势图 ……………………………………………… 326
　第五节　蓝球内码合走势图 ………………………………………………… 344
　第六节　蓝球内码差走势图 ………………………………………………… 354
　第七节　蓝球两码组合走势图 ……………………………………………… 364
　第八节　蓝球行列分区走势图 ……………………………………………… 369

第三章　蓝球走势图规律特征 ………………………………………………… 375
　第一节　彩票走势图原理特征 ……………………………………………… 375
　第二节　蓝球走势图图形特征 ……………………………………………… 388
　第三节　蓝球走势图分类特征 ……………………………………………… 402

第四章　蓝球走势图及指标实战攻略 ………………………………………… 413
　第一节　蓝球走势图的实战选用 …………………………………………… 413
　第二节　蓝球走势图指标选用方法和原则 ………………………………… 415
　第三节　"一码定蓝"概率提高方法 ………………………………………… 422

第五章　应用蓝球走势图"一码定蓝"案例解析 …………………………… 425
　第一节　单兵战法之蓝球号码走势图实战案例 …………………………… 426
　第二节　单兵战法之蓝球行列分区走势图实战案例 ……………………… 429

第六章　蓝球"尾合差"综合战法
第一节　蓝球尾选号法 432
第二节　蓝球内码合选号法 436
第三节　蓝球内码差选号法 439
第四节　选蓝法选用原则 443

第七章　高概率计算公式选蓝法
第一节　五期断蓝法 445
第二节　矩阵杀蓝法 447
第三节　公式杀蓝法 451

第四篇　双色球实战操作指南

导读

第一章　实战策略经验 458
第一节　如何才能学好技术 458
第二节　选号和组号的实战策略 460
第三节　双色球投资计划 464

第二章　彩民购彩须知 468
第一节　如何做合格的彩民 468
第二节　投注彩票十不要 471
第三节　彩票合买攻略 472

第三章　彩霸王双色球软件操作指南 478
第一节　彩霸王双色球软件简介及特色 478
第二节　彩霸王双色球软件功能及应用价值 482
第三节　彩霸王双色球软件操作指南 499

第四章　作者图书及软件简介 504
第一节　"职业彩民"系列丛书导读 504
第二节　"彩霸王"系列彩票软件 509
第三节　网站简介 515

第五章　最新彩票双色球游戏规则 517

上编

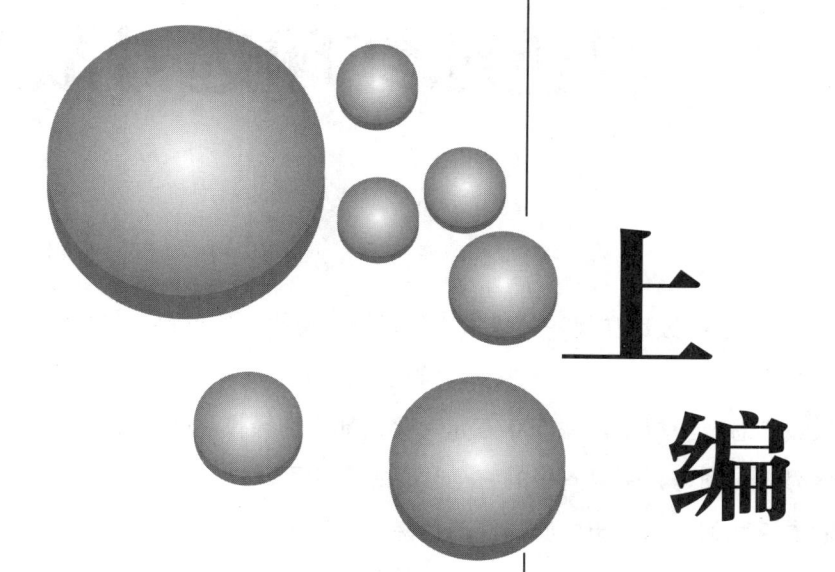

红球战法揭秘

第一篇

双色球红球选号战法

学以致用任何一种战术，足以极大提高二等奖命中率。

导读

如果我们想要中得双色球500万元大奖，那么选择投注的一注号码中红球号码和蓝球号码必须与开奖号码中的每个号码完全相同。

经验告诉我们：如果想中奖，红球打基础，蓝球是关键。

如果我们选择的红球号码不正确，也就是说最基础的事情没有做好，即使蓝球号码中奖也只能获得低等奖项。如果基础打好了，也就是说红球号码选择全部正确，即使蓝球号码选择不正确，也可以中得二等奖。

作为一个喜爱双色球的玩家，如何打好基础，如何高效率地选择红球呢？

本书按照双色球实战操作流程由浅入深地讲解了双色球红球选号技术中最核心的两类战术精华：红球选号战术和红球组号优化战术。前者教会彩民朋友如何高概率选择红球号码的技术，后者教会彩民朋友如何高效率缩小红球号码范围的技术，两者相辅相成，承上启下，缺一不可。

第一部分主要讲解双色球红球选号战术精华，其中包括三种核心的红球选号战法：①排序定位战法；②断区转换战法；③走势图战法。

简单地说，本部分就是系统、完整地讲解三种非常好用的双色球红球选号技术，彩民朋友们只要学以致用就可以高概率地选择双色球红球号码，从而极大地提高二等奖命中率。三种核心战法既可单独使用，亦可联合应用，尤其后者应用得当将威力无穷。

第一章 双色球入门一点通

本章主要针对初学者介绍了双色球玩法的五大特点以及双色球玩法的基本游戏常识，并对催生千万大奖的双色球新规则进行了详细的解读，从而让新老彩民对双色球的特点和游戏规则有一个详细的了解和重新的认识。

第一节　凭什么选择双色球

双色球是由中国福利彩票发行管理中心统一组织发行的乐透型电脑彩票品种之一，在全国32个省市联合销售，实行"五统一"。即：统一游戏规则、统一奖池、统一开奖、统一派奖、统一形象。

双色球2003年上市，短短几年来用它独特的魅力征服了中国几千万乃至上亿的彩民，也由此拥有了无数双色球爱好者。双色球究竟凭什么牢牢吸引了我们？

一、双色球头奖奖金高

据统计，截至2009年9月5日，"双色球"共计中出2635注500万元或以上的大奖，造就了156个千万元级别以上的大奖得主。

值得一提的是在2009年1月1日开奖的第2009001期，单期中出一注一等奖，单注奖金高达1400万元。无独有偶，双色球第2009003期开奖，由于奖池达1.8亿多元，当期销量1.9亿多元，且仅中出一注头奖，当期的奖金又是一注1400万元巨奖。

2006年第120期河北一彩民独中5000万元；2007年第119期，黑龙江一彩民独中6504万元；2007年第139期甘肃一彩民独中1.13亿元！2009年第076期广东一彩民20倍投注独中9668万元大奖，由于当期全国中出29注一等奖，导致单注奖金不足500

万元，否则可能会改写1.13亿元的大奖记录。

历史就是历史，终归会被超越和改写。2009年10月09日，双色球第2009118期开出93注一等奖，河南中了88注，单注奖金409.0714万元。据检索，河南88注一等奖出自同一站点，为安阳梅园庄建行楼下第41050075号福彩投注站，中奖彩票为一张2注的单式倍投票，两注一模一样的号码倍投44倍，投注金额为176元，中奖金额高达约3.59亿元。据了解，这应为当时中国彩票史上的最大奖。

双色球中奖记录不断被刷新，创造了一个又一个中国彩市的中奖神话！有理由相信，神话还会继续！

二、双色球大奖频率高

2003年2月16日双色球正式在全国发行。截至2009年1月1日，双色球共计开奖825期，一等奖共中出2343注，平均每期中出2.84注。自2009年1月1日双色球新规则开始实施至2009年9月6日，双色球一等奖中出注数已达到620注，平均每期中出5.96注，远远超过往年，可见"523"新规则的威力巨大。

三、双色球中奖概率高

双色球是红蓝双区组合的中大盘玩法，红区33选6，蓝区16选1，选中6+1就中一等奖，选中6+0即中二等奖。一等奖中奖概率为1772万注分之一，二等奖中奖概率为110万注分之一，最吸引人的是只要中一个蓝球，就可中得5元奖金，相对于每注彩票2元的投入也是翻倍的收益。

四、双色球奖池累积快

历史上双色球曾有数轮大奖连出，奖池被挖空，但令人称奇的是双色球奖池资金恢复迅速。例如，第2007119期奖池被挖空后，仅隔6期奖池资金又累积到1.33亿元，其间还中出9注500万元以上的大奖和1注1100万元大奖。第2007148期也是仅隔6期奖池累积到1.11亿元，其间也中出14注500万元大奖。据不完全统计，在已开奖的689期中，有338期奖池资金过亿，由此双色球被誉为亿元彩池的"彩市航母"。

在双色球"523"新规则的作用下，2009年截至9月6日仅104期时间内一等奖就突破600注，千万元大奖开出53个，千万元大奖的注数超过2008年全年中出注数。大奖频出的背后，我们发现的是双色球奖池资金居高不下，甚至多期攀升至3亿元以上，平均周销量更是接连刷新历史纪录，目前期销量稳定在2亿元左右。双色球新规则的实施以及时刻充足的奖池是千万大奖的最佳保证，据统计，双色球奖池最高一期为2009026期的3.51亿元，奖池不断飙升，直接带动了彩民的投注热情，也拉动了销量的不断提升。

在双色球"523"新规则的作用下，双色球不折不扣地成为千万元大奖级别的超级彩市航母。

双色球玩法所体现出来的四大优势和无穷的魅力，但凡是彩民都无法抗拒！选择了双色球，就选择了一个为之奋斗的梦想。人生只要有梦想，才会生活得更精彩！

第二节　双色球基本游戏常识

一、双色球玩法

双色球投注方法多样化，广大彩民可以各取所需达到中奖效果，这也是该玩法最大特点之一，同时也体现了双色球特有的娱乐性。

双色球投注区分为红色球号码区和蓝色球号码区。每注投注号码由6个红色球号码和1个蓝色球号码组成。红色球号码从数字01~33中选择，蓝色球号码从数字01~16中选择。其投注方法可分为自选号码投注和机选号码投注，投注方式可分为单选投注、红区复式投注、蓝区复式投注、全复式投注、红区胆拖投注、红区胆拖蓝区复式投注6种投注方式。

1. 单式投注

单式投注是从红色球号码中选择6个号码，从蓝色球号码中选择1个号码，组合为1注投注号码的投注。

2. 红区复式投注

红区复式投注是从红色球号码中选择7~20个号码，从蓝色号码中选择1个号码，组合成多注投注号码的投注。

3. 蓝区复式投注

蓝区复式投注是从红色球号码中选择6个号码，从蓝色球号码中选择2~16个号码，组合成多注投注号码的投注。

4. 全复式投注

全复式投注是从红色球号码中选择7~20个号码，从蓝色球号码中选择2~16个号码，组合成多注投注号码的投注。

5. 红区胆拖投注

红区胆拖投注是红区为组合游戏的胆拖投注，蓝区为单式投注。红区先选择1~5个号码作为红区胆号码，再从剩余号码中选择若干个号码作为与胆号码相配的拖号码。

6. 红区胆拖蓝区复式投注

这种投注方式是：红区为组合游戏的胆拖投注方法，蓝区为复式投注。红区先选择1~5个号码作为红区胆号码，再从剩余号码中选择若干个号码作为与胆号码相配的拖号码，然后在从蓝区选择1~16个号码。

二、双色球设奖方案

双色球共设六个奖等，其中一、二等奖为高奖等，采用浮动设奖；三至六等奖为低奖等，采用固定设奖。如表1-1所示。

表1-1　中国福利彩票双色球电脑福利彩票设奖方案

奖级	中奖条件		奖金分配	说明
	红色球号码	蓝色球号码		
一等奖	●●●●●●	●	当期高等奖奖金的70%和奖池中累积的奖金之和；奖池资金超亿元时参看双色球"523"新规则。	选6+1中6+1
二等奖	●●●●●●		当期高等奖奖金的30%	选6+1中6+0
三等奖	●●●●●	●	单注奖金额固定为3000元	选6+1中5+1
四等奖	●●●●●		单注奖金额固定为200元	选6+1中5+0 或中4+1
	●●●●	●		
五等奖	●●●●		单注奖金额固定为10元	选6+1中4+0 或中3+1
	●●●	●		
六等奖	●●	●	单注奖金额固定为5元	选6+1中2+1 或中1+1 或中0+1
	●	●		
		●		

三、双色球开奖兑奖

1. 开奖说明

双色球全国统一开奖，每周开奖三次，每周二、周四、周日晚上20:30在中国教育电视台现场直播开奖全过程。开奖时产生的6个红色球号码和1个蓝色球号码作为中奖号码，彩民根据自己所选号码与中奖号码相符个数多少，确定所中奖金。

2. 兑奖说明

国务院公布的自2009年7月1日起施行的《彩票管理条例》第二十五条规定，彩票中奖者应当自开奖之日起60个自然日内，持中奖彩票到指定的地点兑奖，彩票品种的规则规定需要出示身份证件的，还应当出示本人身份证件。逾期不兑奖的视为弃奖。

单注奖金超过1万元，须缴纳个人偶然所得税。

第三节　催生千万大奖的"523"新规则

一、双色球游戏规则的历次调整

第一次调整：推出"倒三七"规则。

2003年双色球第70期的奖池资金首次超过1亿元。中彩中心根据财政部(财办综[2003]221号)批准，对《中国福利彩票"双色球"游戏规则》的相关条款做了相应修改，于2003年10月23日正式启用"倒三七"派彩规则。

双色球的"倒三七"规则只是针对其高等奖(一等奖和二等奖)而言，具体规则如下。

一等奖：当奖池资金低于1亿元时，奖金总额为当期高等奖奖金的70%与奖池中积累的奖金之和；当奖池资金高于1亿元时，奖金总额为当期高等奖奖金的30%与奖池中积累的奖金之和。

二等奖：当奖池资金低于1亿元时，奖金总额为当期高等奖奖金的30%；当奖池资金高于1亿元时，奖金总额为当期高等奖奖金的70%。

这里的"当奖池资金低于1亿元时……""当奖池资金高于1亿元时……"，均指上一期开奖公告公布的奖池金额。

双色球设奖奖金为销售总额的50%，其中当期奖金为销售总额的49%，调节基金为销售总额的1%。双色球奖级设置分为高等奖和低等奖。一等奖和二等奖为高等奖，三至六等奖为低等奖。高等奖采用浮动设奖，低等奖采用固定设奖。当期奖金减去当期低等奖奖金为当期高等奖奖金。

用简单的一句话概括：在双色球奖池超过1亿元时，将一、二等奖占高等奖奖金的比例由原来的"7∶3"调整为"3∶7"。这就是人们常说的有关于双色球的"倒三七"。

从以上的规则解释中可以发现，奖池过亿时，在"倒三七"的作用下，二等奖的奖金会较没过亿元时增加很多。

双色球自实行"倒三七"以来，给无数的双色球彩民带来欢笑，同时也创造了彩市中超级百万元二等奖的奇迹。

第二次调整：增加每周二开奖。

2004年8月24日开始，双色球进行了该玩法上市以来的首次"周二开奖"，自此，双色球由一周两次开奖增加至一周三次开奖（周二、周四、周日），双色球进入了"三开时代"。

第三次调整：推出"全派彩"。

2004年11月11日第101期开始，双色球奖池资金首次超过2亿元，有关部门及时调整游戏规则，即奖池资金高于2亿元时，当期高等奖奖金不再向一等奖派发，一等奖奖金总额为奖池金额，二等奖奖金总额为当期高等奖奖金的100%，这就是"全派彩"。

第四次调整：增加二等奖奖金最低限额，取消特别奖。

2007年11月22日，财政部下发的《关于调整中国福利彩票双色球游戏规则有关事项的通知》规定，"当二等奖单注奖金额低于三等奖单注奖金额的两倍时，补足为三等奖单注奖金额的两倍"。也就是说，二等奖的最低奖金将调整到6000元。

与此同时，还取消了"快乐星期天"特别奖。

第五次调整：推出双色球"523"派奖新规则。

经财政部《关于调整中国福利彩票双色球游戏规则等有关事项的通知》（财办综[2008]81号）文件批准，中彩中心自2009年1月1日起，对双色球游戏高等奖奖金派奖规则做出部分调整。此次双色球游戏规则的调整内容为将原《中国福利彩票双色球游戏规则》第四章第十七条中关于高等奖的奖金分配规则调整为：

"一等奖：当奖池资金低于1亿元时，奖金总额为当期高等奖奖金的70%与奖池中累积的奖金之和，单注奖金按注均分，单注最高限额封顶500万元。当奖池资金高于1亿元（含）时，奖金总额包括两部分，一部分为当期高等奖奖金的50%与奖池中累积的奖金之和，单注奖金按注均分，单注最高限额封顶500万元；另一部分为当期高等奖奖金的20%，单注奖金按注均分，单注最高限额封顶500万元。

二等奖：奖金总额为当期高等奖奖金的30%，单注奖金按注均分，单注最高限额封顶500万元。支付当期一等奖、二等奖后剩余的奖金滚入下一期奖池。"

也就是说，当奖池低于1亿元时，一、二等奖派奖实行"7∶3"常规派奖；当奖池高于1亿元时，一、二等奖派奖实行"5∶2∶3"派奖，这样一等奖就由两部分组成，实现2元也中1000万元的可能。

推出"523"派奖新规则的同时，取消了"倒三七""全派彩"的规则。

二、双色球"523"新规则的优势

双色球自2009年1月1日起开始实施"523"新规则，在2009年的8期开奖中，已经中出了36注一等奖，平均每期一等奖中出4.5注，注注奖金都在500万元以上，最高单注奖金曾经达到1400万元。

1. 双色球一等奖奖金有增无减

双色球亿元加奖自2009年1月11日结束，很多彩民一度曾经怀疑，每期一等奖少了400万元加奖后，双色球一等奖奖金成色是否会下降，"523"新规则能否超过加奖？但是双色球在加奖结束后的第一期，也就是2009006期开奖中，因为奖池超过1亿元，一等奖奖金由两部分组成，"一部分为当期高等奖奖金的50%与奖池中累积的奖金之和，单注奖金按注均分，单注最高限额封顶500万元；另一部分为当期高等奖奖金的20%，单注奖金按注均分，单注最高限额封顶500万元。"这样，当期开出的2注一等奖奖金全部达到了封顶的1000万元。

不少彩民由此惊呼："'523'派彩真是牛，如果没有'523'派彩，即使在加奖期间，2注一等奖也不过单注700万元罢了，这相当于当时双色球一等奖有了1000万元的加奖，比400万元加奖翻了一番都不止。"

随着"523"派彩规则的实施，惊喜仍在继续。在紧随其后的双色球2009007期开奖中，当期中出了7注一等奖，但是奖金居然仍高达647万多元，再度超越了500万元，相等于当期双色球一等奖加奖1029万多元。在这7注一等奖中，广东省独中了6注，其中有5注出自同一站点，中奖彩票为5倍单式票，奖金总额为3235.72万元。

双色球实施"523"派奖新规则以来，每注一等奖奖金平均提高180万元。按照目前双色球期均销量1.8亿元计算，当期派送给彩民的奖金为其中的49%(为了计算方便，我们暂且按照50%计算)。这样，每期派送给彩民的奖金金额就为9000万元。依理论值，固定奖奖金和高等奖奖金各占50%，这样当期高等奖奖金就能占到4500万元。此时，高等奖按"5：2：3"的比例派奖，当期一等奖增加的奖金总额(20%)为900万元。这900万元分给5注(每期1.8亿元销量，产生头奖注数的理论值)一等奖，每注将比原来增加180万元。如图1-1所示。

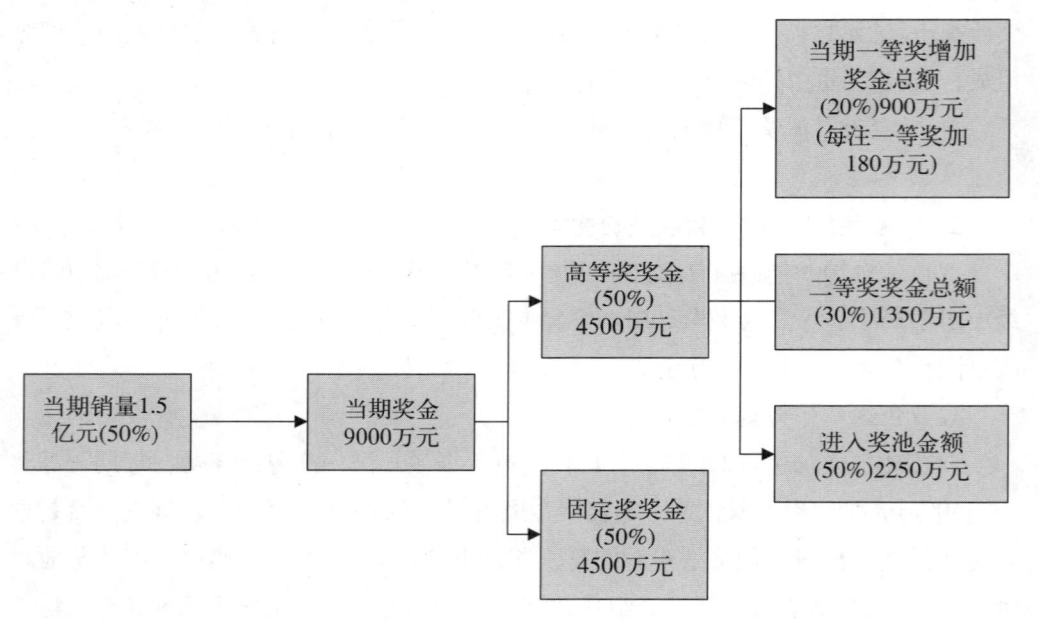

图1-1　双色球新规则奖金分布示意图（理论值）

注：

①双色球游戏期销量按1.8亿计算；

②为了计算方便，在计算返奖奖金时，1%调节基金没有扣除；

③固定奖奖金总额与高等奖奖金总额在分配时按理论概率值计算，各占50%；

④产生头奖数字按照理论值5注；

⑤一等奖单注奖金=（奖池+当期高等奖返奖奖金50%）/中奖注数+（当期高等奖返奖奖金20%）/中奖注数（两次分配最高金额各为500万元，分配剩余资金进入奖池）

2. 打造千万富翁的生产线

进入2009年，双色球实施"523"派彩以来，成了制造千万富翁的流水线。元旦开奖的第2009001期，广西一位彩民便凭着20元的投入拿走1400万元巨奖；仅隔一期，1400万元巨奖再度现身，湖南一位彩民仅花4元再创奇迹；在亿元加奖结束后的第2009006期，一期爆出2注1000万元一等奖；在随后的2009007期，一彩民倍投再揽3235万元的一等奖。双色球在2009年开始的7期开奖里，已经制造了多达5位千万元巨奖了！这个千万富翁的生产速度远远超过了历史任何一年。

10期内造11位千万富翁让双色球玩法收获"造富机器"之名。双色球09092期广东的4注633万元头奖分别被广州和深圳彩民揽得。广州的这位幸运彩民是对自选的两注单式号码分别进行两倍投注，花8元击中两注双色球头奖，揽得1327万元大奖。深圳的两注大奖也是一人对自选单式票进行的两倍投注中得。从09082期开出两个千万大奖起，短短十期内，就诞生了11个千万富翁，不得不说双色球是一个造富机器。

双色球2009年截至092期已出50注千万元大奖，其中四个超5000万元巨奖独领风骚。双色球2009年推出"2元冲击1000万"的口号，09001期就中出1400万元大奖，之后千万元大奖就不断涌出。截止到09092期，2009年已中出50注千万元大奖，平均不到2期就会造一个千万富翁。另外双色球截至2009年10月10日还爆出三个5000万元、一个9668万元和一个3.59亿元的巨奖，双色球已成为不折不扣的"富翁生产线"，也让中国彩市进入了千万元巨奖时代。

3. 双色球奖池累计更快

"倒三七"与"全派彩"的退役，不仅不会给双色球带来不利因素，反而会促使奖池增长。奖池过亿元后，一等奖名义上拿走70%，实际上是被当期一等奖和奖池共同瓜分。在"倒三七"之下，双色球一等奖平均出奖注数不过5注，而一般情况下当期奖池累积不仅能够满足单注500万元的足额奖金，更可以产生一定盈余，保证奖池略有上涨。新规则实施后，如果出奖注数基本不变，那么一等奖奖金的盈余将越多，滚入奖池后累计速度会越快。

奖池奖金累积速度快，奖池充盈，也正因为如此，2009年10月9日双色球第2009118期开出93注一等奖，单注奖金409.0714万元，每注一等奖，奖金成色十足，造就了河南彩民独中双色球头奖奖金总计近3.6亿元，创中国彩票史纪录！

4. 双色球"523"派彩规则或可成为常态

"523"派彩规则启动的前提条件是奖池超过亿元，从目前的开奖情况来看，双色球连续两期开出8注一等奖都没有将奖池拉到亿元以下，仅使奖池降低了1000

余万元，而双色球单期开出1注一等奖，奖池可以迅猛上升3000余万元。对于奖池经常维持在1.5亿元左右的双色球来说，奖池要再想回到亿元以下，几乎不太可能，即使偶尔出现，也会迅速回升到亿元以上。所以有业内人士预计，"523"派彩或可成为常态，这也意味着双色球一等奖也许期期都将突破500万元，对于彩民来说，这意味着双色球一等奖将期期都有加奖。

双色球"523"派彩规则的实施，让双色球一等奖注定风光无限，也曾有人担心是否会影响到双色球二等奖。事实证明，在7期的开奖中，因为双色球单期近2亿元的超高销量，虽然中出二等奖506注，但是最低一期奖金也有14万多元，最高也曾经达到53万多元，双色球二等奖单期最高中出143注，单期最少中出36注。

综上所述，此次双色球游戏规则的调整确实体现了"大奖更大、奖池更高，2元投注、千万梦想"的特点，双色球已真正从500万元生产线升级为千万元富翁生产线，期待它在将来的日子里为广大彩民带来更多的惊喜。

经财政部批准，中福彩中心决定从2014年5月16日（双色球2014055期）起对双色球游戏的高奖级奖金分配比例做出调整。调整后，双色球奖池资金积累速度将会更快，并且在高额奖池的促进下，一等奖单注奖金成色将会更足。

根据财政部《关于变更中国福利彩票双色球游戏规则的通知》（财办综[2014]17号），此次双色球游戏规则调整内容是将原规则中高奖级的奖金分配比例调整为："当奖池资金低于1亿元时，一等奖奖金总额为当期高奖级奖金的75%与奖池中累积的资金之和，单注奖金按注均分，单注最高限额封顶500万元。当奖池资金高于1亿元（含）时，一等奖奖金总额包括两部分，一部分为当期高奖级奖金的55%与奖池中累积的资金之和，单注奖金按注均分，单注最高限额封顶500万元；另一部分为当期高奖级奖金的20%，单注奖金按注均分，单注最高限额封顶500万元。二等奖奖金总额为当期高奖级奖金的25%，单注奖金按注均分，单注最高限额封顶500万元。"调整后的游戏规则有助于奖池资金更快、更高地积累，奖池资金在亿元以上的时候将会更多，彩民将有更多机会中得千万元大奖。

据统计，本次双色球游戏规则调整是自双色球上市以来的第六次调整。中福彩中心有关人士表示，此次规则调整，是在充分考虑市场变化、进一步满足彩民需求的基础上进行的，对进一步促进双色球健康、稳定发展将会起到积极的推动作用。

本次双色球新规则调整与第五次"523"派奖规则相比区别在哪？见图1-2至图

1-6分析。

当奖池资金低于1亿元时
一等奖占当期高等奖奖金的比例由70%调整为75%

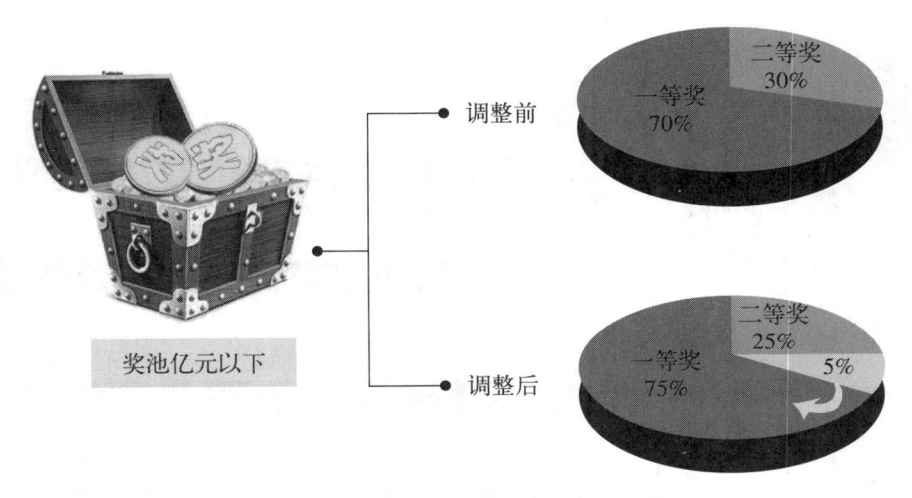

图1-2 奖池亿元以下一等奖占比调整

当奖池资金高于1亿元（含）时，一等奖占当期高等奖金的比例由50%和20%调整为55%和20%

当奖池资金高于1亿元(含)时,
一等奖占当期高等奖金的比例由50%和20%调整为55%和20%

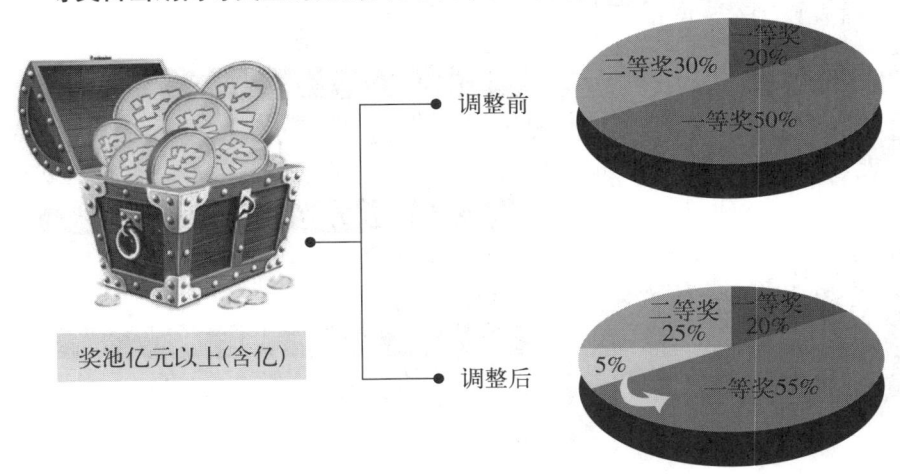

图1-3 奖池亿元及以上一等奖占比调整

结论：调整后一等奖奖金占比增加了5%，而二等奖奖金降低了5%。

一等奖奖金占比虽然调高，但单注一等奖奖金没有变化，二等奖奖金略有下降

资金变了吗？

奖池亿元以下

- 调整前

  (销售金额*49%−低等奖奖金)*70%/注数＝一等奖奖金

  (35442176*49%-8617950)*70%/1=612万元

  封顶500万元，112万注入奖池

  (销售金额*49%−低等奖奖金)*30%/注数＝二等奖奖金

  (35442176*49%-8617950)*30%/15=17.50万元

- 调整后

  (销售金额*49%−低等奖奖金)*75%/注数＝一等奖奖金

  (35442176*49%-8617950)*75%/1=656万元

  封顶500万元，156万注入奖池

  (销售金额*49%−低等奖奖金)*25%/注数＝二等奖奖金

  (35442176*49%-8617950)*25%/15=14.58万元

图1-4 奖池亿元以下奖金变化

奖池亿元以上(含亿)

- 调整前

  一等奖第一部分奖金

  【(销售金额×49%−低等奖奖金)×50%+奖池累计金额】/注数

  此部分奖金计算金额大于500万元，取500万元；小于500万元时，从奖池提取资金补足500万元

  (35442176*49%-8617950)*50%=437万元

  从奖池提取63万元补足500万元

  第二部分奖金=(销售金额×49%−低等奖奖金)×20%/注数=161万元

  (销售金额×49%−低等奖奖金)×30%/注数＝二等奖奖金

  (35442176*49%-8617950)*30%/15=17.50万元

规则调整后，单注一等奖需要从奖池提取的金额减少，意味着相同的奖池金额，在调整后可以比调整前补足更多注500万。

- 调整后

  一等奖第一部分奖金

  (35442176*49%-8617950)*55%=481万元

  从奖池提取19万元补足500万元

  第二部分奖金=(销售金额×49%−低等奖奖金)×20%/注数=161万元

  (销售金额×49%−低等奖奖金)×25%/注数＝二等奖奖金

图1-5 奖池亿元及以上奖金变化

结论：单注一等奖奖金没变化，二等奖理论中奖金额由调整前的每注17.50万

元下降到14.58万元。

奖池有望长期保持变水位

调整后，注入奖池的资金明显增多，提取数额减少，奖池超过亿元期数增加

通过对双色球游戏的理论设奖进行测算：当奖池资金低于1亿元时，一等奖理论中奖金额为612万元，经过500万元封顶之后，有112万元滚入奖池。

当奖池资金高于1亿元(含)时，一等奖占当期高等奖奖金的50%部分理论中资金额437万元，需要从奖池资金中提取63万元补充一等奖以达到封顶的500万元。

理论上经过2期，奖池资金就会回落到1亿元以下。

经过上述调整，当奖池资金低于1亿元时，一等奖理论中奖金额为656万元，经过500万元封顶之后，有156万元滚入奖池。

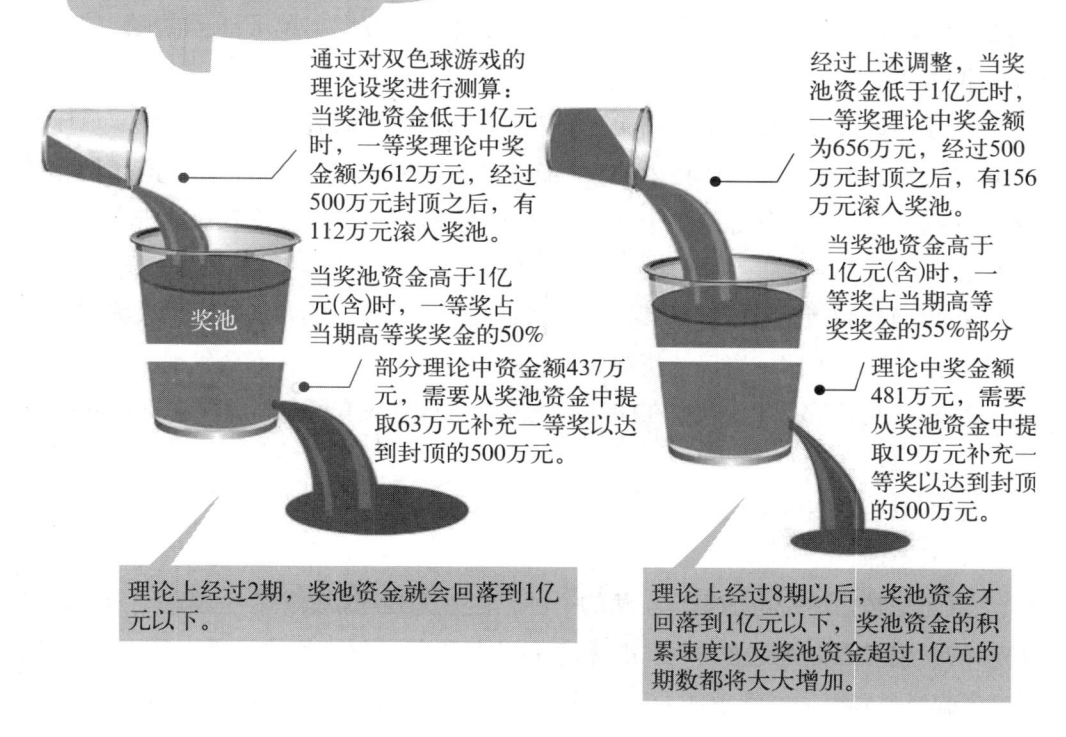

当奖池资金高于1亿元(含)时，一等奖占当期高等奖奖金的55%部分理论中奖金额481万元，需要从奖池资金中提取19万元补充一等奖以达到封顶的500万元。

理论上经过8期以后，奖池资金才回落到1亿元以下，奖池资金的积累速度以及奖池资金超过1亿元的期数都将大大增加。

图1-6　奖池资金变化

结论：奖池积累速度加快，有望长期保持在亿元以上；奖池更容易积累至高位，一等奖奖金更有保障；彩民有望获得超额巨奖，甚至有机会打破历史中奖纪录。

第四节　双色球实战术语

　　术语是指各门学科中的专门用语。术语是用来正确标记生产技术、科学、艺术、社会生活等各个专门领域中的事物、现象、特性、关系和过程。

　　彩票术语就是在彩市中用来表达各种彩票玩法中号码之间的各种直接或间接关

系的特殊语言，以便于彩民的学习和交流。

专门针对于双色球玩法的术语，我们通常称为双色球专用术语。对于双色球爱好者来说，了解与掌握双色球专业术语极其重要。因为只有准确详细地了解和掌握了双色球专业术语，才能更好地学习双色球玩法的博彩技巧；也只有掌握了双色球专业术语，才能为实战中举一反三、融会贯通地运用博彩技术奠定坚实的基础，更能帮助大家在熟能生巧的状态下不断拓展新的思维，开发出属于自己的独到技术，从而把中奖率提到一个最高水准。

为了帮助大家在清晰的思路中更好地由浅入深地了解和掌握本书内的双色球博彩技术，我们把有关本书内技术的双色球术语称为双色球专业术语。只有了解和掌握了这些术语，才称得上是一个真正的双色球初级爱好者，才能轻松地进入下一部分阅读。

在后面我们又介绍了一些彩民比较认可或彩市上流行的常规术语供大家赏析，因为根据术语的不同，彩民分析观察号码的角度也会不同，从而会发现不同的规律并可用来实战运用。如果大家在此基础上能有所借鉴或有所领悟，作者更加欣慰。

一、双色球专业术语

1. 双色球

双色球是乐透型电脑彩票玩法的一种，由中国福利彩票中心全国联网发行。双色球的开奖号码分为红色球号码区和蓝色球号码区，每注投注号码由6个红球号码和1个蓝球号码组成。红色球号码从01~33中选择，蓝色球号码从01~16中选择。

2. 排序定位

把双色球的开奖号码按照从小到大的顺序重新进行排列组合的一种方式，称为排序。双色球游戏中，开奖号码里红球号码经过排序后第一位号码的范围在01~28，第二位号码的范围在02~29，第三位号码的范围在03~30，第四位号码的范围在04~31，第五位号码的范围在05~32，第六位号码的范围在06~33。这样，双色球开奖号码中的红球号码通过排序后在每个位置上的出现范围已经固定，我们称为排序定位。例如，双色球2003年2003001期开奖号码中红球实际出球顺序是13、10、28、12、11、26，我们排序定位后的红球号码为10、11、12、13、26、28。

3. 排序区间

排序定位后的双色球开奖号码中，每个位置上红球号码的理论出现范围称为排序区间。如第一位置红球号码理论上在01~28的出现范围称为排序区间1，第二位置红球号码理论上在02~29的出现范围称为排序区间2，其他依次称为排序区间3、排序区间4、排序区间5和排序区间6。

4. 排序尾

双色球游戏里，所有红球和蓝球号码中的个位数称为尾数；开奖号码经过排序定位后，第一位置红球号码的尾数为一位排序尾号码，第二位置红球号码的尾数为二位排序尾号码，其他依次为三位排序尾号码、四位排序尾号码、五位排序尾号码、六位排序尾号码。

5. 大中小

小：0、1、2；

中：3、4、5、6；

大：7、8、9。

双色球游戏中，"大中小"就是把所有号码尾数0～9的十个数字做进一步的细致划分，那样能更清晰地表达双色球游戏中的每个号码的具体信息。

6. 012路

0路：0、3、6、9；

1路：1、4、7；

2路：2、5、8。

012路是根据除3余数定义的。双色球号码的尾数中，将0～9十个号码按除3所得余数的不同分为三类：除3余数为0的号码有0、3、6、9；除3余数为1的号码有1、4、7；除3余数为2的号码有2、5、8。

012路是通过另外一种角度对0～9十个双色球号码的尾数进行再次分解，从而揭示和传达彩票的号码信息。

7. 重合码

小数0、1、2与1路1、4、7交集重合码为1；中数3、4、5、6与0路0、3、6、9交集重合码为3、6；大数7、8、9与2路2、5、8的交集重合码是8。这三种组合数字所代表的大中小与012路的交集重合码为1、3、6、8，我们把1、3、6、8称为重合码。

8. 大小数

小数：0、1、2、3、4；

大数：5、6、7、8、9。

双色球号码的尾数中，0~9共十个数字里小于5的数称为小数，大于4的数称为大数。

9. 奇偶数

奇数：1、3、5、7、9；

偶数：0、2、4、6、8。

双色球号码的尾数中，0~9共十个数字里不能被2整除的数称为奇数；能被2整除的数字称作偶数。

10. 质合数

质数：1、2、3、5、7；

合数：0、4、6、8、9。

双色球号码尾数中的质数和数学里的质数是一样的，即2、3、5、7为质数，但是为了平衡质数和合数的数量，通常把1也定义为质数，这样质数和合数在数量上都是5个，便于在质数和合数的图表中看出其规律。

11. 非对称原理

"非对称"是指排序尾号码在各个指标区间内不会长期出现对称发展的现象，我们在实战中利用这种现象来进行指标的趋势分析，称为非对称原理。

12. 非等量原理

"非等量"是指技术指标在一个阶段性时期，在长期平衡后，就会出现一种偏态的状况，我们在实战中利用这种偏态的状况来进行指标的趋势分析，称为非等量原理。

13. 求均衡原理

"求均衡"指某一个指标在一个期间长期不出现之后，总会在另一个期间进行回补的现象，我们在实战中利用这种现象来进行指标的趋势分析，称为求均衡原理。

14. 遗漏值

在彩票里把每个数字或指标没有出现的期数值统称为遗漏值。如果某个号码或技术指标近两期没有出现，那么遗漏值就是2，遗漏值可分为理论遗漏值和实际遗漏值。

15. 平均遗漏值计算公式：(统计期数-遗漏次数)/（遗漏次数+1）

16. 最大遗漏值

最大遗漏值是指统计期数内连续出现遗漏的最大次数。

17. 反　转

一个指标的当前趋势向相反方向发生变化的过程，我们称为指标反转，简称反转。

18. 统计期数

指定的统计期间所有历史开奖数据的期数。

19. 遗漏次数

指统计期数内遗漏出现的总的次数。

20. 遗漏N次

指统计期数内每次连续出现N次遗漏的所有出现次数。

21. 遗漏临界点

指统计期数内遗漏终止时出现次数最多的遗漏范围，也是排序尾号码在某一区遗漏后出现最佳"反转"时机的高概率范围值。

22. 博彩公式

博彩公式指世界上最流行的博彩公式，它能计算出某一个随机事件出现的可能性与实验次数的关系。其计算公式是：$N=\log(1-DC)/\log(1-P)$。其中，N为间隔期数，DC为发生的可能性，P代表该指标的理论中奖概率。

在双色球游戏中，间隔期数也称为遗漏值，所以遗漏值的公式也可以这样表达，遗漏值$=\log(1-DC)/\log(1-P)$。

在实战中，通过这个公式可以计算出当某个指标在遗漏一定的期数后，接下来该指标出现的概率。虽然计算结果是理论值，但是具有巨大的实战指导意义。

23. 遗漏值量化表

遗漏值量化表是指通过精确计算后汇总的每个指标在达到一定可信度的情况下，该指标的遗漏期数的数据统计图表。通过该表也可以在知道该指标当前遗漏期数的情况下速查该指标在接下来出现的概率，极其方便实战应用。

24. 惯　性

惯性是物质运动的一种特征。在彩票中某个号码或技术指标（大中小、012路、奇偶、质合等）在一段时期内连续出现的运动方式称为惯性。

25. 惯性次数

指统计期数内惯性出现的次数。

26. 平均惯性

指统计期数内平均计算10期开奖期里惯性的出现次数。计算公式为：惯性次数/统计期数×10。

27. 最大惯性

指统计期数内连续出现惯性的最大次数。

28. 惯性N次

指统计期数内每次连续出现N次惯性的所有出现次数。

29. 惯性临界点

指统计期数内惯性终止时出现次数最多的惯性范围，也是惯性出现最佳"反转"时机的高概率范围值。

30. 热、冷、温

双色球游戏中，每个指标的热、冷、温的形态是一个重要的选号参考。

热、冷、温是根据数字0~9或指标在某一分析区间出现的次数来确定其对应数字或指标冷热状态的技术参数。

在双色球游戏中，一般是以7期为一个周期进行统计，在7期中如果排序尾号码在同一区间内出现大于2次的称为热码，等于2次的为温码，小于2次的则是冷码。

热码呈热态，是整体或近期内经常出现的号码；温码呈温态，是整体或近期内正常开出的号码；冷码呈冷态，是整体或近期内较少开出的号码。

热、冷、温其实与遗漏值有关。遗漏值越大，表明这个指标越冷；遗漏值越小，表明指标越热。

31. 旋转矩阵

旋转矩阵是一个看似简单却异常复杂和高深的数学难题，它的原理在数学上称为"覆盖设计"。旋转矩阵引入到彩票界后，演化成一种彩票号码的科学组合方法。简单地说，在双色球中，你只要选对了一定范围的红球备选号码，它就能保证你中奖。

举例来说，不管你选择了多少个备选号码，只要其中包含了6个红球中奖号码，那么通过旋转矩阵的方法进行组号后，可以保证你至少中一注对5个号码的奖项，也有可能中对6个号码的奖项；如果备选号码中包含了5个中奖号码，就可以保证中得4个或4个以上的中奖号码。需要提醒彩民朋友的是，这个方法不针对蓝球的选择。

32. AC值

AC值即号码算术复杂性，是由世界著名的彩票专家和数学家诺伯特·海齐和汉斯·里威德尔提出的。它能衡量投注号码组合的合理性，指导彩民科学、合理地投注。我们实战中通过对AC值的正确判断，优化已经选择的投注号码组合，不但能准确地选择开奖号码或其出现范围，而且还能节约大量投注资金，效果非常明显。

33. 质数个数

在彩票选号分析中，质数指的是仅能被自身和1整除的数。双色球中的质数共有12个，即1、2、3、5、7、11、13、17、19、23、29、31。质数个数指的是一注号码里质数的个数。

34. 重号个数

重号是指在上期出现了之后在下期继续出现的号码，也就是间隔为0期的号码。重号个数是指上期开奖中出现的号码在本期出现的个数。

35. 奇偶比

奇偶比是指双色球的红色球开奖号码里奇数号码个数与偶数号码个数之比。

36. 大小比

大小比是指双色球中红球开奖号码里大数号码个数与小数号码个数之比。

二、双色球常规术语

1. 连码、连码个数

连码，也称连号，即相连号，中奖号码里号码值大小相连的号码；连码个数即构成连码的号码个数，如01、02，连码个数为2个，即2连码；如01、02、03，连码个数为3个，即3连码；连码组数即一注号码中构成连码的组数，如某注号码01、02、03、12、17、18，连码组数为2组，即01、02、03为一组，17、18为一组。

2. 同位码

也叫同尾球，是指一组中奖号码中尾数相同的号码，如11、21、31是同位码，05、15、25也是同位码，一般每组中奖号码里都有1－2对同位码出现。

3. 个位数

按不重复计算中奖号码中个位数出现的次数。如中奖号码为：01、15、21、36、37、21、22，则个位数则为：5个。

4. 总　值

各个中奖号码数值之和，也称和值。

5. 均　值

指各个中奖号码的平均值。

6. 极　差

也称全距，指基本中奖号码中最大的号码和最小的号码之间的差。

7. 热　号

指近期尤其在近10期内出现频繁、表现活跃的号码。

8. 冷　号

刚好与热号表现相反，出现频率比较低甚至没有出现的号码。

9. 区　间

指把所有备选号码分成若干个小组。如双色球33个红球可分为01-11、12-22、23-33共三个区间，也可以分为四区间、五区间、六区间以及十区间等，可以根据实际需要分为不同区间，从而利用分析某个区间的规律来进行选择或排除号码。

10. 号码段

彩民在分析开奖号码时，通常把号码划分为几组，每组也称为段，如把号码分成大号和小号两组，或是分成单号和双号码两组，也可以划分成不规则的几组，甚至还可以把同一号码划分在几个段号，号码段怎么划分视彩民分析需要而定。

11. 跳　号

隔期出现的号码，也称为隔号。

12. 胆　码

彩民也称为心水号码，就是指在当期最为看好的，认为最有可能在本期中开出的号码。

13. 热门号码、冷门号码

在一段时间内中奖次数较多，或摇奖时摇出次数较多的号码称作热门号码；反之，在某段时间内中奖次数较少的号码称作冷门号码。热门号码与冷门号码是相对于不同分析期数范围而言，某个号码在某段时间可能是非常热门的号码，而在另一段时期内可能是极冷的号码，彩民在分析彩票时应注意把握每个号码的冷热变化。

14. 相生、相克

若干个号码一起出现，称之为相生；反之，如果某几个号码从未一起出现过称之为相克。研究相生与相克目的在于研究彩票号码中哪些号码会经常在一起出现，哪些号码不会在一起出现。

15. 公 仔

如果把号码看成由个数及十位两位数组成，那么个位与十位相同的号码称为公仔号码，如11、22、33等。

16. 换 位

如果把号码看成由个位数及十位两位数组成，那么个位数与十位数对换的两个号码称为一组换位码，如12、21。另外，把两个号码中的某个号码旋转360度后与另一个号码个位与十位形成对换的，我们也统称为换位码，如06、09。

17. 相关系数

相关系数研究的是两个号码过去一段时间内一起出现的概率。相关系数定义如下：相关系数=a、b同时出现次数或期数/(a出现次数或期数+b出现次数或期数)*2*100；相关总值是一组号码中任意两个号码相关系数之和，相关系数跟分析的范围有关，即使是相同两个号码在不同分析范围内得出的相关系数不同，同样相关总值也是如此。

18. 积 分

积分指是某个号码出现（或中奖）的次数。

19. 高概率号码、低概率号码、理论概率号码

高概率号码指在指定分析范围内中奖次数较多的号码，低概率号码指在指定分析范围内中奖次数较少的号码，理论概率是结合高低概率及每个号码出现的情况计算的一种相对概率。因为高概率号码不一定是下期最有可能出现的号码，低概率号码也不一定是下期最不可能出现的号码，理论概率在一定程度上反映了下期最有可能开出的号码。

20. 合分值、个位分值

把某一注号码中的每个号码值加起来的总和，称作合分值，通常统称为分值，又称为总和值。如乐透型彩票某注号码为：01、09、12、17、24、33，则合分值为96，个位分值是某注号码中每个号码的个位（不考虑十位）值之和，如上面提到这注号码的个位分值为1+9+2+7+4+3=26。

21. 个位、相同个位（同尾）

个位，即只分析开奖号码的个位数，考虑出现哪些个位数，如乐透型彩票某注

号码为：01、09、12、17、24、33，出现的个位为1、9、2、7、4、3。相同个位指某注号码中如果有两个或两个以上号码的个位数相同，则这个个位数被称为相同个位

22. 高尾码

尾数为5-9的号码称为高尾号码。例：15、16、26、28……

23. 低尾码

尾数为0-4的号码称为低尾号码。例：01、11、13、24……

24. 黄金分割

黄金分割是数学上的一个概念，它提出的黄金分割点可以看作是最理想的分割点，分割点为0.618。彩民们可以不必追究黄金分割点的具体含义，但大量的统计表明黄分割点确实是许多情况下的最佳分割点。

25. 除三、除五、除七

除三、除五、除七分析目的在于考虑某种余数组成号码组出现情况，如除三分析可以把号码分成余数为0、1、2三个号码组，除五分析可以把号码分成余数为0、余数为1、2、3、4的五个号码组，分析时要着重考虑每一期每组出现的号码个数。

26. 跟随号码

跟随号码是相对于上期号码而言，当前期开出的号码都为上期号码的跟随号码。如："03、07、10、13、15、20"和"02、06、11、14、19、22"，后期号码的所有号球都是前期号码所有号球的跟随号码，如：前期第一位是"03"，那么后期的02、06、11、14、19、22都是"03"的跟期球；同样，前期第二位是"07"，后期的02、06、11、14、19、22又都是"07"的跟期球。

27. 升序号码、降序号码

依次递增的号码称为升序号码，依次递减的号码称为降序号码。升序号码如1、2、3、4，降序号码如4、3、2、1。

28. 号码间距

指两个号码之间的差值。如号码01、05的间距为4。

29. 首尾间距

指最小号码与最大号码的差值。如一注开奖号码：03、07、08、15、24、29+05，则该注号码的首尾间距为（03与29）的差值26。

30. 最大间距

指所有的相邻两位号码的间距值中的最大值。如一注开奖号码：03、07、08、

15、24、29+05，则该注的最大间距为9，由15-24产生。

31. 数据密度

指一注号码的合分值与间距总和的比值，即合分值/间距总和。

32. 间距密度

指一注号码的间距总和与最大间距的比值，即间距总和/最大间距。

33. 缩水公式

缩水公式提供按一定中奖保证进行号码组合，如果用户所选择的号码满足其指定的前提条件，那么按缩水公式组合出的号码就会得到预期的效果，并且投注额会大大减小。它是彩民以尽可能小投入获取尽可能大回报的有力保证，复式、胆拖投注都能运用缩水公式。彩市上流传的旋转矩阵也是一种缩水公式。

34. 关系码

指与历期尤其是最近5期的中奖号码有联系的号码。一般重叠码、边码、斜连码、三角码、对望码、弧形码均归入关系码行列。

关系码原理应该说概括了中奖号码里号码表现的多种情况，因而中奖号码里没有关系码出现几乎是不可能的，而且关系码旺出，并且占据双色球游戏红区中奖号码里的3~6个号码是常有的事。按照我们划分的重叠码、边码、斜连码、对望码、三角码、弧形码、黄金码、缘分码、叠连码、连叠码等为关系码来说，每期中奖号码中必定出现关系码。

35. 边 码

也叫邻号，与上期开出的中奖号码加减余1的号码。

36. 斜连码

本书内称作斜连号，是指与历期中奖号码构成斜连形状的号码。严格说，斜连码必须由三期以上的各1个号码构成。

37. 对望码

上下数期直观上呈现一定的规律（等量、递减、递增、倍增、倍减）出现的号码称为对望码。

38. 三角码

3个号码呈现三角形形状的号码称为三角码。

39. 弧形码

呈现有序的几何图形出现的号码称为弧形码。

40. 空门码

与历期尤其近5期中奖号码没有任何联系的号码称为空门码。

41. 邻近号码（斜位码）

相对于上期号码而言，比上期每某个号码值小1或大1的号码，称为邻近号码（斜位码）。如上期出现号码09，则号码08、10分别为上期号码09的左邻近码（左斜位码）和右邻近码（右斜位码）。

42. 左斜码

相对于上期号码而言，比上期某个开奖号码值小1的号码。

43. 右斜码

相对于上期号码而言，比上期某个开奖号码值大1的号码。

44. 重叠码

本书内称作重号，也叫重复号和遗传号，是指与上期开出的中奖号码相同的号码。

45. 孤 码

既不是叠码，又不是左斜码及右斜码的号码。如上期开奖号码为01、03、08、14、15、22-01，当前期开奖号码为02、03、07、14、18、22-06，号码02既是左斜码又是右斜码，号码03是叠码，号码07是左斜码，号码14是左斜码及叠码，号码22是叠码，剩下号码18是孤码。

第二章　双色球排序定位战法

中奖，需要运气，更需要方法与技巧。

第二章是全书的重中之重，共三节，系统地阐述了科学高效、超级实用的双色球红球定尾选号技法。

本章从红球选号原理、红球选号方法以及红球选号流程三个步骤出发，深入浅出，步步为营，层层解析，指导彩民如何操作才能高概率地选择红球备选号码。

由于这部分比较专业，没有一定基础的彩民朋友可能读起来会吃力一些。遇到这种情况，建议你静下心来细细揣摩，或者先粗读一遍，然后再回过头重读，一定会豁然开朗、受益匪浅。

第一节　排序定位法及应用原理

什么是双色球的排序定位法？简而言之，通过确定双色球每个排序位置上号码的尾数来选择每个位置上红球备选号码的方法就是排序定位法。

众所周知，双色球中奖号码里的每个红球号码在摇奖过程中先后出现的顺序是不固定的，更没有任何规律而言，如28、02、32、18、26、15，每个号码都是电脑随机摇出的。如果在实战中我们按照双色球实际的出球顺序和位置来对它的历史中奖号码进行统计分析，以此观察和总结双色球中奖号码的出现规律，不但过程烦琐，而且很难找出号码间的特征和规律，从而不能更好地指导我们精准地分析、判断和选择即将开奖的号码。那么，有没有专门针对双色球的既省力又有效的选号方法？当然有！首先，我们要引入一个简单而重要的全新概念——排序。

所谓排序，就是把双色球的开奖号码按照从小到大的顺序重新进行排列组合的一种号码分析方式。例如，双色球2006088期开奖号码中红球实际开奖时的出球顺序是25、03、11、24、20、26，排序后的红球号码为03、11、20、24、25、26。通过排序可以引申出三个方面的内容，即排序定位、排序区间和排序尾。

在双色球游戏中，每注号码的红球号码区均由6个号码组成，其号码选择范围为01~33。根据排列组合理论，我们知道，在所有的红球号码组合中，最小号码的红球组合是01、02、03、04、05、06，而最大号码的红球组合为28、29、30、31、32、33，由此可知，如果对开奖号码进行排序，它的第一位号码（最小号码）的开出范围为01~28，第二位号码的开出范围为02~29，第三位号码的开出范围为03~30，第四位号码的开出范围为04~31，第五位号码的开出范围为05~32，第六位号码的开出范围为06~33。这样，通过排序，双色球开奖号码中的每个红球号码在每个位置上的出现范围已经固定，这就是排序定位。从理论上讲，没有任何一个位置的红球号码会超越它本身的出现范围，在实战中更不会发生。

将双色球开奖号码重新排序后，每个位置上红球号码就有一个确定的区间范围（如第一位号码一定在01~28），又叫排序区间。排序区间可分为理论排序区间和实际排序区间两种。01~28是第一个排序红球号码的理论排序区间，称为排序区间1；02~29是第二个排序红球号码的理论排序区间，称为排序区间2；其他依次称为排序区间3、排序区间4、排序区间5和排序区间6。如果阶段内双色球在实际开奖中第一个排序红球号码的出现范围是01~19，那么01~19就是实际排序区间1，其他排序号码的实际排序区间依次为实际排序区间2、实际排序区间3、实际排序区间4、实际排序区间5及实际排序区间6。实际排序区间对于双色球选号、定号具有重要的实战意义，本书中的排序区间通常指实际排序区间。

双色球红球号码进行排序定位后，我们把每个位置上红球号码的尾数称为排序尾，第一个排序号码的尾数称为一位排序尾号码，第二个排序号码的尾数称为二位排序尾号码，其他依次称为三位排序尾号码、四位排序尾号码、五位排序尾号码和六位排序尾号码。

在双色球游戏中，所有红球号码一共包含1107568个组合，100%地覆盖了所有的排序区间。但是，从2003001期双色球开奖截止到2008032期的700多期数据中可以看到，历史开奖号码的每个位置上红球号码开出的实际排序区间远远小于理论排序区间。通过表2-1中的数据可以看到，随着实战中每个排序区间的范围不同，每个位置上红球号码的中奖概率也在变化。

例如，第一位红球号码的理论排序区间是01~28，但2003001~2008032期所有的开奖数据的第一位红球号码从来没有超过19，因此若在01~19区间选择第一位置红球号码，准确率可以达到100%；这里100%的排序区间也就是通过统计后获得的2003001~2008032期开奖数据中第一位红球号码的实际排序区间。同理，若在01~11区间进行选择第一位置红球号码，准确率能达到90%，如果在01~07区间进行选号，准确率也能达到80%。

通过表2-1双色球红球号码排序区间统计表的统计数据，从排序后的双色球历史开奖号码中可以看出一个明显的可用于日常选号的实战规律：利用排序区间作为选号参考，双色球每个位置红球号码的选号范围大大缩小，但依然能保证很高的准确率，或者说，让彩民选择号码的准确率可维持在一个较高的水平，选号的方向性和针对性也大大增强。

表2-1 双色球红球号码排序区间统计表（2003001~2008032期）

排序定位	理论区间	100%区间	90%区间	80%区间
第一位置红球	01~28	01~19	01~11	01~07
第二位置红球	02~29	02~24	03~17	03~14
第三位置红球	03~30	03~29	07~23	07~21
第四位置红球	04~31	05~31	11~28	13~27
第五位置红球	05~32	07~32	17~32	19~31
第六位置红球	06~33	11~33	24~33	26~33
所需注数	1107568注	1072212注	718485注	370797注

说明：

① 100%区间指在实际开奖中各位置号码出现概率为100%的实际排序区间；

② 90%区间指在实际开奖中各位置号码出现概率为90%的实际排序区间；

③ 80%区间指在实际开奖中各位置号码出现概率为80%的实际排序区间；

④ 以上统计数据为2003001~2008032期共703期开奖数据

如果在实战中我们确定02、08、13、16共四个号码是第一位红球备选号码，极有可能包括当期的第一位红球开奖号码。通过表2-1可知，如果我们想达到100%的准确率，那只有选择所有的备选号码；如果想达到90%的准确率，依据第一位红球号码出现的排序区间为01~11，那么在02、08、13、16四个号码中只有前两个红球备选号码符合条件，从而我们就可以排除掉号码13和16；同理，如果确保选号的正确率为80%，其选号区间为01~07，我们的备选号码就剩下了一个红球号码08；一般实战中，80%的准确率是最后的底线，虽然概率相对降低，但是我们看到第一位置上的红球备选号码也只剩下了一个号码；也就是说，即使剩下一个号码还保持着80%的中奖概率，完全可以进行实战。

这个例子生动地说明了双色球红球开奖号码通过排序定位后显示的排序区间，可以有效地筛选和过滤号码，为双色球的红球选号提供一个清晰明朗的方向，能更精准地指导我们进行双色球红球选号实战。

实际排序区间能有效地缩小每个位置上红球号码的选择范围，但是，每个位置上可能有几个备选红球号码，如何精准地确定哪个备选号码为该位置的红球投注号码？排序区间告诉我们，每个红球位置上有不完全相同的28个号码供我们在实战中选择。理论上，每个位置上的每个红球号码的出现概率均为3.57%（1/28），所以正确地选择每个位置的红球号码是非常有难度的。但是，不论每个位置上需要选择的红球号码有多少，也不论它在每个位置上的出现概率有多大，有一点是可以肯定的：这个位置上所有红球的排序尾号码（即每个红球号码的个位数）一定在0~9之间，理论上确定每个位置上红球号码出现的准确概率是3.57%，但是每个位置上每个排序尾号码出现的概率却达到了10%。虽然首先通过选择排序尾号码再进行选号后，每个位置上选择出来的备选红球号码增多了，但是准确概率却提高了6.43%。几乎没有人能直接确定每个位置的红球号码，我们只有先确定每个位置上红球号码的个位数，才能进一步确定投注号码。

实战中，只有通过分析排序尾号码，才可以高概率地确定每个位置上红球号码的选号范围，然后再通过排序区间进一步缩小范围，最后确定每个位置上红球的投注号码。

排序尾号码包括0~9共十个数字，我们可以通过运用一系列技术指标对其进行多角度的综合分析，以确定每个排序位置上红球号码的个位数，即确定每个排序尾号码。这些技术指标包括"大中小数""012路""重合码""大小数""奇偶数""质合数"，如果在实战中再根据排序尾号码的"遗漏""惯性"和"热冷温"等特性来精准地分析每个排序尾号码技术指标的未来趋势，就能确定每个位置上红球号码的出现范围。

现在，我们可以用双色球红球选号流程图来总结双色球每个位置上备选红球号码的选择过程，如图2-1所示。

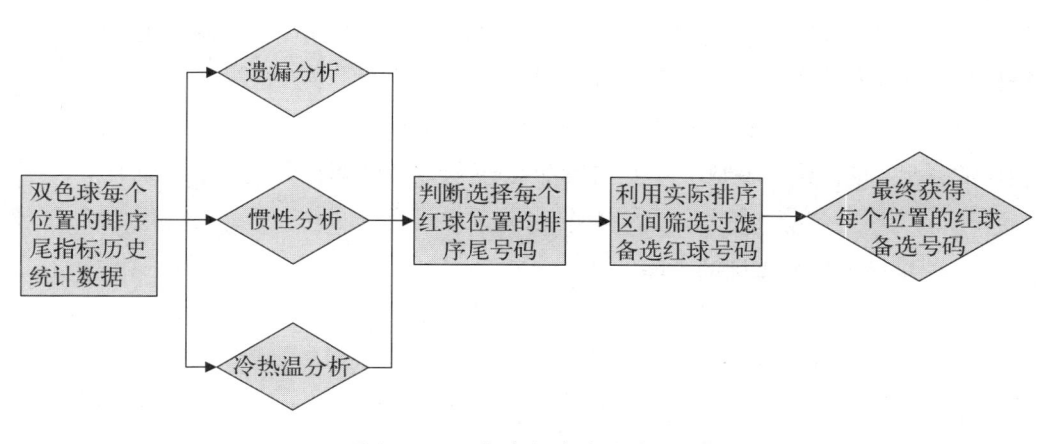

图2-1 双色球红球选号流程图

首先，彩民朋友需要对双色球的历史开奖号码进行排序定位，然后对每个位置里红球号码的历史数据指标进行全面的统计，再用遗漏、惯性、热冷温等号码分析技术来分析每个排序尾号码指标的出现情况，从而正确地判断每个位置上红球号码的排序尾号码，最后再通过每个红球的实际排序区间来缩小备选红球号码的范围，从而高概率地选择每个位置上备选的红球号码。这种通过分析、选择排序尾号码来确定红球号码的选号技术我们称为排序定位法。

排序定位法能让彩民们在实战中有条理地、准确地、高概率地选择每个位置上的红球号码，是双色球实战中极其重要、科学高效的选号方法。

第二节　排序定位法的指标应用

所有红球号码的排序尾均由0~9共计十个阿拉伯数字组成，由于红球号码的最大选号区间是01~33，假如我们通过分析，确定了第一位置红球号码的排序尾号码为3，那么红球号码03、13、23就是该位置红球的备选号码（第一位红球不可能是号码33）。能确定某个位置的排序尾号码虽然可以极大地提高我们正确选择红球开奖号码的概率，但是准确地选择每个排序尾号码并不是一件很容易的事。

那么，在实战中如何正确地选择每个排序尾号码呢？首先我们需要对双色球历史开奖号码中每个位置上红球排序尾号码的数据进行详尽的统计，然后通过对排序尾号码所属的不同指标进行分析，从不同的角度去观察总结每个指标，从而发现规律、总结规律、运用规律。只有这样，我们才能高概率地选择每个排序尾号码，最终保证高概率地选择每个位置的红球号码。

在运用排序定位法的实战中，每个排序尾指标的应用包括以下几个方面的内容：指标的分类、指标统计表制作方法、指标的分析技术以及指标的选择选用原则。

一、排序尾号码指标的分类

第一类：大中小数，包括大数、中数、小数。其中，7、8、9为大数，3、4、5、6为中数，0、1、2为小数。

第二类：012路数，包括0路、1路、2路。其中，0、3、6、9为0路，1、4、7为1路，2、5、8为2路。

第三类：重合码。小数0、1、2与1路数字1、4、7交集为1；中数3、4、5、6与0路数字0、3、6、9交集为3、6；大数7、8、9与2路数字2、5、8的交集是8；这三种组合数字所代表的大中小与012路的交集为1、3、6、8，我们把1、3、6、8称为重合码。

第四类：大小数，包括大数和小数。其中，小于5的数称为小数，包括0、1、2、3、4；大于4的数称为大数，包括5、6、7、8、9。

第五类：奇偶数，包括奇数和偶数。其中，奇数为1、3、5、7、9，偶数为0、2、4、6、8。

第六类：质合数，包括质数和合数。其中，质数为1、2、3、5、7，合数为0、4、6、8、9。

彩票里的质数和数学里的质数是一样的，即2、3、5、7为质数，但是这里为了平衡质数和合数的数量，通常把1也定义为质数，这样质数和合数在数量上都是5个，在质数和合数的图表中也更能清晰地看出其规律来。

二、如何制作排序尾号码统计表

之所以要引入以上六大类指标，是因为我们可以根据这些指标来分析双色球的历史开奖号码。当我们对双色球开奖号码进行排序定位后，每个位置上红球号码的尾数（个位）也就确定了，我们称其为排序尾。第一位置号码的尾数称一位排序尾，第二位置号码的尾数称二位排序尾，其他依次称为三位排序尾、四位排序尾、五位排序尾、六位排序尾。

但是，只靠排序尾并不能看出历史开奖号码之间的显著联系。如果我们根据每个排序尾按照大中小数、012路、重合码等指标的出现情况，再结合大小数、奇偶数、质合数共6大类指标、13项小指标，就可以制作成六张排序尾统计表，分别为一位排序尾统计表、二位排序尾统计表、三位排序尾统计表、四位排序尾统计表、五位排序尾统计表、六位排序尾统计表。这6个排序尾号码统计表是统计双色球历史号码、分析历史号码、发现历史号码呈现规律的必备法宝。

下面，我们选择双色球2006001~2006020期共20期开奖数据中的红球号码来制作双色球红球号码一位排序尾统计表，以下简称为一位排序尾统计表。

表2-2　双色球红球号码一位排序尾号码统计表

开奖期号	红球开奖号码	蓝球	一位排序尾	大数	中数	小数	2路	0路	1路	重合码	大数	小数	奇数	偶数	质数	合数
2006001	01 12 15 19 21 28	03	1	1	1	小数	1	1	1路	①	1	小数	奇数	1	质数	1
2006002	07 13 16 21 26 28	09	7	大数	2	1	2	2	1路	1	大数	1	奇数	2	质数	2
2006003	02 04 05 06 16 20	12	2	1	3	小数	2路	3	1	2	1	小数	1	偶数	质数	3
2006004	04 08 17 27 28 31	07	4	2	中数	2	2	4	1路	3	2	小数	2	偶数	1	合数
2006005	03 19 20 24 26 27	11	3	3	中数	2	2	0路	1	③	3	小数	奇数	1	质数	1
2006006	08 21 22 23 26 32	14	8	大数	1	3	2路	1	2	⑧	1	1	1	偶数	1	合数
2006007	04 16 18 27 32 33	07	4	1	中数	2	2	1路	1	1	小数	2	偶数	2	合数
2006008	03 05 09 18 28 32	16	3	2	中数	5	2	0路	1	③	2	小数	奇数	1	质数	1
2006009	05 06 08 20 26 30	06	5	3	中数	6	2路	1	2	1	大数	1	奇数	2	质数	2
2006010	04 06 12 19 27 28	08	4	4	中数	1	2	1	1路	2	1	小数	2	偶数	1	合数
2006011	05 07 08 14 27 31	11	5	5	中数	8	2路	1	3	1	大数	1	奇数	2	质数	2
2006012	09 11 13 27 31 33	10	9	大数	1	9	1	0路	2	4	3	大数	1	奇数	2	合数
2006013	01 05 06 12 16 21	11	1	1	2	小数	2	1	1路	①	1	小数	奇数	3	质数	1
2006014	06 14 26 29 32 33	07	6	2	中数	1	3	0路	1	⑥	1	大数	1	偶数	1	合数
2006015	02 03 09 15 29 32	03	2	3	1	小数	2路	2	2	1	1	小数	2	偶数	质数	1
2006016	01 07 13 17 23 30	16	1	4	2	小数	1	2	1路	①	2	小数	奇数	1	质数	2
2006017	03 04 08 31 32 33	02	3	3	1	5	2	1	1路	③	3	大数	1	奇数	3	质数	1
2006018	01 13 14 17 24 05	05	1	6	1	小数	2	1	1路	①	1	4	小数	奇数	3	质数	4
2006019	04 06 13 22 26 31	07	4	7	中数	1	4	2	1路	1	5	小数	1	偶数	1	合数
2006020	05 09 21 23 26 29	06	5	8	中数	2	2路	3	1	2	大数	1	奇数	1	质数	1

表2-2中，纵列从左至右依次为开奖期号、红球开奖号码、蓝球、一位排序尾、大数、中数、小数、0路、1路、2路、重合码、大数、小数、奇数、偶数、质数、合数。我们以2006001期为例，分解一位排序尾号码统计表的制作过程。

开奖期号为2006001期，开奖号码中红球号码排序定位后是01、12、15、19、21、28，蓝球是03，逐个在对应的"开奖期号""红球开奖号码""蓝球"选的空格内填入相应的数字。我们制作的是一位排序尾号码统计表，2006001期的第一位红球号码是"01"，它的尾数即一位排序尾是1，填写在"一位排序尾"选项下。大中小数、012路、重合码、大小数、奇偶数、质合数各大指标下的空格依次填写如下：

第一类指标是大中小数，包括大数区、中数区和小数区。

一位排序尾号码是1，1为小数，就在对应的小数区选项下填写文字"小数"，因为一位排序尾号码出现在小数区，那么其在中数区和大数区就各遗漏了一次，因此，在对应的空格下填写"1"，表示遗漏1次。

第二类指标是012路，包括0路区、1路区和2路区。

一位排序尾号码是1，1除以3余数为1，所以数字1属于1路，在1路区选项下填写"1路"；既然一位排序尾号码出现在1路区，那么它就不可能在0路区和2路区出现，它在这两路分区就各遗漏了一次，因此，在对应的空格下填写"1"，表示遗漏1次。

第三类指标为重合码。

一位排序尾号码"1"所属的小数区包括0、1、2，所属的1路区包括1、4、7，它们的交集为"1"，根据术语可知，1、3、6、8四个数字为重合码，说明"1"在重合码区出现，在对应的空格内填入"①"，表示重合码为1（如果重合码数字为3、6或8，则填写③、⑥、⑧，以示和遗漏次数相区分）。

第四类指标为大小数，包括大数区和小数区。

一位排序尾号码是1，1为小数，就在对应的小数区空格内填写文字"小数"。既然一位排序尾号码出现在小数区，那么它就不可能出现在大数区，在对应的空格下填写"1"，表示遗漏1次。

第五类指标为奇偶数，包括奇数区、偶数区。

一位排序尾号码1为奇数，就在对应的奇数区空格内填写文字"奇数"；因为1出现在奇数区，那么其在偶数区就遗漏了1次。因此，在偶数区的空格下填写"1"，表示遗漏1次。

第六类指标为质合数，包括质数区和合数区。

一位排序尾号码1为质数，就在对应的质数区空格内填写文字"质数"。同样，它在合数区遗漏了1次，我们在合数区的空格内填写"1"，表示遗漏1次。

2006002~2006020期依次按照2006001期的填写方式填写。如果表中的某个指标在同一个区间内没有连续开出，那么要在相应的空格内填写它连续遗漏的期数。如在2006003期，一位排序尾号码没有出现在大中小区的大数区，它在大数区就遗漏1期；在接下来的2006004期里，一位排序尾号码仍没有出现在大数区，这时连续遗漏了2次，则在相应的空格内填写数字"2"，表示一位排序尾号码在大数区连续遗漏了2期；在2006005期，一位排序尾号码依旧没有出现在大数区，说明它已经连续遗漏了3次，那么在相应的空格内填写数字"3"，表示一位排序尾号码在大数区连续遗漏3期，其他指标分区内的遗漏情况都按此方式填写。这样既能清晰地看出每个指标在同一分区内的遗漏期数，也可揭示出某个指标在休眠了几期后又重新开始活动。

我们对选取的每一期开奖号码都依据如上方式填写，便形成了一张完整的双色球红球号码一位排序尾号码统计表。在填写的过程中，便可对各个统计指标的资料形成很直观的判断。

依照一位排序尾号码统计表的示例制作方法，同样可以依次制作出二位排序尾号码统计表（表2-3）、三位排序尾号码统计表（表2-4）、四位排序尾号码统计表（表2-5）、五位排序尾号码统计表和六位排序尾号码统计表。

当六个排序尾号码统计表全部完成，便形成了一套完整的双色球红球号码排序尾统计表。统计的期数越多、越完整，我们对每张图表的统计情况以及号码的整体开出趋势的了解就越深刻。彩民只有制作出完整而详尽的排序尾统计表，才可以在实战中分别针对每个统计表里的排序尾号码进行系统的分析，最后组合出最佳备选号码进行精准投注。

表2-3　双色球红球号码二位排序尾号码统计表

开奖期号	红球开奖号码	蓝球	二位排序尾	大数	中数	小数	2路	0路	1路	重合码	大数	小数	奇数	偶数	质数	合数
2006001	01 12 15 19 21 28	03	2	1	1	小数	2路	1	1	1	1	小数	1	偶数	质数	1
2006002	07 13 16 21 26 28	09	3	2	中数	1	1	0路	2	③	2	小数	奇数	1	质数	2
2006003	02 04 05 06 16 20	12	4	3	中数	2	2	1	1路	1	3	小数	1	偶数	1	合数
2006004	04 08 17 27 28 31	07	8	大数	1	3	2路	2	1	⑧	大数	1	2	偶数	2	合数
2006005	03 19 20 24 26 27	11	9	大数	2	4	1	0路	2	1	大数	2	奇数	1	3	合数
2006006	08 21 22 23 26 32	14	1	1	3	小数	2	1	0路	①	1	小数	奇数	2	质数	1
2006007	04 16 18 27 32 33	07	6	中数	2	1	0路	2	1	⑥	大数	1	1	偶数	1	合数
2006008	03 05 09 18 28 32	16	5	中数	2	2	2路	1	1	1	大数	2	奇数	1	质数	1
2006009	05 06 08 20 26 30	06	6	4	中数	3	1	0路	2	⑥	大数	3	1	偶数	1	合数
2006010	04 06 12 19 27 29	08	6	5	中数	4	2	0路	4	⑥	大数	4	2	偶数	2	合数
2006011	05 07 08 14 27 31	11	7	大数	1	5	3	1	1路	1	大数	5	奇数	1	质数	1
2006012	09 11 13 27 31 33	10	1	1	2	小数	4	2	1路	①	1	小数	奇数	2	质数	3
2006013	01 05 06 12 16 21	11	5	中数	1	1	2路	1	1	1	大数	1	奇数	3	质数	1
2006014	06 14 26 29 32 33	07	4	中数	2	1	4	2	1	③	2	小数	奇数	1	质数	1
2006015	02 03 09 15 29 32	03	3	4	中数	3	2路	2	1	③	2	小数	奇数	1	质数	1
2006016	01 07 17 23 30	16	7	大数	1	4	2	2	2	2	大数	1	奇数	1	质数	2
2006017	03 04 08 31 32 33	02	4	2	中数	2	2路	2	2	2	1	小数	奇数	1	质数	1
2006018	01 13 14 17 24 26	05	3	2	中数	6	5	0路	1	③	2	小数	奇数	1	质数	1
2006019	04 06 13 22 26 32	07	6	3	中数	7	6	0路	2	⑥	大数	1	偶数	1	1	合数
2006020	05 09 21 23 26 29	06	9	大数	1	8	7	0路	1	1	大数	2	奇数	1	2	合数

表2-4　双色球红球号码三位排序尾号码统计表

开奖期号	红球开奖号码	蓝球	三位排序尾	大数	中数	小数	2路	0路	1路	重合码	大数	小数	奇数	偶数	质数	合数
2006001	01 12 15 19 21 28	03	5	1	中数	1	2路	1	1	1	大数	1	奇数	1	质数	1
2006002	07 13 16 21 26 28	09	6	2	中数	2	1	0路	2	⑥	大数	2	1	偶数	1	合数
2006003	02 04 05 06 16 20	12	5	3	中数	3	2路	1	1	1	大数	3	奇数	1	质数	1
2006004	04 08 17 27 28 31	07	7	大数	1	4	1	2	1路	1	大数	4	奇数	1	质数	2
2006005	03 19 20 24 26 27	11	0	1	2	小数	2	0路	1	3	1	小数	1	偶数	1	合数
2006006	08 21 22 23 26 32	14	2	1	2	3	小数	2路	1	2	4	2	小数	2	偶数	质数	1
2006007	04 16 18 27 32 33	07	8	大数	4	1	2路	2	2	⑧	大数	1	3	偶数	1	合数
2006008	03 05 09 18 28 32	16	9	大数	5	2	1	0路	4	1	大数	2	奇数	1	2	合数
2006009	05 06 08 20 26 30	06	8	大数	6	3	2路	1	5	⑧	大数	3	1	偶数	3	合数
2006010	04 06 12 19 27 29	08	2	1	7	小数	2路	2	6	1	大数	2	偶数	质数	1	
2006011	05 07 08 14 27 31	11	8	大数	1	2路	3	1	⑧	大数	1	奇数	1	质数	1	
2006012	09 11 13 27 31 33	10	1	1	2	小数	2	0路	1	1	1	小数	奇数	1	质数	1
2006013	01 05 06 12 16 21	11	6	中数	3	2路	2	9	9	大数	2	奇数	1	质数	1	
2006014	06 14 26 29 32 33	07	6	3	中数	4	3	2路	10	⑥	大数	1	偶数	1	合数	
2006015	02 03 09 15 29 32	03	9	大数	1	5	4	0路	11	1	大数	3	奇数	1	3	合数
2006016	01 07 17 23 30	16	3	1	中数	6	5	0路	12	③	1	小数	奇数	2	质数	2
2006017	03 04 08 31 32 33	02	8	大数	1	7	2路	1	13	⑧	大数	1	偶数	1	合数	
2006018	01 13 14 17 24 26	05	4	1	中数	8	1	2	1路	1	大数	1	小数	2	偶数	合数
2006019	04 06 13 22 26 32	07	3	2	中数	9	2	0路	1	③	2	小数	奇数	1	质数	1
2006020	05 09 21 23 26 29	06	1	3	中数	小数	1	1	1路	①	3	小数	奇数	2	质数	2

表2-5　双色球红球号码四位排序尾号码统计表

开奖期号	红球开奖号码	蓝球	四位排序尾	大数	中数	小数	2路	0路	1路	重合码	大数	小数	奇数	偶数	质数	合数
2006001	01 12 15 19 21 28	03	9	大数	1	1	1	0路	1	1	大数	1	奇数	1	1	合数
2006002	07 13 16 21 26 28	09	1		1	2	小数	2	1	1路	①	1	小数	奇数	2	质数	1
2006003	02 04 05 06 16 20	12	6		2	中数	1	3	0路	1	⑥	大数	1	1	偶数	1	合数
2006004	04 08 17 27 28 31	07	7	大数	1	2	4	1	1路	1		大数	1	奇数	1	质数	1
2006005	03 19 20 24 26 27	11	4		1	中数	3	5	2	1路	2		小数	1	偶数	1	合数
2006006	08 21 22 23 26 32	14	3		2	中数	4	6	0路	1	③		2	小数	奇数	1	质数	1
2006007	04 16 18 27 32 33	07	7		1	5	7	1	1路		大数		1	奇数	2	质数	2
2006008	03 05 09 18 28 32	16	8	大数	2	6	2路	2	2	⑧	大数	2	1	偶数	1	合数
2006009	05 06 08 20 26 30	06	0		1	3	小数	1	0路	2	1		小数	2	偶数	2	合数
2006010	04 06 12 19 27 29	08	9		大数	4	1	2	0路	3	2		大数	1	奇数	1	3	合数
2006011	05 07 08 14 27 31	11	4		1	中数	2	3	1	1路	3		小数	1	偶数	4	合数
2006012	09 11 13 27 31 33	10	7	大数	1	3	4	2	1路	4	大数	1	奇数	1	质数	1
2006013	01 05 06 12 16 21	11	2		1	2	小数	2路	3	1	5		小数	1	偶数	质数	2
2006014	06 14 26 29 32 33	07	9	大数	3	1	1	0路	2	6	大数	1	奇数	1	1	合数
2006015	02 03 09 15 29 32	03	5		1	中数	2	2路	1	3	7	大数	2	奇数	1	质数	1
2006016	01 07 13 17 23 30	16	7	大数	1	3	1	2	1路	8	大数	3	奇数	3	质数	3
2006017	03 04 08 31 32 33	02	1		1	2	小数	2	3	1路	①		小数	奇数	4	质数	3
2006018	01 13 14 17 24 26	05	7	大数	3	1	3	4	1路		大数	1	奇数	5	质数	4
2006019	04 06 13 22 26 32	07	2		1	4	小数	2路	5	1	2		小数	1	偶数	质数	5
2006020	05 09 21 23 26 29	06	3		2	中数	1	1	0路	2	③	2	小数	奇数	1	质数	6

　　为方便大家熟练地掌握排序尾号码统计表的制作方法，这里特意准备了双色球2006001~2006020期开奖数据的五位排序尾号码统计表和六位排序尾号码统计表的空表。期数和开奖号码已经选定，其他空格需要读者根据前面所述的制作方法自行填充。所谓熟能生巧，有兴趣的彩民朋友不妨一试。

表2-6 双色球红球号码五位排序尾号码统计表

开奖期号	红球开奖号码	蓝球	五位排序尾	大数	中数	小数	2路	0路	1路	重合码	大数	小数	奇数	偶数	质数	合数
2006001	01 12 15 19 21 28	03														
2006002	07 13 16 21 26 28	09														
2006003	02 04 05 06 16 20	12														
2006004	04 08 17 27 28 31	07														
2006005	03 19 20 24 26 27	11														
2006006	08 21 22 23 26 32	14														
2006007	04 16 18 27 32 33	07														
2006008	03 05 09 18 28 32	16														
2006009	05 06 08 20 26 30	06														
2006010	04 06 12 19 27 29	08														
2006011	05 07 08 14 27 31	11														
2006012	09 11 13 27 31 33	10														
2006013	01 05 06 12 16 21	11														
2006014	06 14 26 29 32 33	07														
2006015	02 03 09 15 29 32	03														
2006016	01 07 13 17 23 30	16														
2006017	03 04 08 31 32 33	02														
2006018	01 13 14 17 24 26	05														
2006019	04 06 13 22 26 32	07														
2006020	05 09 21 23 26 29	06														

表2-7 双色球红球号码六位排序尾号码统计表

开奖期号	红球开奖号码	蓝球	六位排序尾	大数	中数	小数	2路	0路	1路	重合码	大数	小数	奇数	偶数	质数	合数
2006001	01 12 15 19 21 28	03														
2006002	07 13 16 21 26 28	09														
2006003	02 04 05 06 16 20	12														
2006004	04 08 17 27 28 31	07														
2006005	03 19 20 24 26 27	11														
2006006	08 21 22 23 26 32	14														
2006007	04 16 18 27 32 33	07														
2006008	03 05 09 18 28 32	16														
2006009	05 06 08 20 26 30	06														
2006010	04 06 12 19 27 29	08														
2006011	05 07 08 14 27 31	11														
2006012	09 11 13 27 31 33	10														
2006013	01 05 06 12 16 21	11														
2006014	06 14 26 29 32 33	07														
2006015	02 03 09 15 29 32	03														
2006016	01 07 13 17 23 30	16														
2006017	03 04 08 31 32 33	02														
2006018	01 13 14 17 24 26	05														
2006019	04 06 13 22 26 32	07														
2006020	05 09 21 23 26 29	06														

三、如何分析排序尾指标

如果你已经学会了制作双色球红球排序尾号码统计表，那说明你已经入门了，再接再厉！学会了如何制作排序尾号码统计表后，接下来需要解决的问题是：分析排序尾号码统计表中的指标需要依据什么原理，如何对这些依据指标所统计出来的数据进行分析，如何确定排序尾号码。

1. 排序尾指标分析的理论基础

我们常说，说话要有根据。分析双色球历史号码，同样要有根据。一种方法是否具有实用价值，很重要的一点是看它所依据的理论基础是否正确。我们知道，彩票游戏的理论基础是概率论、统计学原理及博弈论。因此，我们在分析双色球排序尾号码时，同样要依据彩票游戏的基本原理。任何信口雌黄的鼓吹都经不起实践的检验，而只有从理论中提炼的方法才具有预测性，才经得起实践的检验。

根据概率论和统计学原理，我们发现了一个规律：所有彩票的指标，不管在什么样的期间范围内，总是以偏态开始，以均态结束。这是分析彩票号码的一条重要的经验法则。它包含了分析各种指标的三个基本原理，即"非对称"原理、"非等量"原理和"求均衡"原理。

（1）"非对称"原理

"非对称"是指排序尾号码在各个指标区间内不会出现对称发展现象。在双色球开奖号码的排序尾号码统计表中，对称现象是可以见到的，比如看到排序尾号码在小数区出现的遗漏间隔非常有规律2—2，就会判断它的下一个遗漏间隔还会是2，形成2—2—2的对称，正好现在小数区又间隔2期，我们就依据前面的规律判断排序尾号码会出现在小数区。这样的判断方法其实是在追求一种巧合，排序尾号码在小数区的下一个遗漏间隔2期后是不是会出现，也只能看这种巧合能否得到验证。

从总体上看，"对称"现象和"非对称"现象相比，"非对称"现象出现的次数要多得多。比如，若开出的排序尾号码是在中数区，间隔1期后排序尾号码又在中数区开出，之后间隔2期开出的排序尾号码也是在中数区，那么再间隔3期时，排序尾号码就极难再次在中数区开出了。此时的间隔1、2、3就是对称的递增现象，根据指标的"非对称"发展判断，本期可排除排序尾号码出现在中数区。同理，如果每次的间隔期数完全是相同的，那么这时的间隔期数就是对称的等距现象，也完全可以排除。所以，尽管在实际开奖中，对称性发展的可能性是存在的，但是这种状态的存在并不能说明出现对称的情况比其他情况出现的可能性高，我们不能因为某阶段内指标呈对称性发展，就在所有的预期中去追寻对称。

从总体上说，规律形态的出现概率远比非规律形态要小。所以，一旦出现三次以上的对称性发展，在第四次的时候要坚决排除这种状况。

(2)"非等量"原理

"非等量"是指技术指标在一个阶段性时期，在长期平衡后，就会出现一种偏态状况。众所周知，彩票在统计上永远是符合概率论的。每个指标在长期来看，总会均衡表现，但在一个特定期间内，往往是呈"非均衡"状态。"热者恒热，冷者恒冷"的状况在数据指标的统计中经常可以见到，而这也是"彩票总是以偏态开始，以均态结束"的另一种外在表现方式。需要说明的是，"非等量"现象只会在一个区间内发生，如果把数据样本量适度扩大，"非等量"现象就会被另一个现象——"均衡趋势"所替代。

(3)"求均衡"原理

"求均衡"指某一个指标在一个期间长期不出现之后，总会在另一个期间进行回补。均衡趋势是随机游戏的一个重要特征。既然彩票是以"偏态"开始，又会以"均态"结束，那么我们在实战中就需要在"偏态"发生后，在另一个区间去求均衡。例如，若双色球红球号码的一位排序尾号码表现为长期出现在奇数分区，呈现偏态趋势；在另一个期间里，可预期一位排序尾号码会在偶数分区出现。又如，近期三位排序尾号码在质数分区出现的次数过多后，往往会在另一个期间，在合数分区进行回补以求均衡。"求均衡"原理是概率论在乐透型彩票中的具体体现。

在彩票实战中，每个指标出现的可能性有很大差异，即"非等量"现象始终存在。譬如，当一位排序尾号码已经连续7期在奇数分区出现，那一位排序尾号码接下来继续在奇数分区出现的可能性有多大呢?只有在充分了解了彩票指标的"非对称""非等量"原理之后，才能运用"求均衡"应用理论来判断可能出现的变化。例如，五位排序尾号码连续11期出现在偶数区，而在奇数区却已间隔11期没有出现，这就是典型的指标"非等量"发展的现象。五位排序尾号码出现在偶数区是"强者恒强"，而五位排序尾号码不出现在奇数区是"弱者恒弱"。此时，"非等量"发挥作用，表现为五位排序尾号码在短期内还会出现在偶数区；如果"求均衡"发挥了作用，则会表现为：五位排序尾号码在奇数区出现之后，短期内还会反复出现在奇数区进行调偏"回补"。此时，五位排序尾号码处于"冷热相互转化"的过渡状态。五位排序尾号码连续11期出现在偶数区为热态，热态不会突然转冷，必有一缓冲现象作为过渡，那么短期内的再次出现就是一个缓冲信号，之后极可能转冷。对于五位排序尾号码出现在奇数区，"求均衡"在解决一个"调偏平衡"的问题。

概率原理是随机游戏本身所固有的规律，所有彩票游戏都是依据概率原理而设计的，在开奖过程当中，这些基本原理并不会随时间改变而改变。在双色球游戏中，第一位置红球号码的"理论排序区间"是01~28，永远不会随开奖次数的增加而改变。而"统计原理"则是在开奖过程当中，在有限的历史数据统计中所体现出来，在实战中起到指导、分析、判断等辅助作用。例如，我们统计双色球2003001~2008032期共703期历史数据，发现第一位置红球号码99%的"实际排序区间"为01~15，这是某阶段内的统计结果。不同的数据统计中，统计原理表现出来的结果并不完全一样。但是当统计的样本数据期数足够多的时候，统计值会与概率趋同。

在实战中，我们既要了解概率原理，又要详尽分析概率原理在实际开奖过程中的反应，利用统计原理指导我们分析判断指标，只有将它们结合起来使用，才会使得我们在实战中得心应手。

2. 分析排序尾指标的三大技术

在做指标统计分析时，必须要以概率原理为主，以统计原理为辅，遵循"非对称""非等量""求均衡"三大指标应用分析原理，从遗漏值、惯性、热温冷三方面对指标进行综合分析。只有这样才能举一反三、融会贯通，更好地分析判断每个指标。

排序尾号码指标的分析技术就是运用上述方式对排序尾号码统计表中每个指标进行分析，准确地判断和预测排序尾号码在排序尾统计表中出现的区间。

作者以双色球历史开奖数据为例（2004053~2004083期），向大家详细介绍一下分析排序尾号码指标的三大技术。

表2-8是一位排序尾号码统计表。在31期开奖数据中，一位排序尾号码在大中小区的大数区出现的次数最少，只有6次，约占19%，截至2004083期共遗漏了4次；在中数区出现次数最多，共出现过16次，约占52%，从2004080~2004083期连续出现4次，截至2008083期共遗漏0次；一位排序尾号码在小数区出现了9次，约占29%，截至2008083期共遗漏了10次。

表2-8 双色球红球号码一位排序尾号码统计表（2004053~2004083期）

开奖期号	红球号码					蓝球	一位排序尾	大数	中数	小数	2路	0路	1路	重合码	大数	小数	奇数	偶数	质数	合数
2004053	02	03	04	09	24 25	02	2	1	1	小数	2路	1	1	1	1	小数	1	偶数	质数	1
2004054	09	11	14	16	27 28	11	9	大数	2	1	1	0路	2	2	大数	1	奇数	1	1	合数
2004055	06	08	19	25	29 32	07	6	1	中数	2	2	0路	3	⑥	大数	2	1	偶数	2	合数
2004056	01	20	21	25	29 30	02	1	2	小数	3	1	1路	①	1	小数	奇数	1	质数	1
2004057	05	21	23	25	28 32	04	5	3	中数	1	2路	2	1	3	大数	1	奇数	2	质数	2
2004058	01	08	11	12	27 31	12	1	4	小数	1	3	1路	①	1	小数	奇数	3	质数	3
2004059	04	07	11	19	23 26	10	4	5	中数	2	1	2	4	1路	1	2	小数	奇数	1	偶数	合数
2004060	03	05	11	24	27 28	15	3	6	中数	2	3	0路	1	③	1	小数	奇数	1	质数	1
2004061	13	16	19	20	23 33	09	3	7	中数	3	4	0路	2	③	4	小数	奇数	2	质数	2
2004062	01	12	15	27	28 29	13	1	8	1	小数	5	1	1路	①	1	小数	奇数	2	质数	3
2004063	07	10	13	16	27 28	07	7	大数	2	1	6	2	1路	1	大数	1	奇数	4	质数	4
2004064	14	15	18	20	27 31	04	4	1	中数	2	7	3	1路	1	1	小数	1	偶数	1	合数
2004065	13	14	27	29	32 33	08	3	2	中数	3	8	0路	1	③	1	小数	奇数	1	质数	3
2004066	05	13	20	23	24 25	03	5	3	中数	4	2路	1	2	1	大数	1	小数	奇数	质数	2
2004067	01	06	07	13	16 32	04	1	4	小数	1	2	1	①	1	小数	奇数	1	质数	1
2004068	02	08	11	13	24 31	15	2	5	小数	2	3	1	2	1	小数	奇数	1	偶数	质数	4
2004069	02	11	15	20	22 29	05	2	6	小数	2路	4	2	1	1	小数	奇数	偶数	质数	5
2004070	10	12	21	22	30 33	06	0	7	4	小数	1	0路	3	3	1	小数	奇数	偶数	质数	1
2004071	03	08	16	17	21 29	06	3	8	中数	1	2	0路	4	3	1	小数	奇数	1	质数	合数
2004072	08	15	18	28	30 33	14	8	大数	1	2	2路	1	5	⑧	大数	1	偶数	1	合数
2004073	02	07	13	16	23 28	16	2	1	2	小数	2路	2	6	1	1	小数	奇数	偶数	质数	1
2004074	05	06	15	19	26 29	13	5	2	中数	2路	3	7	2	大数	奇数	1	质数	1
2004075	07	18	21	26	27 28	07	7	大数	1	2	1	4	1路	1	大数	1	奇数	1	质数	3
2004076	03	05	13	17	25 31	07	3	1	中数	3	2	0路	1	③	1	小数	奇数	1	质数	4
2004077	08	09	10	14	16 26	07	8	大数	1	4	2路	1	2	⑧	大数	1	偶数	1	合数
2004078	04	05	10	21	24 26	05	4	1	中数	5	1	2	1路	1	小数	2	偶数	2	合数
2004079	07	13	14	17	19 30	03	7	大数	1	6	2	3	1路	1	大数	1	奇数	2	质数	1
2004080	03	08	20	23	24 26	16	3	1	中数	7	3	0路	1	③	1	小数	奇数	1	质数	3
2004081	03	05	21	24	27 32	06	3	2	中数	8	4	0路	2	③	2	小数	奇数	1	质数	3
2004082	03	20	24	27	29 30	15	3	3	中数	9	5	0路	3	③	4	小数	奇数	4	质数	4
2004083	14	16	27	28	30 33	06	4	4	中数	10	6	1	1路	1	4	小数	1	偶数	1	合数

　　在大中小分区中，经过科学精确的计算得知，一位排序尾号码出现在大数区的理论概率为15%，出现在小数区的理论概率均为42%，一位排序尾号码出现在中数区的理论概率为43%。

　　表2-8中，一位排序尾号码在大中小区的大数区出现的概率为19%，在小数区的出现概率为29%，在小数区的实际出现概率低于理论概率，属于偏态；而出现在中数区的概率为52%，远远超过了中数区的理论概率。因此，根据"求均衡"原理，在选号过程中小数区是一位排序尾号码在接下来需要重点关注的高概率出现范围。

　　根据双色球2003001期开奖截止到2004083期共172期历史统计数据可知，一位排序尾号码在大中小区里小数区的最大遗漏次数为7次，而表2-8中一位排序尾号码在小数区共遗漏了10次，超过了历史最大遗漏的极限范围，所以一位排序尾号码出现在大中小区的小数区是我们选择的重点。

我们可以非常直观地从表2-8中看出一位排序尾号码各项指标的发展趋势，分辨出哪些指标处在活跃期，哪些指标处在休眠期区，这可方便我们选择出比较可靠的、精确的指标数据，以备进一步验证使用。当然，这还远远不够，下面的指标分析技术能进一步帮助彩民朋友进行精准选号。

(1) 遗漏值分析技术

1) 遗漏值历史数据分析

在乐透型彩票中，我们把每个指标（如大中小数、012路、奇偶数、大小数、质合数等）没出现的期数或间隔的数值统称为遗漏值。

在表2-8中纵列的大中小区的"小数区"里，一位排序尾号码在2004074~2004083期共遗漏了10次，可见一位排序尾号码统计表里一位排序尾号码在"小数区"的遗漏期数最长。

表2-9 双色球一位排序尾号码实战遗漏规律统计表(2003001-2004083)

项 目	大数	中数	小数	2路	0路	1路	重合码	大数	小数	奇数	偶数	质数	合数
统计期数	172	172	172	172	172	172	172	172	172	172	172	172	172
遗漏次数	25	46	45	37	33	39	46	40	40	45	45	39	39
平均遗漏	5.65	2.68	2.76	3.55	4.09	3.33	2.68	3.22	3.22	2.76	2.76	3.33	3.33
最大遗漏	19	8	10	12	13	9	6	10	4	4	7	4	9
遗漏1次	7	22	25	11	6	12	18	17	32	26	24	31	12
遗漏2次	1	10	10	9	8	12	18	3	4	12	6	5	8
遗漏3次	1	4	4	8	5	6	6	8	3	5	7	1	6
遗漏4次	2	5	3	3	5	5	3	3	2	3	3	2	5
遗漏5次	2	2	1	2	2	2	0	4	0	3	0	3	4
遗漏6次	3	2	0	0	2	0	1	0	0	0	0	0	0
遗漏7次	1	0	2	1	3	1	0	0	0	0	2	0	0
遗漏8次	3	1	0	1	0	0	0	0	0	0	0	0	0
遗漏9次	2	0	0	0	0	0	0	0	0	0	0	0	2
遗漏10次	1	0	1	0	0	0	0	0	0	0	0	0	0
遗漏10次以上	2	0	0	1	2	0	0	0	0	0	0	0	0
临界点	1-6	1-3	1-2	1-4	1-5	1-3	1-2	1-4	1-1	1-2	1-3	1-1	1-4

说明：

① 统计期数：指双色球开奖截止到2004083期的所有历史开奖数据；

② 遗漏次数：指统计期数内遗漏出现的次数；

③ 平均遗漏：统计期数-遗漏次数/（遗漏次数+1）；

④ 最大遗漏：指统计期数内连续出现遗漏的最大次数；

⑤ 遗漏N次：指统计期数内每次连续出现N次遗漏的所有出现次数；

⑥ 临界点：指统计期数内遗漏终止时出现次数最多的遗漏范围，也是遗漏出现"反转"时机的高概率范围值。

如表2-9双色球一位排序尾号码实战遗漏规律统计表中，统计了双色球从2003001期开始到2004083期共172期所有的历史开奖数据，发现在一位排序尾号码实战遗漏规律统计表中，一位排序尾号码在大中小区里大数区的最大遗漏值为19期，平均遗漏值为5.65期；其在中数区的最大遗漏值为8期，平均遗漏值为2.68期；一位排序尾号码在小数区的最大遗漏值为10期，平均遗漏值为2.76期。这时，我们还要清楚地知道一个事实：据统计，截止到2004073期，也就是本次一位排序尾号码在小数区遗漏10期之前，一位排序尾在小数区的最大遗漏仅为7。

在实战中，如果排序尾号码在某一区间的最大遗漏值越大，同时它的平均遗漏值也大，这表明这个排序尾号码在该区间出现的次数相对较少。

通过分析双色球所有的历史统计数据发现，一位排序尾号码在实战中出现在大数区的最大遗漏值和平均遗漏值是中数区和小数区的2~3倍。因此，在选择双色球红球备选号码时，一位排序尾号码应该首选中数或小数。实战案例也说明了这一点。在表2-8中的大中小区里，一位排序尾号码出现在中数区或小数区（尤其是中数区）的次数明显比出现在大数区的次数多。

双色球历史开奖号码的统计数据表明，在双色球玩法中，一位排序尾号码在大数区的平均遗漏期数是5.65期，其在中数区的平均遗漏期数为2.68期，在小数区的平均遗漏期数为2.76期。

实战经验告诉我们，如果排序尾号码在某一区间的遗漏值期数远远超过它本身的平均遗漏期数，那么我们就必须重点关注它。例如，在表2-8中，截止到2004083期，一位排序尾号码在大数区的遗漏值为4期，低于它的平均遗漏周期；在中数区的遗漏值为0，可以暂不考虑；唯独在小数区的遗漏值已经达到了10期，远远超过了它的平均遗漏值周期。所以，一位排序尾号码出现在小数区是我们关注的重点。

双色球历史开奖号码的统计数据还表明，在双色球玩法中，一位排序尾号码在大数区的最大遗漏值为19期，在中数区的最大遗漏值是8期，在小数区的最大遗漏值为10期(前面已经说明，一位排序尾在小数区的最大遗漏值实际为7)。在实战中，如果排序尾号码在某一区间的遗漏值期数接近或超过自身的最大遗漏值，那么我们就必须重点关注它。在表2-8中，截止到2004083期，一位排序尾号码在大数区的遗漏值为4期，远远低于它的最大遗漏周期；在中数区的遗漏值为0，也可以暂不考虑。可是在小数区的遗漏值已经达到了10期，已经超过了它在之前172期历史数据统计中的最大遗漏值。所以，我们必须重点关注一位排序尾号码出现在小数区的情况。

历史统计数据有一个重要特征：如果排序尾号码在某一区间的遗漏值大大超过它的平均遗漏期数，或者连续有两个较大的遗漏值出现，那么排序尾号码近期将会在这个区间频繁出现，这将给彩民朋友创造良好的战机。例如，表2-8中，一位排序尾号码从2004055期到2004062期、2004064期到2004071期在大中小分区的"大数区"连续进行了两次遗漏8期，然后在接下来的8期开奖中一位排序尾号码在大数区出现了4期，说明此时"求均衡"原理发挥了巨大的作用。

在表2-8中，通过遗漏值历史数据分析，一位排序尾号码出现在大中小分区的"小数区"的概率极高。小数区包括0、1、2三个数字，那么一位排序尾号码高概率的选择范围是0、1、2。

历史统计数据还有另一个重要特征：每个排序尾号码在每个区间都有不同的最佳遗漏值范围，该范围也是遗漏出现"反转"时机的高概率临界点，简称为临界点。

通过表2-9"双色球一位排序尾号码实战遗漏规律统计表"可知，一位排序尾号码在奇数区遗漏1~2期、在质数区遗漏1期是一位排序尾号码在该区的"临界点"，即表明一位排序尾号码在该区的遗漏值达到或超过这个范围后发生"反转"，再次出现在该区的概率很高。

在表2-8中，截至2004083期，一位排序尾号码在奇数区和质数区分别遗漏了1期，所以判断一位排序尾号码"反转"出现在奇数区或质数区的概率很大。由于我们已经确定选择0、1、2为一位排序尾号码的出现范围，1为奇数，1、2为质数，所以我们预测一位排序尾号码必为1或1、2。

2004084期红球开奖号码是01、04、08、11、21、25，一位排序尾号码是1，证明我们的分析都是完全正确的。

2) 遗漏值的量化分析

同一指标在间隔多少期后会再次出现？这种出现的可能性是多大？我们既可以通过分析历史数据，找出其固有的统计规律，也可以从理论上进行计算。通过理论计算把遗漏值的指标量化，计算出每一个指标的出现概率。

所有的彩票游戏都是一种概率事件，也都遵循概率的基本原则。在实际的教学实验中，抛硬币游戏通常被作为"独立随机事件"的典型例子。当我们连续抛一枚硬币20次，连续19次出现正面时，让您来猜第20次，您是猜正面还是反面呢？相信很多人都会选择反面，理由很简单也很充分，连续20次都是正面的机会太小了。这是一种逆向思维。其实就第20次事件本身而言，其正面与反面的出现概率还是50%。前面连续出现19次正面，与第20次是否是反面并不存在必然的联系。因为对于独立的随机事件，历史结果与某一次事件并不具有相关性。

当该游戏进行到上千次时，正面与反面的出现频率会接近，都是50%。但在有限次数里，正面与反面总会存在着客观上的差异。在50次抛投过程中，我们发现了如下基本事实：

第一，50%概率的抛硬币游戏过程中，在某一个时段，正反两面出现的次数并不完全一样。

第二，当游戏进行到一定的次数时，正反两面出现的总次数会相当接近。

连续19次出现正面，第20次出现反面的概率依然是50%。这就是概率论关于"50%概率"机会游戏的基本论述。其实我们并不需要过多地讨论概率原理，我们关心的是概率原理对购买彩票到底有没有帮助。

当抛币游戏进行到一定的次数时，正反两面出现的总次数会相当接近。假如在一个抛币试验区间内，正面出现的总次数已经多出反面出现的次数1000次，那么可以肯定在下一个时段内，总会有反面出现次数多于正面出现次数的情况；否则，正反两面出现的次数就不可能各接近50%。将这一原理应用到彩票游戏上，我们可以得出一个结论：当一个区间出现偏态之后，总会在另一个区间对这种偏态进行回补纠正。

从统计上讲，在偏态出现之后，下一个区间会对这种偏态进行回补，虽然我们不能肯定这种回补具体会在哪一次开奖中体现，但从总体上看，这种回补的可能性不但是可以预期的，而且是可以计算的。在彩票投注中，一个近期内没有出现的技术指标在接下来开奖中出现的可能性会随着遗漏值的增加而增加。

现在我们将这一原理引入双色球彩票游戏，先从实际的开奖结果来分析：先随意截取100期开奖结果进行统计，单看双色球红球号码的一位排序尾号码，100期中肯定不是每一个数字都均匀地出现了10次，当我们连续固定购买某一位数字，比如6，我们会发现，如果连续购买30期，其中赢得一次的机会是相当大的，也是可以预期的。在某些特定的时期，某一个指标出现的次数会明显增多，在这个过程中，如果连续购买，某个指标就会在短期内有多次出现的机会。

尽管每期开奖号码的摇出都是一次偶然事件，与上期号码之间也并不存在什么必然的联系，但是由于号码会出现偏态，某一个类型的指标在一个特定区间出现的总体趋势是可以预期的。中奖原本是小概率事件，但是，如果我们连续多次购买，可以提高中奖概率，能成功地将中奖这样一个小概率事件转化成一个大概率事件。

在随机游戏中，我们一般把出现可能性大于95%的事件称为大概率事件，而把小于5%的事件归结为小概率事件。只要是大概率事件，就是可以预期的，而小概率事件，尽管会在一次具体的游戏中发生，但从统计上讲，没有关注的必要。

在这里，我们引入了世界流行的博彩公式，它能计算出某一个随机事件出现的可能性与实验次数的关系，其计算公式是：N=log(1-DC)/log(1-P)。其中，N为间隔期数，DC为发生的可能性，P代表该指标的理论中奖概率。

以双色球一位排序尾号码统计表里大中小区的小数区为例，假设一位排序尾号码在小数区中出现可能性依次为95%、99%、99.9%，同时还知道一位排序尾号码出现在小数区为0、1、2的理论出现概率为42%（计算方法：双色球一位排序尾为0、1、2的红球号码所包括的投注号码数量占总的双色球红球投注数量的百分比即为该指标理论出现概率，其他依此类推），那么我们可以通过对数计算器中的对数功能求出N的值，就是间隔期数。计算结果表明，该排序尾号码在小数区出现的概率达到90%时的间隔期数是4.2期，达到95%时的间隔期数是5.5期，概率达到99%时的间隔期数是8.5期，而概率达到99.9%的间隔期数为12.7期。

在双色球游戏中，间隔期数也称为遗漏值，所以遗漏值的公式也可以这样表达：遗漏值=log(1-DC)/log（1-P）。所以，双色球一位排序尾号码在大中小区的小数区里出现概率为90%时的遗漏值为4.2期。如果截止到某一期时双色球一排序尾号码在小数区连续遗漏4期，那么在接下来的开奖中一位排序尾号码出现在小数区的概率已经几乎达到了90%；如果双色球一位排序尾号码在小数区连续遗漏了8.5期，那么在接下来的开奖中该位置的排序尾号码出现在小数区的概率已经几乎达到了99%，我们在实战预测时必选小数无疑。

表2-10　双色球一位排序尾号码指标遗漏值量化表

一位排序尾	大数	中数	小数	0路	1路	2路	重合码	大数	小数	奇数	偶数	质数	合数
尾数分布	3	4	3	5	3	3	4	5	5	5	5	5	5
理论概率	15%	43%	42%	29%	39%	32%	48%	33%	67%	55%	45%	68%	32%
90%遗漏值	14.2期	4.1期	4.2期	6.7期	4.7期	6.0期	3.5期	5.7期	2.1期	2.9期	3.9期	2.0期	6.0期
95%遗漏值	18.4期	5.3期	5.5期	8.7期	6.1期	7.8期	4.6期	7.5期	2.7期	3.8期	5.0期	2.6期	7.8期
99%遗漏值	28.3期	8.2期	8.5期	13.4期	9.3期	11.9期	7.0期	11.5期	4.2期	5.8期	7.7期	4.0期	11.9期
99.9%遗漏值	42.5期	12.3期	12.7期	20.2期	14.0期	17.9期	10.6期	17.2期	6.2期	8.7期	11.6期	6.1期	17.9期

通过查表2-10双色球一位排序尾号码指标遗漏值量化表，可以很容易地看出一位排序尾号码各项指标的遗漏值。一位排序尾号码为中数的概率为43%，如果选择中数区为一位排序尾号码的出现范围，可能性达到95%时，遗漏值为5.3期；当一位排序尾号码出现在中数区的可能性达到99%时，遗漏值为8.2期；当一位排序尾号码出现在中数区的可能性达到99.9%时，遗漏值为12.3期。

这些遗漏值是通过博彩公式计算后得出的，并且可以通过双色球的历史开奖数据来验证。我们通过对1040期的双色球历史开奖数据做统计，发现一位排序尾号码在中数区的最大遗漏值为11期，若以99%的可信性计算，一位排序尾号码在中数区遗漏的期数是8.2期；以99.9%的可信性计算时，一位排序尾号码在中数区最大遗漏期限是12.3期。这也说明了在统计的1040期双色球历史数据中，所有的一位排序尾号码在中数区里没有达到99.9%的可信性时即出现了。

到目前为止，还没有发现哪一个指标的遗漏值期数超过了我们所预计的99.99999%的结果。

这时我们再回头看表2-9，一位排序尾号码在小数区遗漏了10期。通过查表2-10双色球一位排序尾号码指标遗漏值量化表，一位排序尾号码出现在小数区的可能性达到99%时，遗漏值仅为8.5期，而现在一位排序尾号码在小数区已经遗漏的10期，也就是说明了接下来一位排序尾号码在小数区出现的可信性已经超过了99%，几乎达到了100%，量化的数据也清楚地提示我们必须重点关注一位排序尾号码出现在小数区，从另一方面也验证了我们前面分析的正确性。

表2-10是双色球一位排序尾号码指标遗漏值量化表。为了方便广大读者在实战中的使用，其他各个位置的排序尾号码指标遗漏量化表以及蓝球尾号码指标遗漏量化表也经过笔者进行科学精确地计算后，制作成表格并统一放在第二篇第五章第一节里供大家随时查询。

彩民朋友一定要牢记上面的遗漏值计算公式和各个位置排序尾号码的遗漏值量化表，它们在实战中应用非常广泛。因为从理论上计算出来的数据和我们通过统计得来的数据基本吻合，说明这个遗漏值量化表经得起"二重验证"，是非常有实战参考价值的。

3）遗漏值分析的经验总结

第一，实战中，如果排序尾号码在某一区间的遗漏值期数远远超过它本身的平均遗漏值，那么就必须重点关注它。

第二，实战中，如果排序尾号码在某一区间的遗漏值期数接近它本身的最大遗漏值，那么就必须重点关注它。

第三，如果排序尾号码在某一区间的遗漏值大大超过其平均遗漏期数，那么接下来排序尾号码近期会在这个区间频繁出现，这将给彩民创造良好的战机。

第四，每个排序尾号码在每个区间都有不同的临界点，也是遗漏出现"反转"时机的高概率范围值，要时刻跟踪关注。

第五，必须熟练掌握指标遗漏值量化表，并及时关注各个排序尾号码相应指标遗漏值的变化。例如，某期开奖号码中，双色球一位排序尾号码在质数区已经遗漏了4期，根据表2-10的双色球一位排序尾号码指标遗漏值量化表可知，一位排序尾号码在质数区遗漏达到4期后，接下来它在质数区出现的可信性将达到99%，必须予以重点关注。

（2）惯性的分析技术

惯性是物质运动的一种特征。在彩票分析中，惯性是指某个号码或指标（大中小、012路、奇偶、质合等）在一段时期内连续出现的现象。

如某个号码或指标连续出现2次，即惯性1次；连续出现3次，即惯性2次，其他以此类推。排序尾号码在各个指标区的分布状态具有惯性特性，在不同的指标区有不同的惯性分布。

表2-11 双色球红球号码六位排序尾号码统计表（2008010~2008040期）

开奖期号	红球 号码						蓝球号码	六位排序尾	大数	中数	小数	2路	0路	1路	重合码	大数	小数	奇数	偶数	质数	合数
2008010	03	08	11	17	21	27	09	7	大数	1	1	1	1	1路	1	大数	1	奇数	1	质数	1
2008011	02	14	17	21	30	32	03	2	1	2	小数	2路	2	1	2	1	小数	1	偶数	质数	2
2008012	03	04	05	16	20	30	13	0	2	3	小数	1	0路	2	3	2	小数	2	偶数	1	合数
2008013	02	08	15	16	22	28	10	8	大数	4	1	2路	1	3	⑧	大数	1	3	偶数	2	合数
2008014	03	09	11	17	21	31	14	1	1	5	小数	1	2	1路	①	1	小数	奇数	1	质数	1
2008015	06	08	11	16	29	33	03	3	2	中数	1	2	0路	1	③	2	小数	奇数	2	质数	2
2008016	03	12	14	21	29	33	13	3	3	中数	2	3	0路	2	③	3	小数	奇数	3	质数	3
2008017	02	05	07	17	20	22	02	2	4	1	小数	2路	1	3	1	4	小数	1	偶数	质数	4
2008018	02	05	06	23	26	33	13	3	5	中数	1	1	0路	4	③	5	小数	奇数	1	质数	5
2008019	02	09	11	17	27	31	05	1	6	1	小数	2	1	1路	①	6	小数	奇数	2	质数	6
2008020	03	10	13	15	28	30	03	0	7	2	小数	3	0路	1	1	7	小数	1	偶数	1	合数
2008021	09	12	19	20	26	28	15	8	大数	3	1	2路	1	2	⑧	大数	1	2	偶数	2	合数
2008022	12	18	20	24	28	32	05	2	1	4	2路	2	3	1	1	小数	3	偶数	质数	1
2008023	08	16	18	25	26	32	02	2	2	5	小数	2路	3	4	2	1	小数	4	偶数	质数	2
2008024	11	20	21	26	28	30	13	0	3	6	小数	1	0路	5	3	3	小数	5	偶数	1	合数
2008025	08	16	17	18	19	21	14	1	4	7	小数	2	1	1路	①	4	小数	奇数	1	质数	1
2008026	05	17	19	27	29	32	03	2	5	8	小数	2路	2	1	1	5	小数	1	偶数	质数	2
2008027	15	18	19	23	24	26	13	6	6	中数	1	1	0路	2	⑥	大数	1	2	偶数	1	合数
2008028	01	13	21	26	29	32	10	2	7	1	小数	2路	2	3	1	1	小数	3	偶数	质数	2
2008029	01	09	14	22	29	32	12	8	2	小数	2路	2	4	2	2	1	小数	4	偶数	质数	2
2008030	06	15	18	19	20	28	11	8	大数	3	1	2路	3	5	⑧	大数	1	5	偶数	1	合数
2008031	03	06	11	15	21	31	13	1	1	4	小数	1	4	1路	①	1	小数	奇数	1	质数	1
2008032	05	14	16	21	23	28	13	8	大数	5	2路	5	1	⑧	1	小数	1	偶数	质数	1
2008033	12	17	18	30	31	33	4	1	中数	2	1	0路	2	③	1	小数	奇数	1	质数	1
2008034	03	05	09	11	21	29	09	9	大数	1	3	2	0路	3	1	大数	1	奇数	2	1	合数
2008035	07	11	14	17	18	29	16	9	大数	2	4	3	0路	4	2	1	2	奇数	3	2	合数
2008036	02	06	13	18	23	28	16	8	大数	3	5	2路	1	5	⑧	大数	3	1	偶数	3	合数
2008037	01	12	22	24	28	31	06	1	1	4	小数	1	2	1路	①	1	小数	奇数	1	质数	1
2008038	03	09	10	11	15	19	13	9	大数	5	1	2	0路	1	1	大数	1	奇数	2	1	合数
2008039	01	07	10	13	22	29	01	9	大数	6	2	3	0路	2	2	大数	2	奇数	3	2	合数
2008040	06	13	22	25	27	28	09	8	大数	7	3	2路	1	3	⑧	大数	3	1	偶数	3	合数

从表2-11中可以看到，双色球红球号码六位排序尾号码的惯性运动在大中小区的小数区、012路区的2路区、大小数区的小数区、偶数区、质数区都表现得非常活跃。如果再结合根据双色球所有开奖数据统计的表2-12双色球六位排序尾号码实战惯性规律统计表可以看到：

表2-12　双色球六位排序尾号码实战惯性规律统计表（2003001~2008040期）

项目	大数	中数	小数	2路	0路	1路	重合码	大数	小数	奇数	偶数	质数	合数
统计期数	711	711	711	711	711	711	711	711	711	711	711	711	711
惯性次数	48	63	157	63	146	39	137	78	316	207	159	268	100
平均惯性	0.68	0.89	2.21	0.89	2.05	0.55	1.93	1.1	4.44	2.91	2.24	3.77	1.41
最大惯性	4	5	12	4	9	3	10	6	14	8	7	14	5
惯性1次	26	45	77	42	87	28	69	48	103	88	80	107	65
惯性2次	16	13	36	16	31	7	33	18	64	49	40	63	21
惯性3次	5	3	19	3	15	4	20	6	43	29	19	43	10
惯性4次	1	1	14	2	6	0	5	3	33	21	11	26	3
惯性5次	0	1	3	0	3	0	3	2	22	9	5	13	1
惯性6次	0	0	2	0	1	0	2	1	14	6	2	5	0
惯性7次	0	0	1	0	1	0	0	0	11	4	2	3	0
惯性8次	0	0	1	0	1	0	1	0	7	1	0	2	0
惯性9次	0	0	1	0	1	0	0	0	7	0	0	1	0
惯性10次	0	0	1	0	0	0	0	0	5	0	0	1	0
惯性10次以上	0	0	2	0	0	0	0	0	7	0	0	4	0
临界点	1-2	1-1	1-3	1-2	1-2	1-1	1-2	1-2	1-4	1-3	1-2	1-3	1-2

说明：

① 统计期数：指双色球开奖截止到2008040期的所有历史开奖数据；

② 惯性次数：指统计期数内惯性出现的次数；

③ 平均惯性：指统计期数内平均计算10期开奖期里惯性的出现次数，计算公式为：惯性次数/统计期数×10；

④ 最大惯性：指统计期数内连续出现惯性的最大次数；

⑤ 惯性N次：指统计期数内每次连续出现N次惯性的所有出现次数；

⑥ 临界点：指统计期数内惯性终止时出现次数最多的惯性范围，也是惯性出现"反转"时机的高概率范围值

在实战中，如果排序尾号码在某一区间的惯性次数达到或超过一定的惯性期数，即达到或超过"临界点"，那么该惯性出现"反转"的概率极高，我们必须关注它。

根据表2-12双色球六位排序尾号码实战惯性规律统计表中的统计数据，大中小分区的小数区里惯性运动一共进行了157次，其中惯性1次后"反转"的占77次，惯性2次后"反转"的占36次，惯性3次后"反转"的占19次，惯性4次后"反转"的占14次，这时惯性出现的总次数为146次。也就是说，如果六位排序尾号码在大

中小分区的小数区连续惯性了4次，那么这时惯性出现反转的概率为146/157，约为93%。

在表2-11双色球六位排序尾号码统计表中，从2008022期到2008026期里六位排序尾号码在大中小分区的"小数区"内连续出现5期，即惯性运动已经达到4次。根据表2-12双色球六位排序尾号码实战惯性规律统计表可知，六位排序尾号码在小数区连续4次进行惯性运动后"反转"的概率为93%，所以我们可以高概率地排除六位排序尾号码继续出现在小数区的情况。事实胜于雄辩，2008027期六位排序尾号码出现在中数区，说明我们的判断方法是正确的。

在实战中，如果排序尾号码在某一区间出现的惯性次数接近其本身的最大遗漏值，那么我们就必须重点关注它。在表2-11中，六位排序尾号码在大数区出现的惯性为2次（2008034期、2008035期和2008036期），接近它的最大惯性值4次（表2-12）。因此，我们大有信心预测其惯性出现"反转"的概率非常高，所以在接下来的选号工作中要排除六位排序尾号码出现在大数区的情况。

通过历史统计数据还可发现双色球排序尾号码的一个重要特征：每个排序尾号码在每个区间都有不同的最佳惯性范围，这个最佳惯性范围是指统计期数内惯性终止时出现次数最多的惯性范围，也是惯性出现"反转"时机的高概率范围值，我们称为反转临界点，简称临界点。

通过表2-12双色球六位排序尾号码实战惯性规律统计表可知，六位排序尾号码在奇数区惯性1~3期、在质数区惯性1~2期是六位排序尾号码的临界点，表明六位排序尾号码在该区的惯性出现次数达到或超过这个范围值后发生"反转"的概率很高，最低达到80%。

根据双色球711期历史数据的统计结果可知，六位排序尾号码在012路分区的1路区中共出现了39次惯性，而这39次惯性中，惯性1次就反转的达到28次。因此，我们可以非常有把握地排除六位排序尾号码在1路区出现惯性的情况，即使在1路区出现了惯性，它随后发生"反转"的概率也极高。例如，在表2-11中，六位排序尾号码在1路区就没有出现惯性，非常符合我们的惯性统计规律。

在实战中，如果排序尾号码在某阶段内惯性出现次数很少（低于平均惯性值），在另一阶段内就会多次出现以求回补；相反，如果在某一阶段内惯性出现得非常频繁，那么在下一阶段内出现的次数就会相对减少，以求均衡。

例如，在表2-11大中小分区的大数区里，2008010~2008033期共23期里没有出现惯性，呈现偏态，在接下来的开奖中我们预测惯性出现次数增多以求回补。果然，在2008035期和2008036期连续出现2次惯性，接下来在2008039期、2008040期又连续出现2次惯性。根据求均衡原理，我们继续看好大数区惯性出现，即分析判断六位排序尾的选择范围是大数，包括7、8、9。在实战中如果掌握好这个规律，就能准确地将排序尾号码确定在一个很小的范围内，意义非凡。

相反，在表2-11的偶数区里，经过2008020~2008024期、2008026~2008030期两个大的惯性出现后，我们预期接下来的开奖中六位排序尾号码在偶数区不会有惯性。事实上在接下来的10期开奖中，在偶数区没有惯性出现，再次印证这个规律的可靠性。

通过以上分析，我们总结出如下惯性分析的经验：

第一，在实战中，如果排序尾号码在某一区间出现的惯性次数达到或超过一定的惯性期数，甚至接近最大惯性值，该惯性出现"反转"的概率极高，我们必须关注它。

第二，在实战中，每个排序尾号码在每个区间都有不同的临界点，也是惯性出现"反转"时机的高概率范围值，要时刻跟踪关注。

第三，在实战中，如果在某个区间里排序尾号码在某阶段内惯性次数很少，在另一阶段内就会多次出现以求回补；相反，如果在某一阶段内惯性出现非常频繁，那么在接下来的阶段内出现的次数就会相对减少，以求均衡，这将给彩民创造良好的战机。

（3）热冷温分析技术

热、冷、温是根据数字0~9或指标在某一分析区间出现的次数来确定其对应数字或指标冷热状态的技术参数。

在双色球游戏中，一般是以7期为一个周期进行统计，在7期中如果排序尾号码在同一区间内出现大于2次的称为热码，等于2次的为温码，小于2次的则是冷码。热码呈热态，是整体或近期内经常出现的号码；温码呈温态，是整体或近期内正常开出的号码；冷码呈冷态，是整体或近期内较少开出的号码。热、冷、温其实与遗漏值有关。遗漏值越大，表明这个指标越冷；遗漏值越小，表明指标越热。每个位置的排序尾号码统计表不同，各个统计指标的热、冷、温状态也完全不同，我们以双色球2006110~2006139期开奖数据为例。

表2-13 双色球红球号码三位排序尾号码统计表（2006110~2006139期）

开奖期号	红球号码	蓝球号码	三位排序尾	大数	中数	小数	2路	0路	1路	重合码	大数	小数	奇数	偶数	质数	合数
2006110	09 12 14 18 27 33	13	4	1	中数	1	1	1	1路	1	1	小数	1	偶数	1	合数
2006111	01 08 11 16 17 22	15	1		2	1	小数	2	2	1路	①	2	小数	奇数	1	质数	1
2006112	04 09 13 15 31 33	11	3		3	中数	1	3	0路	1	③	3	小数	奇数	2	质数	2
2006113	05 14 17 18 28 33	02	7	大数	1	2	4	1	1路	1	大数	1	奇数	3	质数	3
2006114	08 10 14 20 27 29	16	4		1	中数	3	5	2	1路	2	1	小数	1	偶数	1	合数
2006115	01 10 20 26 28 29	15	0		2	1	小数	6	0路	1	3	2	小数	2	偶数	2	合数
2006116	05 16 21 22 32 33	09	1		3	2	小数	7	1	1路	①	1	小数	3	奇数	1	质数	1
2006117	06 14 20 22 23 26	09	0		4	3	小数	8	0路	1		4	小数	奇数	1	质数	1
2006118	01 03 07 08 10 30	05	7	大数	4	1	9	1	1路	1	大数	1	奇数	1	质数	1
2006119	01 02 14 20 27 30	02	4		1	中数	2	10	2	1路	3	2	1	小数	奇数	1	质数	1
2006120	06 08 14 15 24 33	09	4		2	中数	3	11	3	1路	4	2	小数	奇数	2	质数	2
2006121	03 04 06 27 31 33	06	6		3	中数	4	12	0路	1	⑥		大数	2	奇数	1	质数	1
2006122	04 05 06 08 22 24	03	6		4	中数	5	13	0路	1		大数	4	奇数	4	偶数	4	合数
2006123	02 03 20 25 28 32	06	0		5	1	小数	14	0路	3	1	1	小数	5	偶数	5	合数
2006124	12 13 14 18 31 32	13	4		6	中数	1	15	1	1路	2	2	小数	6	偶数	6	合数
2006125	15 19 23 30 32 33	06	3		7	中数	2	16	0路	1	③	3	小数	奇数	1	质数	1
2006126	02 08 13 16 24 33	09	3		8	中数	3	17	0路	2	③	4	小数	奇数	2	质数	2
2006127	03 04 11 17 19 30	01	1		9	1	小数	18	1	1路	①	5	小数	奇数	1	质数	1
2006128	04 15 21 30 31 33	05	1		10	1	小数	19	2	1路	①	6	小数	奇数	4	偶数	4
2006129	09 14 18 22 27 29	12	8	大数	3	1	2路	3	1	⑧		大数	2	奇数	1	偶数	1	合数
2006130	01 12 21 22 30 32	02	1		1	4	小数	1	4	1路	①	1	小数	奇数	1	质数	1	合数
2006131	03 04 09 22 26 33	01	9	大数	5	1	2	1	0路	1	1	1	奇数	1	质数	1
2006132	06 14 22 26 30 33	01	2		1	中数	小数	2路	1	1	1	1		偶数	质数	1
2006133	04 06 20 25 29 31	03	0		2	7	小数	1	0路	3	2	1	小数	偶数	1	合数
2006134	10 13 18 26 28 30	12	8	大数	8	1	2路	1	4	⑧		大数	1	3	偶数	2	合数
2006135	04 19 21 22 23 31	04	1		1	9	小数	1	2	1路	①	1	小数	奇数	1	质数	1
2006136	11 15 17 21 22 24	05	7	大数	10	1	2	5	1路	1	大数	1	奇数	1	质数	1
2006137	10 14 17 21 27 31	09	7	大数	1	2	3	4	1路	1	大数	1	奇数	4	质数	4
2006138	04 09 11 17 18 26	08	1		1	12	小数	2	4	5	1路	1	2	小数	奇数	4	质数	4
2006139	07 08 14 21 23 25	05	4		2	中数	1	5	6	1路	1	2	小数	偶数	1	合数

表2-13双色球红球号码三位排序尾号码统计表中，观察2006133~2006139期最近7期的开奖，三位排序尾号码在大中小分区的大数区和小数区里分别出现3次，表现为一般性热态，而在中数区因为只出现了1次，呈现为冷态。在012路分区内，因为三位排序尾号码分别在2路区、0路区出现1次，呈现绝对的冷态，而在1路区因连续出现了5次而表现出极端的热态。所谓热者恒热、冷者恒冷，"非等量"现象非常明显。

在实战中，如果排序尾号码在同一区间的某一阶段内呈现出相对或绝对的冷态，那么根据"求均衡"原理，排序尾号码会在另一阶段内更好地表现，以实现"调偏回补"。在表2-13中，2006119~2006128期的10期里，三位排序尾号码在大数区出现了0次，表现为极度的冷态。"非等量"出现后，根据"求均衡"原理，我们预期三位排序尾号码在后面会有好的表现。果然，在后面的9期开奖中三位排序尾号码在大数区出现了5次。

同理，表2-13中，三位排序尾号码从2006118~2006124期的7期开奖里在奇数区只出现了1次，也呈现出绝对的冷态。因此，我们预期后期三位排序尾号码在奇数区会有上佳的表现。大冷之后必有大热，在接下来的7期开奖中三位排序尾号码在奇数区里出现了6次，迅速地完成了"调偏回补"。在同一阶段里，三位排序尾号码在质数区也完美地进行了一次"求均衡"。

在实战中，如果排序尾号码在同一区间的某一阶段内呈现出热态，根据"求均衡"原理，排序尾号码会在另一阶段内过渡到温态或冷态，以求平衡。在表2-13中，2006119~2006126期的8期开奖里三位排序尾号码出现在中数区达到8次，呈现为极度的热态，是一种偏态；而在大数区和小数区表现出冷态，也是一种偏态，这也是一种"非等量"现象。根据求均衡原理，偏态必然要进行调整以求平衡。那么，热态必然转化为温态或冷态，而冷态也必然趋于热态或温态转化。通过以上的冷热温分析，我们必须关注三位排序尾号码接下来会出现在大数区或小数区。大热后必有大冷，果然在接下来的开奖中三位排序尾号码在中数区连续遗漏了12期，呈现绝对的冷态。

表2-13中，大家可能会关注到三位排序尾号码在2路区呈现的冷态，因为它在2006110期之前的37期内共出现过19次，故热极必冷。在实战中，如果我们能把握住冷热转化的过程，不但能有效地排除每个排序尾号码不太可能出现的区间，还能根据"调偏回补"的原理精准地分析每个技术指标，从而更精确地选择排序尾号码。

通过以上分析，我们总结出了如下热冷温分析的经验：

第一，在实战中，如果排序尾号码或其他指标在同一区间的某一阶段内呈现出冷态或热态，根据"求均衡"原理，排序尾号码或其他指标会在另一阶段内经过温态过渡或直接向相反方向发展，以求平衡。

第二，对每个位置排序尾统计表不同指标的热、冷、温的变化要了如指掌。

第三，要重点关注热态的指标。根据经验，某个指标的热态最有可能持续热下去，真正的"强者恒强"。而冷态则是不可靠的，一味搏冷并不可取。

第四，对指标热、冷、温的判定，一定要根据各区间各指标的出现概率来进行比较衡量，那样才更有参考使用价值。

四、排序尾指标的选用原则

双色球排序尾号码统计表通俗易懂、简约神奇，其所选择的各项技术指标更是精心萃取的精华。但是，还需要彩民朋友根据自身实际情况灵活应用。各项指标的重要性是随预测号码而变的，可能预测这期的中奖号码时，大中小的作用最大，到了下期，012路就成了关键性的指标了。单独使用各项指标来分析预测中奖号码是不可取的，因为它的预测能力有限，读者必须对13类指标加以综合应用，灵活选择。这就需要一个指标选择的指导思想了。指标的选择和应用究竟要遵循哪些原则呢？

1. 指标的选择原则

只有准确选择排序指标，再通过指标分析确定每个排序尾号码，最后才能精准组合号码。所以说，指标选择是保证高概率中奖的关键。我们可以结合双色球排序尾实战遗漏值和惯性统计表以及指标遗漏值量化表来加以综合运用。

首先，必须全面观察每个指标在排序尾号码统计表中所表现的状态。如果在排序尾号码统计表中，某个指标在某个区间内的遗漏、惯性或热冷温状态等表现得非常突出，那么就可以判断这个指标有"明显态势"可抓。依据"明显态势"代表指标的遗漏、惯性运动或热冷温状态在每个统计表中的表现情况，可以确定选择使用哪几种指标。假如一位排序尾号码在中数区已经遗漏了7期，远远低于它的理论出现概率，并接近实战中最大的遗漏值数据。根据指标量化表可知，一位排序尾号码出现中数区的可信性非常高，已经接近99.9%，那么，这个指标便有"态势明显"的特征，可以选择使用。

反过来说，如果某个指标从整体上看表现得非常明显，特征性很强，比如一位排序尾号码在大小区的小数区出现的概率非常高，但是现在观察到的结果是，它在短期内没有这种表现，出现了"异常"现象，那么，它发生"反转"的可能性极大，这时，小数就是一个不可忽视的指标，应毫不犹豫地选择。

同样，如果某个指标在近期内出现的次数呈现"偏态"，并且达到了极限，那我们完全可以排除它继续出现的可能性。这样的指标也是应该选择的。比如，若四位排序尾号码在大数区已经连续出现并惯性3期，接近四位排序尾号码出现在该区最大惯性次数的极限，那么发生"反转"的概率极高，所以我们完全可以排除四位排序尾号码继续出现在大数区的可能性。

总之，必须以排序尾号码统计表为基础，以指标的分析技术为准则来分析判断每个指标，从正反两方面来评判该指标的使用价值。指标在统计表中表现得越有规律，它的应用价值越大。

如果某个指标在长期表现很有规律，只是在近期表现得不尽如人意，说明该指标有极大的潜力，具有很大的预测能力，往往能帮助你在实战中出其不意、屡立战功。

虽然指标很多，即使是相同的指标，在不同的统计表中的表现也有差异。有的一团雾水，朦胧难辨；有的清晰可见，呼之欲出。因此，要想一击命中中奖号码，就必须找最有规律、状态最明显的指标，那些表现不规律的、不明显的指标则坚决不用，宁精毋滥。

2. 指标的应用原则

选好指标后，接下来就要对指标逐个进行分析，最后提炼出组合结果，这便是指标的应用环节，也是中奖的重要环节。每个指标既可单独使用，也可以联合作战；既可交叉使用，也可相互印证。

（1）交叉使用原则

所谓交叉使用，就是每次在进行指标分析时，需将各种已经选择好的指标分门别类地排列开来，看其中哪个指标最"异常"，"态势最明显"，哪个好选用哪个。在此基础上，各种指标都可以交叉使用，大中小数可以和质数合数交叉使用，012路也可以和大小数交叉使用。大家一定要活学活用，举一反三。

（2）相互印证原则

所谓相互印证，是指每次应用指标确定排序号码时，可以同时使用几种方法相互参照，从不同角度分析中奖号码，看看其结果有没有统一性。如果分析选择是正确的，结果应当完全一致。例如，在实战中，我们根据小数区指标确定某一位排序尾号码在小数区出现，同时还能确定该排序尾号码是奇数，小数包括号码0、1、2，奇数包括号码1、3、5、7、9，那么我们通过交叉使用原则就可以判断这个排序尾号码是1，如果还能确定该排序尾号码为质数，就再次证明了之前的推断是可靠的。反之，如果有一项或两项不符合，说明指标的分析有问题。相互印证实则是对指标的一种校验。

第三节　排序定位法实战操练

通过前面排序定位法应用原理和指标应用的学习，相信每个彩民朋友对排序尾统计表的制作及指标的各种分析技术已经有了详细的了解。

那么，在实战中怎样去分析每个排序尾统计表并选出每个位置上高概率的备选号码来进行投注呢？这个分析和选号的过程我们称为"定尾选号"，它包含两个重要的步骤：第一步是排序尾分析；第二步是排序区间过滤。按照次序进行，缺一不可。

一、排序尾号码分析

双色球游戏中，将红球开奖号码按从小到大的顺序排列后，可以制作出六个排序尾号码统计表。如何分析这六个排序尾号码？按照习惯性思维，彩民可能会先分析一位排序尾号码统计表，然后分析二、三、四、五、六位。但这种分析次序不是最有效的。

在实战中，我们通常首先分析一位排序尾号码统计表和六位排序尾号码统计表，然后再分析二位排序尾号码统计表和五位排序尾号码统计表，最后才分析三位排序尾号码和四位排序尾号码。

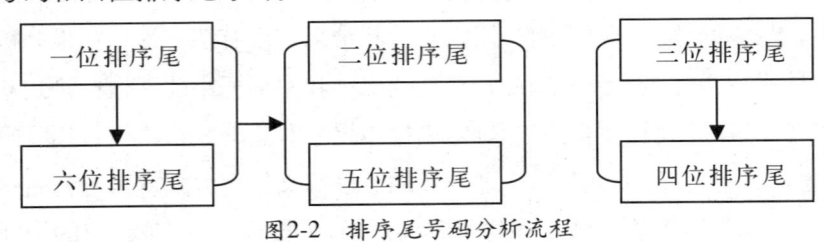

图2-2　排序尾号码分析流程

为什么要先分析一位排序尾号码统计表和六位排序尾号码统计表，然后再去分析其他的统计表呢？

假设我们通过分析一位排序尾号码统计表后确定一位排序尾号码为8，那么红球备选号码包括08、18、28，第一位置上备选红球号码中最小的号码为08。如果再分析六位排序尾号码后还能确定六位排序尾号码是7、8、9中的一个，那么第六位置的红球号码最大只能是27、28、29三个号码中的一个，也就无形中排除了30、

31、32、33四个号码。

我们确定了第一位置红球号码里最小的备选号码为08，第六位置红球号码里最大的备选号码是29，这时再通过分析二位排序尾号码选择第二位置红球号码时，就可以首先排除掉小于或等于08和大于或等于29的号码，而只能在09~28之间选择。假如通过二位排序尾号码统计表分析判断二位排序尾号码是3，我们知道09~28号码之间红球号码尾数为3的号码只有13、23，那么可以肯定地说号码13、23就是第二位置上红球号码的备选号码，从而排除了03和33，大大缩小了选号范围，选号的精确性和准确性相对提高了很多。如果我们再通过分析五位排序尾号码统计表确定第五位红球号码的开出范围，第三位、第四位备选红球号码的选择范围也就大大缩小了。这种由外至内、层层定位缩小包围圈的选号流程，是一种效率非常高的号码分析流程。

1. 趋势分析

知道了所有排序尾号码统计表的整体分析流程，接下来就要具体分析每个排序尾号码统计表，从而才能精准地判断每个排序尾号码。在分析每个排序尾号码统计表时，我们首先需要针对每个统计表内指标的整体变化趋势做出正确的判断。指标趋势有三种：短期趋势、中期趋势和长期趋势。一般来说，我们重点关注短期趋势和中期趋势，而对于长期趋势，由于其对实战的指导意义不大，一般不用特别关注。而且，长期趋势总是会向中期、短期趋势转化的。当然，若能从历史长期数据中看出指标的变化趋势，掌握每个指标的整体情况，对于预测中奖号码也会起到意想不到的作用。大家在平时多观察、多揣摩双色球历史数据统计表，熟悉每个统计表里的指标走势变化，更好地应用于实战。

短期趋势一般指10期内的变化情况，或者是平均遗漏期内的变化情况；中期趋势一般指50期内的变化情况。指导我们分析判断号码开出规律的一般都是中短期趋势。在具体实战中，我们没有必要把现有的几百期历史开奖数据翻个遍，而只要了解最近的30~50期，最多不超过80期开奖号码，就能给我们的分析判断提供非常有价值的信息。

一般而言，我们采用排除法来观察一个指标的趋势变化，以及根据这种趋势变化确定某个指标是否是关键性指标。比如，根据一段时间内排序尾号码连续出现在中数区这一客观事实，可以判断近期一定会出现在小数区或大数区的调整，那么0、1、2、7、8、9六个号码就是我们必须高度关注的排序尾号码。再如，排序尾号码在质数区是以间隔1、2、3期的递增形式出现的，现在间隔4期，通过历史数据发现，类似现象常常不会再次同量递增，从而排除排序尾号码在质数区再次出现的情况。

在实战中，我们以排序尾号码统计表的指标分类为标准，逐步分析每个指标、每个图表。在做分析的工作前必须做足功课，把每个排序尾号码统计表的指标特征以及整体的趋势了解透彻，这样才能轻装上阵，胜券在握。

2. 排序定位法实战步骤详解

我们以双色球2004年2004006~2004036期共31期开奖数据为例，对表2-14双色球红球号码一位排序尾号码统计表进行分析后选择一位排序尾号码。

这时，表2-15双色球一位排序尾号码遗漏规律统计表（2003001~2004036期）和表2-16双色球一位排序尾号码惯性规律统计表（2003001~2004036期）也会在分析中起到重要的作用。

表2-14　双色球红球号码一位排序尾号码统计表（2004006~2004036期）

开奖期号	红球号码	蓝球号码	排序1尾	大数	中数	小数	2路	0路	1路	重合码	大数	小数	奇数	偶数	质数	合数
2004006	04 12 18 20 23 32	06	4	1	中数	1	1	1	1路	1	1	小数	1	偶数	1	合数
2004007	04 12 17 20 25 28	09	4	2	中数	2	2	2	1路	2	2	小数	2	偶数	2	合数
2004008	01 07 10 22 32 33	13	1	3	小数	3	3	1路	①	3	小数	奇数	1	质数	1
2004009	01 09 10 16 22 24	11	1	4	2	小数	4	4	1路	①	4	小数	奇数	2	质数	2
2004010	06 07 08 13 14 19	15	6	5	中数	1	5	0路	1	⑥	大数	1	1	偶数	1	合数
2004011	01 04 13 23 28 30	03	1	6	1	小数	6	1	1	①	1	小数	奇数	1	质数	1
2004012	01 07 27 30 31 33	08	1	7	2	小数	7	2	1	①	2	小数	奇数	2	质数	2
2004013	12 14 21 29 30 32	13	2	8	3	小数	2路	3	1	1	3	小数	1	偶数	1	质数
2004014	03 07 11 17 20 26	12	3	9	1	中数	1	0路	2	③	4	小数	奇数	1	质数	1
2004015	01 03 05 18 22 23	13	1	10	1	小数	2	1路	1	①	5	小数	奇数	1	质数	5
2004016	04 07 08 28 30 32	05	4	11	中数	1	3	1路	1	6	小数	1	偶数	1	合数
2004017	05 12 14 15 25 31	09	5	12	中数	2	2路	3	1	2	大数	1	奇数	1	质数	1
2004018	02 05 06 08 28 30	06	2	13	1	小数	2路	4	2	3	1	小数	1	偶数	1
2004019	04 10 11 20 22 32	04	5	14	中数	1	2路	5	3	4	大数	1	奇数	2	质数	1
2004020	01 02 09 22 28 32	04	1	15	1	小数	1	6	1路	①	1	小数	奇数	2	质数	1
2004021	05 09 11 17 26 27	10	5	16	中数	1	2路	7	1	1	大数	1	奇数	3	质数	5
2004022	03 10 14 17 20 30	06	3	17	中数	2	1	0路	2	③	1	小数	奇数	4	质数	6
2004023	01 08 14 17 19 30	03	1	18	1	小数	2	1路	①	2	小数	奇数	5	质数	7
2004024	01 13 21 23 25 32	06	1	19	2	小数	3	1路	1	①	3	小数	奇数	6	质数	8
2004025	07 08 10 24 29 33	04	7	大数	3	1	中数	2	1	4	大数	1	奇数	7	质数	1
2004026	04 10 14 18 28 32	15	4	1	中数	2	5	2	1路	1	1	小数	1	偶数	1	合数
2004027	01 05 10 18 32	11	1	2	1	小数	6	5	1路	①	1	小数	奇数	1	质数	1
2004028	01 02 03 05 10 22	12	1	3	1	小数	7	1路	①	3	小数	奇数	2	质数	2
2004029	09 13 20 22 24 32	05	9	大数	3	1	8	0路	1	1	大数	1	奇数	3	质数	合数
2004030	01 07 09 17 26 31	05	1	1	4	小数	9	1路	①	1	小数	奇数	4	质数	1

续表

2004031	03	06	19	20	21	24	11	3	2	中数	1	10	0路	1	③	2	小数	奇数	5	质数	2
2004032	02	05	08	11	15	31	13	2	3	1	小数	2路	1	2	1	3	小数	1	偶数	质数	3
2004033	01	04	08	09	19	20	01	1	4	2	小数	1	2	1路	①	4	小数	奇数	1	质数	4
2004034	02	07	13	20	27	30	14	2	5	3	小数	2路	3	1	3	5	小数	1	偶数	质数	5
2004035	02	08	26	27	30	32	16	2	6	4	小数	2路	4	2	2	6	小数	2	偶数	质数	6
2004036	02	13	17	18	26	30	01	2	7	5	小数	2路	5	3	3	7	小数	3	偶数	质数	7

表2-15 双色球一位排序尾号码遗漏规律统计表（2003001~2004036期）

项　目	大数	中数	小数	2路	0路	1路	重合码	大数	小数	奇数	偶数	质数	合数
统计期数	125	125	125	125	125	125	125	125	125	125	125	125	125
遗漏次数	16	34	35	27	23	26	33	28	28	33	33	29	28
平均遗漏	6.41	2.6	2.50	3.5	4.25	3.67	2.71	3.34	3.34	2.71	2.71	3.2	3.34
最大遗漏	19	8	7	12	13	9	6	7	4	4	7	4	9
遗漏1次	4	17	20	9	5	8	13	11	23	20	19	24	9
遗漏2次	0	8	8	5	7	7	13	2	2	9	5	3	8
遗漏3次	1	4	3	6	2	3	4	3	2	3	3	0	4
遗漏4次	1	2	1	2	2	4	3	3	1	1	1	2	1
遗漏5次	0	0	1	0	0	1	0	2	0	0	3	0	3
遗漏6次	3	1	0	0	2	0	1	2	0	0	0	0	0
遗漏7次	1	0	1	0	1	0	0	0	0	0	2	0	1
遗漏8次	1	1	0	0	0	0	0	0	0	0	0	0	0
遗漏9次	2	0	0	0	0	1	0	0	0	0	0	0	1
遗漏10次	0	0	0	1	0	0	0	0	0	0	0	0	0
遗漏10次以上	2	0	0	1	2	0	0	0	0	0	0	0	0
临界点	1-6	1-3	1-2	1-4	1-6	1-3	1-2	1-4	1-1	1-2	1-3	1-1	1-4

说明：

① 统计期数：指双色球2003001期截止到2004036期的所有历史开奖数据；

② 遗漏次数：指统计期数内遗漏出现的次数；

③ 平均遗漏：统计期数-遗漏次数/（遗漏次数+1）；

④ 最大遗漏：指统计期数内连续出现遗漏的最大次数；

⑤ 遗漏N次：指统计期数内每次连续出现N次遗漏的所有出现次数；

⑥ 临界点：指统计期数内遗漏终止时出现次数最多的遗漏范围，也是遗漏出现"反转"时机的高概率范围值

表2-16　双色球一位排序尾号码惯性规律统计表（2003001~2004036期）

项　目	大数	中数	小数	2路	0路	1路	重合码	大数	小数	奇数	偶数	质数	合数
统计期数	125	125	125	125	125	125	125	125	125	125	125	125	125
惯性次数	20	48	57	41	31	53	56	37	88	71	54	87	38
平均惯性	1.60	3.84	4.56	3.28	2.48	4.24	4.48	2.96	7.04	5.68	4.32	6.96	3.04
最大惯性	3	5	5	3	4	6	5	4	7	7	4	9	4
惯性1次	16	34	36	27	24	26	33	28	29	33	34	29	29
惯性2次	3	9	13	12	4	13	14	5	18	14	14	20	5
惯性3次	1	3	5	2	2	7	6	3	16	9	5	12	2
惯性4次	0	1	2	0	1	3	2	1	10	6	1	8	0
惯性5次	0	1	1	0	0	2	1	0	7	5	0	5	0
惯性6次	0	0	0	0	0	2	2	0	5	2	0	4	0
惯性7次	0	0	0	0	0	0	1	0	3	2	0	4	0
惯性8次	0	0	0	0	0	0	0	0	0	0	0	2	0
惯性9次	0	0	0	0	0	0	0	0	0	0	0	1	0
惯性10次	0	0	0	0	0	0	0	0	0	0	0	0	0
惯性10次以上	0	0	0	0	0	0	0	0	0	0	0	0	0
临界点	1-1	1-1	1-2	1-1	1-1	1-2	1-2	1-1	1-4	1-3	1-2	1-4	1-2

说明：

① 统计期数：指双色球2003001期截止到2008040期的所有历史开奖数据；

② 惯性次数：指统计期数内惯性出现的次数；

③ 平均惯性：指统计期数内平均10期开奖数据里惯性的出现次数，计算公式为：惯性次数/统计期数×10；

④ 最大惯性：指统计期数内连续出现惯性的最大次数；

⑤ 惯性N次：指统计期数内每次连续出现N次惯性的所有出现次数；

⑥ 临界点：指统计期数内惯性终止时出现次数最多的惯性范围，也是惯性出现"反转"时机的高概率范围值

第一步 大中小区分析

观察大中小区里大数、中数、小数每个分区的整体趋势情况，看看有什么规律性特征。

我们知道在一位排序尾号码统计表的大中小区里，一位排序尾号码出现在大数区、中数区和小数区的理论概率分别为15%、43%和42%。因此，在一位排序尾号码统计表中的大中小区里一位排序尾号码出现在大数区的次数比出现在

中数区和小数区的要少。再根据表2-15双色球一位排序尾号码遗漏规律统计表（2003001~2004036期）可知，一位排序尾号码在大中小区里大数区的最大遗漏值为19，平均遗漏值是6.41期，相对是一位排序尾号码在中数区和小数区的最大遗漏和平均遗漏的2倍多，因此也清楚地说明了这一点。

综上所述，我们在实战中分析一位排序尾号码统计表时，要重点关注一位排序尾号码出现在中数区和小数区的情况。

表2-14中截止到2004036期，一位排序尾号码在大中小分区的大数区遗漏了7期，刚刚超过它的平均遗漏值，并且一位排序尾号码在大数区遗漏了19期后在接下来的2004025期、2004029期里出现了2次，短期内进行了迅速调偏回补，所以我们不考虑一位排序尾号码会出现在大数区。

非常明显的是，表2-14中的一位排序尾号码从2004030期到2004036期的7期里，在小数区一共出现了6次，呈现了极度的热态。同时，一位排序尾号码在小数区的出现已经惯性4次，几乎达到了一位排序尾号码惯性规律统计表中的最大惯性值。因此，根据求均衡原理，可以高概率地排除一位排序尾号码继续出现在小数区。

接下来，我们继续观察一位排序尾号码出现在中数区的情况。表2-14中，截止到2004036期，一位排序尾号码在大中小区的中数区已经遗漏了5期，根据一位排序尾号码指标量化表可知，这时该排序尾号码出现在中数区的可信性已经超过90%，接近95%；根据一位排序尾号码遗漏规律统计表，一位排序尾号码出在中数区的最大遗漏值是8，其遗漏值临界点是1~3期，现在该排序尾号码在中数区的遗漏值已经超过临界点，一位排序尾号码在中数区遗漏5期后出现"反转"的概率为94%。（遗漏1次的次数17，加上遗漏2次的次数8，依次加到遗漏5次的次数1合计为32次，再除以总的遗漏次数34次，得出反转的概率为94%）。因此，根据以上种种分析，一位排序尾号码出现在中数区的概率很高。

第二步 012路区分析

首先对012路区里0路、1路、2路每个分区的整体趋势分析，总结一下有什么规律性特征。

表2-14中2004006~2004016期共11期里，一位排序尾号码在2路区出现的次数呈现冷态。"非等量"过后一定会进行"求均衡"，因此，在接下来的2004017~2004021期开奖中，一位排序尾号码在2路区里短期内出现了4期，迅速完成了调偏回补，成功地进行了一次冷热趋势的转化。接下来一位排序尾号码在2路

区连续遗漏了10期后,在2004032~2004036期短期内又出现了4次调偏回补,开始新一轮的热冷转换。大家可以看到,该排序尾号码在2路区的冷热转换很有规律。

在表2-14中,一位排序尾号码在2路区出现了3次,即惯性2次。根据一位排序尾号码惯性规律统计表的历史统计数据可知,惯性临界点为1~1。在711期的历史统计数据中,一位排序尾号码在2路区出现惯性共41次,其中出现1次惯性和2次惯性的次数为39次,那么惯性两次后出现"反转"的概率约占总惯性次数的95%。因此,我们可以预期在下期开奖中一位排序尾号码继续出现在2路区的可能性极小,予以排除。

在表2-14中,一位排序尾号码在0路区遗漏了5期,根据一位指标遗漏值量化统计表知道,此时该排序尾号码出现在0路区的可信性已经接近90%。因此,我们非常看好一位排序尾号码出现在0路区。

再看1路区。表2-14中,2004023~2004028期的6期里,一位排序尾号码在1路区出现了6次,表现了极度的热态,真正的"热者恒热"。既然出现了"非等量"现象,那么"求均衡"原理势必发生了作用。为了求均衡,一位排序尾号码在1路区的出现一定会"调偏回补"。果不其然,在经历了分别遗漏1期和2期的温态过渡后逐渐向冷态发展。截止到2004036期,一位排序尾号码在1路区遗漏3期,虽然达到了遗漏值临界点,但是根据遗漏值指标量化表,该排序尾号码在1路区出现的可能性也只是接近了90%,根据之前的趋势表现,可以关注。

通过012路分区的分析,一位排序尾号码出现在2路区可以高概率地排除,并且该排序尾号码出现在0路区的概率高于出现在1路区里。因此,我们选择即将开奖的一位排序尾号码出现在0路区。

第三步 重合码分析

重合码是个特殊的指标,它代表大中小区与012路区交集的1、3、6、8四个号码的出现状态。

表2-14中,从2004008期到2004015期的8期里,一位排序尾号码在重合码区出现了7期,呈现热态。在接下来的开奖中连续遗漏了4期,迅速完成了"调偏回补"。之后断续频繁出现,截止到2008036期,一位排序尾号码在重合码区又遗漏了3期。根据一位排序尾指标遗漏值量化表可知道,一位排序尾号码在重合码区遗漏3期再次出现该区的可信性已经接近90%。

根据一位排序尾号码遗漏值规律统计表可知,一位排序尾号码在重合码区遗漏

3次后出现"反转"的概率已经达到90.4%。通过以上分析，我们看好一位排序尾号码会高概率地出现在重合码区。

第四步 大小区分析

大小区分为大数区与小数区。表2-14中，一位排序尾号码在小数区表现得强者恒强，而很少在大数区出现，呈现冷态。截止到2004036期，一位排序尾号码在大数区已经遗漏7期，虽然根据一位排序尾指标遗漏值量化统计表分析，该排序尾号码出现在大数区的可信性已经接近了95%，这时通过一位排序尾号码实战遗漏规律统计表还可知道，一位排序尾号码在大数区的最大遗漏值为7，目前的遗漏期数已经与最大遗漏期数持平，说明这个指标处于极度的冷态，前面已经说过冷态是最不可靠的，因此综合来看目前只能重点关注。

第五步 奇偶区分析

奇偶区包括奇数区和偶数区，从理论概率来说虽然出现的概率相差不是很大，但是根据排序尾号码统计表的不同，会有差异性的变化，表现的形态也各有不同。我们要从遗漏值、惯性运动、热冷温等几个方面去分析选择这个指标。从表2-14中可以观察到，截止到2004036期，一位排序尾号码在奇数区已经遗漏了3期，根据一位排序尾指标遗漏值量化统计表可知在该排序尾号码在奇数区遗漏3期后出现的可信性已经超过90%。

表2-14中，一位排序尾号码在偶数区经历2004019~2004025期、2004027~2004031期两个大的遗漏后，迅速调偏回补，并且在截止到2004036期时已经惯性2次。我们根据一位排序尾号码实战惯性规律统计表知道，一位排序尾号码在偶数区惯性2次后反转的概率高达88%。

通过以上分析后，我们可以高概率地排除一位排序尾号码继续出现在偶数区的可能性，也就是重点关注一位排序尾号码在奇数区的出现。

第六步 质合区分析

质合区包括质数与合数分区。表2-14中，一位排序尾号码在质数区连续惯性了6期，而它的最大惯性值为9期；同时一位排序尾号码在合数区连续遗漏了7期，它的最大遗漏值是9期。

所以，在接下来的开奖中一位排序尾号码出现在哪个区间不是十分明了，根据指标的选用原则，这样的指标没有参考价值，不予选用。

第七步 综合分析

通过对一位排序尾号码统计表里六大类指标的分析，我们得出以下结论：

第一，排除一位排序尾号码出现在小数区的情况，即排除掉一位排序尾号码为0、1、2的情况。

第二，选择一位排序尾号码出现在0路区，包括号码0、3、6、9。

第三，选择一位排序尾号码出现在重合码区，包括号码1、3、6、8。

第四，排除一位排序尾号码出现在偶数区，即排除掉号码0、2、4、6、8。

综合以上四个指标，只有排序尾号码为3的红球号码完全符合我们的分析。排序尾为3的号码包括03、13、23、33，如果一位排序尾号码选择正确，那么第一位红球备选号码即包括03、13、23三个号码。事实上，2004037期开奖中第一位置红球号码是03，一位排序尾号码为3，说明排序定位法是经得起实践检验的。

以上是双色球一位排序尾号码的分析步骤，其他五个位置排序尾号码与一位排序尾号码的分析步骤是一致的，彩民朋友可以自己练习和揣摩。

二、排序区间过滤

双色球开奖号码通过排序定位后，每个位置上红球号码的出现范围称为排序区间，其理论排序区间如下。

A、理论排序区间1：01~28；

B、理论排序区间2：02~29；

C、理论排序区间3：03~30；

D、理论排序区间4：04~31；

E、理论排序区间5：05~32；

F、理论排序区间6：06~33。

经过统计双色球2003001~2004036期共计125期的数据可以获得如下双色球红球排序区间统计表，如表2-17所示。

表2-17 双色球红球号码排序区间统计表（2003001~2004036期）

排序定位	理论区间	100%区间	90%区间	80%区间
第一位置红球	01~28	01~18	01~10	01~09
第二位置红球	02~29	02~21	02~19	02~17
第三位置红球	03~30	03~28	05~25	07~21
第四位置红球	04~31	05~30	08~28	10~28
第五位置红球	05~32	10~32	14~32	14~32
第六位置红球	06~33	11~33	23~33	25~33
所需注数	1107568注	1072212注	997912注	370797注

说明：

① 100%区间指在实际开奖中各位置号码出现概率为100%的实际排序区间；

② 90%区间指在实际开奖中各位置号码出现概率为90%的实际排序区间；

③ 80%区间指在实际开奖中各位置号码出现概率为80%的实际排序区间

我们继续以选择2004037期双色球第一位红球号码为例进行分析。

假设通过对2004006~2004036期共31期开奖数据的双色球一位排序尾号码统计表分析后，可以确定一位排序尾号码为3，那么红球的备选号码一定为03、13、23、33四个号码。不论怎么开奖，第一位置的红球号码都不能超越01~28的理论出现范围，因此红球号码33完全不符合条件，可以直接排除掉了，只剩下03、13、23三个红球备选号码。

双色球排序号码的实际排序区间也不容忽视。根据表2-17可知，第一位红球号码的理论区间是01~28，从理论上讲，如果要保证100%的准确率确定第一位置红球号码，须把01~28的号码全部选一遍；可是通过126期的开奖数据统计发现，只要我们选择了01~18范围内的所有红球号码，同样能保证100%的中奖概率，这个范围就是经过统计历史数据得来的100%的实际排序区间。靠数据说话，靠数据证明一切，这就非常有力地证明了双色球的中奖号码是有规律的，它只会在特定的范围内出现。

这时选择的第一位置红球号码的备选号码里只剩下了03、13、23三个号码，而23不在01~18的范围内，那么根据实际排序区间的范围值就可以高概率地排除掉号码23。

通过表2-17还可以看到，在126期的统计数据中，第一位红球号码出现在01~10区间的概率高达90%，也就是说在实战中如果在01~10区间内选择第一位红球号码，中奖概率能达到90%。所以，我们进一步地将13排除在外。也就是说，我们有90%的胜算选择号码03为第一位置上红球号码。神奇的是，2004038期双色球开奖号码的第一位红球号码就是03，事实胜于雄辩！

我们通过分析每个排序尾号码统计表后，可以高概率地选择出每个位置上的红球备选号码。如果再结合实际排序区间的话，能再次准确、高效地对每个红球备选号码进行筛选、过滤从而达到"缩水"的目的，最终确定每个位置上的红球号码。如果分析准确无误，6个位置的红球号码全部选对，便可命中双色球二等奖；如果再投入32元购买全部的16枚蓝球号码，就能命中500万元或1000万元的大奖！

当然，上面的"如果"只是理想状态，要实现起来不是件很容易的事情，大多数的情况下运用排序定位法后，每个位置上的红球号码会有1~3个备选号码。接下来，我们要用第三章的组号技术和第四章的优化技术进一步"组合"和"优化"。

第四节　排序定位指标遗漏值量化表

我们制作汇总了常用的双色球各个位置排序尾号码指标遗漏值量化表供大家在实战中进行参考分析使用，但是大家要记住，这只是经过精确计算的理论参考数据，虽然让我们在分析判断取舍一些指标时有了数据量化的标准，也具有极大实战价值的指导意义，但是建议不能全盘生搬硬套，在使用时也要根据每个指标大的趋势进行灵活使用。

使用断区转换技术分析所需要使用的各种图表，可以登录官方网站www.cpfxj.com下载彩霸王双色球富豪版软件即可。

一、一位排序尾指标遗漏值量化表

表2-18 双色球一位排序尾指标遗漏值量化表

一位排序尾	大数	中数	小数	0路	1路	2路	重合码	大数	小数	奇数	偶数	质数	合数
尾数分布	3	4	3	5	3	4	5	5	5	5	5	5	5
理论概率	15%	43%	42%	29%	39%	32%	48%	33%	67%	55%	45%	68%	32%
90%遗漏值	14.2期	4.1期	4.2期	6.7期	4.7期	6.0期	3.5期	5.7期	2.1期	2.9期	3.9期	2.0期	6.0期
95%遗漏值	18.4期	5.3期	5.5期	8.7期	6.1期	7.8期	4.6期	7.5期	2.7期	3.8期	5.0期	2.6期	7.8期
99%遗漏值	28.3期	8.2期	8.5期	13.4期	9.3期	11.9期	7.0期	11.5期	4.2期	5.8期	7.7期	4.0期	11.9期
99.9%遗漏值	42.5期	12.3期	12.7期	20.2期	14.0期	17.9期	10.6期	17.2期	6.2期	8.7期	11.6期	6.1期	17.9期

二、二位排序尾指标遗漏值量化表

表2-19 双色球二位排序尾指标遗漏值量化表

二位排序	大数	中数	小数	0路	1路	2路	重合码	大数	小数	奇数	偶数	质数	合数
尾数分布	3	4	3	4	3	3	4	5	5	5	5	5	5
理论概率	30%	45%	25%	40%	30%	30%	39%	53%	47%	50%	50%	50%	50%
90%遗漏值	6.5期	3.9期	8.0期	4.5期	6.5期	6.5期	4.7期	3.0期	3.6期	3.3期	3.3期	3.3期	3.3期
95%遗漏值	8.4期	5.0期	10.4期	5.9期	8.4期	8.4期	6.1期	4.0期	4.1期	4.3期	4.3期	4.3期	4.3期
99%遗漏值	12.9期	7.7期	16.0期	9.0期	12.9期	12.9期	9.3期	6.1期	7.3期	6.6期	6.6期	6.6期	6.6期
99.9%遗漏值	19.4期	11.6期	24.0期	13.5期	19.4期	19.4期	14.0期	9.1期	10.9期	10.0期	10.0期	10.0期	10.0期

三、三位排序尾指标遗漏值量化表

表2-20 双色球三位排序尾指标遗漏值量化表

三位排序尾	大数	中数	小数	0路	1路	2路	重合码	大数	小数	奇数	偶数	质数	合数
尾数分布	3	4	3	4	3	3	4	5	5	5	5	5	5
理论概率	31%	40%	29%	40%	30%	30%	40%	51%	49%	50%	50%	50%	50%
90%遗漏值	6.2期	4.5期	6.7期	4.5期	6.5期	6.5期	4.5期	3.2期	3.4期	3.3期	3.3期	3.3期	3.3期
95%遗漏值	8.1期	5.9期	8.7期	5.9期	8.4期	8.4期	5.9期	4.2期	4.4期	4.3期	4.3期	4.3期	4.3期
99%遗漏值	12.4期	9.0期	13.4期	9.0期	12.9期	12.9期	9.0期	6.5期	6.8期	6.6期	6.6期	6.6期	6.6期
99.9%遗漏值	18.6期	13.5期	20.2期	13.5期	19.4期	19.4期	13.5期	9.7期	10.1期	10.0期	10.0期	10.0期	10.0期

四、四位排序尾指标遗漏值量化表

表2-21 双色球四位排序尾指标遗漏值量化表

四位排序尾	大数	中数	小数	0路	1路	2路	重合码	大数	小数	奇数	偶数	质数	合数
尾数分布	3	4	3	4	3	3	4	5	5	5	5	5	5
理论概率	30%	41%	29%	40%	30%	30%	40%	51%	49%	50%	50%	50%	50%
90%遗漏值	6.5期	4.4期	6.7期	4.5期	6.5期	6.5期	4.5期	3.2期	3.4期	3.3期	3.3期	3.3期	3.3期
95%遗漏值	8.4期	5.7期	8.7期	5.9期	8.4期	8.4期	5.9期	4.2期	4.4期	4.3期	4.3期	4.3期	4.3期
99%遗漏值	12.9期	8.7期	13.4期	9.0期	12.9期	12.9期	9.0期	6.5期	6.8期	6.6期	6.6期	6.6期	6.6期
99.9%遗漏值	19.4期	3.1期	20.2期	13.5期	19.4期	19.4期	13.5期	9.7期	10.1期	10.0期	10.0期	10.0期	10.0期

五、五位排序尾指标遗漏值量化表

表2-22　双色球五位排序尾指标遗漏值量化表

五位排序尾 尾数分布	大数 3	中数 4	小数 3	0路 4	1路 3	2路 3	重合码 4	大数 5	小数 5	奇数 5	偶数 5	质数 5	合数 5
理论概率	33%	35%	32%	40%	30%	30%	39%	53%	47%	50%	50%	48%	52%
90%遗漏值	5.7期	5.3期	6.0期	4.5期	6.5期	6.5期	4.7期	3.0期	3.6期	3.3期	3.3期	3.5期	3.1期
95%遗漏值	7.5期	7.0期	7.8期	5.9期	8.4期	8.4期	6.1期	4.0期	4.1期	4.3期	4.3期	4.6期	4.1期
99%遗漏值	11.5期	10.7期	11.9期	9.0期	12.9期	12.9期	9.3期	6.1期	7.3期	6.6期	6.6期	7.0期	6.3期
99.9%遗漏值	17.2期	16.0期	17.9期	13.5期	19.4期	19.4期	14.0期	9.1期	10.9期	10.0期	10.0期	10.6期	9.4期

六、六位排序尾指标遗漏值量化表

表2-23　双色球六位排序尾指标遗漏值量化表

六位排序尾 尾数分布	大数 3	中数 4	小数 3	0路 4	1路 3	2路 3	重合码 4	大数 5	小数 5	奇数 5	偶数 5	质数 5	合数 5
理论概率	24%	33%	43%	47%	23%	30%	48%	33%	67%	55%	45%	62%	38%
90%遗漏值	8.4期	5.7期	4.1期	3.6期	8.8期	6.5期	3.5期	5.7期	2.1期	2.9期	3.9期	2.4期	4.8期
95%遗漏值	10.9期	7.5期	5.3期	4.1期	11.5期	8.4期	4.6期	7.5期	2.7期	3.8期	5.0期	3.1期	6.3期
99%遗漏值	16.8期	11.5期	8.2期	7.3期	17.6期	12.9期	7.0期	11.5期	4.2期	5.8期	7.7期	4.8期	9.6期
99.9%遗漏值	25.2期	17.2期	12.3期	10.9期	26.4期	19.4期	10.6期	17.2期	6.2期	8.7期	11.6期	7.1期	14.5期

七、蓝球尾数指标遗漏值量化表

表2-24　双色球蓝球尾数指标遗漏值量化表

蓝球尾 尾数分布	大数 3	中数 4	小数 3	0路 4	1路 3	2路 3	重合码 4	大数 5	小数 5	奇数 5	偶数 5	质数 5	合数 5
理论概率	19%	50%	31%	38%	31%	31%	44%	44%	56%	50%	50%	56%	44%
90%遗漏值	10.9期	3.3期	6.2期	4.8期	6.2期	6.2期	4.0期	4.0期	2.8期	3.3期	3.3期	2.8期	4.0期
95%遗漏值	14.2期	4.3期	8.1期	6.3期	8.1期	8.1期	5.2期	5.2期	3.6期	4.3期	4.3期	3.6期	5.2期
99%遗漏值	21.9期	6.6期	12.4期	9.6期	12.4期	12.4期	7.9期	7.9期	5.6期	6.6期	6.6期	5.6期	7.9期
99.9%遗漏值	32.8期	10.0期	18.6期	14.5期	18.6期	18.6期	11.9期	11.9期	8.4期	10.0期	10.0期	8.4期	11.9期

第三章 双色球断区转换战法

众所周知，双色球彩票投注区分为红球号码区和蓝球号码区。双色球每注投注号码由6个红色球号码和1个蓝色球号码组成。红色球号码从01~33中选择；蓝色球号码从01~16中选择。

双色球的投注方法可分为自选号码投注和机选号码投注，其投注方式有单式投注和复式投注。双色球彩票以投注者所选单注投注号码（复式投注按所覆盖的单注计）与当期开出中奖号码相符的球色和个数确定中奖级别。

实战中，不论采用哪种方式进行投注，只要彩民投注时所选择的1注单式或复式投注号码内包括当期开出的中奖号码，就一定会中得当期的双色球一等奖。

根据游戏规则还知，只要投注时所选择的1注单式或复式投注号码内包括当期开出的中奖号码的6个红色球号码，就一定会中得当期的双色球二等奖。

可以看出，如果我们要想中得双色球的千万元大奖，必须首先中得6个红色球号码，也即是要先中得二等奖才行。

我们可以得出这样的结论：彩民要中得双色球的大奖必须要闯过两个难关：一是红球关，二是蓝球关。实战中尤以最先闯过红球关最为重要。

根据科学计算，要在33个红色球号码里正确选对当期中奖号码里的6个红色球号码，理论中奖概率为1/1107586，因此说轻松闯过红球关的难度之大可想而知。

那么，世界上有没有一种既能降低红色球选号难度，又能提高中奖概率的选号技术呢？

答案是肯定的。

本章双色球红球战法介绍的"断区转换法"，就是这样的终极选号技术。它采用全新的模式进行双色球红球号码的选择，不但极大地降低选号难度，而且还能显著地提高红球号码的中奖概率，高效率地减少红球号码的投注数量，从而帮助彩民轻松闯过红球关，该选号技术不折不扣地堪称双色球"二等奖杀手"。

断区转换法是科学的技术，也是亿万彩民在苦苦寻觅的、最希望学习和掌握的技术，相信它会带给大家新的感受，更会让大家学习到最前沿的、最核心的技术。

第一节　断区转换原理

彩票在开奖中每期中奖号码的出现不但有它的偶然性，也有它的必然性。从理论上说每期开奖号码的摇出是完全随机的。但是，大量的统计资料表明，彩票开奖中每个号码的出现并不是完全随机的，而是伪随机的，任何号码、条件以及条件所属指标的走势如果在某个阶段内偏离了正常的状态，最终都会回到正常的状态上来。因此，只要你用心去发现，不断开拓自己的思维，就可以发现一些表面看不到的深层东西，就可以理性地去分析一些现象和规律，从而合理地选择号码，达到高概率中奖。

在双色球选号中，如何精准地选择6个红色球中奖号码，是每一位彩民最为关心的话题。因为大家都清楚地知道，只有在1注投注号码里准确地选对6个红球中奖号码，才能中得双色球二等奖，可以获得几万元到几十万元不等的奖金。更为重要的是，必须在选对6个红球号码的前提下，再选对当期1个蓝球号码才能获得双色球的千万元大奖。否则，即使选对5个红球号码和1个蓝球号码，也是与大奖无缘。可见，在双色球选号中，正确地选对所有6个红球中奖号码是多么的重要。

为了帮助大家从独特的角度极大地降低红球号码的选号难度，精准地确定红球中奖号码的出现范围，高效率地选择红球投注号码数量，从而提高红球号码的中奖概率，断区转换法可以称作是目前最佳的双色球红球选号技术。我们为了快速地学习掌握和应用这种独特的技术，清楚地了解技术的原理以及优势是必不可少的关键过程。

一、行列分布表与断区选号

双色球的红球号码区一共包括33个红球号码，为了更清晰地说明断区转换法的原理以及优势，我们按照表横向六行、纵向6列的排列方式先来制作一个简单的双色球红球号码行列分布表，如表3-1所示。

表3-1　双色球红球号码行列分布表

期号	第1列	第2列	第3列	第4列	第5列	第6列
第一行	01	02	03	04	05	06
第二行	07	08	09	10	11	12
第三行	13	14	15	16	17	18
第四行	19	20	21	22	23	24
第五行	25	26	27	28	29	30
第六行	31	32	33			

行列分布表里横向第一行里从01~06，第二行从07~12，第三行从13~18，第四行从19~24，第五行从25~30，第六行从31~33。第一行到第五行里每行6个号码，因为红球号码共有33个，所以第六行里只有3个红球号码；纵向第1列包括号码01、07、13、19、25、31，第2列包括号码02、08、14、20、26、32，第3列包括号码03、09、15、21、27、33，第4列包括号码04、10、16、22、28，第5列包括号码05、11、17、23、29，第6列包括号码06、12、18、24、30，前3列里每列6个号码，后3列里每列5个号码，每列里的号码依次间隔为6。

我们以双色球2009088~2009097期共10期开奖号码中的红球号码为例，观察每期红球中奖号码在行列分布表中的出现情况。

表3-2　2009088期双色球红球号码行列分布表

2009088	第1列	第2列	第3列	第4列	第5列	第6列
第一行	01	02	03	04	05	06
第二行	07	08	09	10	11	12
第三行	13	14	15	16	17	18
第四行	19	20	21	22	23	24
第五行	25	26	27	28	29	30
第六行	31	32	33			

第2009088期的双色球红球号码为：04、07、11、15、16、17。如表3-2所示，用黑色标示出红球中奖号码。在行列分布表中有三行2列里没有出现红球中奖号码，称为断三行2列，我们把没有出现红球中奖号码的第四行、第五行和第六行用

灰色标出表示删除，把没有出现红球中奖号码的第2列、第6列同样用灰色标出表示删除，这样就只剩下12个号码。双色球红球选号中我们把33选6就轻松地变成12选6。

表3-3 2009089期双色球红球号码行列分布表

2009088	第1列	第2列	第3列	第4列	第5列	第6列
第一行	01	02	03	04	05	06
第二行	07	08	09	10	11	12
第三行	13	14	15	16	17	18
第四行	19	20	21	22	23	24
第五行	25	26	27	28	29	30
第六行	31	32	33			

第2009089期的双色球红球号码为：02、03、07、11、19、32。如表3-3所示，用黑色标示出红球中奖号码。在行列分布表中有二行2列里没有出现红球中奖号码，称为断二行2列，我们把没有出现红球中奖号码的第三行和第五行用灰色标出表示删除，把没有出现红球中奖号码的第4列、第6列同样用灰色标出表示删除，这样就只剩下15个号码。双色球红球选号中我们把33选6就轻松地变成15选6。

表3-4 2009090期双色球红球号码行列分布表

2009088	第1列	第2列	第3列	第4列	第5列	第6列
第一行	01	02	03	04	05	06
第二行	07	08	09	10	11	12
第三行	13	14	15	16	17	18
第四行	19	20	21	22	23	24
第五行	25	26	27	28	29	30
第六行	31	32	33			

第2009090期的双色球红球号码为：07、09、14、20、23、30。如表3-4所示，用黑色标示出红球中奖号码。在行列分布表中有二行1列里没有出现红球中奖号码，称为断二行1列，我们把没有出现红球中奖号码的第一行、第六行用灰色标出表示删除，把没有出现红球中奖号码的第4列同样用灰色标出表示删除，这样就只剩下20个号码。双色球红球选号中我们把33选6就轻松地变成20选6。

表3-5   2009091期双色球红球号码行列分布表

2009088	第1列	第2列	第3列	第4列	第5列	第6列
第一行	01	02	03	04	05	06
第二行	07	08	09	10	11	12
第三行	13	14	15	16	17	18
第四行	19	20	21	22	23	24
第五行	25	26	27	28	29	30
第六行	31	32	33			

第2009091期的双色球红球号码为：03、08、11、14、25、29。如表3-5所示，用黑色标示出红球中奖号码。在行列分布表中有二行2列里没有出现红球中奖号码，称为断二行2列，我们把没有出现红球中奖号码的第四行、第六行用灰色标出表示删除，把没有出现红球中奖号码的第4列、第6列同样用灰色标出表示删除，这样就只剩下16个号码。双色球红球选号中我们把33选6就轻松地变成16选6。

表3-6   2009092期双色球红球号码行列分布表

2009088	第1列	第2列	第3列	第4列	第5列	第6列
第一行	01	02	03	04	05	06
第二行	07	08	09	10	11	12
第三行	13	14	15	16	17	18
第四行	19	20	21	22	23	24
第五行	25	26	27	28	29	30
第六行	31	32	33			

第2009092期的双色球红球号码为：02、06、07、14、18、31。如表3-6所示，用黑色标示出红球中奖号码。在行列分布表中有二行3列里没有出现红球中奖号码，称为断二行3列，我们把没有出现红球中奖号码的第四行、第五行用灰色标出表示删除，把没有出现红球中奖号码的第3列、第4列和第5列同样用灰色标出表示删除，这样就只剩下11个号码。双色球红球选号中我们把33选6就轻松地变成11选6。

表3-7　2009093期双色球红球号码行列分布表

2009088	第1列	第2列	第3列	第4列	第5列	第6列
第一行	01	02	03	04	05	06
第二行	07	08	09	10	11	12
第三行	13	14	15	16	17	18
第四行	19	20	21	22	23	24
第五行	25	26	27	28	29	30
第六行	31	32	33			

第2009093期的双色球红球号码为：01、11、20、31、32、33。如表3-7所示，用黑色标示出红球中奖号码。在行列分布表中有二行2列里没有出现红球中奖号码，称为断二行2列，我们把没有出现红球中奖号码的第三行、第五行用灰色标出表示删除，把没有出现红球中奖号码的第4列、第6列同样用灰色标出表示删除，这样就只剩下15个号码。双色球红球选号中我们把33选6就轻松地变成15选6。

表3-8　2009094期双色球红球号码行列分布表

2009088	第1列	第2列	第3列	第4列	第5列	第6列
第一行	01	02	03	04	05	06
第二行	07	08	09	10	11	12
第三行	13	14	15	16	17	18
第四行	19	20	21	22	23	24
第五行	25	26	27	28	29	30
第六行	31	32	33			

第2009094期的双色球红球号码为：03、06、22、25、26、33。如表3-8所示，用黑色标示出红球中奖号码。在行列分布表中有二行1列里没有出现红球中奖号码，称为断二行1列，我们把没有出现红球中奖号码的第二行、第三行用灰色标出表示删除，把没有出现红球中奖号码的第5列同样用灰色标出表示删除，这样就只剩下18个号码。双色球红球选号中我们把33选6就轻松地变成18选6。

表3-9 2009095期双色球红球号码行列分布表

2009088	第1列	第2列	第3列	第4列	第5列	第6列
第一行	01	02	03	04	05	06
第二行	07	08	09	10	11	12
第三行	13	14	15	16	17	18
第四行	19	20	21	22	23	24
第五行	25	26	27	28	29	30
第六行	31	32	33			

第2009095期的双色球红球号码为：08、09、14、28、31、33。如表3-9所示，用黑色标示出红球中奖号码。在行列分布表中有二行2列里没有出现红球中奖号码，称为断二行2列，我们把没有出现红球中奖号码的第一行、第四行用灰色标出表示删除，把没有出现红球中奖号码的第5列、第6列同样用灰色标出表示删除，这样就只剩下15个号码。双色球红球选号中我们把33选6就轻松地变成15选6。

表3-10 2009096期双色球红球号码行列分布表

2009088	第1列	第2列	第3列	第4列	第5列	第6列
第一行	01	02	03	04	05	06
第二行	07	08	09	10	11	12
第三行	13	14	15	16	17	18
第四行	19	20	21	22	23	24
第五行	25	26	27	28	29	30
第六行	31	32	33			

第2009096期的双色球红球号码为：01、26、27、31、32、33。如表3-10所示，用黑色标示出红球中奖号码。在行列分布表中有三行3列里没有出现红球中奖号码，称为断三行3列，我们把没有出现红球中奖号码的第二行、第三行和第四行用灰色标出表示删除，把没有出现红球中奖号码的第4列、第5列和第6列同样用灰色标出表示删除，这样就只剩下9个号码。双色球红球选号中我们把33选6就轻松地变成9选6。

表3-11　2009097期双色球红球号码行列分布表

2009088	第1列	第2列	第3列	第4列	第5列	第6列
第一行	01	02	03	04	05	06
第二行	07	08	09	10	11	12
第三行	13	14	15	16	17	18
第四行	19	20	21	22	23	24
第五行	25	26	27	28	29	30
第六行	31	32	33			

　　第2009097期的双色球红球号码为：07、13、24、26、28、32。如表3-11所示，用黑色标示出红球中奖号码。在行列分布表中有一行2列里没有出现红球中奖号码，称为断一行2列，我们把没有出现红球中奖号码的第一行用灰色标出表示删除，把没有出现红球中奖号码的第3列、第5列同样用灰色标出表示删除，这样就只剩下18个号码。双色球红球选号中我们把33选6就轻松地变成18选6。

　　通过对以上双色球红球号码在行列分布表里的分布情况可以看出，断行、断列都是指行列分布表里横向或纵向的区域内不会出现当期的任意一个红球中奖号码，我们统称行列断区，简称断区。实战中利用断区进行双色球红球号码选号的方法，我们称为断区选号法。

　　如果我们在实战选号时知道断行、断列的具体位置，大胆地排除掉这些区域，那么排除掉一行1列，33选6就变成22选6（这是最好的情况。如果排除掉前五行和后3列中的任意一行1列，33选6就变成了23选6；最次的结果是正好排除掉第六行和后3列中的任意1列，33选6就变成了27选6，后面也有类似情况出现，不再重述）；如果排除掉二行1列或一行2列，33选6就变成17选6；如果排除掉二行3列或三行2列，33选6就变成9选6；如果可以排除掉三行3列，最好的结果是把33选6变成6选6。这样不但可以使我们选号的范围大大缩小，而且还极大地降低了选号的难度，这就是断区以及断区选号的真正意义和实战价值所在。

　　面对行列分布表，读者在每次实战中如何去判断行列分布表里哪一行会断、哪一列又不出呢？有没有好的方法或标准来帮助我们研判断行、断列以及提高研判的准确率，从而正确地选择中奖号码的范围呢？

　　答案是肯定的！

接下来介绍的这个好方法——断区转换法，它不但可以帮助我们在实战中轻松地进行断行、断列的分析判断，提高备选红球号码的中奖概率，还能高效率地用最经济的投入换取最大化的收益。

二、断区转换原理

通过总结，断区转换法有三大特点：一是降低选号难度，二是提高中奖概率，三是提高投注效率。下面我们通过这三个特点来解析断区转换法的选号技术原理。

1. 降低选号难度

为了获得轻松研判断行、断列的方法，我们通过大量的数据统计及实战验证得出这样的结论：双色球红球号码六行6列的行列分布形式为一种最佳断行、断列分析模式。

条件，对每一个彩民来说并不陌生。我们通常把这种在选号技术中应用的、在选择中奖号码时起决定性作用的要素称为条件。严格地说，彩票中构成每注投注号码的要素均称为条件。不论是哪个彩种，通过各种条件进行选号是彩民唯一的选择，只不过因为每个人使用选号技术的不同而导致所使用的条件也是千差万别。

只要我们能够正确地判断选择当期行列分布表中断行、断列的区域，就能精准地选择红球号码的中奖范围。因此，断行、断列既可称作条件，也是运用断区转换法进行选号时必须使用的两个重要条件。

为了更好地进行断列条件的研判分析和实战应用，首先针对断列这个条件，我们运用一种特殊的"断列转3D号码"的转换分析模式，对每期红球开奖号码的断列情况做一个转换分析，从而降低红球选号难度，提高红球号码的中奖概率。

表3-12 双色球红球号码行列分布表

2009088	第1列	第2列	第3列	第4列	第5列	第6列
第一行	01	02	03	04	05	06
第二行	07	08	09	10	11	12
第三行	13	14	15	16	17	18
第四行	19	20	21	22	23	24
第五行	25	26	27	28	29	30
第六行	31	32	33			

如表3-12所示，双色球行列分布表把33个号码分为6列六行，其中6列即指纵向6列。

纵向第1列包括号码：01、07、13、19、25、31；

纵向第2列包括号码：02、08、14、20、26、32；

纵向第3列包括号码：03、09、15、21、27、33；

纵向第4列包括号码：04、10、16、22、28；

纵向第5列包括号码：05、11、17、23、29；

纵向第6列包括号码：06、12、18、24、30。

表3-12中双色球红球号码被分成6列，由于双色球玩法的开奖号码中每期是固定地开出6个红球号码，因此不可能每期6个红球开奖号码都平均地出现在每个列中。经过统计可知，每期出现断1列或断2列的情况占绝大多数，这也是行列分布表中最显著的断列特征。实战中如果能准确地判断行列分布表的一个列里不可能出现红球开奖号码，就可以果断地把这个列中所包括的红球号码排除掉，同时就可以在剩下的另外5个列中的红球号码里进行分析选号了，那么常规的33选6也就变成了27选6或28选6（因为第4、5、6列中每列均包括5个红球号码）；如果能准确地判断其中的两个列里不可能出现红球开奖号码，就可以果断地把这两个列里的红球号码全部排除掉，同样也可以在剩下的另外4个列中的红球号码里进行分析选号了，那么常规的33选6也就变成了21选6，由此一来，选号的难度就会大大降低。当然断3列、断4列、断5列的情况也会出现的，断的列数越多，剩余的红球号码越少，选号的难度也相对降到最低。

通过对双色球开奖以来截止到2009101期共计926期红球开奖号码的断列情况进行统计分析，我们发现并得出的结论是：断1列、断2列和断3列的情况出现的次数最多，而断0列、断4列和断5列的情况出现的次数极少，可以达到忽略不计的地步。如果把这些断列情况在行列分布表里所占的位置用数字表示出来的话，可以写为：012、123、245、246、234、456等。这些数字都是从左至右按固定顺序排列并对应着表示每一个断列区域，就如同福彩3D玩法的直选号码一样。

我们不由得联想到了目前流行的小盘玩法体彩排列3和福彩3D，既然每期断列的数量以1、2、3个居多，那为什么不能把它运用到简单的3D模式中去分析呢。统一地把每期的断列位置用3个相应的数字（号码）表示，然后去统计分析，我们就会惊奇地发现，那里别有一番天地。

既然每期断列数量的理论范围为0~5，那么如何解决断列不是3个的情况并实现统一呢？我们可以这样规定：

如果没有出现断列的情况，用000表示，也就代表每一列中都有红球开奖号码出现。

如果出现断1列的情况，那么就把代表断列位置的数字前面加00，比如某一期断第2列，就记为002，表示第2列为断列区域。

如果出现断2列的情况，那么同样就把代表断列位置的数字前面加0，比如某一期同时断第3列和第6列，就记为036，如果断第2列、断第3列就记为023，断第3列、断第5列同样记为035。

前面三种情况因为断列位置代表的数字不足三位用000、00和0进行补位，也是为了更好地把断列的不同情况进行统一。

如果出现断3列的情况，直接记录断列位置的数字即可，比如某一期同时断第1列、第3列和第5列，就记为135，如果同时断第1列、第2列和第4列，记为124。

断4列的情况出现得少，断5列的情况少之又少。为了统一用三位数表示断列情况，如果出现断4列或断5列的情况时，只取代表断列位置数字的前三位即可，后一位或二位可以忽略不计。比如，某一期同时出现断第1列、第2列、第3列、第4列时，我们只取代表断列位置的前三位数字记为123；同时出现断第1列、第2列、第3列、第5列也同样取值记为123；如果第2列、第3列、第4列、第5列和第6列共计5列同时出现断列时，记为234即可。为了统一，我们只取前三个断列位置代表的数字记录，前例中第5列和第6列断列区域即使未统计到，也不会出现断错的情况，因为我们只依次分析断前3列的情况，即使在第5列或第6列的断列里出现了红球开奖号码的某个号码，也不会在我们的断列范围内，因为我们在选号时只是把断列区域内的号码排除掉，相反，那正好是我们的备选号码区——即使它没有号码出现。

至此，通过对以上规定的实施，就把每期断列的数量以及相应的位置统一用3D号码模式进行表示，从而达到了断列转换的目的。

到这里，就真正地完成了把双色球玩法的红球开奖号码在行列分布表内断列区域的位置转换成3D号码模式的全部过程，我们称之为断列转换。假设我们这时通过特殊的技术手段分析判断当期断列转换后的3D号码为146，也就表示说当期断列的数量是3，断列的区域为第1列、第4列和第6列，那么在当期选号时就可以大胆地把行列分布表里第1列、第4列和第6列内包括的16个红球号码全部排除掉。如果分析判断的概率够高，那么排除16个红球号码的准确率也一定很高，就很轻松地把红球号码的33选6变为17选6。

可以看到，把双色球红球号码经过断列转换后利用3D模式进行分析选号的简易方式，可以帮助我们轻松方便地选择红球号码，极大地降低了选号难度。

断列、断行是运用断区转换法进行选号时所必须使用的两个重要条件。为了更好地进行断行条件的研判分析和实战应用，针对断行这个条件，我们也同样运用特殊的"断行转3D号码"的转换分析模式，对每期双色球红球开奖号码的断行情况做一个转换分析，从而通过另一个角度降低红球选号的难度，提高红球号码的中奖概率。

同样如表3-12所示，双色球行列分布表把33个号码分为六行6列，其中六行即指横向六行。

横向第一行包括号码：01、02、03、04、05、06；
横向第二行包括号码：07、08、09、10、11、12；
横向第三行包括号码：13、14、15、16、17、18；
横向第四行包括号码：19、20、21、22、23、24；
横向第五行包括号码：25、26、27、28、29、30；
横向第六行包括号码：31、32、33。

双色球红球号码被分成六行，由于双色球玩法的开奖号码中，每期固定开出6个红球号码，因此不可能每期6个红球开奖号码都平均地出现在每个行中。经过统计可知，每期断一行或断二行的情况占绝大多数，这也是行列分布表中最显著的断行特征。实战中如果能准确判断行列分布表中的一行里不可能出现红球开奖号码，就可以果断地把这一行里的红球号码排除掉，同时就可以在剩下的另外五个行中进行分析选号了，那么常规的33选6也就变成了27选6（如果排除第六行只能排除掉3个号码）；如果能准确地判断行列分布表中两行里不可能出现红球开奖号码，就可以果断地把这两个行里的红球号码全部排除掉，同样就可以在剩下的另外四个行中进行分析选号了，那么常规的33选6也就变成了21选6，使选号的难度大大降低。当然断三行、断四行、断五行的情况也会出现，断的行数越多，剩余的红球号码越少，选号的难度也随之相对降到最低。

通过对双色球开奖以来截止到2009101期共计926期红球开奖号码的断行情况进行统计分析，我们发现并得出的结论是：断一行、断二行和断三行的情况出现的次数最多，而断0行、断四行和断五行的情况出现的次数极少，可以达到忽略不计的地步。同断列3D模式一样，如果把这些断行情况在行列分布表里所占的位置用数字表示出来的话，可以写为：012、123、245、246、234、456等。这些数字都是从左至右按固定顺序排列并对应着表示每一个断行区域，就如同福彩3D玩法的直选号码一样。

既然每期断行的数量以1、2、3个居多，那么也同样可以把它运用到简单的3D模式中去分析。统一地把每期的断行位置用3个相应的数字（号码）表示，然后去统计分析。

我们知道每期断行数量的理论范围为0~5，那么如何解决断行不是3个的情况并实现统一呢？与断列转换3D模式一样，我们同样可以这样规定：

如果没有出现断行的情况，用000表示，也就代表每一行中都有红球开奖号码出现。

如果出现断一行的情况，那么就把代表断行位置的数字前面加00，比如某一期断第二行，就记为002，表示第二行为断行区域。

如果出现断二行的情况，那么同样就把代表断行位置的数字前面加0，比如某一期同时断第三行和第六行，就记为036，如果断第二行和第三行，就记为023，断第三行和第五行同样记为035。

前面三种情况，因为断行位置代表的数字不足三位用000、00和0进行补位，也是为了更好地把断行的不同情况进行统一。

如果出现断三行的情况，直接记录断行位置的数字即可，比如某一期同时断第一行、第三行、第五行，就依次记为135；同理，如果同时断第一行、第二行和第四行，记为124。

断四行的情况出现得少，断五行的情况少之又少。为了统一用三位数表示断行情况，如果出现断四行或断五行的情况时，只取代表断行位置数字的前三位即可，后一位或二位可以忽略不计。比如某一期同时出现断第一行、第二行、第三行、第四行时，我们只取代表断行位置的前三位数字记为123；同时出现断第一行、第二行、第三行、第五行，也同样取值记为123；如果第二行、第三行、第四行、第五行和第六行共计五行同时出现断行时，记为234即可。为了统一，我们只取前三个断行位置代表的数字记录，前例中第五行和第六行断区域即使未统计到，也不会出现断错的情况，因为我们只依次分析断前三行的情况，即使在第五行或第六行的断行里出现了红球开奖号码的某个号码,也不会在我们的断行范围内,因为我们在选号时只是把断行区域内的号码排除掉,相反,那正好是我们的备选号码区。

至此,与断列转换3D模式一样,通过对以上规定的实施,就把每期断行的数量以及相应的位置统一用3D号码模式进行表示,从而达到了断行转换的目的。

把双色球玩法的红球开奖号码在行列分布表内断行区域的位置转换成3D号码模式的全部过程,我们称之为断行转换。假设我们这时通过特殊的技术手段分析判断当期断列转换后的3D号码为035,也就表示说当期断行的数量是2,断行的区域为第三行和第五行,那么在当期选号时,就可以大胆地把行列分布表里第三行和第五行内包括的12个红球号码全部排除掉。如果分析判断的概率够高,那么排除12个红球号码的准确率也一定很高,就很轻松地把红球号码的33选6变为21选6。

可以看到,红球号码通过断列转换后利用3D模式进行分析选号的方式,可以帮助我们轻松选择红球号码,降低选号难度;同样,通过断行转换后利用3D模式进行分析选号的简易方式,也一样可以达到轻松选号和降低选号难度的目的。

实战中,双色球红球号码通过断列和断行转换后利用3D模式进行选号的方式,我们称为断区转换选号法,简称断区转换法。通过上面的分析也可以得知,该选号方法操作简单易行,显著降低选号难度是断区转换法的第一个特点。

2. 提高中奖概率

双色球红球开奖号码经过断列转换后的3D号码,我们称为断列3D号码。经过统计,行列分布表中红球号码通过3D模式的断列转换后获得的断列3D号码一共包括42注,表3-13代表了行列分布表中所有可能出现的断列情况。

表3-13 双色球断列3D号码一览表

断列情况	断0列	断1列	断2列	断3列或以上
断列3D号码	000	001、002、003 004、005、006	012、013、014、 015、016、023、 024、025、026 034、035、036、 045、046、056	123、124、125、 126、134、135、 136、145、146、 156、234、235、 236、245、246、 256、345、346、 356、456
号码数量	1注	6注	15注	20注

双色球红球开奖号码经过断列转换后的42注断列3D号码，均由三位数字组成，从左至右的顺序分别是断列3D号码的百位、十位和个位。通过统计观察，42注断列3D号码的百位是由数字0、1、2、3、4组成，十位是由数字0、1、2、3、4、5组成，个位是由数字0、1、2、3、4、5、6组成，而且断列3D号码还有一个显著的特征：断列3D号码中的十位号码一定大于或等于百位号码，个位号码一定大于或等于十位号码。全等于的情况只有在断列3D号码是000的情况下才会出现，但是因为出现的概率很小，实战中完全可以忽略不计。

断列3D号码里百位号码的出现范围是0~4，十位号码的出现范围是0~5，个位号码的出现范围是0~6，理论上断列号码的中奖概率为1/42。我们知道福彩3D号码的百、十、个位号码的范围均是0~9，理论上福彩3D号码的中奖概率为1/1000。通过比较可知，断列3D号码的中奖概率极高。而且根据断列号码的十位大于或等于百位、个位大于或等于十位的显著特征，如果实战中十位选择为3，那么个位号码只能在4、5、6的范围内进行选择，相对于个位0~6的理论，选择范围缩小了很多，正确选择的概率也就相对提高了很多。

经过科学计算，断列百位号码为0的理论概率为82.6%，从某种程度上说，百位选择为0的概率极高，实战中几乎可以期期选择使用；十位号码的高概率出现范围是0~4，个位号码的高概率出现范围是4~6，从这个角度看，断列3D号码的中奖概率为1/15左右，较理论中奖概率又提高到了极限。

我们再看断行3D号码。经过统计，行列分布表中红球号码通过3D模式的断行转换后，获得的断行3D号码也是包括42注，表3-14代表了行列分布表中所有可能出现的断行情况。

表3-14 双色球断行3D号码一览表

断行情况	断0行	断1行	断2行	断3行或以上
断行3D号码	000	001、002、003 004、005、006	012、013、014、 015、016、023、 024、025、026 034、035、036、 045、046、056	123、124、125、 126、134、135、 136、145、146、 156、234、235、 236、245、246、 256、345、346、 356、456
号码数量	1注	6注	15注	20注

双色球红球开奖号码经过断行转换后的42注断行3D号码，同样均由三位数字组成，从左至右的顺序分别是断行3D号码的百位、十位和个位。

通过统计观察，42注断行3D号码的百位是由数字0、1、2、3、4组成，十位是由数字0、1、2、3、4、5组成，个位是由数字0、1、2、3、4、5、6组成；与断列3D号码一样，断行3D号码同样具有一个显著的特征：断行3D号码中的十位号码一定大于或等于百位号码，个位号码一定大于或等于十位号码。全等于的情况只有在断行3D号码是000的情况下才会出现，但是因为出现的概率很小，实战中完全可以忽略不计。

断行3D号码里百位号码的出现范围是0~4，十位号码的出现范围是0~5，个位号码的出现范围是0~6，理论上断行号码的中奖概率同样为1/42。我们知道福彩3D号码的百、十、个位号码的范围均是0~9，理论上福彩3D号码的中奖概率为1/1000。通过比较可知，断行3D号码的中奖概率很高。而且根据断行号码的十位大于或等于百位、个位大于或等于十位的显著特征，如果实战中十位选择为4，那么个位号码只能在5、6的范围内进行选择，相对于个位0~6的理论选择范围缩小了很多，正确选择的概率也就相对提高了很多。

经过科学统计，断行3D号码里百位号码为0的理论概率为81%，从某种程度上说，百位选择为0的概率极高，遵循高概率的选号原则，实战中几乎同样可以期期选择使用。十位号码的高概率出现范围是0~4，个位号码的高概率出现范围是4~6，从这个角度看断行3D号码的中奖概率为1/15左右，与理论中奖概率相比也是提高到了极限的程度。

我们通过断列3D号码百、十、个位置取值范围和概率的分析可知，正确选择每期断列3D号码的理论概率为1/42，实战概率约为1/15；同样通过断行3D号码百、十、个位置取值范围和概率的分析可知，正确选择每期断行3D号码的理论概率为1/42，实战概率约为1/15。因此综合可知，同时正确选择断列和断行3D号码的理论概率为1/1764，实战概率约为1/225，也就是说，应用断区转换法进行双色球红球号码选号的实战中奖概率约为1/225，极大地提高了双色球红球号码中奖概率，也即是提高了双色球二等奖中奖概率。

假设实战中同时选择了断列3D号码为023，断行3D号码为015，并且是正确的，那么通过行列分布表就可以准确地排除掉第2列、第3列内的红球号码，同时也可以排除掉第一行和第五行的红球号码，33选6就轻松地变成了13选6。根据之前的分析可以知道，我们正确地把33选6变为13选6的成功概率约为1/225，也就是说我们有0.45%的机会选择的13个红球号码里会包括当期的6个红球中奖号码。13个红球号码的全部组合是1716注红球号码，它的理论中奖概率仅为0.15%。由此可知，我们应用断区转换法进行双色球红球选号，不但降低了选号难度，而且还把中奖概率提升了3倍之多。

3. 提高投注效率

继续使用前面我们举的例子。假设选择了断列3D号码为023，断行3D号码为015，那么通过行列分布表就可以用手工排除掉第2列、第3列的红球号码，同时也可以排除掉第一行和第五行的红球号码，33选6就轻松地变成了13选6。

假定我们通过分析后获得的13个号码是正确的，包括当期6个红球开奖号码，但是怎么组合投注才能达到最佳效果呢？

有两条路可走：一是手工组号购买所有组合，另一个就是利用"断层覆盖算法"组号投注。

我们选择的13个红球号码里包括当期的6个红球中奖号码，也就是说要想100%中得当期的双色球二等奖，必须购买13个红球号码的全部组合才能做到。经过计算，13个红球号码的全部组合为1716注，需要投入3432元才能中得二等奖。

断层覆盖算法是我们根据断区转换法专门设计开发的最新的科学算法，通过海量的数据转换运算，在保证100%中奖概率的前提下，把组合后的投注号码数量进行极限压缩，比例高达40%~98%。也就是说，在保证备选号码正确的前提下，让彩民投入最少的资金却可以获得100%的中奖保证。

经过科学统计，通过断层覆盖算法计算后的断列3D号码、断行3D号码所对应的投注号码数量列表如下：

表3-15 双色球红球断列3D号码统计表

序号	断列3D号码	对应红球号码数量	序号	断列3D号码	对应红球号码数量
1	000	27000注	22	056	10530注
2	001	62100注	23	123	5005注
3	002	62100注	24	124	7798注
4	003	62100注	25	125	7336注

续表

5	004	62100注	26	126	6875注
6	005	62100注	27	134	7798注
7	006	62100注	28	135	7336注
8	012	27250注	29	136	6875注
9	013	27250注	30	145	11452注
10	014	36825注	31	146	10530注
11	015	36825注	32	156	10530注
12	016	36825注	33	234	7798注
13	023	27250注	34	235	7336注
14	024	36825注	35	236	6875注
15	025	36825注	36	245	11452注
16	026	36825注	37	246	10530注
17	034	36825注	38	256	10530注
18	035	36825注	39	345	11452注
19	036	36825注	40	346	10530注
20	045	49410注	41	356	10530注
21	046	49410注	42	456	15795注

注：此数据由"彩霸王"双色球富豪版软件提供

前面例子里我们选择的断列3D号码是023，也就是在行列分布表中断第2列和第3列。排除掉第2列和第3列的红球号码后剩余21个号码，21个号码全部组合后投注号码的数量为54264注；可是看表3-15可知，通过断层覆盖算法计算后断列3D号码023所对应的红球投注号码数量27250注，压缩率几乎达到了50%。必须要说明的是，只要你选择的断列3D号码是023，并且是正确的，那么压缩后的投注号码里一定包括6个红球中奖号码。

表3-16 双色球红球断行3D号码统计表

序号	断行3D号码	对应红球号码数量	序号	断行3D号码	对应红球号码数量
1	000	23328注	22	056	65880注
2	001	42768注	23	123	5005注
3	002	42768注	24	124	4921注
4	003	42768注	25	125	4837注
5	004	42768注	26	126	15795注
6	005	42768注	27	134	4921注
7	006	97200注	28	135	4837注
8	012	23706注	29	136	15795注
9	013	23706注	30	145	4837注
10	014	23706注	31	146	15795注
11	015	23706注	32	156	15795注
12	016	65880注	33	234	4921注
13	023	23706注	34	235	4837注
14	024	23706注	35	236	15795注
15	025	23706注	36	245	4837注
16	026	65880注	37	246	15795注
17	034	23706注	38	256	15795注
18	035	23706注	39	345	4837注
19	036	65880注	40	346	15795注
20	045	23706注	41	356	15795注
21	046	65880注	42	456	15795注

注：此数据由"彩霸王"双色球富豪版软件提供

同样，例子里我们选择的断行3D号码是015，也就是在行列分布表中断第一行和第五行。排除掉第一行和第五行的红球号码后也剩余21个号码，21个号码全部组合后投注号码的数量为54264注；可是看表3-16可知，通过断层覆盖算法计算后断行3D号码015所对应的红球投注号码数量23706注，压缩率达到了56%。必须要说明的是，只要你选择的断行3D号码是015，并且是正确的，那么压缩后的投注号码里同样一定包括6个红球中奖号码。

我们前面说过，如果同时选择的断列3D号码为023、断行3D号码为015是正确的，那么剩余的13个红球号码的全部组合为1716注，一定100%包括当期的6个红球中奖号码。而通过断层覆盖算法经过复杂的海量计算后，断列3D号码为023、断行3D号码为015同时对应的组合号码数量为318注，只需要638元同样可以达到中取6个红球号码的目的，重要的是也可以同样达到100%的中奖保证。孰优孰劣，比较便知。

经过科学统计，断层覆盖算法的压缩率可以达到40%~98%，在正确选择断区号码的前提下帮助彩民同样达到中奖的目的却可以节省大量的投入资金，它的应用真正地达到了高效率。

最后要说明的是，因为断层覆盖算法要经过N次转换以及海量数据存储运算，计算过程不是人工所能完成的，因此，实战中只能通过我们开发的"彩霸王"双色球富豪版软件来进行使用并自动获得计算结果。

综上所述，断区转换法是科学的、系统的、前沿的顶级选号技术，不但可以帮助彩民轻松地降低选号难度，极大限度地提高备选红球号码的中奖概率，最重要的是，高效率的断层覆盖算法可以帮助我们在保证100%中奖概率的基础上再次高度压缩投注号码，从而节省大量投注资金，最终帮助彩民真正达到"以小博大"的最高博彩境界。

第二节　断区指标统计

了解了断区转换法的原理以及三大特点，那么在实战中根据什么量化指标或数据，如何准确地分析判断从而取舍当期的断列、断行3D号码的百、十、个位置的号码，是大家最为关心的问题。

"以史为鉴"，是指导我们借鉴历史的经验在现实中用正确的思维方式去分析事物、判断事物的准则，我们也在日常生活中的方方面面里不知不觉地遵循着。

历史经验告诉我们，只有懂得"以史为鉴"的道理才能更好地分析事物发展规律和总结事物发展规律，从而更好地在现实中去应用规律，帮助我们正确地解决问题。

"以史为鉴"应用到彩票选号中，就是让我们了解中奖号码或相关条件指标的历史走势过程，从而总结走势规律，更好地应用规律，在现实中准确地判断每期中奖号码或相关条件指标的趋势。"以史为鉴"要达到的真正目的，就是帮助彩民准确地、高概率地选择中奖号码。

要想了解彩票开奖号码的历史，从而总结规律和应用规律，唯一的渠道就是统计历史开奖号码的数据。

统计学是一门收集、整理和分析统计数据的方法科学，是非常重要的数量分析工具。如今，统计分析方法广泛地运用于自然科学和社会科学研究、生产和经营管理以及日常生活，显示出十分重要的应用价值。它为国家制定政策、计划，进行宏观调控，为企业经营决策，加强业务管理，提供信息、咨询、监督等多功能服务。在现代社会中，各行各业的业务活动都离不开统计，统计知识的作用也越来越广泛。同样，在彩票选号中统计分析方法的地位显得尤其重要，因为缺少统计我们在彩票选号中就形同无源之水、无本之木。缺少了统计，所有的分析和预测都是空穴来风，无凭无据。没有详尽的数据统计和因此获得的研判依据，是不科学的。

假设甲、乙两支球队进行比赛，它们之间在过去的历史中进行了1000场比赛，结果是甲队胜利了999场，可以看出甲、乙两队的实力相差悬殊。那么，现在还是这两个队伍来进行比赛，让大家来预测一下它们之间的胜负结果，你们会怎么看呢？

理论上每支队伍各自占有50%的胜算概率，但是从它们之间的历史战绩上来看，因为它们之间差距的悬殊，大家都会继续看好甲队胜利。事实上也的确如此，胜利者还是甲队。

其实，大家在此次预测中不知不觉地用到了统计分析。不知史无以鉴未来，就是因为大家统计了它们之间的历史战绩结果，知道了两队的实力差距，因此才能做出准确的判断。即使不能100%地确定是甲队胜利，但是甲队胜利的概率绝对超过理论概率。

这时，大家分析的甲队胜利就是大概率事件，而乙队胜利就是小概率事件。在这种情况下，没有人会去选择小概率事件的出现，即使有可能也是微乎其微的。选择了小概率事件，也就违背了预测是要把概率最大化为最终目的的宗旨。这也是统计的魅力所在。

一句话，统计是彩票选号的生命。要解决大家最为关心的如何精准地分析判断和取舍断列、断行3D号码的问题，统计是最重要的一关。只有对历史开奖数据进行精确的统计，才能观察到断列、断行3D号码的分布规律特征，也才能获得断行、断列3D号码的全部参考数据，也只有这样，我们最后才能利用获得的3D号码的特征规律和统计数据，精准地分析当前最新数据，也只有这样才能提高中奖概率。

彩票选号中，统计的对象是每个条件所属的指标，从指标分布和指标参数两个方面通过图表形式进行详细的数据统计。

统计表是统计指标分布和指标参数数据的最直观的载体，通过统计表不但可以了解每个条件所属指标的分布状态，对指标的遗漏和惯性状态做到了如指掌，同时也可以了解指标参数的统计数据，从数据量化的角度更清晰地了解每个指标的趋势动态，有利于大家随时进行快速查阅并在实战中进行分析决策使用。

总体来说，统计表的主要作用有三个：一是统计每个条件中各个指标的规律特征；二是统计每个条件中各个指标的概率分布；三是利用统计后获得的指标规律特征及概率数据进行分析判断当期出现概率最高的指标。

统计表包括指标分布表、指标参数表，其中指标参数表分为指标遗漏明细表和指标惯性明细表，每个条件完整的一套统计表必须包括指标分布表、指标遗漏明细表和指标惯性明细表。

一、指标分布的统计

每注中奖号码均由不同的条件构成，同样，每个条件也包括不同的指标。在彩票研究中，能直接表达出中奖号码所属条件信息的各种数据，我们统称为技术指标。因为它在彩民进行选号的实战中起到重要的参考和决策作用，也称为参考性技术指标，简称指标。

条件一般是由0~9十个数字组成，每个数字对应不同的属性，也即对应不同的指标。我们最常用的指标分为大中小数指标、012路指标、重合码指标、大小数指标、奇偶数指标、质合数指标共计六大类13个指标。详细如下：

大中小数指标：

大数：7、8、9

中数：3、4、5、6

小数：0、1、2

0~9十个数字划分后，7、8、9为大数，3、4、5、6为中数以及0、1、2为小数。

乐透型彩票中，"大中小数"就是把条件所属的0~9共十个数值做进一步的细致划分，那样能更准确、清晰地表达每个条件的不同信息。

012路指标：

0路：0、3、6、9

1路：1、4、7

2路：2、5、8

指标的012路划分是根据0~9十个阿拉伯数字除以3的余数定义的。将0~9十个指标数值按除以3所得余数的不同分为三类：把除以3余数为0的号码简称为0路，0路号码包括0、3、6、9；把除以3余数为1的号码简称为1路，1路号码包括1、4、7；把除以3余数为2的号码简称为2路，2路号码包括2、5、8。

012路指标是通过另外一种角度对每个条件的0~9十个数值进行再次分解，从而揭示和传达乐透型彩票每个条件的详细信息。

重合码指标：

乐透型彩票中，条件所属的0~9共十个数值里1既属于小数，又属于1路；3、6既属于中数，又属于0路；8既属于大数，又属于2路，这就是小中大数指标与012路指标的重合性，因此1、3、6、8这四个数值被称为重合码指标。

重合码指标是作者在彩票界首次提出的全新概念，可以帮助彩民从一个崭新、独特的视角来观察条件所属的0~9十个数字的趋势状态，从而为分析预测每个条件提供有力的科学参考依据。

大小数指标：

小数：0、1、2、3、4

大数：5、6、7、8、9

乐透型彩票中，把条件所属的0~9共十个数值里小于5的数字称为小数；大于4的数字称为大数，因此大数指标包括5、6、7、8、9，小数指标包括0、1、2、3、4。

从某种意义上来说，大小数指标与大中小数指标两种范围的区分是一种协调、互补、相辅相成的统一关系。

奇偶数指标：

奇数：1、3、5、7、9

偶数：0、2、4、6、8

乐透型彩票中，把条件所属的0~9共十个数值按奇偶性质划分，不能被2整除的数字称为奇数，能被2整除的数字称为偶数，因此奇数指标为1、3、5、7、9，偶数指标为0、2、4、6、8。

质合数指标：

质数：1、2、3、5、7

合数：0、4、6、8、9

乐透型彩票中，把条件所属的0~9共十个数值中只能被1和自身整除的数划分为质数，和数学里的质数是一样的，即2、3、5、7为质数，但是为了平衡质数和合数的数量，通常把1也定义为质数，这样质数指标和合数指标在数量上都是5个，也便于在统计中分析其规律。

"断区转换法"中断列、断行3D号码的每个位置都是一个条件，例如断列3D号码由百位、十位和个位构成，那么百位号码、十位号码和个位号码都被称为条件。

每个位置的号码也同样被分为大中小数、012路、重合码、大小数、奇偶数、质合数共计六大类13个指标。

可以看出，我们把每个条件都统一地进行指标的分布统计，更利于我们观察指标、分析指标以及在实战应用中精准地选择指标。

统计表中统计指标分布的统计图表我们称为指标分布表。

指标分布表即是以图表的方式来显示条件的各个指标在实际开奖中的出现分布情况。通过指标分布表不但可以归纳总结每个指标的规律特征，还可以详细地了解该条件的所有指标在整体或局部的各种趋势状态，是精准选择指标，最终正确选择条件的基础。

例如表3-17所示，是双色球玩法2003001~2003030期的断列3D号码百位指标分布表。我们以双色球断列3D号码百位为条件，统计30期历史数据，示例断列（断行）3D号码每个位置号码指标分布表的统计与制作。

表3-17 双色球断列3D号码百位指标分布表

期号	开奖号码	3D	百	大	中	小	0路	1路	2路	重	大	小	奇	偶	质	合
2003001	10 11 12 13 25 28-11	003	0		1	小	0路	1			1	小	1	偶	1	合
2003002	04 09 19 20 21 26-12	056	0		2	小	0路	2	2		2	小		偶	2	合
2003003	01 07 10 23 26 32-16	036	0		3	小	0路	3	3		3	小	3	偶	3	合
2003004	04 06 07 10 13 25-03	235	2		4	小	1		2路	4	4		4	偶		质	1
2003005	04 06 15 17 30 31-16	002	0		5	小	0路	5			5	小	5	偶	1	合
2003006	01 03 10 21 26 27-06	056	0		6	小	0路	6			6	小	6	偶	2	合
2003007	01 09 19 21 23 26-07	046	0		7	小	0路	7			7	小	7	偶	3	合
2003008	05 08 09 14 17 23-08	146	1	8		小	1	1路	4	重	8	小	奇	1	质	1
2003009	05 09 18 20 22 30-09	001	0		9	小	0路	1	5			小	1	偶		合
2003010	01 02 08 13 17 24-13	034	0		10	10	小	0路	2	6	2	10	小	2	偶		合
2003011	04 05 11 12 30 32-15	013	0		11	11	小	0路	3	7		3	11	小		偶	1	合
2003012	02 12 16 17 27 30-12	001	0		12	12	小	0路	8		4	12	小	4	偶		合
2003013	08 13 17 21 23 32-12	046	0		13		小	0路	5	9		5	13	小		偶	5	
2003014	03 05 07 08 21 31-02	046	0		14		小	0路	6			6	14	小		偶	6	
2003015	04 11 19 25 26 32-13	036	0		15		小	0路	7				15	小	7	偶		合
2003016	11 17 28 30 31 33-06	002	0		16		小	0路	3	8		3	16	小		偶	8	
2003017	05 08 18 23 25 31-06	034	0		17		小	0路	9				17	小		偶	9	
2003018	05 16 19 20 25 28-13	036	0		18		小	0路	10	14		18	小	10	偶	10	
2003019	04 08 12 13 16 33-09	005	0		19		小	0路	11	15		11	19	小		偶		合
2003020	07 10 25 26 27 32-04	056	0		20	20	小	0路	12	16	12	20	小	12	偶	12	
2003021	14 15 18 25 26 30-01	045	0		21	21	小	0路	13	17		13	21	小	13	偶	13	
2003022	02 07 11 12 14 32-08	034	0		22	22	小	0路	14	18	14	22	小	14	偶	14	
2003023	01 10 20 22 26 31-02	356	3	23	中		1	0路	15	19	重	23	小	奇	1	质	1
2003024	02 07 15 17 22 30-14	000	0		24	1	小	0路	16	20		1	24		偶	1	合
2003025	01 05 11 13 14 27-12	046	0		25	2	小	0路	17	21		2	25		偶		合
2003026	08 13 15 26 29 31-16	046	0		26		小	0路				3			偶	3	合
2003027	01 11 14 17 27 28-15	006	0		27		小	0路	19			4	27		偶	4	合
2003028	06 13 16 20 28 32-07	035	0		28	5	小	0路						偶		合
2003029	02 07 15 26 29 32-10	046	0		29	6	小	0路		21	25			偶		合
2003030	02 06 13 14 23 27-07	004	0		30	7	小	0路	22	26		7	30	小	7	偶		合

注：此图表数据由官网www.cpfxj.com"彩霸王"双色球富豪版彩票软件提供

表3-17中，表头纵列从左至右依次为开奖期号、开奖号码、断列3D号码、断列3D号码百位、大数指标、中数指标、小数指标、0路指标、1路指标、2路指标、重合码指标、大数指标、小数指标、奇数指标、偶数指标、质数指标、合数指标。

为了统计方便，这里把表头的开奖期号、断列3D号码、断列3D号码百位、大数指标、中数指标、小数指标、0路指标、1路指标、2路指标、重合码指标、大数指标、小数指标、奇数指标、偶数指标、质数指标、合数指标简化为期号、3D、百、大、中、小、0路、1路、2路、重、大、小、奇、偶、质、合来表示，其他断列或断行3D号码各个位置指标分布表的表头都依此类推。

我们以2009071期为例，讲解双色球断列3D号码百位指标分布表的制作过程。

开奖期号为2009071，当期双色球开奖号码为10、11、12、13、26、28-11，在"开奖期号""开奖号码"所对应列的空格内填入。当期双色球开奖号码中的红球号码为10、11、12、13、26、28，在行列分布表内断列转换后的3D号码为003，填写在"3D"选项下；断列3D号码003的百位号码是0，填写在"百"选项下。大中小数、012路、重合码、大小数、奇偶数、质合数各大指标区下的空格依次填写如下：

第一类指标区是大中小数指标区，包括大数区、中数区和小数区。断列3D号码百位是0，0属于小数指标，就在对应的小数区选项下填写文字"小"，因为百位0出现在小数区，那么其在大数区和中数区就各遗漏了一次，因此，在对应的空格下填写"1"，表示大数和中数指标各遗漏1次。

第二类指标区是012路指标区，包括0路区、1路区和2路区。断列3D号码百位是0，0除以3余数为0，所以0属于0路指标，在0路区选项下填写"0路"；既然断列3D号码百位出现在0路区，那么它就不可能在1路区和2路区出现，它在这两路分区就各遗漏了一次，因此，在对应的空格下填写"1"，表示1路和2路指标分别遗漏1次。

第三类指标区为重合码指标区。根据术语可知，1、3、6、8四个数字是重合码，断列3D号码百位是0，那么说明断列3D号码百位没有在重合码区出现，在对应的空格内填入"1"，表示当期重合码指标遗漏1次。

第四类指标区为大小数指标区，包括大数区和小数区。断列3D号码百位是0，0属于小数指标，就在对应的小数区空格内填写文字"小数"。既然断列3D号码百位出现在小数区，那么它就不可能出现在大数区，在对应的空格下填写"1"，表示大数指标当前遗漏1次。

第五类指标区为奇偶数指标区，包括奇数区、偶数区。断列3D号码百位为偶数指标，就在对应的偶数区空格内填写文字"偶数"；因为百位出现在偶数区，那么其在奇数区就遗漏了1次。因此，在奇数区的空格下填写"1"，表示奇数指标遗漏1次。

第六类指标区为质合数指标区，包括质数区和合数区。断列3D号码百位0为合数指标，就在对应的合数区空格内填写文字"合数"。同样，它在质数区遗漏了1次，我们在质数区的空格内填写"1"，表示质数指标遗漏1次。

2003001~2003030期依次按照2003001期的填写方式填写。如果表中的某个指标在同一个区间内没有连续开出，那么要在相应的空格内填写它连续遗漏的期数。如在2003001期，断列3D号码百位没有出现在大中小区的大数区，表示大数指标遗漏1期；在接下来的2003002期里，断列3D号码百位仍没有出现在大数区，这时连续遗漏了2次，则在相应的空格内填写数字"2"，表示大数指标连续遗漏了2期；截止到2003030期，大数区的大数指标在连续30期里没有出现，说明它已经连续遗漏30次，那么在相应的空格内填写数字"30"，表示断列3D号码百位在大数区连续遗漏30期，其他指标分区内的遗漏情况都按此方式填写。这样既能清晰地看出每个指标在同一分区内的遗漏期数，也可揭示出某个指标在休眠了几期后又重新开始活动。

我们对选取的每一期同一位置号码的断列3D号码百位都进行这样的填写，便形成了一张完整的断列3D号码百位指标分布表。在填写的过程中，我们对各个指标的分布情况也有了很直观的判断。

二、指标参数统计

每个指标只有分布统计还是不够，为了获取每一个指标更详细的数据信息，根据实战经验和操盘验证，我们为指标设置了固定的参数。为指标设置固定的参数是为了科学准确地统计指标并通过统计的数据来分析每个指标的趋势动态，从而来衡量不同的指标，并根据这些参数值的对比变化清晰地洞察每个指标在整体和阶段内的趋势状态，从而总结并掌握一定的规律来分析、选择、使用条件，最终的目的是帮助彩民精准地选择条件。

只有通过指标的分布和参数数据的统计，才能真实地反映出每个指标整体的趋势状态。实战中，也只有对指标分布和参数进行详细的统计，才能帮助我们正确地分析指标，才能帮助我们正确地选择条件，从而精准地选择断列、断行3D号码，这也是统计的终极目标。

每个指标设置的固定参数，根据遗漏和惯性可分为指标遗漏参数和指标惯性参数。指标遗漏参数包括最大遗漏值、次大遗漏值、当前遗漏值、中出可信度、当前遗漏反转率、最佳遗漏范围值；指标惯性参数包括最大惯性值、次大惯性值、当前惯性值、中出可信度、当前惯性反转率、最佳惯性范围值。

每个指标参数数据的详细的统计图表我们称为指标参数表，因为指标参数包括指标遗漏参数和指标惯性参数，因此指标参数表也分为指标遗漏参数表和指标惯性参数表。

指标遗漏明细表和指标惯性明细表中所有参数项目的概念和实战意义，这里进行详细介绍，可以帮助大家更好地了解并在今后的实战中更好地应用。

中奖概率也称为理论出现概率，是某一个指标所包含的号码在整体号码数量中所占有的百分比例。例如，双色球断列3D号码百位为重合码指标的号码共包括110756注，占双色球红球号码总注数1107568注的10%，因此它的中奖概率也即是理论概率为10%。其他指标依此类推。

一般来说，如果实战中某个指标在阶段内的实际出现概率超过理论出现概率，那么该指标接下来在阶段内出现的次数会降低，反之，则结果亦相反。整体上所有指标的出现概率都会以理论概率为中心点进行高低震荡出现，最后永远趋于理论概率。

遗漏值是指某个指标在阶段内没有出现的间隔期数，包括最大遗漏值、次大遗漏值和当前遗漏值。例如某指标自从上次出现后到现在已经间隔了8期没有出现，那么该指标的遗漏值为8。

最大遗漏值是指该指标在统计期数内出现的连续遗漏期数最大的数值。例如统计双色球2003001~2009101期共计926期数据，断列3D号码百位指标参数表里小数指标在统计期内的连续遗漏期数出现最大的次数是2次，那么断列3D号码百位指标参数表里小数指标的最大遗漏值为2。

实战中最大遗漏值就像一个风向标一样，某个指标当前遗漏的值越接近最大遗漏值，接下来该指标出现的可能性就越大，尤其该指标之前已经出现过一次比较大的遗漏后，这种可能性出现的概率就越高。

次大遗漏值是指该指标在统计期数内出现的仅次于最大遗漏值的连续遗漏次数。例如经过统计，双色球2003001~2009101期共计926期数据，断列3D号码百位指标参数表里重合码指标在统计期内的最大遗漏值为49，而出现的仅次于最大遗漏值的遗漏期数是35，我们称为次大遗漏值。

次大遗漏值相对于最大遗漏值来说，在实战中更有实际价值，因为它的数值仅次于最大遗漏值。实战中往往会出现这种情况，某个指标在统计期内最大遗漏值的数值很大，出现的次数却极少，而且相对于次大遗漏值或其他遗漏值来说，它们之间又有很大差距，这时次大遗漏值替换了最大遗漏值来作为风向杆的价值就极大地显现出来了。这时，如果该指标当前的遗漏期数越接近次大遗漏值，那么接下来该指标出现的可能性就越大。如果最大遗漏值和次大遗漏值的距离很小，那么它们之间替换的价值随之越小或不复存在了。

当前遗漏值是指该指标从最后一次出现开始并截止到当前期所遗漏的期数。假如双色球断列3D号码百位指标分布表中一个指标在2009001期出现一次后，截止到当前期的2009008期（开奖的前一期数）没有出现，那么该指标的当前遗漏值为7。

如果某个指标的当前遗漏值大于0，说明这个指标目前处于遗漏状态。实战中当前遗漏值越大说明该指标没有出现的时间越长，它在阶段内实际出现的概率一定低于理论概率，那么接下来该指标反转出现的可能性就越大。

中出可信度是指在遗漏或惯性状态下，某个指标反转出现或继续出现的可能性是多少，分为遗漏中出可信度和惯性中出可信度。

因为中出可信度计算极其复杂，手工难以计算，需要使用的读者可以登录官网www.cpfxj.com获取最新数据。

在实战中某指标遗漏（惯性）中出可信度数值越高，接下来该指标出现的概率就越高，可以重点关注选择。

遗漏反转率是指当前遗漏的指标在下期出现的概率。遗漏反转率的计算公式为：当前遗漏值/次大遗漏值×100%。

实战中某指标当前遗漏反转率越高，该指标接下来出现的概率越高。

遗漏次数即遗漏总次数，是指统计期内不同遗漏期数的次数总和。某个指标从遗漏开始到遗漏结束，我们把遗漏的出现次数计算为1次，如果某指标从遗漏开始到遗漏结束的期数为3，那么我们可以说：该指标遗漏3期的出现次数为1。因此遗漏总次数就是遗漏1期的出现次数、遗漏2期的出现次数……以及遗漏N期的出现次数的总和。

最佳遗漏范围值指的是指标在短期遗漏后反转出现概率最高的范围。在这个最佳遗漏值范围内，指标出现的概率必须大于或等于80%，是衡量一个指标遗漏后高概率反转出现范围的最佳标准。

在这个范围内，越接近最大值，接下来该指标中出的概率就越大。但是实战中如果一个指标的遗漏期数超出这个范围，预示着该指标处于极冷的状态。如果经过阶段的深冷后，遗漏的期数更加接近该指标的历史最大遗漏值，也说明该指标出现的概率更大，在实战中要毫不犹豫地加以重点关注和选择。

惯性值是指某个指标在阶段内连续出现的期数。包括最大惯性值、次大惯性值和当前惯性值。一般来说，某个指标连续出现2次，惯性值为1，连续出现5次，惯性值为4；但是实战中为了统计方便，指标只要出现一次，惯性值计算为1。

最大惯性值是指该指标在统计期内连续出现的惯性期数最大的数值。例如统计双色球2003001~2009101期共计926期数据，断列3D号码百位指标参数表里0路指标在统计期内连续惯性出现最多的次数为40次，那么0路指标的最大惯性值为40。

实战中，最大惯性值的意义和最大遗漏值一样，也是个风向标。如果某个指标当前惯性值越接近最大惯性值，接下来该指标反转的可能性就越大，尤其当该指标之前已经出现过一次比较大的惯性后，这种反转可能性出现的概率就越高。如果确定该指标反转出现，那么接下来就可以排除该指标出现的可能性。

次大惯性值是指该指标在统计期内连续出现的仅次于最大惯性值的次数。例如经过统计双色球2003001~2009101期共计926期数据，断列转3D号码百位指标参数表里0路指标在统计期内的最大惯性值为40，而仅次于最大惯性值的惯性期数是27，那么断列转3D号码百位指标的次大惯性值是27。

实战中，指标当前惯性值越接近次大惯性值，那么接下来反转的概率越高，排除该指标继续出现的可能性就越大。

次大惯性值相对于最大惯性值来说在实战中也具有很大的实战价值，因为它的数值仅次于最大惯性值。实战中往往会出现这种情况，某个指标在统计期内的最大惯性值的数值很大，出现的次数却极少，而且相对于次大惯性值或其他惯性值来说，它们之间又有很大差距，这时次大惯性值就替代了最大惯性值来作为风向杆的价值就极大地显现出来了。这时如果该指标当前的惯性期数越接近次大惯性值，那么接下来该指标出现的可能性就越大。如果最大惯性值和次大惯性值的距离很小，那么它们之间替换的价值随之越小或不复存在了。

例如，统计后知道0路指标在统计期内的最大惯性值为40，而次大惯性值是27，假设该指标当前惯性值为27，那么可以说接下来该指标反转的概率几乎为100%（27/27×100%=100%）。既然该指标次大惯性值为27，最大惯性值为40，说明该指标的惯性值在统计期内不存在27~40区间数值的情况，而且次大惯性值为27

只出现了一次，因此说反转的概率几乎为100%。但是不能说没有继续进行惯性的这种可能，只是说根据统计后得出的数据表明出现这种情况的概率极低，遵守高概率的选择指标原则完全可以忽略不计。

当前惯性值是指某指标从出现开始并截止当期连续出现的期数。假设当期开奖期号是2009008期，可是某指标在2009005、2009006、2009007期连续出现3期，那么该指标的当前惯性值为3，其他依此类推。

当前惯性值越大，说明该指标目前出现的次数越多，呈现一种热态，在阶段内实际出现的概率可能会高于该指标的理论出现概率，那么接下来该指标反转的可能性就越大。

惯性反转率是指当前呈惯性出现的指标在下期反转的概率。惯性反转率计算公式为：当前惯性值/次大惯性值×100%。

实战中，某指标当前惯性反转率越高，当期指标继续惯性出现的可能性就越低，那么在当期排除该指标出现的准确概率就越高。

惯性次数也即是惯性总次数，是指统计期内出现的不同惯性期数的次数总和。某个指标从惯性开始到惯性结束，我们把惯性的出现次数计算为1次，如果从惯性开始到惯性结束的间隔期数为3，那么我们可以说：该指标惯性3期的出现次数为1。因此惯性总次数就是惯性1期的出现次数、惯性2期的出现次数……惯性N期的出现次数的总和。

最佳惯性范围值指的是指标在短期惯性后立即反转概率最高的范围。这个惯性值范围内指标惯性反转的概率必须大于或等于80%，是衡量一个指标惯性后高概率反转范围的最佳标准。

在这个范围内，越接近范围的最大值，接下来该指标反转的概率就越大，在当期排除该指标出现的成功概率越高。但是实战中，如果一个指标的惯性期数超出这个范围，预示着该指标处于极热的状态。这时，惯性出现的期数更加接近该指标的历史最大惯性值，也说明该指标接下来反转的概率更大，在实战中要重点关注或毫不犹豫地加以排除。

指标参数表包括指标遗漏明细表和指标惯性明细表。根据上面指标参数的定义以及计算公式，我们举例统计制作了2003001~2004011期共计100期历史数据的断列3D号码百位的指标遗漏明细表和指标惯性明细表。

指标遗漏明细表如表3-18所示，是双色球断列3D号码百位指标遗漏明细表；指标惯性明细表如表3-19所示,是双色球断列3D号码百位指标惯性明细表。

表3-18 双色球断列3D号码百位指标遗漏明细表(2003001~2004011期)

项目	大	中	小	0路	1路	2路	重	大	小	奇	偶	质	合
中奖概率	0	0.04	0.96	0.86	0.09	0.05	0.1	0	1	0.1	0.9	0.15	0.85
统计期数	100	100	100	100	100	100	100	100	100	100	100	100	100
最大遗漏	100	30	1	2	22	44	24	100	0	24	2	14	2
次大遗漏	0	22	0	1	19	19	14	0	0	14	1	13	1
当前遗漏	100	1	0	0	12	7	1	100	0	1	0	1	0
中出可信度	0	0.04	—	0.68	0.3	0.1	0	—	0.1	—	0.15	—
遗漏反转率	正…	0.05	—	—	0.63	0.37	0.07	正…	—	0.07	—	0.08	—
项目	大	中	小	0路	1路	2路	重	大	小	奇	偶	质	合
统计期数	100	100	100	100	100	100	100	100	100	100	100	100	100
遗漏总次数	1	6	5	13	7	9	9	1	0	9	8	16	15
最大遗漏	100	30	1	2	22	44	24	100	0	24	2	14	2
遗漏1次	0	1	5	12	0	1	1	0	0	1	7	3	13
遗漏2次	0	0	0	0	1	0	1	0	0	0	0	1	2
遗漏3次	0	0	0	0	0	1	0	0	0	0	0	2	0
遗漏4次	0	0	0	0	1	2	0	0	0	0	0	3	0
遗漏5次	0	1	0	0	0	0	0	0	0	0	0	3	0
遗漏6次	0	0	0	0	0	0	0	0	0	1	0	0	0
遗漏7次	0	0	0	0	1	1	2	0	0	0	1	0	0
遗漏8次	0	0	0	0	0	1	0	0	0	1	0	0	0
遗漏9次	0	0	0	0	0	0	0	0	0	0	0	1	0
遗漏10次	0	0	0	0	0	0	1	0	0	1	0	0	0
遗漏10次以上	1	4	0	0	5	2	4	1	0	4	0	3	0
最佳遗漏范围	1~11	1~11	1~1	1~1	1~11	1~11	1~11	1~0	1~11	1~1	1~7	1~1

注:

① 指标遗漏明细表中"正…"代表数值无穷大,该指标中出概率为0,因此实战中不用关注;

② 指标遗漏明细表中当前处于惯性状态的指标对应的参数数据都用"—"表示;

③ 此图表数据由官网www.cpfxj.com"彩霸王"双色球富豪版彩票软件提供

表3-18中,纵列从左至右依次为参数项目、大数、中数、小数、0路、1路、2路、重合码、大数、小数、奇数、偶数、质数、合数。

第一列从上至下依次为参数项目的各个选项,依次为中奖概率、统计期数、最大遗漏、次大遗漏、当前遗漏、中出可信度、遗漏反转率、遗漏总次数、遗漏1次到遗漏10次以上以及最佳遗漏范围值。

上面一些参数概念在前面已经说明，这里我们以双色球断列3D号码百位指标的中数区为例，讲解指标遗漏明细表各个参数项目的计算统计。

表3-18中第一列参数项目下第一项为"中奖概率"，中奖概率也即是理论概率，其计算公式为双色球断列3D号码百位指标的中数指标所包含的号码数量/总的号码数量×100%。当断列3D号码百位指标的中数指标为中数时，号码共包括48309注，占红球号码组合总注数11075682注的4.361718%，那么可知断列3D号码百位指标出现在中数区的理论概率为4%，因此在第一列理论概率参数和第三列中数区交叉的空格内填写0.04，代表四舍五入后的百分比概率。

统计期数是指所有的历史开奖数据期数。目前统计期数是从2003001~2004011期共计100期。

最大遗漏是指该指标在统计期数内出现的连续遗漏期数最大的数值。经过统计可知双色球断列3D号码百位指标在中数区最长的遗漏期数为30期，因此在第一列参数最大遗漏和第三列中数区所交叉的空格内填写30。

次大遗漏是指该指标在统计期数内出现的仅次于最大遗漏值的连续遗漏次数。经过统计可知，双色球断列3D号码百位在中数区仅次于最大遗漏值的遗漏期数为22期，因此在第一列参数次大遗漏和第三列中数区所交叉的空格内填写22。

当前遗漏是指该指标从最后一次出现并截止到当前期所遗漏的期数。双色球断列3D号码百位指标在中数区最后一次出现后，统计截止到2004011期为止遗漏了1期，因此当前遗漏值为1，在第一列参数当前遗漏和第三列中数区交叉的空格内填入数值1。

中出可信度是世界流行的博彩公式，$N=\log(1-DC)/\log(1-P)$，其中N为遗漏期数，DC为中出的可能性，P代表该指标的理论出现概率。如果已知当前的遗漏值和该指标出现的理论概率，通过计算可以很轻易地就知道该指标在阶段遗漏后接下来出现的可信度是多少，也就是遗漏中出可信度。读者可以通过专用的对数计算器来进行计算后填入相应的空格内。

遗漏反转率的计算公式为当前遗漏值/次大遗漏值×100%。双色球断列3D号码百位指标目前在中数区的当前遗漏为1，次大遗漏为22，因此该指标遗漏反转率为1/22×100%=4.545%。在第一列参数遗漏反转率和第三列中数区的交叉空格内输入

0.05代表四舍五入后的遗漏反转率。

遗漏总次数就是统计期内所有遗漏次数的总和。通过统计，双色球断列3D号码百位指标在中数区内共出现的遗漏次数共计6次，因此在第一列参数遗漏总次数和第三列中数区的交叉空格内填写6，代表统计期内的遗漏总次数。

遗漏1次就是指统计期内所有从遗漏开始到遗漏结束时遗漏值为1的情况出现的总次数。通过统计后得知，双色球断列3D号码百位指标在中数区出现遗漏1次后就结束的情况共计有1次，因此在第一列参数遗漏1次和第三列中数区的交叉空格内填写1，代表在100期统计期内遗漏1次出现的次数。

遗漏2次就是指统计期内所有从遗漏开始到遗漏结束时遗漏值为2的情况出现的总次数。通过统计后得知，双色球断列3D号码百位指标在中数区出现遗漏2次后就结束的情况为0次，也就是在统计期内没有出现这种情况，因此在第一列参数遗漏2次和第三列中数区的交叉空格内填写0，代表统计期内遗漏2次出现的次数。

遗漏3次、4次以至到遗漏10次的计算都依此类推。

遗漏10次以上是指统计期内所有从遗漏开始到遗漏结束时，遗漏值超过10的情况出现的总次数。通过统计后得知，双色球断列3D号码百位指标在中数区出现遗漏超过10次后结束的情况共计有4次，因此在第一列参数遗漏10次以上和第三列中数区的交叉空格内填写4，代表统计期内遗漏10次以上出现的次数。

最佳遗漏范围的计算公式为：统计期内遗漏1~N次的出现次数总和/遗漏总次数≥80%，其中1~N次即为最佳遗漏范围值。通过统计可知，双色球断列3D号码百位指标在中数区出现遗漏1次到遗漏11次的总次数共计5次，符合≥80%的标准，那么1~11的范围即是最佳遗漏范围。

通过以上计算方法得出的数值依次填入每个参数项目和指标区内交叉对应的空格内，就是一个完整的双色球断列3D号码百位指标遗漏明细表。需要说明一下的是：这个表格是指标遗漏明细表，因此当前指标如果在某个指标区内没有出现遗漏状态，那么用符号"—"代表，即没有该指标相关的遗漏参数数据，表示它处于惯性状态。某个指标没有出现遗漏，就说明它在当期出现，如果需要了解该指标的相关惯性状态详细数据，必须去观察该双色球断列3D号码百位指标的惯性明细表。指标惯性明细表的制作及说明如表3-19所示。

表3-19 双色球断列3D号码百位指标惯性明细表（2003001~2004011期）

项目	大	中	小	0路	1路	2路	重	大	小	奇	偶	质	合
中奖概率	0	0.04	0.96	0.86	0.09	0.05	0.1	0	1	0.1	0.9	0.15	0.85
统计期数	100	100	100	100	100	100	100	100	100	100	100	100	100
最大惯性	0	1	30	22	1	1	2	0	100	2	24	2	14
次大惯性	0	0	22	17	0	0	1	0	0	1	14	1	13
当前惯性	—	—	1	7	—	—	—	—	100	—	1	—	1
中出可信度	—	—	0	0.07	—	—	—	—	1	—	0	—	0.06
惯性反转率	—	—	0.05	0.41	—	—	—	正...	—	—	0.07	—	0.08

项目	大	中	小	0路	1路	2路	重	大	小	奇	偶	质	合
统计期数	100	100	100	100	100	100	100	100	100	100	100	100	100
惯性总次数	0	5	6	14	6	8	8	0	1	8	9	15	16
最大遗漏	0	1	30	22	1	1	2	0	100	2	24	2	14
惯性1次	0	5	1	2	6	8	7	0	0	7	1	13	3
惯性2次	0	0	0	1	0	0	1	0	0	0	1	2	1
惯性3次	0	0	0	2	0	0	0	0	0	0	0	0	2
惯性4次	0	0	0	3	0	0	0	0	0	0	0	0	0
惯性5次	0	0	1	2	0	0	0	0	0	0	0	0	3
惯性6次	0	0	0	0	0	0	0	0	0	0	1	0	0
惯性7次	0	0	0	0	0	0	0	0	0	0	2	0	1
惯性8次	0	0	0	1	0	0	0	0	0	0	0	0	0
惯性9次	0	0	0	0	0	0	0	0	0	0	0	0	0
惯性10次	0	0	0	0	0	0	0	0	0	0	0	0	0
惯性10次以上	0	0	4	2	0	0	0	0	1	0	4	0	3
最佳惯性范围	1~0	1~1	1~11	1~8	1~1	1~1	1~1	1~0	1~11	1~1	1~11	1~1	1~7

注：

① 指标惯性明细表中"正..."代表数值无穷大，该指标中奖概率100%；

② 指标惯性明细表中当前处于遗漏状态的指标对应的参数数据都用"—"表示；

③ 此图表数据由官网www.cpfxj.com"彩霸王"双色球富豪版彩票软件提供

表3-19中，纵列从左至右依次为参数项目、大数、中数、小数、0路、1路、2路、重合码、大数、小数、奇数、偶数、质数、合数。

第一列从上至下依次为参数项目的各个选项，依次为中奖概率、统计期数、最大惯性、次大惯性、当前惯性、中出可信度、惯性反转率、惯性总次数、惯性1次到惯性10次以上以及最佳惯性范围值。

各种参数的概念可以参看前面的说明，这里我们以双色球断列3D号码百位指标的小数区为例，讲解指标惯性明细表中各个参数项目的计算统计。

　　表3-19中第一列参数项目内的中奖概率和统计期数的计算方法与指标遗漏明细表相同，这里略过。

　　通俗地讲，最大惯性就是指一个指标在统计期数内连续出现的最大数值。经过统计可知，双色球断列3D号码百位指标在小数区连续出现的最大期数为30期，因此在第一列参数最大惯性和第四列小数区所交叉的空格内填写30。

　　次大惯性是指该指标在统计期数内出现的仅次于最大惯性值的连续惯性次数。经过统计可知，双色球断列3D号码百位指标在小数区出现的仅次于最大惯性值的连续惯性期数为22期，因此在第一列参数次大惯性和第四列小数区所交叉的空格内填写22。

　　当前惯性是指某指标截至当期连续出现的期数次数。双色球断列3D号码百位指标在2004011期的小数区出现1次，因此当前惯性值为1，在第一列参数当前惯性和第四列小数区交叉的空格内填入数值1。

　　中出可信度的计算公式为：惯性（当前惯性值＋1）次的出现次数／总的惯性出现次数×100%＋指标理论概率。双色球断列3D号码百位指标在小数区的当前惯性值为1，那么当前惯性值＋1等于2，根据统计可以知道双色球断列3D号码百位指标在统计期内惯性2次的出现次数为0，总的惯性次数为6，双色球断列3D号码百位指标在小数区的理论出现概率为96%，那么0／6×100%＋96%＝96%，也即说明2004012期双色球断列3D号码百位指标在小数区继续出现的中出可信度为96%。

　　惯性反转率的计算公式为：当前惯性值/次大惯性值×100%。双色球断列3D号码百位指标目前在小数区的当前惯性为1，次大惯性为22，因此该指标惯性反转率为1/22×100%=5%。在第一列参数惯性反转率和第四列小数区的交叉空格内输入0.05代表惯性反转率。

　　惯性次数就是统计期内所有惯性次数的总和，也称为惯性总次数。通过统计，2003001~2004011期的100期内双色球断列3D号码百位指标在小数区内出现的惯性次数共计6次，因此在第一列参数惯性总次数和第四列小数区的交叉空格内填写6，代表统计期内的惯性总次数。

　　惯性1次就是指统计期内所有从惯性开始到惯性结束时惯性值为1的情况出现的总次数。通过统计后得知，双色球断列3D号码百位指标在小数区出现惯性1次后就结束的情况共计有1次，因此在第一列参数惯性1次和第四列小数区的交叉空格内填写1，代表统计期内惯性1次出现的次数。

惯性2次就是指统计期内所有从惯性开始到惯性结束时惯性值为2的情况出现的总次数。通过统计后得知，双色球断列3D号码百位指标在小数区出现惯性2次后就结束的情况为0次，因此在第一列参数惯性2次和第四列小数区的交叉空格内填写0，代表统计期内惯性2次出现的次数。

惯性3次、4次以至到惯性10次的计算都依此类推。

惯性10次以上是指统计期内所有从惯性开始到惯性结束时，惯性值超过10的情况出现的总次数。通过统计后得知，双色球断列3D号码百位指标在小数区出现惯性超过10次后结束的情况为4次，因此在第一列参数惯性10次以上和第四列小数区的交叉空格内填写4，代表统计期内惯性10次以上出现的次数。

最佳惯性范围的计算公式为：统计期内惯性1~N次的出现次数总和/惯性总次数≥80%，其中1~N次即为最佳惯性范围值。通过统计可知，双色球断列3D号码百位指标在小数区出现惯性1次到惯性11次之间的惯性次数合计为5次，符合≥80%的标准，那么1~11的范围即是最佳惯性范围。

通过以上计算方法得出的数值依次填入每个参数项目和指标区内交叉对应的空格内，就是一个完整的双色球断列3D号码百位指标惯性明细表。需要说明一下的是：这个表格是指标惯性明细表，因此当前指标如果在某个指标区内没有出现惯性状态，那么用符号"—"代表，即没有该指标相关的惯性参数数据，表示它处于遗漏状态。某个指标没有出现惯性，就说明它在当期没有出现，如果需要了解该指标的相关遗漏状态的详细数据，必须去观察该指标的遗漏明细表。

当双色球断列3D号码百位指标分布表、指标参数表（包括指标遗漏明细表和指标惯性明细表）全部做完后，便形成了一套完整的双色球断列3D号码百位指标统计表。统计的期数越多、越完整，我们对每张图表的统计情况以及整体趋势了解得也越详细。

至此，我们已经根据双色球断列3D号码百位这个条件制作了指标分布表、指标遗漏明细表和指标惯性明细表，只有完整地制作了这三个图表，才可以称作完成了双色球断列3D号码百位统计表。双色球断列3D号码十位、个位统计表以及断行3D号码的各个位置号码的统计表也是依此类推地进行制作。因制作方法皆同于双色球断列3D号码百位指标分布表，所以请彩民朋友自行制作。但是要告诉大家的是：千万不要把"制作图表"看作是一项复杂烦琐的手工劳动，因为在作图的过程中你会随着数据的增加变化领悟到每个位置上指标趋势的精妙变化过程，对趋势的精确把握是靠大家的悟性和经验逐渐累积得来的，并且会在今后的选号中实实在在地对你产生巨大的帮助。书山有路勤为径，这个功课是中奖的路上唯一少不得的。彩民只有制作出完整、详尽的双色球断列3D、断行3D号码指标分布表，在实战中才可以分别针对每个分布表里的指标进行系统分析、精确判断，最后选择组合出最佳号码进行精准投注。

每个参数表内的数据都是根据每个参数项目的定义算法计算后填写的，需要重点说明并提醒读者注意的是，指标参数表内的统计数据必须是完整的、实时更新的，那样才能更真实、准确地反映出所有指标在整体和当前期的趋势和状态，更有利于帮助我们进行精准的分析、判断和选择，才更有价值。有些参数读者可以自行轻松计算，如当前遗漏、当前惯性等；有些参数如中奖概率、中出可信度、最佳遗漏、反转范围等，因为计算公式极其复杂，不是手工计算所能完成的，因此没有给出详细的计算公式。

当今社会，计算机与网络已经走进了千家万户，更给人民带来了方便快捷的信息共享服务。需要详细的参数数据并上网便利的读者，可以登录我们的官方网站www.cpfxj.com，免费下载最新的数据，极其方便快捷，那样会更加方便您的实战使用。

在彩票选号的过程里，如果缺少对历史数据中各个指标的分布统计，就不可能更好地归纳总结每个指标的规律特征；如果缺少了对条件所属指标详尽的参数数据统计，也根本谈不上高概率地对指标进行精准的概率分析，因为那样实为"巧妇难为无米之炊"。因此，离开了统计，距离中奖可以说是一件很遥远的事情。

指标分布表和指标参数表是"鱼水情深"的紧密依附关系，永远同时存在并相互结合使用，缺一不可。只有这样才能为我们提供翔实可靠、有理有据的统计数据，进而准确地指导实战选号操作。

彩票统计中，我们只有根据指标分布表和指标参数表的统计结果来获得所有指标的规律特征和详尽的参数数据，才能在实战中更好地掌握指标的趋势状态，从而精准地在最小的范围内正确地选择条件，最终达到高概率地选择中奖号码的目的。

第三节　断区指标分析

我们已经通过特定的方法把我们需要的指标进行了详尽的统计，接下来就是要多角度地去分析各个指标分布表和参数表。

分析的目的只有两个：第一个是通过分析，根据断列、断行3D号码的指标分布表获得指标的规律和特征；第二个是通过分析，在实战中依据获得的规律特征和科学的参数数据进行当期指标的判断取舍。这两个目的也就是通常所说的总结规律和应用规律。

本章我们就是通过对指标的分布和参数分析后进行规律特征的总结，以便在实战中更好地应用规律特征。

分析和分析后使用的对象只有两个：一个是图表，一个是数据。图表即指断列、断行3D号码指标分布表中各个指标的长期、中期或短期的趋势状态，数据也就是指标在统计期数内各个固定参数的统计数据。图表和数据相辅相成，相互作用，缺一不可。

我们按分析的对象来逐层说明，这样更清晰明了。

一、图表的规律特征

实战中大家通过指标分布表统计了每个指标的详细分布情况，但只是统计出一堆指标的分布数据并不能帮助我们中奖，我们还要学会对分布表的数据进行总结和分析，以便在实战中运用。

我们观察所有的指标分布表中各个指标的走势，普遍存在三种有趣的现象：非对称、非等量的短期走势与分布，以及在均衡原理的作用下，最终表现为"求均衡"的特征。

每个指标在指标分布表中都有一个分布规律：不管在什么样的期间范围内，指标总是以偏态开始，以均态结束。

在这一规律中，其实包含了指标分布的三个基本特征，即"非对称"特征、"非等量"特征和"求均衡"特征。这三个基本特征广泛存在于电脑彩票游戏中，我们统称为"均衡原理"。

可以说，指标的"非对称""非等量""求均衡"三大规律特征是帮助彩民把握指标趋势、选择应用指标、精选条件，最终达到彩票中奖目的的核心密码。

理论源自实践，又指导着实际应用。通常所说的彩票分析也即是应用特定的理论对指标进行分析，我们称作指标分析理论。

"均衡原理"的应用使得彩民对彩票指标的分析上升到一个最新的高度，这个理论同时也是彩票选号技术体系核心的基石，我们称为彩票均衡论。

规律之一：指标中出的"非对称"。

在指标分析中，"非对称"是指在指标分布表中指标的中出情况不会长期呈现"对称"的特征。

大数、中数或小数都是独立的指标个体，在双色球断列或断行3D号码的指标分布表中，对称现象是可以见到的，比如有时某个指标在分布表中出现的遗漏状态非常有规律：指标出现—连续遗漏2次—指标出现—连续遗漏2次—指标出现—连续遗漏2次—指标出现。如果出现了这种情况，就判断它在下一个遗漏间隔还会是遗漏2次，形成遗漏2次—遗漏2次—遗漏2次—遗漏2次的遗漏间隔对称，如表3-20所示。

表3-20

1路
1
2
1路
1
2
1路
1
2
1路
1
2
3
1路

这种分析思路有没有理论依据呢？答案是否定的。

实际上，这种判断只是在追求一种巧合。从历史统计数据看，指标分布表中的指标呈现"非对称"现象出现的次数比"对称"现象要高得多。比如，通过指标分布表的统计后可以看到，如果某个指标遗漏1期后正确中出，接下来遗漏2期后大数正确又中出，之后连续遗漏3期后，这个指标依然正确中出，遗漏间隔呈现1-2-3的递增排列。那么，如果接下来再次连续遗漏4期，在第5期时这个指标能不能正确中出呢？也就是能不能形成1-2-3-4的遗漏间隔排列呢？

我们认为，再次遗漏4期后的第5期很难再次正确中出，为什么呢？因为此时的遗漏1期、遗漏2期、遗漏3期是对称的递增现象，根据指标的"非对称"原理，再次遗漏4期后，该指标再次正确中出的可能性极小。实际上，大多数情况下这种排列格局不会存在的，指标可能在遗漏第一个3次后就会在某一期出现或连续出现的，如表3-21所示。

表3-21

1路
1
1路
1
2
1路
1
2
3
1路
1
2
1路
1路

同理，如果指标每次出现的状态完全是相同的，便也是对称的等距现象，也完全可以排除。例如，正确正确正确—正确正确正确—正确正确正确，已经3次连续正确中出3期，接下来经过遗漏后该指标再次连续正确中出3期就不太可能了。

又如，1路2路、1路2路、1路2路、1路2路，可以看到1路和2路这种以交替形式先后出现的情况已经连续发生了4次，接下来该指标继续出现这种情况的概率就极低了。

所以，尽管在实际开奖中，对称性发展的可能性是存在的，但是这种状态比非对称的可能性要小很多。我们不能因为某阶段内指标呈对称性发展，就在所有的预期中去追寻这种对称。

从总体上说，规律形态的出现概率远比非规律形态要小得多。彩票中指标的非规律形态的分布就是最大的规律！

实战中这种递增、递减、对称、相似、交替、关联等属于"对称"范畴的现象如果出现并进行三次或以上的对称性发展，接下来完全可以通过对比历史数据的统计结果得出一个高概率的选择，一定要坚决排除这种状况的继续出现。

规律之二：指标中出的"非等量"。

"非等量"是指技术指标在一个阶段性时期，在长期平衡分布后，就会出现一种偏态状况。

众所周知，彩票的指标在统计上随着样本数据的增大永远是符合概率论的。每个指标在长期来看，总会均衡表现，但在一个特定期间内，往往呈现出"非均衡"的状态。"热者恒热，冷者恒冷"的状况在指标的分布统计中经常可以见到，而这也是"指标总是以偏态开始，以均态结束"的另一种外在表现方式。

需要说明的是，"非等量"现象只会在一段时期内，一个特定区间内发生，如果把数据样本量适度扩大，"非等量"现象就会被另一个现象——"均衡趋势"所替代。

指标的中出情况同样如此。通过指标中出统计可知，一个指标长期的实际出现概率都稳定在理论概率左右，但是在特定阶段区间内的实际出现概率，完全可以超过理论概率并且接近100%，这就是"非等量"作用的结果。

"非等量"现象表现为两种极端形式：一种为"热者恒热"，另一种为"冷者恒冷"。"热者恒热"也被称为"强者恒强"，指某个指标短期内反复出现的现象。例如指标分布表内，某个指标在阶段内连续出现，形成了该指标出现情况"热者恒热"的奇特现象。指标分布表内"热者恒热"现象比比皆是，彩民朋友完全可以利用这种现象高概率地、正确地选择指标。

"冷者恒冷"也称为"弱者恒弱"，指某个指标在多期内没有出现或极少出现的现象。如某指标在指标分布表内连续遗漏了8期，假设根据该指标遗漏明细表统计可知该指标的最大遗漏是5期，那么这时该指标的中出情况就形成了"冷者恒冷"或称"弱者恒弱"现象。

如果出现了这种现象，我们千万要避开冷态指标的选择，防止该指标继续呈现冷态。假设一个指标呈现"冷者恒冷"的状态，完全可以期期排除该指标的出现，即使出现了也只是仅出现一次错误，可以从头分析；但是如果期期追冷，只会导致错误很多期，即使正确也只是一期而已，完全违背了高概率选择指标的宗旨。

"热者恒热"和"冷者恒冷"从另一个层面也揭示了一个指标选择定律：追热不追冷。

不论是"热者恒热"还是"冷者恒冷"，都是相对于该指标理论概率的比较反映出来的，指标在阶段内连续出现的概率超过理论概率的30%，可以量化为"热者恒热"；指标阶段内连续出现的概率低于理论概率的30%，同样可以量化为"冷者恒冷"。

大家要注意的是，断列3D号码百位指标分布表和断行3D号码百位指标分布表内的小数和0路指标不属于"强者恒强"的范畴。断列3D号码百位指标分布表内，小数指标的理论概率为96%，0路指标的理论概率为86%，因此小数指标和0路指标的连续出现是一种常态。同理，断行3D号码百位指标分布表内的小数指标理论概率为95%，0路指标的理论概率为85%，因此该指标分布表内小数指标和0路指标的连续出现同样是一种常态。

规律之三：指标中出的"求均衡"。

"求均衡"指某一个指标在一个期间长期不出之后，总会在另一个期间进行回补。均衡趋势是随机游戏的一个重要特征。既然指标以"偏态"开始，又会以"均态"结束，那么我们在实战中就需要在"偏态"发生后，在另一个期间去求均衡。在发生周期"非等量"现象之后，会出现短间隔的反复中出，完成一个"调偏""回补"的过程。

在彩票选号实战中，每个指标出现的可能性有很大差异，即"非等量"现象始终存在。譬如，当某个指标已经连续3期都没有出现，即遗漏3期时，那它继续遗漏的可能性有多大呢？只有在充分了解了彩票指标的"非对称""非等量"规律特征之后，才能运用"求均衡"的应用理论来判断可能出现的变化。假设0路指标在短期内连续6次中出，那么1路和2路指标在短期内连续间隔6期没有出现，这就是指标的"非等量"发展现象。0路指标的连续出现是"强者恒强"，而1路指标和2路指标的连续遗漏也是"弱者恒弱"。此时，"非等量"发挥作用。如果此时"求均衡"发挥了作用，则会有如下表现：0路指标在遗漏出现之后，短期内还会反复出现遗漏，进行调偏"回补"。此时，该指标处于"冷热相互转化"的过渡状态。0路指标连续6期中出的状态为热态，热态不会遽然转冷，它必有一个缓冲的过渡过程,那么短期内的再次出现就是一个缓冲信号,之后极可能转冷。在0路指标出现遗漏的同时,1路指标或2路指标多次或连续出现,同样也是调偏"回补"。

又如,某指标在短阶段内表现为多次出现的惯性状态,其出现概率远远超出了该指标的理论出现概率,呈现一种偏态趋势;那么在随后的一个期间里,我们完全可以预期该指标在阶段内的整体出现概率要回归到理论概率左右,即在接下来的过程中该指标出现的情况会相对减少,以求"均衡"。

如果近期某一指标出现的概率低于理论概率,那么该指标往往会在另一个期间内连续或多次出现,进行回补以求均衡。

"求均衡"原理是概率论在彩票实战指标分析中的具体应用,它如同指南针一样,能根据地磁场自动调节指针左右的摆动,最终指针指向南方。这个"南方向"就是指标的理论概率,也就是该指标出现高(低)概率后回归的均衡点。

非等量的"强者恒强"或"弱者恒弱"的现象发生之后,还往往表现出另一种特异的求均衡现象——"强后之缓"或"弱后之补"。

什么是"强后之缓"呢?打个比方,在奥运会上的田径百米赛跑中,运动员以每秒10多米的速度向终点冲刺,到达终点后,因为巨大的惯性运动不可能一下子停下来,总会再冲出一段距离后才能停下来,这就是缓冲的物理作用。

同样的道理,"强后之缓",关键在于一个"缓"字。而这个"缓"就是求均衡的原理,我们据此可判断当期指标是否能够出现。例如某个指标已经连续5期出现,亦表现为典型的"强者恒强",之后仅遗漏1期就来个"强后之缓"的再次出现。

一般而言,当某个指标在一个周期内多次中出之后,接下来出现的概率就比较小了。但如果表现为"强后之缓"中出,就是一个高概率地选择该指标的最好机会了。

"弱者恒弱"之后的"弱后之补"则比较好理解。就像行走于沙漠之人,在奄奄一息之时突然遇到水源,狂饮数口之后,喘口气还要再喝。"弱后之补"关键是一个"补"字。例如某个指标已经连续遗漏了8期,相当于沙漠里奄奄一息的那个人的状态;紧接着在随后因为该指标的出现回补了2期,就好比口渴之人看到了水源狂饮了两大口;那么在连续呈现惯性状态出现2期又连续遗漏了2期后,即狂饮了两口后需要喘口气停顿一下;在随后的7期内连续出现,真是久旱逢甘霖,连续狂饮了。其实,"弱后之补"的求均衡现象,同样是一个非常好的高概率选择该指标的机会。

综观三大规律特征，"非对称""非等量"是彩票指标常见的发展趋势，而"求均衡"的作用，则是需要大家重点关注的高概率地选择指标的最佳时机了。

彩民只有结合指标在实际开奖中的表现状态进行领悟和模拟，才能逐渐驾驭指标，选择应用三大规律特征。也只有这样，才可以成为时常和中奖号码约会的人，否则也只好望梅止渴了。

最后必须指出的是，彩票均衡论不单单在双色球玩法的指标分析中起着核心的指导作用，而且在其他所有彩种的指标分析中也同样具有举足轻重的地位。它的出现，它的系统性和科学性，促使彩票分析技术上升到一个崭新的高度，它永远是彩票分析技术的领航者。

二、参数数据的规律特征

通过指标分布表和指标参数表可知，指标的出现状态只有两种：一种是遗漏状态，另一种是惯性状态。通常一个指标在阶段内没有出现的状态为遗漏状态，一个指标在阶段内出现或连续出现的状态为惯性状态。

实战中只有从指标的遗漏状态和惯性状态两个角度入手，对指标的规律特征和概率分布来进行统计分析，才能了解和掌握每个指标遗漏状态和惯性状态的历史趋势，从而更好地研判当前指标的出现状态以及指标的未来趋势。如果判断当前指标处于遗漏状态的趋势，在实战中完全可以排除该指标的出现；如果判断当前指标处于惯性状态的趋势，在实战中可以选择该指标会在当期出现或继续出现。

根据对指标参数表所属的指标遗漏明细表和指标惯性明细表中的各个参数项目，进行长期的数据统计并和历史数据进行比对，可以观察到有如下规律可以帮助我们准确地选择指标的分析角度，有利于在实战中帮助我们准确地研判指标当前的出现状态，从而精准地选择指标。

规律之一：理论概率规律。

理论概率也即是指标参数项目中的中奖概率，了解每个指标的理论概率在实战中具有重要的指导意义。

如果指标在阶段内出现的实际概率超过理论概率，那么该指标接下来呈现为遗漏状态的概率很高，因此完全可以高概率地排除该指标在当期内出现。

如果指标在阶段内出现的实际概率低于理论概率，那么该指标接下来出现或呈现惯性状态的概率很高，选择该指标在近期或当期内出现的准确概率同样也会很高。

指标出现的实际概率超过理论概率，表明该指标近期表现为热态，在指标分布表中该指标一定呈现"非等量"规律特征，接下来在"求均衡"作用下一定会调偏回补。同样，指标出现的实际概率低于理论概率，表明该指标近期表现为冷态，在指标分布表中该指标同样呈现"非等量"规律特征，接下来在"求均衡"作用下也一定会调偏回补。可以看出，指标参数的统计数据与指标分布的形态趋势是统一的、互补的、相辅相成的。

规律之二：当前值规律。

当前值即指标参数表中的当前遗漏值和当前惯性值。

通过对指标参数表中当前值的统计分析可以看出，指标当前的遗漏值越大，那么接下来该指标从遗漏状态反转出现的概率就越高，也就是说选择该指标在当期内出现的成功概率就越高。指标当前遗漏值越接近次大遗漏值或最大遗漏值，该指标在近期内出现的概率极高，越值得选择和关注。

指标的当前惯性值越大，那么接下来该指标从惯性状态反转的概率就越高，也就是说排除该指标在当期内出现的成功概率就越高。当前惯性值越接近次大惯性或最大惯性值，在近期内排除该指标的概率就越高，越值得在实战中关注和应用。

规律之三：中出可信度规律。

中出可信度分为遗漏中出可信度和惯性中出可信度。

指标参数表中指标的当前遗漏中出可信度越高，那么接下来该指标由遗漏状态反转出现的概率越高。

指标参数表中指标的当前惯性中出可信度越高，那么接下来该指标继续保持为惯性状态的概率也越高。

规律之四：反转率规律。

反转率包括遗漏反转率和惯性反转率。

指标参数表中指标的遗漏反转率越高，那么接下来该指标由遗漏状态反转出现的概率越高，反之越低。

指标参数表中指标的惯性反转率越高，那么接下来该指标由惯性状态反转为遗漏状态的概率越高，反之亦越低。

第四节 断区指标选用

我们已经把指标从分布和参数两方面进行了系统、详细、准确的统计，并且通过对指标的分析后发现并总结了指标分布和固定参数的规律特征，它们均具有极强的实战价值和意义。

万事俱备，只欠东风。指标分布图表、指标参数图表以及总结的指标的规律特征我们都已经具备了，接下来要做的就是进行实战了。只有在实战中准确地选用当期的指标，才能高概率地选择中奖号码的范围，因此指标的选用方法和选用原则以及应用法则极其重要。

那么在实战中选用当期指标的方法和原则以及应用法则是什么呢？

一、指标选用方法

在实战中利用指标统计表发现的规律特征以及当前参数的统计数据来综合分析判断指标在接下来可能或不可能发生的趋势状态，从而正确地选择或排除相应指标，这个流程就是指标选用方法。

指标选用的方法包括排除法和选择法，这两种方法是进行指标选择时采用最普遍的而又行之有效的一种方法。

利用指标的规律特征以及当前参数的统计数据对指标接下来可能出现的趋势进行分析判断后，高概率地选择使用该指标的方法称为选择法。比如根据指标参数表可以看到某指标的次大遗漏值是5，而该指标当前遗漏值为4，遗漏反转率已经达到了80%（4/5×100%=80%），那么可以判断该指标接下来出现的概率很高；同时也根据指标分布表观察并判断该指标在出现"非等量"现象后会在"求均衡"作用下进行调偏回补，从而选择使用该指标，这就是利用选择法进行高概率地选择指标。一般情况下，指标在遗漏状态下使用选择法的情况居多。

利用指标的规律特征以及当前参数的统计数据对指标接下来不可能出现的趋势进行分析判断后，高概率地排除该指标在当期出现的方法称为排除法。比如根据指标参数表可以看到某指标的次大惯性是8，而该指标当前惯性值为8，惯性反转率已经达到了100%（8/8×100%=100%），那么判断该指标接下来可以排除的概率很高；同时也根据指标分布表观察并判断该指标在出现"非等量"现象后，也会在"求均衡"作用下进行调偏回补，从而排除该指标，这就是利用排除法进行高概率地排除指标。一般情况下指标在惯性状态下使用排除法的情况居多。

假设在0~9十个数字里选择一个数字，如果用选择法来进行选择，理论上成功概率为10%，而运用排除法来排除一个最不可能出现的数字理论成功概率就是90%。因此，在指标选用的过程中，运用最为广泛以及成功概率最高的也就是排除法。比如根据阶段内某指标呈现惯性状态并且出现概率超过理论概率很多的情况下，接下来完全可以利用排除法把该指标继续出现的可能性排除掉。再比如某指标在连续3次的遗漏状态中呈现1、2、3的递增形式，通过查找历史数据发现，类似情况常常不会再次同量递增，即"非对称"发展，从而排除该指标在再次遗漏时出现连续遗漏4次的状态。

在指标的选用中选择法的使用最为重要，因为选择法使用得好坏，选用得是否准确，直接关系到选择指标的精准程度，也直接关系到是否把中奖号码锁定在最小的范围内，是否可以一击命中中奖号。

总体来说，在实战中要综合分析、整体衡量指标选用方法的利弊以及准确概率，再来使用指标的选用方法，那样更科学，成功的概率更高。

二、指标选用原则

每个指标的重要性是随统计数据的变化而改变的，可能分析这期的中奖号码时，这个指标的作用最大，到了下期，另一个指标就成了关键性的指标了。长期单独使用某个指标来分析选择中奖号码的条件是不可取的，因为它所表达出来的有效信息十分有限，不能提供更大的选择空间。读者必须要对所有指标加以综合分析，灵活选用，这就需要一个指标选择的指导思想了。指标的选择和应用究竟要遵循哪些原则呢？

1. 均衡第一

彩票均衡论是指导彩民分析彩票指标、选择彩票条件的大道至简的真理，亘古不变。彩民如能很好地理解、掌握及运用"非等量""非对称""求均衡"三大原理，那么在博彩中一定能够准确地选择指标，如鱼得水，笑傲江湖。

因此说，彩票均衡论是真正适用于彩票指标分析的唯一实战理论，彩票界永远适用的真理！

2. 审时度势

从某种意义上来说，审时度势的覆盖面很广，涉及研判整体和局部的趋势状态。实战中要真正做到审时度势，要下一番苦功才能做到：不但要熟悉所有历史数据中指标的趋势变化，更要不断地利用历史数据进行模拟训练与复盘训练。

审时度势包括"三观六看"。熟能生巧，才能做到审时度势。做到了这一点，对某个指标的研判选择完全可以做到运筹帷幄，中奖于必然中！

"三观六看"是指标选用原则之一。"三观"包括观大势，观阶段，观局部；"六看"包括看指标理论概率，看指标当前遗漏值和惯性值，看指标最大遗漏和最大惯性值，看指标次大遗漏和惯性值，看指标遗漏和惯性中出可信度，看指标遗漏和惯性反转率。

所谓的观大势，就是详细地观察某个指标在指标分布表中长期的表现状态，从历史数据中观察分析指标的变化趋势，以及在彩票均衡论的作用下指标间的互相转化，从而帮助我们更好地掌握每个指标的整体情况。

观阶段是指通过指标分布表观察指标在50期内的变化情况，或者是5个平均遗漏期之内的变化情况。

而观局部是指观察指标在10期内的变化情况，或者是平均遗漏期内的变化情况。

指导我们实战中分析判断指标的，一般都是阶段期内或局部的趋势变化。在具体实战中，只要对大势有过几次全面系统的了解和掌握就可以，没有必要每期都把现有的几百上千期历史开奖数据翻看一遍，而只要了解掌握指标最近30~50期的趋势动态，最多不超过80期，就能给我们在指标的分析选择中提供非常有价值的信息。

观察了解掌握每个指标的理论概率是很重要的功课，"春江水暖鸭先知"。只有这样，我们才能在第一时间感知指标在当前阶段的趋势变化。

如果指标当前处于遗漏状态，那么就观察指标的当前遗漏、最大遗漏、次大遗漏、遗漏中出可信度、遗漏反转率；如果指标当前处于惯性状态，那么就观察指标的当前惯性、最大惯性、次大惯性、惯性中出可信度、惯性反转率。这样不但可以详细地了解指标当前的数据变化，更可以清楚地了解接下来该指标的趋势动态。

"三观"和"六看"都是通过观察指标分布表、指标遗漏明细表和指标惯性明细表来完成的。只有把三个图表综合使用、融会贯通，在实战中对指标的选择才能如鱼得水，游刃有余。

3. 宁精毋滥

实战中，不论任何指标，抑或是任何条件，只有选择使用的越少，精益求精，错误的概率才会越小，相对也就提高了中奖概率。反之，结果亦相反。

一般在实战中，首先必须全面观察每个指标在每个指标统计表中表现的状态。如果在指标统计表中某个指标在阶段内或局部的遗漏、惯性的热冷状态等表现得非常突出，那么就可以判断这个指标有"明显态势"可抓。"明显态势"代表指标的遗漏、惯性的热冷状态在每个指标统计表中的表现情况，据此可以确定选择使用哪几个指标。比如一个指标已经遗漏了8期，该指标呈现出明显的冷态，不但出现概率远远低于它的理论出现概率，并接近实战中最大遗漏值。根据遗漏中出可信度和遗漏反转率可知，该指标在接下来出现的可信性非常高，那么，这个指标就具有"态势明显"的特征，可以选择使用。

反过来说，如果某个指标从整体上看表现得非常明显，特征性很强，比如指标统计表中某指标的理论出现概率很高，但是现在观察到的结果是，它在短期内出现的实际概率低于理论概率很多，出现了"异常"现象，那么，它发生"反转"的可能性极大，这时，该指标就是一个不可忽视的指标，应毫不犹豫地选择。

同样，如果某个指标在近期内出现的次数呈现"偏态"，并且达到了极限，那我们完全可以排除它继续出现的可能性。这样的指标也是应该选择的。比如，若某个指标已经连续惯性出现4期，接近该指标最佳惯性范围（1~4次）的极限，那么发生"反转"的概率也极高，所以我们完全可以排除该指标接下来继续出现的可能性。

总之，指标的选择必须以指标分布表为基础，以参数表内的数据统计为准则，结合彩票均衡论来分析判断每个指标，从正反两方面来评判该指标的使用价值。一个指标在指标分布表中表现得越有规律，它的应用价值越大。

如果某个指标在长期表现很有规律，只是在近期表现得不尽如人意，说明该指标有极大的潜力，接下来会具有很大的表现能力，往往能帮助你在实战中出其不意，屡立战功。

但是要清楚地知道，每个指标分布表中"态势明显"的指标不可能一起全部出现，可能会依次出现，或次大"态势明显"的指标率先出现，掩护达到或超越极限的指标首先突围。

管理学范畴有一个著名的"8020定律"——通常一个企业80%的利润来自它20%的项目。经济学家说：20%的人手里掌握着80%的财富；心理学家说：20%的人身上集中了人类80%的智慧。同样，应用在彩票的指标选择中我们可以说——只有选择20%的指标才能达到80%的准确概率。这个"8020定律"也从另一个方面说明了必须要精简地选择指标的重要性。指标选择的越少，错误的概率越小，相对成功的概率越高。

指标虽然很多，即使是相同的指标，在不同条件的指标分布表中表现的状态也有差异。有的一团雾水，朦胧难辨；有的清晰可见，呼之欲出。因此，要想精准地选择条件一击命中中奖号码，就必须找最有规律、状态最明显的指标，那些表现不规律的、不明显的指标则坚决不用，永远记住一个指标选择的铁律——宁精毋滥。

宁精毋滥是彩民选择指标、选择条件的金科玉律，要时刻谨记！

4. 主次分明

不论彩票的指标和条件有多少，都必须有主次之分、高低之别，否则无章无序，必会思路混乱，判断失误。

不论任何时候，都要以大中小、012路、重合码为主要指标，大小、奇偶、质合为辅助指标进行分析，主次不分，兵家大忌！

5. 追热避冷

追热不追冷永远是指标选择的不二法则，多少人因为博冷而家破财散，绝不是危言耸听。指标或条件的偏态永远没有尽头，一切皆有可能发生。博彩中，必须要有控制风险的意识，否则必败无疑。

追冷要有技巧，冷态经过微冷、强冷或深冷后定会有解冻的时刻，也就是说冷的指标或条件一旦出现一次后，在均衡原理作用下会继续调偏回补。冷态指标的出现是解冻的信号，是调偏回补的前奏，接下来冷的指标才会在短期内多次出现，这时才是捕捉某个指标的最佳时机。但是要记住，双冷或三冷在某个阶段也可能出现，因此做好计划、控制风险是永远的工作。

追热避冷是彩民在进行指标或条件选择时必须时时刻刻铭记的铁律，它会让大家受益终生！

6. 攻防兼备

实战中往往看好一个指标或条件作为重点进攻的目标，可是往往事与愿违，本来不看好的或是作为防守的指标却在开奖中出现了，这种事情数不胜数。给我们的警示是：攻防要兼备，才能无往而不胜。

例如在选择某期断列3D号码的百位号码，通过分析判断百位号码为0路出现的概率极高，0路号码包括0、3、6、9，可是我们知道断列3D号码里百位号码的范围是0~4，因此号码0、3是我们选择的重点。统计观察发现，断列3D号码的百位号码为3出现的概率很低，这时我们就完全可以把3去掉后增加一个准备用作防守的号码1，结果当期开出的断列3D号码的百位号码是1，这就是攻防兼备的实战价值。

7. 步调一致

实战中必须要掌握每个指标出现节奏的快慢、冷热间隔的长短，只有这样才能让我们的思维与开奖进行同步协调，只有达到统一，做到步调一致，才是中奖的最佳阶段。

刚开始像学习唱歌一样，可能会跑调，也可能会跟不上节拍，但是慢慢地感受、慢慢学习，就会熟能生巧。

去感受指标的起伏变化，就像随着音乐翩翩起舞，又像在品味一杯百年红酒，只有欣赏指标、欣赏条件的变化带给你的快乐，才能达到博彩的最高境界——博彩艺术。

8. 心静自然

博彩需要正确的技术思想和方法，但是过硬的心态也同样重要。彩民有时会因为一个好的指标或其他因素而急功近利，求胜心切，这样必然会引起情绪的波动，导致分析判断的失误，从而会影响技术的发挥。

9. 逆向思维

我们每个人在学习了一种彩票分析技术后都会顺着惯性思维去使用，尤其在分析选择出现概率很高的明显指标时，可是结果往往事与愿违，导致了对自我学习分析判断能力的误解。这是每个人学习中都会遇到的瓶颈，不要害怕，这时可以换种相反的思路去拓展自己的思维维度，逆向思维去考虑分析所要选择的指标，往往事半功倍。

时刻要谨记，博彩初期是投机，随着时间的推移，慢慢就转化为一种投资行为。因此，必须端正自己的心态，冷静对待得失。

冷静的心态、稳定的发挥是实战中很重要的环节，如果能做到心静自然，稳定发挥，好运自然会来！

三、指标应用法则

指标选好后，接下来就要对指标逐个进行分析，最后提炼出组合结果，这便是指标的应用环节，也是中奖的重要环节。每个指标既可以单独使用，也可以联合作战；既可交叉使用，也可相互印证。

所谓交叉使用，就是每次在进行指标分析时，需将各种已经选择好的指标分门别类地排列开来，看其中哪个指标最"异常"，"态势最明显"，哪个好选用哪个。在此基础上，各种指标都可以交叉使用，比如大中小指标可以和质数合指标交叉使用，012路指标也可以和大小指标交叉使用。一定要活学活用，举一反三。

所谓相互印证是指每次应用指标确定条件时，可以同时使用几种方法相互参照，从不同角度分析中奖号码的条件，看看其结果有没有统一性。如果分析选择是正确的，结果应当完全一致。例如在实战中，我们通过分析确定指标在小数指标区出现，同时还能确定该指标为奇数指标，小数指标包括号码0、1、2，奇数指标包括号码1、3、5、7、9，那么我们通过交叉使用原则就可以判断该指标为1，如果还能确定指标是1路指标，就再次证明了之前的推断是可靠的。反之，如果有一项或两项不符合，说明指标的分析有问题。相互印证实则是对指标的一种校验。

第五节　断区选号流程

双色球红球号码通过断区转换后进行断列、断行3D模式的科学的数据统计，根据对各个指标数据综合分析后，正确判断红球号码在行列分布表中当前断区情况，从而高概率地选择红球中奖号码的出现范围，这种独特的、利用转换模式进行选号分析的技术就是断区转换法。断区转换法包含两方面的技术：一是断列转换技术，二是断行转换技术。

实战中，断列3D和断行3D分析模式的综合运用，是一种简便、高效的选号手段，二者相辅相成，缺一不可。如果在实战中结合使用功效巨大，不但可以最大限度地缩小中奖号码的选择范围，相对来说也最大限度地提高了中奖概率。

实战中，我们利用断区转换法进行选号的实战流程分为四步：

第一步：制作断区统计表。把双色球红球开奖号码的断区情况转换成断行、断列3D号码，进行指标分布表和指标参数表（包括指标遗漏明细表和指标惯性明细表）的统计制作。

第二步：分析并掌握指标的趋势。结合指标遗漏明细表和指标惯性明细表的统计数据，综合运用"彩票均衡论"的三大原理，对每个指标分布表中的各个指标进行科学、系统、客观的分析，从而了解并掌握每个指标当前的趋势动态。

第三步：判断选择指标。根据对指标的分析了解，遵循指标的选用原则，运用排除法或选择法对每个所使用的指标进行正确的判断选择。

第四步：根据选择的指标得出当期双色球断列3D号码和断行3D号码，然后排除掉行列分布表中断列、断行区域的红球号码，把剩余的红球备选号码进行组合后就能获得当期的双色球红球投注号码。

如果通过使用"彩霸王"双色球富豪版彩票软件中根据"断层覆盖算法"设计的断区转换功能进行过滤，还可以把最终投注号码的数量极度缩减40%~98%不等。虽然极大地降低了投注数量，节省了大量资金投入，但是只要当前的各项指标选择正确，同样会保证100%的中奖率。极大地降低投注数量，中奖质量却丝毫不会降低，这也是使用"彩霸王"双色球富豪版彩票软件进行分析、选号和过滤的极大优势所在。

第六节　断区转换拓展

前面已经详细说明了断区转换法的技术原理以及实战操作，我们也知道了通过该技术的实战运用不但可以帮助大家轻松地降低选号的难度，提升选号投注的高效率，更是极大地提高了中奖概率。

可以说，断区转换法是双色球红球选号技术中的终极技术。大家可以从所有的双色球号码所涉及的条件、指标的角度进行不同层次的研究解析，用降低选号难度、提升投注效率、提高中奖概率三大方面来衡量一种选号技术的优劣，其结果自然会清晰明了。

为了更进一步帮助大家在实战中把断区转换技术的功效发挥到极致，我们从转换的开始阶段稍加变化，即可缩小中奖号码的选择范围，从而再次降低选号难度、提升投注效率。

一、拓展的模式

双色球的红球号码区一共包括33个红球号码，我们在第二章中为了清晰地说明断区转换法的原理以及优势，是按照表横向六行、纵向6列的排列方式制作了一个简单的红球号码行列分布表，如表3-22所示。为了区分说明，我们把第二章中进行断区转换时使用的行列分布表称为行列分布表的原始模式。

表3-22　双色球红球号码行列分布表

期号	第1列	第2列	第3列	第4列	第5列	第6列
第一行	01	02	03	04	05	06
第二行	07	08	09	10	11	12
第三行	13	14	15	16	17	18
第四行	19	20	21	22	23	24
第五行	25	26	27	28	29	30
第六行	31	32	33			

原始模式的行列分布表里横向第一行里从01~06，第二行从07~12，第三行从13~18，第四行从19~24，第五行从25~30，第六行从31~33，第一行到第五行里每行6个号码，因为红球号码共有33个，因此第六行里只有3个红球号码；纵向第1列包括号码01、07、13、19、25、31，第2列包括号码02、08、14、20、26、32，第3列包括号码03、09、15、21、27、33，第4列包括号码04、10、16、22、28，第5列包括号码05、11、17、23、29，第6列包括号码06、12、18、24、30，前三列里每列6个号码，后三列里每列5个号码，每列里的号码依次间隔为6。

原始模式的行列分布表是按照从小到大、从左至右的顺序依次排列的，我们拓展的模式就是要打乱这种原始的排列模式。从打乱后的模式中寻求一种新的排列模式，然后在其中通过新的视角，再利用断区转换技术来选择号码或排除号码，从而结合原始模式从另一个角度来降低选号难度，再次提升投注效率。

打乱原始模式的方法有无数种，我们下面仅举例三种，大家更可以在实战应用中融会贯通、举一反三地进行取舍使用。

第一种拓展模式为奇偶模式。在双色球33个红球号码里，能被2整除的号码称为偶数号码，不能被2整除的号码称为奇数号码。双色球33个红球号码中的奇数最先排列，然后是偶数排列，如表3-23所示。

表3-23　奇偶模式行列分布表

期号	第1列	第2列	第3列	第4列	第5列	第6列
第一行	01	03	05	07	09	11
第二行	13	15	17	19	21	23
第三行	25	27	29	31	33	02
第四行	04	06	08	10	12	14
第五行	16	18	20	22	24	26
第六行	28	30	32			

第二种拓展模式为012路模式。在双色球33个红球号码里，除以3余数为0的号码为0路号码，除以3余数为1的号码为1路号码，除以3余数为2的号码为2路号码。双色球33个红球号码在行列分布表中从上到下、从左至右的排列顺序是0路号码、1路号码和2路号码，如表3-24所示。

表3-24　012路模式行列分布表

期号	第1列	第2列	第3列	第4列	第5列	第6列
第一行	03	06	09	12	15	18
第二行	21	24	27	30	33	01
第三行	4	07	10	13	16	19
第四行	22	25	28	31	02	05
第五行	08	11	14	17	20	23
第六行	20	29	32			

第三种拓展模式为质合模式。在双色球33个红球号码中，质数指的是仅能被自身和1整除的数，这里为了统计方便，我们把号码01也划归到质数号码里。33个红球号码在行列分布表中从上到下、从左至右的排列顺序是质数号码和合数号码，如表3-25所示。

表3-25 质合模式行列分布表

期号	第1列	第2列	第3列	第4列	第5列	第6列
第一行	01	02	03	05	07	11
第二行	13	17	19	23	29	31
第三行	04	06	08	09	10	12
第四行	14	15	16	18	20	21
第五行	22	24	25	26	27	28
第六行	30	32	33			

上面举例的三种模式都是根据33个红球号码的奇偶、012路以及质合进行排列的，在实战中大家更可以使用红球号码尾数的奇偶、大小、质合以及012路进行排列，也可以使用奇大（19为奇数，19又为大数，因此19称为奇大数，后面依此类推）、奇小、偶大、偶小的顺序进行排列，更可以使用奇0、奇1、奇2、偶0、偶1、偶2的顺序进行排列等，读者更可以在行列分布表中自己随意定义33个红球号码的排列顺序和位置。

大家根据这个思路举一反三地进行其他模式的拓展，但是在实战使用中必须以原始模式为主，另外一种拓展模式为辅，只有它们之间进行相辅相成、相互印证的运用，才能达到最佳效果。

二、实战的运用

假设我们在实战中使用原始模式的断区转换技术分析后获得的结果是：断列转3D号码为012，断行转3D号码也同为012。

根据表3-22的双色球行列分布表可知，双色球33个红球号码中排除掉第1列、第2列，又同时排除掉第一行和第二行区域内的号码后剩余13个红球号码，包括15、16、17、18、21、22、23、24、27、28、29、30、33。

如果这时我们再使用拓展模式中的012路模式，通过分析后，如果可以准确地排除掉第1列号码，即排除掉红球号码03、21、04、22、08、26，那么剩余的13个红球号码中就可以排除掉21、22，从而剩余了11个红球号码作为备选号码。

如果这时我们还可以准确地排除掉第4列号码，即排除掉红球号码15、33、

16、02、20，那么剩余的11个红球号码中就可以排除掉15、16、33，从而剩余了9个红球号码作为备选号码。

这么少的红球号码完全可以进行实战投注操作。大家要知道，这还仅是在原始模式的基础上使用了对012路模式的断列3D号码的转换分析，如果再配以012路模式断行3D号码的转换分析后，剩余的备选号码会更精少。

但是大家要永远记住，必须以原始模式为主进行断列和断行3D号码的判断取舍，拓展模式只能作为辅助强化分析的手段之一，尽量少用，如果增加拓展模式的断列分析能解决问题或达到你的需求，就不要再用断行分析，用得越多出现错误的概率越大，中奖概率反而会降低。

第七节　断区两码应用

前面章节中详细讲解了双色球断区转换的技术，相信绝大多数读者已经感受到了"断区转换"技术的科学高效和超级强大，如能配合使用"彩霸王"双色球富豪版软件"断层覆盖算法"功能进行过滤缩水时"自动极度压缩号码率高达98%"更是不可思议。

一些读者在使用双色球断区转换技术进行实际操作时会有些困惑：如果在单独选择断行或断列某个位置上的号码时不能精确地选择一个数字，怎么办？因为一个位置上选择多个数字就意味着增加了断行（或断列）3D号码的组合，投注数量随之会增加，那么投注资金也会水涨船高，这不是一般彩民所能承受的，更违背了"以小搏大"的博彩原则。

那么，如何解决实战操作中遇到的这个关键问题呢？

我们为了最佳地解决这个问题，在本节中引入了"断区两码"的概念。实践证明，应用断区两码，可以再次精确缩小断行（断列）3D号码组合的范围。

断区两码的出现，帮助我们从一个独特的角度对"断区3D号码"进行再次"瘦身"，达到精确选择投注范围、极度减少投注数量的终极目的。

一、断区两码概述

在3D彩票玩法中，两码是指3D号码中由2个数字构成的组合，每个3D号码中包括1~3个不同的两码。

例如3D号码016中包括01、06、16三个两码组合，3D号码003中包括00、03两个两码组合，又如3D号码000中只包括一个两码00组合。

我们了解了两码的概念，那什么是断区两码呢？

大家应该记得双色球断列3D号码和断行3D号码一览表，我们现在重新展示在下面请仔细观察一下。

表3-26　双色球断列3D号码一览表

断列情况	断0列	断1列	断2列	断3列或以上
断列3D号码	000	001、002、003、004、005、006	012、013、014、015、016、023、024、025、026、034、035、036、045、046、056	123、124、125、126、134、135、136、145、146、156、234、235、236、245、246、256、345、346、356、456
号码数量	1注	6注	15注	20注

表3-27　双色球断行3D号码一览表

断行情况	断0行	断1行	断2行	断3行或以上
断行3D号码	000	001、002、003、004、005、006	012、013、014、015、016、023、024、025、026、034、035、036、045、046、056	123、124、125、126、134、135、136、145、146、156、234、235、236、245、246、256、345、346、356、456
号码数量	1注	6注	15注	20注

通过对照比较表3-26、3-27我们可以一目了然地看到，其实双色球断列3D号码与断行3D号码都是由相同的42注3D号码组成，它们是：000 001 002 003 004 005 006 012 013 014 015 016 023 024 025 026 034 035 036 045 046 056 123 124 125 126 134 135 136 145 146 156 234 235 236 245 246 256 345 346 356 456。

为了统计方便，我们把42注3D号码从两码的角度划分为00、03、06、13、

14、25、36、A型共计八个类型。这八个类型的两码覆盖了所有断区3D号码，因此我们把八个类型的两码统称为断区两码。

断区3D号码分为断行3D号码和断列3D号码，为了便于区分我们把断区两码同样分为断行两码和断列两码。断行两码和断列两码均包含相同的3D号码如下。

00：000 001 002 003 004 005 006 （7注）

03：013 023 034 035 036 （5注）

06：016 026 046 056 （4注）

13：134 136 （2注）

14：014 124 145 146 （4注）

25：025 125 235 245 256 （5注）

36：236 346 356 （3注）

A型：012 015 024 045 123 126 135 156 234 246 345 456 （12注）

这里请读者注意的是，A型断区两码所包括的3D号码最多，而且每个3D号码均是由一个0路号码，一个1路号码，一个2路号码组成。

二、断区两码的优势

断区两码的实战价值简洁明了，意义巨大。它的优势主要体现在以下两个方面。

第一方面：排除红球号码组合。

假设当期我们在选择断列两码时能高概率地排除掉A型两码的出现，那么A型两码覆盖的断列3D号码包含的所有双色球红球号码组合就可以完全排除掉。双色球红球组合共计1107568个，通过排除一个断区两码就可以排掉几万组或者几十万组红球组合，可想而知其实战意义的巨大。

第二方面：精确红球号码范围。

通过断列图表分析，假设当期我们能选择断列百位01、十位14、个位6，那么当期断列3D号码的组合就有016、046、146共计三个组合；这时假如还能判断本期的断列两码是14两码，那么符合条件的断列3D号码只有146。如果判断正确的话，当期双色球红球中奖号码组合一定在断列3D号码146所包含的双色球红球号码组合范围之内，极度地缩小了选号范围。

又如：

通过断行图表分析，假设当期我们选择断行百位01，十位13，个位5，那么断行3D号码组合就有015、035、135共计三个组合；这时如果我们还能判断本期断行两码是13，那么只有断行3D号码135符合条件，同样精确地缩小了投注范围。

我们通过前面"断区转换"章节的阅读可知，只要当期能精准地选择一组断行3D号码和断列3D号码，就能在几注到几百注之间锁定当期的双色球二等奖，由此可见断区两码的实战价值了。

三、断区两码指标统计

同断列百位、十位等一样，断列两码和断行两码也是帮助我们在实战中确定选号范围的条件之一。

为了更好地展示断行两码与断列两码的走势规律特征，我们把两码的八个类型作为两码的八个指标，然后统一进行指标的分类统计，这样更有利于我们观察两码、分析两码以及在实战应用中精准地选择两码。

说到分类统计自然就用到了我们前面已经讲解过的统计表。

断区两码统计表分为断行两码统计表和断列两码统计表，每个完整的统计表分别包括两码分布表、两码遗漏统计表和两码惯性统计表。

下面以断行两码统计表为例展示完整的三个图表，其制作方法与双色球断列3D号码百位指标分布表、百位指标遗漏明细表、百位指标惯性明细表的制作流程完全一致，这里不再赘述。

表3-28　断列两码分布表（双色球2013144~2014012期开奖数据）

期号	开奖号码	3D	00	03	06	13	14	25	36	A
2013144	05 07 12 19 27 31-02	024	3	2	5	44	28	6	51	A
2013145	06 10 13 16 23 24-15	023	4	C03	6	45	29	7	52	1
2013146	08 20 25 30 32 33-01	045	5	1	7	46	30	8	53	A
2013147	02 15 16 17 19 30-08	000	C00	2	8	47	31	9	54	1
2013148	06 11 12 14 17 22-01	013	1	C03	9	48	32	10	55	2
2013149	09 18 25 26 30 32-11	045	2	1	10	49	33	11	56	A
2013150	01 15 16 25 26 29-10	006	C00	2	11	50	34	12	57	A
2013151	03 09 10 19 28 33-09	256	1	3	12	51	35	C25	58	2
2013152	04 06 14 16 18 29-05	013	2	C03	13	52	36	1	59	3
2013153	08 11 13 18 28 33-10	000	C00	1	14	53	37	2	60	4
2013154	07 11 14 19 24 29-05	034	1	C03	15	54	38	3	61	5

2014001	03 09 15 20 27 29-01	146	2	1	16	55	C14	4	62	6
2014002	04 21 23 31 32 33-04	006	C00	2	17	56	1	5	63	7
2014003	06 10 11 28 30 33-12	012	1	3	18	57	2	6	64	A
2014004	01 04 19 22 24 25-15	235	2	4	19	58	3	C25	65	1
2014005	15 18 23 27 32 33-04	014	3	5	20	59	C14	1	66	2
2014006	03 04 07 17 21 27-14	026	4	6	C06	60	1	2	67	3
2014007	08 10 12 14 18 28-14	135	5	7	1	61	2	3	68	A
2014008	05 14 16 21 29 30-12	001	C00	8	2	62	3	4	69	1
2014009	08 09 19 20 25 32-16	456	1	9	3	63	4	5	70	A
2014010	05 07 08 20 31 33-11	046	2	10	C06	64	5	6	71	1
2014011	09 10 13 14 21 32-02	056	3	11	C06	65	6	7	72	2
2014012	01 08 11 19 21 24-08	004	C00	12	4	66	7	8	73	3

表3-29 断列两码遗漏明细表（双色球2003001~2014012期开奖数据）

项目	00	03	06	13	14	25	36	A
中奖概率	0.33	0.15	0.16	0.01	0.16	0.07	0.03	0.2
统计期数	1605	1605	1605	1605	1605	1605	1605	1605
最大遗漏	15	26	33	191	56	56	116	21
次大遗漏	14	24	32	152	48	48	111	20
当前遗漏	0	12	1	66	8	8	73	3
中出可信度	—	0.86	0.16	0.48	0.44	0.44	0.89	0.49
遗漏反转率	—	0.5	0.03	0.43	0.17	0.17	0.66	0.15

项目	00	03	06	13	14	25	36	A
统计期数	1605	1605	1605	1605	1605	1605	1605	1605
遗漏次数	339	225	220	20	100	102	34	265
最大遗漏	15	26	33	191	89	56	116	21
遗漏1次	78	23	38	0	9	4	0	41
遗漏2次	104	35	30	0	6	10	3	47
遗漏3次	44	34	29	0	4	4	0	41
遗漏4次	39	22	24	0	2	5	0	33
遗漏5次	17	20	16	0	3	6	0	25
遗漏6次	14	17	16	0	6	8	1	16
遗漏7次	18	11	7	0	10	5	1	10
遗漏8次	9	12	5	0	0	8	0	13
遗漏9次	9	7	7	1	3	2	1	9
遗漏10次	0	7	7	0	6	3	1	7
遗漏10次以上	7	37	41	19	51	47	27	23
最佳遗漏范围	1~5	1~9	1~1	1~11	1~11	1~11	1~11	1~7

表3-30　断列两码惯性明细表（双色球2003001-2014012期开奖数据）

项目	00	03	06	13	14	25	36	A
中奖概率	0.33	0.15	0.16	0.01	0.16	0.07	0.03	0.2
统计期数	1605	1605	1605	1605	1605	1605	1605	1605
最大遗漏	6	3	3	1	3	2	1	5
次大遗漏	5	2	2	0	2	1	0	3
当前遗漏	1	—	—	—	—	—	—	—
中出可信度	0.22	—	—	—	—	—	—	—
惯性反转率	0.2	—	—	—	—	—	—	—

项目	00	03	06	13	14	25	36	A
统计期数	1605	1605	1605	1605	1605	1605	1605	1605
惯性次数	340	224	219	19	99	101	33	264
最大惯性	6	3	3	1	3	2	1	5
惯性1次	233	188	183	19	93	97	33	215
惯性2次	76	32	30	0	5	4	0	41
惯性3次	19	4	6	0	1	0	0	7
惯性4次	9	0	0	0	0	0	0	0
惯性5次	2	0	0	0	0	0	0	1
惯性6次	1	0	0	0	0	0	0	0
惯性7次	0	0	0	0	0	0	0	0
惯性8次	0	0	0	0	0	0	0	0
惯性9次	0	0	0	0	0	0	0	0
惯性10次	0	0	0	0	0	0	0	0
惯性10次以上	0	0	0	0	0	0	0	0
最佳惯性范围	1~2	1~1	1~1	1~1	1~1	1~1	1~1	1~1

请读者注意的是，断行两码与断列两码各个指标的理论中奖概率各有不同，实战应用时必须注意区别。

为了便于读者自行制作统计表以及实战分析时应用，下面单独附录出断行两码与断列两码各个指标的理论中奖概率表。

表3-31　断行两码指标理论中奖概率表

项目	00	03	06	13	14	25	36	A
中奖概率	0.3	0.15	0.24	0.02	0.04	0.05	0.04	0.16

表3-32 断列两码指标理论中奖概率表

项目	00	03	06	13	14	25	36	A
中奖概率	0.33	0.15	0.16	0.01	0.06	0.07	0.03	0.2

四、断区两码指标分析

阅读第三节"断区指标分析"后，相信每一位读者对断区两码的指标分析也能更好地理解和应用，因为它们异曲同工，都是从图表的规律特征和参数数据的规律特征入手对断区两码统计表进行分析研判，从而高概率选择当期的断区两码。

第三节"断区指标分析"内分析图表的"三大规律"以及分析参数数据的"四个规律"是学习和领悟的重点，必须融会贯通，举一反三，只有这样才能更好地用于实战。具体参看前面的章节，不再赘述。

这里结合图表分析的"三大规律"和参数数据分析的"四大规律"，针对断区两码分析的特点着重讲解两个实战分析的要点，从而帮助读者更好地学习和应用。

1. 调偏回补是选择指标的最好时机

实战分析中，如果遇到一个指标长时间遗漏或者极度冷态，这时千万不要追冷，"冷者恒冷"会导致我们一错再错。

如果一个指标长时间遗漏或者达到该指标的极限，我们必须每期重点跟踪关注它。一般情况下只要它出现一次后接下来短期内"调偏"的动能很强，一般会频繁出现以求回补，从而完成阶段内的求均衡。短期内"调偏回补"就是介入的最好时机。这个指标一般情况下在短期内会呈现热态，这时我们正确选择的成功概率会很高。

综上所述，我们必须谨记：等待调偏、追热避冷是指标选择的不二法宝。

2. 时刻用"理论中奖概率"去衡量每个指标

任何指标规律以及参数数据规律都是围绕"理论中奖概率"来运行和展示的，因此我们在分析指标规律和参数数据规律时绝对要以指标的"理论中奖概率"为先导。在分析时只有时刻了解每个指标的理论中奖概率，才能更好地研判指标的走势状态和方向。

我们必须清楚地认知一个不变的真理：一个指标的理论中奖概率越高，理论上这个指标出现的可能性越大，反之则指标出现的可能性越低。因此实战分析中，如果阶段内指标的实际出现概率严重低于理论中奖概率，自然要调偏回补以求均衡。

同时，我们可以把"理论中奖概率"当作一把尺，同时去衡量"可信度比较高"的几个指标：中奖概率高的指标，如果它当前可信度高，那么这时该指标接下来出现的可能性极高，可以重点选择；中奖概率低的指标，即使它当前可信度很高，这时该指标出现的可能性也不是很大，相对于可信度稍低但中奖概率高的指标同时比较，实践证明后者出现的概率要高很多。而对于那些中奖概率低的指标如果同时可信度也低，我们正确排除的概率极高。

上述两个断区两码指标分析的要点在实战分析中去细细体味领悟，自然就能举一反三地正确使用了。

五、断区两码指标选用

在实战中只要准确地选用当期的指标，即可高概率地选择中奖号码的范围，因此指标的选用方法、选用原则以及应用法则极其重要。第二章第四节中已经有详细的论述，这里只针对特别适用于"断区两码"的选用技术要点进行重要说明。

1. 选用方法

指标的选用方法分为选择法和排除法，我们在实战中要根据以下实际情况灵活判断使用：

如果实战中遇到某一个指标符合"调偏回补"的时机，这个指标可以使用选择法。

如果实战中遇到理论中奖概率高的指标又适逢可信度高或者遗漏反转率高，这样的指标也可以使用选择法。

如果没有观察到符合上述两种情况的指标，那么我们就只能选择使用排除法，专门去排除下面两种情况下的指标：

第一种情况是排除已经连续惯性出现2~3次的指标，因为通过观察历史断区指标分布表以及惯性明细表的统计数据可知，一个指标在连续惯性出现2~3次后再继续出现的概率极低。

第二种情况是排除中奖概率低、可信度和遗漏反转率低的指标，尤其是中奖概率低而上期又刚刚出现的指标排除成功的概率极高。

学会并领悟上述几种情况的实际运用，实战中指标选择的准确性会得到极大提高。

2. 选用原则

本书第二章第四节讲解的九大指标选用原则必须反复阅读领悟，尤其要重点学习以下三个指标选用原则。

（1）宁精毋滥

我们在选择断区两码的指标时，要找适用于选择法的指标或者适用于排除法的指标使用，不符合的或者不确定的指标坚决不要盲目去使用，宁精毋滥。我们要清楚地知道，应用断区两码的宗旨是为了辅助缩小或精确断区3D号码的范围，千万不能马虎大意，因为选择指标不谨慎出现问题会导致满盘皆输。

（2）追热避冷

这里必须重申一下，追热避冷是指标选择的不二法则，是必须时刻铭记不能违背的铁律。

（3）主次分明

我们要清楚地知道，使用断区两码是为了缩减断列或者断行3D号码的组合数量从而降低投注量、缩小红球中奖号码范围，也就是说"断区两码"是为"断区转换"提供服务的技术，因此我们在实战中一般要以断区转换为主，断区两码为辅，主次必须分明。否则无章无序，必会思路混乱，判断失误。

实战分析时，我们首先判断选择好断区3D号码各个位置的范围，然后再去观察研判选择断区两码，如果有非常好的断区两码指标可供选择或者排除，那么就可以实战使用，反之不予使用。

3. 应用法则

相互印证的应用法则在断区两码的选用中很重要，是决定断区两码技术能否辅助断区转换技术成功缩小断区3D号码组合范围的关键。

所谓相互印证是指每次应用指标确定条件时，可以同时使用几种方法相互参照，从不同角度分析中奖号码的条件，看看其结果有没有统一性。如果分析选择是正确的，结果应当完全一致。

例如在实战中，我们通过分析确定断行3D号码的百位是0和1，十位是3和4，个位是5，如果这时还能确定断行两码是13，就再次证明了之前的推断是可靠的，完全可以把当期断行3D号码确定为135，极大地精确了范围。反之，如果我们这时选择断行两码是06，与之前高概率选择的断行3D号码没有交集，本着"主次分明"的选用原则说明断区两码指标的分析有问题，当期只能重新分析或是放弃使用断行两码。

相互印证实则是对指标选择正确与否的一种校验。

第八节 断区实战案例

彩民在进行双色球玩法实战过程中，必须经历两个阶段：第一是选号阶段，第二是组号阶段。只有依次完成了这两个阶段，才能最终投注购买。复盘是开奖后最好的一次实战操盘总结，可以吸取失败的教训或积累成功的经验与心得，因此从某种角度上说，也是我们不可或缺的必须经历的阶段。

下面我们以预测分析双色球2009063期红球开奖号码为例，按照不同的阶段进行实战案例演练，帮助大家了解和掌握实战选号技能。蓝球号码的实战选号思路和指标的分析选择方法与断区号码完全相同，这里不再赘述。

一、第一阶段——选号

应用断区转换法进行选号，根据选号流程实战中可以分为两个部分、三个步骤。

第一部分是选择断列3D号码，第二部分是选择断行3D号码；每个部分中均包括相同的三大选号步骤：第一步是图表的使用，第二步是指标的分析与选择，第三步是选择备选投注号码。

根据断行、断列模式分析所得到的备选投注进行交集后获得的号码，就是最终的备选号码结果。如果前面的分析判断正确，那么最终备选号码结果内一定包括当期的6个红球中奖号码。

我们在前面详细讲解了断区转换法的技术要点和实战流程，下面以实战分析预测2009063期双色球红球开奖号码的断列3D号码为例，进一步实战演示，断行3D号码请读者作为训练项目自行分析。

1. 图表的使用

预测分析时使用的第一类图表是双色球断列3D号码指标分布表，包括断列3D号码百位指标分布表、断列3D号码十位指标分布表和断列3D号码个位指标分布表。

我们是要分析预测双色球玩法2009063期的开奖号码，因此只对图表中截止到2009062期的30期数据进行分析。经过实战经验总结发现，进行图表分析时采用开奖前30期、50期、80期三种不同的数据分析区间为好，其中尤以30期数据最能表现图表中指标的近阶段趋势变化，广大读者可以根据实际情况酌情使用。

预测分析时使用的第二类图表是双色球断列3D号码指标参数表，它包括断列3D号码百位指标遗漏明细表和指标惯性明细表，断列3D号码十位指标遗漏明细表和指标惯性明细表，断列3D号码个位指标遗漏明细表和指标惯性明细表。

这里需要特殊说明的是，指标参数表中的数据必须是统计到2009062期的所有历史数据统计的结果，只有实时更新统计数据，才能科学准确地利于实战参考使用。

本次分析预测所用的图表如下：

表3-33　断列3D号码百位指标分布表（2009033~2009062期）

期号	开奖号码	3D	百	大	中	小	0路	1路	2路	重	大	小	奇	偶	质	合
2009033	07 08 13 14 29 30-06	034	0	858	41	小	0路	3	10	3	858	小	3	偶	3	合
2009034	09 12 18 21 22 26-07	015	0	859	42	小	0路	4	11	4	859	小	4	偶	4	合
2009035	06 15 21 26 29 31-05	004	0	860	43	小	0路	5	12	5	860	小	5	偶	5	合
2009036	06 09 18 23 32 33-07	014	0	861	44	小	0路	6	13	6	861	小	6	偶	6	合
2009037	02 06 15 18 20 31-03	045	0	862	45	小	0路	7	14	7	862	小	7	偶	7	合
2009038	12 13 15 29 32-05	000	0	863	46	小	0路	8	15	8	863	小	8	偶	8	合
2009039	05 12 14 15 21 27-03	014	0	864	47	小	0路	9	16	9	864	小	9	偶	9	合
2009040	04 07 10 20 26 30-12	035	0	865	48	小	0路	10	17	10	865	小	10	偶	10	合
2009041	01 08 23 26 28 33-08	006	0	866	49	小	0路	11	18	11	866	小	11	偶	11	合
2009042	08 16 22 23 27 30-11	001	0	867	50	小	0路	12	19	12	867	小	12	偶	12	合
2009043	04 09 10 15 18 26-07	015	0	868	51	小	0路	13	20	13	868	小	13	偶	13	合
2009044	11 14 16 18 28 30-01	013	0	869	52	小	0路	14	21	14	869	小	14	偶	14	合
2009045	03 04 06 23 30 32-01	001	0	870	53	小	0路	15	22	15	870	小	15	偶	15	合
2009046	16 20 21 26 29 30-09	001	0	871	54	小	0路	16	23	16	871	小	16	偶	16	合
2009047	06 08 15 21 22-16	001	0	872	55	小	0路	17	24	17	872	小	17	偶	17	合
2009048	03 07 11 15 17 31-01	246	2	873	56	小	1	18	2路	18	873	小	18	偶	质	1
2009049	09 12 14 20 30 31-06	045	0	874	57	小	0路	19	1	19	874	小	19	偶	1	合
2009050	13 21 24 29 30 32-04	004	0	875	58	小	0路	20	2	20	875	小	20	偶	2	合
2009051	06 10 13 16 21 23-07	002	0	876	59	小	0路	21	3	21	876	小	21	偶	3	合
2009052	09 11 15 19 21 30-08	024	0	877	60	小	0路	22	4	22	877	小	22	偶	4	合
2009053	07 12 18 19 22 28-04	235	2	878	61	小	1	23	2路	23	878	小	23	偶	质	1
2009054	16 17 23 26 31 32-11	036	0	879	62	小	0路	24	1	24	879	小	24	偶	1	合
2009055	03 04 18 22 24 29-11	012	0	880	63	小	0路	25	2	25	880	小	25	偶	2	合
2009056	04 09 10 18 29 32-08	001	0	881	64	小	0路	26	3	26	881	小	26	偶	3	合

2009057	05 07 10 14 17 25-11	036	0	882	65	小	0路	27	4	27	882	小	27	偶	4	合
2009058	05 08 10 15 23 26-09	016	0	883	66	小	0路	28	5	28	883	小	28	偶	5	合
2009059	03 07 13 23 27 30-11	024	0	884	67	小	0路	29	6	29	884	小	29	偶	6	合
2009060	07 13 17 26 32 33-04	045	0	885	68	小	0路	30	7	30	885	小	30	偶	7	合
2009061	10 11 13 16 19 30-03	023	0	886	69	小	0路	31	8	31	886	小	31	偶	8	合
2009062	10 19 20 21 23 32-10	006	0	887	70	小	0路	32	9	32	887	小	32	偶	9	合

表3-34　断列3D号码百位指标遗漏明细表（统计截止到2009062期所有数据）

项目	大	中	小	0路	1路	2路	重	大	小	奇	偶	质	合
中奖概率	0	0.04	0.96	0.86	0.09	0.05	0.1	0	1	0.1	0.9	0.15	0.85
统计期数	887	887	887	887	887	887	887	887	887	887	887	887	887
最大遗漏	887	110	2	3	66	77	49	887	0	49	2	35	3
次大遗漏	0	84	1	2	49	44	35	0	35	1	21	2
当前遗漏	887	70	0	0	32	9	32	887	0	32	0	9	0
中出可信度	0	0.94	—	—	0.95	0.37	0.97	0	—	0.97	—	0.77	—
遗漏反转率	正…	0.83	—	—	0.65	0.2	0.91	正…	—	0.91	—	0.43	—

项目	大	中	小	0路	1路	2路	重	大	小	奇	偶	质	合
统计期数	887	887	887	887	887	887	887	887	887	887	887	887	887
遗漏总次数	0	32	31	110	67	55	80	1	0	80	79	124	123
最大遗漏	887	110	2	3	66	77	49	887	0	49	2	35	3
遗漏1次	0	1	30	97	5	4	8	0	0	8	70	19	105
遗漏2次	0	1	1	10	8	2	7	0	0	7	9	18	15
遗漏3次	0	0	0	3	2	4	2	0	0	2	0	12	3
遗漏4次	0	5	0	0	4	5	9	0	0	9	0	16	0
遗漏5次	0	2	0	0	3	1	3	0	0	3	0	7	0
遗漏6次	0	1	0	0	6	1	10	0	0	10	0	10	0
遗漏7次	0	1	0	0	2	6	4	0	0	4	0	8	0
遗漏8次	0	2	0	0	4	2	5	0	0	5	0	7	0
遗漏9次	0	0	0	0	4	3	2	0	0	2	0	5	0
遗漏10次	0	0	0	0	3	0	3	0	0	3	0	2	0
遗漏10次以上	1	19	0	0	26	27	27	1	0	27	0	20	0
最佳遗漏范围	1~11	1~11	1~1	1~1	1~11	1~11	1~11	1~11	1~0	1~11	1~11	1~9	1~1

表3-35　断列3D号码百位指标惯性明细表（统计截止到2009062期所有数据）

项目	大	中	小	0路	1路	2路	重	大	小	奇	偶	质	合
中奖概率	0	0.04	0.96	0.86	0.09	0.05	0.1	0	1	0.1	0.9	0.15	0.85
统计期数	887	887	887	887	887	887	887	887	887	887	887	887	887
最大惯性	0	2	110	40	2	2	2	0	887	2	49	3	35
次大惯性	0	1	84	27	1	1	1	0	0	1	35	2	21
当前惯性	—	—	70	9	—	—	—	—	887	—	32	—	9
中出可信度	—	—	0.59	0.03	—	—	—	—	1	—	0.34	—	0.02
惯性反转率	—	—	0.83	0.33	—	—	—	—	正…	—	0.91	—	0.43

项目	大	中	小	0路	1路	2路	重	大	小	奇	偶	质	合
统计期数	887	887	887	887	887	887	887	887	887	887	887	887	887
惯性总次数	0	31	32	111	66	54	79	0	1	79	80	123	124
最大惯性	0	2	110	40	2	2	2	0	887	2	49	3	35
惯性1次	0	30	1	13	62	52	70	0	0	70	8	105	19
惯性2次	0	1	1	18	4	1	9	0	0	9	7	15	18
惯性3次	0	0	0	9	0	0	0	0	0	0	2	3	12
惯性4次	0	0	0	5	11	0	0	0	0	0	9	0	16
惯性5次	0	0	2	7	0	0	0	0	0	0	3	0	7
惯性6次	0	0	1	0	0	0	0	0	0	0	10	0	10
惯性7次	0	0	1	8	0	0	0	0	0	0	4	0	8
惯性8次	0	0	2	6	0	0	0	0	0	0	5	0	7
惯性9次	0	0	0	0	0	0	0	0	0	0	2	0	5
惯性10次	0	0	0	3	0	0	0	0	0	0	3	0	2
惯性10次以上	0	0	19	20	0	0	0	0	1	0	27	0	20
最佳惯性范围	1~0	1~1	1~11	1~10	1~1	1~1	1~1	1~0	1~11	1~1	1~11	1~1	1~9

表3-36　断列3D号码十位指标分布表（2009033~2009062期）

期号	开奖号码	3D	十	大	中	小	0路	1路	2路	重	大	小	奇	偶	质	合
2009033	07 08 13 14 29 30-06	034	3	858	中	1	0路	2	9	重	17	小	奇	1	质	1
2009034	09 12 18 21 22 26-07	015	1	859	1	小	1	1路	10	重	18	小	奇	偶	质	2
2009035	06 15 21 26 29 31-05	004	0	860	2	小	1	0路	1	11	1	19	小	1	偶	1	合
2009036	06 09 18 23 32 33-07	014	1	861	3	小	1	1路	12	重	20	小	奇	1	质	1
2009037	02 06 15 18 20 31-03	045	4	862	中	1	2	1路	13	1	21	小	偶	1	合
2009038	12 13 15 23 28 32-05	000	0	863	小	1	14	2	22	小	偶	1	合
2009039	05 12 14 15 21 27-03	014	1	864	2	小	1	1路	15	重	23	小	奇	1	质	1
2009040	04 07 10 20 26 30-12	035	3	865	中	1	0路	1	16	重	24	小	奇	2	质	2
2009041	01 08 23 26 28 33-08	006	0	866	1	小	0路	2	17	1	25	小	1	偶	1	合

续表

2009042	08 16 22 23 27 30-11	001	0	867	2	小	0路	3	18	2	26	小	2	偶	2	合
2009043	04 09 10 15 18 26-07	015	1	868	3	小	1	1路	19	重	27	小	奇	1	质	1
2009044	11 14 16 18 28 30-01	013	1	869	4	小	2	1路	20	重	28	小	奇	2	质	2
2009045	03 04 06 23 30 32-01	001	0	870	5	小	0路	1	21	1	29	小	1	偶	1	合
2009046	16 20 21 26 29 30-09	001	0	871	6	小	0路	2	22	2	30	小	2	偶	2	合
2009047	06 08 11 15 21 22-16	001	0	872	7	小	0路	3	23	3	31	小	3	偶	3	合
2009048	03 07 11 15 17 31-01	246	4	873	中	1	1	1路	24	4	32	小	4	偶	4	1
2009049	09 12 14 20 30 31-06	045	4	874	中	1	2	1路	25	5	33	小	5	偶	5	合
2009050	13 21 24 29 30 32-04	004	0	875	1	小	0路	1	26	1	34	小	6	偶	6	合
2009051	06 10 13 16 21 23-07	002	0	876	2	小	0路	2	27	2	35	小	7	偶	7	合
2009052	09 11 15 19 21 30-08	024	2	877	3	小	1	3	2路	8	36	小	8	偶	质	1
2009053	07 12 18 19 22 28-04	235	3	878	中	1	0路	4	1	重	37	小	奇	1	质	2
2009054	16 17 23 26 31 32-11	036	3	879	中	1	0路	5	2	重	38	小	奇	2	质	3
2009055	03 04 18 22 24 29-11	012	1	880	1	小	1	1路	3	重	39	小	奇	3	质	1
2009056	04 09 10 18 29 32-08	001	0	881	2	小	0路	1	4	1	40	小	1	偶	1	合
2009057	05 07 10 14 17 25-11	036	3	882	中	1	0路	2	5	重	41	小	奇	1	质	2
2009058	05 08 10 15 23 26-09	016	1	883	1	小	1	1路	6	重	42	小	奇	2	质	3
2009059	03 07 13 23 27 30-11	024	2	884	2	小	1	2路	1	43	小	1	偶	1	3
2009060	07 13 17 26 32 33-04	045	4	885	中	1	3	1路	2	44	小	1	偶	1	合
2009061	10 11 13 16 19 30-03	023	2	886	2	小	4	2路	2	45	小	3	偶	质	1
2009062	10 19 20 21 23 32-10	006	0	887	2	小	0路	2	1	46	小	4	偶	合

表3-37 断列3D号码十位指标遗漏明细表（统计截止到2009062期所有数据）

项目	大	中	小	0路	1路	2路	重	大	小	奇	偶	质	合
中奖概率	0	0.36	0.62	0.47	0.3	0.23	0.29	0.09	0.91	0.38	0.62	0.52	0.48
统计期数	887	887	887	887	887	887	887	887	887	887	887	887	887
最大遗漏	887	10	7	8	12	27	13	63	2	10	6	7	8
次大遗漏	0	9	6	7	10	26	12	46	1	8	5	6	7
当前遗漏	887	2	0	0	2	1	4	46	0	4	0	1	0
中出可信度	0	0.62	—	—	0.51	0.23	0.75	0.99	—	0.85	—	0.52	—
遗漏反转率	正…	0.22	—	—	0.2	0.04	0.33	1	—	0.5	—	0.17	—

项目	大	中	小	0路	1路	2路	重	大	小	奇	偶	质	合
统计期数	887	887	887	887	887	887	887	887	887	887	887	887	887
遗漏总次数	1	209	208	222	204	139	189	69	68	219	218	228	227
最大遗漏	887	10	7	8	12	27	13	63	2	10	6	7	8
遗漏1次	0	82	118	103	74	26	56	7	66	90	129	114	108
遗漏2次	0	49	56	62	37	24	43	4	2	56	59	65	64

续表

遗漏3次	0	31	21	23	37	13	31	2	0	28	19	28	24
遗漏4次	0	17	6	19	18	15	19	6	0	17	9	16	19
遗漏5次	0	9	1	5	12	9	11	1	0	9	1	3	6
遗漏6次	0	12	5	6	5	18	5	8	0	6	1	1	2
遗漏7次	0	5	1	3	7	5	7	5	0	5	0	4	3
遗漏8次	0	2	0	1	7	7	8	3	0	7	0	0	1
遗漏9次	0	1	0	0	3	3	3	6	0	0	0	0	0
遗漏10次	0	1	0	0	1	1	1	3	0	1	0	0	0
遗漏10次以上	1	0	0	0	3	18	5	24	0	0	0	0	0
最佳遗漏范围	1~11	1~4	1~2	1~3	1~4	1~8	1~5	1~11	1~1	1~4	1~2	1~3	1~3

表3-38 断列3D号码十位指标惯性明细表（统计截止到2009062期所有数据）

项目	大	中	小	0路	1路	2路	重	大	小	奇	偶	质	合
中奖概率	0	0.38	0.62	0.47	0.3	0.23	0.29	0.09	0.91	0.38	0.62	0.52	0.48
统计期数	887	887	887	887	887	887	887	887	887	887	887	887	887
最大惯性	0	7	10	10	6	6	6	2	63	6	10	8	7
次大惯性	0	6	9	8	5	3	5	1	46	5	8	7	6
当前惯性	—	—	2	1	—	—	—	—	46	—	4	—	1
中出可信度	—	—	0.15	0.25	—	—	—	—	0.35	—	0.14	—	0.29
惯性反转率	—	—	0.22	0.12	—	—	—	—	1	—	0.5	—	0.17

项目	大	中	小	0路	1路	2路	重	大	小	奇	偶	质	合
统计期数	887	887	887	887	887	887	887	887	887	887	887	887	887
惯性总次数	0	208	209	223	203	138	188	68	69	218	219	227	228
最大惯性	0	7	10	10	6	6	6	2	63	6	10	8	7
惯性1次	0	118	82	117	134	111	127	66	7	129	90	108	114
惯性2次	0	56	49	56	60	21	38	2	4	59	56	64	65
惯性3次	0	21	31	26	5	5	17	0	2	19	28	24	25
惯性4次	0	6	17	14	2	0	4	0	6	9	17	19	16
惯性5次	0	1	9	5	1	0	1	0	1	1	9	6	3
惯性6次	0	5	12	2	1	1	1	0	8	1	6	2	1
惯性7次	0	1	5	1	0	0	0	0	5	0	5	3	4
惯性8次	0	0	2	1	0	0	0	0	3	0	7	1	0
惯性9次	0	0	1	0	0	0	0	0	6	0	0	0	0
惯性10次	0	0	1	1	0	0	0	0	3	0	1	0	0
惯性10次以上	0	0	0	0	0	0	0	0	24	0	0	0	0
最佳惯性范围	1~0	1~2	1~4	1~3	1~2	1~1	1~2	1~1	1~11	1~2	1~4	1~3	1~3

表3-39 断列3D号码个位指标分布表（2009033~2009062期）

期号	开奖号码	3D	个	大	中	小	0路	1路	2路	重	大	小	奇	偶	质	合
2009033	07 08 13 14 29 30-06	034	4	858	中	4	6	1路	2	6	2	小	2	偶	2	合
2009034	09 12 18 21 22 26-07	015	5	859	中	5	7	1	2路	7	大	1	奇	1	质	1
2009035	06 15 21 26 29 31-05	004	4	860	中	6	8	1路	1	8	1	小	1	偶	1	合
2009036	06 09 18 23 32 33-07	014	4	861	中	7	9	1路	1	9	2	小	2	偶	2	合
2009037	02 06 15 18 20 31-03	045	5	862	中	8	10	1	2路	10	大	1	奇	1	质	1
2009038	12 13 15 23 28 32-05	000	0	863	1	小	0路	2	1	11	1	小	1	偶	1	合
2009039	05 12 14 15 21 27-03	014	4	864	中	1	1	1路	2	12	1	小	1	偶	1	合
2009040	04 07 10 20 26 30-12	035	5	865	中	2	2	1	2路	13	大	1	奇	1	质	1
2009041	01 08 23 26 28 33-08	006	6	866	中	3	0路	2	1	重	大	1	偶	2	合
2009042	08 16 22 23 27 30-11	001	1	867	1	小	1	1路	2	1	重	1	小	奇	1	质	1
2009043	04 09 10 15 18 26-07	015	5	868	中	1	2	1	2路	2	大	1	奇	2	质	2
2009044	11 14 16 18 30-01	013	3	869	中	2	0路	1	2	重	1	小	1	奇	1	质	3
2009045	03 04 06 23 30 32-01	001	1	870	中	1	1	1路	2	3	重	1	小	1	奇	1	质	4
2009046	16 20 21 26 29 30-09	001	1	871	2	小	1	1路	3	重	1	小	5	奇	5	质	5
2009047	06 08 11 15 21 22-16	001	1	872	3	小	3	1路	4	重	1	小	6	奇	6	质	6
2009048	03 07 11 15 17 31-01	246	6	873	中	1	0路	1	5	重	大	1	偶	1	合
2009049	09 12 14 20 30 31-06	045	5	874	中	2	1	1	2路	1	2	1	奇	1	质	1
2009050	13 21 24 29 30 32-04	004	4	875	中	1	2	1	1	2	1	小	1	偶	1	合
2009051	06 10 13 16 21 23-07	002	2	876	1	小	1	1	2路	3	2	小	2	偶	2	质	1
2009052	09 11 15 19 21 30-08	024	4	877	中	1	1	1路	1	4	1	小	3	奇	3	质	合
2009053	07 12 18 19 22 28-04	235	5	878	中	2	5	1	2路	5	大	1	偶	1	合
2009054	16 17 23 26 31 32-11	036	6	879	中	3	0路	3	1	重	大	1	偶	1	合
2009055	03 04 18 22 24 29-11	012	2	880	1	小	1	1	2路	1	1	小	1	奇	1	质	1
2009056	04 09 10 18 29 32-08	001	1	881	2	小	1	1路	2	1	重	1	小	1	奇	1	质	1
2009057	05 07 10 14 17 25-11	036	6	882	中	1	0路	2	1	重	大	1	偶	1	合
2009058	05 08 10 15 23 26-09	016	6	883	中	2	0路	2	2	重	大	1	偶	2	合
2009059	03 07 13 23 27 30-11	024	4	884	中	3	1路	4	1	1	小	3	奇	3	合
2009060	07 13 17 26 32 33-04	045	4	885	中	4	0路	1	2路	1	重	大	1	奇	1	质	合
2009061	10 11 13 16 19 30-03	023	3	886	中	5	0路	2	6	2	重	1	小	奇	1	质	1
2009062	10 19 20 21 23 32-10	006	6	887	中	6	0路	2	7	重	大	1	1	偶	1	合

表3-40 断列3D号码个位指标遗漏明细表（统计截止到2009062期所有数据）

项目	大	中	小	0路	1路	2路	重	大	小	奇	偶	质	合
中奖概率	0	0.86	0.14	0.46	0.22	0.32	0.49	0.59	0.41	0.39	0.61	0.46	0.54
统计期数	887	887	887	887	887	887	887	887	887	887	887	887	887
最大遗漏	887	3	26	10	31	14	13	7	14	10	7	7	7
次大遗漏	0	2	23	9	27	13	9	5	9	7	6	6	6

续表

当前遗漏	887	0	6	0	3	7	0	0	1	1	0	1	0
中出可信度	0	—	0.6	—	0.53	0.93	—	—	0.41	0.39	—	0.46	—
遗漏反转率	正…	—	0.26	—	0.11	0.54	—	—	0.11	0.14	—	0.17	—

项目	大	中	小	0路	1路	2路	重	大	小	奇	偶	质	合
统计期数	887	887	887	887	887	887	887	887	887	887	887	887	887
遗漏总次数	1	106	107	215	158	189	215	217	217	215	215	224	224
最大遗漏	887	3	26	10	31	14	13	7	14	10	7	7	7
遗漏1次	0	93	12	93	37	55	103	132	96	80	137	97	129
遗漏2次	0	10	13	56	26	52	55	49	40	56	46	59	48
遗漏3次	0	3	10	26	23	25	25	18	34	35	18	38	22
遗漏4次	0	0	9	18	24	13	13	10	25	18	7	15	14
遗漏5次	0	0	3	11	11	8	10	7	11	6	2	5	6
遗漏6次	0	0	11	5	6	16	4	0	3	12	2	7	2
遗漏7次	0	0	9	3	9	9	2	1	2	6	3	3	3
遗漏8次	0	0	7	1	8	0	1	0	3	0	0	0	0
遗漏9次	0	0	6	1	4	2	1	0	2	0	0	0	0
遗漏10次	0	0	3	1	0	1	0	0	0	2	0	0	0
遗漏10次以上	1	0	24	0	10	8	1	0	1	0	0	0	0
最佳遗漏范围	1~11	1~1	1~11	1~3	1~6	1~5	1~3	1~2	1~4	1~4	1~2	1~3	1~3

表3-41 断列3D号码个位指标惯性明细表（统计截止到2009062期所有数据）

项目	大	中	小	0路	1路	2路	重	大	小	奇	偶	质	合
中奖概率	0	0.86	0.14	0.46	0.22	0.32	0.49	0.59	0.41	0.39	0.61	0.46	0.54
统计期数	887	887	887	887	887	887	887	887	887	887	887	887	887
最大惯性	0	26	3	8	5	5	8	14	7	7	10	7	7
次大惯性	0	23	2	7	4	4	7	9	5	6	7	6	6
当前惯性	—	6	—	3	—	—	3	1	—	—	1	—	1
中出可信度	—	0.08	—	0.04	—	—	0.07	0.18	—	—	0.26	—	0.26
惯性反转率	—	0.26	—	0.43	—	—	0.43	0.11	—	—	0.14	—	0.17

项目	大	中	小	0路	1路	2路	重	大	小	奇	偶	质	合
统计期数	887	887	887	887	887	887	887	887	887	887	887	887	887
惯性总次数	0	107	106	216	157	188	216	217	217	215	215	224	224
最大惯性	0	26	3	8	5	5	8	14	7	7	10	7	7
惯性1次	0	12	93	118	121	125	112	96	132	137	80	129	97
惯性2次	0	13	10	58	25	41	52	40	49	46	56	48	59

续表

惯性3次	0	10	3	19	8	17	22	34	18	18	35	22	38
惯性4次	0	9	0	9	1	4	15	25	10	7	18	14	15
惯性5次	0	3	0	6	2	1	8	11	7	2	6	6	5
惯性6次	0	11	0	2	0	0	3	3	0	0	12	2	7
惯性7次	0	9	0	2	0	0	3	2	1	3	6	3	3
惯性8次	0	7	0	2	0	0	1	3	0	0	0	0	0
惯性9次	0	6	0	0	0	0	0	2	0	0	0	0	0
惯性10次	0	3	0	0	0	0	0	0	0	0	0	0	0
惯性10次以上	0	24	0	0	0	0	0	1	0	0	0	0	0
最佳惯性范围	1~0	1~11	1~1	1~2	1~2	1~2	1~3	1~4	1~2	1~2	1~4	1~3	1~3

2. 指标的分析选择

本次分析预测断列3D号码所使用的图表已经罗列出来，那么接下来需要做的就是怎么根据这些图表以及相关统计数据去正确地选择每个实战中需要使用的指标。

在每次进行实战指标分析选择之前，我们都必须要遵循下面四个要点去做好前期准备工作，这样才能更准确地分析指标、选择指标。

要点一：了解掌握指标的中长期趋势。我们平时要对所有图表的历史数据多观察、多了解，领悟每个阶段各个指标的趋势动态，随着了解的深入，对图表的感觉以及分析的能力会逐渐增加。

要点二：领悟运用"彩票均衡论"。彩票均衡论是指导我们正确分析指标、选择指标的重要应用理论，平时必须结合图表多观察历史数据中每个指标是如何遵循彩票均衡理论进行相互转化的，只有不断通过学习领悟理论的精髓，才能在实战中更好地运用。

要点三：时刻谨记"指标选用原则"。指标的八大选用原则是每个彩民必须遵守的"金科玉律"，千万大意马虎不得。

要点四：选择指标要有限度。我们分析每一个图表后在进行指标选择时，所选择使用的指标最多不能超过3个，否则选择的指标越多，错误的概率越大；相反，选择的指标越少，正确的概率反而提高。其实这就是"宁精毋滥"原则，也是"指标选用原则"的内容之一，因为实战中极其重要，因此特别说明。

下面根据实战中具体分析的思路，简明扼要地讲解选择断列3D号码的全部过程。

(1) 断列3D号码百位指标的分析选择

看图表选指标，首先要看图表中哪个指标有明显的态势可抓，"呼之欲出"的指标是首选。

看断列3D号码百位指标分布表的大中小指标区，一目了然，小数指标出现的概率极高，通过指标参数表可知小数指标的理论出现概率是96%，再根据小数指标在断列3D号码百位指标分布表中的大中小特征，也更说明了小数指标是我们在实战中选择断列3D号码百位号码时的首选。

指标分布表里1路指标已经连续遗漏了32次，通过断列3D号码百位指标遗漏明细表可以看到，1路指标的中出可信度已经达到了95%，预示着1路号码1、4（1路号码包括1、4、7，可是断列3D号码百位的理论范围在1~4之间，因此只选择1和4，后面实战中也存在同样类似情况，不再说明）。在百位断列3D号码百位上的出现已经迫在眉睫。

我们再看指标分布表里的重合码指标区，重合码指标当前也遗漏了32期，通过断列3D号码百位指标遗漏明细表可以看到，重合码指标的中出可信度已经达到了97%，遗漏反转率也达到了91%，说明接下来重合码1、3在断列3D号码百位上的出现概率极高，值得我们极度关注。

同样通过指标分布表可以看到奇数指标区出现异常状态，那就是在分布表中奇数指标当前同样遗漏了32期，通过断列3D号码百位指标遗漏明细表可以看到，奇数指标的中出可信度已经达到了97%，遗漏反转率也达到了91%，说明接下来奇数1、3在断列3D号码百位上的出现概率极高，值得我们极度关注。我们再看偶数指标，连续出现了32期，通过断列3D号码百位指标惯性明细表可以看到，偶数指标的惯性反转率已经达到了91%，说明接下来偶数指标出现的概率极低，从另一方面也证明了奇数指标出现的概率极高。

根据对断列3D号码百位指标分布表内各指标的分析后，我们选择小数指标和奇数指标作为本期选择百位号码的首选指标。小数指标包括0、1、2三个数字，奇数指标包括1、3两个数字，交集后同时符合这两个指标的数字为1，因此分析后选择号码1作为断列3D号码的百位号码，也就是说行列分布表中的第1列是本期断列区域。

我们之前的分析中要极度关注的重合码指标虽然没有采用，但是从另一个角度也验证了我们选择号码1（1属于重合码指标）为当期百位号码是正确的。

实战中我们最看好的，出现概率最高的指标通常称为主要指标，其他则称为次要指标。虽然实战中我们使用主要指标，但是次要指标的佐证作用不可忽视。次要指标佐证的强大作用也真实地说明了各个指标之间相辅相成、相互印证的重要性，在实战中要注意结合使用。

（2）断列3D号码十位指标的分析选择

看断列3D号码十位指标分布表，可以看到有4个指标具有明显的态势可抓：0路指标、重合码指标、大数指标和奇数指标。

我们先看指标分布表中的0路指标，它在2009058~2009061期连续遗漏了4期，在短期内呈现一个小的偏态，在求均衡原理的作用下出现在2009062期进行"调偏回补"。

我们看断列3D号码十位指标遗漏明细表可知，0路指标的理论出现概率最高，达到了47%，仅仅回补了一次往往达不到调偏的需求，所以接下来继续出现的概率还是很高。尤其是2路指标近期出现了2次，以它23%的理论出现概率，在短期内出现的概率极低，也正如我们所分析的，2路指标在间隔了5期后的2009068期才出现。排除了2路指标的出现，也就是增大了0路和1路指标的出现概率。我们同时还可以看到近期内1路指标也出现了3次，和它30%的理论概率相吻合。种种迹象说明，接下来0路指标值得我们重点关注。在断列3D号码十位上，0和3属于0路指标，之前断列3D号码百位选择为1，那么十位号码只有3值得重点关注了。

指标分布表中重合码指标和奇数指标都是同时遗漏了4期，可是通过指标参数表可知，重合码指标的理论概率为29%，而奇数的理论概率高达38%，理论概率越高的指标出现的概率越大，因此我们选择奇数指标进行分析。奇数指标当前遗漏4期，根据断列3D号码十位指标遗漏明细表看到中出可信度达到85%，呈现明显的冷态，在求均衡原理的作用下，接下来会"调偏回补"，因此当期要重点关注奇数指标，也即是号码1、3、5。事实上也正如我们所分析的，在接下来的3期中奇数指标连续出现进行回补。

其实，断列3D号码十位指标分布表中，最具有明显态势的指标是大小数指标区的大数指标，因为连续遗漏了46期。通过断列3D号码十位指标遗漏明细表可知，此时该指标的中出可信度达到99%，遗漏反转率达到100%；通过断列3D号码十位指标惯性明细表可知，此时小数指标的惯性反转率也达到100%。这些数据都说明了大数指标目前处于极度深冷的状态。根据"追热避冷"的指标选用原则，这样的指标虽然看着诱人，可是千万不能触碰。我们每个人都会清楚地算一笔账，也就是说一个冷的指标你追了100期，即使在100期的时候中出了，你也付出了99期失败的惨重代价，从某个指标的中奖率来算也就是1%；而如果我们不追这个指标，反而期期排除它，那么100期中我们会正确99期，单个指标的中奖率可以达到99%。事实胜于雄辩，正如我们所料，大数指标在遗漏了53期后的2009069期才终于露面。根据分析，大数指标虽然是个极大的冷态，但是我们只关注它，而不会轻易选择它，即使它可能会出现。

综上所述，我们本期选择断列3D号码十位号码的范围是0路指标和奇数指标，0路指标包括0、3，奇数指标包括1、3、5，那么交集后同时符合它们条件的数字是3。因此，当期我们选择号码3作为断列3D号码的十位号码。

（3）断列3D号码个位指标的分析选择

断列3D号码个位指标分布表中，中数指标因为理论概率高达86%以及具有显著的惯性特征，是我们每次选择的首选指标，虽然小数指标也会偶尔跳跃式出现。

指标分布表中0路指标在短期内呈现出连续热出的状态，在求均衡原理作用下，接下来1路指标和2路指标调偏回补出现的概率极高。断列3D号码十位号码已经选择是3，那么断列3D号码的个位号码只有在4~6的范围进行选择，因为之前分析1路指标和2路指标出现的概率极高，所以断列3D号码的个位号码只能在4和5之间进行选择。

我们再看重合码指标在短期内出现了6期，也是呈现为一种热态，同样在均衡原理作用下也有调偏回补的需求，因此接下来重合码指标出现的概率极低，也就排除了断列3D号码的个位号码是1、3、6的可能性，也因此佐证了前面分析断列3D号码的个位号码是4或5的高概率性。

我们这时再看偶数指标。通过断列3D号码个位指标遗漏明细表可知，偶数指标的理论出现概率为61%，再通过指标分布表也可以看到偶数指标出现连续性的特征极强，也即呈现明显的惯性状态。在2009061期偶数指标没有出现，2009062期偶数指标出现，那么接下来偶数指标继续出现呈现惯性状态的概率很高，值得重点关注。

综合以上分析，我们在当期使用偶数指标结合排除0路指标进行选择断列3D号码的个位号码。偶数指标包括号码0、2、4，再结合排除0路指标所属的号码0、3、6，那么只有号码2、4同时符合条件。当期选择的断列3D号码十位号码是3，因此在备选的个位号码2、4中只有号码4符合条件，因此我们选择断列3D号码个位号码为4。

综合1、2、3项的分析结果，当期断列3D号码为134。2009063期双色球红球开奖号码为02、05、11、26、30、32，断区转换后的断列3D号码正是134，事实证明一切。

3.断行3D号码分析图表

下面列出分析2009063期断行3D号码所需的各种图表数据，请读者根据前面实战案例的分析思路和前面学习到的指标的选用原则等知识进行实战分析。

实战分析或者模拟训练中不要怕错，每个人都必须要有一个学习、试错的过程，错误的选择指标并不可怕，可怕的是不能吸取教训和总结经验。几百万元、上千万元大奖不会凭空掉下，只有不断地训练，历经多次的失败，举一反三，融会贯通，才能熟能生巧地进行精准选号。

表3-42　断行3D号码百位指标分布表（2009033~2009062期）

期号	开奖号码	3D	百	大	中	小	0路	1路	2路	重	大	小	奇	偶	质	合
2009033	07 08 13 14 29 30-06	146	1	858	11	小		1路	15	重	858	小	奇	1	质	1
2009034	09 12 18 21 22 26-07	016	0	859	12	小	0路	1	16	1	859	小	1	偶	1	合
2009035	06 15 21 26 29 31-05	002	0	860	13	小	0路	2	17	2	860	小	2	偶	2	合
2009036	06 09 18 23 32 33-07	005	0	861	14	小	0路	3	18	3	861	小	3	偶	3	合
2009037	02 06 15 18 20 31-03	025	0	862	15	小	0路	4	19	4	862	小	4	偶	4	合
2009038	12 13 15 23 28 32-05	001	0	863	16	小	0路	5	20	5	863	小	5	偶	5	合
2009039	05 12 14 15 21 27-03	006	0	864	17	小	0路	6	21	6	864	小	6	偶	6	合
2009040	04 07 10 20 26 30-12	036	0	865	18	小	0路	7	22	7	865	小	7	偶	7	合
2009041	01 08 23 26 28 33-08	003	0	866	19	小	0路	8	23	8	866	小	8	偶	8	合
2009042	08 16 22 23 27 30-11	015	0	867	20	小	0路	9	24	9	867	小	9	偶	9	合
2009043	04 09 10 15 18 26-07	046	0	868	21	小	0路	10	25	10	868	小	10	偶	10	合
2009044	11 14 16 18 28 30-01	146	1	869	22	小		1路	26	重	869	小	奇	1	质	1
2009045	03 04 06 23 30 32-01	023	0	870	23	小	0路	1	27	1	870	小	1	偶	1	合
2009046	16 20 21 26 29 30-09	126	0	871	24	小		1路	28	重	871	小	奇	1	质	1
2009047	06 08 11 15 21 22-16	056	0	872	25	小	0路	1	29	1	872	小	1	偶	1	合
2009048	03 07 11 15 17 31-01	045	0	873	26	小	0路	2	30	2	873	小	2	偶	2	合
2009049	09 12 14 20 30 31-06	001	0	874	27	小	0路	3	31	3	874	小	3	偶	3	合
2009050	13 21 24 29 30 32-04	012	0	875	28	小	0路	4	32	4	875	小	4	偶	4	合
2009051	06 10 16 21 23-07	056	0	876	29	小	0路	5	33	5	876	小	5	偶	5	合
2009052	09 11 15 19 21 30-08	016	0	877	30	小	0路	6	34	6	877	小	6	偶	6	合
2009053	07 12 18 19 22 28-04	016	0	878	31	小	0路	7	35	7	878	小	7	偶	7	合
2009054	16 17 23 26 31 32-11	012	0	879	32	小	0路	8	36	8	879	小	8	偶	8	合

续表

2009055	03 04 18 22 24 29-11	026	0	880	33	小	0路	9	37	9	880	小	9	偶	9	合
2009056	04 09 10 18 29 32-08	004	0	881	34	小	0路	10	38	10	881	小	10	偶	10	合
2009057	05 07 10 14 17 25-11	046	0	882	35	小	0路	11	39	11	882	小	11	偶	11	合
2009058	05 08 10 15 23 26-09	006	0	883	36	小	0路	12	40	12	883	小	12	偶	12	合
2009059	03 07 13 23 27 30-11	006	0	884	37	小	0路	13	41	13	884	小	13	偶	13	合
2009060	07 13 17 26 32 33-04	014	0	885	38	小	0路	14	42	14	885	小	14	偶	14	合
2009061	10 11 13 16 19 30-03	016	0	886	39	小	0路	15	43	15	886	小	15	偶	15	合
2009062	10 19 20 21 23 32-10	135	1	887	40	小	1路	44	重	887	小	奇	1	偶	1

表3-43 断行3D号码百位指标遗漏明细表（统计截止到2009062期所有数据）

项目	大	中	小	0路	1路	2路	重	大	小	奇	偶	质	合
中奖概率	0	0.05	0.95	0.85	0.1	0.05	0.12	0	1	0.11	0.89	0.17	0.83
统计期数	887	887	887	887	887	887	887	887	887	887	887	887	887
最大遗漏	887	83	2	3	68	114	38	887	0	38	3	37	3
次大遗漏	0	60	1	2	43	80	36	0	0	36	2	31	2
当前遗漏	887	40	0	1	0	44	0	887	0	0	1	0	1
中出可信度	0	0.87	—	0.85	—	0.9	—	0	—	0.89	—	0.83
遗漏反转率	正…	0.67	—	0.5	—	0.55	—	正…	—	0.5	—	0.5

项目	大	中	小	0路	1路	2路	重	大	小	奇	偶	质	合
统计期数	887	887	887	887	887	887	887	887	887	887	887	887	887
遗漏总次数	1	42	41	113	81	42	96	1	0	96	97	125	126
最大遗漏	887	83	2	3	68	114	38	887	0	38	3	37	3
遗漏1次	0	5	39	95	12	4	12	0	0	12	82	26	99
遗漏2次	0	1	2	16	5	1	11	0	0	11	14	17	24
遗漏3次	0	3	0	2	2	2	7	0	0	7	1	11	3
遗漏4次	0	1	0	0	4	3	8	0	0	8	0	13	0
遗漏5次	0	1	0	0	11	0	10	0	0	10	0	12	0
遗漏6次	0	2	0	0	5	2	6	0	0	6	0	7	0
遗漏7次	0	0	0	0	3	2	4	0	0	4	0	4	0
遗漏8次	0	0	0	0	2	2	1	0	0	1	0	1	0
遗漏9次	0	3	0	0	8	0	8	0	0	8	0	10	0
遗漏10次	0	3	0	0	3	0	4	0	0	4	0	5	0
遗漏10次以上	1	23	0	0	25	26	25	1	0	25	0	19	0
最佳遗漏范围	1~11	1~11	1~1	1~1	1~11	1~11	1~11	1~0	1~11	1~1	1~9	1~2

表3-44 断行3D号码百位指标惯性明细表（统计截止到2009062期所有数据）

项目	大	中	小	0路	1路	2路	重	大	小	奇	偶	质	合
中奖概率	0	0.05	0.95	0.85	0.1	0.05	0.12	0	1	0.11	0.89	0.17	0.83
统计期数	887	887	887	887	887	887	887	887	887	887	887	887	887
最大惯性	0	2	83	32	2	2	3	0	887	3	38	3	37
次大惯性	0	1	60	29	1	1	2	0	0	2	36	2	31
当前惯性	—	—	40	—	1	—	1	—	887	1	—	1	—
中出可信度	—	—	0.55	—	0.1	—	0.14	—	1	0.14	—	0.19	—
惯性反转率	—	—	0.67	—	1	—	0.5	—	正...	0.5	—	0.5	—

项目	大	中	小	0路	1路	2路	重	大	小	奇	偶	质	合
统计期数	887	887	887	887	887	887	887	887	887	887	887	887	887
惯性总次数	0	41	42	112	82	41	97	0	1	97	96	126	125
最大惯性	0	2	83	32	2	2	3	0	887	3	38	3	37
惯性1次	0	39	5	21	74	39	82	0	0	82	12	99	26
惯性2次	0	2	1	8	8	2	14	0	0	17	11	24	17
惯性3次	0	0	3	8	0	0	1	0	0	1	7	3	11
惯性4次	0	0	1	15	0	0	0	0	0	0	8	0	13
惯性5次	0	0	1	13	0	0	0	0	0	0	10	0	12
惯性6次	0	0	2	6	0	0	0	0	0	0	6	0	7
惯性7次	0	0	0	4	0	0	0	0	0	0	4	0	4
惯性8次	0	0	0	2	0	0	0	0	0	0	2	0	1
惯性9次	0	0	3	9	0	0	0	0	0	0	8	0	10
惯性10次	0	0	3	4	0	0	0	0	0	0	4	0	5
惯性10次以上	0	0	23	22	0	0	0	0	1	0	25	0	19
最佳惯性范围	1~0	1~1	1~11	1~10	1~1	1~1	1~1	1~0	1~11	1~1	1~11	1~2	1~9

表3-45 断行3D号码十位指标分布表（2009033~2009062期）

期号	开奖号码	3D	十	大	中	小	0路	1路	2路	重	大	小	奇	偶	质	合
2009033	07 08 13 14 29 30-06	146	4	858		中		1		3	1路		2	1		11	小		1	偶		1	合
2009034	09 12 18 21 22 26-07	016	1	859	1		小		4		1路		3	重		12	小	奇		1	质	1
2009035	06 15 21 26 29 31-05	002	0	860	2		小		0路		1	4		13	小		1	偶		1	合
2009036	06 09 18 23 32 33-07	005	0	861	3		小		0路		2	5		14	小		2	偶	2		合
2009037	02 06 15 18 20 31-03	025	2	862	4		小		3		2路		15	小		偶	质		1
2009038	12 13 15 23 28 32-05	001	0	863	5		小		0路	4		1		16	小	4		偶		1	合
2009039	05 12 14 15 21 27-03	006	0	864	6		小		0路	5		2		17	小	5		偶	2		合
2009040	04 07 10 20 26 30-12	036	3	865		中		1		0路		6	3		重	18	小	奇		1	质	1

续表

期号	开奖号码	十位	值	序号	大中小	0路1路2路	重	大小	奇偶	质合
2009041	01 08 23 26 28 33-08	003	0	866	小	0路	7	4	1	19 小	1	偶	1	合
2009042	08 16 22 23 27 30-11	016	1	867	2	小	1	1路	5	重	20 小	奇	1	质	1
2009043	04 09 10 15 18 26-07	046	4	868	中	1	2	1路	6	1	21 小	偶	1	合
2009044	11 14 16 18 28 30-01	146	4	869	中	2	3	1路	7	2	22 小	2	偶	2	合
2009045	03 04 06 23 30 32-01	023	2	870	1	小	4	1	2路	3	23 小	3	偶	质	1
2009046	16 20 21 26 29 30-09	126	2	871	2	小	5	2	2路	4	24 小	4	偶	质	2
2009047	06 08 11 15 21 22-16	056	5	872	中	1	6	3	2路	5	大	1	奇	质	1
2009048	03 07 11 15 17 31-01	045	4	873	中	2	7	1路	6	1	小	1	偶	1	合
2009049	09 12 14 20 30 31-06	001	0	874	1	小	0路	1	2	7	2	小	2	偶	2	合
2009050	13 21 24 29 30 32-04	012	1	875	1	小	1	2	1路	3	重	1	小	奇	1	质	1
2009051	06 10 13 16 21 23-07	056	5	876	中	1	7	1	2路	3	大	1	奇	2	质	1
2009052	09 11 15 19 21 30-08	016	1	877	小	3	1路	1	重	1	小	3	奇	3	质	3
2009053	07 12 18 19 22 28-04	016	1	878	2	小	4	1路	2	重	2	小	奇	4	质	4
2009054	16 17 23 26 31 32-11	012	1	879	小	5	1路	3	重	3	小	奇	5	质	5
2009055	03 04 18 22 24 29-11	026	2	880	4	小	6	1	2路	1	4	小	1	偶	质	6
2009056	04 09 10 18 29 32-08	004	0	881	5	小	0路	2	2	5	小	2	偶	1	合
2009057	05 07 10 14 17 25-11	046	4	882	中	1	1路	2	3	6	小	偶	2	合
2009058	05 08 10 15 23 26-09	006	0	883	1	小	0路	3	4	7	小	奇	1	合
2009059	03 07 13 23 27 30-11	006	0	884	2	小	0路	2	4	5	8	小	5	偶	4	合
2009060	07 13 17 26 32 33-04	014	1	885	3	小	1	1路	5	重	9	小	奇	1	质	1
2009061	10 11 13 16 19 30-03	016	1	886	4	小	2	1路	6	重	10	小	奇	2	质	2
2009062	10 19 20 21 23 32-10	135	3	887	中	1	0路	1	7	重	11	小	奇	3	质	3

表3-46 断行3D号码十位指标遗漏明细表（统计截止2009062期所有数据）

项目	大	中	小	0路	1路	2路	重	大	小	奇	偶	质	合
中奖概率	0	0.4	0.6	0.45	0.28	0.27	0.29	0.12	0.88	0.41	0.59	0.56	0.44
统计期数	887	887	887	887	887	887	887	887	887	887	887	887	887
最大遗漏	887	14	8	9	13	20	15	59	3	8	6	6	8
次大遗漏	0	13	7	8	12	15	14	29	2	7	5	5	8
当前遗漏	887	0	1	0	1	7	0	11	0	0	3	0	3
中出可信度	0	—	0.6	—	0.28	0.89	—	0.75	—	—	0.93	—	0.82
遗漏反转率	正…	—	0.14	—	0.08	0.47	—	0.38	—	—	0.6	—	0.38

项目	大	中	小	0路	1路	2路	重	大	小	奇	偶	质	合
统计期数	887	887	887	887	887	887	887	887	887	887	887	887	887
遗漏总次数	1	207	208	225	175	174	183	89	88	213	213	226	226
最大遗漏	887	14	8	9	13	20	15	59	3	8	6	6	9
遗漏1次	0	88	124	114	48	42	48	12	78	77	134	113	111
遗漏2次	0	62	51	55	30	30	33	6	9	55	47	63	55

续表

遗漏3次	0	13	21	21	27	31	29	8	1	27	23	30	31
遗漏4次	0	14	4	12	18	20	21	8	0	22	4	14	11
遗漏5次	0	10	3	9	16	14	21	5	0	14	4	4	7
遗漏6次	0	3	3	7	10	10	9	4	0	9	1	2	5
遗漏7次	0	4	1	3	7	8	8	3	0	4	0	0	2
遗漏8次	0	5	1	3	4	7	6	7	0	5	0	0	3
遗漏9次	0	2	0	1	6	4	0	3	0	0	0	0	1
遗漏10次	0	1	0	0	2	1	0	7	0	0	0	0	0
遗漏10次以上	1	5	0	0	7	7	8	26	0	0	0	0	0
最佳遗漏范围	1~11	1~4	1~2	1~3	1~6	1~6	1~5	1~11	1~1	1~4	1~2	1~3	1~3

表3-47 断行3D号码十位指标惯性明细表（统计截止到2009062期所有数据）

项目	大	中	小	0路	1路	2路	重	大	小	奇	偶	质	合
中奖概率	0	0.4	0.6	0.45	0.28	0.27	0.29	0.12	0.88	0.41	0.59	0.56	0.44
统计期数	887	887	887	887	887	887	887	887	887	887	887	887	887
最大惯性	0	8	14	7	4	5	4	3	59	6	8	9	6
次大惯性	0	7	13	5	3	4	3	2	29	5	7	8	5
当前惯性	—	1	—	1	—	—	—	3	—	11	3	—	3
中出可信度	—	0.25	—	0.25	—	—	0.01	—	0.29	0.02	—	0.05	—
惯性反转率	—	0.14	—	0.2	—	—	1	—	0.38	0.6	—	0.38	—

项目	大	中	小	0路	1路	2路	重	大	小	奇	偶	质	合
统计期数	887	887	887	887	887	887	887	887	887	887	887	887	887
惯性总次数	0	208	207	225	175	173	183	88	89	213	213	226	226
最大惯性	0	8	14	7	4	5	4	3	59	6	8	9	6
惯性1次	0	124	88	118	122	134	142	78	12	134	77	111	113
惯性2次	0	51	62	57	37	27	27	9	6	47	55	55	63
惯性3次	0	21	13	28	14	7	12	1	8	23	27	31	30
惯性4次	0	4	14	17	2	4	2	0	8	4	22	11	14
惯性5次	0	3	10	4	0	1	0	0	5	4	14	7	4
惯性6次	0	3	3	0	0	0	0	0	4	1	9	5	2
惯性7次	0	1	4	1	0	0	0	0	3	0	4	2	0
惯性8次	0	1	5	0	0	0	0	0	7	0	5	3	0
惯性9次	0	0	2	0	0	0	0	0	3	0	0	1	0
惯性10次	0	0	1	0	0	0	0	0	7	0	0	0	0
惯性10次以上	0	0	5	0	0	0	0	0	26	0	0	0	0
最佳惯性范围	1~0	1~2	1~4	1~3	1~2	1~2	1~2	1~1	1~11	1~2	1~4	1~3	1~3

表3-48 断行3D号码个位指标分布表（2009033~2009062期）

期号	开奖号码	3D	个	大	中	小	0路	1路	2路	重	大	小	奇	偶	质	合
2009033	07 08 13 14 29 30-06	146	6	858	中		3		0路	2	9	重	大	1	1	偶	1	合
2009034	09 12 18 21 22 26-07	016	6	859	中		4		0路	3	10	重	大	2		2	偶	2	合
2009035	06 15 21 26 29 31-05	002	2	860		1	小		1	4	2路	1		1	小	3		质	1
2009036	06 09 18 23 32 33-07	005	5	861	中		1		2	5	2路		大	1		奇	1	质	2
2009037	02 06 15 18 20 31-03	025	5	862	中		2		3	6	2路	3	大	1		奇	1	质	2
2009038	12 13 15 23 28 32-05	001	1	863		1	小		4		1路	1	重	1	小	奇	3	质	4
2009039	05 12 14 15 21 27-03	006	6	864	中		1	0路		1	2	重	大	1		1	偶	1	合
2009040	04 07 10 20 26 30-12	036	6	865	中			0路		2	3		大	2		2	偶	2	合
2009041	01 08 23 26 28 33-08	003	3	866	中		3	0路		3	4	重	1	小	奇	1	质	1
2009042	08 16 22 23 27 30-11	016	6	867	中		4	0路		4	5	重	大	2		2	偶	2	合
2009043	04 10 15 18 26-07	046	6	868	中		5	0路		5	6		大	2		2	偶	3	合
2009044	11 14 16 18 28 30-01	146	6	869	中		6	0路		6	7	重	大	2		2	偶	3	合
2009045	03 04 06 23 30 32-01	023	3	870	中		7	0路		7	8	重	1	小	奇	1	质	1
2009046	16 20 21 26 29 30-09	126	6	871	中		8	0路		8	9	重	大	1		1	偶	1	合
2009047	06 08 11 15 21 22-16	056	6	872	中		9	0路		9	10	重	大	2		2	偶	2	合
2009048	03 07 11 15 17 31-01	045	5	873	中		10		1	10	2路		大	3		奇	质	1
2009049	09 12 14 20 30 31-06	001	1	874		1	小		2		1路	1	重	1	小	奇	2	质	1
2009050	13 21 24 29 30 32-04	012	2	875		2	小		3	1	2路		2	小	1	偶	质	3
2009051	06 10 13 16 21 23-07	056	6	876	中		1	0路		2	3	重	大	3		3	偶	1	合
2009052	09 11 15 19 21 30-08	016	6	877	中		2	0路		3	4	重	大	3		3	偶	2	合
2009053	07 12 18 19 22 28-04	016	6	878	中		3	0路		4	5	重	大	3		4	偶	3	合
2009054	16 17 23 26 31 32-11	012	2	879		1	小		1	5	2路		1	小	5	偶	质	1
2009055	03 04 18 22 24 29-11	026		880	中		1	0路		6	1	重	1		1	合
2009056	04 09 10 18 29 32-08	004	4	881	中		2		1	1路	2		1	小	7	偶	2	合
2009057	05 07 10 14 17 25-11	046		882	中		3	0路		2	3	重	大	1		8	偶	3	合
2009058	05 08 10 15 23 26-09	006		883	中		4	0路		3	4		大	2		2	偶	合
2009059	03 07 13 23 27 30-11	006		884	中		5	0路		3		重	大	3		10	偶	5	合
2009060	07 13 17 26 32 33-04	014	4	885	中		6		1	1路	6	1		1	小	11	偶	6	合
2009061	10 11 13 16 19 30-03	016	6	886	中		7	0路		1	7	重	大	1		12	偶	7	合
2009062	10 19 20 21 23 32-10	135	5	887	中		8				2路		大	1		奇	1	质	1

表3-49 断行3D号码个位指标遗漏明细表（统计截止到2009062期所有数据）

项目	大	中	小	0路	1路	2路	重	大	小	奇	偶	质	合
中奖概率	0	0.88	0.12	0.64	0.15	0.21	0.65	0.68	0.32	0.27	0.73	0.34	0.66
统计期数	887	887	887	887	887	887	887	887	887	887	887	887	887
最大遗漏	887	3	41	5	32	26	5	5	14	14	4	11	5
次大遗漏	0	2	39	4	31	25	4	4	13	13	3	10	4

续表

当前遗漏	887	0	8	1	2	0	1	0	2	0	1	0	1
中出可信度	0	—	0.64	0.64	0.28	—	0.65	—	0.54	—	0.73	—	0.66
遗漏反转率	正…	—	0.21	0.25	0.06	—	0.25	—	0.15	—	0.33	—	0.25

项目	大	中	小	0路	1路	2路	重	大	小	奇	偶	质	合
统计期数	887	887	887	887	887	887	887	887	887	887	887	887	887
遗漏总次数	1	93	94	209	120	135	201	200	201	175	175	192	192
最大遗漏	887	3	41	5	32	26	5	5	14	14	4	11	5
遗漏1次	0	80	17	138	19	27	130	134	68	42	135	59	134
遗漏2次	0	12	11	48	16	22	18	46	49	37	31	43	41
遗漏3次	0	1	9	15	16	15	17	17	31	28	7	31	9
遗漏4次	0	0	5	6	8	15	5	2	11	18	2	17	5
遗漏5次	0	0	7	2	9	7	1	1	16	12	0	9	3
遗漏6次	0	0	3	0	13	6	0	0	4	8	0	10	0
遗漏7次	0	0	3	0	4	9	0	0	7	7	0	7	0
遗漏8次	0	0	5	0	5	6	0	0	7	6	0	0	0
遗漏9次	0	0	0	0	5	7	0	0	4	0	0	4	0
遗漏10次	0	0	7	0	8	8	0	0	0	4	0	6	0
遗漏10次以上	1	0	26	0	17	15	0	0	4	9	0	2	0
最佳遗漏范围	1~11	1~1	1~11	1~2	1~10	1~9	1~2	1~2	1~5	1~6	1~2	1~5	1~2

表3-50 断行3D号码个位指标惯性明细表（统计截止到2009062期所有数据）

项目	大	中	小	0路	1路	2路	重	大	小	奇	偶	质	合
中奖概率	0	0.88	0.12	0.64	0.15	0.21	0.65	0.68	0.32	0.27	0.73	0.34	0.66
统计期数	887	887	887	887	887	887	887	887	887	887	887	887	887
最大惯性	0	41	3	12	3	5	18	14	5	4	14	5	11
次大惯性	0	39	2	11	2	3	15	13	4	3	13	4	10
当前惯性	—	8	—	—	—	1	—	2	—	1	—	1	—
中出可信度	—	0.01	—	—	—	0.13	—	0.15	—	0.18	—	0.21	—
惯性反转率	—	0.21	—	—	—	0.33	—	0.15	—	0.33	—	0.25	—

项目	大	中	小	0路	1路	2路	重	大	小	奇	偶	质	合
统计期数	887	887	887	887	887	887	887	887	887	887	887	887	887
惯性总次数	0	94	293	209	119	135	201	201	200	175	175	192	192
最大惯性	0	41	3	12	3	5	18	14	5	4	14	5	11
惯性1次	0	17	80	74	99	109	76	68	134	135	42	134	59
惯性2次	0	11	12	48	17	18	42	49	46	31	37	41	43

续表

惯性3次	0	9	1	44	3	7	34	31	17	7	28	9	31
惯性4次	0	5	0	11	0	0	14	11	2	2	18	5	17
惯性5次	0	7	0	11	0	1	13	16	1	0	12	3	9
惯性6次	0	3	0	6	0	0	4	4	0	0	8	0	10
惯性7次	0	3	0	4	0	0	3	7	0	0	7	0	7
惯性8次	0	5	0	2	0	0	3	7	0	0	6	0	5
惯性9次	0	1	0	0	0	0	4	4	0	0	4	0	3
惯性10次	0	7	0	3	0	0	4	0	0	0	4	0	6
惯性10次以上	0	26	0	4	0	0	4	4	0	0	9	0	2
最佳惯性范围	1~0	1~11	1~1	1~4	1~1	1~1	1~4	1~5	1~2	1~2	1~6	1~2	1~5

二、第二阶段——组号

2009063期的断行3D号码为034，不知道你选择对了吗？如果你的选择正确，那么恭喜你，但是不要沾沾自喜，因为这只是开始，一次选对不代表每次都能选对，有稳定的概率才说明你的技术算得上过关。如果你的选择不正确，请复盘核对，看看是什么地方出现了问题，然后吸取教训，总结一些经验为以后的实战打下坚实的基础。

需要注意的是：如果在选择断行或断列3D号码的某个位置上不能精确地选择一个号码时，不要强求精益求精，那样往往容易出错导致满盘皆输。我们完全可以使用断区两码技术辅助缩小断区3D号码的组合，一样能达到精确范围、减少投注数量的最终目的。

断列和断行3D号码选择好以后，接下来需要做的工作就是第二阶段——组号。组号可以分为手工组号和软件组号两种方式，大家可以根据实际情况和自身的需求进行选择使用。

我们已经选择了断列3D号码为134、断行3D号码为034，如果选择手工组号，那么通过行列分布表就可以把断列3D号码134所对应的第一列、第三列和第四列红球排除掉，同时还可以把断行3D号码034所对应的第三行和第四行红球号码排除掉。双色球的33个红球号码经过在行列分布表中排除后，剩余的红球号码有02、05、06、08、11、12、26、29、30、32共计10个红球号码。这10个红球号码大家可以根据自己的实际需求进行组号，或利用旋转矩阵进行组号投注，或直接复式投注，或胆拖投注等。

　　10个红球号码的所有组合包括210注，如果这10个红球号码内包括6个红球开奖号码，那么只有购买所有的210注号码才能100%中得6个红球。

　　如果读者在电脑上安装了根据本书设计开发的"彩霸王"双色球富豪版彩票软件，这时把断列3D号码134、断行3D号码034这两个条件依次按每个位置输入到软件中，通过"断层覆盖算法"计算组合后，得到的红球投注号码包括108注。这款彩票软件仅仅依靠这两个条件，在同样是达到100%中奖率的前提下，把号码压缩到了108注，压缩率达到了48.6%。

　　中奖概率不变，却极大地节约了大量的投入资金，真正达到了"小投入大产出"的博彩目的，因此建议有条件的读者尽量使用软件，那样更方便，更精确，更利于实战。

　　大家知道，如果此时还能正确选择一个蓝球号码，那么这108注号码一定会中取一注双色球大奖，可能是500万元，更可能是1000万元！

　　这里需要着重说明的是，如果彩民朋友们在实战中能把"排序定位法"与"断区转换法"这两种最前沿、最核心的选号技术举一反三、融会贯通地进行同时使用，它们不但相辅相成、相互印证，还将会产生意想不到的神奇效果——在精确的范围内高概率地捕捉大奖！这才是彩民真正需要的博彩技术，这也是作者应广大彩民的迫切需求而推出两种核心技术的真正目的所在，读者如能用心领悟，细细品味，定会受益无穷。

　　我们设计开发的"彩霸王"双色球富豪版彩票软件里就囊括了"排序定位法"和"断区转换法"两大核心选号技术的应用，还有旋转矩阵、智能排序搜索、智能冷热推荐等强大功能，大家可以登录官方网站www.cpfxj.com下载试用。

第四章 双色球走势图战法

第一节 双色球走势图概述

一、走势图简介

玩双色球的彩民，对双色球号码走势图都不会感到陌生，因为每个彩民附近的福彩投注站墙上都有，而且投注站会每期根据开奖结果添加最新数据。最重要的是，很大一部分去投注站购彩的双色球玩家，每天都会通过精心研究投注站墙上的双色球走势图选择看好的号码进行投注。

彩票走势图是彩民的必备选号工具之一，它是根据历史开奖号码运行的轨迹而制作的分布趋势图形。我们通过彩票走势图的统计数据，不但可以清晰地展示出开奖号码在历史开奖中的走势状态和分布规律，还能帮助我们"以史为鉴"地总结规律和应用规律，从而高效分析选择当期的投注号码，最终达到提高中奖率的目的。

彩票走势图通常根据彩票玩法的种类的不同进行分类，例如，双色球走势图、超级大乐透走势图、福彩3D走势图、体彩排列3走势图、重庆时时彩走势图等。

每个不同玩法种类的彩票走势图又包含不同的分类走势图，例如，双色球走势图可以分为红球走势图和蓝球走势图。每个分类走势图根据开奖号码或开奖号码的形态也可以分为不同的走势图，如双色球红球走势图分为红球号码分布走势图、红球综合走势图、红球大小走势图、红球奇偶走势图、红球三分区走势图、红球定位走势图等等。

我们本章只针对绝大多数彩民最常用的、每个福彩投注站墙上或者很多彩票网站都有的双色球红球号码分布走势图（如图4-1），专门讲解如何使用它高效地分析、选择红球号码。

期号	奖号	红球区
		01 02 03 04 05 06 07 08 09 10 11 12 13 14 15 16 17 18 19 20 21 22 23 24 25 26 27 28 29 30 31 32 33
15143	13, 15, 19, 20, 21, 32-04	4 5 2 25 7 3 16 2 20 4 11 7 ⑬ 6 ⑮ 5 1 4 ⑲ 2 ① 1 6 5 1 8 2 2 3 3 ㉜ 11
15144	01, 04, 07, 15, 28, 32-16	① 6 3 ⑭ 8 4 ⑦ 3 21 5 12 8 1 7 ⑮ 6 2 5 1 1 1 2 7 6 2 9 3 ㉘ 4 4 ㉜ 12
15145	07, 08, 15, 19, 20, 24-13	1 7 4 1 9 5 ⑰ ⑱ 22 6 1 3 9 2 8 ⑮ 7 3 6 ⑲ ⑳ 2 3 8 ㉔ 3 10 4 1 5 5 1 13
15146	16, 17, 21, 28, 30, 32-15	2 8 5 2 10 6 1 1 23 7 14 10 3 9 1 ⑯ ⑰ 7 1 1 ㉑ 4 4 11 5 ㉘ 6 ㉚ 6 ㉜ 14
15147	08, 09, 16, 23, 24, 30-05	3 9 6 3 11 7 2 ⑧ 9 8 15 11 4 10 2 ⑯ 1 8 2 2 1 1 5 ㉓ ㉔ 3 1 1 ㉚ 7 1 15
15148	09, 13, 14, 22, 26, 27-07	4 10 7 4 12 8 3 1 ⑨ 9 16 12 ⑬ ⑭ 3 1 2 9 3 3 2 ㉒ 1 1 6 ㉖ ㉗ 2 8 1 8 2 16
15149	09, 10, 20, 21, 22, 33-09	5 11 8 5 13 9 4 2 ① ⑩ 17 13 1 1 4 2 3 10 4 ⑳ ㉑ ㉒ 2 2 7 1 1 3 9 2 9 3 ㉝
15150	01, 03, 08, 11, 29, 31-13	① 12 ③ 6 14 10 5 ⑧ 1 1 ⑪ 14 2 2 5 3 4 11 5 1 1 1 3 3 2 ㉙ 2 ㉛ 4 1
15151	05, 06, 08, 23, 31, 32-11	1 13 1 7 ⑤ ⑥ 6 ⑧ 2 2 ⑪ 15 3 3 6 4 5 12 6 2 2 2 ㉓ 4 3 9 3 5 1 4 ㉛ ㉜ 2
15152	11, 18, 19, 21, 29, 32-12	2 14 2 8 1 1 3 3 ⑪ 16 4 4 7 5 6 ⑱ ⑲ 7 ㉑ 3 3 4 1 10 4 6 2 2 ㉙ 2 ㉜ 3
15153	08, 11, 15, 22, 27, 29-03	3 15 3 9 2 2 4 ⑪ 1 ⑰ 5 5 ⑮ 6 7 ㉒ 2 6 1 ㉗ 5 7 ㉙ 6 2 1 4
15154	07, 09, 11, 15, 18, 25-07	4 16 4 10 3 3 ⑦ 1 ⑨ 1 ⑮ ⑱ 6 6 ⑮ 7 8 ⑱ 2 5 2 1 3 7 ㉕ 6 1 8 1 7 3 2 5
16001	06, 13, 16, 18, 20, 22-13	5 17 5 11 4 ⑥ 1 2 1 6 1 9 ⑬ 7 1 ⑯ 9 ⑱ 3 ⑳ ㉒ 4 8 1 9 2 8 4 3 6
16002	09, 14, 17, 20, 24, 30-16	6 18 6 12 5 1 2 3 ⑨ 2 ⑭ 2 1 ⑰ 2 1 ㉑ 1 ⑰ ⑳ 2 ㉔ 8 2 10 3 ㉚ 5 4 7
16003	01, 10, 14, 23, 26, 28-01	① 19 7 13 6 2 1 4 ⑩ 3 21 2 ⑭ 2 3 2 1 5 2 ㉓ 1 3 ㉖ 4 ㉘ 4 1 6 5 8
16004	08, 10, 17, 22, 25, 33-12	1 20 8 14 7 3 4 ⑧ 3 ⑩ 1 ⑫ 2 4 1 ⑰ 3 6 3 ㉒ 2 1 ㉕ 5 1 ㉝
16005	11, 14, 18, 20, 31, 33-14	2 21 9 15 8 4 5 9 4 ⑪ 2 ⑭ 2 ⑱ 4 1 ⑳ 4 11 3 ㉛ 7 ㉝
16006	13, 16, 18, 20, 28, 31-12	3 22 10 16 9 5 6 1 24 ⑬ 1 6 ⑯ 2 ⑱ 1 ⑳ 5 1 1 1 ㉘ 2 ㉜ 6 ㉛ 9
16007	05, 12, 14, 20, 27, 29-06	4 23 11 17 ⑤ 6 7 3 5 3 2 ⑫ 1 ⑭ 7 1 1 9 ⑳ 3 9 3 1 1 ㉗ ㉙ 5 1 9 2
16008	02, 15, 24, 29, 32, 33-02	5 ⑫ 12 18 1 7 8 4 6 1 2 1 1 2 ⑮ 1 2 10 1 ㉓ ㉔ 4 5 1 2 ㉙ 6 2 ㉜ ㉝
16009	10, 14, 24, 25, 27, 32-04	6 1 13 19 2 8 9 5 7 ⑩ 1 3 ⑭ 1 1 3 5 3 11 2 1 15 6 ㉕ 6 ㉗ 3 1 1 ㉛ ㉜ 1
16010	02, 04, 12, 14, 19, 25-06	7 ⑫ 14 ⑭ 3 9 10 6 8 1 5 ⑫ 1 ⑭ 2 4 6 4 ⑲ 2 2 6 4 1 ㉕ 1

图4-1 双色球红球号码分布走势图

二、走势图作用

我们通过分析双色球红球号码走势图，可以达到如下三个目的，在实战中可以根据实际情况酌情选择使用。

第一，根据分析走势图内号码的规律和特征，可以选择6个红球号码作为当期红球号码的出现范围，进行"单式投注"。

第二，根据分析走势图内号码的规律和特征，可以选择7-20个红球号码作为当期红球号码的出现范围，进行"复式投注"或者在此基础上使用其他条件进行再次缩水（在彩民中间流行的彩票术语，是缩小投注号码范围的意思）。

第三，根据分析走势图内号码的规律和特征，可以选择1-2个特别看好认为必出的红球号码作为胆码，再把其他看好的红球号码作为拖码进行"胆拖投注"或者在此基础上使用其他条件进行再次缩水。

有的朋友可能会说，我只利用走势图杀号（排除号码的俗称）。对，你的说法也没错。双色球一共33个红球号码，你杀掉号码的同时也是选择剩余号码的过程，同理，选择号码的同时也就是排除掉了你所不看好的号码，殊途同归。

第二节　如何利用走势图选号

观察双色球红球号码分布走势图，我们会发现一个有趣的现象：走势图内中奖号码的分布轨迹所构成的图形在一定周期内会多次出现，而且非常普遍。通常，我们把走势图内普遍存在的图形"历史再现"的现象称为图形的相似特征。

走势图中频繁出现的号码走势轨迹图形主要有重号、热号、连号、斜连号等。既然这些图形在走势图中出现的极其频繁，那么在实战中我们就可以利用走势图的这种特征去寻找常见的图形，从而高概率地选择或排除红球号码，从而提高中奖率。

同时，我们还会发现，走势图内红球号码在不同分区内有时一段期间内出现频繁，表现活跃，又有时候在很长时间内也不会出现，每个分区内号码在不同的时期都会经历这种冷热的变换，我们称为分区特征。

实战中，我们就是利用走势图的图形特征和分区特征去研判红球号码的趋势，从而高概率地选择或排除红球号码，最终达到"提高中奖率"的目的。

一、重号的选择

重号又叫重复号、遗传号、重叠码，也被彩民俗称为落号，是指在上期开奖中出现后继续在下期开奖中出现的号码，就是指出现间隔为0期的号码。

例如，双色球第20007084期红球开奖号码是06、10、12、14、20、27，第2007085期红球开奖号码是02、12、17、19、29、30，那么12就是重号。

1. 重号的重要性

我们通过概率公式可以计算出双色球开奖数据里上下两期开奖的红球号码中出现重号的理论概率，如表4-1所示。

表4-1 双色球红球号码重号概率统计表

重号出现个数	0	1	2	3	4	5	6
出现概率（%）	26.73	43.73	23.77	5.28	0.48	0.01	0.00009

根据表4-1我们知道，在双色球开奖号码中出现0个重号（即没有出现重号）的理论概论为26.73%。而统计711期双色球历史开奖数据我们发现，出现0个重号的实际概率为28.55%，也就是说统计的711期双色球历史开奖数据里每期开奖号码中包含1-6个重号的概率为71.45%，同样与理论概论相接近。

不论是理论概率还是实际数据统计，都告知我们一个事实：**双色球开奖号码中出现重号是一种常态。**

根据表4-1可知，在双色球的开奖号码中出现1-2个重号的理论概论为67.5%。我们统计双色球从2003001期至2007032期共计550期开奖数据显示，其中重号开出了594个，平均每期开出1.08个重号，样本数据同样告诉了我们在双色球开奖号码中平均每期开出1-2个重号也是一种常态。

通过理论概率和实际数据统计，还告知我们另一个事实：**双色球开奖号码中平均每期出现1-2重号是一种常态。**

通过分析上面所有的统计数据，最终我们要知道一个宝贵的实战经验：**选择双色球红球号码时，重号是必要考虑选择的号码。如果能够准确地选择重号，离大奖会更近一步。**

2. 如何选择重号

我们通过对双色球走势图表进行分析和统计，总结出选择重号的五个字技巧："寻""选""找""定""防"。

第一，重中"寻"重。重号号码不仅会连续开出2、3期，而且会连续开出4期，有时甚至会"强者恒强"地连续开出5期，例如号码20在2006152~2007002期就连续开出5期，号码30在2004048~2004052期也是连续开出5期，号码在一定时期内凭借着惯性会连续出现。

期号	01	02	03	04	05	06	07	08	09	10	11	12	13	14	15	16	17	18	19	20	21	22	23	24	25	26	27	28	29	30	31	32	33
2006152	01													14						**20**					25		27				31		
2006153	01						07													**20**										30			33
2006154							07							14				18		**20**						26				30			33
2007001		02		04					09	10										**20**													
2007002					05	06								14						**20**	21	22					27						
2007003					05				09		11	12										22			25								
2007004			03				07			10			13																				33

图4-2 双色球红球走势图

第二，连中"选"重。重号在上期的连号中开出的概率较大，例如2007003期重号05、22就是上期连号中的号码，以及2007006期重号06也是上期连号中的号码。

期号	01	02	03	04	05	06	07	08	09	10	11	12	13	14	15	16	17	18	19	20	21	22	23	24	25	26	27	28	29	30	31	32	33
2007001		02		04					09	10										20						26							
2007002					05	06								14						20	21	22											
2007003					05				09		11	12										22					27						
2007004			03				07			10			13												25								33
2007005	01				05	06										16								24						30			
2007006						06				10				14								22				26	27						
2007007				04								12			15		17					22										32	

图4-3 双色球红球走势图

第三，尾中"找"重。重号在上期同尾号中的号码开出的机会较多，例如2007006期的重号06就是在2007005期06与16的同尾号中开出的，以及2007010期的重号14就是在2007009期04与14的同尾号中开出的。

期号	01	02	03	04	05	06	07	08	09	10	11	12	13	14	15	16	17	18	19	20	21	22	23	24	25	26	27	28	29	30	31	32	33
2007001		02		04					09	10										20						26							
2007002					05	06								14						20	21	22											
2007003					05				09		11	12										22					27						
2007004			03				07			10			13												25								33
2007005	01				05	06										16								24						30			
2007006	01					06				10				14								22				26	27						
2007007		02		04								12			15		17					22										32	
2007008				04	05													18	19						25								
2007009				04										14	15										25			27					
2007010			03					08						14			17													30		32	
2007011			03							10					15										25			28					33
2007012			03		05		07														21					26		28					
2007013					05										15			18									27		29			32	

图4-4 双色球红球走势图

第四，热中"定"重。"强者恒强"的原理无处不在。重号也不例外，例如号码22从2006116期至2007016期开出的次数之多、重复的密度之大，这就要求我们在选择号码时敢于热中取"号"。

期号	01	02	03	04	05	06	07	08	09	10	11	12	13	14	15	16	17	18	19	20	21	22	23	24	25	26	27	28	29	30	31	32	33
2006115	01									10										20						26		28	29				
2006116					05											16					21	22										32	33
2006117						06								14						20		22	23			26							
2006118	01		03	04						10																				30			
2006119	01	02		04										14						20							27		30				
2006120						06								14	15									24									33
2006121			03			06																					27				31		33
2006122					05	06																22		24									
2006123		02	03																	20					25			28				32	
2006124												12	13	14				18													31	32	
2006125															15				19				23							30		32	33
2006126													13			16								24									33
2006127			03	04							11						17		19											30			
2006128															15						21									30	31		33
2006129				04					09					14				18				22					27		29				
2006130	01					06															21	22								30		32	
2006131				04		06			09													22				26							33
2006132														14								22				26				30			33
2006133																				20					25				29		31		
2006134				04						10								18								26		28		30			
2006135																			19		21	22	23								31		
2006136											11				15		17				21	22		24									
2006137										10				14			17				21						27				31		
2006138									09		11			14			17	18								26							
2006139							07	08			11												23		25								
2006140	01							08										18	19				23										
2006141																16		18				22	23		25						31		
2006142										10						16			19			22				26	27						
2006143	01														15					20									29		31	32	

图4-5 双色球红球走势图

第五，冷中"防"重。号码遗漏期数较长时，一旦开出就会迅速回补。例如号码31遗漏20期之后在2007019期开出，接着又在2007020期和2007021期开出，这就要求我们对已经开出的冷号一定要防范重复出现。

期号	01	02	03	04	05	06	07	08	09	10	11	12	13	14	15	16	17	18	19	20	21	22	23	24	25	26	27	28	29	30	31	32	33
2006151	01		03	04		06										16						22			25		27				(31)		
2006152	01													14						20					25		27				(31)		
2006153	01						07				11									20											↑		33
2006154							07							14						20													33
2007001		02		04					09	10										20						26							
2007002					05	06								14						20	21	22											
2007003					05				09		11	12										22					27						
2007004			03				07			10			13												25								33
2007005	01				05	06				10						16								24						30			
2007006						06				10				14								22				26	27					32	
2007007				04								12			15		17					22										32	
2007008	01			04	05													18	19						25								
2007009		02		04										14	15										25		27						
2007010			03					08						14																30		32	
2007011			03							10					15										25			28					33
2007012					05		07														21					26		28					
2007013					05										15			18									27		29			32	
2007014	01															16				20				24		26							
2007015			03	04				08					13					18				22								30			
2007016	01																	18		20		22				26							33
2007017					05				09	10														24	25							32	
2007018	01											12						18		20						26					↓		
2007019				04							11					16							23						29		(31)		
2007020					05					10						16				20								28			(31)		
2007021			03						09		11														25						(31)		
2007022		02		04			07			10								18									27						
2007023			03				07						13				17															32	33

图4-6 双色球红球走势图

二、热号的选择

在双色球红球开奖号码中，热号指近期尤其在近10期内出现频繁、表现活跃的号码，一般是指间隔（或遗漏）1~4期内的号码。

我们通常把号码的活跃程度分为四个时期：休眠期、复苏期、活跃期、衰退期。处于活跃期的号码是指那些在一段时间内每隔几期就出现一次（最大间隔一般不超过4期）或是连续出现的号码，其中热号就属于活跃期的号码。

通常情况下每期开奖号码中间隔1~4期的热号一般出现2个左右，因此间隔1~4期的号码是我们在选择号码时必须重点关注的号码。

期号	01	02	03	04	05	06	07	08	09	10	11	12	13	14	15	16	17	18	19	20	21	22	23	24	25	26	27	28	29	30	31	32	33
2007024								08	09								17								25		27					32	
2007025			03													16		18				22	23			26							
2007026	01			04										14		16										26			29				
2007027		02	03						09													22		24			27						
2007028			03					08					13							20									29	30			
2007029						06		08	09		11								19		21												
2007030			03													16					21	22					27			30			
2007031				04		06				10		12							19												31		
2007032				04				08								16								24						30		32	
2007033			03	04							11						17	18										28					
2007034		02							09			12		14									23		25								
2007035	01			04				08				12																	29		31		
2007036			03											14							21		23							30	31		
2007037										10	11					16							23								31		
2007038			03			06	07				11			14							21									30			
2007039																			19					24			27		29	30			
2007040													13	14	15				19					24						30			
2007041	01		03						09		11															26					31		
2007042			03										13			16			19													32	33
2007043			03					08		10	11																			30			
2007044									09				13							20	21			24								32	
2007045	01											12						18			21							28		30			
2007046		02				06	07		09										19							26				30			
2007047		02		04												16		18					23							30			
2007048		02									11	12			15		17											28					
2007049				04										14				18	19												31		33
2007050	01				05			08					13					18							25								
2007051			03											14		16										26	27						33
2007052		02	03				07	08								16										26			29				
2007053										10		13				16	17	18									27						
2007054	01		03													16		18					23					28					

图4-7 双色球红球走势图

图4-8 双色球红球走势图

三、冷号的选择

在双色球红球开奖号码中，冷号是指出现频率比较低甚至很长时间不出现的号码，一般是指间隔9期（含9期）以上的号码。

没有永远的热号，也没有永远的冷号，号码的热温冷之间是相互转换的。在中奖号码中经常会出人意料地开出热得发烫或冷得后悔的号码。

我们在组号时，要盯重号、选热号、看温号、防冷号的原则，如何去防范这些冷号呢？

冷号在间隔9、10期时开出的概率较大，这时对这样的号码一定去用心防备，如果冷号在间隔9、10期没有开出时，那么可以暂时对这些号码放松一些，在间隔

16期时进行堵截，如果还没有开出，对这样的冷号可以放弃。

图4-9 双色球红球走势图

四、温号的选择

在双色球红球开奖号码中，温号是指在近10期内出现1、2次的号码，一般是指间隔（或遗漏）5~8期的号码。

温号是由活跃期向衰退期过渡的号码。由于温号相对热号的选择有一些难度，这就需要我们不仅对近期号码出现的频率有所把握，还要对中奖号码出现的次数有更深入的了解。

在每期选择红球号码时，间隔5~8期的温号选择1~2个为宜，没有选择温号可能与大奖无缘，选择过多增加投注的注数则造成不必要的浪费。

温号开出概率较大的是间隔（或遗漏）5~8期的号码，在组号时一定对温号仔细研究、密切关注。

期号	01	02	03	04	05	06	07	08	09	10	11	12	13	14	15	16	17	18	19	20	21	22	23	24	25	26	27	28	29	30	31	32	33
2006148				04				08				12	13										23						29				
2006149		02	03		05						11				15																	32	
2006150								08	09			12						18							25		27						
2006151	01		03	04		06										16						22											
2006152	01													14						20					25		27				31		
2006153	01						07													20										30			33
2006154							07							14				18		20										30			33
2007001		02		04					09	10										20						26							
2007002					05	06								14						20	21	22											
2007003					05				09		11	12										22					27						
2007004			03				07			10			13												25								33
2007005	01				05	06										16								24						30			
2007006						06				10				14								22				26	27						
2007007				04								12			15		17					22										32	
2007008	01			04	05													18	19						25								
2007009		02		04										14	15										25		27						
2007010			03					08						14			17													30		32	
2007011			03							10					15										25			28					33
2007012			03		05		07														21					26		28					
2007013					05										15			18									27		29			32	
2007014	01												13			16				20				24		26							
2007015			03	04				08										18				22								30			
2007016	01																	18		20		22				26							33
2007017					05				09	10														24	25							32	
2007018	01											12						18		20	21					26							
2007019				04							11					16													29		31		
2007020					05					10						16				20			23					28			31		
2007021			03			06			09		11														25						31		
2007022				04			07			10								18									27						
2007023			03				07						13				17															32	33
2007024								08	09								17								25		27					32	
2007025			03													16		18				22	23			26							

图4-10　双色球红球走势图

五、连号的选择

在双色球红球开奖号码中，连号一般指的是两个或多个相邻的、由小到大排列的号码，例如10、11；又如28、29、30，等等。

连号包括2连号、3连号、4连号、5连号，最多6连号。在开奖号码中最常见到是2连号、3连号，或者是2连号+2连号的组合，偶尔也会出现4连号，而5连号和6连号的出现概率是少之又少，实战中完全可以忽略不计。

连号又分为奇连号和偶连号，例如03、05、07属于奇连号；又如02、04、06属于偶连号。

还有彩民把竖形状的重号也称之为竖两连和竖三连甚至以上，但是我们一般所说的连号均是指横连号，即10、11，10、11、12。

连号出现时最多的是以重号+相邻号的组合形式，如果能准确选择重号的话，在选择号码时一定要考虑重号附近的相邻号。

期号	01	02	03	04	05	06	07	08	09	10	11	12	13	14	15	16	17	18	19	20	21	22	23	24	25	26	27	28	29	30	31	32	33
2007050	01				05			08					13					18							25								
2007051			03											14		16										26	27						33
2007052		02	03				07	08																		26			29				
2007053										10			13			16	17	18									27						
2007054	01		03													16		18					23					28					
2007055	01	02				06					11											22						28	29				
2007056	01													14			17				21								29		31	32	
2007057					05						11								18	19	20	21											
2007058							07	08		10			13												25		27						
2007059	01		03	04		06	07																						29				
2007060	01	02						08								16			19										29				
2007061	01					06	07				11									20			23										
2007062								08									17			20									29	30			33
2007063										10					15		17							24		26		28					
2007064		02				06			09							16					21		23										
2007065				04			07												19		21				25						31		
2007066					05						11					16								24								32	33
2007067						06					11		13				17				21		23										
2007068											11							18	19			22	23					28					
2007069			03	04							11	12		14																		32	
2007070						06		08							15		17	18												30			
2007071	01					06								14							21									30	31		
2007072		02		04				08					13	14																	31		
2007073					05				09		11								19									28					33
2007074								08					13		15										25		27	28			31		
2007075													13			16	17					22								30		32	
2007076						06						12			15	16				20											31		
2007077			03			06		08						14							21							28	29				
2007078				04		06	07																23		25							32	
2007079			03	04										14					20	21				25									
2007080	01							08								16		18	19										29				

图4-11　双色球红球走势图

连号出现还有是以间隔1期的热号+温号的组合形式，或者是间隔1期热号+冷号的组合形式，这就需要我们在实战选择间隔1期的热号时，一定要关注热号左右的温冷号码，要通过尾号分析或者是空白区域合理的分析，彩民朋友可以通过历史走势图数据加以分析和领悟。

期号	01	02	03	04	05	06	07	08	09	10	11	12	13	14	15	16	17	18	19	20	21	22	23	24	25	26	27	28	29	30	31	32	33
2007052											11													24		26	27			30		32	
2007053	01										11						17										27	28			31		
2007054			03		05		07			10																		28		30			
2007055				**04**	05																							28	29		31		33
2007056											11		13		15						**21**		**23**		**25**								
2007057			**03**	**04**													17	18			**21**										31		
2007058	01											12										**22**	**23**	**24**	**25**								
2007059					05					10					15		17										27		29				
2007060					05										15				19				**23**							30		32	
2007061					**05**								13				17		19						25					30			
2007062																		18				**22**	**23**	**24**		26				30			
2007063				**04**	**05**										15						21		23	24									
2007064			03									12		14							21			24				28					
2007065				04				08									**17**											28	29	30			
2007066						06		08			11							18												30			33
2007067							07	08			11					**16**	**17**							24									
2007068			**03**				07			10				14																30			33
2007069					05											16				20		22							29	30			
2007070		**02**	**03**								11		13							**20**							27						
2007071					05						11	12							**19**										29		31		
2007072		02	03		05															**20**	21			24									
2007073					05								13			16		18									27		29				
2007074	01		03												15				19						25								33
2007075										10											21	22	23		25								33
2007076				04						10							17				21								29			32	
2007077								08	09			12	13						19														33
2007078			03		05												17					22									31		33
2007079						06							13				17			20												32	
2007080															15		17			20		22				26			**29**				
2007081														14		16		18			21	22										32	
2007082			03										13		15								23					**28**	**29**				
2007083							07		09									18	19							26			29				

图4-12　双色球红球走势图

一般来讲，冷、热码接连处常常就是连码的出处。我们分析历史双色球红球走势图的号码趋势就会发现，出现2连号、3连号，甚至4连号的情况非常常见，有时还会联袂出现。也就是说，选择出连号，是中得双色球高额奖项的必要条件。

连号作为双色球中最热出的组合之一，被彩民当成双色球制胜的法宝，成了彩民冲击头奖的一个强有力的手段。尤其是用胆拖方式进行投注，省钱的同时，还能有机会夺得头彩，何乐而不为？

期号	01	02	03	04	05	06	07	08	09	10	11	12	13	14	15	16	17	18	19	20	21	22	23	24	25	26	27	28	29	30	31	32	33
2007031				04		06				10		12							19												31		
2007032				04				08								16								24						30		32	
2007033			03	04							11						17	18										28					
2007034		02							09			12		14									23		25								
2007035	01			04				08				12																	29		31		
2007036			03											14							21		23							30	31		
2007037										10	11					16			19		21		23								31		33
2007038			03								11			14					19		21									30			
2007039						06	07												19					24			27		29				
2007040													13	14	15									24						30			
2007041	01		03						09										19							26					31		
2007042			03										13			16			19													32	33
2007043			03					08		10	11			14																30			
2007044									09			12	13					18		20	21			24				28				32	
2007045	01											12						18			21							28		30			
2007046		02				06	07		09										19							26							
2007047		02		04												16		18					23							30			
2007048											11	12			15		17											28					
2007049				04										14				18	19												31		33
2007050	01				05			08					13					18							25								
2007051			03													16			19							26	27						33
2007052		02					07	08																		26			29				
2007053										10		13				16	17	18									27						
2007054	01		03													16		18					23					28					
2007055		02				06					11											22						28	29				
2007056										14							17				21								29		31	32	
2007057					05						11							18	19	20	21												

图4-13　双色球红球走势图

六、斜连号的选择

在双色球红球开奖号码中，与历期中奖号码构成斜连形状的号码称为斜连号。严格地讲，斜连号必须由三期以上的各1个号码构成。

本书中为了从实用出发，把与上一期或几期的中奖号码构成斜连形状的号码均统称为斜连号。例如上期出现号码09，则下期开出号码08称作斜连号；又如上上期出现号码09，上期出现号码为10称作斜连号（2斜连，针对上上期而言），本期开出号码11也称作斜连号（3斜连，针对上上期而言），那么下期如果开出号码12同样也称作斜连号（4斜连，针对号码09而言）。

斜连号作为连号的变种有很多形态，主要分为左右斜连、间隔斜连等。

1. 左斜连

左斜连指相对于上期号码而言，与上期某个开奖号码值小1的号码。例如，上期出现的号码为09，则下期08为它的左斜连。

2. 右斜连

右斜连指相对于上期号码而言，与上期某个开奖号码值小1的号码。例如，上期出现的号码为09，则下期10为它的右斜连。

3. 间隔斜连

间隔斜连由3个或3个以上号码组成，且号码与号码之间所间隔的距离是一样的。例如，上上期开出号码为01，上期的号码03以及本一期的号码05，它们形成了间隔斜连。

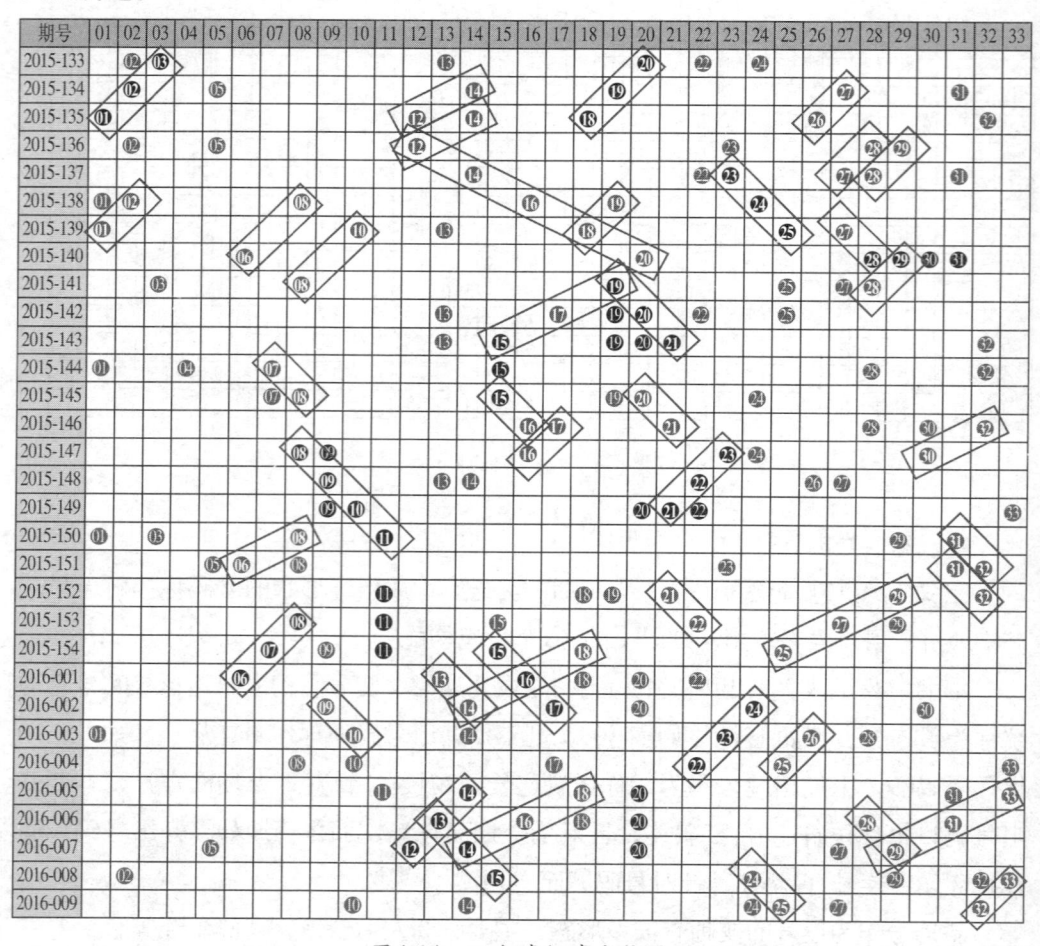

图4-14 双色球红球走势图

从2015133~2016009期，几乎每一期都有至少一个斜连号开出，如图4-14框内所示，整个图上几乎被框框圈满。由此可见，斜连号出号是非常频繁的，所以这也给我们一个强烈的信号,在选号投注时,斜连号必须是我们考虑的一个重点。而一般而言,1~2个斜连号是我们投注时必须具备的,从最多12个可能产生的斜连号中选取1~2个号码作为投注号码,这样便大大降低了选号难度。

在每一期开出的双色球斜连号中出现一组二连号的情况是比较常见,其出现的次数也较为频繁。另外还有就是出现三连号、四连号或两组连号的情况。从2015133~2016009期中,便形成了不止五个三期斜连号,而这样的三期甚至是四期的斜连号给我们的提示是:斜连号会经常连续出现,所以上两期已经开出的斜连号不妨继续关注。

在斜连号中,值得注意的还有间隔斜连号,这种斜连号均跳跃间隔出现,难以推断。如双色球第2015136期开出12,第2015137期弹出14,第2015138期的16如期而至,这种现象就是间隔斜连号。不仅如此,更有2015139期的18和2015140期的20紧随其后,如果在选择号码之前已掌握这一规律,那么在斜连号出现之后,后期跟进选号,将会大大增加中奖的机会。

斜连号最为活跃,基本每期都会出现它的身影,尤其是当号码形成旺出周期时,斜连号更为活跃。斜连号作为双色球热出形态之一,受到很多彩民用户的关注和追捧,其中也有很多用户因此而获益匪浅。在斜连号疯狂弹出的当头,正是广大彩民放手一搏,引爆头奖的好时机。

七、区间号码的选择

区间是指把33个双色球红球号码按照某种方式划分成若干个连续的区域,每个区域所包含的红球数量相等。本书内区间特指三分区,也即是把33个红球号码划分为等份的三个区间,每个区间11个红球号码。

我们把双色球走势图的红球区划分为三个区,第一分区01~11,第二分区12~22,第三分区23~33。

通过概率公式计算后得知:

某一区间不出现红球号码的概率为6.74%;

某一区间只出现1个红球号码的概率为26.15%;

某一区间出现2个红球号码的概率为36.33%;

某一区间出现3个红球号码的概率为22.94%;

某一区间出现4个红球号码的概率为6.88%;

某一区间出现5个红球号码的概率为0.92%。

从上面的概率分析中我们可以看到，任何一个区间出现2个红球号码的概率最大，出现1个红球号码的概率次之，出现3个红球号码的概率第三。

通过概率公式计算后获得的数据结论告诉我们一个规律：**实战中，每个区间选择1~4个红球号码为最佳选择范围。**

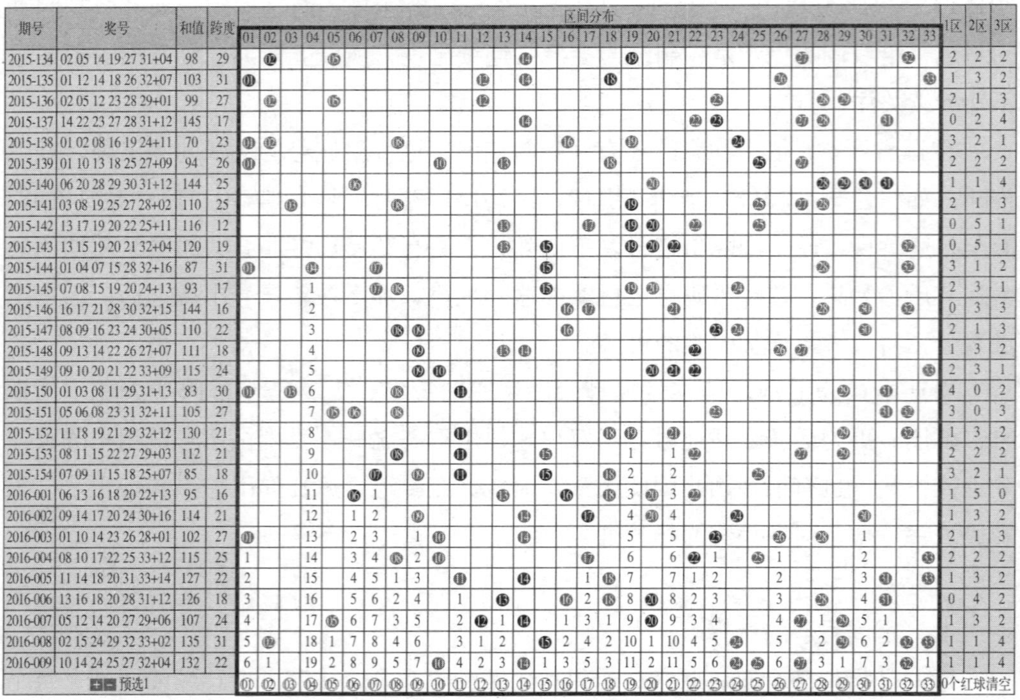

图4-15 双色球红球三分区走势图

如图4-15所示，我们观察在双色球2016005~2016009期开奖中：

第一分区：2016009、2016008、2016007、2016005期各开出1个号码，2016006期断区（未出现号码），第一分区在5期中一共开出4个号码，可以看出一区号码比较少。

第二分区：2016009、2016008期各开出1个号码，2016007、2016005期各开出3个号码，2016006期开出4个号码，第二分区5期内开出12个号码，第二分区红球开出的比较频繁。

第三分区：2016009、2016008期开各出4个号码，2016007、2016006、2016005期各开出2个号码，第三分区5期开出14个号码，三区连续热开。

当双色球红球三分区呈现冷热状态时，我们可以根据不同区间号码分布的强弱变化趋势，来判断哪个区间在这个时期是最没有机会出号码的，那么我们就把这个区间的号码进行适当排除，重点关注中奖号码中热号较多的区间。根据统计数据，当某个区间的热号频繁出现时，往往该区间的出号态势不会马上变冷，一般会再持续1~2期，因此我们不妨在此区间内多选几个号码。

利用双色球走势图的区间选号是一种很实用的选号方法。利用区间划分来进行选号，目的是优化区间组合，利用区间的出号特点进行"小集团"选号，从而提高中奖率。

第三节　走势图分析策略

一、走势图分析周期

很多彩民在实战中使用走势图进行分析时，经常会遇到一种困惑：分析走势图时使用多少期数据分析好呢？

一般来说，分析走势图有三种选择，第一种是分析短期走势图，第二种是分析中期走势图，第三种是分析长期走势图。

分析短期走势图，是指分析最近10~20期开奖号码的走势图。短期走势图主要用于各种号码特征（例如重号、连号、斜连号等）的短期趋势分析，用于判断各个号码特征当前处于何种状态，是冷还是热，是多还是少。然后再根据各个号码特征当前的状态来选择号码。

分析中期走势图，是指分析30~50期左右开奖号码的走势图。中期走势图主要用于分析各种号码特征的走势。即根据各个号码特征前一段时间的状态和当前的状态，来推测它们下一阶段可能的状态，然后根据这种判断来选择号码。

分析长期走势图，是指分析50期以上开奖号码的走势图。长期走势图主要用于各种号码特征的长期走势分析，一般来讲收集的开奖期数越多越好。我们可以通过观察长期走势图内各种号码特征在时间段内的趋势状态，从而了解它们在不同阶段可能出现的状态，然后根据总结提炼的经验规律来选择号码。

通常情况下，我们把长期走势分析只用于模拟训练，观察了解和总结号码特征的出现规律。而在实战中，我们主要使用并分析中短期走势图，尤其是短期走势图是重中之重，因为这样才能更好地反映号码特征的当前趋势情况，便于我们更好的分析把握与研判。

二、走势图分析流程

我们在实战时，一般按照以下三个步骤进行走势图分析，读者朋友也可以根据自己的实际需求自行调整分析流程。例如，你只需要定胆，那么重点分析重号、连号或者斜连号即可。

第一步，分析"三分区"确定每个区红球号码个数。

在实战中我们可以运用前面章节讲解的"均衡原理"对每个区间开出号码的多少进行趋势分析，观察每个区间近几期和上期出号的个数，根据走势预测下期区间比例或偏向态势而进行选择号码。

通常每个分区开出红球号码1~4个，此消则彼长。

第二步，分析"重连斜"确定重点红球号码。

纵向看重号。利用五字技巧选择重号。一般，当期重号的选择个数不少于2个，也不多于4个。

横向看连号。通过走势图选择最常见的2连号、3连号，或者2连号+2连号的组合，尤其是近期没有连号出现接下来出现连号的概率很大，要抓住时机！

斜看斜连号。我们在实战中分析走势图时，要重点关注出现频率最高的左右斜连号的出现。一般情况下斜连号连续出现2~4次就结束，如果斜连号连续超过3次完全可以当作杀号排除掉。我们在实战中，完全可以利用"均衡原理"对斜连号进行趋势分析后研判选择。

第三步，分析"热冷温"调节红球号码均衡。

一般每期开奖号码里间隔1~4期的热号出现2个左右，因此我们在利用走势图选择红球号码时，每期最少选择2个左右的热号是重点。

在每期选择红球号码时，间隔5~8期的温号选择1~2个为宜，没有选择温号可能与大奖无缘，选择过多增加投注的注数造成不必要的浪费。温号开出概率较大的是间隔（或遗漏）5~8期的号码，在选号时一定对温号仔细研究、密切关注。

我们在选号时，要遵循选热号、看温号、防冷号的原则。冷号在间隔9、10期时开出的概率较大，这时对这样的号码一定去用心防备，如果冷号在间隔9、10期没有开出时，那么可以暂时对这些号码放松一些，在间隔16期时进行堵截，如果还没有开出，对这样的冷号可以放弃。

小结：

一般情况下，我们使用走势图进行上述流程的分析后，通常可以获得10个左右的红球号码作为备选号码。如果觉得红球号码过多导致投注金额超过自己的预期，完全可以利用后续章节中讲解的技术进行组号过滤，最终获得适合自己的投注数量。

第二篇
双色球组号优化战法

不降低命中率前提下，组号优化战术可极度缩小红球投注范围。

导读

　　双色球组号优化技术只针对我们在实战中已经获得的备选红球号码而言，后面不再赘述。

　　双色球红球组号优化技术包括两部分核心内容，一是组号，二是优化，相辅相成、缺一不可。

　　组号，是号码组合方式的简称，就是把利用双色球红球选号技术选择的备选红球号码，通过固定的方式进行组合，从而获得当期的红球投注号码。组号后获得的红球投注号码可能是一注，也可能是多注，主要取决于备选号码选择的数量。

　　优化，也通常称为缩水，是指我们利用不同角度的分析条件对"组号"后的红球投注号码进行再次的"筛选"，保留符合条件的投注号码，排除掉不符合条件的投注号码，从而达到缩减投注号码数量的目的，最终选择出适合自己实际投注的号码。

　　"以小博大"是每个彩民的博彩宗旨，我们必须严格遵守。在双色球彩票中，"优化"主要针对的是红球投注号码，通过"优化"可以极大地减少红球投注号码的数量，从而降低投入资金，最终降低每个彩民的投注风险和财务风险。

　　我们在实战中如何进行"组号"才能达到最佳效果？又该如何把组号获得的投注号码再次进行"优化"从而获得最少、最优的投注号码呢？只要认真阅读第二部分的章节一定能获得最满意的答案。

　　需要提醒读者注意的是，胆拖组号和矩阵组号虽然是"非常规"组号战术的范畴，但是非常高效，因为在组号的同时即缩小了投注号码的范围。从优化的角度上来讲，胆拖组号和矩阵组号已经在组号的同时对备选红球号码进行了一次高效的优化缩水。

第一章 红球常规组号

双色球实战中，常规的组号投注方式分为单式组号投注和复式组号投注，非常规的组号投注方式包括胆拖组号投注和及旋转矩阵组号投注。

大家在实战中可以根据当期所选择号码数量的多少，结合每种组号投注的优缺点，再综合自身资金的实际情况来具体参考使用其中一种形式进行组号投注。

第一节 单式组号

单式组号投注即把备选红球号码都按照单式投注的形式进行组合后投注。前面已经讲过，单式投注是从红色球号码中选择6个号码，从蓝色球号码中选择1个号码，组合为1注投注号码的投注。因此，单式投注也就是主要针对红球号码的组合投注方式。

假设实战中根据运用排序定位战术分析选择一位号码03、05，二位号码10，三位号码11，四位号码23，五位号码27，六位号码33，如果要使用单式组号投注方式进行投注，就是把按照位置选择的红球号码组合后进行投注。这7个红球号码的所有组合为2注分别是03、10、11、23、27、33和05、10、11、23、27、33，如果任何一注包括当期的6个红球号码，那么投入4元即可中得二等奖。当然，以上只是假设，这是最好的结果。

实战中，通过排序定位、断区转换或走势图分析等战术的使用可能获得多个备选红球，组号后会有数量不等的红球投注号码，这时候就需要通过"优化缩水"进一步优化筛选才能获得最少的或适合自己投入的红球投注号码数量。

第二节 复式组号

复式投注包括红区复式投注、蓝区复式投注和全复式投注。

红区复式投注是从红色球号码中选择7~20个号码,从蓝色球号码中选择1个号码,组合成多注投注号码的投注。双色球红球复式投注及中奖计算表如下:

表1-1 双色球红球复式投注及中奖计算表

中奖号码个数	奖等	设奖金额	红球7	红球8	红球9	红球10	红球11	红球12	红球13	红球14	红球15	红球16	红球17	红球18	红球19	红球20
投注金额			14	56	168	420	924	1848	3432	6005	10010	16016	24752	37128	54264	77520
6个红球+1个蓝球	1	A	1	1	1	1	1	1	1	1	1	1	1	1	1	1
	3	3000	6	12	18	24	30	36	42	48	54	60	66	72	78	84
	4	200	—	15	45	90	150	225	315	420	540	675	825	990	1170	1365
	5	10	—	—	20	80	200	400	700	1120	1680	2400	3300	4400	5720	7280
	6	5	—	—	—	15	81	262	658	1414	2730	4872	8184	13101	20163	30030
奖金合计			1A+18000	1A+39000	1A+63200	1A+90875	1A+122405	1A+158310	1A+199290	1A+246270	1A+300450	1A+363360	1A+436920	1A+436920	1A+626015	1A+747950
6个红球	2	B	1	1	1	1	1	1	1	1	1	1	1	1	1	1
	4	200	6	12	18	24	30	36	42	48	54	60	66	72	78	84
	5	10	—	15	45	90	150	235	315	420	540	675	825	990	1170	1365
奖金合计			1B+1200	1B+2550	1B+4050	1B+5700	1B+7500	1B+9450	1B+11550	1B+13800	1B+16200	1B+18750	1B+21450	1B+24300	1B+27300	1B+30450
5个红球+1个蓝球	3	3000	2	3	4	5	6	7	8	9	10	11	12	13	14	15
	4	200	5	15	30	50	75	105	140	180	225	275	330	390	455	525
	5	10	—	10	40	100	200	350	560	840	1650	1650	2200	2860	3640	4550
	6	5	—	—	10	55	181	462	1008	1974	6072	6072	9834	15301	23023	33670
奖金合计			7000	12100	18450	26275	35905	47810	62640	81270	104850	134860	173170	222105	284515	363850
5个红球	4	200	2	3	4	5	6	7	8	9	10	11	12	13	14	15
	5	10	5	15	30	50	75	105	140	180	225	275	330	390	455	525
奖金合计			450	750	1100	1500	1950	2450	3000	3600	4250	4950	5700	6500	7350	8250
4个红球+1个蓝球	4	200	3	6	10	15	21	28	36	45	55	66	78	91	105	120
	5	10	4	16	40	80	140	224	336	480	660	880	1144	1456	1820	2240
	6	5	—	6	34	115	301	672	1344	2478	4290	7062	11154	17017	25207	36400
奖金合计			640	1390	2570	4375	7105	11200	17280	26190	39050	57310	82810	117845	165235	228400
4个红球	5	10	3	6	10	15	21	28	36	45	55	66	78	91	105	120
奖金合计			30	60	100	150	210	280	360	450	550	660	780	910	1050	1200
3个红球+1个蓝球	5	10	4	10	20	35	56	84	120	165	220	286	364	455	560	680
	6	5	3	18	64	175	406	840	1596	2838	4785	7722	12012	18109	26572	38080

续表

			55	190	520	1225	2590	5040	9180	15840	26125	41470	63700	95095	138460	197200
2个红球+1个蓝球	6	5	7	28	84	210	462	924	1716	3003	5005	8008	12376	18564	27132	38760
奖金合计			35	140	420	1050	2310	4620	8580	15015	25025	40040	61880	92820	135660	193800
1个红球+1个蓝球	6	5	7	28	84	210	462	924	1716	3003	5005	8008	12376	18564	27132	38760
奖金合计			35	140	420	1050	2310	4620	8580	15015	25025	40040	61880	92820	135660	193800
1个蓝球	6	5	7	28	84	210	462	924	1716	3003	5005	8008	12376	18564	27132	38760
奖金合计			35	140	420	1050	2310	4620	8580	15015	25025	40040	61880	92820	135660	193800

注：

① A表示当期单注一等奖奖金；B表示当期单注二等奖奖金；

② 红球复式：从红色球号码中选择7~20个号码，从蓝色球号码中选择1个号码

蓝区复式投注是从红色球号码中选择6个号码，从蓝色球号码中选择2~16个号码，组合成多注投注号码的投注。双色球蓝球复式投注及中奖计算表如下：

表1-2　双色球蓝球复式投注及中奖计算表

中奖号码个数	奖等	设奖金额	蓝球复式中奖注数													
			蓝球2	蓝球3	蓝球4	蓝球5	蓝球6	蓝球7	蓝球8	蓝球9	蓝球10	蓝球11	蓝球12	蓝球13	蓝球14	蓝球15	蓝球16
投注金额			4	6	8	10	12	14	16	18	20	22	24	26	28	30	32
6个红球+1个蓝球	1	A	1	1	1	1	1	1	1	1	1	1	1	1	1	1	1
	2	B	1	2	3	4	5	6	7	8	9	10	11	12	13	14	15
奖金合计			1A+1B	1A+2B	1A+3B	1A+4B	1A+5B	1A+6B	1A+7B	1A+8B	1A+9B	1A+10B	1A+11B	1A+12B	1A+13B	1A+14B	1A+15B
6个红球	2	B	2	3	4	5	6	7	8	9	10	11	12	13	14	15	16
奖金合计			2B	3B	4B	5B	6B	7B	8B	9B	10B	11B	12B	13B	14B	15B	16B
5个红球+1个蓝球	3	3000	1	1	1	1	1	1	1	1	1	1	1	1	1	1	1
	4	200	1	2	3	4	5	6	7	8	9	10	11	12	13	14	15
奖金合计			3200	3400	3600	3800	4000	4200	4400	4600	4800	5000	5200	5400	5600	5800	6000
5个红球	4	200	2	3	4	5	6	7	8	9	10	11	12	13	14	15	16
奖金合计			400	600	800	1000	1200	1400	1600	1800	2000	2200	2400	2600	2800	3000	3200
4个红球+1个蓝球	4	200	1	1	1	1	1	1	1	1	1	1	1	1	1	1	1
	5	10	1	2	3	4	5	6	7	8	9	10	11	12	13	14	15
奖金合计			210	220	230	240	250	260	270	280	290	300	310	320	330	340	350
4个红球	5	10	2	3	4	5	6	7	8	9	10	11	12	13	14	15	16
奖金合计			20	30	40	50	60	70	80	90	100	110	120	130	140	150	160
3个红球+1个蓝球	5	10	1	1	1	1	1	1	1	1	1	1	1	1	1	1	1
奖金合计			10	10	10	10	10	10	10	10	10	10	10	10	10	10	10
2个红球+1个蓝球	6	5	1	1	1	1	1	1	1	1	1	1	1	1	1	1	1
奖金合计			5	5	5	5	5	5	5	5	5	5	5	5	5	5	5

续表

1个红球+1个蓝球	6	5	1	1	1	1	1	1	1	1	1	1	1	1	1	1
奖金合计			5	5	5	5	5	5	5	5	5	5	5	5	5	5
1个蓝球	6	5	1	1	1	1	1	1	1	1	1	1	1	1	1	1
奖金合计			5	5	5	5	5	5	5	5	5	5	5	5	5	5

注：

① A表示当期单注一等奖奖金；B表示当期单注二等奖奖金；

② 蓝球复式：红色球号码中选择6个号码，从蓝色球号码中选择2~16个号码

全复式投注是从红色球号码中选择7~20个号码，从蓝色球号码中选择2~16个号码，组合成多注投注号码的投注。双色球全复式投注及中奖计算表因为篇幅过大，这里不再展开，附录到第五章内，读者可以在实战中查询使用。

众所周知，双色球单式投注要从01~33之间选择6个红球号码，再从01~16之间选择一个蓝球号码组合成"6+1"形式进行投注，从理论上来说中得大奖的可能性很小。而复式投注因为组合后号码的覆盖面广，因此中奖概率相对于单式投注要高出许多。

俗话说得好，单钩垂钓不如撒网一收。复式投注是提高中奖概率、降低投注风险的有效购彩方式，一旦中奖，大奖、小奖会中得一串。

复式投注因为组合后的投注号码覆盖面广，中奖概率相对来说虽然大了很多，但需要投入的资金量也因此大一些，不可避免地要面临投注资金大幅度提高的问题。选择7~20个范围内红球号码复式投注，投注额从十几元至几万元，如果再加上蓝球的复式，投入更是呈几何形式增长，没有一定经济实力的彩民很难承受得起这种大投入，从某些方面来讲也违背了"以小博大"的博彩宗旨。

复式组合投注一般采用红球号码7~15个、蓝球号码1~3个的形式为主要投注方式。

我们建议，如果在实战中根据各种选号战术获得的备选红球号码在13个号码以下、备选蓝球号码在3个之内，并且当期的中奖概率很高，那么再结合自身的资金使用情况，可以考虑应用复式投注。反之，不建议绝大多数彩民使用复式组合投注的方式在实战中投注。

在实战中如果红球备选号码过多，那么考虑选择使用的蓝球号码要精少，这样才会降低投入金额；同理，如果备选红球号码少，那么选择使用的蓝球号码可以适当多一些，因为蓝球的高中奖率也会降低复式投注所带来的风险。

高中奖率是复式投注的最大优点，高投入是复式投注的最大缺点，因此大家在实战中要综合自己的实际情况，仔细斟酌后选择使用。

第二章 红球胆拖组号

在双色球实战中,胆拖组号投注是相对高效的组号战术之一。特别在双色球奖池"居高不下"的情势下,胆拖组号投注就显得尤为关键。

在双色球彩票投注中大家常有的体会就是,这一注中三个,那一注中两个。经常是买5注号码,开奖号码中的六个红球号码全在了,可惜不在一注上。那解决这一问题有两个办法,其一就是复式组号,其次就是胆拖组号。

第一节 什么是胆拖组号

我们首先需要了解双色球玩法中胆码和拖码的定义。

在双色球玩法中,通常把一个或多个最看好的并且在当期中奖号码里会高概率出现的红球备选号码称为胆码。

在双色球红球备选号码的范围中,选择胆码后再从剩余号码中选择若干个号码作为与胆号码相配的红球号码,这些红球号码称为拖码。

胆拖组号是一种主次分明的组号投注方法,就是在双色球33个红球号码里选定1~5个红球号码作为胆码,再选定2~20个(电脑系统限定的个数,理论上最多可以到32个,但由于打印区域限制故最多只能打印20个)不同的红球号码作为拖码,胆码和拖码的个数加起来要大于6个、小于33个。

双色球胆拖组号主要针对红球号码,把备选的红球号码分成胆码和拖码两部分,胆码在所投注的每一注彩票里都会出现,而拖码是与胆码共同组成完整的一组彩票的号码。

在实战中,我们通常把1个胆码8个拖码的胆拖组合简称为1拖8,前面1是胆码个数，后面8是拖码个数。其他以此类推，例如2拖5、2拖9等，简便的称呼更便于彩民之间的技术交流。

以双色球玩法中2拖5为例，假设我们通过使用选号技术获得的红球备选号码有7个，为01、05、06、08、16、22、32，其中把胆码设定为01、05，拖码设定为06、08、16、22、32，蓝球号假定为16，实战中可以组成5注2拖4的胆拖投注号码进行投注：

第1注：01 05 06 08 16 22 + 16
第2注：01 05 06 08 16 32 + 16
第3注：01 05 06 16 22 32 + 16
第4注：01 05 08 16 22 32 + 16
第5注：01 05 06 08 22 32 + 16

这里的胆码"01、05"在每一注里都有，而拖码"06、08、16、22、32"则分别与胆码共同组成一注完整的彩票，但并不是每个拖码在每一注里都会有。

所组成的单式投注号码为全部含有胆码的所有6个号码的红球组合，胆拖投注所组成的每注单式投注号都必须包含全部胆码，组合的变化全部由拖码来完成。选择使用的胆码数量必须要少于6个，而且胆码和拖码的号码不能在同一注中重复选择。

双色球胆拖组号是继全包蓝球、三种复式（红球复式、蓝球复式和全复式）组号后又一种被广泛使用的组号方式。

双色球胆拖包括红区胆拖和红区胆拖、蓝区复式投注两种组号投注方式。

红区胆拖组号是红区为组合游戏的胆拖组号，蓝区为单式。红区先选择1~5个号码作为红区胆号码，再从剩余号码中选择若干个号码作为与胆号码相配的拖号码。

红区胆拖、蓝区复式组号方式是红区为组合游戏的胆拖投注方法，蓝区为复式投注。红区先选择1~5个号码作为红区胆号码，再从剩余号码中选择若干个号码作为与胆号码相配的拖号码，然后再从蓝区选择1~16个号码。

第二节　胆拖组号的优点

相对于双色球的复式组号而言，胆拖组号的优点十分鲜明。

第一，投注金额少。

对于双色球这种大盘游戏来说，如果单纯选择使用复式组号，因为号码组合的注数多，投注金额会相应提高很多。而胆码的准确定位能够使资金投入量相对较少，同样还有可能中得大小不同的奖项。

例如，按复式组号的方法，红球复式组号10个号（蓝球个数为1）的投注金额为420元。使用胆拖组号，1拖9的购买金额为252元，2拖8的购买金额为140元，而5拖5时只需10元。可以看出，使用胆拖组号时胆码选的越多，所需金额就越少。

又如，选7个红球号码的红球复式组号（蓝球只选1个）需要投入14元，但用2拖5的胆拖组号方式，则只要10元就可以；8个红球号码的复式组号需56元，而2拖6只需30元，节省26元；10个红球号码的复式组号需420元，而2拖8只需140元，节省280元。可以得出这样的结论，使用胆拖组号时备选的红球号码越多，则节省的金额也越多。

经过分析可以看出，较复式组号而言，双色球胆拖组号的方式更为经济实用。但是，这里必须要强调的前提是——选择胆码的准确率一定要高。

第二，中奖效果好。

胆码是胆拖组号的灵魂，在胆码全中、拖码大部分也都选中的情况下，中奖金额非常可观。

例如，胆1拖6时，如果胆码与拖码全都命中，可中得1注一等奖，同时兼中5注三等奖（前提为蓝球命中）。即便胆码无一命中，但只要拖码中的较多，仍可中得一些小奖或保本。

只要胆码全部选中，并在拖码里选中其余的号码，可以确保大面积的中奖，甚至每一注都中奖，大奖、小奖一起中；即使胆码不一定全中，结合拖码所中情况，也可以收获一定的小奖，并不像某些彩民朋友认为的那样：胆拖组号，胆码不中就没戏了。

比如双色球2拖5，如果2个胆码全没中，但只要5个拖码中得4个，至少也能中得五等奖，保本收益没有问题；如果蓝球也命中的话，则每注都会中奖，200元四等奖1注、10元五等奖4注，奖金合计240元，最终可以盈利230元。

第三，选号更灵活。

双色球胆拖组号给彩民提供了广阔的组号投注空间，彩民在投注时可根据自身经济实力和投注计划，自由地增减胆码和拖码。

在备选红球号码不变的前提下，胆码选择的越多，那么实际投注的资金就会越少；相反，胆码选择的越少，实际投注金额也会越高。

　　实战中，彩民可以根据自身的实际情况来选择资金的投入和胆码个数的多少。但是为了提高中奖概率，胆码选择的正确性至关重要。建议彩民综合考虑中奖概率和投注资金之间的协调关系，正确选择适合自己的模式进行投入。

第三节　如何合理选胆

　　胆拖组号是乐透型彩票中最常用的一种组号投注方法，在胆拖组号中"选胆"是最为关键的一步。

　　例如，双色球备选红球号码中包括了开奖号码中的6个红球，可是在选择的2个胆码里只有1个是中奖号码，虽然拖码中了4个，也同样不能中得二等奖（不考虑蓝球情况下）。因此，胆码的选取非常重要。胆码选不好，直接影响到胆拖投注的实际效果。

　　胆码和拖码的选定，体现的是彩民对所选号码的重视程度和选择范围，是投注的彩民在衡量投注资金与号码多寡比例中的慎重选择。一般来说，选胆要求稳，不能求险。故此，推荐以下几种合理的选胆技巧供彩民朋友参考。

　　第一，旺区选"胆"。

　　就是在最近几期出号较多的出号旺区选胆。

　　我们把双色球33个红球分为四个分区，一区（01~08）二区（09~16）、中轴17、三区（18~25）、四区（26~33）。双色球四分区走势图如图2-1所示。

期号	奖号	一区 01 02 03 04 05 06 07 08	二区 09 10 11 12 13 14 15 16	中 17	三区 18 19 20 21 22 23 24 25	四区 26 27 28 29 30 31 32 33
15148	09, 13, 14, 22, 26, 27-07	4 10 7 4 12 6 3 1	⑨ 9 16 12 ⑬ ⑭ 3 1	2	9 3 3 2 ㉒ 1 1 6	㉖ ㉗ 2 8 1 8 2 16
15149	09, 10, 20, 21, 22, 33-09	5 11 8 5 13 9 4 2	⑨ ⑩ 17 13 14 15 4 2	3	10 4 ⑳ ㉑ ㉒ 2 2 7	1 1 3 9 2 9 3 ㉝
15150	01, 03, 08, 11, 29, 31-13	① 12 ③ 6 14 10 5 ⑧	1 1 ⑪ 14 2 5 3 4	4	11 5 1 1 7 3 3 8	2 2 4 ㉙ 3 ㉛ 4 1
15151	05, 06, 08, 23, 31, 32-11	1 13 1 7 ⑤ ⑥ 6 ⑧	2 2 1 15 3 3 6 4	5	12 6 2 2 8 ㉓ 4 3	3 3 5 1 4 1 ㉜ 2
15152	11, 18, 19, 21, 29, 32-12	2 14 2 8 1 1 7 1	3 3 ⑪ 16 4 4 7 5	6	⑱ ⑲ 3 ㉑ 3 1 5 10	4 4 6 5 1 2 ㉜ 1
15153	08, 11, 15, 22, 27, 29-03	3 15 3 9 2 2 ⑧	4 4 ⑪ 17 5 5 8 6	7	1 1 4 4 ㉒ 2 6 11	5 ㉗ 7 ㉙ 2 3 4 3
15154	07, 09, 11, 15, 18, 25-07	4 16 4 10 3 3 ⑦ 1	⑨ 5 ⑪ 18 6 6 ⑮ 7	8	⑱ 2 5 5 3 3 7 ㉕	6 1 8 1 7 3 2 5
16001	06, 13, 16, 18, 20, 22-13	5 17 5 11 4 ⑥ 1 2	1 6 1 19 ⑬ 7 1 ⑯	9	⑱ 3 ⑳ 6 4 4 8 1	7 2 9 2 9 4 3 6
16002	09, 14, 17, 20, 24, 30-16	6 10 6 12 5 1 2 3	⑨ 7 2 20 1 ⑭ 2 ⑯	⑰	1 4 ⑳ 7 5 5 ㉔ 2	8 3 10 ㉚ 10 5 4 7
16003	01, 10, 14, 23, 26, 28-01	① 19 7 13 6 2 3 4	1 ⑩ 3 21 2 ⑭ 3 2	1	2 5 1 5 6 ㉓ 3 1	㉖ 4 ㉘ 4 1 6 5 8

16004	08, 10, 17, 22, 25, 33-12	1	20	8	14	9	4	⑧	2	⑩	4	22	3	1	4	⑰	3	6	2	6	㉒	1	2	㉖	1	5	1	5	2	7	6	㉝
16005	11, 14, 18, 20, 31, 33-14	2	21	9	15	8	4	5	1	3	⑪	23	4	⑭	5	4	1	⑱	7	⑳	7	1	2	3	1	2	6	2	6	3	㉛	7	㉝
16006	13, 16, 18, 20, 28, 31-12	3	22	10	16	9	5	6	2	4	2	1	24	⑬	1	6	⑯	2	⑱	8	⑳	8	2	3	4	2	3	7	㉘	7	4	㉛	8	1
16007	05, 12, 14, 20, 27, 29-06	4	23	11	17	⑮	6	7	3	5	3	2	⑫	1	⑭	7	1	3	1	9	⑳	9	3	4	5	3	4	㉗	1	㉙	5	1	9	2
16008	02, 15, 24, 29, 32, 33-02	5	⑫	12	18	1	7	4	6	4	3	1	2	1	⑮	2	4	2	10	1	10	4	5	㉔	4	5	㉙	1	6	2	㉜	㉝
16009	10, 14, 24, 25, 27, 32-04	6	1	13	19	2	9	5	⑩	5	7	4	3	2	1	1	5	3	11	2	㉔	㉕	6	1	㉗	3	1	7	3	6	1	
16010	02, 04, 12, 14, 19, 25-06	7	⑫	14	⑭	3	10	8	⑲	6	8	5	⑫	4	4	6	4	⑲	3	12	3	㉕	7	1	7	1	4	2	8	4	1	2	
16011	03, 08, 10, 15, 22, 29-12	8	1	⑮	1	4	10	11	⑱	9	⑩	6	1	5	1	⑮	5	7	5	1	4	13	㉒	8	2	1	8	2	5	㉙	9	5	2	3
16012	07, 12, 14, 16, 27, 32-15	9	2	1	2	5	11	⑰	1	10	1	7	⑫	6	⑭	1	⑯	8	6	2	5	14	1	9	3	2	9	㉗	1	1	10	6	㉜	4

图2-1 双色球四分区走势图

我们通过观察四分区走势图可以发现，各自出球个数没有定式可循，但存在以下走势特征：

① 四分区每期发生断区的可能性达64%。

② 四分区断区一般有一个明显的逐步位移的走势，便于固定排除8个号码。比如，如果最近的5期内，在二区09~16出号比较密集，那么就要在这个区域里选取1~2个胆码，而考虑在其他三个分区进行断区杀号。应充分相信：断区杀号之后，在余下的号码中成功选择6红机会很大，能够最大程度击中奖号。

第二，重号寻"胆"。

在双色球开奖号码中，由于重号出现较多，而重号的备选范围相对较小（每期只有6个红球号码选择），这样选中的可能性也比盲目选择的成功率要大了很多。

第三，尾号定"胆"。

我们在使用排序定位法进行选择每个位置上的红球尾数时，一般情况下，总会有个别尾数号码近期表现得特别突出，如果我们选定了一个尾号，对应的号码就只有3~4个了，然后再从中细选出1~2个号码，是最好的选胆码的方式之一。

第四，质数捡"胆"。

在双色球红球中有11个质数：02、03、05、07、11、13、17、19、23、29、31，质数个数正好占到红球号码数量的1／3。

每期开出质数的平均个数：$6/33 \times 11 \approx 2$个，也就是每期理论上应该出现2个质数。实际上质数出现比理论值偏多，如第2007059~2007061期连续都中出3个质数。

质数的筛选，要考虑红球奇偶、大小的比例，一般以4：2、3：3、2：4的形式出现。之所以把质数作为胆码的一种选取方法，是因为几乎每一期都会出现2~3个质数。

第五，隔期追"胆"。

就是在选择本期的胆码时仔细分析上一期的开奖号码，考虑每个号码的冷热程度、奇偶情况，从总体上研究其中自己认为比较重点号码的惯性和惰性现象，按照隔三期出现或隔五期出现的特征，把这样的号码确定为胆码。

总结：

彩民在实战中可以根据自己的喜好对以上介绍的五种选择胆码的方法进行综合研判，结合当期的实际情况斟酌使用，才能达到最佳效果。

第四节　选几个胆码合适

在双色球红球备选号码中，只能选取1~5个胆码。下面分析在选择不同数量胆码的情况下，中奖的可能性和奖金的收益情况。每个彩民在实战中完全可以结合自己对中奖率判断和中奖奖金预期等综合情况酌情选择使用。

第一，选1个胆码，N（6≤N≤32）个拖码（为了方便说明，假设N=12，下同），则可组成792注有效组合，需1584元。

①若1个胆选中了，则12个拖中取3~5个，分别获奖360元、2720元、1注二等奖另加9100元。

②若1个胆未选中，则12个拖中取4~6个，分别获奖80元、550元、2100元。

第二，选2个胆码，12个拖码，则可组成495注有效组合，需990元。

①若选中2个胆，则12个拖中取2~4个，分别获奖450元、2880元、1注二等奖另加8080元。

②若仅选中1个胆，则12个拖中取3~5个，分别获奖90元、520元、1700元。

③若1个胆都未选中，则12个拖中取4~6个，分别获奖10元、50元、150元。

第三，选3个胆码，12个拖码，则可组成220注有效组合，需440元。

①若选中3个胆，则12个拖中取1~3个，分别获奖550元、2900元、1注二等奖另加6480元。

②若仅选中2个胆，则12个拖中取2~4个，分别获奖100元、470元、1280元。

③若仅选中1个胆，则12个拖中取3~5个，分别获奖10元、40元、100元。

第四，选4个胆码，12个拖码，拖码两两组合，可组成66注有效组合，需

132元。

①若选中4个胆，则12个拖中取0~2个，分别获奖660元、750元、1注二等奖另加4450元。

②若仅选中3个胆，则12个拖中取1~3个，分别获奖110元、400元、870元。

③若仅选中2个胆，则12个拖中取2~4个，分别获奖10元、30元、60元。

由此可见，在双色球胆拖组号投注实战中，选择2个或3个胆比较科学合理。

我们再看一个例子。双色球备选红球号码选择了9个号码，并进行4胆5拖的胆拖投注，共组成10注号码。

假设选择01、02、03、04为红球区的胆码，选择05、06、07、08、09为红球区的拖码，01为蓝球区号码，组成的单式投注如下：

01 02 03 04 05 06+01
01 02 03 04 05 07+01
01 02 03 04 05 08+01
01 02 03 04 05 09+01
01 02 03 04 06 07+01
01 02 03 04 06 08+01
01 02 03 04 06 09+01
01 02 03 04 07 08+01
01 02 03 04 07 09+01
01 02 03 04 08 09+01

如果4个胆码全中，不管拖码和蓝球中不中，都可以保证每注单式投注里至少有个五等奖；如果4个胆码有3个不中，并且蓝球也没选中，那么，即使拖码里面选中5个号都没有奖。当然，也不是说胆码选择得不正确，就完全没有中奖机会。如果胆码选择较少，如1~2个，即使胆码全部未中，那么拖码选中较多时，也会中取一些小的奖项。

因此通过上面的例子提醒彩民，在实战中选择使用胆拖投注方式时，一定要慎重选择胆码，并适当控制胆码的数量，因为胆码选得越多，固然提高了中奖的机会，但也相应地增加了不中奖的风险。

第五节　胆拖投注金额及注数计算

实战中选择了一定数量的红球备选号码和蓝球备选号码，如果使用胆拖组号的方式进行投注，那么该如何计算组号后的投注数量以及投注所需的金额呢？

我们在实际操作中计算胆拖投注注数的公式是这样的：设定红色球区胆码个数为n（1≤n≤5），红色球区拖码个数为m（6-n≤m≤20），蓝色球区所选个数为w，则此胆拖投注的注数个数为：combin(m,6-n)×combin(w,1)。

例如，设红色球区胆码个数为2（1≤n≤5），红色球区拖码个数为8（6-n≤m≤20），蓝色球区所选个数为3，则此胆拖投注的注数个数为：combin(8,4)×combin(3,1)=210注。

这里用到高等数学中的组合和组合数公式。

组合：是从n个不同的元素中，任取m(m≤n)个元素并成一组，叫作从n个不同元素中取出m个元素的一个组合。

组合数公式：combin(n, m) = n(n-1)⋯(n-m+1)/1×2⋯m=n!/m!(n-m)!

简单地举例说，combin(4,2)=6的含义就是在4个数中，任意取2个数，有6种取法。

实战中，如果选择01、02、03、04为红色球区的胆码，选择05、06、07、08、09为红色球区的拖码，选择01、02为蓝色球区复式号码。则共组成combin(5,2)×combin(2,1)=20注，需要投入40元。

具体组成的单式投注如下：

01 02 03 04 05 06+01　　01 02 03 04 05 07+01
01 02 03 04 05 08+01　　01 02 03 04 05 09+01
01 02 03 04 06 07+01　　01 02 03 04 06 08+01
01 02 03 04 06 09+01　　01 02 03 04 07 08+01
01 02 03 04 07 09+01　　01 02 03 04 08 09+01
01 02 03 04 05 06+02　　01 02 03 04 05 07+02
01 02 03 04 05 08+02　　01 02 03 04 05 09+02
01 02 03 04 06 07+02　　01 02 03 04 06 08+02

01 02 03 04 06 09+02　　01 02 03 04 07 08+02
01 02 03 04 07 09+02　　01 02 03 04 08 09+02

大家在学习和使用中并不一定要全部弄懂胆拖组号投注数量的计算公式，为了大家在实战中使用方便，我们制作了双色球胆拖投注金额计算表，见表2-1，为了平时查询使用方便收录在第二篇第五章"复式胆拖投注速查"中。

表2-1　双色球红球胆拖投注金额计算表

投注金额（元）	红球拖码个数														
		2	3	4	5	6	7	8	9	10	11	12	13	14	15	16
红球胆码个数	1					12	42	112	252	504	924	1584	2574	4004	6006	8736
	2				10	30	70	140	252	420	660	990	1430	2002	2730	3640
	3			8	20	40	70	112	168	240	330	440	572	728	990	1120
	4		6	12	20	30	42	56	72	90	110	132	156	182	210	240
	5	4	6	8	10	12	14	16	18	20	22	24	26	28	30	32

投注金额（元）	红球拖码个数														
		17	18	19	20	21	22	23	24	25	26	27	28	29	30	31
红球胆码个数	1	12376	17136	23256	31008	40698	52668	57684	85008	106260	131560	161460	196560	237510	285012	339822
	2	4760	6120	7752	9690	11970	14630	17710	21252	25300	29900	35100	40950	47502	54810	62930
	3	1360	1632	1938	2280	2660	3080	3542	4048	4600	5200	5850	6552	7308	8120	
	4	272	306	342	380	420	462	506	552	600	650	702	756	812		
	5	34	36	38	40	42	44	46	48	50	52	54	56			

表2-1中显示的只是计算蓝球为1个时红球胆拖投注需要投入的金额，若蓝球选择n个时，则胆拖投注的金额为表中"投注金额"乘以蓝球个数n。每注彩票投注金额2元钱，因此投注金额除以2等于胆拖投注的投注数量。

第三章 红球矩阵组号

我们如果能熟能生巧地运用第一部分中讲解的选号战法，那么就能够高概率地选出红球备选号码，但是它也有一定的局限性。

就拿排序定位来说，排序定位战术的核心思想是通过确定每个位置上红球号码的尾数来选择红球备选号码，由于在01~33区间内，尾数相同的号码有3~4个，如果确定第一位置红球号码的尾数为2，那么该位置的备选号码有02、12、22（第一位红球号码的理论范围是01~28）。虽然在实战中通过排序区间可以对每个位置的红球备选号码进行再次筛选过滤，但是客观地说，把每个位置上红球号码的备选号码精确地确定为一个，并且6个位置上的所有号码全部选对，还是很有难度的。

在大多数情况下，每个位置上都会选择出几个红球备选号码，如果组合在一起就有十多个红球备选号码。备选号码很多，彩民需购买这些号码的所有组合（复式投注）才有可能中奖，这将使得彩民每次购买彩票都要投入很多资金，一般彩民难以承受。这种投注方法也违背了"以小搏大"的彩票游戏宗旨。

在彩票游戏中，还可能出现一种更"惨"的情况，我们的红球备选号码内囊括了当期的6个红球号码，但每一注只有一两个号码与中奖号码对得上。有时，甚至连末等奖也没有中，眼看着一次绝佳的中奖机会白白溜走了。面对这种情况，除了遗憾，别无他法。那么，有没有一种方法，在保证中奖率不降低的情况下，大量排除中奖概率比较小的备选号码，使我们选出的红球号码更精准呢？

下面我们将介绍"旋转矩阵"和"定位旋转矩阵"这两种非常规的组号方法，它能让彩民在投资中根据自身的资金支配情况，选择适合自己的组号方法，从而确保投资的科学性、合理性，而且能保证最大限度的中奖率。通俗地说，就是用最少的钱中最大的奖。

定位旋转矩阵是在旋转矩阵的基础上扩展衍生而成。它在原有的旋转矩阵法基础上增加了对号码位置的限制，不但保证了原有旋转矩阵的中奖概率，而且还在此基础上最大限度地减少了投注的注数，从而减少资金的投入。

旋转矩阵主要是针对使用断区转换技术或走势图分析技术获得的红球备选号码的组号，而定位旋转矩阵主要是针对使用排序定位战术获得红球备选号码的组号。如果彩民在实战中运用排序定位得法，能精确定位每个位置上红球备选号码的出现范围。如果再结合定位旋转矩阵进行组号，就能进一步为红球备选号码"瘦身减肥"从而达到精简投注的最高境界。

第一节　旋转矩阵及优势

一、什么是旋转矩阵

旋转矩阵是一个看似简单却异常复杂和高深的数学难题，它的原理在数学上称为"覆盖设计"。旋转矩阵引入到彩票界后，演化成一种彩票号码的科学组合方法。简单地说，在双色球中，你只要选对了一定范围的红球备选号码，它就能保证你中奖。

举例来说，不管你选择了多少个备选号码，只要它们中间包含了6个红球中奖号码，那么通过旋转矩阵的方法进行组号后，可以保证你至少中得一注对5个号码的奖项，也有可能中得对6个号码的奖项；如果备选号码中包含了5个中奖号码，它就可以保证中得4个或4个以上的中奖号码。需要提醒彩民朋友的是，这个方法不针对蓝球的选择。

旋转矩阵法具有以下两个特点：

1. 简单易用

运用旋转矩阵法时，你根本不需要具备多么高深的数学知识，要做的只是"依葫芦画瓢"般地套用旋转矩阵的公式即可。

2. 节约资金、保证中奖

如果备选的号码中包括中奖号码，那么通过旋转矩阵法组号后，不但节省了大量投入资金，而且能最大限度地保证你中得大奖。

二、旋转矩阵的优势

如前所述，我们在实战中可以首先通过"选号战术"精选出若干备选号码供我们进行投注。可是如果备选的号码数量过多，大多数彩民不可能投入大量的资金去购买所有的号码组合（即复式投注）。即便备选号码中包含了中奖号码，但这些号码往往不在同一注投注号码里，也会白白浪费一次绝好的机会。

如何避免这些遗憾呢？这时旋转矩阵就要发挥它的强劲优势了，下面我们通过对比说明双色球投注中进行旋转矩阵组号的重要性。倘若你选择了10个红球号码：01、02、03、04、05、06、07、08、09、10，你想把它们组合起来进行投注，一般有两种组合方法。

1. 复式投注

复式投注无疑是最简单的方法，这种方法在彩票投注站的宣传单上就有详细的介绍。你只要直接购买10个号码的复式就可以了，但需要购买210注，投入资金420元。因为复式的目标就是中大奖，它将10个号码的全部组合都包括了，也就是说，如果这10个号码里包含中奖号码，在不考虑蓝球的情况下，你可以稳中二等奖。

表3-1 双色球红球号码复式投注金额对照表

红球号码个数	投注金额（元）
7	14
8	56
9	168
10	420
11	924
12	1848
13	3432
14	6006
15	10010
16	16016
17	24752
18	37128
19	54264
20	77520

说明：

① 以上投注金额是在选择1个蓝球的情况下计算的；

② 双色球游戏规则中规定：红球号码复式投注中，最多能购买20个号码的复式，有些地区还限制到最多购买16个号码的红球复式

从表3-1中可以看到，复式投注的缺点显而易见，它需要投入的资金太大了，如果选择20个号码需要投入7万多元。大多数的彩民不可能投入这么巨大的资金去购买彩票。因此，每次用复式投注法进行彩票投注肯定不是一种理智的彩票玩法。

2. 旋转矩阵

旋转矩阵的价值在于：如果你所选择的多个号码中包括了开奖号码，那么只要用很少的投入，就能够中得一个相应级别的大奖。

例如，现有双色球10个红球备选号码，使用"10—6—5—14型"旋转矩阵公式，其含义是选择10个备选号码，若其中包含了6个中奖号码，那么至少会中一注选对5个红球号码的奖，即四等奖。使用旋转矩阵后，彩民只需要购买14注，投入28元，而相应的复式投注需要的投资为420元。

如此少的投资，如此高的获奖保证，这就是旋转矩阵的优势所在。

表3-2　双色球10个红球号码的10—6—5—14型旋转矩阵公式

注数	系统序号					
第1注	1	2	5	6	7	9
第2注	2	4	6	7	9	10
第3注	3	6	7	8	9	10
第4注	1	2	3	6	8	9
第5注	4	5	6	8	9	10
第6注	1	3	4	7	9	10
第7注	1	3	4	5	8	9
第8注	2	3	4	5	9	10
第9注	1	3	4	5	6	7
第10注	1	2	4	6	7	8
第11注	1	2	3	5	6	10
第12注	1	2	5	7	8	10
第13注	2	3	4	5	7	8
第14注	1	2	3	4	8	10

第二节　旋转矩阵的用法

一、旋转矩阵名称里数字代码的含义

每种旋转矩阵都有自己固定的名称，例如，10—6—5—14型矩阵、12—6—5—38型矩阵、14—5—4—31型矩阵等。"10—6—5—14"等数字表示该旋转矩阵类型的公式代码。每个矩阵类型的公式代码里包含着四个方面的含义。

第一段代码指彩民所选择的红球号码的备选个数。如代码10、12、14表示在实战中选出的10个、12个、14个红球备选号码。

第二段代码指的是在备选号码中所包含的后来开出的中奖号码，如10—6—5—14型矩阵中的代码6表示所选择的10个备选号码包含了6个中奖号码，同理14—5—4—31型矩阵中的代码5也表示所选择的14个备选号码包含了5个中奖号码。

第三段代码指的是保证中奖的号码数量。例如，12—6—5—38型矩阵中的第三段代码5表示选择了12个备选号码后，如果在开奖中包含了6个中奖号码，那么这个矩阵的组合里一定会中得一注含5个中奖号码的奖项。需要说明的是，这时中得的5个号码的奖项最终是几注并不确定，这与组合号码的顺序有关系。也就是说，号码在组合里出现的次数影响最后的中奖情况。

第四段指的是所需购买的注数。还是以12—6—5—38型矩阵为例，第四段代码是38。它表示如果选择了12个备选号码并在开奖中包含了6个中奖号码，那么这个矩阵的组合里一定会中得5个号码的奖项，而这时需要实际购买的注数为38注。据此，彩民就可以计算出自己所需的投注金额。

我们通常把10—6—5—14型矩阵公式称为10个号码的中6保5型旋转矩阵，其他矩阵以此类推。

二、旋转矩阵的运用

旋转矩阵的运用方法极为简单，下面我们通过一个实例来加以说明。

表3-3 双色球系统序号与备选号码对照表

系统序号	1	2	3	4	5	6	7	8	9	10
备先号码	02	06	09	13	15	20	25	28	31	33

双色球红球备选号码是我们经过分析判断后，认为能高概率出现的并准备用来投注的号码。同时，我们引入系统序号，按从小到大的顺序为备选号码标上序号。例如表3-3中，我们选择了10个备选号码，准备采用10—6—5—14型旋转矩阵公式来进行组号。

我们只要把该矩阵公式（表3-2）中的所有系统序号换成相应的备选号码，就可以得到一系列号码组合，见表3-3。例如，把矩阵公式中的1换成对照表里下方对应的02，2换成06，3换成09，4换成13，以此类推，即可完成。10—6—5—14型矩阵公式里的系统序号替换成备选号码后演变的14注号码如表3-4所示，产生了14注投注号码。第1注号码是怎么得出来的呢？

我们首先看表3-2的旋转矩阵公式，表内第1注的第1位系统序号是1，表3-3中系统序号1下对应的是号码02，所以表3-4第1注的第1个号码就是02；表3-2内第1注的第2位系统序号为2，表3-3中系统序号2下对应的号码为06，因此，表3-4中第1注的第2个号码就是06，表3-2第1注的第3个系统序号为5，表3-3中系统序号5下对应的备选号码是15，而表3-4中第1注的第3个号码就是15，其他号码都按这种方法生成。

表3-4 根据10—6—5—14型旋转矩阵公式产生的投注单

第1注	02	06	15	20	25	31
第2注	06	13	20	25	31	33
第3注	09	20	25	28	31	33
第4注	02	06	09	20	28	31
第5注	13	15	20	28	31	33
第6注	02	09	13	25	31	33
第7注	02	09	13	15	28	31
第8注	06	09	13	15	31	33
第9注	02	09	13	15	20	25
第10注	02	06	13	20	25	28
第11注	02	06	09	15	20	33
第12注	02	06	15	25	28	33
第13注	06	09	13	15	25	28
第14注	02	06	09	13	28	33

需要特殊说明的是，由于旋转矩阵公式中的各个系统序号出现的次数并不是完全一样，所以说对数字的编码不同就会组合成不同的投注号码，从而最终的中奖结果也不一样。10—6—5—14型旋转矩阵公式中各个号码出现的次数见表3-5。

表3-5　10—6—5—14型旋转矩阵公式中各个数字出现次数表

系统序号	1	2	3	4	5	6	7	8	9	10
出现次数	9	9	9	9	8	8	8	8	8	8

通过表3-5可以看出，我们应用旋转矩阵公式组合号码时，应当把出现概率最高的备选号码放在最前面，与出现次数最高的系统序号相匹配，那样，就可以相对获得更多的中奖机会。

有一点可以肯定，无论如何组合号码，根据矩阵所获得的最低中奖保证是不变的。也就是说，开奖后，如果10个备选号码中包含了6个中奖号码，那么就能最少中得一注5个号码的奖项——四等奖。如果10个备选号码中包含了5个中奖号码，那么就能最低中得三注4个号码的奖项；如果10个备选号码中包含了4个中奖号码，就一定能中得六注3个号码，虽然单独3个号码没有奖项，但是如果能配合蓝球中奖也是五等奖啊。这还只是最低中奖保证。

表3-6　双色球10—6—5—14型旋转矩阵公式的最低中奖保证表

开奖情况	出6保5（14注）
开出6红	中1注对5个号
开出5红	中3注对4个号
开出4红	中6注对3个号

三、旋转矩阵的实战应用

1. 使用速查表手工进行矩阵组号

根据获得备选的双色球红球号码数量的不同以及中几保几的级别不同，有很多个旋转矩阵公式。

限于篇幅，我们在本书只节选了最实用的、中奖保证和级别最高的、彩民在实战中应用最广泛的、价值最大的8~20个红球号码的中6保5矩阵公式。为了彩民在使用时更加方便，这些旋转矩阵公式集中收录在第五章里供实战速查使用。

2. 使用软件工具自动进行矩阵组号

旋转矩阵组号方式虽然能帮助我们在实战中花最少的钱中得相应的奖项，但是在实战中如果纯手工操作组号比较烦琐并且容易出错,如果读者在实战中需要操作更多个红球中六保五矩阵公式或想便捷一键组号过滤,可以直接登录官方网站www.cpfxj.com 下载"彩霸王"双色球富豪版软件使用即可,软件内置7~28个红球的所有中6保5型矩阵公式,选择需要的红球数量以及矩阵设置即可自动给出想要的号码结果。

第三节 定位旋转矩阵及应用

定位旋转矩阵,是在传统旋转矩阵技术基础上的一次创新。它将旋转矩阵组合与位置组合,组号与定位两种方法有机地结合在一起。

应用"排序定位法"在选号与定位正确的前提下,完全可以不降低中奖保证而投入普通矩阵的1/10或复式投注的1/300的资金,甚至用更低的投入来赢取大奖。那么,在实战中怎么应用定位旋转矩阵呢?

假设我们通过"排序定位法"选出以下号码为备选号码:第一位置号码包括02、06;第二位置号码包括09、13;第三位置号码包括15、20;第四位置号码包括25、28;第五位置号码包括31;第六位置号码包括33。

这些号码组合在一起共有10个号码:02、06、09、13、15、20、25、28、31、33。如果我们套用10—6—5—14型旋转矩阵公式,那么得出的号码组合投注单如表3-7所示。

表3-7 根据10—6—5—14型旋转矩阵公式产生的投注单

第1注	02	06	15	20	25	31
第2注	06	13	20	25	31	33
第3注	09	20	25	28	31	33
第4注	02	06	09	20	28	31
第5注	13	15	20	28	31	33
第6注	02	09	13	25	31	33
第7注	02	09	13	15	28	31
第8注	06	09	13	15	31	33
第9注	02	09	13	15	20	25
第10注	02	06	13	20	25	28

续表

第11注	02	06	09	15	20	33
第12注	02	06	15	25	28	33
第13注	06	09	13	15	25	28
第14注	02	06	09	13	28	33

我们再回头看备选号码所在的位置，第一位置号码包括02、06两个号码，也就是说在开奖号码里的第一位置上如果不包含02、06两个号码中任意一个号码，那么这注号码一定不是中奖号码。因此，根据旋转矩阵公式组合后的投注号码中第一位置不包含02、06两码的那注号码完全可以排除。

根据第一位置备选号码，在表3-7里的投注单中首先排除了第3注和第5注号码。依次类推，第二位置里不包括号码09或13，第三位置里不包括号码15或20，第四位置里不包括号码25或28，第五位置里不包括号码31，第六位置里不包括号码33的投注号码都可以完全排除。

最后的结果是只有第二注号码06、13、20、25、31、33完全符合所有的条件，也是我们当期的投注号码。可见，定位旋转矩阵法能使红球组号更科学、更精简、更实用。

在双色球实战中，我们只需要两步就可以完成"定位旋转矩阵组合法"的运用。

第一，选择合适的旋转矩阵公式对备选的红球号码进行科学组合。

第二，通过定位备选红球号码排除组合后的投注号码。

第四章 红球形态优化

"技术决定战术，细节决定成败"。

实战中，我们通过选号、组号后均会获得数量不等的红球投注号码，假设这些投注号码里有一注是当期的中奖号码，那么其余的号码就是一些不可能中奖的无用号码，我们通常称之为"垃圾号"或"废号"。

我们在实战中如何筛选或过滤掉这些"垃圾号码"从而缩小中奖号码的范围呢？本章为您一一解读组号后投注号码的形态优化技术，它的学习和应用能够为您节省大量的投注资金，极大地降低在彩票投入上的财务风险。

让我们进入"省钱攻略"的学习之路吧！

第一节 形态优化技术

在开奖号码中，红球号码的AC值、质数个数、重号个数以及大中小区间比等都是号码本身的表现形态，如果彩民能在实战中确定当期号码的表现形态，就一定能预期中奖号码的出现范围，也就能更好地对备选红球号码进行科学、合理的优化筛选。

本章将对实用性极强的AC值、质数个数、重号个数、奇偶比、大小比五种形态优化方法一一详解，帮助彩民更好地优化号码，提高中奖率，并减少投注成本。

一、AC值形态优化

1. AC值

AC值即号码算术复杂性，是由世界著名的彩票专家和数学家诺伯特·海齐和汉斯·里威德尔提出的。它能衡量投注号码组合的合理性，指导彩民进行科学、合理的投注。我们实战中通过对AC值的正确判断，优化已经选择的号码组合，不但能准确地选择开奖号码，而且还能节约大量投注资金，效果非常明显。

就拿乐透型彩票来说，其AC值等于任何一组号码中任意两个数字的正数差值的个数减去（R-1）的值。R代表开奖号码个数，由于双色球开奖号码中有6个红球，所以R值等于6。例如，双色球2007年第2007149期的红球开奖号码是01、17、19、22、28、30，那么这6个数字之间所有的正数差值为：

$$17-1=16$$
$$19-1=18$$
$$22-1=21$$
$$28-1=27$$
$$30-1=29$$
$$19-17=2$$
$$22-17=5$$
$$28-17=11$$
$$30-17=13$$
$$22-19=3$$
$$28-19=9$$
$$30-19=11$$
$$28-22=6$$
$$30-22=8$$
$$30-28=2$$

在这15个正数差值中，共有13种不同的差值，分别是2、3、5、6、8、9、11、13、16、18、21、27、29。而R=6，那么R-1=5。

AC值=13－（R-1）=13-5=8。

又例如，双色球2003年第2003001期的红球开奖号码为：10、11、12、13、26、28，那么这6个数字之间的所有正数差值为：

$$11-10=1$$
$$12-11=1$$
$$13-12=1$$

12−10=2
13−11=2
28−26=2
13−10=3
26−13=13
26−12=14
26−11=15
28−13=15
26−10=16
28−12=16
28−11=17
28−10=18

在这其中，共有9种不同的正数差值，分别是1、2、3、13、14、15、16、17、18。而R=6，那么R−1=5。

AC值=9−(R−1)=9−5=4。

在双色球游戏中，AC值为4是一个比较小的数字，事实上大部分红球号码组合的AC值都远远大于4。根据红球号码组合的不同，AC值也会不同。红球号码组合中AC值的最小值是0，最大值是10。在双色球中，AC值的理论出现次数和概率如表4-1所示。

表4-1 双色球AC值的理论出现次数与概率

AC值	出现次数	出现概率%
0	93	0.0084
1	437	0.039
2	3093	0.28
3	9642	0.87
4	32735	2.96
5	68694	6.20
6	184858	16.69
7	224408	20.26
8	339540	30.66
9	158760	14.33
10	85308	7.70

表4-1详细说明了双色球中各AC值的出现次数和概率,我们发现出现概率最高的AC值为6、7、8、9,它们相加的总和达到了82%。而AC值为5或小于5的出现概率非常低,几乎可以不去考虑,这说明双色球的AC值总体偏高。

我们以双色球2006063~2008082期这20期历史数据为例(见表4-2)。

表4-2　双色球2006063~2006082期的AC值分析

期号	红球号码	AC值
2006063	04 05 15 21 23 24	8
2006064	03 12 14 21 24 28	8
2006065	04 08 17 28 29 30	8
2006066	06 08 11 18 30 33	7
2006067	07 08 11 16 17 24	7
2006068	03 07 10 14 30 33	6
2006069	05 16 20 22 29 30	10
2006070	02 03 11 13 20 27	8
2006071	05 11 12 19 29 31	9
2006072	02 03 05 20 21 24	6
2006073	05 13 16 18 27 29	6
2006074	01 03 15 19 25 33	8
2006075	10 21 22 23 25 33	6
2006076	04 10 17 21 29 32	9
2006077	08 09 12 19 19 33	8
2006078	03 05 17 22 31 33	7
2006079	06 11 13 17 20 32	9
2006080	15 17 20 22 26 29	5
2006081	14 16 18 21 22 32	8
2006082	03 13 15 23 28 29	9

通过20期的分析数据可以看出,除了2006080期的AC值为较小的5以外,其他19期的AC值都比较大。如果一组红球号码的AC值越小,说明其算术复杂性越低,那么这一组号码的规律性越强,但在实际开奖中出现的概率也越低。

在实战中我们总结出一个规律:如果某一期开奖号码的AC值相对较小,那么AC值在下一期会迅速反弹。例如,AC值4在705期的双色球开奖数据统计中共开出20次,每次出现后,下一期开奖号码的AC值一般是6、8、10中的一个,尤其6和10的出现频率高。在实战中如果能抓住这个时机,会对精确地分析每个投注号码会提供非常大的价值。其实，这个特征的出现也和每个AC值的理论出现概率有直接的关系。

我们对双色球2003001~2008034期共705期开奖号码的AC值进行了统计，发现各个AC值的实际出现概率与理论概率非常接近。因此，在实战中我们完全可以根据AC值的理论概率分析AC值的出现范围。

表4-3 双色球705期（2003001~2008034期）数据的AC值分析统计表

AC值	出次次数	出现概率%	理论概率%	概率偏差%
0	0	0	0.008	-0.008
1	0	0	0.039	-0.039
2	3	0.426	0.279	0.146
3	4	0.567	0.871	-0.303
4	20	2.837	2.956	-0.119
5	44	6.241	6.202	0.039
6	117	16.596	16.69	-0.095
7	143	20.284	20.261	0.022
8	200	28.369	30.656	-2.288
9	115	16.312	14.334	1.978
10	59	8.369	7.702	0.667

说明：概率偏差即实际出现概率与理论概率的差值

在表4-4双色球AC值遗漏规律统计表中，我们统计了711期双色球历史开奖数据的AC值遗漏值，发现0~4范围内AC值的遗漏值非常大，说明这五个AC值很少出现；5、6、7、8、9、10六个AC值的遗漏值非常小，尤其7、8两个AC值频繁出现，因此，在实战中彩民可以利用这个特征重点关注AC值6、7、8、9、10。

表4-4 双色球2003001~2008040期AC值遗漏规律统计表

AC值遗漏	0	1	2	3	4	5	6	7	8	9	10
统计期数	711	711	711	711	711	711	711	711	711	711	711
遗漏次数	0	0	3	4	19	44	120	144	200	116	60
平均遗漏	711	711	177	141.4	34.6	14.82	4.88	3.91	2.54	5.09	10.67
最大遗漏	711	711	362	364	139	62	39	22	14	33	37
遗漏1次	0	0	0	0	0	2	14	20	28	14	8
遗漏2次	0	0	0	0	1	1	18	17	38	13	7
遗漏3次	0	0	0	0	0	1	16	18	28	13	3
遗漏4次	0	0	0	0	1	3	8	12	14	6	9

续表

遗漏5次	0	0	0	0	0	4	8	11	11	11	2
遗漏6次	0	0	0	0	0	2	29	10	7	8	1
遗漏7次	0	0	0	0	0	1	1	34	6	1	1
遗漏8次	0	0	0	0	1	1	3	3	58	7	1
遗漏9次	0	0	0	0	0	1	3	3	4	26	3
遗漏10次	0	0	0	0	0	1	3	5	2	4	3
遗漏10次以上	0	0	3	4	16	27	17	11	4	13	22
遗漏临界点	—	—	—	—	1-11	1-11	1-8	1-7	1-7	1-9	1-10

说明：

① 统计期数：指双色球开奖截止到2008040期的所有历史开奖数据；

② 遗漏次数：指统计期数内出现的遗漏次数；

③ 平均遗漏：统计期数-遗漏次数/（遗漏次数+1）；

④ 最大遗漏：指统计期数内连续出现遗漏的最大次数；

⑤ 遗漏N次：指统计期数内每次连续出现N次遗漏的所有出现次数；

⑥ 临界点：指统计期数内遗漏终止时出现次数最多的遗漏范围，也是遗漏出现"反转"时机的高概率范围值；

⑦ 表中"——"代表数据通过计算后没有实际价值，忽略不计

在表4-5双色球AC值惯性规律统计表中，通过对双色球截止到2008040期共711期数据的AC值惯性进行统计后发现，0、1、2、3、4五个AC值在统计期内没有出现过惯性，5、10两个AC值在统计期出现的次数极少，说明在实战中，当这七个AC值中的一个出现后，在接下来的开奖中完全可以排除上期出现的AC值。6、7、8、9四个AC值虽然出现过惯性，但是大多数情况下惯性1~2次后就会立即进行"反转"。因此，彩民在实战中完全可以利用AC值的这种特征来选择AC值，从而优化投注号码。

表4-5　双色球2003001~2008040期AC值惯性规律统计表

AC值惯性	0	1	2	3	4	5	6	7	8	9	10
统计期数	711	711	711	711	711	711	711	711	711	711	711
惯性次数	0	0	0	0	0	3	23	30	56	21	1
平均惯性	0	0	0	0	0	0.04	0.32	0.42	0.79	0.30	0.01
最大惯性	0	0	0	0	0	1	2	4	5	3	1
惯性1次	0	0	0	0	0	3	21	26	37	16	1

续表

惯性2次	0	0	0	0	0	0	2	2	13	4	0
惯性3次	0	0	0	0	0	0	0	1	4	1	0
惯性4次	0	0	0	0	0	0	0	1	1	0	0
惯性5次	0	0	0	0	0	0	0	0	1	0	0
惯性6次	0	0	0	0	0	0	0	0	0	0	0
惯性7次	0	0	0	0	0	0	0	0	0	0	0
惯性8次	0	0	0	0	0	0	0	0	0	0	0
惯性9次	0	0	0	0	0	0	0	0	0	0	0
惯性10次	0	0	0	0	0	0	0	0	0	0	0
惯性10次以上	0	0	0	0	0	0	0	0	0	0	0
惯性临界点	—	—	—	—	—	—	1-1	1-1	1-2	1-1	1-1

说明：

① 统计期数：指双色球开奖截止到2008040期的所有历史开奖数据；

② 惯性次数：指统计期数内出现的惯性次数；

③ 平均惯性：指统计期数内平均10期开奖数据里惯性的出现次数，计算公式为：惯性次数/统计期数×10；

④ 最大惯性：指统计期数内连续出现惯性的最大次数；

⑤ 惯性N次：指统计期数内每次连续出现N次惯性的所有出现次数；

⑥ 临界点：指统计期数内惯性终止时出现次数最多的惯性范围，也是惯性出现"反转"时机的高概率范围值；

⑦ 表中"——"代表数据通过计算后没有实际价值，忽略不计

表4-6是根据博彩公式计算得到的双色球AC值指标遗漏值量化表，通过这个表可以看出任意一个AC值指标的遗漏值达到一定期数时，该AC值出现的可能性是多少，能更好地进行实战指导。

表4-6 双色球AC值指标遗漏值量化表

AC值遗漏	0	1	2	3	4	5	6	7	8	9	10
号码分布(注)	93	437	3093	9642	32735	68691	184858	224408	339540	158760	85308
理论出现概率	0.008%	0.039%	0.279%	0.871%	2.956%	6.202%	16.69%	20.261%	30.656%	14.334%	7.702
90%遗漏值	28781期	5903期	824期	263期	77期	36期	13期	10期	6期	15期	29期
95%遗漏值	37445期	7679期	1072期	342期	100期	47期	16期	13期	8期	19期	37期
99%遗漏值	57562期	11805期	1648期	526期	153期	72期	25期	20期	13期	30期	57期
99.9%遗漏值	96343期	17708期	2472期	790期	230期	108期	38期	31期	19期	45期	86期

2. AC值的指标统计

AC值在实战中的指标统计方法及分析技术和"排序定位法"中红球号码排序尾是一样的，只要按照表4-7填写和统计就可以了，这里不再赘述。我们截取双色球2007001~2007029期共29期历史开奖数据来示范制作AC值统计表。

表4-7 双色球2007001~2007029期AC值统计表

开奖期号	红球号码	蓝球号码	AC值	大数	中数	小数	2路	0路	1路	重合码	大数	小数	奇数	偶数	质数	合数
2007001	02 04 09 10 20 26	14	8	大数	1	1	2路	1	1	⑧	大数	1	1	偶数	1	合数
2007002	05 06 14 20 21 22	01	5	1	中数	2	2路	2	2	1	大数	2	奇数	1	质数	1
2007003	05 09 11 12 22 27	15	10	2	1	小数	1	3	1路	2	1	小数	1	偶数	1	合数
2007004	03 07 10 13 25 33	10	9	大数	2	1	2	0路	1	3	大数	4	奇数	1	2	合数
2007005	01 05 06 16 24 30	12	10	1	3	小数	3	1	1路	4	大数	5	1	3	合数
2007006	06 10 14 22 26 27	11	5	2	中数	1	2路	2	1	5	大数	6	奇数	1	质数	1
2007007	04 12 15 17 22 32	14	8	大数	1	1	2路	3	2	⑧	大数	7	1	偶数	1	合数
2007008	01 04 05 18 19 25	10	8	大数	2	1	2路	4	3	⑧	大数	8	1	偶数	2	合数
2007009	02 04 14 15 25 27	15	4	1	中数	4	1	5	1路	1	1	小数	3	偶数	3	合数
2007010	03 08 14 17 30 32	05	10	2	1	小数	2	6	1路	2	2	小数	4	偶数	4	合数
2007011	03 10 15 25 28 33	16	8	大数	1	1	2路	7	0路	⑧	大数	11	5	合数
2007012	03 05 07 21 26 32	04	6	1	中数	2	1	0路	2	1	大数	12	6	偶数	6	合数
2007013	05 15 18 27 29 32	05	8	大数	1	1	2路	3	⑧	大数	13	7	偶数	7	合数
2007014	01 13 16 20 24 26	09	9	大数	2	4	1	0路	1	大数	14	奇数	1	8	合数
2007015	03 04 08 18 22 30	15	8	大数	3	5	2路	1	5	⑧	大数	15	1	偶数	9	合数
2007016	01 18 20 22 26 33	05	8	大数	4	1	2路	2	6	⑧	大数	16	1	偶数	10	合数
2007017	05 09 10 24 25 32	14	8	大数	5	7	2路	3	⑧	大数	17	3	偶数	11	合数
2007018	01 12 18 20 21 26	11	8	大数	6	1	2路	4	8	⑧	大数	18	4	偶数	12	合数
2007019	04 11 16 29 31	8	大数	7	2路	5	9	⑧	大数	19	5	偶数	13	合数
2007020	05 10 16 20 28 31	8	大数	8	10	2路	6	10	⑧	大数	20	偶数	14	合数
2007021	03 06 09 11 25 31	13	7	大数	9	11	1	7	1路	1	大数	21	奇数	1	质数	1
2007022	02 04 07 10 18 27	10	8	大数	10	12	2路	8	2	⑧	大数	22	1	偶数	1	合数
2007023	03 07 13 17 32 33	02	8	大数	11	13	2路	9	2	⑧	大数	23	2	偶数	2	合数
2007024	08 09 17 25 27 32	06	9	大数	12	14	1	0路	3	1	大数	24	奇数	1	3	合数
2007025	03 16 18 22 23 26	03	9	大数	13	15	2	0路	4	2	大数	25	奇数	4	合数
2007026	01 04 16 24 25	4	1	中数	16	3	1路	3	1	小数	偶数	5	合数
2007027	02 03 09 22 24 27	11	10	2	1	小数	4	2	1	4	2	小数	2	偶数	6	合数
2007028	03 08 13 20 29 30	11	7	大数	2	1	5	3	1路	5	大数	28	奇数	1	质数	1
2007029	06 08 09 11 19 21	10	5	1	中数	2	2路	4	1	6	大数	29	奇数	2	质数	2

说明：

这里要重点说明的是，最小的AC值为0，因为出现概率极低，我们忽略不计；最大AC值是10，为了统计方便把它规定为小数、1路、偶数、合数，请在实战中小心区分使用。根据经验，如果AC值出现在小数区，那么该AC值就是10。

3. AC值的实战运用

通过分析投注号码的AC值，我们可以重新筛选备选的号码组合，同时，AC值也是评估乐透型彩票号码是否合理的重要参数。AC值越大，表明所选号码组合算术级数越复杂，规律性越差，随机性越强。因此，在过滤号码时，我们要除去那些AC值明显较低的号码组合，通过此种方式能够有效地缩减你的投注金额。

从表4-1中可以看到，AC值为0~4的出现概率约为4%，所以，在过滤号码时，我们大可以将AC值的范围锁定在5~10之间。接下来，我们再通过遗漏值、惯性以及热冷温等分析技术对AC值进行分析判断，确定一个AC值，从而保证所选号码组合的合理性。

表4-8 双色球红球号码投注号码AC值表

注数	投注号码（红球号码）						AC值
第一注	04	11	16	23	29	31	8
第二注	05	10	16	20	28	31	8
第三注	03	07	10	13	25	33	9
第四注	01	05	06	16	24	30	10
第五注	03	05	07	21	26	28	6
第六注	03	06	09	11	25	31	7
第七注	08	09	17	25	27	32	9
第八注	03	16	18	22	23	26	9
第九注	03	08	13	20	29	30	7
第十注	03	07	13	17	32	33	8

假设我们通过运用"排序定位法"和"定位旋转矩阵组号法"选择了表4－8中的10注红球号码准备投注。为了评估这10注号码的合理性，我们从形态上对这些红球号码的AC值进行了统计、分析，并认为AC值为8出现的可能性极高。我们再看这10注号码组合，AC值为8的号码组合只有3注，分别为第一、第二和第十注，那么这3注号码就是最合理的备选号码。

4. 经验总结

第一，AC值具有整体偏高的特征，尤其出现在6、7、8、9范围内的概率最大。

第二，AC值如果短期内偏离6~9范围，那么迅速回归的特性非常明显。

第三，只有把AC值统计表、遗漏规律统计表、惯性规律统计表、遗漏值量化表等结合使用，才能更好地分析判断即将开奖号码的AC值。

二、质数个数优化

在彩票选号分析中，质数指的是仅能被自身和1整除的数，1不是质数。双色球中的质数共有11个，即2、3、5、7、11、13、17、19、23、29、31。质数个数统计的是一注号码里质数的个数。

1. 分析质数个数的重要性

我们通过概率公式可计算出双色球里质数个数理论上出现的概率，如表4-9所示。

表4-9 双色球质数个数出现情况理论概率表

每期出现的质数个数	理论概率
0	6.74%
1	26.15%
2	36.33%
3	22.94%
4	6.88%
5	0.92%
6	0.04%

从理论上计算，平均一注号码中出现的质数个数为2个。表4-9说明质数个数为2个的理论出现概率最高，其次质数个数为1个、3个，质数个数为0个、4个出现的概率较低，质数个数为5个、6个的出现概率更低，可以忽略不计。其中，质数个数分别为1、2、3的总出现概率为85.42%，与历史数据的统计结果相接近，因此，双色球每期开奖号码里包含的质数个数在1~3之间的概率为85.42%，说明质数个数在开奖号码里的出现是个常态。

当期开奖号码里的质数个数究竟会有几个？我们根据对历史开奖数据中质数个数的分析，正确判断目标期开奖号码的质数个数，就可有效缩小选号范围。

在实战中，对红球号码的质数个数进行形态分析，不但能帮助我们优化过滤备选号码，高概率地命中中奖号码，而且能最大限度地节约资金。它和AC值一样，是进行号码组合优化的有力武器。

2. 如何选择质数个数

通过对比双色球质数个数的理论出现概率和实际概率，我们可知：如果某一期双色球号码中没有出现质数，或者质数个数为4个或4个以上，那么其在下期出现"反转"的概率极高。

每期开奖号码里质数个数的数量其实是号码的一种表现形态。通过分析5~10期的中奖号码的质数个数，我们能较准确地判断下期中奖号码里质数的个数。当某一期或几期中奖号码里质数的个数严重偏离它的理论值时，下期号码的质数个数就可能朝相反方向"反转"。

如表4-10所示，双色球2008005~2008014期共10期的中奖号码中，质数个数为21个，平均每期为2.1个。当质数个数偏离理论值呈现偏态时，便可预测下期的质数个数向相反方向调整。第2008006期的质数个数是0，远远小于理论值。因此，下期中奖号码里很有可能出现质数个数较多的形态。第2008007期的质数个数为3个。同理，2008013期的中奖号码中质数个数为1个，下期第2008014期的质数个数为4个，迅速回补了上期的偏态。

表4-10　双色球第2008005~2008014期质数分析

期号	红球号码	质数个数
2008005	03 05 15 22 24 25	2
2008006	01 14 16 18 22 27	0
2008007	01 13 17 22 23 30	3
2008008	02 15 16 23 26 27	2
2008009	09 21 29 30 31 32	2
2008010	03 08 11 17 21 27	3
2008011	02 14 17 21 30 32	2
2008012	03 04 05 16 20 30	2
2008013	02 08 15 16 22 28	1
2008014	03 09 11 17 21 31	4
2008015	——	21个

表4-11是根据博彩公式计算得到的质数个数遗漏值量化表，通过这个表可以看出某个质数个数的遗漏值达到一定期数时该质数个数出现的可能性是多少，供大家在分析时参考使用，能更好地进行实战指导。

表4-11 双色球质数个数指标遗漏值量化表

质数个数	0	1	2	3	4	5	6
理论出现概率	6.74%	26.15%	36.33%	22.94%	6.88%	0.92%	0.04%
90%遗漏值	33期	8期	5期	9期	32期	249期	5755期
95%遗漏值	43期	10期	7期	11期	42期	324期	7488期
99%遗漏值	66期	15期	10期	18期	65期	498期	11510期
90.9%遗漏值	99期	23期	15期	27期	97期	747期	17265期

表4-12通过对双色球截止到2008040期共711期数据的质数个数遗漏值进行统计，发现最大遗漏值都没有超出遗漏值量化表里99.9%可信性时所遗漏的期数，大多数在没有达到99%时就已经出现。同时还发现，质数个数为1个、2个、3个、4个时在遗漏1~4期后"反转"的概率很高，值得我们在实战中关注。

表4-12 双色球2003001~2008040期质数个数遗漏规律统计表

质数个数	0	1	2	3	4	5	6
统计期数	711	711	711	711	711	711	711
遗漏次数	51	150	166	122	50	7	0
平均遗漏	12.69	3.72	3.26	4.79	12.96	88	711
最大遗漏	43	21	14	25	53	180	711
遗漏1次	6	47	61	29	3	0	0
遗漏2次	2	29	39	23	3	0	0
遗漏3次	2	19	26	12	3	0	0
遗漏4次	3	16	16	18	4	0	0
遗漏5次	4	12	7	10	5	0	0
遗漏6次	3	8	5	8	2	1	0
遗漏7次	0	4	3	4	4	0	0
遗漏8次	1	4	3	2	2	0	0
遗漏9次	4	2	2	3	0	0	0
遗漏10次	0	3	1	2	1	1	0
遗漏10次以上	26	6	3	11	23	5	0
遗漏临界点	1-6	1-5	1-3	1-6	1-6	—	—

说明：

① 统计期数：指双色球开奖截止到2008040期的所有历史开奖数据；

② 遗漏次数：指统计期数内遗漏出现的次数；

③ 平均遗漏：统计期数-遗漏次数/（遗漏次数+1）；

④ 最大遗漏：指统计期数内连续出现遗漏的最大次数；

⑤ 遗漏N次：指统计期数内每次连续出现N次遗漏的所有出现次数；

⑥ 临界点：指统计期数内遗漏终止时出现次数最多的遗漏范围，也是遗漏出现"反转"时机的高概率范围值；

⑦ 表中"——"代表数据通过计算后没有实际价值，忽略不计

表4-13通过对711期双色球历史开奖号码的质数个数的惯性进行统计，发现质数个数为5、6时没有出现过惯性，而质数个数为0、1、2、3、4时，惯性一次后立即"反转"的概率极高，根据这一特征，在实战中可以排除一些不符合条件的备选号码。

表4-13 双色球2003001~2008040期质数个数惯性规律统计表

质数个数	0	1	2	3	4	5	6
统计期数	711	711	711	711	711	711	711
惯性次数	2	36	80	44	2	0	0
平均惯性	0.03	0.51	1.13	0.62	0.03	0	0
最大惯性	1	3	4	4	1	0	0
惯性1次	2	28	54	31	2	0	0
惯性2次	0	6	17	9	0	0	0
惯性3次	0	2	7	3	0	0	0
惯性4次	0	0	2	1	0	0	0
惯性5次	0	0	0	0	0	0	0
惯性6次	0	0	0	0	0	0	0
惯性7次	0	0	0	0	0	0	0
惯性8次	0	0	0	0	0	0	0
惯性9次	0	0	0	0	0	0	0
惯性10次	0	0	0	0	0	0	0
惯性10次以上	0	0	0	0	0	0	0
惯性临界点	1-1	1-1	1-2	1-1	1-1	——	——

说明：

① 统计期数：指双色球开奖截止到2008040期的所有历史开奖数据；

② 惯性次数：指统计期数内出现的惯性次数；

③ 平均惯性：指统计期数内平均10期开奖数据里惯性的出现次数，计算公式为：惯性次数/统计期数×10；

④ 最大惯性：指统计期数内连续出现惯性的最大次数；

⑤ 惯性N次：指统计期数内每次连续出现N次惯性的所有出现次数；

⑥ 临界点：指统计期数内惯性终止时出现次数最多的惯性范围，也是惯性出现"反转"时机的高概率范围值；

⑦ 表中"——"代表数据通过计算后没有实际价值，忽略不计

3. 经验总结

第一，根据理论出现概率和历史数据统计，开奖号码中质数个数分别为1、2、3的出现概率最大。

第二，质数个数如果短期内偏离上述高概率的出现范围，那么迅速回归的特性非常明显。

第三，根据质数个数遗漏规律统计表，质数个数遗漏1~4期后出现"反转"的概率极高。

第四，根据质数个数惯性规律统计表，某个质数个数出现后在下期很难再次出现。

第五，只有把质数个数遗漏规律统计表、惯性规律统计表、遗漏值量化表等结合使用，才能更好地预测即将开奖号码的质数个数。

4. 案例分析

下面，我们根据表4-10中双色球2008005~2008014期红球号码的历史数据，对质数个数进行分析，以优化2008015期的备选号码。

通过运用"排序定位法"与"旋转矩阵组合法"，我们选择了两注红球号码02、05、19、24、27、31和03、06、11、22、25、32为备选号码。我们在表4-9中可以看到2008014期中奖号码的质数有4个，超过了理论值，所以继续出现4个质数的可能性很小，质数个数一定会"反转"回归到理论值附近。而第一注备选号码02、05、19、24、27、31中质数个数为4，所以完全可以高概率地排除它。另一注备选号码的质数个数为2，符合我们的分析，所以保留。

第2008015期实际开奖号码的质数个数恰恰是2，与预测相吻合。

三、重号个数优化

重号是指在上期出现了之后在下期继续出现的号码，也就是间隔为0期的号码。重号个数是指上期开奖中出现的号码在本期出现的个数。

举例来说，双色球第2004042期红球号码为06、10、13、17、18、21，双色球的第2004043期红球号码为04、09、10、21、22、24，则重号为10、21，重号个数是2个。

1. 重号个数的重要性

我们通过概率公式可计算出双色球里重号个数理论上出现的概率，如表4-14所示。

表4-14　双色球重号个数理论出现概率

重号个数	0	1	2	3	4	5	6
出现概率	26.73%	43.73%	23.77%	5.28%	0.48%	0.01%	0.00009%

在双色球的开奖号码里，重号个数为0的理论概率为26.73%，而统计711期双色球历史开奖号码，重号个数为0的实际出现概率为28.55%，与理论出现概率接近。因此可知，双色球每期开奖号码里包含的重号个数在1~6之间的概率为71.45%，说明重号是一种常态。

开奖中，和上期中奖号码相同的号码即重号究竟会有几个？我们根据对历史数据重号个数的分析，正确判断目标期开奖号码的重号个数，可有效地缩小选号范围。这就是通过分析重号个数后对备选红球号码的进一步优化。

2. 如何选择重号个数

表4-14的概率统计表明，双色球重号0个、1个、2个的总概率约为94%。因此，重号为3个、4个、5个、6个的形态完全可以忽略不计，事实上在开奖中这种情况的发生是微乎其微的。

所以，0~2是双色球重号个数的重点分析范围。在实战中，通过利用遗漏值、惯性及热冷温等技术来分析重号个数高概率的出现范围，能最终确定重号个数的出现情况。

表4-15是根据博彩公式计算得到的重号个数指标遗漏值量化表，通过这个表可以看出在某一个重号个数指标的遗漏值达到一定期数时该重号个数出现的可能性是多少，能更好地进行实战指导。

表4-15 双色球重号个数遗漏值量化表

重号个数	0	1	2	3	4	5	6
理论出现概率	26.73%	43.73%	23.77%	5.28%	0.48%	0.01%	0.00009%
90%遗漏值	7期	4期	8期	42期	479期	23024期	2558427期
95%遗漏值	10期	5期	11期	55期	623期	29956期	3328590期
99%遗漏值	15期	8期	17期	85期	957期	46049期	5116853期
99.9%遗漏值	22期	12期	25期	127期	1436期	69074期	7675280期

表4-15中，重号个数为0、1、2这三种形态是我们实战分析的重点。例如，目前开奖中重号个数出现为0的形态已经遗漏了8期，根据遗漏值量化表可知，重号个数为0的情况遗漏8期时该形态出现的可能性已经超过了90%，接近95%，所以，我们在接下来的开奖中要重点关注重号个数为0的投注号码。

表4-16中，3、4、5、6四个重号个数形态的遗漏值很大，说明这四个重号个数形态的出现次数很低，完全可以忽略不计；0、1、2三个重号个数的遗漏值非常小，表明出现频繁，并且每种重号个数形态分别遗漏1~4期后"反转"的概率极高，所以在实战中可以利用这个特征重点关注它们的出现。

表4-16 双色球2003001~2008040期重号个数遗漏规律统计表

重号个数	0	1	2	3	4	5	6
统计期数	711	711	711	711	711	711	711
遗漏次数	153	179	135	30	4	0	0
平均遗漏	3.62	2.96	4.24	21.97	141.4	711	711
最大遗漏	18	11	24	112	281	711	711
遗漏1次	44	81	31	1	0	0	0
遗漏2次	29	39	21	1	1	0	0
遗漏3次	28	25	24	2	0	0	0
遗漏4次	19	18	16	0	0	0	0
遗漏5次	10	7	17	1	0	0	0
遗漏6次	9	3	5	5	1	0	0
遗漏7次	2	2	7	0	0	0	0
遗漏8次	4	0	4	0	0	0	0
遗漏9次	3	2	0	1	0	0	0
遗漏10次	0	1	1	1	0	0	0
遗漏10次以上	5	1	9	18	3	0	0
遗漏临界点	1-4	1-3	1-5	1-6	1-1	—	—

说明：

① 统计期数：指双色球开奖截止到2008040期的所有历史开奖数据；

② 遗漏次数：指统计期数内遗漏出现的次数；

③ 平均遗漏：统计期数-遗漏次数/（遗漏次数+1）；

④ 最大遗漏：指统计期数内连续出现遗漏的最大次数；

⑤ 遗漏N次：指统计期数内每次连续出现N次遗漏的所有出现次数；

⑥ 临界点：指统计期数内遗漏终止时出现次数最多的遗漏范围，也是遗漏出现"反转"时机的高概率范围值；

⑦ 表中"——"代表数据通过计算后没有实际价值，忽略不计

表4-17是711期数据的重号个数惯性规律统计表。重号个数3在统计期内出现过2次惯性，而4、5、6三个重号个数在统计期内没有出现过惯性，这说明在实战中，如果连续两次出现重号个数为3、4、5或6，那么在接下来的开奖中几乎可以100%地排除继续惯性的可能性。一般来说，重号个数惯性一两次后就不会继续惯性下去。

表4-17 双色球2003001~2008040期重号个数惯性规律统计表

重号个数	0	1	2	3	4	5	6
统计期数	711	711	711	711	711	711	711
惯性次数	48	119	40	2	0	0	0
平均惯性	0.68	1.67	0.56	0.03	0	0	0
最大惯性	3	5	3	1	0	0	0
惯性1次	36	70	33	2	0	0	0
惯性2次	11	30	6	0	0	0	0
惯性3次	1	12	1	0	0	0	0
惯性4次	0	5	0	0	0	0	0
惯性5次	0	2	0	0	0	0	0
惯性6次	0	0	0	0	0	0	0
惯性7次	0	0	0	0	0	0	0
惯性8次	0	0	0	0	0	0	0
惯性9次	0	0	0	0	0	0	0
惯性10次	0	0	0	0	0	0	0
惯性10次以上	0	0	0	0	0	0	0
惯性临界点	1-1	1-2	1-1	1-1	——	——	——

说明：

① 统计期数：指双色球开奖截止到2008040期的所有历史开奖数据；

② 惯性次数：指统计期数内出现的惯性次数；

③ 平均惯性：指统计期数内平均10期开奖数据里惯性的出现次数，计算公式为：惯性次数/统计期数×10；

④ 最大惯性：指统计期数内连续出现惯性的最大次数；

⑤ 惯性N次：指统计期数内每次连续出现N次惯性的所有出现次数；

⑥ 临界点：指统计期数内惯性终止时出现次数最多的惯性范围，也是惯性出现"反转"时机的高概率范围值；

⑦ 表中"——"代表数据通过计算后没有实际价值，忽略不计

3. 经验总结

第一，根据理论出现概率和历史数据统计，开奖号码中包含重号个数分别为0、1、2的出现概率最大。

第二，重号个数如果短期内偏离上述高概率的出现范围，那么迅速回归的特性非常明显。

第三，根据重号个数遗漏规律统计表，重号个数遗漏1~4期后出现"反转"的概率极高。

第四，根据重号个数惯性规律统计表，重号个数出现惯性1~2次"反转"的概率很高。

4. 案例分析

假设在2006095期中，我们选择了3注红球号码准备进行投注（先不考虑蓝球），分别为：第一注01、12、17、18、28、32，第二注02、03、13、19、25、30，第三注01、03、17、20、21、29。

在表4-18中，我们选择双色球2006075~2006094期共计20期数据为样本对重号个数进行分析，再优化备选号码。

表4-18 双色球2006075~2006094期重号个数分析

开奖号码	红球号码						重号个数
2006075	10	21	22	23	25	33	2
2006076	04	10	17	21	29	32	2
2006077	08	09	12	13	19	33	0

续表

2006078	03	05	17	22	31	33	1
2006079	06	11	13	17	20	32	1
2006080	15	17	20	22	26	29	2
2006081	14	16	18	21	22	32	1
2006082	03	13	15	23	28	29	0
2006083	07	09	18	19	26	29	1
2006084	01	12	17	21	25	28	0
2006085	02	06	18	21	24	25	2
2006086	04	06	10	24	26	31	2
2006087	04	05	08	09	12	30	1
2006088	03	11	20	24	25	26	0
2006089	01	13	16	18	19	22	0
2006090	02	11	15	20	23	29	0
2006091	07	08	12	21	22	24	0
2006092	02	08	11	16	20	21	2
2006093	02	12	16	18	19	23	2
2006094	15	16	17	18	24	33	2

我们从表4-18中可以看出，红球号码的重号个数在0~2范围内频繁交替出现。在2006092期、2008093期、2008094期连续三期开奖号码中，重号的出现个数都为2，惯性出现次数为2。根据双色球重号个数惯性规律统计表可知，重号个数2连续惯性2次后，它很难继续出现，可大胆地排除此类备选号码。

我们备选的第一注号码01、12、17、18、28、32中，因为含有2006094期开奖号码内的17、18两个号码，即重号个数为2，故排除此备选号码。

在表4-18里，我们观察到重号个数为0的形态在2006088~2006091期连续出现了4期，表现为短期热态，预计后期会呈现相对的温态或冷态以求均衡，所以我们可以关注它，但不是分析的重点。

还有一个显著的特征：重号个数为1的理论出现概率最大，但截止到2006094期，它已经连续遗漏了7期，表现了极度的"非等量"冷态。为求均衡，近期内一定会调偏回补。而且，根据重号个数遗漏值量化表可知，重号个数为1在遗漏7期时，它再次开出的可信性已经超过了95%，接近了99%；同样，根据重号个数遗漏值规律统计表可以看到，重号个数为1在遗漏次数达到7后立即"反转"的概率极高。

综合以上分析，我们重点选择当期开奖号码里的重号个数为1。对比剩下的两注备选红球号码，只有第三注号码01、03、17、20、21、29符合要求。事实胜于雄辩，2006095期开奖号码的重号个数为1，证明我们的分析是完全正确的。

四、奇偶比形态优化

双色球中，能被2整除的号码称为偶数号码，如12、22等；不能被2整除的号码称为奇数号码，如01、11、23等。双色球的33个红球号码里包括17个奇数号码和16个偶数号码。

奇偶比是指红色球开奖号码里奇数号码个数与偶数号码个数之比。如双色球第2004088期红球开奖号码为：02、10、19、22、24、32，其中奇数号码是19，偶数号码有02、10、22、24、32，那么这注号码的奇偶比为1∶5，其他以此类推。

1. 分析奇偶比的重要性

我们通过概率公式计算出了双色球里所有奇偶比的理论出现概率，如表4-19所示。

表4-19　双色球奇偶比分类及其理论出现概率

双色球(红球)	奇偶比分类及其理论出现概率						
	全奇	5奇1偶	4奇2偶	3奇3偶	2奇4偶	1奇5偶	全偶
33选6	1.12%	8.94%	25.79%	34.38%	22.35%	6.70%	0.72%

通过表4-19可知，在双色球中，5奇1偶、4奇2偶、3奇3偶、2奇4偶、1奇5偶5个组合的总出现概率为98.16%，也就是说，在这个范围内选择投注号码，中奖概率为98.16%；其中，4奇2偶、3奇3偶、2奇4偶三个组合的总出现概率达到82.52%。这也说明了理论上全奇与全偶组合出现的机会很小，在实战中完全可以忽略不计。

在实战中如能根据对历史数据中奇偶比出现状况的分析，正确判断即将开奖号码的奇偶比出现形态，便能事半功倍地缩小选号范围。如果投注号码不符合该奇偶比形态，那它一定不是中奖号码，我们完全将其排除。通过分析奇偶比的出现形态后，彩民可以对备选红球号码进行合理、科学的优化。

2. 如何选择奇偶比

表4-19中，双色球中奇偶比出现为5奇1偶、4奇2偶、3奇3偶、2奇4偶、1奇5偶五种形态时，总出现概率约为98.16%。全奇或全偶形态只占1.84%，完全可以忽略不计，事实上在实战中这种情况几乎不可能发生。4奇2偶、3奇3偶、2奇4偶三种形态的出现概率为82.52%，是重点分析对象。在实战中，通过利用遗漏值、惯性及热

冷温等技术来进行分析奇偶比高概率的形态出现范围，才能最终确定奇偶比的出现情况。

表4-20是根据博彩公式计算得到的奇偶比遗漏值量化表，通过这个表可以看出某一个奇偶比形态的遗漏值达到一定期数时其出现的可能性是多少。

表4-20 双色球奇偶比遗漏值量化表

奇偶比	全奇	5奇1偶	4奇2偶	3奇3偶	2奇4偶	1奇5偶	全偶
理论出现概率	1.12%	8.97%	25.79%	34.38%	22.35%	6.70%	0.72%
90%遗漏值	204期	25期	8期	5期	9期	33期	319期
95%遗漏值	266期	32期	10期	7期	12期	43期	415期
99%遗漏值	409期	49期	15期	11期	18期	66期	637期
99.9%遗漏值	613期	74期	23期	16期	27期	100期	956期

在表4-20中，奇偶比为4奇2偶、3奇3偶、2奇4偶三种形态是我们实战分析的重点。假设在目前开奖中3奇3偶的形态已经遗漏了5期，根据遗漏值量化表可知，奇偶比为3奇3偶的形态遗漏10期时，该形态出现的可能性已经超过了95%，几乎接近99%，所以在接下来的开奖中要重点关注奇偶比形态为3奇3偶的投注号码。

表4-21分析了双色球共711期历史开奖号码的奇偶比遗漏值，我们发现全奇、全偶、5奇1偶、1奇5偶等四种形态的遗漏值非常大，说明这四种奇偶比形态的出现次数很低，尤其全奇、全偶两种形态的出现完全可以忽略不计。4奇2偶、3奇3偶、2奇4偶三种奇偶形态的遗漏值非常小，并且每种奇偶比形态分别遗漏1~4期后"反转"的概率极高，所以在实战中可以利用这个特征重点关注它们。

表4-21 双色球2003001~2008040期奇偶比遗漏规律统计表

奇偶比	全奇	5奇1偶	4奇2偶	3奇3偶	2奇4偶	1奇5偶	全偶
统计期数	711	711	711	711	711	711	711
遗漏次数	13	56	125	163	125	48	9
平均遗漏	49.86	11.48	4.65	3.34	4.65	13.53	70.2
最大遗漏	195	61	21	12	24	47	179
遗漏1次	1	5	28	53	26	4	0
遗漏2次	0	3	28	36	22	0	0
遗漏3次	0	4	13	31	15	2	0
遗漏4次	0	4	14	17	15	9	0
遗漏5次	0	3	8	4	12	2	0
遗漏6次	0	6	9	8	9	0	1

遗漏7次	0	0	4	6	7	1	0
遗漏8次	0	4	7	2	7	5	0
遗漏9次	0	2	3	3	4	4	1
遗漏10次	0	3	0	1	0	2	0
遗漏10次以上	12	22	11	2	8	19	7
遗漏临界点	1-11	1-10	1-6	1-4	1-6	1-10	1-11

说明：

① 统计期数：指双色球开奖截止2008040期的所有历史开奖数据；

② 遗漏次数：指统计期数内遗漏出现的次数；

③ 平均遗漏：统计期数-遗漏次数/（遗漏次数+1）；

④ 最大遗漏：指统计期数内连续出现遗漏的最大次数；

⑤ 遗漏N次：指统计期数内每次连续出现N次遗漏的所有出现次数；

⑥ 临界点：指统计期数内遗漏终止时出现次数最多的遗漏范围，也是遗漏出现"反转"时机的高概率范围值

表4-22通过对711期双色球开奖号码的奇偶比共7种形态的惯性进行统计，发现全奇、全偶、5奇1偶、1奇5偶四种奇偶比形态在开奖中极少出现惯性，表明只要有其中一种奇偶比形态出现后，就可以高概率地排除该种形态继续出现的可能性。4奇2偶、3奇3偶、2奇4偶三种奇偶形态相对出现得比较频繁。

表4-22 双色球2003001~2008040期奇偶比惯性规律统计表

奇偶比	全奇	5奇1偶	4奇2偶	3奇3偶	2奇4偶	1奇5偶	全偶
统计期数	711	711	711	711	711	711	711
惯性次数	0	2	50	76	42	1	0
平均惯性	0	0.03	0.7	1.07	0.59	0.01	0
最大惯性	0	1	6	3	2	1	0
惯性1次	0	2	32	55	35	1	0
惯性2次	0	0	11	17	7	0	0
惯性3次	1	0	4	4	0	0	0
惯性4次	0	0	1	0	0	0	0
惯性5次	0	0	1	0	0	0	0
惯性6次	0	0	0	0	0	0	0
惯性7次	0	0	0	0	0	0	0
惯性8次	0	0	0	0	0	0	0

续表

惯性9次	0	0	0	0	0	0	0
惯性10次	0	0	0	0	0	0	0
惯性10次以上	0	0	0	0	0	0	0
惯性临界点	—	1-1	1-2	1-1	1-1	1-1	—

说明：

① 统计期数：指双色球开奖截止2008040期的所有历史开奖数据；

② 惯性次数：指统计期数内惯性出现的次数；

③ 平均惯性：指统计期数内平均10期开奖数据里惯性的出现次数，计算公式为：惯性次数/统计期数×10；

④ 最大惯性：指统计期数内连续出现惯性的最大次数；

⑤ 惯性N次：指统计期数内每次连续出现N次惯性的所有出现次数；

⑥ 临界点：指统计期数内惯性终止时出现次数最多的惯性范围，也是惯性出现"反转"时机的高概率范围值；

⑦ 表中"——"代表数据通过计算后没有实际价值，忽略不计

3. 经验总结

第一，4奇2偶、3奇3偶、2奇4偶三种奇偶形态因为高概率的出现，是实战中分析的重点。

第二，必须结合奇偶比遗漏值量化表、遗漏规律统计表、惯性规律统计表去高概率地综合分析。

4. 案例分析

我们以表4-23中双色球2006047~2006066期共计20期数据为样本对奇偶比进行分析。

表4-23　双色球2006047~2006066期奇偶比分析

开奖号码	红球号码						奇偶比
2006047	02	17	20	22	28	32	1：5
2006048	09	13	19	25	29	32	5：1
2006049	06	10	12	13	17	20	2：4
2006050	02	06	12	15	25	31	3：3
2006051	02	06	07	17	27	30	3：3
2006052	11	24	26	27	30	32	2：4

续表

2006053	01	11	17	27	28	31	5∶1
2006054	03	05	07	10	28	30	3∶3
2006055	04	05	28	29	31	33	4∶2
2006056	11	13	15	21	23	25	6∶0
2006057	03	04	17	18	21	31	4∶2
2006058	01	12	22	23	24	25	3∶3
2006059	05	10	15	17	27	29	5∶1
2006060	05	15	19	23	30	32	4∶2
2006061	05	13	17	19	25	30	5∶1
2006062	18	22	23	24	26	30	1∶5
2006063	04	05	15	21	23	24	4∶2
2006064	03	12	14	21	24	28	2∶4
2006065	04	08	17	28	29	30	2∶4
2006066	06	08	11	18	30	33	2∶4

由表4-23我们可以看出，2006064期、2006065期、2006066期连续三期里奇偶比出现形态均为2∶4，呈现绝对的热态。这时2∶4的奇偶形态已经惯性2次，根据奇偶比惯性规律统计表可知，奇偶比形态为2∶4并且惯性2次后立即"反转"的概率为100%，因此，可以大胆地排除此种情况再次出现的可能性。

表4-23中，奇偶比形态中出现概率最高的3∶3形态目前遗漏了8期，呈现绝对的"非等量"冷态，为求均衡，它一定会在近期内调偏回补，必须重点关注。同时，根据奇偶比遗漏值量化表可知，奇偶比为3∶3的形态在遗漏8期时，它再次出现的可信性已经接近了99%，因此，必须重点关注为3∶3的奇偶比形态，它的出现已经势在必行。

根据奇偶比遗漏值规律统计表可知，奇偶比为3∶3的形态遗漏8期后立即"反转"的概率超过90%，因此可以重点关注奇偶比为3∶3形态的继续出现。

综合以上几点分析，我们确定当期开奖号码的奇偶比为3∶3。2006067期开奖号码的红球号码是07、08、11、16、17、24，奇偶比形态为3∶3，证明我们的分析是正确的。

五、大小比形态优化

双色球红球号码中，数值较大的号码称为大数号码，数值较小的号码称为小数号码。一般来说,大数号码、小数号码各占一半。但当所有号码不能被2整除时,通常流行的做法是大数号码比小数号码多一个,那么双色球的33个红球号码里包括17个大数号码和16个小数号码。红球号码的大小数号码区分如表4-24所示。

表4-24 双色球红球号码大、小数号码区分表

大数号码	17	18	19	20	21	22	23	24	25	26	27	28	29	30	31	32	33
小数号码	1	2	3	4	5	6	7	8	9	10	11	12	13	14	15	16	

大小比是指双色球中红球开奖号码里大数号码个数与小数号码个数之比。如双色球红球开奖号码为:02、10、19、24、27、31,其中大数号码有19、24、27、31,小数号码是02、10,那么这注号码的大小比为4:2,其他以此类推。

1. 分析大中小的重要性

我们通过概率公式计算出双色球所有大小比形态的理论出现概率,如表4-25所示。

表4-25 双色球大小比分类及其理论出现概率表

双色球 (红球)	大小比分类及其理论出现概率						
	全大	5大1小	4大2小	3大3小	2大4小	1大5小	全小
33选6	1.12%	8.94%	25.79%	34.38%	22.35%	6.70%	0.72%

通过表4-25可知,在双色球所有大小比的形态出现中,5大1小、4大2小、3大3小、2大4小、1大5小5个组合总出现概率为98.16%,也就是说,实战中在这个范围内选择投注号码,中奖概率为98.16%;其中,4大2小、3大3小、2大4小三个组合的总出现概率达到82.52%,如果实战中在这个范围内选择号码,中奖概率为82.52%。从另一方面也说明了理论上全大与全小组合出现的机会很小,在实战中完全可以忽略不计。细心的彩民会发现,大小比与奇偶比各形态的出现概率完全一样,只是统计、分析的角度不同,具有异曲同工之妙。

分析大小比的目的,是根据对近期红球开奖数据中大小比形态的出现状况来分析判断即将开奖号码里大小比的出现情况,从而确定即将开奖号码的大小比形态。这样,不但能事半功倍地缩小选号范围,同时,如果投注号码里不符合该大小比形态的投注号码一定不是中奖号码,我们完全可以高概率地排除。通过分析大小比的出现形态,可以对备选红球号码进行科学合理的优化,从而精确号码,减少投入。

2. 如何选择大小比

通过表4-25的概率计算表明,双色球中大小比为5大1小、4大2小、3大3小、2

大4小、1大5小五种形态时，它们的总出现概率约为98.16%。全大或全小在大小比的出现形态中只占有1.84%，完全可以忽略不计。4大2小、3大3小、2大4小三种形态因为占有82.52%的比例，从而作为重点分析的对象。在实战中，通过利用遗漏值、惯性及热冷温等技术来进行分析大小比形态高概率的出现范围，能最终确定大小比的出现情况。

表4-26是根据博彩公式计算得到的大小比指标遗漏值量化表，通过这个表可以看出在某一个大小比形态的遗漏值达到一定期数时该大小比形态出现的可能性是多少，从而能更好地指导实战。

表4-26　双色球大小比遗漏值量化表

大小比	全大	5大1小	4大2小	3大3小	2大4小	1大5小	全小
理论出现概率	1.12%	8.94%	25.79%	34.38%	22.35%	6.70%	0.72%
90%遗漏值	204期	25期	8期	5期	9期	33期	319期
95%遗漏值	266期	32期	10期	7期	12期	43期	415期
99%遗漏值	409期	49期	15期	11期	18期	66期	637期
99.9%遗漏值	613期	74期	23期	16期	27期	100期	956期

表4-26中，大小比为4大2小、3大3小、2大4小这三种形态是实战分析中的重点。假如在目前开奖中3大3小的形态已经遗漏了8期，根据遗漏值量化表可知，大小比为3大3小的形态遗漏8期时，该形态出现的可能性已经接近了99%，所以在接下来的开奖中要重点关注大小比形态为3大3小的投注号码。

表4-27中，通过对双色球711期数据的大小比共7种形态遗漏值进行规律统计，发现全大、全小、5大1小、1大5小四种形态的遗漏值非常大，说明这四种大小比形态的出现次数很低，尤其全大、全小两种形态完全可以忽略不计。4大2小、3大3小、2大4小三种大小形态的遗漏值非常小，表明出现频繁，并且每种大小比形态分别遗漏1~4期后"反转"的概率极高，所以在实战中应予以重点关注。

表4-27　双色球2003001~2008040期大小比遗漏规律统计表

大小比	全大	5大1小	4大2小	3大3小	2大4小	1大5小	全小
统计期数	711	711	711	711	711	711	711
遗漏次数	4	55	148	162	134	46	2
平均遗漏	141.4	11.71	3.78	3.37	4.27	14.15	236.33
最大遗漏	285	44	17	12	17	57	591
遗漏1次	0	4	48	53	28	3	0

续表

遗漏2次	0	3	20	39	22	3	0
遗漏3次	0	2	20	22	28	3	0
遗漏4次	0	5	22	17	17	1	0
遗漏5次	0	8	12	13	7	1	0
遗漏6次	0	5	9	6	8	1	0
遗漏7次	0	2	4	2	5	0	0
遗漏8次	0	0	2	4	3	4	0
遗漏9次	0	2	2	3	3	3	0
遗漏10次	0	2	4	1	4	0	0
遗漏10次以上	12	22	5	2	9	27	2
遗漏临界点	1-11	1-11	1-5	1-4	1-6	1-11	1-11

说明：

① 统计期数：指双色球开奖截止2008040期的所有历史开奖数据；

② 遗漏次数：指统计期数内遗漏出现的次数；

③ 平均遗漏：统计期数-遗漏次数/（遗漏次数+1）；

④ 最大遗漏：指统计期数内连续出现遗漏的最大次数；

⑤ 遗漏N次：指统计期数内每次连续出现N次遗漏的所有出现次数；

⑥ 临界点：指统计期数内遗漏终止时出现次数最多的遗漏范围，也是遗漏出现"反转"时机的高概率范围值

表4-28通过对双色球711期历史开奖号码的大小比共7种形态的惯性进行规律统计后发现，全大、全小、5大1小、1大5小四种大小比形态在开奖中极少出现惯性，并且只要有其中一种大小比形态出现后，就可以高概率地排除该种形态继续出现的可能性。4大2小、3大3小、2大4小三种大小形态相对出现得比较频繁，每种大小比形态分别惯性1~2期左右后"反转"的概率极高。

表4-28 双色球2003001~2008040期大小比惯性规律统计表

大小比	全大	5大1小	4大2小	3大3小	2大4小	1大5小	全小
统计期数	711	711	711	711	711	711	711
惯性次数	0	9	45	73	29	3	0
平均惯性	0	0.13	0.63	1.03	0.41	0.04	0
最大惯性	0	1	3	4	2	1	0
惯性1次	0	9	37	49	23	3	0

续表

惯性2次	0	0	7	16	6	0	0
惯性3次	0	0	1	6	0	0	0
惯性4次	0	0	2	0	0	0	0
惯性5次	0	0	0	0	0	0	0
惯性6次	0	0	0	0	0	0	0
惯性7次	0	0	0	0	0	0	0
惯性8次	0	0	0	0	0	0	0
惯性9次	0	0	0	0	0	0	0
惯性10次	0	0	0	0	0	0	0
惯性10次以上	0	0	0	0	0	0	0
惯性临界点	—	1-1	1-1	1-2	1-1	1-1	—

说明：

① 统计期数：指双色球开奖截止2008040期的所有历史开奖数据；

② 惯性次数：指统计期数内惯性出现的次数；

③ 平均惯性：指统计期数内平均10期开奖数据里惯性的出现次数，计算公式为：惯性次数/统计期数×10；

④ 最大惯性：指统计期数内连续出现惯性的最大次数；

⑤ 惯性N次：指统计期数内每次连续出现N次惯性的所有出现次数；

⑥ 临界点：指统计期数内惯性终止时出现次数最多的惯性范围，也是惯性出现"反转"时机的高概率范围值；

⑦ 表中"——"代表数据通过计算后没有实际价值，忽略不计

3. 经验总结

第一，4大2小、3大3小、2大4小三种大小形态出现概率非常高，是实战中分析的重点。

第二，必须结合大小比遗漏值量化表、遗漏规律统计表、惯性规律统计表去高概率地综合分析。

4. 案例分析

下面，我们选双色球2007112~2007131期共计20期数据为样本对大小比进行分析。

表4-29 双色球2007112~2007131期大小比分析

开奖号码	红球号码						大小比
2007112	07	11	14	16	25	32	2:4
2007113	04	18	23	25	26	31	5:1
2007114	05	12	15	24	27	33	3:3
2007115	01	05	10	16	20	26	2:4
2007116	03	05	07	11	17	27	2:4
2007117	03	07	09	10	26	32	2:4
2007118	04	10	16	18	25	32	3:3
2007119	03	08	11	13	25	31	2:4
2007120	06	07	11	12	18	25	2:4
2007121	03	10	21	22	27	28	4:2
2007122	04	07	19	24	26	32	4:2
2007123	01	13	15	23	28	32	3:3
2007124	03	07	13	16	19	32	2:4
2007125	03	05	18	20	27	33	4:2
2007126	09	10	19	23	26	31	4:2
2007127	06	09	13	16	24	28	2:4
2007128	09	10	19	21	27	31	4:2
2007129	05	07	20	21	22	30	4:2
2007130	03	05	09	11	27	31	2:4
2007131	03	05	07	16	22	27	2:4

从表4-29中可知，2007130期、2007131期连续两期里大小比出现形态均为2:4，这时2:4的大小形态已经进行惯性1次，根据大小比惯性规律统计表可知，大小比形态为2:4且惯性1次后立即"反转"的概率很高，因此，在即将开奖的号码中，这种情况不太可能出现。

表4-29中，大小比形态中出现概率最高的3:3形态目前遗漏了8期，呈现绝对的"非等量"冷态，为求均衡，它一定会近期内调偏回补，必须重点关注。同时，根据大小比遗漏值量化表可知，奇偶比为3:3的形态在遗漏8期时，它接下来出现的可信性已经接近了99%，因此，必须重点关注3:3的大小比形态。

综合以上几点分析，我们确定当期开奖号码的大小比为3:3。事实证明一切，2007132期开奖号码的红球号码是01、09、16、21、22、23，大小比形态为3:3，说明我们的分析是正确的。

第二节　形态优化技术的选用原则

在实战中，彩民可以应用"排序定位""断区转换"或者"走势图分析"等技术来进行红球备选号码的选择，接下来可以应用"单式、复式以及胆拖、矩阵"等方式组号，组号后还可以通过AC值形态优化、质数个数形态优化、重号个数形态优化、大小比形态优化、奇偶比形态优化等方法来进一步对备选号码进行科学合理的优化，从而提高中奖概率、缩小选号范围、降低投入资金。那么在实战中怎么样去选用各种方法来进行号码的最后优化，要遵循哪些原则呢？

一、形态优化的选择原则

只有准确选择形态优化方法，再通过该方法确定即将开奖号码的出现形态，最后才能精准优化号码。因此，如何选择形态优化方法是保证高效率优化号码的关键。我们可以结合双色球的遗漏值、惯性统计表以及遗漏值量化表来运用。

首先，必须全面观察AC值形态、质数个数形态、重号个数形态、大小比形态、奇偶比在历史开奖数据中的表现。如果在历史开奖数据中，某种形态在统计期内的遗漏、惯性或热冷温状态表现得非常突出，那么就可以判断这个形态有"明显态势"可抓。假如大小比形态中3∶3形态已经遗漏了10期，远远低于它的理论出现概率。根据大小比形态量化表可知，3∶3形态在接下来的开奖中出现的可信性非常高，已经接近99.9%，那么，预期该形态的出现有"态势明显"的特征，可以选择使用。

反过来说，如果某种形态从整体上看表现得非常明显，特征性很强，比如AC值8，出现的概率非常高，但是现在观察到的结果是，它在短期内没有这种表现，出现了"异常"现象，那么，它发生"反转"的可能性极大，这时，AC值8就是一个不可忽视的指标，应毫不犹豫地选择。

同样，如果某个形态在近期内出现的次数呈现"偏态"，并且达到了极限，那么我们完全可以排除它继续出现的可能性。比如，若重号个数为2在开奖中已经连续出现了两期，接近重号个数为2惯性出现的极限，那么发生"反转"的概率极高，所以我们完全可以排除重号个数为2继续出现的可能性。

形态的选择必须以最近30期统计数据为基础，以遗漏值、惯性、热冷温分析技术为准则来分析判断每种形态。号码形态在开奖中表现得越有规律，它的应用价值越大。

如果某个形态长期表现得很有规律，只是在近期表现得不尽如人意，说明该形态有极大的潜力，具有很大的预测能力，往往能帮助你在实战中出其不意，屡立战功。

虽然形态很多，即使是相同的形态，在不同的统计期中的表现也有差异。有的一团雾水，朦胧难辨；有的清晰可见，呼之欲出。因此，要想高效地优化号码，就必须找最有规律、状态最明显的形态，那些表现不规律的、不明显的形态则坚决不用，宁缺毋滥。

二、形态优化的应用原则

选好形态后，接下来就要对形态逐个进行分析，最后提炼出分析结果，这便是形态的应用环节，也是号码优化的重要环节。每个形态既可以单独使用，也可以联合作战；既可交叉使用，也可相互印证。

1. 交叉使用原则

所谓交叉使用，就是每次在进行形态分析时，需将各种已经选择好的形态分门别类地排列开来，看其中哪个形态最"异常"，"态势最明显"，哪个好选用哪个。在此基础上，各种形态都可以交叉使用，质数个数可以和重号个数交叉使用，大小比也可以和奇偶比交叉使用。大家一定要活学活用，举一反三。

2. 相互印证原则

所谓相互印证，是指每次应用形态去优化号码时，可以同时使用几种方法相互参照，从不同角度进行优化分析，看看其结果有没有统一性。如果分析选择是正确的，结果应当完全一致。例如，在实战中，我们根据质数个数形态对2注号码进行优化，同时还能确定该号码的重号个数为2，如果通过质数个数优化后确定的备选号码中重号个数为2，就再次证明了之前的推断是可靠的。反之，如果有一项或两项不符合，说明形态的优化分析或号码的选择有问题。相互印证实则是对形态的一种校验。

第三节　形态优化实战案例

假设上期双色球开奖号码的红球号码为：03、13、18、20、27、31，在实战中我们根据双色球红球选号战术选择出上期双色球备选红球号码，组号后获得表4-30中的10注红球投注号码。

表4-30　双色球备选红球号码投注形态优化

注号	备选红球号码					AC值	质数个数	重号个数	奇偶比	大小比
1	08	18	27	29	30	32	8	1	2	2：4	5：1
2	15	16	18	21	22	30	7	0	1	2：4	4：2
3	04	06	08	18	20	33	6	0	1	1：5	3：3
4	07	09	25	27	30	32	5	1	1	4：2	4：2
5	02	08	12	14	20	32	5	1	0	0：6	2：4
6	02	07	10	17	23	29	9	4	0	3：3	3：3
7	12	18	21	24	25	29	7	1	1	3：3	5：1
8	02	08	09	18	24	28	7	1	1	1：5	3：3
9	03	07	12	13	20	33	9	2	1	4：2	2：4
10	01	04	07	08	13	14	5	2	1	3：3	0：6

第一，如果通过AC值形态优化分析后，确定当期开奖红球号码的AC值是7、8、9，那么表4-30中的第1注、第2注、第6注、第7注、第8注、第9注共6注红球号码符合预期的AC值范围，予以保留。

第二，通过质数个数形态优化后，即使没有确定质数个数的精确范围，但是我们看到第六注号码含有4个质数，出现的概率非常低，因此，可以高概率地排除第6注号码。现在，符合优化结果的只有第1注、第2注、第7注、第8注、第9注共5注号码。

第三，再通过重号个数的形态优化分析，确定当期出现1个重号的概率很高，所以排除了含有2个重号的第1注和不含有重号的第5注和第6注号码，准确率极高。同时，优化结果中因为把第1注号码排除后，只剩下第2注、第7注、第8注、第9注共4注号码符合优化要求。

第四，通过奇偶比形态优化，我们选择了2：4、4：2及3：3三个高概率出现范围，从而排除了第8注红球号码。

第五，通过大小比形态优化，选择2∶4、3∶3、4∶2的高概率出现范围，第7注号码因为大小比为5∶1而被排除。

综合以上几种优化方法，我们最终选择了第2注和第9注号码为备选红球号码。所有的形态优化都是在高概率的基础上进行的，如果分析判断准确，当期的红球中奖号码一定在备选号码内。

第五章 常用图表速查

"不要等待机会，而要创造机会"。

本章内汇集了在实战中重要的、必备的速查图表，包括在实战中进行优化分析时必须使用的形态遗漏值量化表、形态规律统计表，8-20个号码的旋转矩阵公式汇总，以及在实战中组号投注时经常使用的复式胆拖投注速查表。

有了这些具有巨大价值的速查工具，大家在实战中就能得心应手地选号投注进行搏击大奖了！

第一节 双色球形态遗漏值量化表

一、AC值遗漏值量化表

表5-1 双色球AC值遗漏值量化表

AC值	0	1	2	3	4	5	6	7	8	9	10
号码分布(注)	93	437	3093	9642	32735	68691	184858	224408	339540	158760	85308
理论出现概率	0.008%	0.039%	0.279%	0.871%	2.956%	6.202%	16.69%	20.261%	30.656%	14.334%	7.702%
90%遗漏值	28781期	5903期	824期	263期	77期	36期	13期	10期	6期	15期	29期
95%遗漏值	37445期	7679期	1072期	342期	100期	47期	16期	13期	8期	19期	37期
99%遗漏值	57562期	11805期	1648期	526期	153期	72期	25期	20期	13期	30期	57期
99.9%遗漏值	96343期	17708期	2472期	790期	230期	108期	38期	31期	19期	45期	86期

二、质数个数遗漏值量化表

表5-2 双色球质数个数遗漏值量化表

质数个数	0	1	2	3	4	5	6
理论出现概率	6.74%	26.15%	36.33%	22.94%	6.88%	0.92%	0.04%

续表

90%遗漏值	33期	8期	5期	9期	32期	249期	5755期
95%遗漏值	43期	10期	7期	11期	42期	324期	7488期
99%遗漏值	66期	15期	10期	18期	65期	498期	11510期
99.9%遗漏值	99期	23期	15期	27期	97期	747期	17265期

三、双色球重号个数遗漏值量化表

表5-3　双色球重号个数遗漏值量化表

重号个数	0	1	2	3	4	5	6
理论出现概率	26.73%	43.73%	23.77%	5.28%	0.48%	0.01%	0.00009%
90%遗漏值	7期	4期	8期	42期	479期	23024期	2558427期
95%遗漏值	10期	5期	11期	55期	623期	29956期	3328590期
99%遗漏值	15期	8期	17期	85期	957期	46049期	5116853期
99.9%遗漏值	22期	12期	25期	127期	1436期	69074期	7675280期

四、双色球奇偶比遗漏值量化表

表5-4　双色球奇偶比遗漏值量化表

奇偶比	全奇	5奇1偶	4奇2偶	3奇3偶	2奇4偶	1奇5偶	全偶
理论出现概率	1.12%	8.94%	25.79%	34.38%	22.35%	6.70%	0.72%
90%遗漏值	204期	25期	8期	5期	9期	33期	319期
95%遗漏值	266期	32期	10期	7期	12期	43期	415期
99%遗漏值	409期	49期	15期	11期	18期	66期	637期
99.9%遗漏值	613期	74期	23期	16期	27期	100期	956期

五、双色球大小比遗漏值量化表

表5-5　双色球大小比遗漏值量化表

大小比	全大	5大1小	4大2小	3大3小	2大4小	1大5小	全小
理论出现概率	1.12%	8.94%	25.79%	34.38%	22.35%	6.70%	0.72%
90%遗漏值	204期	25期	8期	5期	9期	33期	319期
95%遗漏值	266期	32期	10期	7期	12期	43期	415期
99%遗漏值	409期	49期	15期	11期	18期	66期	637期
99.9%遗漏值	613期	74期	23期	16期	27期	100期	956期

第二节　双色球形态规律统计表

双色球各个形态规律统计表内的数据统计期数均截止到2010062期。大家看到这些规律统计表时，随着开奖数据的增加，下面所有表内统计数据显示的规律会有一定的变化。因此，彩民在使用下面的规律统计表内数据进行实战分析时，那就会出现大的误差。在日常使用中，需要每个读者期期进行规律统计表数据的更新，以保证统计数据所显示的规律是最新的、最科学的、最可信赖参考实用的，那会更加实用、准确。

有时间的朋友可以收集后继的开奖结果根据图表下方的"说明"自行统计所需的数据并添加在相应的表格内，只有制作出完整的规律统计表才能真正地用于实战分析使用。

也可以使用我们专门配套本书设计开发的"彩霸王"双色球富豪版软件，里面所有数据均开奖后实时动态更新，准确高效，有电脑的朋友可以登录网站下载。

大奖永远都是留给有所准备的人！我们开始行动吧！

一、AC值规律统计表

1. 双色球历史实战AC值遗漏规律统计表

表5-6　双色球2003001~2010062期AC值遗漏规律统计表

AC值	0	1	2	3	4	5	6	7	8	9	10
统计期数	1041	1041	1041	1041	1041	1041	1041	1041	1041	1041	1041
遗漏次数	0	0	3	6	28	69	180	218	288	162	86
平均遗漏	1041	1041	259.5	147.86	34.93	13.89	4.76	3.76	2.61	5.39	10.98
最大遗漏	1041	1041	384	560	139	62	39	22	16	33	37
遗漏1次	0	0	0	0	0	3	28	37	42	17	11
遗漏2次	0	0	0	0	1	2	23	25	50	19	7
遗漏3次	0	0	0	0	0	3	19	26	40	16	6
遗漏4次	0	0	0	0	1	4	11	17	20	8	9
遗漏5次	0	0	0	0	0	7	11	16	18	14	3
遗漏6次	0	0	0	0	0	4	46	13	9	15	2
遗漏7次	0	0	0	0	0	1	3	3	52	11	5	3
遗漏8次	0	0	0	0	1	3	7	6	83	11	1

续表

遗漏9次	0	0	0	0	0	2	4	4	5	32	5
遗漏10次	0	0	0	0	0	2	3	7	3	6	7
遗漏10次以上	0	0	3	4	24	36	25	15	7	19	32
遗漏临界点	—	—	1-11	1-11	1-11	1-11	1-7	1-7	1-7	1-9	1-10

说明：

① 统计期数：指双色球开奖截止到2010062期的所有历史开奖数据；

② 遗漏次数：指统计期数内遗漏出现的次数；

③ 平均遗漏：统计期数-遗漏次数/（遗漏次数+1）；

④ 最大遗漏：指统计期数内连续出现遗漏的最大次数；

⑤ 遗漏N次：指统计期数内每次连续出现N次遗漏的所有出现次数；

⑥ 临界点：指统计期数内遗漏终止时出现次数最多的遗漏范围，也是遗漏出现"反转"时机的高概率范围值；

⑦ 表中"——"代表数据通过计算后没有实际价值，忽略不计。

2. 双色球历史实战AC值惯性规律统计表

表5-7 双色球2003001~2010062期AC值惯性规律统计表

AC值	0	1	2	3	4	5	6	7	8	9	10
统计期数	1041	1041	1041	1041	1041	1041	1041	1041	1041	1041	1041
惯性次数	0	0	0	0	0	3	37	44	80	26	2
平均惯性	0	0	0	0	0	0.06	0.36	0.42	0.71	0.25	0.02
最大惯性	0	0	0	0	0	1	5	4	5	3	1
惯性1次	0	0	0	0	0	6	27	36	50	20	2
惯性2次	0	0	0	0	0	0	5	5	19	5	0
惯性3次	0	0	0	0	0	0	2	2	8	1	0
惯性4次	0	0	0	0	0	0	2	1	2	0	0
惯性5次	0	0	0	0	0	0	1	0	1	0	0
惯性6次	0	0	0	0	0	0	0	0	0	0	0
惯性7次	0	0	0	0	0	0	0	0	0	0	0
惯性8次	0	0	0	0	0	0	0	0	0	0	0
惯性9次	0	0	0	0	0	0	0	0	0	0	0
惯性10次	0	0	0	0	0	0	0	0	0	0	0
惯性10次以上	0	0	0	0	0	0	0	0	0	0	0
惯性临界点	—	—	—	—	—	1-1	1-2	1-1	1-2	1-1	1-1

说明：

① 统计期数：指双色球开奖截止2010062期的所有历史开奖数据；

② 惯性次数：指统计期数内惯性出现的次数；

③ 平均惯性：指统计期数内平均10期开奖数据里惯性的出现次数，计算公式为：惯性次数/统计期数×10；

④ 最大惯性：指统计期数内连续出现惯性的最大次数；

⑤ 惯性N次：指统计期数内每次连续出现N次惯性的所有出现次数；

⑥ 临界点：指统计期数内惯性终止时出现次数最多的惯性范围，也是惯性出现"反转"时机的高概率范围值；

⑦ 表中"——"代表数据通过计算后没有实际价值，忽略不计

二、质数个数规律统计表

1. 双色球历史实战质数个数遗漏规律统计表

表5-8　双色球2003001~2010062期质数个数遗漏规律统计表

质数个数	0	1	2	3	4	5	6
统计期数	1041	1041	1041	1041	1041	1041	1041
遗漏次数	75	216	241	178	65	15	0
平均遗漏	12.71	3.8	3.31	4.82	14.79	60.29	1041
最大遗漏	58	21	14	25	66	180	1041
遗漏1次	8	66	86	45	4	0	0
遗漏2次	2	43	50	35	3	0	0
遗漏3次	5	26	40	17	4	0	0
遗漏4次	6	25	28	26	4	0	0
遗漏5次	5	18	10	11	6	0	0
遗漏6次	4	10	7	9	3	1	0
遗漏7次	0	6	8	6	4	1	0
遗漏8次	2	5	4	3	2	0	0
遗漏9次	6	4	3	6	1	0	0
遗漏10次	2	5	1	2	2	1	0
遗漏10次以上	32	8	4	18	32	13	0
遗漏临界点	1-6	1-5	1-4	1-6	1-6	1-6	—

说明：

① 统计期数：指双色球开奖截止2010062期的所有历史开奖数据；

② 遗漏次数：指统计期数内遗漏出现的次数；

③ 平均遗漏：统计期数-遗漏次数/（遗漏次数+1）；

④ 最大遗漏：指统计期数内连续出现遗漏的最大次数；

⑤ 遗漏N次：指统计期数内每次连续出现N次遗漏的所有出现次数；

⑥ 临界点：指统计期数内遗漏终止时出现次数最多的遗漏范围，也是遗漏出现"反转"时机的高概率范围值；

⑦ 表中"——"代表数据通过计算后没有实际价值，忽略不计

2. 双色球历史实战质数个数惯性规律统计表

表5-9 双色球2003001~2010062期质数个数惯性规律统计表

质数个数	0	1	2	3	4	5	6
统计期数	1041	1041	1041	1041	1041	1041	1041
惯性次数	3	66	114	64	2	0	0
平均惯性	0.03	0.63	4	0.61	0.02	0	0
最大惯性	1	3	76	4	1	0	0
惯性1次	3	50	24	47	2	0	0
惯性2次	0	12	10	13	0	0	0
惯性3次	0	4	4	3	0	0	0
惯性4次	0	0	2	1	0	0	0
惯性5次	0	0	0	0	0	0	0
惯性6次	0	0	0	0	0	0	0
惯性7次	0	0	0	0	0	0	0
惯性8次	0	0	0	0	0	0	0
惯性9次	0	0	0	0	0	0	0
惯性10次	0	0	0	0	0	0	0
惯性10次以上	0	0	0	0	0	0	0
惯性临界点	1-1	1-1	1-2	1-1	1-1	—	—

说明：

① 统计期数：指双色球开奖截止2010062期的所有历史开奖数据；

② 惯性次数：指统计期数内惯性出现的次数；

③ 平均惯性：指统计期数内平均10期开奖数据里惯性的出现次数，计算公式

为：惯性次数/统计期数×10；

④ 最大惯性：指统计期数内连续出现惯性的最大次数；

⑤ 惯性N次：指统计期数内每次连续出现N次惯性的所有出现次数；

⑥ 临界点：指统计期数内惯性终止时出现次数最多的惯性范围，也是惯性出现"反转"时机的高概率范围值；

⑦ 表中"——"代表数据通过计算后没有实际价值，忽略不计

三、重号个数规律统计表

1. 双色球历史实战重号个数遗漏规律统计表

表5-10 双色球2003001~2010062期重号个数遗漏规律统计表

重号个数	0	1	2	3	4	5	6
统计期数	1041	1041	1041	1041	1041	1041	1041
遗漏次数	212	263	193	48	5	0	0
平均遗漏	3.89	2.95	4.37	20.27	172.67	1041	1041
最大遗漏	18	11	24	112	442	1041	1041
遗漏1次	61	118	44	2	0	0	0
遗漏2次	36	60	33	1	1	0	0
遗漏3次	38	43	31	2	0	0	0
遗漏4次	23	24	17	1	0	0	0
遗漏5次	17	7	22	1	0	0	0
遗漏6次	11	3	10	8	0	1	0
遗漏7次	4	2	9	1	0	1	0
遗漏8次	5	1	9	2	0	0	0
遗漏9次	6	3	2	2	0	0	0
遗漏10次	2	1	4	1	0	1	0
遗漏10次以上	9	1	12	27	4	13	0
遗漏临界点	1-5	1-3	1-6	1-6	1-11	—	—

说明：

① 统计期数：指双色球开奖截止到2010062期的所有历史开奖数据；

② 遗漏次数：指统计期数内遗漏出现的次数；

③ 平均遗漏：统计期数-遗漏次数/（遗漏次数+1）；

④ 最大遗漏：指统计期数内连续出现遗漏的最大次数；

⑤ 遗漏N次：指统计期数内每次连续出现N次遗漏的所有出现次数；

⑥ 临界点：指统计期数内遗漏终止时出现次数最多的遗漏范围，也是遗漏出现"反转"时机的高概率范围值；

⑦ 表中"——"代表数据通过计算后没有实际价值，忽略不计

2. 双色球历史实战重号个数惯性规律统计表

表5-11　双色球2003001~2010062期重号个数惯性规律统计表

重号个数	0	1	2	3	4	5	6
统计期数	1041	1041	1041	1041	1041	1041	1041
惯性次数	71	191	54	3	0	0	0
平均惯性	0.68	1.83	0.52	0.03	0	0	0
最大惯性	4	7	3	1	0	0	0
惯性1次	53	110	44	3	0	0	0
惯性2次	14	48	8	0	0	0	0
惯性3次	3	18	2	0	0	0	0
惯性4次	1	8	0	0	0	0	0
惯性5次	0	5	0	0	0	0	0
惯性6次	0	0	0	0	0	0	0
惯性7次	0	1	0	0	0	0	0
惯性8次	0	0	0	0	0	0	0
惯性9次	0	0	0	0	0	0	0
惯性10次	0	0	0	0	0	0	0
惯性10次以上	0	0	0	0	0	0	0
惯性临界点	1-1	1-2	1-1	1-1	—	—	—

说明：

① 统计期数：指双色球开奖截止2010062期的所有历史开奖数据；

② 惯性次数：指统计期数内惯性出现的次数；

③ 平均惯性：指统计期数内平均10期开奖数据里惯性的出现次数，计算公式为：惯性次数/统计期数×10；

④ 最大惯性：指统计期数内连续出现惯性的最大次数；

⑤ 惯性N次：指统计期数内每次连续出现N次惯性的所有出现次数；

⑥ 临界点：指统计期数内惯性终止时出现次数最多的惯性范围，也是惯性出现"反转"时机的高概率范围值；

⑦ 表中"——"代表数据通过计算后没有实际价值，忽略不计

四、奇偶比规律统计表

1. 双色球历史实战奇偶比遗漏规律统计表

表5-12　双色球2003001~2010062期奇偶比遗漏规律统计表

奇偶比	全奇	5奇1偶	4奇2偶	3奇3偶	2奇4偶	1奇5偶	全偶
统计期数	1041	1041	1041	1041	1041	1041	1041
遗漏次数	18	75	181	244	182	68	13
平均遗漏	53.84	12.71	4.73	3.25	4.69	14.1	73.43
最大遗漏	195	61	21	12	24	51	179
遗漏1次	1	7	41	81	37	6	0
遗漏2次	0	3	39	60	32	1	0
遗漏3次	0	7	21	44	22	4	0
遗漏4次	0	4	18	23	22	11	0
遗漏5次	0	4	11	8	16	2	0
遗漏6次	0	8	10	12	12	1	0
遗漏7次	0	0	9	7	9	3	0
遗漏8次	0	6	9	2	12	5	0
遗漏9次	0	2	4	4	7	4	1
遗漏10次	0	3	3	1	4	2	0
遗漏10次以上	6	31	16	2	9	29	11
遗漏临界点	1-11	1-11	1-7	1-3	1-7	1-11	1-11

说明：

① 统计期数：指双色球开奖截止2010062期的所有历史开奖数据；

② 遗漏次数：指统计期数内遗漏出现的次数；

③ 平均遗漏：统计期数-遗漏次数/（遗漏次数+1）；

④ 最大遗漏：指统计期数内连续出现遗漏的最大次数；

⑤ 遗漏N次：指统计期数内每次连续出现N次遗漏的所有出现次数；

⑥ 临界点：指统计期数内遗漏终止时出现次数最多的遗漏范围，也是遗漏出现"反转"时机的高概率范围值

2. 双色球历史实战奇偶比惯性规律统计表

表5-13　双色球2003001~2010062期奇偶比惯性规律统计表

奇偶比	全奇	5奇1偶	4奇2偶	3奇3偶	2奇4偶	1奇5偶	全偶
统计期数	1041	1041	1041	1041	1041	1041	1041
惯性次数	0	4	70	124	56	5	0
平均惯性	0	0.04	0.67	1.19	0.54	0.05	0
最大惯性	0	1	6	4	2	1	0
惯性1次	0	4	51	90	47	5	0
惯性2次	0	0	12	25	9	0	0
惯性3次	0	0	4	8	0	0	0
惯性4次	0	0	1	1	0	0	0
惯性5次	0	0	1	0	0	0	0
惯性6次	0	0	1	0	0	0	0
惯性7次	0	0	0	0	0	0	0
惯性8次	0	0	0	0	0	0	0
惯性9次	0	0	0	0	0	0	0
惯性10次	0	0	0	0	0	0	0
惯性10次以上	0	0	0	0	0	0	0
惯性临界点	—	1-1	1-1	1-1	1-1	1-1	—

说明：

① 统计期数：指双色球开奖截止到2010062期的所有历史开奖数据；

② 惯性次数：指统计期数内惯性出现的次数；

③ 平均惯性：指统计期数内平均10期开奖数据里惯性的出现次数，计算公式为：惯性次数/统计期数×10；

④ 最大惯性：指统计期数内连续出现惯性的最大次数；

⑤ 惯性N次：指统计期数内每次连续出现N次惯性的所有出现次数；

⑥ 临界点：指统计期数内惯性终止时出现次数最多的惯性范围，也是惯性出现"反转"时机的高概率范围值；

⑦ 表中"——"代表数据通过计算后没有实际价值，忽略不计

五、大小比规律统计表

1. 双色球历史实战大小比遗漏规律统计表

表5-14　双色球2003001~2010062期大小比遗漏规律统计表

大小比	全大	5大1小	4大2小	3大3小	2大4小	1大5小	全小
统计期数	1041	1041	1041	1041	1041	1041	1041
遗漏次数	7	80	206	235	192	66	4
平均遗漏	129.25	11.86	4.03	3.42	4.4	14.55	207.41
最大遗漏	301	52	20	12	17	57	591
遗漏1次	0	6	62	70	37	4	0
遗漏2次	0	3	30	58	34	4	0
遗漏3次	0	6	31	41	40	4	0
遗漏4次	0	6	29	25	19	1	0
遗漏5次	0	9	15	15	15	1	0
遗漏6次	0	7	12	9	9	1	0
遗漏7次	0	3	6	4	7	3	0
遗漏8次	0	0	3	5	9	6	0
遗漏9次	0	3	2	3	4	5	0
遗漏10次	0	3	7	2	5	1	0
遗漏10次以上	7	34	9	3	13	36	4
遗漏临界点	1-11	1-11	1-5	1-4	1-6	1-11	1-11

说明：

① 统计期数：指双色球开奖截止2010062期的所有历史开奖数据；

② 遗漏次数：指统计期数内遗漏出现的次数；

③ 平均遗漏：统计期数-遗漏次数/（遗漏次数+1）；

④ 最大遗漏：指统计期数内连续出现遗漏的最大次数；

⑤ 遗漏N次：指统计期数内每次连续出现N次遗漏的所有出现次数；

⑥ 临界点：指统计期数内遗漏终止时出现次数最多的遗漏范围，也是遗漏出现"反转"时机的高概率范围值。

2. 双色球历史实战大小比惯性规律统计表

表5-15　双色球2003001~2010062期大小比惯性规律统计表

大小比	全大	5大1小	4大2小	3大3小	2大4小	1大5小	全小
统计期数	1041	1041	1041	1041	1041	1041	1041
惯性次数	0	12	66	118	48	6	0
平均惯性	0	0.12	0.63	1.13	0.46	0.06	0
最大惯性	0	1	3	4	4	1	0

续表

惯性1次	0	12	54	77	38	6	0
惯性2次	0	0	10	28	8	0	0
惯性3次	0	0	2	10	1	0	0
惯性4次	0	0	0	3	1	0	0
惯性5次	0	0	0	0	0	0	0
惯性6次	0	0	0	0	0	0	0
惯性7次	0	0	0	0	0	0	0
惯性8次	0	0	0	0	0	0	0
惯性9次	0	0	0	0	0	0	0
惯性10次	0	0	0	0	0	0	0
惯性10次以上	0	0	0	0	0	0	0
惯性临界点	—	1-1	1-1	1-2	1-1	1-1	—

说明：

① 统计期数：指双色球开奖截止到2010062期的所有历史开奖数据；

② 惯性次数：指统计期数内惯性出现的次数；

③ 平均惯性：指统计期数内平均10期开奖数据里惯性的出现次数，计算公式为：惯性次数/统计期数×10；

④ 最大惯性：指统计期数内连续出现惯性的最大次数；

⑤ 惯性N次：指统计期数内每次连续出现N次惯性的所有出现次数；

⑥ 临界点：指统计期数内惯性终止时出现次数最多的惯性范围，也是惯性出现"反转"时机的高概率范围值；

⑦ 表中"——"代表数据通过计算后没有实际价值，忽略不计

第三节　双色球复式胆拖投注速查

本节详细附录了双色球红球复式中奖计算表、双色球蓝球复式中奖计算表、双色球红球胆拖投注金额计算表，便于广大双色球玩家在实战中快速、准确、便捷、详细地查询。

如果读者需要完整版双色球全复式中奖计算表，可以登录官方网站www.cpfxj.com下载。

一、双色球红球复式中奖计算表

使用方法：例如彩民当期投注8个红球号码，通过表找到对应列，可知投注金额为56元；如果投注号码中得当期6个红球和1个蓝球，一定会中得一等奖1注、三等奖12注和四等奖15注，后两者固定奖金为39000元。其他依此类推。

表5-16 双色球红球复式中奖计算表

中奖号码个数	奖等	设奖金额	红球7	红球8	红球9	红球10	红球11	红球12	红球13	红球14	红球15	红球16	红球17	红球18	红球19	红球20
投注金额			14	56	168	420	924	1848	3432	6005	10010	16016	24752	37128	54264	77520
6个红球+1个蓝球	1	A	1	1	1	1	1	1	1	1	1	1	1	1	1	1
	3	3000	6	12	18	24	30	36	42	48	54	60	66	72	78	84
	4	200	—	15	45	90	150	225	315	420	540	675	825	990	1170	1365
	5	10	—	—	20	80	200	400	700	1120	1680	2400	3300	4400	5720	7280
	6	5	—	—	—	15	81	262	658	1414	2730	4872	8184	13101	20163	30030
奖金合计			1A+18000	1A+39000	1A+63200	1A+90875	1A+122405	1A+158310	1A+199290	1A+246270	1A+300450	1A+363360	1A+436920	1A+436920	1A+626015	1A+747950
6个红球	2	B	1	1	1	1	1	1	1	1	1	1	1	1	1	1
	4	200	6	12	18	24	30	36	42	48	54	60	66	72	78	84
	5	10	—	15	45	90	150	235	315	420	540	675	825	990	1170	1365
奖金合计			1B+1200	1B+2550	1B+4050	1B+5700	1B+7500	1B+9450	1B+11550	1B+13800	1B+16200	1B+18750	1B+21450	1B+24300	1B+27300	1B+30450
5个红球+1个蓝球	3	3000	2	3	4	5	6	7	8	9	10	11	12	13	14	15
	4	200	5	15	30	50	75	105	140	180	225	275	330	390	455	525
	5	10	—	10	40	100	200	350	560	840	1650	1650	2200	2860	3640	4550
	6	5	—	—	10	55	181	462	1008	1974	6072	6072	9834	15301	23023	33670
奖金合计			7000	12100	18450	26275	35905	47810	62640	81270	104850	134860	173170	222105	284515	363850
5个红球	4	200	2	3	4	5	6	7	8	9	10	11	12	13	14	15
	5	10	5	15	30	50	75	105	140	180	225	275	330	390	455	525
奖金合计			450	750	1100	1500	1950	2450	3000	3600	4250	4950	5700	6500	7350	8250
4个红球+1个蓝球	4	200	3	6	10	15	21	28	36	45	55	66	78	91	105	120
	5	10	4	16	40	80	140	224	336	480	660	880	1144	1456	1820	2240
	6	5	—	6	34	115	301	672	1344	2478	4290	7062	11154	17017	25207	36400
奖金合计			640	1390	2570	4375	7105	11200	17280	26190	39050	57310	82810	117845	165235	228400
4个红球	5	10	3	6	10	15	21	28	36	45	55	66	78	91	105	120
奖金合计			30	60	100	150	210	280	360	450	550	660	780	910	1050	1200
3个红球+1个蓝球	5	10	4	10	20	35	56	84	120	165	220	286	364	455	560	680
	6	5	3	18	64	175	406	840	1596	2838	4785	7722	12012	18109	26572	38080
奖金合计			55	190	520	1225	2590	5040	9180	15840	26125	41370	63470	95095	138460	197200
2个红球+1个蓝球	6	5	7	28	84	210	462	924	1716	3003	5005	8008	12376	18564	27132	38760
奖金合计			35	140	420	1050	2310	4620	8580	15015	25025	40040	61880	92820	135660	193800

续表

1个红球+1个蓝球	6	5	7	28	84	210	462	924	1716	3003	5005	8008	12376	18564	27132	38760
奖金合计			35	140	420	1050	2310	4620	8580	15015	25025	40040	61880	92820	135660	193800
1个蓝球	6	5	7	28	84	210	462	924	1716	3003	5005	8008	12376	18564	27132	38760
奖金合计			35	140	420	1050	2310	4620	8580	15015	25025	40040	61880	92820	135660	193800

说明：

① A表示当期单注一等奖奖金；B表示当期单注二等奖奖金；

② 红球复式：从红色球号码中选择7~20个号码，从蓝色球号码中选择1个号码

二、双色球蓝球复式中奖计算表

使用方法：例如彩民当期投注了6个红球，3个蓝球号码，通过表找到对应列，可知投注金额为6元；如果投注号码中得当期6个红球和1个蓝球，一定会中得一等奖1注、二等奖2注。其他依此类推。

表5-17 双色球蓝球复式中奖计算表

中奖号码个数	奖等	设奖金额	蓝球复式中奖注数													
			蓝球2	蓝球3	蓝球4	蓝球5	蓝球6	蓝球7	蓝球8	蓝球9	蓝球10	蓝球11	蓝球12	蓝球13	蓝球14	蓝球15	蓝球16
投注金额			4	6	8	10	12	14	16	18	20	22	24	26	28	30	32
6个红球+1个蓝球	1	A	1	1	1	1	1	1	1	1	1	1	1	1	1	1	1
	2	B	1	2	3	4	5	6	7	8	9	10	11	12	13	14	15
奖金合计			1A+1B	1A+2B	1A+3B	1A+4B	1A+5B	1A+6B	1A+7B	1A+8B	1A+9B	1A+10B	1A+11B	1A+12B	1A+13B	1A+14B	1A+15B
6个红球	2	B	2	3	4	5	6	7	8	9	10	11	12	13	14	15	16
奖金合计			2B	3B	4B	5B	6B	7B	8B	9B	10B	11B	12B	13B	14B	15B	16B
5个红球+1个蓝球	3	3000	1	1	1	1	1	1	1	1	1	1	1	1	1	1	1
	4	200	1	2	3	4	5	6	7	8	9	10	11	12	13	14	15
奖金合计			3200	3400	3600	3800	4000	4200	4400	4600	4800	5000	5200	5400	5600	5800	6000
5个红球	4	200	2	3	4	5	6	7	8	9	10	11	12	13	14	15	16
奖金合计			400	600	800	1000	1200	1400	1600	1800	2000	2200	2400	2600	2800	3000	3200
4个红球+1个蓝球	4	200	1	1	1	1	1	1	1	1	1	1	1	1	1	1	1
	5	10	1	2	3	4	5	6	7	8	9	10	11	12	13	14	15
奖金合计			210	220	230	240	250	260	270	280	290	300	310	320	330	340	350
4个红球	5	10	2	3	4	5	6	7	8	9	10	11	12	13	14	15	16
奖金合计			20	30	40	50	60	70	80	90	100	110	120	130	140	150	160
3个红球+1个蓝球	1	1	1	1	1	1	1	1	1	1	1	1	1	1	1	1
奖金合计			10	10	10	10	10	10	10	10	10	10	10	10	10	10	10
2个红球+1个蓝球	6	5	1	1	1	1	1	1	1	1	1	1	1	1	1	1	1

奖金合计			5	5	5	5	5	5	5	5	5	5	5	5	5
1个红球+1个蓝球	6	5	1	1	1	1	1	1	1	1	1	1	1	1	1
奖金合计			5	5	5	5	5	5	5	5	5	5	5	5	5
1个蓝球	6	5	1	1	1	1	1	1	1	1	1	1	1	1	1
奖金合计			5	5	5	5	5	5	5	5	5	5	5	5	5

说明：

① A表示当期单注一等奖奖金；B表示当期单注二等奖奖金；

② 蓝球复式：红色球号码中选择6个号码，从蓝色球号码中选择2~16个号码

三、双色球胆拖投注金额计算表

使用方法：例如彩民当期投注2个红球胆码和8个红球拖码，通过表找到对应行列，可知投注金额为140元。其他依此类推。

表5-18　双色球红球胆拖投注金额计算表

投注金额（元）		红球拖码个数													
		2	3	4	5	6	7	8	9	10	11	12	13	14	15	16
红球胆码个数	1					12	42	112	252	504	924	1584	2574	4004	6006	8736
	2				10	30	70	140	252	420	660	990	1430	2002	2730	3640
	3			8	20	40	70	112	168	240	330	440	572	728	990	1120
	4		6	12	20	30	42	56	72	90	110	132	156	182	210	240
	5	4	6	8	10	12	14	16	18	20	22	24	26	28	30	32

投注金额（元）		红球拖码个数													
		17	18	19	20	21	22	23	24	25	26	27	28	29	30	31
红球胆码个数	1	12376	17136	23256	31008	40698	52668	57684	85008	106260	131560	161840	196560	237510	285012	339822
	2	4760	6120	7752	9690	11970	14630	17710	21252	25300	29900	35100	40950	47502	54810	62930
	3	1360	1632	1938	2280	2660	3080	3542	4048	4600	5200	5850	6552	7308	8120	
	4	272	306	342	380	420	462	506	552	600	650	702	756	812		
	5	34	36	38	40	42	44	46	48	50	52	54	56			

说明：

① 本表只计算蓝球为1个时红球胆拖投注金额，若蓝球选择n个时，则胆拖投注金额为表"投注金额"乘以蓝球个数n；

② 投注金额除以2等于投注数量。

第四节　常用旋转矩阵公式

读者使用相应的旋转矩阵公式进行组号时，可以手工用铅笔把备选号码按照下表内系统序号对应的位置顺序填写上，然后根据下表内旋转矩阵公式系统序号代入其对应的备选号码填写右边的前区投注号码，每次开奖后不用时可以用橡皮擦涂掉，非常方便。

因篇幅所限，本书只精选展示常用的8~10个号码的旋转矩阵公式，读者如若需要更多红球号码的旋转矩阵公式，登录书内公示的网站下载即可。

一、8个号码的旋转矩阵公式及最低中奖保证表

1. 双色球8-6-5-4型旋转矩阵公式

表5-19　双色球8-6-5-4型旋转矩阵公式

系统序号	1	2	3	4	5	6	7	8
备选号码								
出现次数	4	3	3	3	3	3	3	2

注号	旋转矩阵系统序号					备选号码			
1	1	2	3	6	7	8		
2	1	2	4	5	6	7		
3	1	3	4	5	7	8		
4	1	2	3	4	5	8		

2. 双色球8-5-5-12型旋转矩阵公式

表5-20　双色球8-5-5-12型旋转矩阵公式

系统序号	1	2	3	4	5	6	7	8
备选号码								
出现次数	9	9	9	9	9	9	9	9

注号	旋转矩阵系统序号					备选号码			
1	1	2	3	4	5	6		
2	1	2	3	4	7	8		
3	1	2	5	6	7	8		

续表

4	3	4	5	6	7	8					
5	1	2	3	4	5	7					
6	1	2	3	4	5	8					
7	1	2	3	4	6	7					
8	1	2	3	4	6	8					
9	1	3	5	6	7	8					
10	1	4	5	6	7	8					
11	2	3	5	6	7	8					
12	2	4	5	6	7	8					

3. 双色球8-4-4-7型旋转矩阵公式

表5-21　双色球8-4-4-7型旋转矩阵公式

系统序号	1	2	3	4	5	6	7	8
备选号码								
出现次数	6	6	5	5	5	5	5	5

注号	旋转矩阵系统序号					备选号码		
1	1	2	3	4	5	6		
2	1	2	3	4	5	7		
3	1	2	3	4	5	8		
4	1	2	3	6	7	8		
5	3	4	5	6	7	8		
6	1	2	4	6	7	8		
7	1	2	5	6	7	8		

4. 双色球8个号码各型旋转矩阵的最低中奖保证表

表5-22　双色球8个号码各型旋转矩阵的最低中奖保证表

开奖情况	出6保5（4注）	出5保5（12注）	出4保4（7注）
出6	中1注对5个号	中6注对5个号	中3注对5个号
出5	中2注对4个号	中1注对5个号	中5注对4个号
出4	中3注对3个号	中2注对4个号	中1注对4个号

二、9个号码的9-6-5-7型旋转矩阵公式

表5-23　双色球9-6-5-7型旋转矩阵公式

系统序号	1	2	3	4	5	6	7	8	9
备选号码									

续表

出现次数	5	5	5	5	5	5	5	4	3
注号	旋转矩阵系统序号				备选号码				
1	1	2	3	4	8	9			
2	1	5	6	7	8	9			
3	1	2	3	4	5	6			
4	1	2	3	4	5	7			
5	1	2	3	4	6	7			
6	3	5	6	7	8	9			
7	2	4	5	6	7	8			

三、10个号码的旋转矩阵公式及最低中奖保证表

1. 双色球10-6-5-14型旋转矩阵公式

表5-24　双色球10-6-5-14型旋转矩阵公式

系统序号	1	2	3	4	5	6	7	8	9	10
备选号码										
出现次数	9	9	9	9	8	8	8	8	8	8

注号	旋转矩阵系统序号						备选号码					
1	1	2	5	6	7	9						
2	2	4	6	7	9	10						
3	3	6	7	8	9	10						
4	1	2	3	6	8	9						
5	4	5	6	8	9	10						
6	1	3	4	7	9	10						
7	1	3	4	7	8	9						
8	2	3	4	5	9	10						
9	1	3	4	5	6	7						
10	1	2	4	6	7	8						
11	1	2	3	5	6	10						
12	1	2	3	5	7	10						
13	2	3	4	5	7	8						
14	1	2	3	4	8	10						

2. 双色球10-5-5-50型旋转矩阵公式

表5-25 双色球10-5-5-50型旋转矩阵公式

系统序号	1	2	3	4	5	6	7	8	9	10
备选号码										
出现次数	29	30	29	29	29	29	30	30	29	36

注号	旋转矩阵系统序号					备选号码				
1	2	3	6	8	9	10				
2	3	4	7	8	9	10				
3	1	2	4	8	9	10				
4	2	3	5	6	7	9				
5	1	2	5	7	8	10				
6	1	2	3	6	7	8				
7	1	4	6	7	9	10				
8	1	4	5	6	8	10				
9	1	4	5	7	8	9				
10	1	3	4	5	7	10				
11	1	3	5	8	9	10				
12	3	4	5	6	9	10				
13	1	2	4	5	6	7				
14	2	3	4	6	7	10				
15	1	2	3	4	7	9				
16	1	2	5	6	8	9				
17	2	3	4	5	6	8				
18	3	5	6	7	8	10				
19	2	4	6	7	8	9				
20	1	2	3	5	6	10				
21	2	4	5	7	9	10				
22	1	3	4	6	8	9				
23	1	5	6	7	9	10				
24	2	3	4	5	8	9				
25	1	2	6	7	9	10				
26	1	6	7	8	9	10				
27	1	2	3	4	5	6				
28	2	3	4	5	8	10				
29	2	3	4	5	7	8				
30	1	3	6	7	9	10				

续表

31	1	2	3	5	7	9
32	4	5	6	7	8	10
33	1	2	3	4	9	10
34	1	3	4	6	8	10
35	1	3	5	6	7	8
36	1	3	4	6	7	8
37	1	2	4	7	8	10
38	1	2	4	6	8	10
39	3	4	5	6	7	9
40	3	5	6	7	8	9
41	2	5	6	7	8	10
42	1	2	3	7	8	10
43	1	2	3	4	6	9
44	2	3	5	7	9	10
45	2	5	7	8	9	10
46	1	2	3	7	8	9
47	2	4	5	6	9	10
48	1	2	4	5	9	10
49	4	5	6	8	9	10
50	1	3	4	5	6	9

3. 双色球10-4-4-20型旋转矩阵公式

表5-26 双色球10-4-4-20型旋转矩阵公式

系统序号	1	2	3	4	5	6	7	8	9	10
备选号码										
出现次数	12	12	12	12	12	12	12	12	12	12

注号	旋转矩阵系统序号					备选号码
1	2	3	5	6	7	8
2	1	3	7	8	9	10
3	1	2	4	6	8	9
4	1	2	3	4	5	10
5	4	5	6	7	9	10
6	2	3	4	6	7	10
7	1	3	4	5	7	9

续表

8	2	3	4	8	9	10				
9	1	2	5	7	8	10				
10	3	5	6	8	9	10				
11	1	2	3	6	7	9				
12	2	4	5	7	8	9				
13	1	3	4	5	6	8				
14	1	2	5	6	9	10				
15	1	4	6	7	8	10				
16	2	3	4	5	6	9				
17	1	5	6	7	8	9				
18	1	2	3	6	8	10				
19	3	4	5	7	8	10				
20	1	2	4	7	9	10				

4. 双色球10个号码各型旋转矩阵的最低中奖保证表

表5-27　双色球10个号码各型旋转矩阵的最低中奖保证表

开奖情况	出6保5（14注）	出5保5（50注）	出4保4（20注）
出6	中1注对5个号	中6注对5个号	中15注对4个号
出5	中3注对4个号	中1注对5个号	中5注对4个号
出4	中6注对3个号	中3注对4个号	中1注对4个号

下编

篮球战法揭秘

第三篇
双色球蓝球选号战法

中大奖必须要过蓝球关，蓝球选号攻略是让我们轻松过关的好方法。

导读

"一夫当关万夫莫开"的道理人所共知。那么，双色球彩票的7个中奖号码中哪个是"一夫当关"的勇士呢？

可能有人会说，双色球7个中奖号码都很重要。是的，缺一不可，选错哪一个号码都不能中取大奖，但是最最当之无愧的号码一定是——蓝球。

我们知道，绝大多数购买双色球的彩民只有两个最基本的愿望：一是能中大奖，二是即使不能中大奖也要中个固定奖，以此保证自己的投入不损失或稍有盈余，从而享有持续冲击大奖的能力！如果两个目的都没有达到，长久以往一定入不敷出、弹尽粮绝，还有能力继续战斗吗？不能战斗，何谈还有中取大奖的机会啊？

这时候，蓝球的重要性尤为凸显。

如何能经常命中蓝球是所有双色球彩民最迫切需要解决的焦点问题，也是我们在中大奖的"长征"路上坚决要跨越的第一道难关，也是极其重要的一关。

如何跨越中大奖的第一关？

相信每个读者通读此书，都能找到满意的答案和方法，每个真正学习的读者在实战中选蓝的技术和中奖率也将会得到极大的提升。

事实胜于雄辩。

请记住，大奖总是留给有准备的人！

第一章 双色球蓝球的神奇魔力

双色球游戏中的蓝球堪称魔力无边，不仅小到可以让彩民经常地中些小奖以保本、增值，还可以神奇地大到可以"一号定乾坤"，决定百万、千万大奖乃至几亿巨奖的最终归属，让幸运的彩民一夜之间成为当之无愧的富豪。但最为可怕、也让所有双色球二等奖获奖者在中奖喜悦之余而最最感到痛苦的是，小小的蓝球让他们只因一球之差与大奖乃至亿元巨奖擦肩而过从而遗憾终生。当然，这也是人性的贪婪本性使然，可又有哪一个人没有这种追求达到事物极致的贪婪本性呢？

不管它是一号定乾坤抑或是导致遗憾终生的憾事发生，最主要的因素都源于我们对蓝球分析判断能力的强弱。只有每一个双色球彩民正确地去认识它、面对它，从而学习和提高左右它的掌控能力，才能达到我们所要的结果，同时这也是我们阅读和学习本书的真正核心目的。

第一节 为什么与双色球大奖擦身而过

号称"彩票航母"的双色球玩法笑傲中国彩市，凭借它奖池高、大奖多、大奖奖金高、奖池累积速度快等独特优势，深受全国几亿彩民喜爱。

自2003年2月16日上市销售至2015年底，双色球已经为中国彩市奉献了大量500万元大奖乃至千万巨奖得主，还奉献了20个亿元巨奖，创造了许多彩市传奇。发展至今，若是中奖金额未达亿元的，已经没有资格排进双色球大奖得主前十名的队伍，前六名大奖得主则都是中奖过两亿元以上的超级幸运儿。

下面我们不妨先来看一看万众瞩目的双色球彩票十大中奖牛人。

彩票巨奖排名Top1：5.7亿元大奖

地点：北京

2012年6月12日双色球第12068期5.7亿巨奖，头奖一共117注，但是其中111注由北京三里屯南路18号105882号投注站独中110注，很可能一人中得，这位彩民才是名副其实的幸运儿，中得5.7亿元大奖，成为中国彩票历史上中奖金额排行榜第一人。

彩票巨奖排名Top2：5.65亿元大奖

地点：浙江省绍兴市

2011年7月26日双色球第2011086期，浙江的一位彩票幸运儿一共花费了220元通过25倍独投2张各自2注一模一样的号码，并且选择了10注倍投的方式，就这样神奇的一个人狂揽了浙江省彩票大奖历史上的第一巨奖，总计5.65亿元。在领奖的时候，这位中彩者现场捐款2000元，所缴纳税金也高达1.09亿元。

彩票巨奖排名Top3：3.599亿元大奖

地点：河南省安阳市

双色球第2009118期中的3.599亿元被河南安阳一彩民独揽，其凭借2张分别倍投44倍的机选单注彩票，投注了88注，一共开支才176元，一举创下了当时中国彩市大奖的新纪录。

彩票巨奖排名Top4：2.65亿元大奖

地点：四川省巴中市

2012年双色球12014期开奖，头奖井喷59注，每注约520万元，2月14日四川巴中彩民以一张100元50倍投的彩票击中50注一等奖，一人独揽2.65亿元，而且领奖后捐款1000万元。

彩票巨奖排名Top5：2.59亿元大奖

地点：上海市杨浦区

2010年8月10日，双色球第2010092期开出55注一等奖，一位上海彩民投注一张"6+2"复式票，买了5倍，然后进行了10倍倍投，总共花费200元，不仅独揽了50注，还拿下50注二等奖，获得2.59亿元巨奖。

彩票巨奖排名Top6：2.58亿元大奖

地点：河南省驻马店市

2010年10月5日，双色球第2010116期开出一等奖54注，河南驻马店一位彩民，中奖彩票为一张2元单式，进行50倍投注，购票金额为100元，获得总奖金2.58

亿元。

彩票巨奖排名Top7：1.68亿元大奖

地点：广东省湛江市

2012年12月25日，双色球第2012152期井喷36注头奖，单注金额562万元(含加奖)，广东彩民狂揽31注，其中，有30注头奖出自广东省湛江市遂溪县遂城镇中山路72号第44150317号投注站，中奖彩票是3张流水号相连的10倍3注单式票，如果30注头奖为一人所中，则将揽获奖金1.68亿元。

彩票巨奖排名Top8：1.27亿元大奖

地点：黑龙江省丹东市

2011年4月17日，双色球第11043期开奖，黑龙江省牡丹江市东宁县第23100269号彩站一彩民凭借单式25倍50元投注的自选票，独揽25注一等奖，中奖总金额高达1.27亿元，在跻身中国彩市亿元大奖排行榜的同时，也刷新了黑龙江省彩民单人单期中奖纪录。

彩票巨奖排名Top9：1.138亿元大奖

地点：甘肃省嘉峪关市

2007年11月27日，双色球第2010139期，即双色球亿元加奖最后一期，甘肃嘉峪关一彩民凭借一张40元的20倍倍投的单式票和一张"6+16"的复式票，总共中得21注一等奖，获得总奖金达1.138亿元，这也是双色球首个亿元巨奖。

彩票巨奖排名Top10：1.1亿元大奖

地点：云南省昭通市

2015年12月23日,位于昆明龙泉路上的云南省福利彩票发行中心迎来了云南彩市史上最大奖得主现场领取高达1.1亿巨奖。云南昭通这次中出的1.1亿元巨奖是双色球史上第20个亿元奖,也是全国彩市的第31个。

上面的十位中奖牛人是截至2015年末最幸运、最耀眼、最璀璨的大奖之星。

双色球彩票巨奖永远是彩市里津津乐道的话题，但并非所有的中奖彩民都如北京5.7亿"彩王"般幸运。又有谁曾想到在这些巨奖光环之外却有不少中奖彩民屡屡上演"一号之差"和亿元大奖擦肩而过的中奖憾事。我想，大家通过阅读下面的真实案例，也许会为这些人惋惜，当然，也不排除另一种态度：能中奖就不错了，如果这还惋惜，那我们这些没有中奖的彩民还要不要活了啊？

这是"仁者见仁智者见智"的事情，不同的人肯定持有不同的意见和见解，无可厚非。但作者只是想通过这样一些真实的案例告诉双色球玩家一个不争的事实：千万不能小看一枚小小的蓝球，是否登堂入室，是否锦上添花，是否一夜暴富，全靠它主宰；它更像是一个提线玩偶，操控在你手里，看你是如何操作和把控了。

准爸爸买双色球中203万奖 选错蓝球号失5000万

2009年，广州中山市彩民频频通过倍投方式成功收获双色球大奖。继6月14日双色球第2009068期，中山彩民吴先生独揽10注二等奖获得87万元后，不到一个月的时间，中山另一彩民李先生，又独中7月7日双色球第2009078期二等奖10注，喜获203万元奖金。当福彩中心工作人员问李先生中奖后有何打算时，李先生笑着说："可能是未出世的孩子带来的好运气吧，中奖奖金就留作孩子将来教育资金专用吧！"

2009年7月8日上午，中奖彩民李先生只身一人来到中山市福彩中心办理兑奖手续。李先生三十来岁，河南人。他在中山经营灯饰生意已近10年，但购买双色球的时间还不到两个月。以往因生意忙，一直没时间玩彩票，近段时间由于太太在家待产，李先生陪伴太太的时间就相对多了，难得空闲的李先生开始到投注站购买双色球。一开始，李先生凭感觉来选号，并喜欢用倍投方式来购彩，根据奖池奖金多少来决定投注倍数，在近一个月时间里，李先生也只中过两次不超过100元的小奖。

7月7日晚饭后，李先生选出1注红色球号码为"05、07、12、14、15、20"，在选择蓝色球号码时，李先生认为"13"和"14"这两个冷码在近期回补的机会非常大，经过一番琢磨，最终选择了蓝色号码"14"。挑选完号码，李先生进行了10倍投注。当晚李先生观看双色球现场直播开奖，当看到摇出来的6个红色球号码与自己所选号码完全一致时，李先生从沙发上跳了起来，冲到电视机前，连声大喊："蓝色球快开14！"坐在一旁的李太太被丈夫惊人的举动吓了一大跳，以为丈夫受了什么大刺激。最终蓝色球号码未能如李先生所愿，只开了"13"李先生为自己当初未能正确选择蓝色号码"13"，而错失中5000万元巨奖的良机感到非常可惜。但他很快就平静下来，并将中奖的事情告诉了太太，先前还以为丈夫受了什么大刺激的李太太才放下心来。

牛人60倍倍投双色球失3亿

2009年双色球第2009096期，上海的一位台湾生意人用"6+16"全蓝复式命中双色球1注1000万元头奖和15注22万元二等奖，同时，他还对其中一注号码进行了60倍投注，又获得60注22万元二等奖。该彩民总共中得1注头奖和75注二等奖，总奖金达2656万元，而一个蓝球之差，也使他与3亿元巨奖失之交臂。

事实上，类似以上这些彩民动辄几十倍倍投的玩家并不少见，特别是在双色球销量超过3亿，奖池也长期保持在亿元以上的常态下，彩民与亿元奖池的博弈会越来越多，而在倍投成风的情况下，亿元的中奖神话更可能随时被改写。

仔细统计研究发现，无论是那些已经中得亿元巨奖的彩民，还是这些刚好与亿元巨奖擦肩的彩民，他们的投注方式均有异曲同工之妙，即"复式+倍投"。唯一不同的是，巨奖得主选对了倍投的蓝球，而他们则错过了蓝球。其结局就是，一个成就了中国彩市的亿元神话，一个则在亿元神话纪录面前止步。

选错蓝球与2.5亿元巨奖失之交臂

2009年8月30日晚，双色球第2009101期摇出的开奖号码为"01、02、05、10、19、24，+14"，全国一等奖轮空，共中出112注二等奖，单注奖金200147元。其中辽宁中出44注，全部为沈阳彩民揽获。令人称奇的是，这44注二等奖除了1注落户沈阳福彩1104号站，其他43注全部在沈阳福彩1171号站中出。记者从辽宁省福彩中心相关部门获悉，沈阳福彩1171站中出的43注二等奖共出自三张彩票，为一分钟之内打出，均是自选票：第1张彩票，流水号143号，投注时间16时42分06秒，为复式6+3彩票，蓝球02、05、15，投注1倍，中得奖金600441元；第2张彩票，流水号144号，投注时间16时42分31秒，为单式票，蓝球选择了05，10倍投注，中得奖金2001470元；第3张彩票，流水号145号，投注时间16时42分47秒，也是一张单式彩票，蓝球选择了02，这张彩票投注30倍，中得奖金6004410元。3张彩票共计中得奖金8606321元。从这三张彩票的投注时间间隔与投注方式来看，可以猜测，这43注二等奖全部是一人中得，也就是说，这位彩民朋友在一分钟之内用了86元钱就赢得了860万元大奖。

该彩民将当期红球号码一一击落，唯独错失蓝球14。3个蓝球号码02、05、15使他无缘一等奖。按照"双色球"现行派奖规则，如果他选中了蓝球，就会获得43注一等奖，奖金合计约2.5亿元，当期奖池将基本被掏空。

据统计，红球05、10分别在遗漏19期和26期后开出，蓝球14则是近期内出现频率最高的热码。可能正是因为号码14过热的缘故，让中奖者判断近期将不会继续开出，转而选择了其他号码，遗憾地与巨奖失之交臂。

当得知有人一下子中了43注二等奖时，很多彩民在兴奋的同时也深深地替他惋惜。

沈阳市福彩中心工作人员表示，按照双色球派奖规则，假如该彩民在此次投注中命中蓝球，那么他将一并揽获43注一等奖，合计奖金大约2.5亿元。如此，当期奖池将被掏空，而重新书写中国彩市最高奖的记录。

业内人士分析，此人可能是一个不太喜欢规划的人。第一张彩票是"6+3"复式，已包含了后面的两注单式号码，所以他完全可以多倍投注第一张彩票，然后再换其他蓝号进行多倍投注，他的投注方式现在看来很浪费。

业内人士所指的"浪费"，是指该彩民分次、多倍投注了同样的号码，如果此人扩大蓝号的选号范围，或者通过一定的技术提高蓝球号码的中奖率，就会中得一等奖。对于此人错买蓝号深表可惜。

彩民倍投中20注二等奖 选错蓝球错失一亿元巨奖

2010年双色球第2010057期开奖，全国共中出18注一等奖，每注奖金高达5563147元。武汉一彩民20倍投注的单式票，因为一个蓝号之差，从而与20注一等奖、超亿元奖金失之交臂，最终中得20注二等奖，获得奖金106万余元。

据了解，第2010057期双色球的中奖号码为：红色球05、11、12、19、25、32，蓝色球05。一等奖全国中出18注，二等奖则中出286注，单注奖金达到了53164元。省福彩中心检索的数据显示，武汉彩民中出的这20注双色球二等奖出自武汉市武昌区紫阳路福彩42050112号站，中奖彩票为一张40元的自选单式票。

50注二等奖得主系倍投狂人 最高纪录100倍

2010年11月14日晚，双色球第2010133期全国共开出9注高达716万元的头奖。然而与以往有所不同的是，引起广泛关注的并非中出那些头奖的彩站。北京市丰台区右安门外开阳里七区4号楼底商12702700好彩站凭借开出一注独揽50倍的二等奖彩票，抢去了所有一等奖的风头。

据了解，这位中得50倍二等奖的彩民是店内的老彩民，虽然与销售员并不是非常熟悉，但其独到的投注风格给大家留下了深刻的印象。马先生介绍说，50倍的倍投对于这位倍投"达人"来说算是家常便饭，他倍投的最高纪录是100倍。

"我经营福彩已经近十年的时间了，彩站内中出了许多二等奖。其中，也不乏超过百万元的高额奖金。但是通过50倍中得340万元的情况，我还是头一次遇到。很替这个彩民可惜，就差一个蓝球，要不奖金肯定上亿元了。"马先生说。

彩民40倍投双色球中488万，一号之差选错蓝球丢2亿巨奖

2010年双色球第2010139期头奖开出4注996万元，令人惊奇的是二等奖竟然爆

出121注，奖金有12.2万元，在福彩中心公布的中奖分布图上，我们可以清晰地看到浙江省中出其中的46注。在浙江省的46注二等奖中，其中有40注来自同一个销售站点的两张投注彩票，投注号码相同，并且这两张彩票的流水号相连，投注方式是同样的200元倍投，我们几乎可以确定，这两张双色球投注彩票是出自一位彩民之手，这位彩民采取了40倍投的方式，很遗憾的是，该彩民选错了蓝球！假如蓝球选择也正确，这位彩民朋友将中的40注头奖，奖金将高达2亿元！而当期双色球销售达到令人吃惊的3.19亿元，创下了双色球销量新的销售纪录。

这两张流水号相连的双色球倍投彩票出自萧山北干街道永久路城建公寓5号编号为33015306的福彩投注站，每张彩票均采取5注号码进行20倍投注，共计400元，所得奖金为488万元，如果这位彩民朋友选中蓝球09，毫无疑问，他所中出的奖金将高达2亿元以上！

类似于前面"因一球之差而与巨奖擦肩而过"这样的憾事有很多，我们在互联网上搜索后对中国彩市十大"遗憾彩民"进行了盘点，无一例外，众多彩民皆因蓝球选错与亿元巨奖无缘。

3.25亿：双色球第2009114期，陕西省延安一彩民以65倍倍投方式投注，只因蓝号之差，与一等奖擦肩而过，未能一举掏空当期3.56亿元奖池，而是收获65注二等奖，总奖金达到461万多元。

3亿：2009年双色球第2009096期，上海的一位台湾生意人用"6+16"全蓝复式命中双色球1注1000万头奖和15注22万元二等奖，同时，他还对其中一注号码进行了60倍投注，又获得60注22万元二等奖。该彩民总共中得1注头奖和75注二等奖，总奖金达2656万元，而一个蓝球之差，也使他与3亿元巨奖失之交臂。

3亿：2010年双色球第10146期开奖，送出了5注头奖，单注奖金达到了924万多元，分别落在山西、江苏、浙江、湖北和广西等五地。此外，当期还中出了174注二等奖，每注奖金13万多元，分别落在28个联销省市，其中仅江苏一省便独揽79注，苏州市吴江震泽镇震南路新医院对面32051049投注站，占有了64注，分别落在2张"7+1"的小复式票，各进行了32倍投注，初步分析判断，一人倍投独中64注二等奖的可能性极大。这位幸运儿因为一个蓝色球号码之差，从而与至少3亿元头奖奖金擦肩而过。

2.6亿：双色球第2009062期，河南漯河彩民以一张50倍投注的自选单式票击中50注二等奖，仅差一个蓝球，就险些将2亿多元的奖池掏空。

2.5亿：2009年8月30日晚，双色球第2009101期全国一等奖轮空，共中出112注二等奖，单注奖金200147元。其中辽宁中出44注，全部为沈阳彩民揽获。令人称奇的是，这44注二等奖除了1注落户沈阳福彩1104号站，其他43注全部在沈阳福彩1171号站中出。

沈阳福彩1171站中出的43注二等奖共出自三张彩票，为一分钟之内打出，均是自选票，从这三张彩票的投注时间间隔与投注方式来看，可以猜测，这43注二等奖全部是一人中得，该彩民将当期红球号码一一击落，唯独错失蓝球14。按照"双色球"现行派奖规则，如果他选中了蓝球，就会获得43注一等奖，奖金合计约2.5亿元，当期奖池将基本被掏空，而这注大奖也将成为全国当时福彩中出的最高奖金，而重新书写中国彩市最高奖的记录。

2.5亿：双色球第2009058期，广西柳州彩民中50注二等奖，错失2.5亿元奖金。

2.488亿：2010年12月16日晚，福彩双色球第2010147期开奖，全国中出15注一等奖，单注奖金为622万余元。此外送出342注二等奖，单注奖金为58377元。湖南省彩民斩获其中48注二等奖。令人称奇的是，永州获得40注二等奖，都出自零陵区徐家井山顶的43118041号投注站，而且分别出自两张彩票，很有可能是被同一位幸运彩民投中。

猜想很快就被证实了。12月20日一大早，省福彩中心的工作人员就看到有个人急不可耐地在兑奖室门口徘徊。原来这位女士就是第2010147期40注二等奖233万元的得主。

大奖得主王女士回忆，那天她计划投注40倍，可是业主没听清楚，第一张只打了1倍，找钱的时候，王女士才发觉不对，于是又追加了一张39倍的彩票，这就是为什么会打两张票的原因。尽管这次中了40注二等奖，但是王女士仍然后悔不已，原来投注时她选择的蓝球是03，可是后面又改成了10，要是坚持原来的选择，就又会创造一次湖南彩市的巨奖传奇。

2亿：2010年双色球第2010139期头奖开出4注996万元，令人惊奇的是二等奖竟然爆出121注，奖金有12.2万元，在福彩中心公布的中奖分布图上，我们可以清晰地看到浙江省中出其中的46注，其中有40注来自同一个销售站点的两张投注彩票，投注号码相同，并且这两张彩票的流水号相连，投注方式是同样的200元倍投，我们几乎可以确定，这两张双色球投注彩票是出自一位彩民之手，这位彩民采取了40倍投的方式，很遗憾的是，该彩民选错了蓝球！假如蓝球选择也正确，这位彩民朋友将中得40注头奖，奖金将高达2亿元以上！而当期双色球销售达到令人吃惊的3.19亿，创下了双色球销量新的销售纪录。

1.5亿：双色球第06111期，30注18万多元的二等奖被成都一位彩民独中，共获奖金540多万元，以单注500万元计算，如果全部中奖将中取1.5亿元大奖。

1.25亿：双色球第2009090期，福建省漳州市一彩民中得了25注双色球二等奖，总奖金达到了287万多元。若中得一等奖，可获得奖金1.25亿元。

另据详细统计，2009年，在全年154期开奖中，共诞生了14559注二等奖，平均每期中出95注；2010年截止12月30日，双色球共计全年开奖了153期，在153期的开奖中，双色球二等奖也是屡创新高达到了17577注，平均每期中出115注，其中最为疯狂的是双色球第2010148期中"井喷"二等奖1162注，创历史纪录。

无疑，这两年中三万多名双色球二等奖得主也均是仅因为一球之差与大奖擦身而过，遗憾终生！

大量铁的事实告诉我们，在双色球选号中蓝球选择的正确与否占有举足轻重的地位。换句话说，是否能中得大奖、巨奖的关键核心是在六个双色球红球号码全部选对的前提下能否正确地选择当期的蓝球号码。如果在六个红球号码正确选中的前提下，蓝球也同时选择正确，那就是锦上添花，无异于画龙点睛之笔，大奖或巨奖一定是属于你的；同样也是在六个红球正确选择的前提下，如果蓝球选择失误，不论是谁也只能遗憾地与大奖擦肩而过了。

可以说，蓝球是一枚能够改变人生的号码，更是一把开启双色球大奖之门的金钥匙。只要能准确地把握它，就能极大地提高双色球中大奖的概率，更不会发生"因为仅仅错失一个蓝球号码而抱憾终身"的事情了。

第二节　双色球玩家为什么必须要玩转蓝球

有四大理由告诉我们，要想成为真正的双色球玩家，首先必须要玩转蓝球号码，理由就是：中奖、盈利、保本、增值。

1. 玩转蓝球可以中奖

彩民中流传着"三红不抵一蓝"的说法。我们知道，双色球玩法中蓝球号码一共有16个，根据双色球的游戏规则，仅选中3个红球号码不会有奖，但是只要选对一个双色球蓝球号码就有固定的5元奖金，因而准确地选择蓝球号码是获得固定奖金的至关重要因素。

2. 玩转蓝球可以盈利

双色球蓝球号码一共有16个，也就是说每期选中一个蓝球号码的理论概率为1/16，也即是6.25%，在所有的大盘乐透型彩票玩法的奖项中，这是一种中奖概率最高的玩法了。在不计算双色球红球号码中奖的前提下，投入2元钱如果蓝球号码中奖即可获得5元奖金，也就是获得150%的收益率。可以说，蓝球号码具有很强的投资性，只要科学选号，操作得当，计划周密，完全可以通过投注蓝球号码来获得盈利，这其中还不包括双色球红球号码也同时中出的收益。

3. 玩转蓝球可以保本

从抵御投资风险和保本的角度看，如果每期选择2个蓝球，也就是投入4元，只要中奖依然可以获得1元也即是25%的收益率。同样的道理，假设我们选择了100注红球投注号码进行投注，需要投入200元，两个蓝球号码分别与前后各50注红球号码组合，不论哪个蓝球号码中出，在不计算红球号码中奖的前提下都会最低获得250元的奖金，去除成本200元还额外收益50元，因此说保本是没有任何问题的。我们知道，即使闭着眼睛选择两个蓝球其中一个中奖的理论概率也为1/8，更何况我们通过科学的方法对数据进行统计和分析后选择蓝球的中奖概率还会更高。

4. 玩转蓝球可以增值

如果一个彩民喜欢双色球，是一个真正的双色球玩家，更梦想着中双色球大奖，可是因为投注方法不得当，连中一个蓝球都非常不容易，长此以往绝对会陷入入不敷出的艰难境地。绝不是危言耸听，彩市中这样的彩民决不在少数，尤其是每期投注量很大的彩民，更是容易进入这个恶性循环的怪圈。

巧妇难为无米之炊。如果连继续投注双色球的资金都没有了，还何谈中奖乃至巨奖？这个时候蓝球中奖的重要性就会凸显出来，如果能每期或经常性地高概率选中蓝球，不论投注量多大都可以持续下去。因为我们前面知道，只要能保本就有继续玩的本钱，留得青山在不愁没柴烧。

只要运用一定的技术方法就可以经常高概率地命中蓝球，就可以保证双色球投注的长久性、延续性，从而也会增加中奖的可能性。尤其是，随着技术的成熟，蓝球中奖概率的提升，我们更可以投注更多数量的红球号码，中大奖的可能性更是会逐步累计增加的。只要中了大奖，之前所有的努力、坚持和投入都会获得十倍、百倍甚至千倍的回报。因此说，玩转蓝球不但可以中奖、盈利，更可以保本和增值。

蓝球号码在双色球投注中极其重要，千万要极度重视。我们在实战中如果能很好地掌控它，就会为我们带来不断的惊喜和梦想中的财富。

第三节　双色球蓝球魔力对大奖奖池的巨大影响

双色球蓝球的神奇魔力不仅在于能够为我们所用达到中奖（固定奖）、盈利以及保本和增值，它还能在无形中成为左右双色球大奖奖池"蓄水"和"泄洪"的推手之一。

2010年10月3日晚开奖的双色球10115期头奖无人中，这是近五期内的第二次空开，而随着节后即将开启的2亿头奖加奖脚步临近，双色球奖池似乎也被一只无形的手操控着冲向高峰，短短5期内，已经从不足亿元上冲到2.9亿元。而另一个少见的怪现象在近期接连出现，也似乎佐证了这只幕后推手的存在。不过奖池的迅速累积，也的确为彩民创造了冲击2.59和3.59亿元巨奖的必要条件。

蓝球号码接连4期摇出热码历史少见，奖池明显增长。在最近4期的开奖中，蓝球分别摇出遗漏4期的16、遗漏1期的10、遗漏3期的01和遗漏5期的15，均属于近期刚刚开出过的蓝球，而这种热码蓝集中连续打出的现象在历史开奖中非常少见，通过对历史开奖数据的回查发现，这种连续4期均开出遗漏5期以内热蓝的情况仅出现了5次。如表1-1所示。

表1-1　蓝球热码中出与奖池、头奖关系

连续四期	出遗漏5期内热蓝	奖池上升	头奖情况
10112-10115期	16、10、01、15	9000万-2.9亿元	两期空开
10069-10072期	11、07、01、01	1.6亿-2.5亿元	每期均仅3注
09008-09011期	02、02、02、15	1.7亿-2.6亿元	一期空开
07092-07095期	09、02、02、07	7000万-1亿元	每期均仅2注
04086-04089期	01、14、14、14	1.4亿-1.57亿元	两期空开

在这种热码蓝连续多期打出的情况下，奖池均出现明显增长。在今年出现的两次连续4期热码蓝打出过程中，当前这次奖池上涨幅度达2亿元，相当于即将开启的头奖加奖总奖金。而在2010069~2010072期，奖池也从1.6亿元上升到2.5亿元。

2009008~2009011期，奖池则从1.7亿元上升到2.6亿元。

　　截止2010年143期，蓝球号码04已经有100期不曾开出，不过蓝球号码04本身就是一个容易长时间消失的蓝球。在历史中它曾经76期未曾开出，2005022期遗漏长达76期的蓝04开出，当期头奖爆出8注500万元，在2005年单期头奖数中排第二。此外蓝球04消失时间较长的还分别有71期、53期、49期、40期等，而20多期及30多期不现身也成了家常便饭。

　　蓝球热号的频出以及冷号的长期遗漏，导致彩民们的中奖难度也随之增加，大奖数锐减，奖池也随之迅速攀升冲高，为巨奖条件准备丰厚的奖池。短短五期内，奖池已从不足亿元上升到了2.9亿元。回顾曾经开出的三次亿元巨奖，开奖前奖池分别处于高位，2007年1.138亿元开出前，奖池达1.22亿元；2009年3.59亿元开出前，奖池达3.42亿元；2010年2.59亿元开出前的奖池也高达2.32亿元。可以说，巨奖能够产生的条件，丰厚的奖池是必需的。

　　头奖奖池金太高必导致"泄洪"，冷蓝码的开出更容易制造大奖数量的剧增。2009073期、2009074期冷蓝码连续2期开出，双色球头奖井喷44注，头奖奖池金"开闸泄洪"。业内人士分析认为，双色球冷蓝码正是导致巨奖"井喷"的"罪魁祸首"。

　　2009年，双色球已两次出现头奖奖池金持续升高的状况，之后均出现头奖奖池金"开闸泄洪"的现象。

　　2009年3月初，当时双色球头奖奖池金连续28期超2亿元，并有8期超过3亿元，其中最高达到3.5亿元。之后双色球两期井喷60注头奖，其中广东连续中出3个5000万元巨奖，为巨额奖池金"泄洪"，头奖奖池金跌至7419万多元。

　　进入5月，双色球仅有3期奖池金在2亿元以下，18期都在2亿元以上，最高达到3.13亿元。第2009073期双色球"井喷"16注头奖，二等奖也开出103注，中彩中心为此从双色球调节基金中拨出1049950.62元，弥补二等奖奖金。第2009074期头奖再次"井喷"28注，诞生1个千万富翁，头奖奖池金在31期后首度跌下亿元线，跌至3000多万元，为此，中彩中心连续第二期拨出3000万元调节金。

　　有业内人士顺藤摸瓜分析，发现每次双色球头奖奖池金居高不下的时候，就会"井喷"出奖，而且有先兆。

　　在2010年3月份，珠海、深圳连续中出3个5000万元巨奖前，广东佛山先后有两位彩民曾因一号之差错失亿元巨奖。当时奖池金持续在2亿元上。2月5日，佛山一位彩民因为选错1个红球而错失56注头奖；两个星期后，又是在佛山，另一彩民又因为选错蓝球而错失20注头奖。之后，广东彩民的疯狂倍投于3月见效，广东彩民连续中得3个5000万元巨奖。

　　在不断高涨的奖池金的刺激下，不仅彩民投注热情高涨，更使倍投热持续升温。在最近一个月里，先后有5位彩民以倍投方式，险些中取亿元超级巨奖，但最终都仅因为一个号码之差而与巨奖擦肩而过。5月21日第2009058期，广西柳州彩民中50注二等奖，错失2.5亿元奖金。5月31日，河南漯河彩民击中50注二等奖。6月4日，南京彩民击中第2009064期的50注三等奖。6月9日，襄樊彩民击中第2009066期70倍三等奖，错失3亿元奖金。6月14日，广州彩民击中第2009068期二等奖20注，错失1亿元奖金。之后，双色球头奖出现"井喷"，导致头奖奖池金"放闸"。

　　业内人士根据这两次双色球井喷出奖的情形寻找规律，发现每当冷蓝码开出时，头奖总会"井喷"。

　　如第2009027期双色球"井喷"19注头奖时，蓝球开出30期未出的冷码"06"；第2009028期双色球"井喷"41注头奖时，蓝球开出37期未见的冷码"10"；又如第2009040期开出21注头奖时，蓝球开出16期冷码"12"；第2009058期开出13注头奖时，蓝球开出12期冷码"09"。第2009073期开出70期大冷的蓝"14"，头奖"井喷"16注；第2009074期开出45期未见的蓝"13"，头奖"井喷"28注。

　　为何冷码开出必见头奖"井喷"？因为彩民紧盯蓝球冷码。"蓝14"当时曾走冷70期，不少彩民入市翻倍追踪，该号于第2009073期开出时，仅六等奖便"井喷"1000多万注。第2009074期开出45期冷蓝"13"时，六等奖也"井喷"900多万注。

　　不论是命中蓝球热码，还是捕获蓝球冷码，都是需要科学实用的技术作为支撑去分析判断选择才能高概率地达到目的。

　　由此可见，双色球蓝球不但可"推波助澜"地蓄积大奖奖池的奖金，亦可"顺应民意"地起到"开闸泄洪"的作用。在关键的时刻，如果掌握了科学、精准又实用的蓝球选号技术，那么即可在奖池中累计巨大的奖金时准确出手捕获蓝球，从而让大奖达到收益最大化（当然要在6个红球命中的前提下）。

第二章 蓝球走势图全攻略

但凡是彩民，只要一说起彩票走势图，几乎无人不知无人不晓，因为全国每个彩票投注站的墙上都无一例外地挂满了各式各样不同彩种的彩票走势图，最重要的是绝大多数彩民每天更是使用不同的彩票走势图对自己喜爱的彩票玩法进行分析判断后，选择心仪的投注号码进行每期投注。

彩票走势图是彩民的必备工具，它是根据历史开奖号码及开奖号码的各种特性在实际开奖中运行的轨迹而制作的趋势图形。彩票走势图中科学的统计数据不但可以清晰地展示出每个彩种的开奖号码及开奖号码形态在历史开奖中的走势状态及分布规律，还能帮助广大彩民们"以史为鉴"地总结规律和应用规律，从而高效地分析选择当期的投注号码，最终达到提高中奖率的目的。

根据彩票彩种的不同，可以分为不同玩法种类的走势图，例如双色球走势图、超级大乐透走势图、福彩3D走势图、体彩排列走势图、体彩排列5走势图及22选5走势图、36选7走势图、上海时时乐走势图、重庆时时彩走势图等。

每个不同玩法种类的彩票走势图均包含不同的分类走势图，例如双色球走势图中可以分为红球走势图、蓝球走势图；超级大乐透走势图可分为前区走势图和后区走势图；3D走势图中分为百位走势图、十位走势图及个位走势图等；每个分类走势图中根据开奖号码和开奖号码形态也分为不同的走势图，如本章的重点部分——蓝球走势图，我们就把它分为蓝球号码走势图、蓝球号码振幅走势图、蓝球尾数走势图、蓝球内码走势图、蓝球行列分区走势图等八大类走势图；以蓝球号码走势图为例，如果再做最后的细分，每个蓝球号码走势图根据蓝球号码的形态可以最后细分为蓝球号码大中小走势图、蓝球号码012路走势图、蓝球号码质合走势图等，这些我们在后面的章节中会逐步展开说明。

我们在本章中重点解析各种蓝球走势图的目的，就是通过不同的角度对蓝球号码及号码形态进行归类，从而进一步观察总结蓝球号码及号码形态的分布规律，最大限度地帮助彩民在实战中应用规律进行高效准确地选择或排除蓝球号码，最终的目的是帮助彩民进行投资收益达到最大化，更是不想让彩民因为仅仅错误选择一枚蓝球与大奖失之交臂而上演"抱憾终生"的事情。

在彩民中和网络上流传使用的蓝球走势图有很多种，虽然千变万化但是殊途同归，笔者结合自己的实战运用经验对各种蓝球走势图进行对比、梳理、归纳后共分为八大种类，分别是蓝球号码走势图、蓝球号码振幅走势图、蓝球尾数走势图、蓝球尾数振幅走势图、蓝球内码合走势图、蓝球内码差走势图、蓝球两码组合走势图、蓝球行列分区走势图。这八大类蓝球走势图不但集中囊括了双色球蓝球走势图的主流和精华，而且涵盖了蓝球号码的各个指标分析角度，不论哪一类走势图用好了都可以达到"一码定蓝"或"二码定蓝"的巨大功效，因此均具有极大的实战价值和意义。

我们在本章中不但详细地介绍上述八大类蓝球走势图的构成、名词解释及实战作用，还解析了每类走势图中所用到的各种专用分类统计指标，每个分类统计指标也都代表着每一种分析思路。我们在实战中就是通过应用一些原理、规律和技巧对这些统计指标进行准确的分析判断，从而高概率地进行蓝球号码的选择。本章只是让大家认识并熟悉每个重要的蓝球走势图，而实战中应用的原理、规律、技巧以及实战案例会在后面的章节中依次讲解。

第一节　蓝球号码走势图

蓝球号码走势图是根据蓝球号码、蓝球号码形态及蓝球号码分区情况在实际开奖中出现的轨迹制作的趋势图形，由蓝球号码常规走势图、蓝球号码形态走势图和蓝球号码分区走势图三大部分组成，如图2-1所示。为了更详细地呈献给大家，下面我们会把蓝球号码走势图按照三大组成部分进行逐一说明。

彩票双色球中奖战法揭秘

图2-1 双色球蓝球号码走势图

（一）蓝球号码常规走势图

期号	蓝球	1	2	3	4	5	6	7	8	9	10	11	12	13	14	15	16
2010083	12	1	1	1	1	1	1	1	1	1	1	1	12	1	1	1	1
2010084	3	2	2	2	2	2	2	2	2	2	2	2	1	2	2	2	2
2010085	8	3	3	3	3	3	3	8	3	3	3	3	2	3	3	3	3
2010086	8	4	4	4	4	4	4	8	4	4	4	4	3	4	4	4	4
2010087	10	5	5	5	5	5	5	1	5	10	5	5	4	5	5	5	5
2010088	12	6	6	4	6	6	6	2	6	1	6	12	6	6	6	6	6
2010089	1	1	7	5	7	7	7	3	7	2	7	1	7	7	7	7	7
2010090	14	1	8	6	8	8	8	4	8	3	8	2	8	14	8	8	8
2010091	16	2	9	7	9	9	9	5	9	4	9	3	9	1	9	9	16
2010092	2	3	2	8	10	10	10	6	10	5	10	4	10	2	10	1	
2010093	6	4	1	9	11	11	6	11	7	11	6	11	5	11	3	11	2
2010094	10	5	2	10	12	12	1	12	8	12	10	12	6	12	4	12	3
2010095	14	6	3	11	13	13	2	13	9	13	1	13	13	14	13	4	
2010096	3	7	4	3	14	14	3	14	10	14	2	14	1	14	5		
2010097	1	1	5	1	15	15	4	15	11	15	3	15	9	15	2	15	6
2010098	7	1	6	2	16	16	5	7	12	16	4	16	10	16	3	16	7
2010099	6	2	7	3	17	17	6	1	13	17	5	17	11	17	4	17	8
2010100	8	3	8	4	18	18	1	2	8	18	6	18	12	18	5	18	9
2010101	6	4	9	5	19	19	6	3	1	19	7	19	13	6	19	10	
2010102	10	5	10	6	20	20	1	4	2	20	10	20	14	20	7	20	11
2010103	9	6	11	7	21	21	2	5	3	9	1	21	15	21	8	21	12
2010104	2	7	2	8	22	22	3	6	4	1	2	22	16	22	9	22	13
2010105	11	8	1	9	23	23	4	7	5	2	3	11	17	23	10	23	14
2010106	16	9	2	10	24		5	8	6	3	4	1	18	24	11	24	16

图2-2 蓝球号码常规走势图

双色球游戏中，蓝球号码包括01~16共计16个号码，每个蓝球号码的理论出现概均为6.25%。

图2-2为蓝球号码常规走势图，通过这个走势图我们可以详细地观察到历史开奖数据中各期蓝球号码的中出情况、运行轨迹及每个蓝球号码在不同开奖期数时的遗漏情况。

所谓"遗漏"，就是指号码有多少期没有出现，而走势图中遗漏数据则是对全部开奖号码出现规律的一个全面统计。遗漏数据的主要作用有三个：一是统计各个号码的遗漏参数，二是观察某一具体号码的出现规律，三是找出中奖概率高的号码。

实战中如果我们能对图2-2蓝球号码常规走势图中各个蓝球号码的遗漏数据和特有的折线图形特征进行准确科学的分析汇总，那么就能在当期高概率地正确选择或排除蓝球号码，从而提高中奖率。

小知识

理论概率是指每个开奖号码或开奖号码形态理论上出现的概率的多少。通过理论概率我们可以知道蓝球号码或号码形态在理论上的出现可能性，同时它也可以作为一个标准帮助我们在实战中衡量蓝球号码当前的趋势状态，从而指导我们更精准地把握每个蓝球号码。

（二）蓝球号码形态走势图

期号	蓝球	小	中	大	0	1	2	大	小	奇	偶	质	合
2010083	12	1	1	大	0	1	1	大	1	1	偶	1	合
2010084	3	小	2	1	0	2	2	1	小	奇	1	质	1
2010085	8	1	中	2	1	3	2	2	小	1	偶	1	合
2010086	8	2	中	3	2	4	2	3	小	2	偶	2	合
2010087	10	3	中	4	3	1	1	大	3	3	偶	3	合
2010088	12	4	1	大	0	1	2	大	2	4	偶	4	合
2010089	1	小	2	1	1	1	3	1	小	奇	1	质	1
2010090	14	1	3	大	2	1	2	大	1	1	偶	1	合
2010091	16	2	4	大	3	1	2	大	2	2	偶	2	合
2010092	2	小	5	1	4	1	2	1	小	3	偶	3	质
2010093	6	1	中	2	0	2	1	2	小	4	偶	2	合
2010094	10	2	中	3	1	1	2	大	1	5	偶	2	合
2010095	14	3	1	大	2	1	2	大	2	6	偶	3	合
2010096	3	小	2	1	0	2	3	1	小	奇	1	质	1
2010097	1	小	3	1	1	1	4	2	小	奇	2	质	2
2010098	7	1	中	3	2	1	3	3	小	奇	3	质	3
2010099	6	2	中	4	0	1	4	4	小	1	偶	1	合
2010100	8	3	中	5	1	2	2	5	小	2	偶	2	合
2010101	6	4	中	6	0	1	1	6	小	3	偶	3	合
2010102	10	5	中	7	1	1	2	大	1	4	偶	4	合
2010103	9	6	中	8	0	1	3	大	2	奇	1	5	合
2010104	2	小	1	9	1	2	2	1	小	1	偶	1	质
2010105	11	1	中	10	2	3	2	大	1	奇	1	质	2
2010106	16	2	1	大	3	1	1	大	2	1	偶	1	合
2010107	16	3	2	大	4	2	1	大	3	2	偶	2	合
2010108	7	4	中	1	5	1	3	1	小	奇	1	质	1
2010109	15	5	1	大	0	1	4	大	1	奇	2	1	合
2010110	1	小	2	1	1	1	5	1	小	奇	3	质	1
2010111	10	1	中	2	2	1	6	大	1	1	偶	1	合
2010112	16	2	1	大	3	1	7	大	2	2	偶	2	合

图 2-3　蓝球号码形态走势图

图2-3是蓝球号码形态走势图。为便于读者理解，我们这里首先解释一下形态这个名词。

何为形态？形态是指开奖号码的某一特征，也就是对全部16个蓝球号码按照某种方法进行分类，这个分类方法称之为形态。图2-3蓝球号码形态走势图中的小中大、012路、大小、奇偶、质合都是开奖号码的形态。

1. 蓝球号码小中大形态

双色球游戏中，"小中大形态"就是把双色球蓝球号码01~16做进一步的细致划分，那样能更清晰地表达双色球游戏中每个蓝球号码的具体信息。

双色球蓝球号码中，我们把小于或等于5的蓝球号码定义为小号，包括的蓝球号码有：01、02、03、04、05；

双色球蓝球号码中，我们把大于5而小于或等于11的蓝球号码定义为中号，包括的蓝球号码有：06、07、08、09、10、11；

双色球蓝球号码中，我们把大于11的蓝球号码定义为大号，包括的蓝球号码有：12、13、14、15、16。

"小号、中号、大号"均属于双色球蓝球号码的一种分类形态，我们在实际应用中把这种形态统称为"小中大形态"。

双色球游戏中一共包括16个蓝球号码，通过计算得知"小中大形态"蓝球号码的理论概率分别如下：

大形态共包括5个蓝球号码，5/16=31.25%，因此大形态蓝球理论概率为31.25%；

中形态共包括6个蓝球号码，6/16=37.5%，因此中形态蓝球理论概率为37.5%；

小形态共包括5个蓝球号码，5/16=31.25%，因此小形态蓝球理论概率为31.25%。

2. 蓝球号码012路形态

双色球游戏中，"012路形态"是通过另外一种角度对01-16共16个双色球蓝球号码进行再次分解，从而揭示和传达蓝球号码信息。

012路形态是根据除3余数定义的蓝球号码特征。双色球蓝球号码中，将01-16共16个号码按除3所得余数的不同分为三类：除3余数为0的蓝球号码有03、06、09、12、15；除3余数为1的蓝球号码有01、04、07、10、13、16；除3余数为2的蓝球号码有02、05、08、11、14。

"0路、1路、2路"也属于双色球蓝球号码的另一种分类形态，我们在实际应用中把这种形态统称为"012路形态"。

双色球游戏中一共包括16个蓝球号码，通过计算得知"012路形态"蓝球号码的理论概率分别如下：

0路形态共包括5个蓝球号码，5/16=31.25%，因此0路形态蓝球理论概率为31.25%；

1路形态共包括6个蓝球号码，6/16=37.5%，因此1路形态蓝球理论概率为37.5%；

2路形态共包括5个蓝球号码，5/16=31.25%，因此2路形态蓝球理论概率为31.25%。

3. 蓝球号码大小形态

双色球蓝球号码中，我们把小于或等于8的蓝球号码定义为小号，小号包括的蓝球号码为：01、02、03、04、05、06、07、08；

双色球蓝球号码中，我们把大于8而小于或等于16的蓝球号码定义为大号，大号包括的蓝球号码为：09、10、11、12、13、14、15、16；

"小号和大号"也属于双色球蓝球号码的一种分类形态，我们在实际应用中把这种形态通称为"大小形态"。

双色球游戏中一共包括16个蓝球号码，那么通过计算得知大小形态蓝球号码的理论概率分别如下：

大形态共包括8个蓝球号码，8/16=50%，因此大形态蓝球理论概率为50%；

小形态共包括8个蓝球号码，8/16=50%，因此小形态蓝球理论概率为50%。

4. 蓝球号码奇偶形态

数学中不能被2整除的数字称为奇数，能被2整除的数字称作偶数。

同理，在双色球蓝球号码中，我们把不能被2整除的号码称为奇号码，包括01、03、05、07、09、11、13、15；双色球蓝球号码中，我们把能被2整除的号码称为偶号码，包括02、04、06、08、10、12、14、16。

"奇号码和偶号码"也属于双色球蓝球号码的一种分类形态，我们在实际应用中把这种形态统称为"奇偶形态"。

双色球游戏中一共包括16个蓝球号码，通过计算得知"奇偶形态"蓝球号码的理论概率分别如下：

奇形态共包括8个蓝球号码，8/16=50%，因此奇形态蓝球理论概率为50%；

偶形态共包括8个蓝球号码，8/16=50%，因此偶形态蓝球理论概率为50%。

5. 蓝球号码质合形态

双色球蓝球号码的质数和数学里的质数是一样的，即只能被1和自身整除的号码称为质数号码，我们通常把蓝球号码01也定义为质数号码，因此质数号码包括01、02、03、05、07、11、13；除此之外的号码属于合数号码，包括04、06、08、09、10、12、14、15、16。

"质数号码和合数号码"也属于双色球蓝球号码的一种分类形态，我们在实际应用中把这种形态统称为"质合形态"。

双色球游戏中一共包括16个蓝球号码，通过计算得知"质合形态"蓝球号码的理论概率分别如下：

质形态共包括7个蓝球号码，7/16=43.75%，因此质形态蓝球理论概率为43.75%；

合形态共包括9个蓝球号码，9/16=56.25%，因此合形态蓝球理论概率为56.25%。

6. 总结

通过图2-3蓝球号码形态走势图，我们可以详细地观察到历史开奖数据中各期蓝球号码形态的出现规律、运行轨迹及每个蓝球号码形态在不同开奖期数的遗漏情况。

在这个走势图中所谓"遗漏"，是指号码形态有多少期没有出现，而走势图中遗漏数据则是对全部开奖号码形态出现规律的一个全面统计。遗漏数据的主要作用有三个：一是统计各个号码形态的遗漏参数，二是观察某一具体号码形态的出现规律，三是找出中奖概率高的号码形态。

实战中如果我们能对图2-3蓝球号码形态走势图中各个蓝球号码形态的遗漏数据和特有的折线图形特征进行准确科学的分析汇总，那么同样能在当期高概率地锁定蓝球号码或及蓝球号码的范围，从而提高中奖率。

假设我们当期确定选择蓝球开奖号码形态为"大"并且是正确的，那么"大形态"蓝球号码12、13、14、15、16中间一定有当期的蓝球中奖号码；如果此时我们还能判断蓝球开奖号码形态为2路并且也是正确的，那么当期蓝球开奖号码就一定是号码14。

这就是正确使用蓝球号码形态走势图的功效，实战中运用好"一码定蓝"真的不是问题。如何使用我们在后面会一一展开。

（三）蓝球号码分区走势图

双色球游戏中，蓝球号码包括01~16共计16个号码，按照排序或乱序可以分为不同的区间，例如二分区、三分区、四分区、五分区和八分区等。前面蓝球号码走势图中的大小形态、奇偶形态、质合形态均属于二分区的范畴，小中大形态和012路形态属于三分区的范畴。

本书中的蓝球号码分区走势图由四分区、五分区和八分区组成，如图2-4所示。当然，读者在使用中也可以根据自己的实际需求在16个蓝球号码中任意取舍号码作为不同的分区进行乱序统计亦可，条条大路通罗马，创新后风景更会不同。

蓝球号码分区走势图

期号	蓝球	四分区 一	二	三	四	五分区 一	二	三	四	五	八分区 一	二	三	四	五	六	七	八
2010083	12	**1**	1	1	1	1	1	1	**4**	1	1	1	1	1	1	**6**	1	1
2010084	3	**1**	2	2	2	2	**2**	2	1	2	2	**2**	2	2	2	1	2	2
2010085	8	1	**2**	3	3	3	**2**	3	2	3	3	1	2	**4**	3	2	3	3
2010086	8	2	**2**	4	4	4	**2**	4	3	4	4	2	**4**	4	3	4	4
2010087	10	3	1	**3**	5	5	1	5	**5**	5	3	5	1	**5**	4	5	5
2010088	12	4	2	**3**	6	6	2	6	**4**	1	6	4	5	6	2	1	**6**	6	6
2010089	1	**1**	3	1	7	7	3	**3**	1	2	**1**	5	7	3	2	1	7	7
2010090	14	1	4	2	**4**	**1**	4	1	2	3	1	6	8	4	3	2	**7**	8
2010091	16	2	5	3	**4**	1	5	**3**	3	4	2	7	9	5	4	3	1	**8**
2010092	2	**1**	6	4	1	2	6	1	**4**	5	**1**	8	10	6	5	4	2	1
2010093	6	1	**2**	5	2	3	7	**3**	1	6	1	9	**3**	7	6	5	3	2
2010094	10	2	1	**3**	3	4	8	1	2	**5**	2	10	1	8	**5**	6	4	3
2010095	14	3	2	1	**4**	**1**	9	2	3	1	3	11	2	9	1	**7**	4
2010096	3	**1**	3	2	1	1	**2**	3	4	2	4	**2**	3	10	2	8	1	5
2010097	1	**1**	4	3	2	2	1	**3**	5	3	**1**	1	4	11	3	9	2	6
2010098	7	1	**2**	4	3	3	2	1	**4**	4	1	2	**4**	2	4	10	3	7
2010099	6	2	**2**	5	4	4	3	**3**	1	5	2	3	**3**	1	5	11	4	8
2010100	8	3	**2**	6	5	5	**2**	1	2	6	3	4	1	**4**	6	12	5	9
2010101	6	4	**2**	7	6	6	1	2	3	7	4	5	**3**	1	7	13	6	10
2010102	10	5	2	**3**	7	7	2	3	1	**5**	5	6	1	2	**5**	14	7	11
2010103	9	6	3	**3**	8	**1**	3	2	5	1	6	7	2	3	**5**	15	8	12
2010104	2	**1**	3	1	9	1	4	3	**4**	2	**1**	8	3	4	1	16	9	13
2010105	11	1	4	**3**	10	2	5	**3**	1	3	1	9	4	5	1	**6**	10	14
2010106	16	2	5	1	**4**	3	6	**3**	2	4	2	10	5	6	2	1	11	**8**
2010107	16	3	6	2	**4**	4	7	**3**	3	5	3	11	6	7	3	1	12	**8**
2010108	7	4	**2**	3	1	5	8	1	**4**	6	4	12	7	**4**	4	3	13	1
2010109	15	5	1	4	**4**	6	9	2	1	**5**	5	13	8	1	5	4	**14**	**8**
2010110	1	**1**	2	5	1	7	10	**3**	2	1	**1**	14	9	2	6	5	15	1
2010111	10	1	**3**	3	2	8	11	1	**5**	2	1	15	10	**5**	6	16	2
2010112	16	2	4	1	**4**	9	12	**3**	4	2	2	16	11	4	1	7	17	**8**

图2-4 蓝球号码分区走势图

1. 蓝球号码四分区

双色球游戏中一共有16个蓝球号码，我们按照由小到大的排序顺序可以依次划分为四个号码段，也即平均为四个分区：第1区包括蓝球号码01、02、03、04，第2区包括蓝球号码05、06、07、08，第3分区包括蓝球号码09、10、11、12，第4区包括蓝球号码13、14、15、16。

通过计算得知"四分区"蓝球号码的理论概率分别如下：

第1区包括4个蓝球号码，4/16=25%，因此第1区内蓝球号码理论概率为25%；

第2区包括4个蓝球号码，4/16=25%，因此第2区内蓝球号码理论概率为25%；

第3区包括4个蓝球号码，4/16=25%，因此第3区内蓝球号码理论概率为25%；

第4区包括4个蓝球号码，4/16=25%，因此第4区内蓝球号码理论概率为25%。

2. 蓝球号码五分区

双色球游戏中一共有16个蓝球号码，我们是这样把蓝球号码划分为五个区：第1区包括蓝球号码04、09、14，第2区包括蓝球号码03、08、13，第3分区包括蓝球号码01、06、11、16，第4区包括蓝球号码02、07、12，第5区包括蓝球号码05、10、15。

玩过福彩3D的彩民可能知道，我们这是按照05、16、27、38、49的对码方式把16个蓝球号码按照其尾数是同一对码组合的分在一个区，5组对码分为5个区。

通过计算得知"五分区"蓝球号码的理论概率分别如下：

第1区包括3个蓝球号码，3/16=18.75%，因此第1区内蓝球号码理论概率为18.75%；

第2区包括3个蓝球号码，3/16=18.75%，因此第2区内蓝球号码理论概率为18.75%；

第3区包括4个蓝球号码，4/16=25%，因此第3区内蓝球号码理论概率为25%；

第4区包括3个蓝球号码，3/16=18.75%，因此第4区内蓝球号码理论概率为18.75%；

第5区包括3个蓝球号码，3/16=18.75%，因此第5区内蓝球号码理论概率为18.75%。

3. 蓝球号码八分区

双色球游戏中一共有16个蓝球号码，我们按照由小到大的排序顺序可以依次划分为八个号码段，也即是平均为八个分区：第1区包括蓝球号码01、02，第2区包括蓝球号码03、04，第3区包括蓝球号码05、06，第4区包括蓝球号码07、08，第5区包括蓝球号码09、10，第6区包括蓝球号码11、12，第7区包括蓝球号码13、14，第八区包括蓝球号码15、16。

通过计算得知"八分区"蓝球号码的理论概率分别如下：

第1区包括2个蓝球号码，2/16=12.5%，因此第1区内蓝球号码理论概率为12.5%；

第2区包括2个蓝球号码，2/16=12.5%，因此第2区内蓝球号码理论概率为12.5%；

第3区包括2个蓝球号码，2/16=12.5%，因此第3区内蓝球号码理论概率为12.5%；

第4区包括2个蓝球号码，2/16=12.5%，因此第4区内蓝球号码理论概率为12.5%；

第5区包括2个蓝球号码，2/16=12.5%，因此第5区内蓝球号码理论概率为12.5%；

第6区包括2个蓝球号码，2/16=12.5%，因此第6区内蓝球号码理论概率为12.5%；

第7区包括2个蓝球号码，2/16=12.5%，因此第7区内蓝球号码理论概率为12.5%；

第8区包括2个蓝球号码，2/16=12.5%，因此第8区内蓝球号码理论概率为12.5%。

4. 总结

通过图2-4蓝球号码分区走势图，我们可以详细地观察到历史开奖数据中各期分区蓝球号码的出现规律、运行轨迹及分区蓝球号码在不同开奖期数的遗漏情况。

在这个走势图中所谓"遗漏"，是指某个号码分区有多少期没有出现，而走势图中遗漏数据则是对每个号码分区出现规律的一个全面统计。

遗漏数据的主要作用有三个：一是统计各个号码分区的遗漏参数，二是观察某一具体号码分区的出现规律，三是找出中奖概率高的号码分区。

实战中如果我们能对图2-4蓝球号码分区走势图中各个分区蓝球号码的遗漏数据和特有的折线图形特征进行准确科学的分析汇总，那么同样能在当期高概率地锁定蓝球号码或及蓝球号码的范围，从而提高中奖率。

假设我们当期确定选择蓝球开奖号码在四分区走势图中第1分区出现并且是正确的，那么蓝球号码01、02、03、04中间一定有当期的蓝球中奖号码；如果此时我们还能判断蓝球开奖号码在五分区走势图中第1分区出现并且也是正确的，那么蓝球号码04、09、14当中一定有当期的蓝球中奖号码；综合分析，只有蓝球号码04完全符合两个条件，如果分析得完全正确，当期蓝球开奖号码就一定是号码04。

第二节 蓝球号码振幅走势图

首先我们要了解一下什么是振幅。振幅是指前后两期号码差值的绝对值，也称为振幅差值，简称为振幅。

蓝球号码振幅是指上下两期蓝球号码差值的绝对值，例如双色球2010083期蓝球开奖号码为蓝球12，双色球2010084期蓝球开奖号码为蓝球03，12-3=9，那么这两期蓝球号码的振幅即为9。

蓝球号码振幅走势图是根据上下两期蓝球开奖号码振幅差值、振幅差值形态及振幅差值分区情况在实际开奖中出现的轨迹制作的趋势图形，由蓝球号码振幅常规走势图、蓝球号码振幅形态走势图和蓝球号码振幅分区走势图三大部分组成，如图2-5所示。为了更详细地解析走势图内指标及走势图功效，下面我们会把蓝球号码振幅走势图按照三大组成部分进行逐一说明。

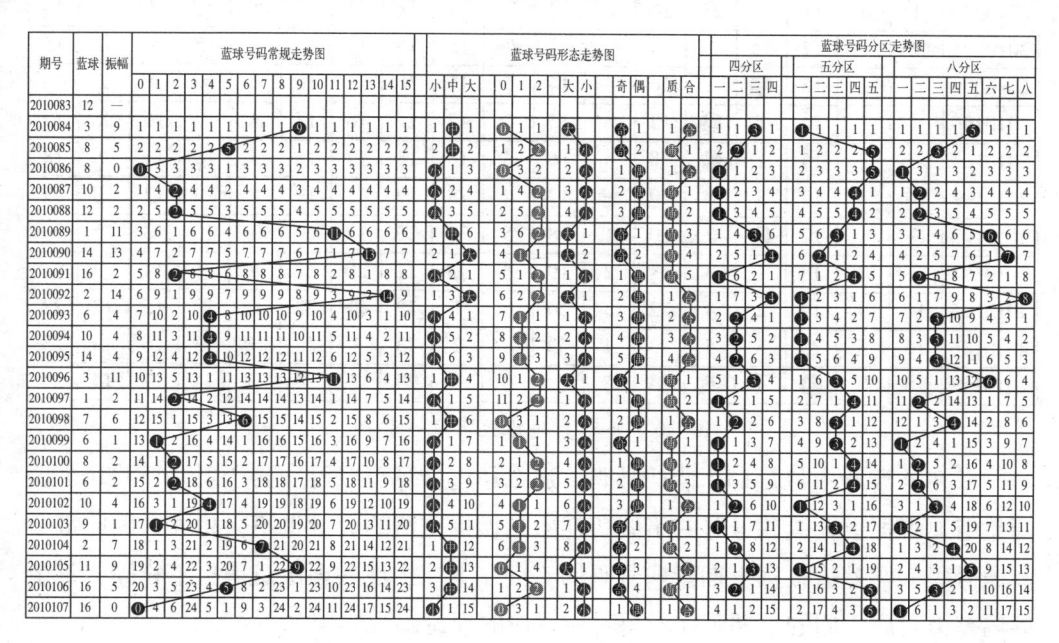

图2-5 蓝球号码振幅走势图

（一）蓝球号码振幅常规走势图

蓝球号码振幅常规走势图

期号	蓝球	振幅	0	1	2	3	4	5	6	7	8	9	10	11	12	13	14	15
2010083	12	—																
2010084	3	9	1	1	1	1	1	1	1	1	1	⑨	1	1	1	1	1	1
2010085	8	5	2	2	2	2	2	⑤	2	2	2	1	2	2	2	2	2	2
2010086	8	0	⓪	3	3	3	3	3	3	3	3	2	3	3	3	3	3	3
2010087	10	2	1	4	②	4	4	4	4	4	4	3	4	4	4	4	4	4
2010088	12	2	2	5	②	5	5	3	5	5	5	4	5	5	5	5	5	5
2010089	1	11	3	6	1	6	6	4	6	6	6	5	6	⑪	6	6	6	6
2010090	14	13	4	7	2	7	7	5	7	7	7	6	7	1	7	⑬	7	7
2010091	16	2	5	8	②	8	8	6	8	8	8	7	8	2	8	1	8	8
2010092	2	14	6	9	1	9	9	7	9	9	9	8	9	3	9	2	⑭	9
2010093	6	4	7	10	2	10	④	8	10	10	10	9	10	4	10	3	1	10
2010094	10	4	8	11	3	11	④	9	11	11	11	10	11	5	11	4	2	11
2010095	14	4	9	12	4	12	④	10	12	12	12	11	12	6	12	5	3	12
2010096	3	11	10	13	5	13	1	11	13	13	13	12	⑪	13	6	4	13
2010097	1	2	11	14	②	14	2	12	14	14	14	13	14	1	14	7	5	14
2010098	7	6	12	15	1	15	3	13	⑥	15	15	14	15	2	15	8	6	15
2010099	6	13	①	2	16	4	14	1	16	16	15	16	3	16	9	7	16
2010100	8	2	14	1	②	17	5	15	2	17	17	16	17	4	17	10	8	17
2010101	6	2	15	2	②	18	6	16	3	18	18	17	18	5	18	11	9	18
2010102	10	4	16	3	1	19	④	17	4	19	19	18	19	6	19	12	10	19
2010103	9	1	17	①	2	20	1	18	5	20	20	19	20	7	20	13	11	20
2010104	2	7	18	1	3	21	2	19	6	⑦	21	20	21	8	21	14	12	21
2010105	11	9	19	2	4	22	3	20	7	1	22	⑨	22	9	22	15	13	22
2010106	16	5	20	3	5	23	4	⑤	8	2	23	1	23	10	23	16	14	23
2010107	16	0	⓪	4	6	24	5	1	9	3	24	2	24	11	24	17	15	24

图2-6　蓝球号码振幅常规走势图

双色球游戏中包含16个蓝球号码，那么通过计算可以得知会产生0~15共16个振幅差值，根据上期蓝球号码的不同所产生的振幅差值的数量也不会相同，因此每个蓝球号码振幅差值根据上期蓝球号码的不同在本期出现的理论概率也不相同，每个振幅差值对应不同的上期蓝球号码时所对应的理论出现概率如下：

上期蓝球号码为01时所对应的每个蓝球号码振幅差值的理论概率

蓝球号码振幅差值为0时包括蓝球号码01，其理论概率为6.25%；

蓝球号码振幅差值为1时包括蓝球号码02，其理论概率为6.25%；

蓝球号码振幅差值为2时包括蓝球号码03，其理论概率为6.25%；
蓝球号码振幅差值为3时包括蓝球号码04，其理论概率为6.25%；
蓝球号码振幅差值为4时包括蓝球号码05，其理论概率为6.25%；
蓝球号码振幅差值为5时包括蓝球号码06，其理论概率为6.25%；
蓝球号码振幅差值为6时包括蓝球号码07，其理论概率为6.25%；
蓝球号码振幅差值为7时包括蓝球号码08，其理论概率为6.25%；
蓝球号码振幅差值为8时包括蓝球号码09，其理论概率为6.25%；
蓝球号码振幅差值为9时包括蓝球号码10，其理论概率为6.25%；
蓝球号码振幅差值为10时包括蓝球号码11，其理论概率为6.25%；
蓝球号码振幅差值为11时包括蓝球号码12，其理论概率为6.25%；
蓝球号码振幅差值为12时包括蓝球号码13，其理论概率为6.25%；
蓝球号码振幅差值为13时包括蓝球号码14，其理论概率为6.25%；
蓝球号码振幅差值为14时包括蓝球号码15，其理论概率为6.25%；
蓝球号码振幅差值为15时包括蓝球号码16，其理论概率为6.25%。

可以看出，上期蓝球号码为01时，蓝球号码振幅差值的数量有16个，每个振幅差值的理论概率均为6.25%。

上期蓝球号码为02时所对应的每个蓝球号码振幅差值的理论概率
蓝球号码振幅差值为0时包括蓝球号码02，其理论概率为6.25%；
蓝球号码振幅差值为1时包括蓝球号码01和03，其理论概率为12.5%；
蓝球号码振幅差值为2时包括蓝球号码04，其理论概率为6.25%；
蓝球号码振幅差值为3时包括蓝球号码05，其理论概率为6.25%；
蓝球号码振幅差值为4时包括蓝球号码06，其理论概率为6.25%；
蓝球号码振幅差值为5时包括蓝球号码07，其理论概率为6.25%；
蓝球号码振幅差值为6时包括蓝球号码08，其理论概率为6.25%；
蓝球号码振幅差值为7时包括蓝球号码09，其理论概率为6.25%；
蓝球号码振幅差值为8时包括蓝球号码10，其理论概率为6.25%；
蓝球号码振幅差值为9时包括蓝球号码11，其理论概率为6.25%；
蓝球号码振幅差值为10时包括蓝球号码12，其理论概率为6.25%；
蓝球号码振幅差值为11时包括蓝球号码13，其理论概率为6.25%；
蓝球号码振幅差值为12时包括蓝球号码14，其理论概率为6.25%；

蓝球号码振幅差值为13时包括蓝球号码15，其理论概率为6.25%；

蓝球号码振幅差值为14时包括蓝球号码16，其理论概率为6.25%；

可以看出，上期蓝球号码为02时，蓝球号码振幅差值的数量有15个，这时振幅差值为1的理论概率为12.5%，其余振幅差值的理论概率皆为6.25%。

上期蓝球号码为03时所对应的每个蓝球号码振幅差值的理论概率

蓝球号码振幅差值为0的概率为6.25%；

蓝球号码振幅差值为1的概率为12.5%；

蓝球号码振幅差值为2的概率为12.5%；

蓝球号码振幅差值为3的概率为6.25%；

蓝球号码振幅差值为4的概率为6.25%；

蓝球号码振幅差值为5的概率为6.25%；

蓝球号码振幅差值为6的概率为6.25%；

蓝球号码振幅差值为7的概率为6.25%；

蓝球号码振幅差值为8的概率为6.25%；

蓝球号码振幅差值为9的概率为6.25%；

蓝球号码振幅差值为10的概率为6.25%；

蓝球号码振幅差值为11的概率为6.25%；

蓝球号码振幅差值为12的概率为6.25%；

蓝球号码振幅差值为13的概率为6.25%。

可以看出，上期蓝球号码为03时，蓝球号码振幅差值的数量只有14个，这时振幅差值为1和2的理论概率分别为12.5%，其余振幅差值的理论概率皆为6.25%。

上期蓝球号码为04时所对应的每个蓝球号码振幅差值的理论概率

蓝球号码振幅差值为0的概率为6.25%；

蓝球号码振幅差值为1的概率为12.5%；

蓝球号码振幅差值为2的概率为12.5%；

蓝球号码振幅差值为3的概率为12.5%；

蓝球号码振幅差值为4的概率为6.25%；

蓝球号码振幅差值为5的概率为6.25%；

蓝球号码振幅差值为6的概率为6.25%；

蓝球号码振幅差值为7的概率为6.25%；

蓝球号码振幅差值为8的概率为6.25%；
蓝球号码振幅差值为9的概率为6.25%；
蓝球号码振幅差值为10的概率为6.25%；
蓝球号码振幅差值为11的概率为6.25%；
蓝球号码振幅差值为12的概率为6.25%。

可以看出，上期蓝球号码为04时，蓝球号码振幅差值的数量只有13个，这时振幅差值为1、2、3的理论概率分别为12.5%，其余振幅差值的理论概率皆为6.25%。

上期蓝球号码为05时所对应的每个蓝球号码振幅差值的理论概率

蓝球号码振幅差值为0的概率为6.25%；
蓝球号码振幅差值为1的概率为12.5%；
蓝球号码振幅差值为2的概率为12.5%；
蓝球号码振幅差值为3的概率为12.5%；
蓝球号码振幅差值为4的概率为12.5%；
蓝球号码振幅差值为5的概率为6.25%；
蓝球号码振幅差值为6的概率为6.25%；
蓝球号码振幅差值为7的概率为6.25%；
蓝球号码振幅差值为8的概率为6.25%；
蓝球号码振幅差值为9的概率为6.25%；
蓝球号码振幅差值为10的概率为6.25%；
蓝球号码振幅差值为11的概率为6.25%。

可以看出，上期蓝球号码为05时，蓝球号码振幅差值的数量只有12个，这时振幅差值为1、2、3、4的理论概率分别为12.5%，其余振幅差值的理论概率皆为6.25%。

上期蓝球号码为06时所对应的每个蓝球号码振幅差值的理论概率

蓝球号码振幅差值为0的概率为6.25%；
蓝球号码振幅差值为1的概率为12.5%；
蓝球号码振幅差值为2的概率为12.5%；
蓝球号码振幅差值为3的概率为12.5%；
蓝球号码振幅差值为4的概率为12.5%；
蓝球号码振幅差值为5的概率为12.5%；

蓝球号码振幅差值为6的概率为6.25%；
蓝球号码振幅差值为7的概率为6.25%；
蓝球号码振幅差值为8的概率为6.25%；
蓝球号码振幅差值为9的概率为6.25%；
蓝球号码振幅差值为10的概率为6.25%。

可以看出，上期蓝球号码为06时，蓝球号码振幅差值的数量只有11个，这时振幅差值为1、2、3、4、5的理论概率分别为12.5%，其余振幅差值的理论概率皆为6.25%。

上期蓝球号码为07时所对应的每个蓝球号码振幅差值的理论概率
蓝球号码振幅差值为0的概率为6.25%；
蓝球号码振幅差值为1的概率为12.5%；
蓝球号码振幅差值为2的概率为12.5%；
蓝球号码振幅差值为3的概率为12.5%；
蓝球号码振幅差值为4的概率为12.5%；
蓝球号码振幅差值为5的概率为12.5%；
蓝球号码振幅差值为6的概率为12.5%；
蓝球号码振幅差值为7的概率为6.25%；
蓝球号码振幅差值为8的概率为6.25%；
蓝球号码振幅差值为9的概率为6.25%。

可以看出，上期蓝球号码为07时，蓝球号码振幅差值的数量只有10个，这时振幅差值为1、2、3、4、5、6的理论概率分别为12.5%，其余振幅差值的理论概率皆为6.25%。

上期蓝球号码为08时所对应的每个蓝球号码振幅差值的理论概率
蓝球号码振幅差值为0的概率为6.25%；
蓝球号码振幅差值为1的概率为12.5%；
蓝球号码振幅差值为2的概率为12.5%；
蓝球号码振幅差值为3的概率为12.5%；
蓝球号码振幅差值为4的概率为12.5%；
蓝球号码振幅差值为5的概率为12.5%；
蓝球号码振幅差值为6的概率为12.5%；

蓝球号码振幅差值为7的概率为12.5%；

蓝球号码振幅差值为8的概率为6.25%。

可以看出，上期蓝球号码为08时，蓝球号码振幅差值的数量只有9个，这时振幅差值为1、2、3、4、5、6、7的理论概率分别为12.5%，其余振幅差值的理论概率皆为6.25%。

上期蓝球号码为09时所对应的每个蓝球号码振幅差值的理论概率

蓝球号码振幅差值为0的概率为6.25%；

蓝球号码振幅差值为1的概率为12.5%；

蓝球号码振幅差值为2的概率为12.5%；

蓝球号码振幅差值为3的概率为12.5%；

蓝球号码振幅差值为4的概率为12.5%；

蓝球号码振幅差值为5的概率为12.5%；

蓝球号码振幅差值为6的概率为12.5%；

蓝球号码振幅差值为7的概率为12.5%；

蓝球号码振幅差值为8的概率为6.25%。

可以看出，上期蓝球号码为09时，蓝球号码振幅差值的数量只有9个，这时振幅差值为1、2、3、4、5、6、7的理论概率分别为12.5%，其余振幅差值的理论概率皆为6.25%。

上期蓝球号码为10时所对应的每个蓝球号码振幅差值的理论概率

蓝球号码振幅差值为0的概率为6.25%；

蓝球号码振幅差值为1的概率为12.5%；

蓝球号码振幅差值为2的概率为12.5%；

蓝球号码振幅差值为3的概率为12.5%；

蓝球号码振幅差值为4的概率为12.5%；

蓝球号码振幅差值为5的概率为12.5%；

蓝球号码振幅差值为6的概率为12.5%；

蓝球号码振幅差值为7的概率为6.25%；

蓝球号码振幅差值为8的概率为6.25%；

蓝球号码振幅差值为9的概率为6.25%。

可以看出，上期蓝球号码为10时，蓝球号码振幅差值的数量只有10个，这时振幅差值为1、2、3、4、5、6的理论概率分别为12.5%，其余振幅差值的理论概率皆为6.25%。

上期蓝球号码为11时所对应的每个蓝球号码振幅差值的理论概率

蓝球号码振幅差值为0的概率为6.25%；

蓝球号码振幅差值为1的概率为12.5%；

蓝球号码振幅差值为2的概率为12.5%；

蓝球号码振幅差值为3的概率为12.5%；

蓝球号码振幅差值为4的概率为12.5%；

蓝球号码振幅差值为5的概率为12.5%；

蓝球号码振幅差值为6的概率为6.25%；

蓝球号码振幅差值为7的概率为6.25%；

蓝球号码振幅差值为8的概率为6.25%；

蓝球号码振幅差值为9的概率为6.25%；

蓝球号码振幅差值为10的概率为6.25%。

可以看出，上期蓝球号码为11时，蓝球号码振幅差值的数量只有11个，这时振幅差值为1、2、3、4、5的理论概率分别为12.5%，其余振幅差值的理论概率皆为6.25%。

上期蓝球号码为12时所对应的每个蓝球号码振幅差值的理论概率

蓝球号码振幅差值为0的概率为6.25%；

蓝球号码振幅差值为1的概率为12.5%；

蓝球号码振幅差值为2的概率为12.5%；

蓝球号码振幅差值为3的概率为12.5%；

蓝球号码振幅差值为4的概率为12.5%；

蓝球号码振幅差值为5的概率为6.25%；

蓝球号码振幅差值为6的概率为6.25%；

蓝球号码振幅差值为7的概率为6.25%；

蓝球号码振幅差值为8的概率为6.25%；

蓝球号码振幅差值为9的概率为6.25%；

蓝球号码振幅差值为10的概率为6.25%；

蓝球号码振幅差值为11的概率为6.25%。

可以看出，上期蓝球号码为12时，蓝球号码振幅差值的数量只有12个，这时振幅差值为1、2、3、4的理论概率分别为12.5%，其余振幅差值的理论概率皆为6.25%。

上期蓝球号码为13时所对应的每个蓝球号码振幅差值的理论概率

蓝球号码振幅差值为0的概率为6.25%；
蓝球号码振幅差值为1的概率为12.5%；
蓝球号码振幅差值为2的概率为12.5%；
蓝球号码振幅差值为3的概率为12.5%；
蓝球号码振幅差值为4的概率为6.25%；
蓝球号码振幅差值为5的概率为6.25%；
蓝球号码振幅差值为6的概率为6.25%；
蓝球号码振幅差值为7的概率为6.25%；
蓝球号码振幅差值为8的概率为6.25%；
蓝球号码振幅差值为9的概率为6.25%；
蓝球号码振幅差值为10的概率为6.25%；
蓝球号码振幅差值为11的概率为6.25%；
蓝球号码振幅差值为12的概率为6.25%。

可以看出，上期蓝球号码为13时，蓝球号码振幅差值的数量只有13个，这时振幅差值为1、2、3的理论概率分别为12.5%，其余振幅差值的理论概率皆为6.25%。

上期蓝球号码为14时所对应的每个蓝球号码振幅差值的理论概率

蓝球号码振幅差值为0的概率为6.25%；
蓝球号码振幅差值为1的概率为12.5%；
蓝球号码振幅差值为2的概率为12.5%；
蓝球号码振幅差值为3的概率为6.25%；
蓝球号码振幅差值为4的概率为6.25%；
蓝球号码振幅差值为5的概率为6.25%；
蓝球号码振幅差值为6的概率为6.25%；
蓝球号码振幅差值为7的概率为6.25%；
蓝球号码振幅差值为8的概率为6.25%；
蓝球号码振幅差值为9的概率为6.25%；

蓝球号码振幅差值为10的概率为6.25%；
蓝球号码振幅差值为11的概率为6.25%；
蓝球号码振幅差值为12的概率为6.25%；
蓝球号码振幅差值为13的概率为6.25%。

可以看出，上期蓝球号码为14时，蓝球号码振幅差值的数量只有14个，这时振幅差值为1、2的理论概率分别为12.5%，其余振幅差值的理论概率皆为6.25%。

上期蓝球号码为15时所对应的每个蓝球号码振幅差值的理论概率

蓝球号码振幅差值为0的概率为6.25%；
蓝球号码振幅差值为1的概率为12.5%；
蓝球号码振幅差值为2的概率为6.25%；
蓝球号码振幅差值为3的概率为6.25%；
蓝球号码振幅差值为4的概率为6.25%；
蓝球号码振幅差值为5的概率为6.25%；
蓝球号码振幅差值为6的概率为6.25%；
蓝球号码振幅差值为7的概率为6.25%；
蓝球号码振幅差值为8的概率为6.25%；
蓝球号码振幅差值为9的概率为6.25%；
蓝球号码振幅差值为10的概率为6.25%；
蓝球号码振幅差值为11的概率为6.25%；
蓝球号码振幅差值为12的概率为6.25%；
蓝球号码振幅差值为13的概率为6.25%；
蓝球号码振幅差值为14的概率为6.25%。

可以看出，上期蓝球号码为15时，蓝球号码振幅差值的数量只有15个，这时振幅差值为1的理论概率为12.5%，其余振幅差值的理论概率皆为6.25%。

上期蓝球号码为16时所对应的每个蓝球号码振幅差值的理论概率

蓝球号码振幅差值为0的概率为6.25%；
蓝球号码振幅差值为1的概率为6.25%；
蓝球号码振幅差值为2的概率为6.25%；
蓝球号码振幅差值为3的概率为6.25%；
蓝球号码振幅差值为4的概率为6.25%；

蓝球号码振幅差值为5的概率为6.25%；
蓝球号码振幅差值为6的概率为6.25%；
蓝球号码振幅差值为7的概率为6.25%；
蓝球号码振幅差值为8的概率为6.25%；
蓝球号码振幅差值为9的概率为6.25%；
蓝球号码振幅差值为10的概率为6.25%；
蓝球号码振幅差值为11的概率为6.25%；
蓝球号码振幅差值为12的概率为6.25%；
蓝球号码振幅差值为13的概率为6.25%；
蓝球号码振幅差值为14的概率为6.25%；
蓝球号码振幅差值为15的概率为6.25%。

可以看出，上期蓝球号码为16时，蓝球号码振幅差值的数量只有16个，每个振幅差值的理论概率均为6.25%。

图2-6为蓝球号码振幅常规走势图，通过这个走势图我们可以详细地观察到历史开奖数据中各期蓝球号码振幅差值的出现情况、运行轨迹以及在不同开奖期数时的遗漏情况。

所谓"遗漏"，这里就是指每个蓝球号码振幅差值有多少期没有出现，而走势图中遗漏数据则是对每个蓝球号码振幅差值出现规律的一个全面统计。

遗漏数据的主要作用有三个：一是统计各个振幅差值的遗漏参数，二是观察某一具体振幅差值的出现规律，三是寻找出现概率高的振幅差值。

实战中如果我们能对图2-6蓝球号码振幅常规走势图中各个振幅差值的遗漏数据和特有的折线图形特征进行准确科学的分析汇总，那么就能在当期高概率地正确选择或排除蓝球号码振幅值及其范围，从而从另一个角度选择蓝球号码最终，提高中奖率。

假设我们2010084期能确定选择蓝球号码振幅为9，我们再看2010083期蓝球开奖号码为12，那么与上期蓝球号码12之间差值的绝对值为9的号码只有蓝球号码03，如果我们的选择是正确的，那么号码03一定是当期的蓝球开奖号码。

（二）蓝球号码振幅形态走势图

期号	蓝球	振幅	小	中	大	0	1	2	大	小	奇	偶	质	合
2010083	12	—												
2010084	3	9	1	中	1	0	1	1	大	1	奇	1	1	合
2010085	8	5	2	中	2	1	2	2	1	小	奇	2	质	1
2010086	8	0	小	1	3	0	3	2	2	小	1	偶	1	合
2010087	10	2	小	2	4	1	4	2	3	小	2	偶	质	1
2010088	12	2	小	3	5	2	5	2	4	小	3	偶	质	2
2010089	1	11	1	中	6	3	6	2	大	1	奇	1	质	3
2010090	14	13	2	1	大	4	1	1	大	2	奇	2	质	4
2010091	16	2	小	2	1	5	1	2	1	小	1	偶	质	5
2010092	2	14	1	3	大	6	2	2	大	1	2	偶	1	合
2010093	6	4	小	4	1	7	1	1	2	小	3	偶	2	合
2010094	10	4	小	5	2	8	1	2	2	小	4	偶	3	合
2010095	14	4	小	6	3	9	1	3	3	小	5	偶	4	合
2010096	3	11	1	中	4	10	1	2	大	1	奇	1	质	1
2010097	1	2	小	1	5	11	1	2	1	小	1	偶	1	2
2010098	7	6	1	中	6	0	3	1	2	小	2	偶	1	合
2010099	6	1	小	1	7	1	1	2	3	小	1	奇	质	1
2010100	8	2	小	1	8	2	1	2	4	小	2	偶	1	2
2010101	6	2	小	3	9	3	2	2	5	小	2	偶	1	3
2010102	10	4	小	4	10	4	1	1	6	小	3	偶	1	合
2010103	9	1	小	5	11	5	1	2	7	小	奇	1	质	1
2010104	2	7	1	中	12	6	1	3	8	小	奇	2	质	2
2010105	11	9	2	中	13	0	1	4	大	1	奇	3	1	合
2010106	16	5	3	中	14	1	2	2	1	小	奇	4	质	1
2010107	16	0	小	1	15	0	3	1	2	小	1	偶	1	合
2010108	7	9	1	中	16	0	2	1	大	1	奇	1	质	1
2010109	15	8	2	中	17	1	5	2	大	2	奇	1	1	合
2010110	1	14	3	1	大	2	6	2	大	3	2	偶	2	合
2010111	10	9	4	中	1	0	7	1	大	4	奇	1	3	合
2010112	16	6	5	中	2	0	8	2	1	小	奇	偶	4	合

图2-7 蓝球号码振幅形态走势图

图2-7是蓝球号码振幅形态走势图。这个走势图中的形态是指蓝球号码振幅差值的形态，也就是对全部0~15共16个振幅差值进行分类，如小中大、012路、大

小、奇偶、质合都是蓝球号码振幅差值的形态。

1. 蓝球号码振幅小中大形态

蓝球号码振幅走势图中，"小中大形态"就是把双色球蓝球号码之间的振幅0~15做进一步的细致划分，那样能更清晰地表达双色球游戏中每个蓝球号码振幅的具体信息。

双色球蓝球号码振幅差值中，我们把小于或等于4的振幅差值定义为小振幅，包括的振幅差值有：0、1、2、3、4；

双色球蓝球号码振幅差值中，我们把大于4而小于或等于10的振幅差值定义为中振幅，包括的振幅差值有：5、6、7、8、9、10；

双色球蓝球号码振幅差值中，我们把大于10的振幅差值定义为大振幅，包括的振幅差值有：11、12、13、14、15。

"小振幅、中振幅、大振幅"均属于双色球蓝球号码振幅差值的一种分类形态，我们在实际应用中把这种形态统称为"振幅小中大形态"。

双色球蓝球号码振幅差值中一共包括16个振幅差值，根据上期蓝球号码的不同，每个差值所对应的理论概率不同，因此根据上期蓝球号码的不同，此时每个形态所对应概率也是动态变化的。通过计算得知对应不同的上期蓝球号码时"大中小形态振幅"的理论概率分别如下：

上期蓝球号码为01时所对应的振幅形态理论概率

小形态振幅包括0、1、2、3、4共5个差值，其理论概率为31.25%；

中形态振幅包括5、6、7、8、9、10共6个差值，其理论概率为37.5%；

大形态振幅包括11、12、13、14、15共5个差值，其理论概率为31.25%。

上期蓝球号码为02时所对应的振幅形态理论概率

小形态振幅包括0、1、2、3、4共5个差值，其理论概率为37.5%；

中形态振幅包括5、6、7、8、9、10共6个差值，其理论概率为37.5%；

大形态振幅包括11、12、13、14共4个差值，其理论概率为25%。

这里大形态振幅在上期蓝球号码为02时所对应的振幅差值有4个，其对应的理论概率为25%。

上期蓝球号码为03时所对应的振幅形态理论概率

小形态振幅包括0、1、2、3、4共5个差值，其理论概率为43.75%；

中形态振幅包括5、6、7、8、9、10共6个差值，其理论概率为37.5%；

大形态振幅包括11、12、13共3个差值，其理论概率为18.75%。

这里大形态振幅在上期蓝球号码为03时所对应的振幅差值有3个，其对应的理论概率为18.75%。

上期蓝球号码为04时所对应的振幅形态理论概率

小形态振幅包括0、1、2、3、4共5个差值，其理论概率为50%；

中形态振幅包括5、6、7、8、9、10共6个差值，其理论概率为37.5%；

大形态振幅包括11、12共2个差值，其理论概率为12.5%。

这里大形态振幅在上期蓝球号码为04时所对应的振幅差值只有2个，其对应的理论概率为12.5%。

上期蓝球号码为05时所对应的振幅形态理论概率

小形态振幅包括0、1、2、3、4共5个差值，其理论概率为56.25%；

中形态振幅包括5、6、7、8、9、10共6个差值，其理论概率为37.5%；

大形态振幅包括11、12共2个差值，其理论概率为6.25%。

这里大形态振幅在上期蓝球号码为05时所对应的振幅差值只有2个，其对应的理论概率为6.25%。

上期蓝球号码为06时所对应的振幅形态理论概率

小形态振幅包括0、1、2、3、4共5个差值，其理论概率为56.25%；

中形态振幅包括5、6、7、8、9、10共6个差值，其理论概率为43.75%；

这里大形态振幅在上期蓝球号码为06时所对应的振幅差值为0个，其对应的理论概率为0。

上期蓝球号码为07时所对应的振幅形态理论概率

小形态振幅包括0、1、2、3、4共5个差值，其理论概率为56.25%；

中形态振幅包括5、6、7、8、9共5个差值，其理论概率为43.75%。

这里大形态振幅在上期蓝球号码为07时所对应的振幅差值也为0个，其对应的理论概率同样为0。

上期蓝球号码为08时所对应的振幅形态理论概率

小形态振幅包括0、1、2、3、4共5个差值，其理论概率为56.25%；

中形态振幅包括5、6、7、8共4个差值，其理论概率为43.75%。

这里大形态振幅在上期蓝球号码为08时所对应的振幅差值也为0个，其对应的理论概率同样为0。

上期蓝球号码为09时所对应的振幅形态理论概率

小形态振幅包括0、1、2、3、4共5个差值,其理论概率为56.25%;

中形态振幅包括5、6、7、8共4个差值,其理论概率为43.75%。

这里大形态振幅在上期蓝球号码为09时所对应的振幅差值也为0个,其对应的理论概率同样为0。

上期蓝球号码为10时所对应的振幅形态理论概率

小形态振幅包括0、1、2、3、4共5个差值,其理论概率为56.25%;

中形态振幅包括5、6、7、8、9共5个差值,其理论概率为43.75%。

这里大形态振幅在上期蓝球号码为10时所对应的振幅差值也为0个,其对应的理论概率同样为0。

上期蓝球号码为11时所对应的振幅形态理论概率

小形态振幅包括0、1、2、3、4共5个差值,其理论概率为56.25%;

中形态振幅包括5、6、7、8、9、10共6个差值,其理论概率为43.75%。

这里大形态振幅在上期蓝球号码为11时所对应的振幅差值也为0个,其对应的理论概率同样为0。

上期蓝球号码为12时所对应的振幅形态理论概率

小形态振幅包括0、1、2、3、4共5个差值,其理论概率为56.25%;

中形态振幅包括5、6、7、8、9、10共6个差值,其理论概率为37.5%。

大形态振幅包括11共1个差值,其理论概率为6.25%;

这里大形态振幅在上期蓝球号码为12时所对应的振幅差值为1个,其对应的理论概率为6.25%。

上期蓝球号码为13时所对应的振幅形态理论概率

小形态振幅包括0、1、2、3、4共5个差值,其理论概率为50%;

中形态振幅包括5、6、7、8、9、10共6个差值,其理论概率为37.5%;

大形态振幅包括11、12共2个差值,其理论概率为12.5%。

这里大形态振幅在上期蓝球号码为13时所对应的振幅差值为2个,其对应的理论概率为12.5%。

上期蓝球号码为14时所对应的振幅形态理论概率

小形态振幅包括0、1、2、3、4共5个差值,其理论概率为43.75%;

中形态振幅包括5、6、7、8、9、10共6个差值,其理论概率为37.5%;

大形态振幅包括11、12、13共3个差值,其理论概率为18.75%。

这里大形态振幅在上期蓝球号码为14时所对应的振幅差值为3个,其对应的理论概率为18.75%。

上期蓝球号码为15时所对应的振幅形态理论概率

小形态振幅包括0、1、2、3、4共5个差值,其理论概率为37.5%;

中形态振幅包括5、6、7、8、9、10共6个差值,其理论概率为37.5%;

大形态振幅包括11、12、13、14共4个差值,其理论概率为25%。

这里大形态振幅在上期蓝球号码为15时所对应的振幅差值为4个,其对应的理论概率为25%。

上期蓝球号码为16时所对应的振幅形态理论概率

小形态振幅包括0、1、2、3、4共5个差值,其理论概率为31.25%;

中形态振幅包括5、6、7、8、9、10共6个差值,其理论概率为37.5%;

大形态振幅包括11、12、13、14、15共5个差值,其理论概率为31.25%;

这里大形态振幅在上期蓝球号码为16时所对应的振幅差值为5个,其对应的理论概率为31.25%。

2. 蓝球号码振幅012路形态

蓝球号码振幅走势图中,"012路形态"是通过另外一种角度对0-15共16个蓝球号码振幅差值进行再次分解,从而揭示和传达蓝球号码振幅的信息。

012路形态是根据除3余数定义的。双色球蓝球号码振幅差值中,将0-15共16个振幅差值按除3所得余数的不同分为三类:除3余数为0的振幅差值有0、3、6、9、12、15;除3余数为1的振幅差值有1、4、7、10、13;除3余数为2的振幅差值有2、5、8、11、14。

"0路、1路、2路"也属于双色球蓝球号码振幅差值的另一种分类形态,我们在实际应用中把这种形态统称为"振幅012路形态"。

双色球蓝球号码振幅差值中一共包括16个振幅差值,根据上期蓝球号码的不同,每个差值所对应的理论概率不同,因此根据上期蓝球号码的不同此时每个形态所对应概率也是动态变化的。通过计算得知对应不同的上期蓝球号码时"振幅012形态"的理论概率分别如下:

上期蓝球号码为01时所对应的振幅形态理论概率

0路形态振幅包括0、3、6、9、12、15共6个差值,其理论概率为37.5%;

1路形态振幅包括1、4、7、10、13共5个差值，其理论概率为31.25%；

2路形态振幅包括2、5、8、11、14共5个差值，其理论概率为31.25%。

上期蓝球号码为02时所对应的振幅形态理论概率

0路形态振幅包括0、3、6、9、12共5个差值，其理论概率为31.25%；

1路形态振幅包括1、4、7、10、13共5个差值，其理论概率为37.5%；

2路形态振幅包括2、5、8、11、14共5个差值，其理论概率为31.25%。

上期蓝球号码为03时所对应的振幅形态理论概率

0路形态振幅包括0、3、6、9、12共5个差值，其理论概率为31.25%；

1路形态振幅包括1、4、7、10、13共5个差值，其理论概率为37.5%；

2路形态振幅包括2、5、8、11共4个差值，其理论概率为31.25%。

上期蓝球号码为04时所对应的振幅形态理论概率

0路形态振幅包括0、3、6、9、12共5个差值，其理论概率为37.5%；

1路形态振幅包括1、4、7、10共4个差值，其理论概率为31.25%；

2路形态振幅包括2、5、8、11共4个差值，其理论概率为31.25%。

上期蓝球号码为05时所对应的振幅形态理论概率

0路形态振幅包括0、3、6、9共4个差值，其理论概率为31.25%；

1路形态振幅包括1、4、7、10共4个差值，其理论概率为37.5%；

2路形态振幅包括2、5、8、11共4个差值，其理论概率为31.25%。

上期蓝球号码为06时所对应的振幅形态理论概率

0路形态振幅包括0、3、6、9共4个差值，其理论概率为31.25%；

1路形态振幅包括1、4、7、10共4个差值，其理论概率为37.5%；

2路形态振幅包括2、5、8共3个差值，其理论概率为31.25%。

上期蓝球号码为07时所对应的振幅形态理论概率

0路形态振幅包括0、3、6、9共4个差值，其理论概率为37.5%；

1路形态振幅包括1、4、7共3个差值，其理论概率为31.25%；

2路形态振幅包括2、5、8共3个差值，其理论概率为31.25%。

上期蓝球号码为08时所对应的振幅形态理论概率

0路形态振幅包括0、3、6共3个差值，其理论概率为31.25%；

1路形态振幅包括1、4、7共3个差值，其理论概率为37.5%；

2路形态振幅包括2、5、8共3个差值，其理论概率为31.25%。

上期蓝球号码为09时所对应的振幅形态理论概率

0路形态振幅包括0、3、6共3个差值，其理论概率为31.25%；

1路形态振幅包括1、4、7共3个差值，其理论概率为37.5%；

2路形态振幅包括2、5、8共3个差值，其理论概率为31.25%。

上期蓝球号码为10时所对应的振幅形态理论概率

0路形态振幅包括0、3、6、9共4个差值，其理论概率为37.5%；

1路形态振幅包括1、4、7共3个差值，其理论概率为31.25%；

2路形态振幅包括2、5、8共3个差值，其理论概率为31.25%。

上期蓝球号码为11时所对应的振幅形态理论概率

0路形态振幅包括0、3、6、9共4个差值，其理论概率为31.25%；

1路形态振幅包括1、4、7、10共4个差值，其理论概率为37.5%；

2路形态振幅包括2、5、8共3个差值，其理论概率为31.25%。

上期蓝球号码为12时所对应的振幅形态理论概率

0路形态振幅包括0、3、6、9共4个差值，其理论概率为31.25%；

1路形态振幅包括1、4、7、10共4个差值，其理论概率为37.5%；

2路形态振幅包括2、5、8、11共4个差值，其理论概率为31.25%。

上期蓝球号码为13时所对应的振幅形态理论概率

0路形态振幅包括0、3、6、9、12共5个差值，其理论概率为37.5%；

1路形态振幅包括1、4、7、10共4个差值，其理论概率为31.25%；

2路形态振幅包括2、5、8、11共4个差值，其理论概率为31.25%。

上期蓝球号码为14时所对应的振幅形态理论概率

0路形态振幅包括0、3、6、9、12共5个差值，其理论概率为31.25%；

1路形态振幅包括1、4、7、10、13共5个差值，其理论概率为37.5%；

2路形态振幅包括2、5、8、11共4个差值，其理论概率为31.25%。

上期蓝球号码为15时所对应的振幅形态理论概率

0路形态振幅包括0、3、6、9、12共5个差值，其理论概率为31.25%；

1路形态振幅包括1、4、7、10、13共5个差值，其理论概率为37.5%；

2路形态振幅包括2、5、8、11、14共5个差值，其理论概率为31.25%。

上期蓝球号码为16时所对应的振幅形态理论概率

0路形态振幅包括0、3、6、9、12、15共6个差值，其理论概率为37.5%；

1路形态振幅包括1、4、7、10、13共5个差值，其理论概率为31.25%；

2路形态振幅包括2、5、8、11、14共5个差值，其理论概率为31.25%。

3. 蓝球号码振幅大小形态

蓝球号码振幅走势图中，我们把小于8的振幅差值定义为小振幅，差值包括：0、1、2、3、4、5、6、7；我们把大于7的振幅差值定义为大振幅，差值包括：8、9、10、11、12、13、14、15.

"小振幅和大振幅"也属于双色球蓝球号码振幅差值的一种分类形态，我们在实际应用中把这种形态通称为"振幅大小形态"。

双色球蓝球号码振幅差值中一共包括16个振幅差值，根据上期蓝球号码的不同，每个差值所对应的理论概率不同，因此根据上期蓝球号码的不同此时每个形态所对应概率也是动态变化的。通过计算得知对应不同的上期蓝球号码时"振幅大小形态"的理论概率分别如下：

上期蓝球号码为01时所对应的振幅形态理论概率

小形态振幅包括0、1、2、3、4、5、6、7共8个差值，其理论概率为50%；

大形态振幅包括8、9、10、11、12、13、14、15共8个差值，其理论概率为50%。

上期蓝球号码为02时所对应的振幅形态理论概率

小形态振幅包括0、1、2、3、4、5、6、7共8个差值，其理论概率为56.25%；

大形态振幅包括8、9、10、11、12、13、14共7个差值，其理论概率为43.75%。

上期蓝球号码为03时所对应的振幅形态理论概率

小形态振幅包括0、1、2、3、4、5、6、7共8个差值，其理论概率为62.5%；

大形态振幅包括8、9、10、11、12、13共6个差值，其理论概率为37.5%。

上期蓝球号码为04时所对应的振幅形态理论概率

小形态振幅包括0、1、2、3、4、5、6、7共8个差值，其理论概率为68.75%；

大形态振幅包括8、9、10、11、12共5个差值，其理论概率为31.25%。

上期蓝球号码为05时所对应的振幅形态理论概率

小形态振幅包括0、1、2、3、4、5、6、7共8个差值，其理论概率为75%；

大形态振幅包括8、9、10、11共4个差值，其理论概率为25%。

上期蓝球号码为06时所对应的振幅形态理论概率

小形态振幅包括0、1、2、3、4、5、6、7共8个差值，其理论概率为81.25%；

大形态振幅包括8、9、10共3个差值，其理论概率为18.75%。

上期蓝球号码为07时所对应的振幅形态理论概率

小形态振幅包括0、1、2、3、4、5、6、7共8个差值，其理论概率为87.5%；

大形态振幅包括8、9共2个差值，其理论概率为12.5%。

上期蓝球号码为08时所对应的振幅形态理论概率

小形态振幅包括0、1、2、3、4、5、6、7共8个差值，其理论概率为93.75%；

大形态振幅包括8共1个差值，其理论概率为6.25%。

上期蓝球号码为09时所对应的振幅形态理论概率

小形态振幅包括0、1、2、3、4、5、6、7共8个差值，其理论概率为93.75%；

大形态振幅包括8共1个差值，其理论概率为6.25%。

上期蓝球号码为10时所对应的振幅形态理论概率

小形态振幅包括0、1、2、3、4、5、6、7共8个差值，其理论概率为87.5%。

大形态振幅包括8、9共2个差值，其理论概率为12.5%；

上期蓝球号码为11时所对应的振幅形态理论概率

小形态振幅包括0、1、2、3、4、5、6、7共8个差值，其理论概率为81.25%；

大形态振幅包括8、9、10共3个差值，其理论概率为18.75%。

上期蓝球号码为12时所对应的振幅形态理论概率

小形态振幅包括0、1、2、3、4、5、6、7共8个差值，其理论概率为75%；

大形态振幅包括8、9、10、11共4个差值，其理论概率为25%。

上期蓝球号码为13时所对应的振幅形态理论概率

小形态振幅包括0、1、2、3、4、5、6、7共8个差值，其理论概率为68.75%；

大形态振幅包括8、9、10、11、12共5个差值，其理论概率为31.25%。

上期蓝球号码为14时所对应的振幅形态理论概率

小形态振幅包括0、1、2、3、4、5、6、7共8个差值，其理论概率为62.5%；

大形态振幅包括8、9、10、11、12、13共6个差值，其理论概率为37.5%。

上期蓝球号码为15时所对应的振幅形态理论概率

小形态振幅包括0、1、2、3、4、5、6、7共8个差值，其理论概率为56.25%；

大形态振幅包括8、9、10、11、12、13、14共7个差值，其理论概率为43.75%。

上期蓝球号码为16时所对应的振幅形态理论概率

小形态振幅包括0、1、2、3、4、5、6、7共8个差值，其理论概率为50%；

大形态振幅包括8、9、10、11、12、13、14、15共8个差值，其理论概率为50%。

4. 蓝球号码振幅奇偶形态

数学中不能被2整除的数字称为奇数，能被2整除的数字称作偶数。

同理，在蓝球号码振幅走势图中，我们把不能被2整除的振幅差值称为奇振幅，包括1、3、5、7、9、11、13、15；把能被2整除的振幅差值称为偶振幅，包括0、2、4、6、8、10、12、14。

"奇振幅和偶振幅"也属于双色球蓝球号码的一种分类形态，我们在实际应用中把这种形态统称为"振幅奇偶形态"。

双色球蓝球号码振幅差值中一共包括16个振幅差值，通过计算得知对应不同的上期蓝球号码时"振幅奇偶形态"的理论概率分别如下：

奇形态振幅包括1、3、5、7、9、11、13、15共8个差值，其理论概率为50%。

偶形态振幅包括0、2、4、6、8、10、12、14共8个差值，其理论概率为50%。

5. 蓝球号码振幅质合形态

在蓝球号码振幅走势图中，振幅差值的质数和数学里的质数是一样的，即只能被1和自身整除的差值称为质数振幅，质数振幅差值包括1、2、3、5、7、11、13；除此之外的振幅差值属于合数振幅，合数振幅差值包括0、4、6、8、9、10、12、14、15。我们这里把振幅差值1也定义为质数振幅。

"质数振幅和合数振幅"也属于双色球蓝球号码振幅差值的一种分类形态，我们在实际应用中把这种形态统称为"振幅质合形态"。

双色球蓝球号码振幅差值中一共包括16个振幅差值，根据上期蓝球号码的不同，每个差值所对应的理论概率不同，因此根据上期蓝球号码的不同此时每个形态所对应概率也是动态变化的。通过计算得知对应不同的上期蓝球号码时"振幅质合形态"的理论概率分别如下：

上期蓝球号码为01时所对应的振幅形态理论概率

质数形态振幅包括1、2、3、5、7、11、13共7个差值，其理论概率为43.75%；

合数形态振幅包括0、4、6、8、9、10、12、14、15共9个差值，其理论概率为56.25%。

上期蓝球号码为02时所对应的振幅形态理论概率

质数形态振幅包括1、2、3、5、7、11、13共7个差值，其理论概率为50%；

合数形态振幅包括0、4、6、8、9、10、12共8个差值，其理论概率为50%。

上期蓝球号码为03时所对应的振幅形态理论概率

质数形态振幅包括1、2、3、5、7、11、13共7个差值，其理论概率为56.25%；

合数形态振幅包括0、4、6、8、9、10、12共7个差值，其理论概率为43.75%。

上期蓝球号码为04时所对应的振幅形态理论概率

质数形态振幅包括1、2、3、5、7、11共6个差值，其理论概率为56.25%；

合数形态振幅包括0、4、6、8、9、10、12共7个差值，其理论概率为43.75%。

上期蓝球号码为05时所对应的振幅形态理论概率

质数形态振幅包括1、2、3、5、7、11共6个差值，其理论概率为56.25%；

合数形态振幅包括0、4、6、8、9、10共6个差值，其理论概率为43.75%。

上期蓝球号码为06时所对应的振幅形态理论概率

质数形态振幅包括1、2、3、5、7共5个差值，其理论概率为56.25%；

合数形态振幅包括0、4、6、8、9、10共6个差值，其理论概率为43.75%。

上期蓝球号码为07时所对应的振幅形态理论概率

质数形态振幅包括1、2、3、5、7共5个差值，其理论概率为56.25%；

合数形态振幅包括0、4、6、8、9共5个差值，其理论概率为43.75%。

上期蓝球号码为08时所对应的振幅形态理论概率

质数形态振幅包括1、2、3、5、7共5个差值，其理论概率为62.5%；

合数形态振幅包括0、4、6、8共4个差值，其理论概率为37.5%。

上期蓝球号码为09时所对应的振幅形态理论概率

质数形态振幅包括1、2、3、5、7共5个差值，其理论概率为62.5%；

合数形态振幅包括0、4、6、8共4个差值，其理论概率为37.5%。

上期蓝球号码为10时所对应的振幅形态理论概率

质数形态振幅包括1、2、3、5、7共5个差值，其理论概率为56.25%；

合数形态振幅包括0、4、6、8、9共5个差值，其理论概率为43.75%。

上期蓝球号码为11时所对应的振幅形态理论概率

质数形态振幅包括1、2、3、5、7共5个差值，其理论概率为56.25%；

合数形态振幅包括0、4、6、8、9、10共6个差值，其理论概率为43.75%。

上期蓝球号码为12时所对应的振幅形态理论概率

质数形态振幅包括1、2、3、5、7、11共6个差值，其理论概率为56.25%；

合数形态振幅包括0、4、6、8、9、10共6个差值，其理论概率为43.75%。

上期蓝球号码为13时所对应的振幅形态理论概率

质数形态振幅包括1、2、3、5、7、11共6个差值，其理论概率为56.25%；

合数形态振幅包括0、4、6、8、9、10、12共7个差值，其理论概率为43.75%。

上期蓝球号码为14时所对应的振幅形态理论概率

质数形态振幅包括1、2、3、5、7、11、13共7个差值，其理论概率为56.25%；

合数形态振幅包括0、4、6、8、9、10、12共7个差值，其理论概率为43.75%。

上期蓝球号码为15时所对应的振幅形态理论概率

质数形态振幅包括1、2、3、5、7、11、13共7个差值，其理论概率为50%；

合数形态振幅包括0、4、6、8、9、10、12、14共8个差值，其理论概率为50%。

上期蓝球号码为16时所对应的振幅形态理论概率

质数形态振幅包括1、2、3、5、7、11、13共7个差值，其理论概率为43.75%；

合数形态振幅包括0、4、6、8、9、10、12、14、15共9个差值，其理论概率为56.25%。

6. 总结

通过图2-7蓝球号码振幅形态走势图，我们可以详细地观察到历史开奖数据中各期蓝球号码振幅形态的出现规律、运行轨迹及每个振幅形态在不同开奖期数的遗漏情况。

在这个走势图中所谓"遗漏"，是指号码振幅形态有多少期没有出现，而走势图中遗漏数据则是对全部开奖号码振幅形态出现规律的一个全面统计。遗漏数据的主要作用有三个：一是统计各个号码振幅形态的遗漏参数，二是观察某一具体号码振幅形态的出现规律，三是找出中奖概率高的号码振幅形态。

实战中如果我们能对图2-7蓝球号码振幅形态走势图中每个号码振幅形态的遗漏数据和特有的折线图形特征进行准确科学的分析汇总，那么同样能在当期高概率地锁定蓝球号码及蓝球号码的范围，从而提高中奖率。

假设2010094期我们当期确定选择蓝球号码振幅为"012路振幅形态"中的"1路"，包括振幅差值1、4、7、10；还选择奇偶振幅形态中的偶振幅，包括差值0、2、4、6、8、10、12、14；如果我们前面的选择都是正确的，那么当期蓝球开奖号码的振幅差值就一定是在完全符合条件的振幅差值4和10中出现。

我们知道2010093期蓝球开奖号码为06，那么与号码06振幅差值为4和10的号码只有02和10，也就是说当期蓝球开奖号码一定会出现在号码02和10之间。2010094期蓝球开奖号码为蓝球10。

通过这两个简单的振幅走势图即可把蓝球号码范围锁定在2个号码之间，可以设想，如果此时还能根据其他的走势图正确选择其他的条件，或者说能在号码02和10之间排除掉一个，那么完全可以实现"一码定蓝"。

（三）蓝球号码振幅分区走势图

蓝球号码振幅包括0~15共计16个差值，按照排序或乱序可以分为不同的区间，例如二分区、三分区、四分区、五分区和八分区等。图2-7蓝球号码振幅走势图中的大小形态、奇偶形态、质合形态也属于二分区的范畴，同样小中大形态和012路形态也属于三分区的范畴。

蓝球号码振幅分区走势图由四分区、五分区和八分区组成，如图2-8所示。当然，读者在实战中也完全上课以根据自己的需求重新制定分区方式，以后不再赘述。

期号	蓝球	振幅	四分区 一	二	三	四	五分区 一	二	三	四	五	八分区 一	二	三	四	五	六	七	八
2010083	12	—																	
2010084	3	9	1	1	❸	1	❶	1	1	1	1	1	1	1	1	❺	1	1	1
2010085	8	5	2	❷	1	2	1	2	2	2	❺	2	2	❸	2	1	2	2	2
2010086	8	0	❶	1	2	3	2	3	3	3	❺	❶	3	1	3	2	3	3	3
2010087	10	2	❶	2	3	4	3	4	2	❹	1	1	❷	2	4	3	4	4	4
2010088	12	2	❶	3	4	5	4	5	3	❹	2	2	❷	3	5	4	5	5	5
2010089	1	11	1	4	❸	6	5	6	❸	1	3	3	1	4	6	5	❻	6	6
2010090	14	13	2	5	1	❹	6	❷	1	2	4	4	2	5	7	6	1	❼	7
2010091	16	2	❶	6	2	1	7	1	2	❹	3	5	❷	6	8	7	1	1	8
2010092	2	14	1	7	3	❹	❶	2	3	1	6	6	1	7	9	8	3	2	❽
2010093	6	4	2	❷	4	1	❶	3	4	2	7	7	2	❸	10	9	4	3	1
2010094	10	4	3	❷	5	2	❶	4	5	3	8	8	3	❸	11	10	5	4	2
2010095	14	4	4	❷	6	3	❶	5	6	4	9	9	4	❸	12	11	6	5	3
2010096	3	11	5	1	❸	4	1	6	❸	5	10	10	5	1	13	12	❻	6	4
2010097	1	2	❶	1	2	5	2	7	1	❹	11	11	❷	1	14	13	1	7	5
2010098	7	6	1	❷	3	7	3	8	❸	1	12	12	1	3	❹	14	2	8	6
2010099	6	1	❶	1	3	7	4	9	❸	2	13	❶	2	4	1	15	3	9	7
2010100	8	2	1	❷	4	8	5	10	1	❹	14	1	❷	5	2	16	4	10	8
2010101	1	6	2	1	❸	5	6	11	2	❹	15	2	3	17	5	17	5	11	9
2010102	10	4	3	❷	6	10	❶	12	3	7	2	3	1	❸	1	18	6	12	10
2010103	9	1	1	3	1	7	11	1	13	❸	2	❶	2	1	5	19	7	13	11
2010104	2	7	3	1	❸	8	12	2	14	1	❹	18	1	3	2	❹	20	8	14	12
2010105	11	9	2	1	❸	13	❶	15	2	1	19	2	4	3	1	❺	9	15	13
2010106	16	5	3	❷	1	14	1	16	3	2	❺	3	5	❸	2	1	10	16	14
2010107	16	0	❶	1	2	15	2	17	4	3	❺	❶	6	1	3	2	11	17	15

图 2-8 蓝球号码振幅分区走势图

1. 蓝球号码振幅四分区

蓝球号码振幅一共有16个振幅差值，我们按照由小到大的排序顺序可以依次划分为四个段，也即是平均为四个分区：第1区包括的振幅差值有0、1、2、3，第2区包括的振幅差值有4、5、6、7，第3区包括的振幅差值有8、9、10、11，第4区包括的振幅差值有12、13、14、15。

双色球蓝球号码振幅差值中一共包括16个振幅差值，根据上期蓝球号码的不同，每个差值所对应的理论概率不同，因此根据上期蓝球号码的不同，此时每个分区所对应的理论概率也是动态变化的。通过计算得知对应不同的上期蓝球号码时"振幅四分区"的理论概率分别如下：

上期蓝球号码为01时所对应的每个振幅分区理论概率

第1区包括0、1、2、3共4个振幅差值，其理论概率为25%；

第2区包括4、5、6、7共4个振幅差值，其理论概率为25%；

第3区包括8、9、10、11共4个振幅差值，其理论概率为25%；

第4区包括12、13、14、15共4个振幅差值，其理论概率为25%。

上期蓝球号码为02时所对应的每个振幅分区理论概率

第1区包括0、1、2、3共4个振幅差值，其理论概率为31.25%；

第2区包括4、5、6、7共4个振幅差值，其理论概率为25%；

第3区包括8、9、10、11共4个振幅差值，其理论概率为25%；

第4区包括12、13、14共3个振幅差值，其理论概率为18.75%。

上期蓝球号码为03时所对应的每个振幅分区理论概率

第1区包括0、1、2、3共4个振幅差值，其理论概率为37.5%；

第2区包括4、5、6、7共4个振幅差值，其理论概率为25%；

第3区包括8、9、10、11共4个振幅差值，其理论概率为25%；

第4区包括12、13共2个振幅差值，其理论概率为12.5%。

上期蓝球号码为04时所对应的每个振幅分区理论概率

第1区包括0、1、2、3共4个振幅差值，其理论概率为43.75%；

第2区包括4、5、6、7共4个振幅差值，其理论概率为25%；

第3区包括8、9、10、11共4个振幅差值，其理论概率为25%；

第4区包括12共1个振幅差值，其理论概率为6.25%。

上期蓝球号码为05时所对应的每个振幅分区理论概率

第1区包括0、1、2、3共4个振幅差值，其理论概率为43.75%；
第2区包括4、5、6、7共4个振幅差值，其理论概率为31.25%；
第3区包括8、9、10、11共4个振幅差值，其理论概率为25%；
第4区包括0个振幅差值，其理论概率为0。

上期蓝球号码为06时所对应的每个振幅分区理论概率
第1区包括0、1、2、3共4个振幅差值，其理论概率为43.75%；
第2区包括4、5、6、7共4个振幅差值，其理论概率为37.5%；
第3区包括8、9、10共3个振幅差值，其理论概率为18.75%；
第4区包括0个振幅差值，其理论概率为0。

上期蓝球号码为07时所对应的每个振幅分区理论概率
第1区包括0、1、2、3共4个振幅差值，其理论概率为43.75%；
第2区包括4、5、6、7共4个振幅差值，其理论概率为43.75%；
第3区包括8、9共2个振幅差值，其理论概率为12.5%；
第4区包括0个振幅差值，其理论概率为0。

上期蓝球号码为08时所对应的每个振幅分区理论概率
第1区包括0、1、2、3共4个振幅差值，其理论概率为43.75%；
第2区包括4、5、6、7共4个振幅差值，其理论概率为50%；
第3区包括8共1个振幅差值，其理论概率为6.25%；
第4区包括0个振幅差值，其理论概率为0。

上期蓝球号码为09时所对应的每个振幅分区理论概率
第1区包括0、1、2、3共4个振幅差值，其理论概率为43.75%；
第2区包括4、5、6、7共4个振幅差值，其理论概率为50%；
第3区包括8共1个振幅差值，其理论概率为6.25%；
第4区包括0个振幅差值，其理论概率为0。

上期蓝球号码为10时所对应的每个振幅分区理论概率
第1区包括0、1、2、3共4个振幅差值，其理论概率为43.75%；
第2区包括4、5、6、7共4个振幅差值，其理论概率为43.75%；
第3区包括8、9共2个振幅差值，其理论概率为12.5%；
第4区包括0个振幅差值，其理论概率为0。

上期蓝球号码为11时所对应的每个振幅分区理论概率

第1区包括0、1、2、3共4个振幅差值,其理论概率为43.75%;
第2区包括4、5、6、7共4个振幅差值,其理论概率为37.5%;
第3区包括8、9、10共3个振幅差值,其理论概率为18.75%;
第4区包括0个振幅差值,其理论概率为0。

上期蓝球号码为12时所对应的每个振幅分区理论概率
第1区包括0、1、2、3共4个振幅差值,其理论概率为43.75%;
第2区包括4、5、6、7共4个振幅差值,其理论概率为31.25%;
第3区包括8、9、10、11共4个振幅差值,其理论概率为25%;
第4区包括0个振幅差值,其理论概率为0。

上期蓝球号码为13时所对应的每个振幅分区理论概率
第1区包括0、1、2、3共4个振幅差值,其理论概率为43.75%;
第2区包括4、5、6、7共4个振幅差值,其理论概率为25%;
第3区包括8、9、10、11共4个振幅差值,其理论概率为25%;
第4区包括12共1个振幅差值,其理论概率为6.25%。

上期蓝球号码为14时所对应的每个振幅分区理论概率
第1区包括0、1、2、3共4个振幅差值,其理论概率为37.5%;
第2区包括4、5、6、7共4个振幅差值,其理论概率为25%;
第3区包括8、9、10、11共4个振幅差值,其理论概率为25%;
第4区包括12、13共2个振幅差值,其理论概率为12.5%。

上期蓝球号码为15时所对应的每个振幅分区理论概率
第1区包括0、1、2、3共4个振幅差值,其理论概率为31.25%;
第2区包括4、5、6、7共4个振幅差值,其理论概率为25%;
第3区包括8、9、10、11共4个振幅差值,其理论概率为25%;
第4区包括12、13、14共3个振幅差值,其理论概率为18.75%。

上期蓝球号码为16时所对应的每个振幅分区理论概率
第1区包括0、1、2、3共4个振幅差值,其理论概率为25%;
第2区包括4、5、6、7共4个振幅差值,其理论概率为25%;
第3区包括8、9、10、11共4个振幅差值,其理论概率为25%;
第4区包括12、13、14、15共4个振幅差值,其理论概率为25%。

大家仔细地观察这些数据时会发现,对应不同的蓝球时数据会有微妙的变化,随着从小到大对应不同的蓝球，数据也在逐渐变化着，仔细看一遍就会领悟其变化规律，在实战中即可快捷准确使用。这个变化规律存在于每个振幅走势图的相关数据中，请大家细心体会，灵活运用。

2. 蓝球号码振幅五分区

蓝球号码振幅分区走势图中，我们是这样把16个双色球蓝球号码振幅差值划分为五个区：第1区包括的振幅差值有4、9、14，第2区包括的振幅差值有3、8、13，第3区包括的振幅差值有1、6、11，第4区包括的振幅差值有2、7、12，第5区包括的振幅差值有0、5、10、15。

双色球蓝球号码振幅差值中一共包括16个振幅差值，根据上期蓝球号码的不同，每个差值所对应的理论概率不同，因此根据上期蓝球号码的不同，此时每个分区所对应概率也是动态变化的。通过计算得知对应不同的上期蓝球号码时"振幅五分区"的理论概率分别如下：

上期蓝球号码为01时所对应的每个振幅分区理论概率

第1区包括4、9、14共3个振幅差值，其理论概率为18.75%；

第2区包括3、8、13共3个振幅差值，其理论概率为18.75%；

第3区包括1、6、11共3个振幅差值，其理论概率为18.75%；

第4区包括2、7、12共3个振幅差值，其理论概率为18.75%；

第5区包括0、5、10、15共4个振幅差值，其理论概率为25%。

上期蓝球号码为02时所对应的每个振幅分区理论概率

第1区包括4、9、14共3个振幅差值，其理论概率为18.75%；

第2区包括3、8、13共3个振幅差值，其理论概率为18.75%；

第3区包括1、6、11共3个振幅差值，其理论概率为25%；

第4区包括2、7、12共3个振幅差值，其理论概率为18.75%；

第5区包括0、5、10共3个振幅差值，其理论概率为18.75%。

上期蓝球号码为03时所对应的每个振幅分区理论概率

第1区包括4、9共2个振幅差值，其理论概率为12.5%；

第2区包括3、8、13共3个振幅差值，其理论概率为18.75%；

第3区包括1、6、11共3个振幅差值，其理论概率为25%；

第4区包括2、7、12共3个振幅差值，其理论概率为25%；

第5区包括0、5、10共3个振幅差值，其理论概率为18.75%。

上期蓝球号码为04时所对应的每个振幅分区理论概率

第1区包括4、9共2个振幅差值，其理论概率为12.5%；

第2区包括3、8共2个振幅差值，其理论概率为18.75%；

第3区包括1、6、11共3个振幅差值，其理论概率为25%；

第4区包括2、7、12共3个振幅差值，其理论概率为25%；

第5区包括0、5、10共3个振幅差值，其理论概率为18.75%。

上期蓝球号码为05时所对应的每个振幅分区理论概率

第1区包括4、9共2个振幅差值，其理论概率为18.75%；

第2区包括3、8共2个振幅差值，其理论概率为18.75%；

第3区包括1、6、11共3个振幅差值，其理论概率为25%；

第4区包括2、7共2个振幅差值，其理论概率为18.75%；

第5区包括0、5、10共3个振幅差值，其理论概率为18.75%。

上期蓝球号码为06时所对应的每个振幅分区理论概率

第1区包括4、9共2个振幅差值，其理论概率为18.75%；

第2区包括3、8共2个振幅差值，其理论概率为18.75%；

第3区包括1、6共2个振幅差值，其理论概率为18.75%；

第4区包括2、7共2个振幅差值，其理论概率为18.75%；

第5区包括0、5、10共3个振幅差值，其理论概率为25%。

上期蓝球号码为07时所对应的每个振幅分区理论概率

第1区包括4、9共2个振幅差值，其理论概率为18.75%；

第2区包括3、8共2个振幅差值，其理论概率为18.75%；

第3区包括1、6共2个振幅差值，其理论概率为25%；

第4区包括2、7共2个振幅差值，其理论概率为18.75%；

第5区包括0、5共2个振幅差值，其理论概率为18.75%。

上期蓝球号码为08时所对应的每个振幅分区理论概率

第1区包括4共1个振幅差值，其理论概率为12.5%；

第2区包括3、8共2个振幅差值，其理论概率为18.75%；

第3区包括1、6共2个振幅差值，其理论概率为25%；

第4区包括2、7共2个振幅差值，其理论概率为25%；

第5区包括0、5共2个振幅差值，其理论概率为18.75%。

上期蓝球号码为09时所对应的每个振幅分区理论概率
第1区包括4共1个振幅差值，其理论概率为12.5%；
第2区包括3、8共2个振幅差值，其理论概率为18.75%；
第3区包括1、6共2个振幅差值，其理论概率为25%；
第4区包括2、7共2个振幅差值，其理论概率为25%；
第5区包括0、5共2个振幅差值，其理论概率为18.75%。

上期蓝球号码为10时所对应的每个振幅分区理论概率
第1区包括4、9共2个振幅差值，其理论概率为18.75%；
第2区包括3、8共2个振幅差值，其理论概率为18.75%；
第3区包括1、6共2个振幅差值，其理论概率为25%；
第4区包括2、7共2个振幅差值，其理论概率为18.75%；
第5区包括0、5共2个振幅差值，其理论概率为18.75%。

上期蓝球号码为11时所对应的每个振幅分区理论概率
第1区包括4、9共2个振幅差值，其理论概率为18.75%；
第2区包括3、8共2个振幅差值，其理论概率为18.75%；
第3区包括1、6共2个振幅差值，其理论概率为18.75%；
第4区包括2、7共2个振幅差值，其理论概率为18.75%；
第5区包括0、5、10共3个振幅差值，其理论概率为25%。

上期蓝球号码为12时所对应的每个振幅分区理论概率
第1区包括4、9共2个振幅差值，其理论概率为18.75%；
第2区包括3、8共2个振幅差值，其理论概率为18.75%；
第3区包括1、6、11共3个振幅差值，其理论概率为25%；
第4区包括2、7共2个振幅差值，其理论概率为18.75%；
第5区包括0、5、10共3个振幅差值，其理论概率为18.75%。

上期蓝球号码为13时所对应的每个振幅分区理论概率
第1区包括4、9共2个振幅差值，其理论概率为12.5%；
第2区包括3、8共2个振幅差值，其理论概率为18.75%；
第3区包括1、6、11共3个振幅差值，其理论概率为25%；
第4区包括2、7、12共3个振幅差值，其理论概率为25%；
第5区包括0、5、10共3个振幅差值，其理论概率为18.75%。

上期蓝球号码为14时所对应的每个振幅分区理论概率

第1区包括4、9共2个振幅差值，其理论概率为12.5%；

第2区包括3、8、13共3个振幅差值，其理论概率为18.75%；

第3区包括1、6、11共3个振幅差值，其理论概率为25%；

第4区包括2、7、12共3个振幅差值，其理论概率为25%；

第5区包括0、5、10共3个振幅差值，其理论概率为18.75%。

上期蓝球号码为15时所对应的每个振幅分区理论概率

第1区包括4、9、14共3个振幅差值，其理论概率为18.75%；

第2区包括3、8、13共3个振幅差值，其理论概率为18.75%；

第3区包括1、6、11共3个振幅差值，其理论概率为25%；

第4区包括2、7、12共3个振幅差值，其理论概率为18.75%；

第5区包括0、5、10共3个振幅差值，其理论概率为18.75%。

上期蓝球号码为16时所对应的每个振幅分区理论概率

第1区包括4、9、14共3个振幅差值，其理论概率为18.75%；

第2区包括3、8、13共3个振幅差值，其理论概率为18.75%；

第3区包括1、6、11共3个振幅差值，其理论概率为18.75%；

第4区包括2、7、12共3个振幅差值，其理论概率为18.75%；

第5区包括0、5、10、15共4个振幅差值，其理论概率为25%。

3. 蓝球号码振幅八分区

蓝球号码振幅一共有16个振幅差值，我们按照由小到大的排序顺序可以依次划分为八个区段，也即是平均为八个分区：第1区包括的振幅差值有0、1，第2区包括的振幅差值有2、3，第3区包括的振幅差值有4、5，第4区包括的振幅差值有6、7，第5区包括的振幅差值有8、9，第6区包括的振幅差值有10、11，第7区包括的振幅差值有12、13，第八区包括的振幅差值有14、15。

双色球蓝球号码振幅差值中一共包括16个振幅差值，根据上期蓝球号码的不同，每个差值所对应的理论概率不同，因此根据上期蓝球号码的不同此时每个分区所对应概率也是动态变化的。通过计算得知对应不同的上期蓝球号码时"振幅八分区"的理论概率分别如下：

上期蓝球号码为01时所对应的每个振幅分区理论概率

第1区包括0、1共2个振幅差值，其理论概率为12.5%；

第2区包括2、3共2个振幅差值，其理论概率为12.5%；
第3区包括4、5共2个振幅差值，其理论概率为12.5%；
第4区包括6、7共2个振幅差值，其理论概率为12.5%；
第5区包括8、9共2个振幅差值，其理论概率为12.5%；
第6区包括10、11共2个振幅差值，其理论概率为12.5%；
第7区包括12、13共2个振幅差值，其理论概率为12.5%；
第8区包括14、15共2个振幅差值，其理论概率为12.5%。

上期蓝球号码为02时所对应的每个振幅分区理论概率
第1区包括0、1共2个振幅差值，其理论概率为18.75%；
第2区包括2、3共2个振幅差值，其理论概率为12.5%；
第3区包括4、5共2个振幅差值，其理论概率为12.5%；
第4区包括6、7共2个振幅差值，其理论概率为12.5%；
第5区包括8、9共2个振幅差值，其理论概率为12.5%；
第6区包括10、11共2个振幅差值，其理论概率为12.5%；
第7区包括12、13共2个振幅差值，其理论概率为12.5%；
第8区包括14共1个振幅差值，其理论概率为6.25%。

上期蓝球号码为03时所对应的每个振幅分区理论概率
第1区包括0、1共2个振幅差值，其理论概率为18.75%；
第2区包括2、3共2个振幅差值，其理论概率为18.75%；
第3区包括4、5共2个振幅差值，其理论概率为12.5%；
第4区包括6、7共2个振幅差值，其理论概率为12.5%；
第5区包括8、9共2个振幅差值，其理论概率为12.5%；
第6区包括10、11共2个振幅差值，其理论概率为12.5%；
第7区包括12、13共2个振幅差值，其理论概率为12.5%；
第8区包括0个振幅差值，其理论概率为0。

上期蓝球号码为04时所对应的每个振幅分区理论概率
第1区包括0、1共2个振幅差值，其理论概率为18.75%；
第2区包括2、3共2个振幅差值，其理论概率为25%；
第3区包括4、5共2个振幅差值，其理论概率为12.5%；
第4区包括6、7共2个振幅差值，其理论概率为12.5%；

第5区包括8、9共2个振幅差值，其理论概率为12.5%；
第6区包括10、11共2个振幅差值，其理论概率为12.5%；
第7区包括12共1个振幅差值，其理论概率为6.25%；
第8区包括0个振幅差值，其理论概率为0。

上期蓝球号码为05时所对应的每个振幅分区理论概率
第1区包括0、1共2个振幅差值，其理论概率为18.75%；
第2区包括2、3共2个振幅差值，其理论概率为25%；
第3区包括4、5共2个振幅差值，其理论概率为18.75%；
第4区包括6、7共2个振幅差值，其理论概率为12.5%；
第5区包括8、9共2个振幅差值，其理论概率为12.5%；
第6区包括10、11共2个振幅差值，其理论概率为12.5%；
第7区包括0个振幅差值，其理论概率为0；
第8区包括0个振幅差值，其理论概率为0。

上期蓝球号码为06时所对应的每个振幅分区理论概率
第1区包括0、1共2个振幅差值，其理论概率为18.75%；
第2区包括2、3共2个振幅差值，其理论概率为25%；
第3区包括4、5共2个振幅差值，其理论概率为25%；
第4区包括6、7共2个振幅差值，其理论概率为12.5%；
第5区包括8、9共2个振幅差值，其理论概率为12.5%；
第6区包括10共1个振幅差值，其理论概率为6.25%；
第7区包括0个振幅差值，其理论概率为0；
第8区包括0个振幅差值，其理论概率为0。

上期蓝球号码为07时所对应的每个振幅分区理论概率
第1区包括0、1共2个振幅差值，其理论概率为18.75%；
第2区包括2、3共2个振幅差值，其理论概率为25%；
第3区包括4、5共2个振幅差值，其理论概率为25%；
第4区包括6、7共2个振幅差值，其理论概率为18.75%；
第5区包括8、9共2个振幅差值，其理论概率为12.5%；
第6区包括0个振幅差值，其理论概率为0；
第7区包括0个振幅差值，其理论概率为0；

第8区包括0个振幅差值，其理论概率为0。

上期蓝球号码为08时所对应的每个振幅分区理论概率

第1区包括0、1共2个振幅差值，其理论概率为18.75%；

第2区包括2、3共2个振幅差值，其理论概率为25%；

第3区包括4、5共2个振幅差值，其理论概率为25%；

第4区包括6、7共2个振幅差值，其理论概率为25%；

第5区包括8共1个振幅差值，其理论概率为6.25%；

第6区包括0个振幅差值，其理论概率为0；

第7区包括0个振幅差值，其理论概率为0；

第8区包括0个振幅差值，其理论概率为0。

上期蓝球号码为09时所对应的每个振幅分区理论概率

第1区包括0、1共2个振幅差值，其理论概率为18.75%；

第2区包括2、3共2个振幅差值，其理论概率为25%；

第3区包括4、5共2个振幅差值，其理论概率为25%；

第4区包括6、7共2个振幅差值，其理论概率为25%；

第5区包括8共1个振幅差值，其理论概率为6.25%；

第6区包括0个振幅差值，其理论概率为0；

第7区包括0个振幅差值，其理论概率为0；

第8区包括0个振幅差值，其理论概率为0。

上期蓝球号码为10时所对应的每个振幅分区理论概率

第1区包括0、1共2个振幅差值，其理论概率为18.75%；

第2区包括2、3共2个振幅差值，其理论概率为25%；

第3区包括4、5共2个振幅差值，其理论概率为25%；

第4区包括6、7共2个振幅差值，其理论概率为18.5%；

第5区包括8、9共2个振幅差值，其理论概率为12.5%；

第6区包括0个振幅差值，其理论概率为0；

第7区包括0个振幅差值，其理论概率为0；

第8区包括0个振幅差值，其理论概率为0。

上期蓝球号码为11时所对应的每个振幅分区理论概率

第1区包括0、1共2个振幅差值，其理论概率为18.75%；

第2区包括2、3共2个振幅差值，其理论概率为25%；
第3区包括4、5共2个振幅差值，其理论概率为25%；
第4区包括6、7共2个振幅差值，其理论概率为12.5%；
第5区包括8、9共2个振幅差值，其理论概率为12.5%；
第6区包括10共1个振幅差值，其理论概率为6.25%；
第7区包括0个振幅差值，其理论概率为0；
第8区包括0个振幅差值，其理论概率为0。

上期蓝球号码为12时所对应的每个振幅分区理论概率
第1区包括0、1共2个振幅差值，其理论概率为18.75%；
第2区包括2、3共2个振幅差值，其理论概率为25%；
第3区包括4、5共2个振幅差值，其理论概率为18.75%；
第4区包括6、7共2个振幅差值，其理论概率为12.5%；
第5区包括8、9共2个振幅差值，其理论概率为12.5%；
第6区包括10、11共2个振幅差值，其理论概率为12.5%；
第7区包括0个振幅差值，其理论概率为0；
第8区包括0个振幅差值，其理论概率为0。

上期蓝球号码为13时所对应的每个振幅分区理论概率
第1区包括0、1共2个振幅差值，其理论概率为18.75%；
第2区包括2、3共2个振幅差值，其理论概率为25%；
第3区包括4、5共2个振幅差值，其理论概率为12.5%；
第4区包括6、7共2个振幅差值，其理论概率为12.5%；
第5区包括8、9共2个振幅差值，其理论概率为12.5%；
第6区包括10、11共2个振幅差值，其理论概率为12.5%；
第7区包括12共1个振幅差值，其理论概率为6.25%；
第8区包括0个振幅差值，其理论概率为0。

上期蓝球号码为14时所对应的每个振幅分区理论概率
第1区包括0、1共2个振幅差值，其理论概率为18.75%；
第2区包括2、3共2个振幅差值，其理论概率为18.75%；
第3区包括4、5共2个振幅差值，其理论概率为12.5%；
第4区包括6、7共2个振幅差值，其理论概率为12.5%；

第5区包括8、9共2个振幅差值，其理论概率为12.5%；

第6区包括10、11共2个振幅差值，其理论概率为12.5%；

第7区包括12、13共2个振幅差值，其理论概率为12.5%；

第8区包括0个振幅差值，其理论概率为0。

上期蓝球号码为15时所对应的每个振幅分区理论概率

第1区包括0、1共2个振幅差值，其理论概率为18.75%；

第2区包括2、3共2个振幅差值，其理论概率为12.5%；

第3区包括4、5共2个振幅差值，其理论概率为12.5%；

第4区包括6、7共2个振幅差值，其理论概率为12.5%；

第5区包括8、9共2个振幅差值，其理论概率为12.5%；

第6区包括10、11共2个振幅差值，其理论概率为12.5%；

第7区包括12、13共2个振幅差值，其理论概率为12.5%；

第8区包括14共1个振幅差值，其理论概率为6.25%。

上期蓝球号码为16时所对应的每个振幅分区理论概率

第1区包括0、1共2个振幅差值，其理论概率为12.5%；

第2区包括2、3共2个振幅差值，其理论概率为12.5%；

第3区包括4、5共2个振幅差值，其理论概率为12.5%；

第4区包括6、7共2个振幅差值，其理论概率为12.5%；

第5区包括8、9共2个振幅差值，其理论概率为12.5%；

第6区包括10、11共2个振幅差值，其理论概率为12.5%；

第7区包括12、13共2个振幅差值，其理论概率为12.5%；

第8区包括14、15共2个振幅差值，其理论概率为12.5%。

4. 总结

通过图2-8蓝球号码振幅分区走势图，我们可以详细地观察到历史开奖数据中各期振幅分区的出现规律、运行轨迹及振幅分区在不同开奖期数的遗漏情况。

在这个走势图中所谓"遗漏"，是指某个振幅分区有多少期没有出现，而走势图中遗漏数据则是对每个振幅分区出现规律的一个全面统计。

遗漏数据的主要作用有三个：一是统计各个振幅分区的遗漏参数，二是观察某一具体振幅分区的出现规律，三是找出中奖概率高的振幅分区。

实战中如果我们能对图2-8蓝球号码振幅分区走势图中各个振幅分区的遗漏数

据和特有的折线图形特征进行准确科学的分析汇总，那么同样能在当期高概率地锁定蓝球号码或蓝球号码的范围，从而提高中奖率。

　　假设我们在2010086期实战中确定选择四分区中的第1区，也即看好蓝球开奖号码会在走势图四分区内的第1分区内出现，那么选择的蓝球号码振幅差值为0、1、2、3；如果此时我们还能选择五分区中的第5区，也即看好蓝球开奖号码会在走势图五分区内的第5分区内出现，那么选择的蓝球号码振幅差值为0、5、10、15；如果我们的选择是正确的，那么当期蓝球号码振幅差值一定是0。这时我们再看2010085期蓝球开奖号码为08，那么与8差值为0的号码只有蓝球08，也就是说如果我们在当期中蓝球号码振幅差值为0的选择是正确的，那么2010086期蓝球开奖号码一定是08。

　　仅使用了两个简单的振幅分区走势图即轻松地做到了"一码定蓝"，由此可以看出蓝球号码振幅分区走势图的巨大功效和价值。

　　我们把所有蓝球号码所对应的蓝球号码振幅差值的理论概率统一制成图表，需要的读者登录官网www.cpfxj.com即可查询下载使用。

第三节　蓝球尾数走势图

　　蓝球尾数即指双色球蓝球号码个位数。如蓝球号码06，其蓝球尾数为6；又如蓝球号码13，其蓝球尾数为3。

　　蓝球尾数走势图就是把蓝球尾数作为指标制作的走势图，从不同的角度科学地统计蓝球号码的中出情况和运行轨迹，供彩民在实战中观察总结分析使用。

　　蓝球尾数走势图由蓝球尾数常规走势图、蓝球尾数形态走势图和蓝球尾数分区走势图三部分构成，如图2-9所示。

蓝球尾数走势图

期号	蓝球	尾数	蓝球号码常规走势图 0-9	蓝球号码形态走势图 小中大 / 0 1 2 / 大小 / 奇偶 / 质合	五分区 一二三四五

图2-9 蓝球尾数走势图

（一）蓝球尾数常规走势图

期号	蓝球	尾数	0	1	2	3	4	5	6	7	8	9
2010083	12	2	1	1	②	1	1	1	1	1	1	1
2010084	3	3	2	2	1	③	2	2	2	2	2	2
2010085	8	8	3	3	1	1	3	3	3	3	⑧	3
2010086	8	8	4	4	3	2	4	4	4	4	⑧	4
2010087	10	0	⓪	5	4	3	5	5	5	5	1	5
2010088	12	2	1	6	②	4	6	6	6	6	2	6
2010089	1	1	2	①	1	5	7	7	7	7	3	7
2010090	14	4	3	1	2	6	④	8	8	8	4	8
2010091	16	6	4	2	3	7	1	9	⑥	9	5	9
2010092	2	2	5	3	②	8	2	10	1	10	6	10
2010093	6	6	6	4	1	9	3	11	⑥	11	7	11
2010094	10	0	⓪	5	2	10	4	12	1	12	8	12
2010095	14	4	1	6	3	11	④	13	2	13	9	13
2010096	3	3	2	7	4	③	1	14	3	14	10	14
2010097	1	1	3	①	5	1	2	15	4	15	11	15
2010098	7	7	4	1	6	2	3	16	5	⑦	12	16
2010099	6	6	5	2	7	3	4	17	⑥	1	13	17
2010100	8	8	6	3	8	4	5	18	1	2	⑧	18
2010101	6	6	7	4	9	5	6	19	⑥	3	1	19
2010102	10	0	⓪	5	10	6	7	20	1	4	2	20
2010103	9	9	1	6	11	7	8	21	2	5	3	⑨
2010104	2	2	2	7	②	8	9	22	3	6	4	1
2010105	11	1	3	①	1	9	10	23	4	7	5	2

图2-10 蓝球尾数常规走势图

双色球游戏中，蓝球尾数包括0~9总共10个，每个尾数包括1~2个不等的蓝球号码，每个蓝球尾数包括的号码及其理论概率分别如下：

蓝球尾数为1，包括蓝球号码01、11，理论概率为12.5%；
蓝球尾数为2，包括蓝球号码02、12，理论概率为12.5%；
蓝球尾数为3，包括蓝球号码03、13，理论概率为12.5%；
蓝球尾数为4，包括蓝球号码04、14，理论概率为12.5%；
蓝球尾数为5，包括蓝球号码05、15，理论概率为12.5%；
蓝球尾数为6，包括蓝球号码06、16，理论概率为12.5%；
蓝球尾数为7，包括蓝球号码07，理论概率为6.25%；
蓝球尾数为8，包括蓝球号码08，理论概率为6.25%；
蓝球尾数为9，包括蓝球号码09，理论概率为6.25%；
蓝球尾数为0，包括蓝球号码10，理论概率为6.25%。

图2-10为蓝球尾数常规走势图，通过这个走势图我们可以详细地观察到历史开奖数据中各期蓝球尾数的中出情况、运行轨迹及每个尾数在不同开奖期数时的遗漏情况。

所谓"遗漏"，这里是指蓝球尾数有多少期没有出现，而走势图中遗漏数据则是对全部开奖号码尾数出现规律的一个全面统计。遗漏数据的主要作用有三个：一是统计各个号码尾数的遗漏参数，二是观察某一具体号码尾数的出现规律，三是找出中奖概率高的号码尾数。

实战中如果我们能对图2-10蓝球尾数常规走势图中各个蓝球尾数的遗漏数据和特有的折线图形特征进行准确科学的分析汇总，那么就能在当期高概率地正确选择或排除蓝球尾数及蓝球尾数范围，从而提高中奖率。

例如，实战中我们当期看好蓝球尾数5会出现，那么尾数5所包含的蓝球号码05和15就是当期的蓝球备选号码；如果我们选择的正确，那么备选蓝球05、15中一定包含当期的蓝球开奖号码。

（二）蓝球尾数形态走势图

图2-11是蓝球尾数形态走势图。走势图中把0~9共10个蓝球号码尾数通过不同形态进行分类统计，如小中大、012路、奇偶等。

期号	蓝球	尾数	小	中	大	0	1	2	大	小	奇	偶	质	合
2010083	12	2	小	1	1	1	1	2	1	小	1	偶	质	1
2010084	3	3	1	中	2	0	2	1	2	小	奇	1	质	2
2010085	8	8	2	1	大	1	3	2	大	1	1	偶	1	合
2010086	8	8	3	2	大	2	4	2	大	2	2	偶	2	合
2010087	10	0	小	3	1	0	5	1	1	小	3	偶	3	合
2010088	12	2	小	4	2	1	6	2	1	小	4	偶	1	合
2010089	1	1	小	5	3	2	1	1	3	小	奇	1	质	2
2010090	14	4	1	中	4	3	1	2	4	小	1	偶	1	合
2010091	16	6	2	中	5	0	1	3	大	1	2	偶	2	合
2010092	2	2	小	1	6	1	1	2	1	小	3	偶	质	1
2010093	6	6	1	中	7	1	2	1	1	小	4	偶	1	合
2010094	10	0	小	1	8	0	4	2	大	1	5	偶	2	合
2010095	14	4	1	中	9	1	1	3	2	小	6	偶	3	合
2010096	3	3	2	中	10	0	1	4	3	小	奇	1	质	1
2010097	1	1	小	1	11	1	2	5	4	小	奇	2	质	2
2010098	7	7	1	1	大	1	2	6	大	1	奇	3	质	3
2010099	6	6	2	中	1	0	1	7	大	2	1	偶	1	合
2010100	8	8	3	1	大	1	2	2	大	3	2	偶	2	合
2010101	6	6	4	中	1	0	3	1	大	4	3	偶	3	合
2010102	10	0	小	1	2	0	4	2	1	小	4	偶	4	合
2010103	9	9	1	1	大	0	5	3	大	1	奇	1	5	合
2010104	2	2	小	3	1	1	1	2	1	小	1	偶	质	1
2010105	11	1	小	4	2	2	1	1	2	小	奇	1	质	2
2010106	16	6	1	中	3	0	1	2	大	1	1	偶	1	合
2010107	16	6	2	中	4	0	2	3	大	2	2	偶	2	合
2010108	7	7	3	1	大	1	1	4	大	3	奇	1	质	1
2010109	15	5	4	中	1	1	1	2	1	4	奇	2	质	2
2010110	1	1	小	1	2	3	1	1	2	小	奇	3	质	3
2010111	10	0	小	2	2	0	1	2	2	小	1	偶	1	合
2010112	16	6	1	中	4	0	2	3	大	1	2	偶	2	合

图2-11 蓝球尾数形态走势图

1. 蓝球尾数小中大形态

蓝球尾数走势图中，"小中大形态"就是把双色球蓝球号码尾数0~9做进一步的细致划分，那样能更清晰地表达双色球游戏中每个蓝球号码尾数的具体信息。

双色球蓝球尾数中，我们把尾数0、1、2定义为小尾数，包括的蓝球号码有：01、02、10、11、12；

双色球蓝球尾数中，我们把尾数3、4、5、6定义为中尾数，包括的蓝球号码有：03、04、05、06、13、14、15、16；

双色球蓝球尾数中，我们把尾数7、8、9定义为大尾数，包括的蓝球号码有：07、08、09。

"小尾数、中尾数、大尾数"均属于双色球蓝球尾数的分类形态，我们在实际应用中把这种形态统称为"尾数小中大形态"。

双色球蓝球尾数包括0~9，每个尾数对应的蓝球号码数量不同，因此每种分类形态对应的号码数量也不同，通过计算得知"尾数大中小形态"的理论概率分别如下：

大尾数形态共包括3个蓝球号码，3/16=18.75%，因此大尾数形态理论概率为18.75%；

中尾数形态共包括8个蓝球号码，8/16=50%，因此中尾数形态蓝球理论概率为50%；

小尾数形态共包括5个蓝球号码，5/16=31.25%，因此小尾数形态蓝球理论概率为31.25%。

2. 蓝球尾数012路形态

蓝球尾数走势图中，"012路形态"是通过除三余数的角度对0~9共10个蓝球尾数进行再次分解，从而揭示和传达蓝球尾数的信息。

012路形态是根据除3余数定义的。

双色球蓝球尾数中，将0-9共10个蓝球尾数按除3所得余数的不同分为三类：

除3余数为0的蓝球尾数有0、3、6、9，我们称作0路尾数，其包含的蓝球号码为03、06、09、10、13、16；

除3余数为1的蓝球尾数有1、4、7，我们称作1路号码，其包含的蓝球号码为01、04、07、11、14；

除3余数为2的蓝球尾数有2、5、8，我们称作2路号码，其包含的蓝球号码为02、05、08、12、15。

"0路、1路、2路"也属于双色球蓝球尾数的另一种分类形态，我们在实际应用中把这种形态统称为"尾数012路形态"。

双色球蓝球尾数包括0~9，每个尾数对应的蓝球号码数量不同，因此每种分类形态对应的号码数量也不同，通过计算得知"尾数012路形态"的理论概率分别如下：

0路尾数形态包括6个蓝球号码，6/16=37.5%，因此0路尾数形态理论概率为37.5%；

1路尾数形态包括5个蓝球号码，5/16=31.25%，因此1路尾数形态理论概率为31.25%；

2路尾数形态包括5个蓝球号码，5/16=31.25%，因此2路尾数形态理论概率为31.25%。

3. 蓝球尾数大小形态

蓝球尾数走势图中，蓝球尾数0～9共10个尾数里小于5的数称为小尾数，大于4的数称为大尾数。

蓝球尾数的小尾数有0、1、2、3、4，其包含的蓝球号码为01、02、03、04、10、11、12、13、14；

蓝球尾数的大尾数有5、6、7、8、9，其包含的蓝球号码为05、06、07、08、09、15、16。

"小尾数和大尾数"也属于双色球蓝球尾数的另一种分类形态，我们在实际应用中把这种形态通称为"尾数大小形态"。

双色球蓝球尾数包括0-9，每个尾数对应的蓝球号码数量不同，因此每种分类形态对应的号码数量也不同，通过计算得知"尾数大小形态"的理论概率分别如下：

大尾数形态共包括7个振幅差值，7/16=43.75%，因此大尾数形态理论概率为43.75%；

小尾数形态共包括9个振幅差值，9/16=56.25%，因此小尾数形态理论概率为56.25%。

4. 蓝球尾数奇偶形态

数学中不能被2整除的数字称为奇数，能被2整除的数字称作偶数。

同理，在蓝球尾数中，我们把不能被2整除的蓝球尾数称为奇尾数，包括1、3、5、7、9，其包含的蓝球号码为01、03、05、07、09、11、13、15；我们把能被2整除的蓝球尾数称为偶尾数，包括0、2、4、6、8，其包含的蓝球号码为02、04、06、08、10、12、14、16。

"奇尾数和偶尾数"也属于双色球蓝球尾数的一种分类形态，我们在实际应用中把这种形态统称为"尾数奇偶形态"。

双色球蓝球尾数包括0~9，每个尾数对应的蓝球号码数量不同，因此每种分类形态对应的号码数量也不同，通过计算得知"尾数奇偶形态"的理论概率分别如下：

奇尾数形态共包括8个蓝球号码，8/16=50%，因此奇尾数形态理论概率为50%；

偶尾数形态共包括8个蓝球号码，8/16=50%，因此偶尾数形态理论概率为50%。

5. 蓝球尾数质合形态

在蓝球尾数走势图中，蓝球尾数的质数和数学里的质数是一样的，即只能被1和自身整除的值称为质数尾数，除此之外的蓝球尾数属于合数尾数；但是为了平衡质数和合数尾数的数量，通常把尾数1也定义为质数尾数，这样质数和合数尾数在数量上都是5个，便于在走势图表中观察分析。

蓝球尾数中质数尾数简称为质尾数，包括1、2、3、5、7，其包含的蓝球号码为01、02、03、05、07、11、12、13、15；

蓝球尾数中合数尾数简称为合尾数，包括0、4、6、8、9，其包含的蓝球号码为04、06、08、09、10、14、16。

"质尾数和合尾数"也属于双色球蓝球尾数的一种分类形态，我们在实际应用中把这种形态统称为"尾数质合形态"。

双色球蓝球尾数包括0~9，每个尾数对应的蓝球号码数量不同，因此每种分类形态对应的号码数量也不同，通过计算得知"尾数质合形态"的理论概率分别如下：

质尾数形态共包括9个蓝球号码，9/16=56.25%，因此质尾数形态理论概率为56.25%；

合尾数形态共包括7个蓝球号码，7/16=43.75%，因此合尾数形态理论概率为43.75%。

6. 总结

通过图2-11蓝球尾数形态走势图，我们可以详细地观察到历史开奖数据中各期蓝球尾数形态的出现规律、运行轨迹及每个尾数形态在不同开奖期数的遗漏情况。

在这个走势图中所谓"遗漏"，是指蓝球尾数形态有多少期没有出现，而走势图中遗漏数据则是对全部蓝球开奖号码尾数形态出现规律的一个全面统计。遗漏数据的主要作用有三个：一是统计各个蓝球尾数形态的遗漏参数，二是观察某一具体蓝球尾数形态的出现规律，三是找出中奖概率高的蓝球尾数形态。

实战中，如果我们能对图2-10蓝球尾数形态走势图中每个尾数形态的遗漏数据和特有的折线图形特征进行准确科学的分析汇总，那么同样能在当期高概率地锁定蓝球号码或及蓝球号码的范围，从而提高中奖率。

假设2010083期我们当期确定选择蓝球尾数为"012路形态"中的"2路"，包括蓝球尾数2、5、8；如果还选择"大中小形态"中的"小"，包括蓝球尾数0、1、2；如果我们前面的选择都是正确的，那么当期蓝球开奖号码的尾数就一定是唯一符合这两个条件的尾数2。16个蓝球号码中尾数为2的蓝球号码是02、12，也就是说在它们中间一定有当期的蓝球开奖号码。

通过这两个简单的尾数走势图即可把蓝球号码范围锁定在2个号码之间，可以设想如果此时还能根据其他的走势图正确选择其他的条件，或者说能在号码02和12之间排除掉一个，那么"一码定蓝"真的不是梦想。

表2-1是我们统计的蓝球尾数对应号码明细表，供大家在后面的实战中使用。

表2-1 蓝球尾数对应号码明细表

蓝球尾数	对应蓝球号码
0	10
1	01 11
2	02 12
3	03 13
4	04 14
5	05 15
6	06 16
7	07
8	08
9	09

（三）蓝球尾数分区走势图

蓝球尾数走势图中0~9共计10个蓝球尾数，按照排序或乱序可以分为不同的区间，例如二分区、三分区、四分区、五分区和八分区等。图2-11蓝球尾数走势图中的大小形态、奇偶形态、质合形态属于二分区的范畴，同样小中大形态和012路形态也属于三分区的范畴。

从分区的角度再结合实战经验我们发现，还是五分区的实战意义和价值更大，因此蓝球尾数分区走势图我们就是以五分区为唯一的统计指标。如图2-12所示。

期号	蓝球	尾数	五分区 一	二	三	四	五
2010083	12	2	1	1	1	❹	1
2010084	3	3	2	❷	1	1	2
2010085	8	8	3	❷	2	2	3
2010086	8	8	4	❷	3	3	4
2010087	10	0	5	1	4	4	❺
2010088	12	2	6	2	5	❹	1
2010089	1	1	7	3	❸	1	2
2010090	14	4	❶	4	1	2	3
2010091	16	6	1	5	❸	3	4
2010092	2	2	2	6	1	❹	5
2010093	6	6	3	7	❸	1	6
2010094	10	0	4	8	1	2	❺
2010095	14	4	❶	9	2	3	1
2010096	3	3	1	❷	3	4	2
2010097	1	1	2	1	❸	5	3
2010098	7	7	3	2	1	❹	4
2010099	6	6	4	3	❸	1	5
2010100	8	8	5	❷	1	2	6
2010101	6	6	6	1	❸	3	7
2010102	10	0	7	2	1	4	❺
2010103	9	9	❶	3	2	5	1
2010104	2	2	1	4	3	❹	2
2010105	11	1	2	5	❸	1	3

图 2-12 蓝球尾数分区走势图

蓝球尾数分区走势图中，我们把0~9共10个蓝球尾数按照差值为5的两个蓝球尾数分为一组的方法一共划分为五个区：第1区包括的蓝球尾数有4、9，其包含的蓝球号码有04、09、14；第2区包括的蓝球尾数有3、8，其包含的蓝球号码有03、08、13；第3区包括的蓝球尾数有1、6，其包含的蓝球号码有01、06、11、16；第4区包括的蓝球尾数有2、7，其包含的蓝球号码有02、07、12；第5区包括的蓝球尾数有0、5，其包含的蓝球号码有05、10、15。

通过计算得知"尾数五分区"的理论概率分别如下：

第1区包括3个蓝球号码，3/16=18.75%，因此第1区理论概率为18.75%；

第2区包括3个蓝球号码，3/16=18.75%，因此第2区理论概率为18.75%；

第3区包括4个蓝球号码，4/16=25%，因此第3区理论概率为25%；

第4区包括3个蓝球号码，3/16=18.75%，因此第4区理论概率为18.75%；

第5区包括3个蓝球号码，3/16=18.75%，因此第5区理论概率为18.75%。

通过图2-12蓝球尾数分区走势图，我们可以详细地观察到历史开奖数据中各期尾数的出现规律、运行轨迹及尾数分区在不同开奖期数的遗漏情况。

在这个走势图中所谓"遗漏"，是指某个尾数分区有多少期没有出现，而走势图中遗漏数据则是对每个尾数分区出现规律的一个全面统计。

遗漏数据的主要作用有三个：一是统计各个尾数分区的遗漏参数，二是观察某一具体尾数分区的出现规律，三是找出中奖概率高的尾数分区。

实战中如果我们能对图2-12蓝球尾数分区走势图中各个尾数的遗漏数据和特有的折线图形特征进行准确科学的分析汇总，那么同样能在当期高概率地排除或锁定蓝球号码及蓝球号码的范围，从而提高中奖率。

假设我们在2010105期实战中确定选择第3区，也即看好蓝球尾数会在走势图内的第3分区内出现，那么选择的蓝球尾数为1、6；我们通过表2-1速查可知蓝球尾数1和6对用的蓝球号码一共有4个，分别为01、11、06和16。如果我们的选择是正确的，那么当期蓝球开奖号码一定会在这个小范围内出现。

我们在实战中通过蓝球尾数分区走势图可以轻松地、高概率地把当期蓝球开奖号码锁定在一个较小的范围内，如果还能结合对其他蓝球走势图的分析，那么即可轻松做到"一码定蓝"。

第四节　蓝球尾数振幅走势图

在蓝球尾数振幅走势图中，振幅是指前后两期蓝球号码尾数差值的绝对值，也称为蓝球尾数振幅差值，也是相对于蓝球号码振幅之外的另一种角度的振幅形式。

蓝球尾数振幅即是指上下两期蓝球号码尾数的差值的绝对值，例如双色球2010083期蓝球开奖号码为蓝球12,尾数为2；双色球2010084期蓝球开奖号码为蓝球03，尾数为3；3-2=1，那么这两期蓝球尾数的振幅即为1。

蓝球尾数振幅走势图是根据上下两期蓝球开奖号码尾数振幅差值、振幅差值形态及振幅差值分区情况在实际开奖中出现的轨迹制作的趋势图形，由蓝球尾数振幅常规走势图、蓝球尾数振幅形态走势图和蓝球尾数振幅分区走势图三大部分组成，如图2-13所示。为了更详细地解析走势图内指标及走势图功效，下面会把蓝球尾数振幅走势图按照三大组成部分进行逐一说明。

期号	蓝球	蓝尾	振幅	蓝球号码常规走势图										蓝球尾数振幅形态走势图												蓝球尾数振幅分区走势图				
				0	1	2	3	4	5	6	7	8	9	小	中	大	0	1	2	大	小	奇	偶	质	合	一	二	三	四	五
2010083	12	2	—																											
2010084	3	3	1	1	1	1	1	1	1	1	1	1	1	小	1	1	1	1	1	1	小	奇	1	质	1	1	1	3	1	1
2010085	8	8	5	2	1	2	2	2	5	2	2	2	2	1	中	2	2	1	2	大	1	奇	2	质	2	2	2	1	2	5
2010086	8	8	0	0	2	3	3	3	1	3	3	3	3	小	1	3	0	2	1	1	小	1	偶	1	合	3	3	2	3	5
2010087	10	0	8	1	3	4	4	4	2	4	4	8	4	1	2	大	1	3	2	大	1	2	偶	2	合	4	2	3	4	1
2010088	12	2	2	2	4	2	5	5	3	5	5	1	5	小	3	1	2	4	2	1	小	3	偶	质	1	5	1	4	4	2
2010089	1	1	1	3	1	1	6	6	4	6	6	2	6	小	4	2	3	1	1	2	小	奇	1	质	2	6	2	3	1	3
2010090	14	4	3	4	1	2	3	7	5	7	7	3	7	1	中	3	0	1	2	3	小	奇	2	质	3	7	2	1	2	4
2010091	16	6	2	5	2	2	1	8	6	8	8	4	8	小	1	4	1	2	2	4	小	1	偶	质	4	8	1	2	4	5
2010092	2	2	4	6	3	1	2	4	7	9	9	5	9	1	中	5	2	1	1	5	小	2	偶	1	合	1	2	3	1	6
2010093	6	6	4	7	4	2	3	4	8	10	10	6	10	2	中	6	3	1	2	6	小	3	偶	2	合	1	3	4	2	7
2010094	10	0	6	8	5	3	4	1	9	6	11	7	11	3	中	7	0	1	3	大	1	4	偶	3	合	1	4	3	3	8
2010095	14	4	4	9	6	4	5	4	10	1	12	8	12	4	中	8	1	1	4	1	小	5	偶	4	合	1	5	1	4	9
2010096	3	3	1	10	1	5	6	1	11	2	13	9	13	小	1	9	2	1	5	2	小	奇	1	质	1	1	6	3	5	10
2010097	1	1	2	11	1	2	7	2	12	3	14	10	14	小	2	10	3	1	2	3	小	1	偶	质	2	2	7	1	4	11
2010098	7	7	6	12	2	1	8	3	13	6	15	11	15	1	中	11	0	2	1	大	1	2	偶	1	合	3	8	3	1	12
2010099	6	6	1	13	1	2	9	4	14	1	16	12	16	小	1	12	1	1	2	1	小	奇	1	质	1	4	9	3	2	13
2010100	8	8	2	14	1	2	10	5	15	2	17	13	17	小	2	13	2	1	2	2	小	1	偶	质	2	5	10	1	4	14
2010101	6	6	2	15	2	2	11	6	16	3	18	14	18	小	3	14	3	2	2	3	小	2	偶	质	3	6	11	2	4	15
2010102	10	0	6	16	3	1	12	7	17	6	19	15	19	1	中	15	0	3	1	大	1	3	偶	1	合	7	12	3	1	16
2010103	9	9	9	17	4	2	13	8	18	1	20	16	9	2	1	大	0	4	2	大	2	奇	1	2	合	1	13	1	2	17
2010104	2	2	7	18	5	3	14	9	19	2	7	17	1	3	2	大	1	1	3	大	3	奇	2	质	1	1	14	2	4	18
2010105	11	1	1	19	1	4	15	10	20	3	1	18	2	小	3	1	2	1	4	1	小	奇	3	质	2	2	15	4	1	19
2010106	16	6	5	20	1	5	16	11	5	4	2	19	3	1	中	2	3	1	2	大	1	奇	4	质	3	3	16	1	2	5
2010107	16	6	0	0	2	6	17	12	1	5	3	20	4	小	5	3	0	2	1	1	小	1	偶	1	合	4	17	2	3	5

图2-13 蓝球尾数振幅走势图

（一）蓝球尾数振幅常规走势图

期号	蓝球	蓝尾	振幅	\multicolumn{10}{c}{蓝球尾数振幅常规走势图}
				0	1	2	3	4	5	6	7	8	9
2010083	12	2	—										
2010084	3	3	1	1	1	1	1	1	1	1	1	1	1
2010085	8	8	5	2	1	2	2	2	5	2	2	2	2
2010086	8	8	0	0	2	3	3	3	1	3	3	3	3
2010087	10	0	8	1	3	4	4	4	2	4	4	8	4
2010088	12	2	2	2	4	2	5	5	3	5	5	1	5
2010089	1	1	1	3	1	5	6	6	4	6	6	2	6
2010090	14	4	3	4	1	2	3	7	5	7	7	3	7
2010091	16	6	2	5	2	2	1	8	6	8	8	4	8
2010092	2	2	4	6	3	1	2	4	7	9	9	5	9
2010093	6	6	4	7	4	2	3	4	8	10	10	6	10
2010094	10	0	6	8	5	3	4	1	9	6	11	7	11
2010095	14	4	4	9	6	3	4	5	4	10	1	12	8	12
2010096	3	3	1	10	1	5	6	1	11	2	13	9	13
2010097	1	1	2	11	1	2	7	2	12	3	14	10	14
2010098	7	7	6	12	2	1	8	3	13	6	15	11	15
2010099	6	6	1	13	1	2	9	4	14	1	16	12	16
2010100	8	8	2	14	1	2	10	5	15	2	17	13	17
2010101	6	6	2	15	2	2	11	6	16	3	18	14	18
2010102	10	0	6	16	3	1	12	7	17	6	19	15	19
2010103	9	9	9	17	4	2	13	9	18	1	20	16	9
2010104	2	2	7	18	5	3	14	9	19	2	7	17	1
2010105	11	1	1	19	1	4	15	10	20	3	1	18	2
2010106	16	6	5	20	1	5	16	11	5	4	2	19	3
2010107	16	6	0	0	2	6	17	12	1	5	3	20	4

图2-14　蓝球尾数振幅常规走势图

双色球游戏中包含10个蓝球尾数，那么通过计算可以得知会产生0~9共计10个蓝球尾数振幅差值，根据上期蓝球尾数的不同所产生的振幅差值的数量也不会相同，因此每个蓝球尾数振幅差值根据上期蓝球尾数的不同在本期出现的理论概率也不相同，每个振幅差值对应不同的上期蓝球尾数时所对应的理论出现概率如下：

上期蓝球尾数为0时所对应的每个蓝球尾数振幅差值的理论概率

蓝球尾数振幅差值为0时包括蓝球尾数0，其理论概率为10%；

蓝球尾数振幅差值为1时包括蓝球尾数1，其理论概率为10%；

蓝球尾数振幅差值为2时包括蓝球尾数2，其理论概率为10%；
蓝球尾数振幅差值为3时包括蓝球尾数3，其理论概率为10%；
蓝球尾数振幅差值为4时包括蓝球尾数4，其理论概率为10%；
蓝球尾数振幅差值为5时包括蓝球尾数5，其理论概率为10%；
蓝球尾数振幅差值为6时包括蓝球尾数6，其理论概率为10%；
蓝球尾数振幅差值为7时包括蓝球尾数7，其理论概率为10%；
蓝球尾数振幅差值为8时包括蓝球尾数8，其理论概率为10%；
蓝球尾数振幅差值为9时包括蓝球尾数9，其理论概率为10%。

可以看出，上期蓝球尾数为0时，蓝球尾数振幅差值的数量有10个，每个振幅差值的理论概率皆为10%。

上期蓝球尾数为1时所对应的每个蓝球尾数振幅差值的理论概率
蓝球尾数振幅差值为0时包括蓝球尾数1，其理论概率为10%；
蓝球尾数振幅差值为1时包括蓝球尾数0和2，其理论概率为20%；
蓝球尾数振幅差值为2时包括蓝球尾数3，其理论概率为10%；
蓝球尾数振幅差值为3时包括蓝球尾数4，其理论概率为10%；
蓝球尾数振幅差值为4时包括蓝球尾数5，其理论概率为10%；
蓝球尾数振幅差值为5时包括蓝球尾数6，其理论概率为10%；
蓝球尾数振幅差值为6时包括蓝球尾数7，其理论概率为10%；
蓝球尾数振幅差值为7时包括蓝球尾数8，其理论概率为10%；
蓝球尾数振幅差值为8时包括蓝球尾数9，其理论概率为10%。

可以看出，上期蓝球尾数为1时，蓝球尾数振幅差值的数量有9个，这时振幅差值为1的理论概率为20%，其余振幅差值的理论概率皆为10%。

上期蓝球尾数为2时所对应的每个蓝球尾数振幅差值的理论概率
蓝球尾数振幅差值为0时包括蓝球尾数2，其理论概率为10%；
蓝球尾数振幅差值为1时包括蓝球尾数1和3，其理论概率为20%；
蓝球尾数振幅差值为2时包括蓝球尾数0和4，其理论概率为20%；
蓝球尾数振幅差值为3时包括蓝球尾数5，其理论概率为10%；
蓝球尾数振幅差值为4时包括蓝球尾数6，其理论概率为10%；
蓝球尾数振幅差值为5时包括蓝球尾数7，其理论概率为10%；
蓝球尾数振幅差值为6时包括蓝球尾数8，其理论概率为10%；

蓝球尾数振幅差值为7时包括蓝球尾数9，其理论概率为10%。

可以看出，上期蓝球尾数为2时，蓝球尾数振幅差值的数量有8个，这时振幅差值为1和2的理论概率分别为20%，其余振幅差值的理论概率皆为10%。

上期蓝球尾数为3时所对应的每个蓝球尾数振幅差值的理论概率

蓝球尾数振幅差值为0时包括蓝球尾数3，其理论概率为10%；

蓝球尾数振幅差值为1时包括蓝球尾数2和4，其理论概率为20%；

蓝球尾数振幅差值为2时包括蓝球尾数1和5，其理论概率为20%；

蓝球尾数振幅差值为3时包括蓝球尾数0和6，其理论概率为20%；

蓝球尾数振幅差值为4时包括蓝球尾数7，其理论概率为10%；

蓝球尾数振幅差值为5时包括蓝球尾数8，其理论概率为10%；

蓝球尾数振幅差值为6时包括蓝球尾数9，其理论概率为10%。

可以看出，上期蓝球尾数为3时，蓝球尾数振幅差值的数量有7个，这时振幅差值为1、2、3的理论概率分别为20%，其余振幅差值的理论概率皆为10%。

上期蓝球尾数为4时所对应的每个蓝球尾数振幅差值的理论概率

蓝球尾数振幅差值为0时包括蓝球尾数4，其理论概率为10%；

蓝球尾数振幅差值为1时包括蓝球尾数3和5，其理论概率为20%；

蓝球尾数振幅差值为2时包括蓝球尾数2和6，其理论概率为20%；

蓝球尾数振幅差值为3时包括蓝球尾数1和7，其理论概率为20%；

蓝球尾数振幅差值为4时包括蓝球尾数0和8，其理论概率为20%；

蓝球尾数振幅差值为5时包括蓝球尾数9，其理论概率为10%。

可以看出，上期蓝球尾数为4时，蓝球尾数振幅差值的数量有6个，这时振幅差值为1、2、3、4的理论概率分别为20%，其余振幅差值的理论概率皆为10%。

上期蓝球尾数为5所对应的每个蓝球尾数振幅差值的理论概率

蓝球尾数振幅差值为0时包括蓝球尾数5，其理论概率为10%；

蓝球尾数振幅差值为1时包括蓝球尾数4和6，论概率为20%；

蓝球尾数振幅差值为2时包括蓝球尾数3和7其理论概率为20%；

蓝球尾数振幅差值为3时包括蓝球尾数2和8，其理论概率为20%；

蓝球尾数振幅差值为4时包括蓝球尾数1和9，其理论概率为20%；

蓝球尾数振幅差值为5时包括蓝球尾数0，其理论概率为10%。

可以看出，上期蓝球尾数为5时，蓝球尾数振幅差值的数量有6个，这时振幅差值为1、2、3、4的理论概率分别为20%，其余振幅差值的理论概率皆为10%。

上期蓝球尾数为6所对应的每个蓝球尾数振幅差值的理论概率

蓝球尾数振幅差值为0时包括蓝球尾数6，其理论概率为10%；

蓝球尾数振幅差值为1时包括蓝球尾数5和7，论概率为20%；

蓝球尾数振幅差值为2时包括蓝球尾数4和8其理论概率为20%；

蓝球尾数振幅差值为3时包括蓝球尾数3和9，其理论概率为20%；

蓝球尾数振幅差值为4时包括蓝球尾数2，其理论概率为10%；

蓝球尾数振幅差值为5时包括蓝球尾数1，其理论概率为10%；

蓝球尾数振幅差值为6时包括蓝球尾数0，其理论概率为10%。

可以看出，上期蓝球尾数为6时，蓝球尾数振幅差值的数量有7个，这时振幅差值为1、2、3的理论概率分别为20%，其余振幅差值的理论概率皆为10%。

上期蓝球尾数为7所对应的每个蓝球尾数振幅差值的理论概率

蓝球尾数振幅差值为0时包括蓝球尾数7，其理论概率为10%；

蓝球尾数振幅差值为1时包括蓝球尾数6和8，论概率为20%；

蓝球尾数振幅差值为2时包括蓝球尾数5和9其理论概率为20%；

蓝球尾数振幅差值为3时包括蓝球尾数4，其理论概率为10%；

蓝球尾数振幅差值为4时包括蓝球尾数3，其理论概率为10%；

蓝球尾数振幅差值为5时包括蓝球尾数2，其理论概率为10%；

蓝球尾数振幅差值为6时包括蓝球尾数1，其理论概率为10%；

蓝球尾数振幅差值为7时包括蓝球尾数0，其理论概率为10%。

可以看出，上期蓝球尾数为7时，蓝球尾数振幅差值的数量有8个，这时振幅差值为1、2的理论概率分别为20%，其余振幅差值的理论概率皆为10%。

上期蓝球尾数为8所对应的每个蓝球尾数振幅差值的理论概率

蓝球尾数振幅差值为0时包括蓝球尾数8，其理论概率为10%；

蓝球尾数振幅差值为1时包括蓝球尾数7和9，论概率为20%；

蓝球尾数振幅差值为2时包括蓝球尾数6，其理论概率为10%；

蓝球尾数振幅差值为3时包括蓝球尾数5，其理论概率为10%；

蓝球尾数振幅差值为4时包括蓝球尾数4，其理论概率为10%；

蓝球尾数振幅差值为5时包括蓝球尾数3，其理论概率为10%；

蓝球尾数振幅差值为6时包括蓝球尾数2，其理论概率为10%；

蓝球尾数振幅差值为7时包括蓝球尾数1，其理论概率为10%；

蓝球尾数振幅差值为8时包括蓝球尾数0，其理论概率为10%。

可以看出，上期蓝球尾数为8时，蓝球尾数振幅差值的数量有9个，这时振幅差值为1的理论概率为20%，其余振幅差值的理论概率皆为10%。

上期蓝球尾数为9所对应的每个蓝球尾数振幅差值的理论概率

蓝球尾数振幅差值为0时包括蓝球尾数9，其理论概率为10%；

蓝球尾数振幅差值为1时包括蓝球尾数8，其理论概率为10%；

蓝球尾数振幅差值为2时包括蓝球尾数7，其理论概率为10%；

蓝球尾数振幅差值为3时包括蓝球尾数6，其理论概率为10%；

蓝球尾数振幅差值为4时包括蓝球尾数5，其理论概率为10%；

蓝球尾数振幅差值为5时包括蓝球尾数4，其理论概率为10%；

蓝球尾数振幅差值为6时包括蓝球尾数3，其理论概率为10%；

蓝球尾数振幅差值为7时包括蓝球尾数2，其理论概率为10%；

蓝球尾数振幅差值为8时包括蓝球尾数1，其理论概率为10%；

蓝球尾数振幅差值为9时包括蓝球尾数0，其理论概率为10%。

可以看出，上期蓝球尾数为8时，蓝球尾数振幅差值的数量有10个，这时每个振幅差值的理论概率均为10%。

图2-14为蓝球尾数振幅常规走势图，通过这个走势图我们可以详细地观察到历史开奖数据中各期蓝球尾数振幅差值的出现情况、运行轨迹以及在不同开奖期数时的遗漏情况。

所谓"遗漏"，这里就是指每个蓝球尾数振幅差值有多少期没有出现，而走势图中遗漏数据则是对全部蓝球尾数振幅差值出现规律的一个全面统计。遗漏数据的主要作用有三个：一是统计各个振幅差值的遗漏参数，二是观察某一具体振幅差值的出现规律，三是寻找出现概率高的振幅差值。

实战中如果我们能对图2-14蓝球尾数振幅常规走势图中各个振幅差值的遗漏数据和特有的折线图形特征进行准确科学的分析汇总，那么就能在当期高概率地正确选择或排除蓝球尾数振幅值及其范围，从而从另一个角度选择蓝球号码，最终提高中奖率。

假设我们2010084期能确定选择蓝球尾数振幅为1，我们再看2010083期蓝球开奖号码尾数为2，那么与上期蓝球尾数2之间差值的绝对值为1的尾数只有1和3；也就是说如果我们的选择是正确的，那么尾数为1和3的蓝球号码中一定包括当期的蓝球开奖号码。

（二）蓝球尾数振幅形态走势图

期号	蓝球	蓝尾	振幅	小	中	大	0	1	2	大	小	奇	偶	质	合
2010083	12	2	—												
2010084	3	3	1	小	1	1	1	⓪	1	1	小	奇	1	质	1
2010085	8	8	5	1	中	2	2	1	②	大	1	奇	2	质	2
2010086	8	8	0	小	1	3	⓪	2	1	1	小	1	偶	1	合
2010087	10	0	8	1	2	大	1	3	②	大	1	2	偶	2	合
2010088	12	2	2	小	3	1	2	4	②	1	小	3	偶	1	质
2010089	1	1	1	小	4	2	3	①	1	2	小	奇	1	质	2
2010090	14	4	3	1	中	3	⓪	1	2	3	小	奇	2	质	3
2010091	16	6	2	1	1	4	1	2	②	4	1	1	偶	质	4
2010092	2	2	4	中	5	2	①	1	5	1	2	偶	1	合	
2010093	6	6	4	2	中	6	3	②	2	6	小	3	偶	2	合
2010094	10	0	6	3	中	7	⓪	1	3	大	1	4	偶	3	合
2010095	14	4	4	4	中	8	1	①	4	1	小	5	偶	4	合
2010096	3	3	1	小	1	9	1	①	5	2	小	奇	1	质	1
2010097	1	1	2	小	2	10	3	1	②	3	小	1	奇	1	质
2010098	7	7	6	1	中	11	⓪	2	1	大	1	2	偶	1	合
2010099	6	6	1	小	1	12	1	①	2	2	小	奇	1	质	1
2010100	8	8	2	小	2	13	2	1	②	1	大	1	偶	1	质
2010101	6	6	2	小	3	14	2	1	②	3	小	2	偶	1	质
2010102	10	0	6	中	15	⓪	3	2	大	1	3	偶	1	合	
2010103	9	9	9	2	1	大	⓪	4	2	大	2	奇	1	2	合
2010104	2	2	7	3	2	大	1	①	3	大	3	奇	2	质	1
2010105	11	1	1	小	3	1	2	①	4	1	小	奇	3	质	2
2010106	16	6	5	1	中	2	1	①	2	大	1	奇	4	质	3
2010107	16	6	0	小	1	3	⓪	2	1	大	小	1	偶	1	合

图2-15　蓝球尾数振幅形态走势图

图2-15是蓝球尾数振幅形态走势图。这个走势图中的形态是指蓝球尾数之间振幅差值的形态，也就是对全部0~9共10个振幅差值进行分类，如小中大、012路、大小、奇偶、质合都是蓝球尾数振幅差值的形态。

1. 蓝球尾数振幅小中大形态

蓝球尾数振幅走势图中，"小中大形态"就是把双色球蓝球尾数之间的振幅0~9做进一步的细致划分，那样能更清晰地表达双色球游戏中每个蓝球尾数振幅的具体信息。

双色球蓝球尾数振幅差值中，我们把小于3的振幅差值定义为小振幅，包括的振幅差值有：0、1、2；

双色球蓝球尾数振幅差值中，我们把大于2而小于7的振幅差值定义为中振幅，包括的振幅差值有：3、4、5、6；

双色球蓝球尾数振幅差值中，我们把大于6的振幅差值定义为大振幅，包括的振幅差值有：7、8、9。

"小振幅、中振幅、大振幅"均属于双色球蓝球尾数振幅差值的一种分类形态，我们在实际应用中把这种形态统称为"尾数振幅小中大形态"。

双色球蓝球号码一共包括10个蓝球尾数振幅差值，根据上期蓝球号码尾数的不同，每个差值所对应的理论概率不同，因此根据上期蓝球号码尾数的不同，此时每个形态所对应概率也是动态变化的。通过计算得知对应不同的上期蓝球号码时"尾数大中小形态振幅"的理论概率分别如下：

上期蓝球尾数为0时所对应的尾数振幅形态理论概率

小形态振幅包括0、1、2共3个差值，其理论概率为30%；

中形态振幅包括3、4、5、6共4个差值，其理论概率为40%；

大形态振幅包括7、8、9共3个差值，其理论概率为30%。

上期蓝球尾数为1时所对应的尾数振幅形态理论概率

小形态振幅包括0、1、2共3个差值，其理论概率为40%；

中形态振幅包括3、4、5、6共4个差值，其理论概率为40%；

大形态振幅包括7、8共2个差值，其理论概率为20%。

上期蓝球尾数为2时所对应的尾数振幅形态理论概率

小形态振幅包括0、1、2共3个差值，其理论概率为50%；

中形态振幅包括3、4、5、6共4个差值，其理论概率为40%；

大形态振幅包括7共1个差值，其理论概率为10%。

上期蓝球尾数为3时所对应的尾数振幅形态理论概率

小形态振幅包括0、1、2共3个差值，其理论概率为50%；

中形态振幅包括3、4、5、6共4个差值，其理论概率为50%；

大形态振幅包括0个差值，其理论概率为0。

上期蓝球尾数为4时所对应的尾数振幅形态理论概率

小形态振幅包括0、1、2共3个差值，其理论概率为50%；

中形态振幅包括3、4、5共3个差值，其理论概率为50%；

大形态振幅包括0个差值，其理论概率为0。

上期蓝球尾数为5时所对应的尾数振幅形态理论概率

小形态振幅包括0、1、2共3个差值，其理论概率为50%；

中形态振幅包括3、4、5共3个差值，其理论概率为50%；

大形态振幅包括0个差值，其理论概率为0。

上期蓝球尾数为6时所对应的尾数振幅形态理论概率

小形态振幅包括0、1、2共3个差值，其理论概率为50%；

中形态振幅包括3、4、5、6共4个差值，其理论概率为50%；

大形态振幅包括0个差值，其理论概率为0。

上期蓝球尾数为7时所对应的尾数振幅形态理论概率

小形态振幅包括0、1、2共3个差值，其理论概率为50%；

中形态振幅包括3、4、5、6共4个差值，其理论概率为40%；

大形态振幅包括7共1个差值，其理论概率为10%。

上期蓝球尾数为8时所对应的尾数振幅形态理论概率

小形态振幅包括0、1、2共3个差值，其理论概率为40%；

中形态振幅包括3、4、5、6共4个差值，其理论概率为40%；

大形态振幅包括7、8共2个差值，其理论概率为20%。

上期蓝球尾数为9时所对应的尾数振幅形态理论概率

小形态振幅包括0、1、2共3个差值，其理论概率为30%；

中形态振幅包括3、4、5、6共4个差值，其理论概率为40%；

大形态振幅包括7、8、9共3个差值，其理论概率为30%。

2. 蓝球尾数振幅012路形态

蓝球尾数振幅走势图中，"012路形态"是通过另外一种角度对0~9共10个蓝球号码尾数振幅差值进行再次分解，从而揭示和传达蓝球号码尾数振幅的信息。

012路形态是根据除3余数定义的。双色球蓝球尾数振幅差值中，将0~9共10个振幅差值按除3所得余数的不同分为三类：除3余数为0的振幅差值有0、3、6、9；除3余数为1的振幅差值有1、4、7；除3余数为2的振幅差值有2、5、8。

"0路、1路、2路"也属于双色球蓝球尾数振幅差值的另一种分类形态，我们在实际应用中把这种形态统称为"尾数振幅012路形态"。

双色球蓝球号码一共包括10个蓝球尾数振幅差值，根据上期蓝球号码尾数的不同，每个差值所对应的理论概率不同，因此根据上期蓝球号码尾数的不同此时每个形态所对应概率也是动态变化的。通过计算得知对应不同的上期蓝球号码时"尾数012路形态振幅"的理论概率分别如下：

上期蓝球尾数为0时所对应的尾数振幅形态理论概率

0路形态振幅包括0、3、6、9共4个差值，其理论概率为40%；

1路形态振幅包括1、4、7共3个差值，其理论概率为30%；

2路形态振幅包括2、5、8共3个差值，其理论概率为30%。

上期蓝球尾数为1时所对应的尾数振幅形态理论概率

0路形态振幅包括0、3、6共3个差值，其理论概率为30%；

1路形态振幅包括1、4、7共3个差值，其理论概率为40%；

2路形态振幅包括2、5、8共3个差值，其理论概率为30%。

上期蓝球尾数为2时所对应的尾数振幅形态理论概率

0路形态振幅包括0、3、6共3个差值，其理论概率为30%；

1路形态振幅包括1、4、7共3个差值，其理论概率为40%；

2路形态振幅包括2、5共2个差值，其理论概率为30%。

上期蓝球尾数为3时所对应的尾数振幅形态理论概率

0路形态振幅包括0、3、6共3个差值，其理论概率为40%；

1路形态振幅包括1、4共2个差值，其理论概率为30%；

2路形态振幅包括2、5共2个差值，其理论概率为30%。

上期蓝球尾数为4时所对应的尾数振幅形态理论概率

0路形态振幅包括0、3共2个差值，其理论概率为30%；

1路形态振幅包括1、4共2个差值，其理论概率为40%；

2路形态振幅包括2、5共2个差值，其理论概率为30%。

上期蓝球尾数为5时所对应的尾数振幅形态理论概率

0路形态振幅包括0、3共2个差值，其理论概率为30%；

1路形态振幅包括1、4共2个差值，其理论概率为40%；

2路形态振幅包括2、5共2个差值，其理论概率为30%。

上期蓝球尾数为6时所对应的尾数振幅形态理论概率

0路形态振幅包括0、3、6共3个差值，其理论概率为40%；

1路形态振幅包括1、4共2个差值，其理论概率为30%；

2路形态振幅包括2、5共2个差值，其理论概率为30%。

上期蓝球尾数为7时所对应的尾数振幅形态理论概率

0路形态振幅包括0、3、6共3个差值，其理论概率为30%；

1路形态振幅包括1、4、7共3个差值，其理论概率为40%；

2路形态振幅包括2、5共2个差值，其理论概率为30%。

上期蓝球尾数为8时所对应的尾数振幅形态理论概率

0路形态振幅包括0、3、6共3个差值，其理论概率为30%；

1路形态振幅包括1、4、7共3个差值，其理论概率为40%；

2路形态振幅包括2、5、8共3个差值，其理论概率为30%。

上期蓝球尾数为9时所对应的尾数振幅形态理论概率

0路形态振幅包括0、3、6、9共4个差值，其理论概率为40%；

1路形态振幅包括1、4、7共3个差值，其理论概率为30%；

2路形态振幅包括2、5、8共3个差值，其理论概率为30%。

3. 蓝球尾数振幅大小形态

蓝球尾数振幅走势图里，我们把0~9共10个蓝球尾数振幅差值中小于5的振幅差值定义为小振幅，差值包括：0、1、2、3、4；我们把大于4的振幅差值定义为大振幅，差值包括：5、6、7、8、9。

"小振幅和大振幅"也属于双色球蓝球尾数振幅差值的一种分类形态，我们在实际应用中把这种形态通称为"尾数振幅大小形态"。

双色球蓝球号码一共包括10个蓝球尾数振幅差值，根据上期蓝球号码尾数的不同，每个差值所对应的理论概率不同，因此根据上期蓝球号码尾数的不同此时每个形态所对应概率也是动态变化的。通过计算得知对应不同的上期蓝球号码时"尾数大小形态振幅"的理论概率分别如下：

上期蓝球尾数为0时所对应的尾数振幅形态理论概率

小形态振幅包括0、1、2、3、4共5个差值，其理论概率为50%；

大形态振幅包括5、6、7、8、9共5个差值，其理论概率为50%。

上期蓝球尾数为1时所对应的尾数振幅形态理论概率

小形态振幅包括0、1、2、3、4共5个差值，其理论概率为60%；

大形态振幅包括5、6、7、8共4个差值，其理论概率为40%。

上期蓝球尾数为2时所对应的尾数振幅形态理论概率

小形态振幅包括0、1、2、3、4共5个差值，其理论概率为70%；

大形态振幅包括5、6、7共3个差值，其理论概率为30%。

上期蓝球尾数为3时所对应的尾数振幅形态理论概率

小形态振幅包括0、1、2、3、4共5个差值，其理论概率为80%；

大形态振幅包括5、6共2个差值，其理论概率为20%。

上期蓝球尾数为4时所对应的尾数振幅形态理论概率

小形态振幅包括0、1、2、3、4共5个差值，其理论概率为90%；

大形态振幅包括5共1个差值，其理论概率为10%。

上期蓝球尾数为5时所对应的尾数振幅形态理论概率

小形态振幅包括0、1、2、3、4共5个差值，其理论概率为90%；

大形态振幅包括5共1个差值，其理论概率为10%。

上期蓝球尾数为6时所对应的尾数振幅形态理论概率

小形态振幅包括0、1、2、3、4共5个差值，其理论概率为80%；

大形态振幅包括5、6共2个差值，其理论概率为20%。

上期蓝球尾数为7时所对应的尾数振幅形态理论概率

小形态振幅包括0、1、2、3、4共5个差值，其理论概率为70%；

大形态振幅包括5、6、7共3个差值，其理论概率为30%。

上期蓝球尾数为8时所对应的尾数振幅形态理论概率

小形态振幅包括0、1、2、3、4共5个差值，其理论概率为60%；

大形态振幅包括5、6、7、8共4个差值，其理论概率为40%。

上期蓝球尾数为9时所对应的尾数振幅形态理论概率

小形态振幅包括0、1、2、3、4共5个差值，其理论概率为50%；

大形态振幅包括5、6、7、8、9共5个差值，其理论概率为50%。

4.蓝球尾数振幅奇偶形态

数学中不能被2整除的数字称为奇数，能被2整除的数字称作偶数。

同理，在蓝球尾数振幅走势图中，我们把不能被2整除的蓝球尾数振幅差值称为奇振幅，包括1、3、5、7、9；我们把能被2整除的蓝球尾数振幅差值称为偶振幅，包括0、2、4、6、8。

"奇振幅和偶振幅"也属于双色球蓝球号码尾数的一种分类形态，我们在实际应用中把这种形态统称为"尾数振幅奇偶形态"。

双色球蓝球号码一共包括10个蓝球尾数振幅差值，通过计算得知对应不同的上期蓝球号码时"尾数奇偶形态振幅"的理论概率分别如下：

奇形态振幅包括1、3、5、7、9共5个差值，其理论概率为50%；

偶形态振幅包括0、2、4、6、8共5个差值，其理论概率为50%。

5. 蓝球尾数振幅质合形态

在蓝球尾数振幅走势图中，0~9共10个蓝球尾数振幅差值中的质数和数学里的质数是一样的，即只能被1和自身整除的差值称为质数振幅，除此之外的振幅差值属于合数振幅；但是为了平衡质数和合数振幅差值的数量，通常把振幅差值1也定义为质数振幅，这样质数和合数振幅差值在数量上都是5个，便于在走势图表中观察分析。

"质数振幅和合数振幅"也属于双色球蓝球尾数振幅差值的一种分类形态，我们在实际应用中把这种形态统称为"尾数振幅质合形态"。

双色球蓝球号码一共包括10个蓝球尾数振幅差值，根据上期蓝球号码尾数的不同，每个差值所对应的理论概率不同，因此根据上期蓝球号码尾数的不同，此时每个形态所对应概率也是动态变化的。通过计算得知对应不同的上期蓝球号码时"尾数质合形态振幅"的理论概率分别如下：

上期蓝球尾数为0时所对应的尾数振幅形态理论概率

质数形态振幅包括1、2、3、5、7共5个差值，其理论概率为50%；

合数形态振幅包括0、4、6、8、9共5个差值，其理论概率为50%。

上期蓝球尾数为1时所对应的尾数振幅形态理论概率

质数形态振幅包括1、2、3、5、7共5个差值，其理论概率为60%；

合数形态振幅包括0、4、6、8共4个差值，其理论概率为40%。

上期蓝球尾数为2时所对应的尾数振幅形态理论概率

质数形态振幅包括1、2、3、5、7共5个差值，其理论概率为70%；

合数形态振幅包括0、4、6共3个差值，其理论概率为30%。

上期蓝球尾数为3时所对应的尾数振幅形态理论概率

质数形态振幅包括1、2、3、5共4个差值，其理论概率为70%；

合数形态振幅包括0、4、6共3个差值，其理论概率为30%。

上期蓝球尾数为4时所对应的尾数振幅形态理论概率

质数形态振幅包括1、2、3、5共4个差值，其理论概率为70%；

合数形态振幅包括0、4共2个差值，其理论概率为30%。

上期蓝球尾数为5时所对应的尾数振幅形态理论概率

质数形态振幅包括1、2、3、5共4个差值，其理论概率为70%；

合数形态振幅包括0、4共2个差值，其理论概率为30%。

上期蓝球尾数为6时所对应的尾数振幅形态理论概率

质数形态振幅包括1、2、3、5共4个差值，其理论概率为70%；

合数形态振幅包括0、4、6共3个差值，其理论概率为30%。

上期蓝球尾数为7时所对应的尾数振幅形态理论概率

质数形态振幅包括1、2、3、5、7共5个差值，其理论概率为70%；

合数形态振幅包括0、4、6共3个差值，其理论概率为30%。

上期蓝球尾数为8时所对应的尾数振幅形态理论概率

质数形态振幅包括1、2、3、5、7共5个差值，其理论概率为60%；

合数形态振幅包括0、4、6、8共4个差值，其理论概率为40%。

上期蓝球尾数为9时所对应的尾数振幅形态理论概率

质数形态振幅包括1、2、3、5、7共5个差值，其理论概率为50%；

合数形态振幅包括0、4、6、8、9共4个差值，其理论概率为50%。

6. 总结

通过图2-15蓝球尾数振幅形态走势图，我们可以详细地观察到历史开奖数据中各期蓝球号码尾数振幅形态的出现规律、运行轨迹及每个振幅形态在不同开奖期数的遗漏情况。

在这个走势图中所谓"遗漏"，是指号码尾数振幅形态有多少期没有出现，而走势图中遗漏数据则是对全部开奖号码尾数振幅形态出现规律的一个全面统计。遗漏数据的主要作用有三个：一是统计各个号码尾数振幅形态的遗漏参数，二是观察某一具体号码尾数振幅形态的出现规律，三是找出中奖概率高的号码尾数振幅形态。

实战中如果我们能对图2-15蓝球尾数振幅形态走势图中每个尾数振幅形态的遗漏数据和特有的折线图形特征进行准确科学的分析汇总，那么同样能在当期高概率地锁定蓝球号码尾数的出现范围，从而提高中奖率。

假设2010095期我们当期确定选择蓝球号码振幅为"尾数012路振幅形态"中的"1路"，包括振幅差值1、4、7；还选择尾数奇偶振幅形态中的偶振幅，包括差值0、2、4、6、8；如果我们前面的选择都是正确的，那么当期蓝球开奖号码的尾数振幅差值就一定是在完全符合条件的振幅差值4中出现。

我们知道2010094期蓝球开奖号码为10，尾数为0，那么与尾数0振幅差值为4的尾数只有4，也就是说当期蓝球开奖号码一定会出现在号码04和14之间。2010095期蓝球开奖号码为蓝球14。

通过这两个简单的蓝球尾数振幅走势图即可把蓝球号码范围锁定在2个号码之间，可以设想如果此时还能根据其他的走势图正确选择其他的条件，或者说能在号码04和14之间排除掉一个，那么即可做到"一码定蓝"。

（三）蓝球尾数振幅分区走势图

蓝球尾数振幅差值包括0~9共计10个差值，按照排序或乱序可以分为不同的区间，例如二分区、三分区、四分区、五分区等。图2-15蓝球尾数振幅形态走势图中的大小形态、奇偶形态、质合形态也属于二分区的范畴，同样小中大形态和012路形态也属于三分区的范畴。

我们本书中蓝球尾数振幅分区走势图使用的是五分区，如图2-16所示。

期号	蓝球	蓝尾	振幅	一	二	三	四	五
2010083	12	2	—					
2010084	3	3	1	1	1	③	1	1
2010085	8	8	5	2	2	1	2	⑤
2010086	8	8	0	3	3	2	3	⑤
2010087	10	0	8	4	②	3	4	1
2010088	12	2	2	5	1	4	④	2
2010089	1	1	1	6	2	③	1	3
2010090	14	4	3	7	②	1	2	4
2010091	16	6	2	8	1	2	④	5
2010092	2	2	4	①	2	3	1	6
2010093	6	6	4	①	3	4	2	7
2010094	10	0	6	1	4	③	3	8
2010095	14	4	4	①	5	1	4	9
2010096	3	3	1	1	6	③	5	10
2010097	1	1	2	2	7	1	④	11
2010098	7	7	6	3	8	③	1	12
2010099	6	6	1	4	9	③	2	13
2010100	8	8	2	5	10	1	④	14
2010101	6	6	2	6	11	2	④	15
2010102	10	0	6	7	12	③	1	16
2010103	9	9	9	①	13	1	2	17
2010104	2	2	7	1	14	2	④	18
2010105	11	1	1	2	15	③	1	19
2010106	16	6	5	3	16	1	2	⑤
2010107	16	6	0	4	17	2	3	⑤

图2-16　蓝球尾数振幅分区走势图

蓝球尾数振幅差值一共有10个，我们把距离为5的两个振幅差值分为一个区间，也即分为五个分区：第一区包括的振幅差值是4和9，第二区包括的振幅差值是3和8，第三区包括的振幅差值是1和6，第五区包括的振幅差值是0和5。

双色球蓝球尾数振幅差值中一共包括10个振幅差值，根据上期蓝球号码的不同，每个差值所对应的理论概率不同，因此根据上期蓝球号码的不同此时每个分区所对应概率也是动态变化的。通过计算得知对应不同的上期蓝球号码时"振幅五分区"的理论概率分别如下：

上期蓝球号码为0时所对应的每个振幅分区理论概率

第一区包括4、9共2个振幅差值，其理论概率为20%；

第二区包括3、8共2个振幅差值，其理论概率为20%；

第三区包括1、6共2个振幅差值，其理论概率为20%；

第四区包括2、7共2个振幅差值，其理论概率为20%；

第五区包括0、5共2个振幅差值，其理论概率为20%。

上期蓝球号码为1时所对应的每个振幅分区理论概率

第一区包括4共1个振幅差值，其理论概率为10%；

第二区包括3、8共2个振幅差值，其理论概率为20%；

第三区包括1、6共2个振幅差值，其理论概率为30%；

第四区包括2、7共2个振幅差值，其理论概率为20%；

第五区包括0、5共2个振幅差值，其理论概率为20%。

上期蓝球号码为2时所对应的每个振幅分区理论概率

第一区包括4共1个振幅差值，其理论概率为10%；

第二区包括3共1个振幅差值，其理论概率为10%；

第三区包括1、6共2个振幅差值，其理论概率为30%；

第四区包括2、7共2个振幅差值，其理论概率为30%；

第五区包括0、5共2个振幅差值，其理论概率为20%。

上期蓝球号码为3时所对应的每个振幅分区理论概率

第一区包括4共1个振幅差值，其理论概率为10%；

第二区包括3共1个振幅差值，其理论概率为20%；

第三区包括1、6共2个振幅差值，其理论概率为30%；

第四区包括2共1个振幅差值，其理论概率为20%；

第五区包括0、5共2个振幅差值，其理论概率为20%。
上期蓝球号码为4时所对应的每个振幅分区理论概率
第一区包括4共1个振幅差值，其理论概率为20%；
第二区包括3共1个振幅差值，其理论概率为20%；
第三区包括1共1个振幅差值，其理论概率为20%；
第四区包括2共1个振幅差值，其理论概率为20%；
第五区包括0、5共2个振幅差值，其理论概率为20%。
上期蓝球号码为5时所对应的每个振幅分区理论概率
第一区包括4共1个振幅差值，其理论概率为20%；
第二区包括3共1个振幅差值，其理论概率为20%；
第三区包括1共1个振幅差值，其理论概率为20%；
第四区包括2共1个振幅差值，其理论概率为20%；
第五区包括0、5共2个振幅差值，其理论概率为20%。
上期蓝球号码为6时所对应的每个振幅分区理论概率
第一区包括4共1个振幅差值，其理论概率为10%；
第二区包括3共1个振幅差值，其理论概率为20%；
第三区包括1、6共2个振幅差值，其理论概率为30%；
第四区包括2共1个振幅差值，其理论概率为20%；
第五区包括0、5共2个振幅差值，其理论概率为20%。
上期蓝球号码为7时所对应的每个振幅分区理论概率
第一区包括4共1个振幅差值，其理论概率为10%；
第二区包括3共1个振幅差值，其理论概率为10%；
第三区包括1、6共2个振幅差值，其理论概率为30%；
第四区包括2、7共2个振幅差值，其理论概率为30%；
第五区包括0、5共2个振幅差值，其理论概率为20%。
上期蓝球号码为8时所对应的每个振幅分区理论概率
第一区包括4共1个振幅差值，其理论概率为10%；
第二区包括3、8共2个振幅差值，其理论概率为20%；
第三区包括1、6共2个振幅差值，其理论概率为30%；
第四区包括2、7共2个振幅差值，其理论概率为20%；

第五区包括0、5共2个振幅差值，其理论概率为20%。
上期蓝球号码为9时所对应的每个振幅分区理论概率
第一区包括4、9共2个振幅差值，其理论概率为20%；
第二区包括3、8共2个振幅差值，其理论概率为20%；
第三区包括1、6共2个振幅差值，其理论概率为20%；
第四区包括2、7共2个振幅差值，其理论概率为20%；
第五区包括0、5共2个振幅差值，其理论概率为20%。

通过图2-16蓝球尾数振幅分区走势图，我们可以详细地观察到历史开奖数据中各期尾数振幅的出现规律、运行轨迹及尾数振幅分区在不同开奖期数的遗漏情况。

在这个走势图中所谓"遗漏"，是指某个尾数振幅分区有多少期没有出现，而走势图中遗漏数据则是对每个尾数振幅分区内出现规律的一个全面统计。

遗漏数据的主要作用有三个：一是统计各个尾数振幅分区的遗漏参数，二是观察某一具体尾数振幅分区的出现规律，三是找出中奖概率高的尾数振幅分区。

实战中如果我们能对图2-16蓝球尾数振幅分区走势图中各个尾数振幅的遗漏数据和特有的折线图形特征进行准确科学的分析汇总，那么同样能在当期高概率地排除或锁定蓝球号码及蓝球号码的范围，从而提高中奖率。

我们也把所有蓝球号码所对应的蓝球尾数振幅差值的理论概率统一制成图表，需要的读者登录官网www.cpfxj.com即可查询下载使用。

第五节　蓝球内码合走势图

蓝球内码合即是指双色球蓝球号码的个位数与十位数相加之和。如蓝球号码06，0+6=6其蓝球内码合为6；又如蓝球号码15，1+5=6，其蓝球内码合为6，其他依此类推。

双色球游戏中一共包含9个蓝球内码合，是1、2、3、4、5、6、7、8、9。蓝球内码合走势图就是以蓝球内码合为指标制作的走势图，从另一个独特的角度科学地统计蓝球号码的中出情况和运行轨迹，供彩民在实战中观察总结分析使用。

蓝球内码合走势图由蓝球内码合常规走势图、蓝球内码合形态走势图和蓝球内码合分区走势图三部分构成，如图2-17所示。

期号	蓝球	内码合	蓝球内码合常规走势图										蓝球内码合形态走势图												蓝球内码合分区走势图				
			0	1	2	3	4	5	6	7	8	9	小	中	大	0	1	2	大	小	奇	偶	质	合	一	二	三	四	五
2010083	12	3	1	1	1	3	1	1	1	1	1	1	1	中	1	0	1	1	1	小	奇	1	质	1	1	2	1	1	1
2010084	3	3	2	2	2	3	2	2	2	2	2	2	2	中	2	0	2	2	2	小	奇	2	质	2	2	2	2	2	2
2010085	8	8	3	3	3	1	3	3	3	3	8	3	3	1	大	1	3	2	大	1	1	偶	1	合	3	2	3	3	3
2010086	8	8	4	4	4	2	4	4	4	4	8	4	4	2	大	2	4	2	大	2	2	偶	2	合	4	2	4	4	4
2010087	10	1	1	5	5	3	5	5	5	5	1	5	小	3	1	3	1	1	1	小	奇	1	质	1	5	1	3	5	5
2010088	12	3	1	2	6	4	6	6	6	6	2	6	小	4	2	4	1	2	2	小	1	偶	质	2	6	2	1	4	6
2010089	1	1	1	1	7	5	7	7	7	7	3	7	小	5	3	5	1	1	3	小	奇	1	质	3	7	3	3	1	7
2010090	14	5	1	2	8	6	8	5	8	8	4	8	1	中	4	6	1	2	大	1	奇	2	质	4	8	4	1	2	5
2010091	16	7	2	3	9	7	9	1	9	7	5	9	2	1	大	7	1	1	大	2	奇	3	质	5	9	5	2	4	1
2010092	2	2	3	2	10	8	10	2	10	1	6	10	小	2	1	8	1	2	1	小	1	偶	质	6	10	6	3	4	2
2010093	6	6	4	1	11	9	11	3	6	2	7	11	1	中	2	0	2	1	大	1	2	偶	1	合	11	7	3	1	3
2010094	10	1	1	2	12	10	12	4	1	3	8	12	小	1	3	1	1	2	1	小	奇	1	质	1	12	8	3	2	4
2010095	14	5	1	3	13	11	13	5	2	4	9	13	1	中	4	2	1	2	大	1	奇	2	质	2	13	9	1	3	5
2010096	3	3	2	4	14	3	14	1	3	5	10	14	2	中	5	0	2	1	1	小	奇	3	质	3	14	2	2	4	1
2010097	1	1	1	5	15	1	15	2	4	6	11	15	小	1	6	1	1	2	2	小	奇	4	质	4	15	1	3	5	2
2010098	7	7	1	6	16	2	16	3	5	7	12	16	1	2	大	2	1	3	大	1	奇	5	质	5	16	2	1	4	3
2010099	6	6	2	7	17	3	17	4	6	1	13	17	2	中	1	0	1	4	大	2	1	偶	1	合	17	3	3	1	4
2010100	8	8	3	8	18	4	18	5	1	2	8	18	3	1	大	1	2	2	大	3	2	偶	2	合	18	2	1	2	5
2010101	6	6	4	9	19	5	19	6	6	3	1	19	4	中	1	0	3	1	大	4	3	偶	3	合	19	1	3	3	6
2010102	10	1	1	10	20	6	20	7	1	4	2	20	小	1	2	1	1	2	1	小	奇	1	质	1	20	2	3	4	7
2010103	9	9	1	11	21	7	21	8	2	5	3	9	1	2	大	0	1	3	大	1	奇	2	1	合	1	3	1	5	8
2010104	2	2	2	2	22	8	22	9	3	6	4	1	小	3	1	1	2	2	1	小	1	偶	质	1	1	4	2	4	9
2010105	11	2	3	2	23	9	23	10	4	7	5	2	小	4	2	2	3	2	2	小	2	偶	质	2	2	5	3	4	10
2010106	16	7	4	1	24	10	24	11	5	7	6	3	1	5	大	3	1	1	大	1	奇	1	质	3	3	6	4	4	11
2010107	16	7	5	2	25	11	25	12	6	7	7	4	2	6	大	4	1	2	大	2	奇	2	质	4	4	7	5	4	12

图2-17　蓝球内码合走势图

（一）蓝球内码合常规走势图

期号	蓝球	内码合	0	1	2	3	4	5	6	7	8	9
2010083	12	3	1	1	1	❸	1	1	1	1	1	1
2010084	3	3	2	2	2	❸	2	2	2	2	2	2
2010085	8	8	3	3	3	1	3	3	3	3	❽	3
2010086	8	8	4	4	4	2	4	4	4	4	❽	4
2010087	10	1	❶	5	5	3	5	5	5	5	1	5
2010088	12	3	1	❷	6	4	6	6	6	6	2	6
2010089	1	1	❶	1	7	5	7	7	7	7	3	7
2010090	14	5	1	2	8	6	8	❺	8	8	4	8
2010091	16	7	2	3	9	7	9	1	9	❼	5	9
2010092	2	2	3	❷	10	8	10	2	10	1	6	10
2010093	6	6	4	1	11	9	11	3	❻	2	7	11
2010094	10	1	❶	2	12	10	12	4	1	3	8	12
2010095	14	5	1	3	13	11	13	❺	2	4	9	13
2010096	3	3	2	4	14	❸	14	1	3	5	10	14
2010097	1	1	❶	5	15	1	15	2	4	6	11	15
2010098	7	7	1	6	16	2	16	3	5	❼	12	16
2010099	6	6	2	7	17	3	17	4	❻	1	13	17
2010100	8	8	3	8	18	4	18	5	1	2	❽	18
2010101	6	6	4	9	19	5	19	6	❻	3	1	19
2010102	10	1	❶	10	20	6	20	7	1	4	2	20
2010103	9	9	1	11	21	7	21	8	2	5	3	❾
2010104	2	2	2	❷	22	8	22	9	3	6	4	1
2010105	11	2	3	❷	23	9	23	10	4	7	5	2
2010106	16	7	4	1	24	10	24	11	5	❼	6	3
2010107	16	7	5	2	25	11	25	12	6	❼	7	4
2010108	7	7	6	3	26	12	26	13	7	❼	8	5
2010109	15	6	7	4	27	13	27	14	❻	1	9	6
2010110	1	1	❶	5	28	14	28	15	1	2	10	7
2010111	10	1	❶	6	29	15	29	16	2	3	11	8
2010112	16	7	1	7	30	16	30	17	3	❼	12	9

图2-18　蓝球内码合常规走势图

双色球游戏中，蓝球内码合包括1~9总共9个，每个内码合包括1~2个不等的蓝球号码，每个蓝球内码合包括的蓝球号码及其理论概率分别如下：

蓝球内码合为1，包括蓝球号码01，理论概率为6.25%；

蓝球内码合为2，包括蓝球号码02和11，理论概率为12.5%；

蓝球内码合为3，包括蓝球号码03和12，理论概率为12.5%；

蓝球内码合为4，包括蓝球号码04和13，理论概率为12.5%；

蓝球内码合为5，包括蓝球号码05和14，理论概率为12.5%；

蓝球内码合为6，包括蓝球号码06和15，理论概率为12.5%；

蓝球内码合为7，包括蓝球号码07和16，理论概率为12.5%；

蓝球内码合为8，包括蓝球号码08，理论概率为6.25%；

蓝球内码合为9，包括蓝球号码09，理论概率为6.25%。

图2-18为蓝球内码合常规走势图，通过这个走势图我们可以详细地观察到历史开奖数据中各期蓝球内码合的中出情况、运行轨迹及每个内码合在不同开奖期数时的遗漏情况。

所谓"遗漏"，这里是指蓝球内码合有多少期没有出现，而走势图中遗漏数据则是对全部蓝球开奖号码内码合出现规律的一个全面统计。

遗漏数据的主要作用有三个：一是统计各个蓝球内码合的遗漏参数，二是观察某一具体蓝球内码合的出现规律，三是找出中奖概率高的蓝球内码合。

实战中如果我们能对图2-18蓝球内码合常规走势图中各个蓝球内码合的遗漏数据和特有的折线图形特征进行准确科学的分析汇总，那么就能在当期高概率地正确选择或排除蓝球内码合的范围，从而提高选择蓝球号码的准确率。

例如，实战中我们当期看好蓝球内码合5会出现，那么内码合5所包含的蓝球号码05、14就是当期的蓝球备选号码；如果我们选择的正确，那么备选蓝球05、14中一定包含当期的蓝球开奖号码。

表2-2是我们统计的蓝球内码合对应号码明细表，供大家在后面的实战中速查使用。

表2-2　蓝球内码合对应号码明细表

蓝球内码合	对应蓝球号码
1	01
2	02 11
3	03 12
4	04 13
5	05 14
6	06 15
7	07 16
8	08
9	09

（二）蓝球内码合形态走势图

图2-19是蓝球内码合形态走势图，走势图中把1~9共9个蓝球内码合通过不同形态进行分类统计，如小中大、012路等。

期号	蓝球	内码合	小	中	大	0	1	2	大	小	奇	偶	质	合
2010083	12	3	1	中	1	0	1	1	1	小	奇	1	质	1
2010084	3	3	2	中	2	0	2	2	2	小	奇	2	质	2
2010085	8	8	3	1	大	1	3	2	大	1	1	偶	1	合
2010086	8	8	4	2	大	2	4	2	大	2	2	偶	2	合
2010087	10	1	小	3	1	3	1	2	1	小	1	偶	质	1
2010088	12	1	小	4	2	4	1	2	2	小	1	偶	质	3
2010089	1	1	小	5	3	5	1	3	3	小	奇	1	质	4
2010090	14	5	1	中	4	6	1	2	大	1	奇	1	质	4
2010091	16	7	2	1	大	7	1	1	大	2	奇	3	质	5
2010092	2	2	小	2	1	8	1	2	大	3	1	偶	质	6
2010093	6	6	1	中	2	0	2	1	大	2	2	偶	1	合
2010094	10	1	小	1	3	1	1	2	大	小	奇	1	质	1
2010095	14	5	1	中	4	2	1	2	大	1	奇	2	质	2
2010096	3	3	3	2	中	2	2	2	大	1	奇	3	质	3
2010097	1	1	小	1	6	3	1	2	大	1	奇	4	质	4
2010098	7	7	1	2	大	2	1	3	大	2	奇	5	质	5
2010099	6	6	2	中	1	0	1	4	大	2	1	偶	1	合
2010100	8	8	3	1	大	1	2	2	大	3	2	偶	2	合
2010101	6	6	4	1	大	0	3	1	大	4	3	偶	3	合
2010102	10	1	小	2	1	1	3	2	大	小	1	偶	质	1
2010103	9	9	1	2	大	0	1	2	大	1	奇	2	质	1
2010104	2	2	小	3	1	1	2	2	2	小	1	偶	质	1
2010105	11	2	小	4	2	2	3	2	2	小	2	偶	质	2
2010106	16	7	1	5	大	3	1	2	大	3	奇	1	质	3
2010107	16	7	2	6	大	4	1	2	大	2	奇	2	质	4

图2-19 蓝球内码合形态走势图

1. 蓝球内码合小中大形态

图2-19蓝球内码合走势图中，"小中大形态"就是把双色球蓝球内码合1~9做进一步的细致划分，那样能更清晰地表达双色球游戏中每个蓝球内码合的具体信息。

双色球蓝球内码合中，我们把1、2定义为小内码合，包括的蓝球号码有：01、02、10、11；

双色球蓝球内码合中，我们把3、4、5、6定义为中内码合，包括的蓝球号码有：03、04、05、06、12、13、14、15；

双色球蓝球内码合中，我们把7、8、9定义为大内码合，包括的蓝球号码有：07、08、09、16。

"小内码合、中内码合、大内码合"均属于双色球蓝球内码合的分类形态，我们在实际应用中把这种形态统称为"内码合小中大形态"。

双色球蓝球内码合包括1~9，每个内码合对应的蓝球号码数量不同，因此每种分类形态对应的号码数量也不同，通过计算得知"内码合大中小形态"的理论概率分别如下：

大内码合形态共包括4个蓝球号码，4/16=25%，因此大内码合形态理论概率为25%；

中内码合形态共包括8个蓝球号码，8/16=50%，因此中内码合形态理论概率为50%；

小内码合形态共包括4个蓝球号码，4/16=25%，因此小内码合形态理论概率为25%。

2. 蓝球内码合012路形态

图2-19蓝球内码合走势图中，"012路形态"是通过除三余数的角度对1-9共9个蓝球内码合进行再次分解，从而揭示和传达蓝球内码合的信息。

012路形态是根据除3余数定义的。

双色球蓝球内码合中，将1-9共9个蓝球内码合按除3所得余数的不同分为三类：

除3余数为0的蓝球内码合有3、6、9，我们称作0路内码合，其包含的蓝球号码为03、06、09、12、15；

除3余数为1的蓝球内码合有1、4、7，我们称作1路内码合，其包含的蓝球号码为01、04、07、10、13、16；

除3余数为2的蓝球内码合有2、5、8，我们称作2路内码合，其包含的蓝球号码为02、05、08、11、14。

"0路内码合、1路内码合、2路内码合"也属于双色球蓝球内码合的另一种分类形态，我们在实际应用中把这种形态统称为"内码合012路形态"。

双色球蓝球内码合包括1~9，每个内码合对应的蓝球号码数量不同，因此每种分类形态对应的号码数量也不同，通过计算得知"内码合012路形态"的理论概率分别如下：

0路内码合形态包括5个蓝球号码，5/16=31.25%，因此0路内码合形态理论概率为31.25%；

1路内码合形态包括6个蓝球号码，6/16=37.5%，因此1路内码合形态理论概率为37.5%；

2路内码合形态包括5个蓝球号码，5/16=31.25%，因此2路内码合形态理论概率为31.25%。

3. 蓝球内码合大小形态

图2-19蓝球内码合走势图中，蓝球内码合1～9共9个内码合里小于5的数称为小内码合，大于4的数称为大内码合。

蓝球内码合的小内码合包括1、2、3、4，其包含的蓝球号码为01、02、03、04、10、11、12、13；

蓝球内码合的大内码合包括5、6、7、8、9，其包含的蓝球号码为05、06、07、08、09、14、15、16。

"小内码合和大内码合"也属于双色球蓝球内码合的另一种分类形态，我们在实际应用中把这种形态通称为"内码合大小形态"。

双色球蓝球内码合包括1~9，每个内码合对应的蓝球号码数量不同，因此每种分类形态对应的号码数量也不同，通过计算得知"内码合大小形态"的理论概率分别如下：

大内码合形态共包括8个振幅差值，8/16=50%，因此大内码合形态理论概率为50%；

小内码合形态共包括8个振幅差值，8/16=50%，因此小内码合形态理论概率为50%。

4. 蓝球内码合奇偶形态

数学中不能被2整除的数称为奇数，能被2整除的数字称作偶数。

同理，在蓝球内码合中，我们把不能被2整除的蓝球内码合称为奇内码合，包括1、3、5、7、9，其包含的蓝球号码为01、10、03、12、05、14、07、16、09；我们把能被2整除的蓝球内码合称为偶内码合，包括2、4、6、8，其包含的蓝球号码为02、11、04、13、06、15、08。

"奇内码合和偶内码合"也属于双色球蓝球内码合的一种分类形态，我们在实际应用中把这种形态统称为"内码合奇偶形态"。

双色球蓝球内码合包括1-9，每个内码合对应的蓝球号码数量不同，因此每种分类形态对应的号码数量也不同，通过计算得知"内码合奇偶形态"的理论概率分别如下：

奇内码合形态共包括9个蓝球号码，9/16=56.25%，因此奇内码合形态理论概率为56.25%；

偶内码合形态共包括7个蓝球号码，7/16=43.75%，因此偶内码合形态理论概率为43.75%。

5. 蓝球内码合质合形态

在图2-19蓝球内码合走势图中，蓝球内码合的质数和数学里的质数是一样的，即只能被1和自身整除的值称为质数内码合，除此之外的蓝球内码合属于合数内码合；实际操作中通常把内码合1也定义为质数内码合。

蓝球内码合中质数内码合包括1、2、3、5、7，其包含的蓝球号码为01、10、02、11、03、12、05、14、07、16；

蓝球内码合中合数内码合包括4、6、8、9，其包含的蓝球号码为04、13、06、15、08、09。

"质数内码合和合数内码合"也属于双色球蓝球内码合的一种分类形态，我们在实际应用中把这种形态统称为"内码合质合形态"。

双色球蓝球内码合包括1~9，每个内码合对应的蓝球号码数量不同，因此每种分类形态对应的号码数量也不同，通过计算得知"内码合质合形态"的理论概率分别如下：

质数内码合形态共包括10个蓝球号码，10/16=62.5%，因此质数内码合形态理论概率为62.5%；

合数内码合形态共包括6个蓝球号码，6/16=37.5%，因此合数内码合形态理论概率为37.5%。

6. 总结

通过图2-19蓝球内码合形态走势图，我们可以详细地观察到历史开奖数据中各期蓝球内码合形态的出现规律、运行轨迹及每个内码合形态在不同开奖期数的遗漏情况。

在这个走势图中所谓"遗漏"，是指蓝球内码合形态有多少期没有出现，而走势图中遗漏数据则是对全部蓝球开奖号码内码合形态出现规律的一个全面统计。

遗漏数据的主要作用有三个：一是统计各个蓝球内码合形态的遗漏参数，二是观察某一具体蓝球内码合形态的出现规律，三是找出中奖概率高的蓝球内码合形态。

实战中，如果我们能对图2-19蓝球内码合形态走势图中每个内码合形态的遗漏数据和特有的折线图形特征进行准确科学的分析汇总，那么同样能在当期高概率地锁定蓝球内码合的出现范围，从而提高选择蓝球号码的准确率。

假设2010107期我们当期确定选择蓝球内码合为"大中小形态"中的"大"，包括蓝球内码合7、8、9；如果还能选择"012路形态"中的"1路"，包括蓝球内码合1、4、7；如果我们前面的选择都是正确的，那么当期蓝球内码合一定是完全符合这两个条件的内码合7。16个蓝球号码中内码合为7的蓝球号码是07、16，也就是说在它们中间一定有当期的蓝球开奖号码。

通过这两个简单的蓝球内码合走势图即可把蓝球号码范围锁定在2个号码之间，可以设想如果此时还能根据其他的走势图正确选择其他的条件，或者说能在号码07和16之间排除掉一个，那么一定会实现"一码定蓝"。

（三）蓝球内码合分区走势图

蓝球内码合走势图中1~9共计9个蓝球内码合，按照排序或乱序可以分为不同的区间，例如二分区、三分区、四分区、五分区。

图2-19蓝球内码合形态走势图中的大小形态、奇偶形态、质合形态属于二分区的范畴，小中大形态和012路形态也属于三分区的范畴。

从分区的角度再结合实战经验我们发现，五分区的实战意义也很大，因此蓝球内码合分区走势图中是以五分区作为唯一的统计指标，如图2-20所示。

期号	蓝球	内码合	一	二	三	四	五
2010083	12	3	1	❷	1	1	1
2010084	3	3	2	❷	2	2	2
2010085	8	8	3	❷	3	3	3
2010086	8	8	4	❷	4	4	4
2010087	10	1	5	1	❸	5	5
2010088	12	2	6	2	1	❹	6
2010089	1	1	7	3	❸	1	7
2010090	14	5	8	4	1	2	❺
2010091	16	7	9	5	2	❹	1
2010092	2	2	10	6	3	❹	2
2010093	6	6	11	7	❸	1	3
2010094	10	1	12	8	❸	2	4
2010095	14	5	13	9	1	3	❺
2010096	3	3	14	❷	2	4	1
2010097	1	1	15	1	❸	5	2
2010098	7	7	16	2	1	❹	3
2010099	6	6	17	3	❸	1	4
2010100	8	8	18	❷	1	2	5
2010101	6	6	19	1	❸	3	6
2010102	10	1	20	2	❸	4	7
2010103	9	9	❶	3	1	5	8
2010104	2	2	1	4	2	❹	9
2010105	11	2	2	5	3	❹	10
2010106	16	7	3	6	4	❹	11
2010107	16	7	4	7	5	❹	12

图 2-20　蓝球内码合分区走势图

图2-20蓝球内码合分区走势图中，我们把1~9共9个蓝球内码合按照差值为5的两个蓝球内码合分为一组的方法一共划分为五个区：第1区包括的蓝球内码合是4和9，其包含的蓝球号码有04、09、13；第2区包括的蓝球内码合是3和8，其包含的蓝球号码有03、12、08；第3区包括的蓝球内码合是1和6，其包含的蓝球号码有01、10、06、15；第4区包括的蓝球内码合是2和7，其包含的蓝球号码有02、11、07、16；第5区包括的蓝球内码合是5，其包含的蓝球号码有05、14。

通过计算得知"内码合五分区"的理论概率分别如下：

第1区包括3个蓝球号码，3/16=18.75%，因此第1区理论概率为18.75%；

第2区包括3个蓝球号码，3/16=18.75%，因此第2区理论概率为18.75%；

第3区包括4个蓝球号码，4/16=25%，因此第3区理论概率为25%；

第4区包括4个蓝球号码，4/16=25%，因此第4区理论概率为25%；

第5区包括2个蓝球号码，2/16=12.5%，因此第5区理论概率为12.5%。

通过图2-20蓝球内码合分区走势图，我们可以详细地观察到历史开奖数据中各期蓝球内码合的出现规律、运行轨迹及内码合分区在不同开奖期数的遗漏情况。

在这个走势图中所谓"遗漏"，是指某个内码合分区有多少期没有出现，而走势图中遗漏数据则是对每个内码合分区出现规律的一个全面统计。

遗漏数据的主要作用有三个：一是统计各个内码合分区的遗漏参数，二是观察某一具体内码合分区的出现规律，三是找出中奖概率高的内码合分区。

实战中如果我们能对图2-20蓝球内码合分区走势图中各个分区的遗漏数据和特有的折线图形特征进行准确科学的分析汇总，那么同样能在当期高概率地排除或锁定蓝球内码合的出现范围，从而提高正确选择蓝球号码的概率。

假设我们在2010103期实战中确定选择第1区，也即是看好蓝球内码合会在走势图内的第1分区内出现，那么选择的蓝球内码合为4和9；我们通过表2-2速查可知蓝球内码合4和9对应的蓝球号码一共有3个，分别为04、09、13。如果我们的选择是正确的，那么当期蓝球开奖号码一定会在这个范围内出现。

我们在实战中通过蓝球内码合分区走势图可以轻松地高概率地把当期蓝球开奖号码锁定在一个较小的范围内，如果还能结合对其他蓝球走势图的分析，那么"一码定蓝"真的不是什么比较难的事情。

第六节　蓝球内码差走势图

蓝球内码差即是指双色球蓝球号码个位数与十位数之间的正差值。如蓝球号码06，6-0=6，其蓝球内码差为6；又如蓝球号码15，5-1=4，其蓝球内码差为4，其他依此类推。

双色球游戏中一共包含0、1、2、3、4、5、6、7、8、9共计10个蓝球内码差值。蓝球内码差走势图就是以蓝球内码差为指标制作的走势图，从另一个独特的角度科学地统计蓝球号码的中出情况和运行轨迹，供彩民在实战中观察总结分析使用。

蓝球内码差走势图由蓝球内码差常规走势图、蓝球内码差形态走势图和蓝球内码差分区走势图三部分构成，如图2-21所示。

期号	蓝球	内码差	蓝球内码合常规走势图										蓝球内码合形态走势图												蓝球内码合分区走势图				
			0	1	2	3	4	5	6	7	8	9	小	中	大	0	1	2	大	小	奇	偶	质	合	一	二	三	四	五
2010083	12	3	1	1	1	1	1	1	1	1	1	1	小	1	1	1	1	1	1	小	奇	1	质	1	1	1	3	1	1
2010084	3	3	2	1	2	3	2	2	2	2	2	2	1	中	2	0	1	2	2	小	奇	2	质	2	2	2	1	2	2
2010085	8	8	3	2	3	1	3	3	3	3	8	3	2	1	大	1	2	2	大	1	1	偶	1	合	3	2	2	3	3
2010086	8	8	4	3	4	2	4	4	4	4	8	4	3	2	大	2	3	2	大	2	2	偶	2	合	4	2	3	4	4
2010087	10	1	5	1	5	3	5	5	5	5	1	5	小	3	1	3	1	1	1	小	奇	1	质	1	5	1	3	5	5
2010088	12	2	6	1	6	4	6	6	6	6	2	6	小	4	2	4	1	2	2	小	奇	2	质	2	6	2	3	6	6
2010089	1	1	7	1	7	5	7	7	7	7	3	7	小	5	3	5	1	3	3	小	奇	3	质	3	7	3	3	7	7
2010090	14	5	8	1	8	3	8	8	8	8	4	8	1	中	4	0	1	4	4	小	奇	4	质	4	8	2	1	8	8
2010091	16	7	9	2	9	1	9	5	9	9	5	9	2	中	5	1	2	3	大	1	奇	5	质	5	9	1	2	9	5
2010092	2	2	10	3	2	2	10	1	10	10	6	10	小	1	6	3	3	3	1	小	1	偶	质	6	10	2	3	4	1
2010093	6	6	11	4	1	3	11	2	6	11	7	11	1	中	7	0	4	1	大	1	2	偶	1	合	11	3	3	1	2
2010094	10	1	12	1	2	4	12	3	1	12	8	12	小	1	8	1	1	2	1	小	奇	1	质	1	12	4	3	2	3
2010095	14	5	13	1	3	3	13	4	2	13	9	13	1	中	9	0	1	3	2	小	奇	2	质	2	13	2	1	3	4
2010096	3	3	14	2	4	3	14	5	3	14	10	14	2	中	10	0	2	4	3	小	奇	3	质	3	14	2	2	4	5
2010097	1	1	15	1	5	1	15	6	4	15	11	15	小	1	11	1	1	5	4	小	奇	4	质	4	15	1	3	5	6
2010098	7	7	16	1	6	2	16	7	5	7	12	16	1	2	大	2	1	6	大	1	奇	5	质	5	16	2	1	4	7
2010099	6	6	17	2	7	3	17	8	6	1	13	17	2	中	1	0	1	7	大	2	1	偶	1	合	17	3	3	1	8
2010100	8	8	18	3	8	4	18	9	1	2	6	18	3	1	大	1	2	2	大	3	2	偶	2	合	18	2	1	2	9
2010101	6	6	19	4	9	5	19	10	6	3	1	19	4	中	1	0	3	1	大	4	3	偶	3	合	19	1	3	3	10
2010102	10	1	20	1	10	6	20	11	1	4	2	20	小	1	2	1	1	2	1	小	奇	1	质	1	20	2	3	4	11
2010103	9	9	21	1	11	7	21	12	2	5	3	9	1	2	大	0	1	3	大	1	奇	2	1	合	1	3	1	5	12
2010104	2	2	22	2	2	8	22	13	3	6	4	1	小	3	1	1	2	2	1	小	1	偶	质	1	1	4	2	4	13
2010105	11	2	0	3	1	9	23	14	4	7	5	2	小	4	2	0	3	1	2	小	2	偶	1	合	2	5	3	1	5
2010106	16	7	1	4	2	10	24	5	5	8	6	3	1	中	3	1	4	2	大	1	奇	1	质	1	3	6	4	2	5
2010107	16	7	2	5	3	11	25	5	6	9	7	4	2	中	4	2	5	2	大	2	奇	2	质	2	4	7	5	3	5
2010108	7	7	3	6	4	12	26	1	7	7	8	5	3	1	大	3	1	1	大	3	奇	3	质	3	5	8	6	4	1
2010109	15	4	4	7	5	13	4	2	8	1	9	6	4	中	1	4	1	2	1	小	1	偶	1	合	1	9	7	1	2
2010110	1	1	5	1	6	14	1	3	9	2	10	7	小	1	2	5	1	3	2	小	奇	1	质	1	1	10	3	2	3
2010111	10	1	6	1	7	15	2	4	10	3	11	8	小	2	3	6	1	4	3	小	奇	2	质	2	2	11	3	3	4
2010112	16	5	7	1	8	16	3	5	11	4	12	9	1	中	4	7	1	2	大	1	奇	3	质	3	3	12	1	4	5

图2-21 蓝球内码差走势图

（一）蓝球内码差常规走势图

期号	蓝球	内码差	\multicolumn{10}{c}{蓝球内码差常规走势图}
			0	1	2	3	4	5	6	7	8	9
2010083	12	1	1	❶	1	1	1	1	1	1	1	1
2010084	3	3	2	1	2	❸	2	2	2	2	2	2
2010085	8	8	3	2	3	1	3	3	3	3	❽	3
2010086	8	8	4	3	4	2	4	4	4	4	❽	4
2010087	10	1	5	❶	5	3	5	5	5	5	1	5
2010088	12	1	6	❶	6	4	6	6	6	6	2	6
2010089	1	1	7	❶	7	5	7	7	7	7	3	7
2010090	14	1	8	1	8	❸	8	8	8	8	4	8
2010091	16	5	9	2	9	1	9	❺	9	9	5	9
2010092	2	2	10	3	❷	2	10	1	10	10	6	10
2010093	6	6	11	4	1	3	11	2	❻	11	7	11
2010094	10	1	12	❶	2	4	12	3	1	12	8	12
2010095	14	3	13	1	3	❸	13	4	2	13	9	13
2010096	3	3	14	2	4	❸	14	5	3	14	10	14
2010097	1	1	15	❶	5	1	15	6	4	15	11	15
2010098	7	7	16	1	6	2	16	7	5	❼	12	16
2010099	6	6	17	2	7	3	17	8	❻	1	13	17
2010100	8	8	18	3	8	4	18	9	1	2	❻	18
2010101	6	6	19	4	9	5	19	10	❻	3	1	19
2010102	10	1	20	❶	10	6	20	11	1	4	2	20
2010103	9	9	21	1	11	7	21	12	2	5	3	❾
2010104	2	2	22	2	❷	8	22	13	3	6	4	1
2010105	11	0	❶	3	1	9	23	14	4	7	5	2
2010106	16	5	1	4	2	10	24	❺	5	8	6	3
2010107	16	5	2	5	3	11	25	❺	6	9	7	4
2010108	7	7	3	6	4	12	26	1	7	❼	8	5
2010109	15	4	4	7	5	13	❹	2	8	1	9	6
2010110	1	1	5	❶	6	14	1	3	9	2	10	7
2010111	10	1	6	❶	7	15	2	4	10	3	11	8
2010112	16	5	7	1	8	16	3	❺	11	4	12	9

图2-22 蓝球内码差常规走势图

双色球游戏中，蓝球内码差包括0~9总共10个，每个内码差包括1~2个不等的蓝球号码，每个蓝球内码差包括的蓝球号码及其理论概率分别如下：

蓝球内码差为0，包括蓝球号码11，理论概率为6.25%；

蓝球内码差为1，包括蓝球号码01、10和12，理论概率为18.75%；

蓝球内码差为2，包括蓝球号码02和13，理论概率为12.5%；

蓝球内码差为3，包括蓝球号码03和14，理论概率为12.5%；

蓝球内码差为4，包括蓝球号码04和15，理论概率为12.5%；

蓝球内码差为5，包括蓝球号码05和16，理论概率为12.5%；

蓝球内码差为6，包括蓝球号码06，理论概率为6.25%；

蓝球内码差为7，包括蓝球号码07，理论概率为6.25%；

蓝球内码差为8，包括蓝球号码08，理论概率为6.25%；

蓝球内码差为9，包括蓝球号码09，理论概率为6.25%。

图2-22为蓝球内码差常规走势图，通过这个走势图我们可以详细地观察到历史开奖数据中各期蓝球内码差的中出情况、运行轨迹及每个内码差在不同开奖期数时的遗漏情况。

所谓"遗漏"，这里是指蓝球内码差有多少期没有出现，而走势图中遗漏数据则是对全部蓝球开奖号码内码差出现规律的一个全面统计。

遗漏数据的主要作用有三个：一是统计各个蓝球内码差的遗漏参数，二是观察某一具体蓝球内码差的出现规律，三是找出中奖概率高的蓝球内码差。

实战中如果我们能对图2-22蓝球内码差常规走势图中各个蓝球内码差的遗漏数据和特有的折线图形特征进行准确科学的分析汇总，那么就能在当期高概率地正确选择或排除蓝球内码差的范围，从而提高选择蓝球号码的准确率。

例如，实战中我们当期看好蓝球内码差6会出现，那么内码差6所包含的蓝球号码06就是当期的蓝球备选号码；如果我们选择是正确的，那么蓝球号码06一定是当期的蓝球开奖号码。

表2-3是我们统计的蓝球内码差对应号码明细表，供大家在后面的实战中速查使用。

表2-3　蓝球内码差对应号码明细表

蓝球内码差	对应蓝球号码
0	11
1	01 10 12
2	02 13
3	03 14
4	04 15
5	05 16
6	06
7	07
8	08
9	09

（二）蓝球内码差形态走势图

图2-23是蓝球内码差形态走势图，走势图中把0~9共10个蓝球内码差通过不同形态进行分类统计，如小中大、012路等。

期号	蓝球	内码差	小	中	大	0	1	2	大	小	奇	偶	质	合
2010083	12	1	小	1	1	1	①	1	1	小	奇	1	质	1
2010084	3	3	1	中	2	⓪	1	2	2	小	奇	2	质	2
2010085	8	8	2	1	大	1	2	②	大	1	1	偶	1	合
2010086	8	8	3	2	大	2	3	②	大	2	2	偶	2	合
2010087	10	1	小	3	1	3	①	3	1	小	奇	1	质	3
2010088	12	1	小	4	2	4	①	4	2	小	奇	2	质	2
2010089	1	1	小	5	3	5	①	5	3	小	奇	3	质	3
2010090	14	3	1	中	4	⓪	1	4	4	小	奇	4	质	4
2010091	16	5	2	中	5	1	2	③	大	1	奇	5	质	5
2010092	2	2	小	1	6	2	3	③	1	小	1	偶	1	合
2010093	6	6	1	中	7	⓪	4	1	大	1	2	偶	1	合
2010094	10	1	小	1	8	1	①	2	2	小	奇	1	质	1
2010095	14	3	1	中	9	⓪	1	3	2	小	奇	2	质	2
2010096	3	3	2	中	10	⓪	2	4	3	小	奇	3	质	3
2010097	1	1	小	1	11	1	①	5	4	小	奇	4	质	4
2010098	7	7	1	2	大	2	①	6	大	1	奇	5	质	5
2010099	6	6	2	中	1	⓪	1	7	大	2	1	偶	1	合
2010100	8	8	3	1	大	1	2	②	大	3	2	偶	2	合
2010101	6	6	4	中	1	⓪	3	1	大	4	3	偶	3	合
2010102	10	1	小	1	2	1	①	2	1	小	奇	1	质	1
2010103	9	9	1	2	大	⓪	1	3	大	1	奇	2	质	1
2010104	2	2	小	3	1	1	2	②	1	小	1	偶	1	合
2010105	11	0	小	4	2	⓪	3	1	2	小	2	偶	1	合
2010106	16	5	1	中	3	1	4	②	大	1	奇	1	质	1
2010107	16	5	2	中	4	2	5	②	大	2	奇	2	质	2
2010108	7	7	3	1	大	3	①	1	大	3	奇	3	质	3
2010109	15	4	4	中	1	4	①	2	1	小	1	偶	1	合
2010110	1	1	小	1	2	5	①	3	2	小	奇	1	质	1
2010111	10	1	小	2	3	6	①	4	3	小	奇	2	质	2
2010112	16	5	1	中	4	7	1	②	大	1	奇	3	质	3

图2-23 蓝球内码差形态走势图

1. 蓝球内码差小中大形态

图2-23蓝球内码差走势图中，"小中大形态"就是把双色球蓝球内码差0~9做进一步的细致划分，那样能更清晰地表达双色球游戏中每个蓝球内码差的具体信息。

双色球蓝球内码差中，我们把0、1、2定义为小内码差，包括的蓝球号码有：01、02、10、11、12、13；

双色球蓝球内码差中，我们把3、4、5、6定义为中内码差，包括的蓝球号码有：03、04、05、06、14、15、16；

双色球蓝球内码差中，我们把7、8、9定义为大内码合，包括的蓝球号码有：07、08、09。

"小内码差、中内码差、大内码差"均属于双色球蓝球内码差的分类形态，我们在实际应用中把这种形态统称为"内码差小中大形态"。

双色球蓝球内码差包括0~9，每个内码差对应的蓝球号码数量不同，因此每种分类形态对应的号码数量也不同，通过计算得知"内码差大中小形态"的理论概率分别如下：

大内码差形态共包括3个蓝球号码，3/16=18.75%，因此大内码差形态理论概率为18.75%；

中内码差形态共包括7个蓝球号码，7/16=43.75%，因此中内码差形态蓝球理论概率为43.75%；

小内码差形态共包括6个蓝球号码，6/16=37.5%，因此小内码差形态蓝球理论概率为37.5%。

2. 蓝球内码差012路形态

图2-23蓝球内码差走势图中，"012路形态"是通过除3余数的角度对0-9共10个蓝球内码差进行再次分解，从而揭示和传达蓝球内码差的信息。

012路形态是根据除3余数定义的。

双色球蓝球内码差中，将0-9共10个蓝球内码差按除3所得余数的不同分为三类：

除3余数为0的蓝球内码差有0、3、6、9，我们称作0路内码差，其包含的蓝球号码为03、06、09、11、14；

除3余数为1的蓝球内码差有1、4、7，我们称作1路内码差，其包含的蓝球号码为01、10、12、04、15、07；

除3余数为2的蓝球内码差有2、5、8，我们称作2路内码差，其包含的蓝球号码为02、13、05、16、08。

"0路内码差、1路内码差、2路内码差"属于双色球蓝球内码差的另一种分类形态，我们在实际应用中把这种形态统称为"内码差012路形态"。

双色球蓝球内码差包括0~9，每个内码差对应的蓝球号码数量不同，因此每种分类形态对应的号码数量也不同，通过计算得知"内码差012路形态"的理论概率分别如下：

0路内码差形态包括5个蓝球号码，5/16=31.25%，因此0路内码差形态理论概率为31.25%；

1路内码差形态包括6个蓝球号码，6/16=37.5%，因此1路内码差形态理论概率为37.5%；

2路内码差形态包括5个蓝球号码，5/16=31.25%，因此2路内码差形态理论概率为31.25%。

3. 蓝球内码差大小形态

图2-23蓝球内码差走势图中，0~9共10个蓝球内码差中我们把小于5的差值称为小内码差，把大于4的差值称为大内码差。

蓝球内码差的小内码差包括0、1、2、3、4，其包含的蓝球号码为01、02、03、04、10、11、12、13、14、15；

蓝球内码差的大内码差包括5、6、7、8、9，其包含的蓝球号码为05、06、07、08、09、16。

"小内码差和大内码差"也属于双色球蓝球内码差的另一种分类形态，我们在实际应用中把这种形态通称为"内码差大小形态"。

双色球蓝球内码差包括0~9，每个内码差对应的蓝球号码数量不同，因此每种分类形态对应的号码数量也不同，通过计算得知"内码差大小形态"的理论概率分别如下：

大内码差形态共包括6个振幅差值，6/16=37.5%，因此大内码差形态理论概率为37.5%；

小内码差形态共包括10个振幅差值，10/16=62.5%，因此小内码差形态理论概率为62.5%。

4. 蓝球内码差奇偶形态

数学中不能被2整除的数称为奇数，能被2整除的数字称作偶数。

同理，在双色球10个蓝球内码差中，我们把不能被2整除的蓝球内码差称为奇内码差，包括1、3、5、7、9，其包含的蓝球号码为01、10、12、03、14、05、16、07、09；我们把能被2整除的蓝球内码差称为偶内码差，包括0、2、4、6、8、其包含的蓝球号码为02、04、06、08、11、13、15。

"奇内码差和偶内码差"也属于双色球蓝球内码差的一种分类形态，我们在实际应用中把这种形态统称为"内码差奇偶形态"。

双色球蓝球内码差包括0~9，每个内码差对应的蓝球号码数量不同，因此每种分类形态对应的号码数量也不同，通过计算得知"内码差奇偶形态"的理论概率分别如下：

奇内码差形态共包括9个蓝球号码，9/16=56.25%，因此奇内码差形态理论概率为56.25%；

偶内码差形态共包括7个蓝球号码，7/16=43.75%，因此偶内码差形态理论概率为43.75%。

5. 蓝球内码差质合形态

在图2-23蓝球内码差走势图中，0~9共10个蓝球内码差中的质数和数学里的质数是一样的，即只能被1和自身整除的值称为质数内码差，除此之外的蓝球内码差属于合数内码差；实际操作中通常把内码差1也定义为质数内码差。

蓝球内码差中质数内码差包括1、2、3、5、7，其包含的蓝球号码为01、10、12、02、13、03、14、05、16、07；

蓝球内码差中合数内码差包括0、4、6、8、9，其包含的蓝球号码为11、04、15、06、08、09。

"质数内码差和合数内码差"也属于双色球蓝球内码差的一种分类形态，我们在实际应用中把这种形态统称为"内码差质合形态"。

双色球蓝球内码差包括0~9，每个内码差对应的蓝球号码数量不同，因此每种分类形态对应的号码数量也不同，通过计算得知"内码差质合形态"的理论概率分别如下：

质数内码差形态共包括10个蓝球号码，10/16=62.5%，因此质数内码差形态理论概率为62.5%；

合数内码差形态共包括6个蓝球号码，6/16=37.5%，因此合数内码差形态理论概率为37.5%。

6. 总结

通过图2-23蓝球内码差形态走势图，我们可以详细地观察到历史开奖数据中各期蓝球内码差形态的出现规律、运行轨迹及每个内码差形态在不同开奖期数的遗漏情况。

在这个走势图中所谓"遗漏"，是指蓝球内码差形态有多少期没有出现，而走势图中遗漏数据则是对全部蓝球开奖号码内码差形态出现规律的一个全面统计。

遗漏数据的主要作用有三个：一是统计各个蓝球内码差形态的遗漏参数，二是观察某一具体蓝球内码差形态的出现规律，三是找出中奖概率高的蓝球内码差形态。

实战中，如果我们能对图2-23蓝球内码差形态走势图中每个内码差形态的遗漏数据和特有的折线图形特征进行准确科学的分析汇总，那么同样能在当期高概率地锁定蓝球内码差的出现范围，从而提高选择蓝球号码的准确率。

假设2010092期我们当期确定选择蓝球内码差为"大中小形态"中的"小"，包括蓝球内码差0、1、2；如果还能选择"012路形态"中的"2路"，包括蓝球内码差2、5、8；如果我们前面的选择都是正确的，那么当期蓝球内码差一定是完全符合这两个条件的内码差2。16个蓝球号码中内码差为2的蓝球号码是02、13，也就是说在它们中间一定有当期的蓝球开奖号码。

通过这两个简单的蓝球内码差走势图即可把蓝球号码范围锁定在2个号码之间，可以设想如果此时还能根据其他的走势图正确选择其他的条件，或者说能在号码02和13之间排除掉一个，完全可以做到"一码定蓝"。

（三）蓝球内码差分区走势图

蓝球内码差走势图中0~9共计10个蓝球内码差，按照排序或乱序可以分为不同的区间，例如二分区、三分区、四分区、五分区等。

图2-23蓝球内码差形态走势图中的大小形态、奇偶形态、质合形态均属于二分区的范畴，同样小中大形态和012路形态也属于三分区的范畴。

从分区的角度再结合实战经验我们发现，五分区的实战意义很大，因此蓝球内码差分区走势图中我们就是以五分区为唯一的统计指标。如图2-24所示。

期号	蓝球	内码差	蓝球内码差分区走势图				
			一	二	三	四	五
2010083	12	1	1	1	③	1	1
2010084	3	3	2	②	1	2	2
2010085	8	8	3	②	2	3	3
2010086	8	8	4	②	3	4	4
2010087	10	1	5	1	③	5	5
2010088	12	1	6	2	③	6	6
2010089	1	1	7	3	③	7	7
2010090	14	3	8	②	1	8	8
2010091	16	5	9	1	2	9	⑤
2010092	2	2	10	2	3	④	1
2010093	6	6	11	3	③	1	2
2010094	10	1	12	4	③	2	3
2010095	14	3	13	②	1	3	4
2010096	3	3	14	②	2	4	5
2010097	1	1	15	1	③	5	6
2010098	7	7	16	2	1	④	7
2010099	6	6	17	3	③	1	8
2010100	8	8	18	②	1	2	9
2010101	6	6	19	1	③	3	10
2010102	10	1	20	2	③	4	11
2010103	9	9	①	3	1	5	12
2010104	2	2	1	4	2	④	13
2010105	11	0	2	5	3	1	⑤
2010106	16	5	3	6	4	2	⑤
2010107	16	5	4	7	5	3	⑤
2010108	7	7	5	8	6	④	1
2010109	15	4	①	9	7	1	2
2010110	1	1	1	10	③	2	3
2010111	10	1	2	11	③	3	4
2010112	16	5	3	12	1	4	⑤

图2-24 蓝球内码差分区走势图

图2-24蓝球内码差分区走势图中，我们把0~9共10个蓝球内码差按照差值为5的两个蓝球内码差分为一组的方法一共划分为五个区：第1区包括的蓝球内码差是4和9，其包含的蓝球号码有04、09、15；第2区包括的蓝球内码差是3和8，其包含的蓝球号码有03、14、08；第3区包括的蓝球内码差是1和6，其包含的蓝球号码有01、10、06、12；第4区包括的蓝球内码差是2和7，其包含的蓝球号码有02、13、07；第5区包括的蓝球内码差是0和5，其包含的蓝球号码有05、11、16。

通过计算得知"内码差五分区"的理论概率分别如下：

第1区包括3个蓝球号码，3/16=18.75%，因此第1区理论概率为18.75%；

第2区包括3个蓝球号码，3/16=18.75%，因此第2区理论概率为18.75%；

第3区包括4个蓝球号码，4/16=25%，因此第3区理论概率为25%；

第4区包括3个蓝球号码，3/16=18.75%，因此第4区理论概率为18.75%。

第5区包括3个蓝球号码，3/16=18.75%，因此第5区理论概率为18.75%。

通过图2-24蓝球内码差分区走势图，我们可以详细地观察到历史开奖数据中各期蓝球内码差的出现规律、运行轨迹及内码差分区在不同开奖期数的遗漏情况。

在这个走势图中所谓"遗漏"，是指某个内码差分区有多少期没有出现，而走势图中遗漏数据则是对每个内码差分区出现规律的一个全面统计。

遗漏数据的主要作用有三个：一是统计各个内码差分区的遗漏参数，二是观察某一具体内码差分区的出现规律，三是找出中奖概率高的内码差分区。

实战中如果我们能对图2-24蓝球内码差分区走势图中各个分区的遗漏数据和特有的折线图形特征进行准确科学的分析汇总，那么同样能在当期高概率地排除或锁定蓝球内码差的出现范围，从而提高正确选择蓝球号码的概率。

假设我们在2010085期实战中确定选择第2区，也即看好蓝球内码差会在走势图内的第2分区内出现，那么选择的蓝球内码差为3和8；我们通过表2-3速查可知蓝球内码差3和8对应的蓝球号码一共有3个，分别为03、08、14。如果我们的选择是正确的，那么当期蓝球开奖号码一定会在这个范围内出现。

我们在实战中通过蓝球内码差分区走势图可以轻松地、高概率地把当期蓝球开奖号码锁定在一个较小的范围内，同时也能结合其他蓝球走势图的分析真正做到"一码定蓝"。

第七节　蓝球两码组合走势图

双色球游戏中，蓝球号码包括01~16共计16个号码，按照排序或乱序可以分为不同的区间，例如二分区、三分区、四分区、五分区和八分区等。在前面的蓝球号码分区走势图中的四分区和八分区走势图都是按照16个蓝球号码从小到大的顺序进行分区后进行统计的。

为了从更多的角度去科学地统计分析蓝球号码的中出情况和运行轨迹，从而更好地发现并利用蓝球号码的出现规律达到精准地选择蓝球号码的目的，我们把16个蓝球号码通过两码和17及两码差值8这两个不同角度的两两组合后，作为指标制作蓝球号码两码组合走势图，如图2-25所示。其实，这也是另一种角度的蓝球号码八分区走势图。

蓝球两码组合走势图由蓝球两码和17组合走势图和蓝球两码差8组合走势图两部分组成。

期号	蓝球	蓝球两码和17组合走势图								蓝球两码差8组合走势图							
		一	二	三	四	五	六	七	八	一	二	三	四	五	六	七	八
2010083	12	1	1	1	1	❺	1	1	1	1	1	1	❹	1	1	1	1
2010084	3	2	2	❸	2	1	2	2	2	2	2	❸	1	2	2	2	2
2010085	8	3	3	1	3	2	3	3	❽	3	3	1	3	3	3	3	❽
2010086	8	4	4	2	4	3	4	4	❽	4	4	2	4	4	4	4	❽
2010087	10	5	5	3	5	4	5	❼	1	5	❷	3	4	5	5	5	1
2010088	12	6	6	4	6	❺	6	1	2	6	1	4	❹	6	6	6	2
2010089	1	❶	7	5	7	1	7	2	3	❶	2	5	1	7	7	7	3
2010090	14	1	8	❸	8	2	8	3	4	1	3	2	8	❻	8	4	4
2010091	16	❶	9	1	9	3	9	4	5	2	4	3	9	1	9	❽	5
2010092	2	1	❷	2	10	4	10	5	6	3	❷	8	4	10	2	10	3
2010093	6	2	1	3	11	5	❻	6	7	4	1	9	5	❻	11	6	2
2010094	10	3	2	4	12	6	1	❼	8	5	❷	10	6	12	1	12	3
2010095	14	4	3	❸	13	7	2	1	9	6	1	11	7	❻	6	13	4
2010096	3	5	4	❸	14	8	3	2	10	7	2	❸	8	14	1	14	5
2010097	1	❶	5	1	15	9	4	3	11	❶	3	9	2	15	2	15	6
2010098	7	1	6	2	16	10	5	❼	12	1	4	2	10	16	3	❼	7
2010099	6	2	7	3	17	11	❻	1	13	2	5	3	11	17	❻	1	8
2010100	8	3	8	4	18	12	1	2	❽	3	6	4	12	18	1	2	❽
2010101	6	4	9	5	19	13	❻	3	1	4	7	5	13	19	❻	3	1
2010102	10	5	10	6	20	14	❼	4	2	5	❷	6	14	20	1	4	2
2010103	9	6	11	7	21	15	2	1	❽	❶	1	7	15	21	2	5	3
2010104	2	7	❷	8	22	16	3	2	1	1	❷	8	16	22	3	6	4
2010105	11	8	1	9	23	❻	3	2	5	2	1	❸	17	23	4	7	5

图2-25 蓝球两码组合走势图

（一）蓝球两码和17组合走势图

双色球游戏中一共有16个蓝球号码，依次为01、02、03、04、05、06、07、08、09、10、11、12、13、14、15、16。这16个由小到大顺序排列的蓝球号码如果由外向内头尾依次两两相加，我们会发现所有两两相加的两个蓝球号码之和均为17，例如1+16=17、2+15=17……8+9=17。

这16个蓝球号码中两两相加之和为17的两码组合一共有8对组合：第一对组合

是01和16，第二对组合是02和15，第三对组合是03和14，第四对组合是04和13，第五对组合是05和12，第六对组合是06和11，第七对组合是07和10，第八对组合是08和09。

蓝球两码和17组合走势图就是把这八对两码和17的蓝球组合作为一个统计指标进行制作的走势图，从另一个独特的角度科学地统计蓝球号码的中出情况和运行轨迹，供彩民在实战中观察总结分析使用。如图2-26所示。

期号	蓝球	一	二	三	四	五	六	七	八
2010083	12	1	1	1	1	❺	1	1	1
2010084	3	2	2	❸	2	1	2	2	2
2010085	8	3	3	1	3	2	3	3	❽
2010086	8	4	2	2	4	3	4	4	❽
2010087	10	5	5	3	5	4	5	❼	1
2010088	12	6	6	4	6	❺	6	1	2
2010089	1	❶	7	5	7	1	7	2	3
2010090	14	1	8	❸	8	2	1	3	4
2010091	16	❶	9	1	9	3	2	4	5
2010092	2	1	❷	2	10	4	3	5	6
2010093	6	2	1	3	11	5	❻	6	7
2010094	10	3	2	4	12	6	1	❼	8
2010095	14	4	3	❸	13	7	2	1	9
2010096	3	5	4	❸	14	8	3	2	10
2010097	1	❶	5	1	15	9	4	3	11
2010098	7	1	6	2	16	10	5	❼	12
2010099	6	2	7	3	17	11	❻	1	13
2010100	8	3	8	4	18	12	1	2	❽
2010101	6	4	9	5	19	13	❻	3	1
2010102	10	5	10	6	20	14	1	❼	2
2010103	9	6	11	7	21	15	2	1	❽
2010104	2	7	❷	8	22	16	3	2	1
2010105	11	8	1	9	23	17	❻	3	2

图2-26 蓝球两码和17组合走势图

图2-26为蓝球两码和17组合走势图。通过这个走势图我们可以详细地观察到历史开奖数据中各期蓝球两码和17组合的中出情况、运行轨迹及每对组合在不同开奖期数时的遗漏情况。

所谓"遗漏"，这里是指每个蓝球两码和17组合有多少期没有出现，而走势图中遗漏数据则是对全部开奖号码蓝球两码和17组合出现规律的一个全面统计。

遗漏数据的主要作用有三个：一是统计各个蓝球两码和17组合的遗漏参数，二是观察某一具体蓝球两码和17组合的出现规律,三是找出中奖概率高的蓝球两码和17组合。

实战中如果我们能对图2-26蓝球两码和17组合走势图中各个蓝球两码和17组合的遗漏数据和特有的折线图形特征进行准确科学的分析汇总,那么就能在当期高概率地正确选择或排除蓝球两码和17组合范围,从而提高中奖率。

例如,实战中我们当期看好蓝球两码和17组合的第5个组合会出现,那么蓝球两码和17组合的第5个组合所包含的蓝球号码05、12就是当期的蓝球备选号码;如果我们选择的正确,那么备选蓝球05、12中一定包含当期的蓝球开奖号码。

(二)蓝球两码差8组合走势图

双色球游戏中一共有16个蓝球号码,依次为01、02、03、04、05、06、07、08、09、10、11、12、13、14、15、16。

我们把这些蓝球号码分为等量的两行是这样的:

01、02、03、04、05、06、07、08

09、10、11、12、13、14、15、16

我们仔细观察这两行蓝球号码会发现,每一列中的两个蓝球号码的正差距均为8,如9-1=8、10-2=8……16-8=8。我们把每一列中的两个差值间距为8的蓝球组合称之为蓝球两码差8组合。

这16个蓝球号码中两码差8的组合一共有8对:第一对组合是01和09,第二对组合是02和10,第三对组合是03和11,第四对组合是04和12,第五对组合是05和13,第六对组合是06和14,第七对组合是07和15,第八对组合是08和16。

蓝球两码差8组合走势图就是把这八对两码差8的蓝球组合作为一个统计指标进行制作的走势图,从另外的角度科学地统计蓝球号码的中出情况和运行轨迹,供彩民在实战中观察总结分析使用。如图2-27所示。

期号	蓝球	蓝球两码差8组合走势图							
		一	二	三	四	五	六	七	八
2010083	12	1	1	1	❹	1	1	1	1
2010084	3	2	2	❸	1	2	2	2	2
2010085	8	3	3	1	2	3	3	3	❽
2010086	8	4	4	2	3	4	4	4	❽
2010087	10	5	❷	3	4	5	5	5	1
2010088	12	6	1	4	❹	6	6	6	2
2010089	1	❶	2	5	1	7	7	7	3
2010090	14	1	3	6	2	8	❻	8	4
2010091	16	2	4	7	3	9	1	❾	❽
2010092	2	3	❷	8	4	10	2	10	1
2010093	6	4	1	9	5	11	❻	11	2
2010094	10	5	❷	10	6	12	1	12	3
2010095	14	6	1	11	7	13	❻	13	4
2010096	3	7	2	❸	8	14	2	14	5
2010097	1	❶	3	1	9	15	2	15	2
2010098	7	1	4	2	10	16	3	❼	7
2010099	6	2	5	3	11	17	❻	1	8
2010100	8	3	6	4	12	18	1	2	❽
2010101	8	4	7	5	13	19	❻	3	1
2010102	10	5	❷	6	14	20	1	4	2
2010103	9	❶	1	7	15	21	2	5	3
2010104	2	1	❷	8	16	22	3	6	4
2010105	11	2	1	❸	17	23	4	7	5

图2-27 蓝球两码差8组合走势图

图2-27为蓝球两码差8组合走势图。通过这个走势图我们可以详细地观察到历史开奖数据中各期蓝球两码差8组合的中出情况、运行轨迹及每对组合在不同开奖期数时的遗漏情况。

所谓"遗漏",这里是指每个蓝球两码差8组合有多少期没有出现,而走势图中遗漏数据则是对全部开奖号码蓝球两码差8组合出现规律的一个全面统计。

遗漏数据的主要作用有三个:一是统计各个蓝球两码差8组合的遗漏参数,二是观察某一具体蓝球两码差8组合的出现规律,三是找出中奖概率高的蓝球两码差8组合。

实战中如果我们能对图2-27蓝球两码差8组合走势图中各个蓝球两码差8组合的遗漏数据和特有的折线图形特征进行准确科学的分析汇总,那么就能在当期高概率地正确选择或排除蓝球两码差8组合范围,从而提高中奖率。

例如,实战中我们当期看好蓝球两码差8组合的第一个组合会出现,那么蓝球两码差8组合的第一个组合所包含的蓝球号码01、09就是当期的蓝球备选号码;如果我们选择的正确，那么备选蓝球01、09中一定包含当期的蓝球开奖号码。

相反，如果当期不看好蓝球两码差8组合中的第一个组合出现，那么完全可以把第1个组合所包含的蓝球号码01和09排除掉，同样可以缩小当期蓝球中奖号码的选择范围。

第八节 蓝球行列分区走势图

双色球游戏中一共包括01~16共计16个蓝球号码，为了从更多的角度去科学地统计分析蓝球号码的中出情况和运行轨迹，从而更好地发现并利用蓝球号码的出现规律达到精准地选择蓝球号码的目的，我们尝试着从各种角度去统计它、分析它，采用行列分区的统计分析角度就是其中的一种。

我们把16个蓝球号码按照由小到大的顺序从上到下呈“之”字形排列成四行四列，称为行列分区，这个行列分区图形我们也称之为蓝球常规行列分区。如图2-28所示。

❶	❷	❸	❹
❺	❻	❼	❽
❾	❿	⓫	⓬
⓭	⓮	⓯	⓰

图2-28 蓝球常规行列分区图

我们再改变蓝球号码的分布顺序，由外向内呈“回”字形排列后，可以演化出如下行列分区图，我们也称之为特殊行列分区图。如图2-29所示：

❶	⓬	⓫	❿
❷	⓭	⓰	❾
❸	⓮	⓯	❽
❹	❺	❻	❼

图2-29 蓝球特殊行列分区图

蓝球行列分区走势图就是把这两个行列分布图作为统计指标进行制作的走势图，从另外的角度科学地统计蓝球号码的中出情况和运行轨迹，供彩民在实战中观察总结分析使用。

蓝球行列分区走势图如图2-30所示。

期号	蓝球	蓝球常规行列分区走势图									蓝球特殊行列分区走势图								
		行分区				列分区				行分区				列分区			
		一	二	三	四	一	二	三	四	一	二	三	四	一	二	三	四
2010083	12	1	1	❸	1	1	1	1	❹	❶	1	1	1	1	❷	1	1
2010084	3	❶	2	1	2	2	2	❸	2	1	2	❸	2	❶	1	2	2
2010085	8	1	❷	2	3	3	3	1	❹	3	❸	3	1	1	2	❸	❹
2010086	8	2	❷	3	4	4	4	2	❹	3	4	❸	4	2	3	4	❹
2010087	10	3	1	❸	5	5	❸	3	1	❶	5	1	5	3	4	5	❹
2010088	12	4	2	❸	6	6	1	4	❹	❶	6	2	6	4	❷	6	1
2010089	1	❶	3	1	7	❶	2	5	1	❶	7	2	7	1	❷	7	2
2010090	14	1	4	2	❹	1	❷	6	1	1	8	1	8	2	❷	8	3
2010091	16	2	5	3	❹	2	1	7	❹	2	❷	1	9	2	1	❸	4
2010092	2	❶	6	4	1	3	❷	8	1	3	❷	2	10	❶	2	1	5
2010093	6	1	❷	5	2	4	❷	9	2	4	1	3	❹	1	3	❸	6
2010094	10	2	1	❸	3	5	❷	10	3	❶	2	4	1	2	4	1	❹
2010095	14	3	2	1	❹	6	❷	11	4	1	3	❸	2	3	❷	2	1
2010096	3	❶	3	2	1	7	2	❸	5	2	4	3	2	❶	2	3	2
2010097	1	❶	4	3	2	❶	2	3	6	❶	5	1	3	❶	2	4	3
2010098	7	1	❷	4	3	1	3	❸	7	1	6	2	❹	1	3	5	❹
2010099	6	2	❷	5	4	2	❷	7	3	2	7	3	❹	2	4	❸	1
2010100	8	3	❷	6	5	3	1	2	❹	3	8	❸	1	3	5	1	❹
2010101	6	4	❷	7	6	4	❷	3	1	4	9	1	❹	4	6	❸	2
2010102	10	5	1	❸	7	5	❷	4	2	❶	10	2	1	5	7	1	❹
2010103	9	6	2	❸	8	❶	2	5	3	1	❷	3	2	6	8	2	❹
2010104	2	❶	3	1	9	1	❷	6	4	❷	2	4	3	❶	9	3	1
2010105	11	1	4	❸	10	2	1	❸	5	❶	1	5	4	1	10	❸	2
2010106	16	2	5	1	❹	3	2	1	❹	1	❷	6	5	2	11	❸	3
2010107	16	3	6	2	❹	4	3	2	❹	2	❷	7	6	3	12	❸	4

图2-30 蓝球行列分区走势图

（一）蓝球常规行列分区走势图

如图2-28所示，前面我们说过，16个蓝球号码从左至右、由上到下排列成四行四列，称为行列分区，这也是我们通常所称的常规行列分区。行列分区图中可以分为行分区和列分区两大类，每类分区还均可分为4分区。

行分区中横着看，第一区包括蓝球号码01、02、03、04，第二区包括蓝球号码05、06、07、08，第三区包括蓝球号码09、10、11、12，第四区包括蓝球号码13、

14、15、16。

列分区中竖着看，第一区包括蓝球号码01、05、09、13，第二区包括蓝球号码02、06、10、14，第三区包括蓝球号码03、07、11、15，第四区包括蓝球号码04、08、12、16。

蓝球常规行列分区走势图就是把行分区的4个分区及列分区的4个分区分别作为统计指标进行制作的走势图，从特别的角度科学地统计蓝球号码的中出情况和运行轨迹，供彩民在实战中观察总结分析使用。如图2-31所示。

期号	蓝球	行分区 一	二	三	四	列分区 一	二	三	四
2010083	12	1	1	❸	1	1	1	1	❹
2010084	3	❶	2	1	2	2	2	❸	1
2010085	8	1	❷	2	3	3	3	1	❹
2010086	8	2	❷	3	4	4	4	2	❹
2010087	10	3	1	❸	5	5	❸	3	1
2010088	12	4	2	❸	6	6	1	❹	❹
2010089	1	❶	3	1	7	❶	2	5	1
2010090	14	1	4	2	❹	1	❷	6	2
2010091	16	2	5	3	❹	2	1	7	❹
2010092	2	❶	6	4	1	3	❷	8	1
2010093	6	1	❷	5	2	4	❷	9	2
2010094	10	2	1	❸	3	5	❷	10	3
2010095	14	3	2	1	❹	6	❷	11	4
2010096	3	❶	3	2	1	7	1	❸	5
2010097	1	❶	4	3	2	❶	2	3	6
2010098	7	1	❷	4	3	1	❸	❸	7
2010099	6	2	❷	5	4	2	❷	1	8
2010100	8	3	❷	6	5	3	1	2	❹
2010101	6	4	❷	7	6	4	❷	3	1
2010102	10	5	1	❸	7	5	❷	4	2
2010103	9	6	2	❸	8	❶	2	5	3
2010104	2	❶	3	1	9	1	❷	6	4
2010105	11	1	4	❸	10	2	2	❸	5
2010106	16	2	5	1	❹	3	2	1	❹
2010107	16	3	6	2	❹	4	3	2	❹

图2-31 蓝球常规行列分区走势图

图2-31为蓝球常规行列分区走势图。通过这个走势图我们可以详细地观察到历史开奖数据中各期蓝球在行列分区中的中出情况、运行轨迹及每个行分区和列分区在不同开奖期数时的遗漏情况。

所谓"遗漏"，这里是指每个行分区或列分区里有多少期没有出现蓝球号码，而走势图中遗漏数据则是对全部开奖号码在行分区和列分区里出现规律的一个全面统计。

遗漏数据的主要作用有三个：一是统计各个行、列分区的遗漏参数，二是观察某一具体行、列分区的出现规律，三是找出中奖概率高的行、列分区。

实战中如果我们能对图2-31蓝球常规行列分区走势图中各个行、列分区的遗漏数据和特有的折线图形特征进行准确科学的分析汇总，那么就能在当期高概率地正确选择或排除蓝球的出现范围，从而提高中奖率。

例如，实战中我们当期看好蓝球会在行分区内的第三分区里出现，那么行分区内的第三分区包含的蓝球号码09、10、11、12就是当期的蓝球备选号码；如果此时我们还能选择蓝球会在列分区内的第三分区里出现，也就是把第三分区所包含的蓝球号码03、07、11、15也同时作为当期的蓝球备选号码。假使我们的选择是正确的，那么符合这两个条件的备选蓝球只有11，它就一定是当期的蓝球开奖号码。蓝球常规行列分区走势图的最大功效就是只要选择对了当期蓝球号码出现的行分区和列分区，那么就可以轻松地"一码定蓝"。

相反，如果当期不看好蓝球号码在行或列的任意一个分区内出现，那么同样完全可以把这个分区内所包含的蓝球号码排除掉，在很大程度上可以缩小当期蓝球中奖号码的选择范围。

（二）蓝球特殊行列分区走势图

如图2-29所示，改变16个蓝球号码的分布顺序，呈"回"字形排列后，演化出的行列分区图我们称之为特殊行列分区图。同样，特殊行列分区图中也可以分为行分区和列分区两大类，每类分区还均可分为4分区。

行分区中横着看，第一区包括蓝球号码01、12、11、10，第二区包括蓝球号码02、13、16、09，第三区包括蓝球号码03、14、15、08，第四区包括蓝球号码04、05、06、07。

列分区中竖着看，第一区包括蓝球号码01、02、03、04，第二区包括蓝球号码12、13、14、05，第三区包括蓝球号码11、16、15、06，第四区包括蓝球号码10、

09、08、07。

蓝球特殊行列分区走势图同样是把行分区的4个分区及列分区的4个分区分别作为统计指标进行制作的走势图，从特别的角度科学地统计蓝球号码的中出情况和运行轨迹，供彩民在实战中观察总结分析使用。如图2-32所示。

期号	蓝球	行分区 一	行分区 二	行分区 三	行分区 四	列分区 一	列分区 二	列分区 三	列分区 四
2010083	12	❶	1	1	1	1	❷	1	1
2010084	3	1	2	❸	2	❶	1	2	2
2010085	8	2	3	❸	3	1	2	3	❹
2010086	8	3	4	❸	4	2	3	4	❹
2010087	10	❶	5	1	5	3	4	5	❹
2010088	12	❶	6	2	6	4	❷	6	1
2010089	1	❶	7	3	7	❶	1	7	2
2010090	14	1	8	❸	8	1	❷	8	3
2010091	16	2	❷	1	9	2	1	❸	4
2010092	2	3	❷	2	10	❶	2	1	5
2010093	6	4	1	3	❹	1	3	❸	6
2010094	10	❶	2	4	1	2	4	1	❹
2010095	14	1	3	❸	2	3	❷	2	1
2010096	3	2	4	❸	3	❶	1	3	2
2010097	1	❶	1	1	4	❶	2	4	3
2010098	7	1	6	2	❹	1	3	5	❹
2010099	6	2	7	3	❹	2	4	❸	1
2010100	8	3	8	❸	1	3	5	1	❹
2010101	6	4	9	1	❹	4	6	❸	1
2010102	10	❶	10	2	1	5	7	1	❹
2010103	9	1	❷	3	2	6	8	2	❹
2010104	2	2	❷	4	3	❶	9	3	1
2010105	11	❶	1	5	4	1	10	❸	2
2010106	16	1	❷	6	5	2	11	❸	3
2010107	16	2	❷	7	6	3	12	❸	4

图2-32　蓝球特殊行列分区走势图

通过图2-32蓝球特殊行列分区走势图，我们可以详细地观察到历史开奖数据中各期蓝球在特殊行列分区中的中出情况、运行轨迹及每个行分区和列分区在不同开奖期数时的遗漏情况。

　　所谓"遗漏"，这里是指每个行分区或列分区里有多少期没有出现蓝球号码，而走势图中遗漏数据则是对全部开奖号码在行分区和列分区里出现规律的一个全面统计。

　　遗漏数据的主要作用有三个：一是统计各个行、列分区的遗漏参数，二是观察某一具体行、列分区的出现规律，三是找出中奖概率高的行、列分区。

　　实战中如果我们能对图2-32蓝球特殊行列分区走势图中各个行、列分区的遗漏数据和特有的折线图形特征进行准确科学的分析汇总，那么就能在当期高概率地正确选择或排除蓝球的出现范围，从而提高中奖率。

　　例如，实战中我们当期看好蓝球会在行分区内的第三分区里出现，那么行分区内的第三分区包含的蓝球号码03、14、15、08就是当期的蓝球备选号码；如果此时我们还能选择蓝球会在列分区内的第四分区里出现，也就是把第四分区所包含的蓝球号码10、09、08、07也同时作为当期的蓝球备选号码。假使我们的选择是正确的，那么符合这两个条件的备选蓝球只有08，它就一定是当期的蓝球开奖号码。蓝球特殊行列分区走势图的最大功效与蓝球常规行列分区走势图一样，只要选择对了当期蓝球号码出现的行分区和列分区，就可以轻松地"一码定蓝"。

　　相反，如果当期不看好蓝球号码在行或列的任意一个分区内出现，那么同样完全可以把这个分区内所包含的蓝球号码排除掉，在很大程度上可以缩小当期蓝球中奖号码的选择范围。

　　细心的读者可能会发现，蓝球常规行列分区走势图行列分区内的每行每列与蓝球特殊行列分区走势图行列分区内的每行每列均可以交叉使用，也同样可以达到"一码定蓝"的功效，可谓"条条大路通罗马"。

# 第三章 蓝球走势图规律特征

在第二章中我们详细地介绍了在双色球蓝球选号时使用的各种蓝球走势图的构造、相关术语解释及每种蓝球走势图的功效作用，可是仅知道这些远远不够，因为最重要的是我们一定要知道在实战中如何去使用这些蓝球走势图以及如何更有效地利用蓝球走势图去高概率地选择蓝球中奖号码。

面对第二章中不同类别的蓝球走势图可能有读者会一头雾水或者说不知所措，更不知道在实战中如何去运用。为了解决这个重要的问题，本章从彩票走势图原理特征、蓝球走势图图形特征、蓝球走势图分类特征三大方面由浅入深地逐步讲解。通过这一章的学习我们不但可以清楚地了解蓝球走势图中各种指标的原理特征、图形特征以及分类特征，也能更好地分析和总结蓝球走势图中各种指标的分布规律，从而指导我们在实战中更充分地运用这些规律特征去准确地分析选择蓝球中奖号码，最终达到"一码定蓝"的最高目标。

第一节　彩票走势图原理特征

本节中讲解的彩票指标分析理论——彩票均衡论是读者必须应知必会的内容，它在彩票技术分析中的应用很广泛并始终贯穿本书，也是指导我们在实战中精准分析蓝球指标正确选择蓝球号码的精髓所在。

（一）彩票指标的均衡原理

在彩票研究中，能直接表达出中奖号码所属信息的各种数据，我们统称为技术指标。因为它在彩民进行选号的实战中起到重要的参考和决策作用，也称为参考性技术指标，简称指标。例如在蓝球走势图中的大中小、012路、大小、奇偶以及四分区等等都属于蓝球号码的指标。

蓝球走势图中通过对蓝球各种不同的指标进行详细的统计就形成了各种不同的蓝球走势图，如第二章中介绍的八大类蓝球走势图。

"以史为鉴"的道理谁都明白，是指导我们借鉴历史的经验在现实中用正确的思维方式去分析事物、判断事物的准则，我们也在日常生活中的方方面面里不知不觉地遵循着。

历史的经验告诉我们，也只有懂得"以史为鉴"的道理才能更好地分析事物发展规律和总结事物发展规律，从而更好地在现实中去应用规律，帮助我们正确地解决问题。

我们在实战中利用蓝球走势图对蓝球各种指标进行统计的目的就是把"以史为鉴"应用到彩票选号中，让我们了解蓝球各种指标的历史走势过程，从而总结走势规律，更好地应用规律在现实中准确地判断每期蓝球中奖号码或指标的趋势。"以史为鉴"最终要达到的真正目的就是帮助彩民高概率地选择蓝球中奖号码。

我们通过观察所有蓝球走势图中各种指标的走势，普遍存在三种有趣的现象：非对称、非等量的短期走势与分布，以及在均衡原理的作用下，最终表现为"求均衡"的特征。

每个蓝球中奖号码及其各个指标在走势图中都有一个分布规律：不管在什么样的期间范围内，指标总是以偏态开始，以均态结束。

在这一规律中，其实包含了蓝球号码中奖号码及其各种指标分布的三个基本特征，即"非对称"特征、"非等量"特征和"求均衡"特征。这三个基本特征也广泛存在于各种玩法的彩票游戏中，我们统称为"均衡原理"。

可以说，蓝球中奖号码及各种指标的"非对称""非等量""求均衡"三大规律特征是帮助彩民把握中奖号码及其各种指标趋势，最终达到精准选择蓝球目的的核心密码。

理论源自实践中来，但又指导着实际应用。通常所说的彩票分析也即是应用特定的理论对中奖号码及其各种指标进行分析，我们也称作指标分析。

"均衡原理"是彩票走势图典型的原理特征，它的应用使得我们对彩票指标的分析上升到一个最新的高度，这个理论同时也是双色球蓝球选号技术体系核心的基石，我们称为彩票均衡论。

1. 规律之一：指标中出的非对称

非对称是指中奖号码及其各种指标在数字、组合、类型、图形走势等方面，表现为非对称发展的现象。

中奖号码、大数、中数或小数等都是独立的指标个体，在各种蓝球走势图中，对称现象是可以见到的。比如有时某个指标在走势图中出现的遗漏状态非常有规律：指标出现—遗漏1次—指标出现—遗漏1次—指标出现—遗漏1次—指标出现，如果出现了这种情况，根据前面的规律往往会惯性思维地判断它在下一个遗漏间隔还会是遗漏1次，形成遗漏1次—遗漏1次—遗漏1次—遗漏1次的遗漏间隔对称。这种分析思路有没有理论依据呢？答案是否定的。

如图3-1所示，大（遗漏1次）大（遗漏1次）大（遗漏1次）大（出现遗漏1次后，接下来还会出现指标"大"吗？）。该图中的指标"中"也是一样的道理。

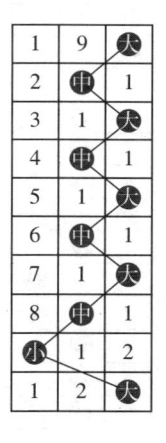

1	9	大
2	中	1
3	1	大
4	中	1
5	1	大
6	中	1
7	1	大
8	中	1
小	1	2
1	2	大

图3-1

实际上，这种判断只是在追求一种巧合。从历史统计数据看，在走势图中指标呈现"非对称"现象出现的次数比"对称"现象要高得多。

在走势图中我们还会经常看这样一种情况，那就是通过走势图的统计后可以看到某个指标遗漏1期后出现，接下来遗漏2期后又出现，之后连续遗漏3期后，这个指标依然再次出现，遗漏间隔呈现1-2-3的递增排列。那么，如果接下来再次连续遗漏了4期，在第5期时这个指标能不能出现呢？也就是能不能形成1-2-3-4的遗漏间隔排列呢？

我们认为，该指标再次遗漏4期后在第5期很难再次出现，为什么呢？因为此时的遗漏1期、遗漏2期、遗漏3期是对称的递增现象，根据指标的"非对称"原理，再次遗漏4期后该指标再次正确中出的可能性极小。实际上，大多数情况下这种排列格局不会存在的，指标可能在这种遗漏间隔递增出现1~2次后就会在某一期打破这种所谓的"完美"格局。如图3-2里指标"小"即是遗漏递增1-2-3-4格局的走势，一般极其少见。

小	1	1
1	中	2
小	1	3
小	2	4
1	中	5
2	中	6
小	1	7
1	中	8
2	1	大
3	中	1
小	1	2
小	2	3
1	中	4
2	中	5
3	中	6
4	中	7
小	1	8
1	中	9
2	1	大
3	2	大
4	中	1
5	中	2
6	中	3

图3-2

同理，如果指标每次出现的状态完全是相同的，便也是对称的等距现象，也完全可以排除。例如：小小小——小小小——小？指标每次连续出现3期的情况已经在短期内出现2次，接下来经过遗漏后该指标再次出现，但是这时指标正好连续出现3期后再次遗漏的可能性就极低了，绝大多数情况下或是指标出现1~2次后再次遗漏，或是指标出现4次以上再次遗漏，恰逢指标出现3次的节点上再次遗漏的情况会极少出现。如图3-3所示。

图3-3

又如：2路1路、2路1路、2路1路，可以看到2路和1路这种以交替形式先后出现的情况已经连续发生了3次，接下来该指标继续出现这种情况的概率就极低了。如图3-4所示。

图3-4

所以，尽管在实际开奖中，对称性发展的可能性是存在的，但是这种状态比非对称的可能性要小很多。我们不能因为某阶段内指标呈对称性发展，就在所有的预期中去追寻这种指标的对称。

从总体上说，规律形态的出现概率远比非规律形态要小得多。彩票走势图中指标的非规律形态的分布就是最大的规律！

实战中这种递增、递减、对称、相似、交替、关联等属于"对称"范畴的现象如果出现并进行三次或以上的对称性发展，在接下来的时候完全可以通过比对历史数据的统计结果会得出一个高概率的选择，一定要坚决排除这种状况的继续出现。

2. 规律之二：指标中出的"非等量"。

"非等量"是指走势图中的指标在一个阶段性时期，在长期平衡分布后，就会出现一种偏态状况。

众所周知，彩票走势图中的指标在统计上随着样本数据的增大永远是符合概率论的。每个指标在长期来看，总会均衡表现，但在一个特定期间内，往往呈现出"非均衡"的状态。指标"热者恒热，冷者恒冷"的状况在走势图的统计中经常可以见到，而这也是"指标总是以偏态开始，以均态结束"的另一种外在表现方式。

需要说明的是，"非等量"现象只会在一段时期内，一个特定区间内发生，如果把数据样本量适度扩大，"非等量"现象就会被另一个现象——"均衡趋势"所替代。

指标的出现情况同样如此。指标的出现通过海量的数据统计可知，一个指标长期的实际出现概率都稳定在理论概率左右，但是在特定阶段区间内的实际出现概率完全可以超过理论概率并且接近100%，这就是"非等量"作用的结果。

指标的"非等量"现象还存在两种极端表现形式：一种为"热者恒热"，另一种为"冷者恒冷"。在实战中为了更准确地判断某个指标是处于热态还是处于冷态，我们用标准的量化的数据来进行衡量。

指标的冷热的判断标准是这样的：把指标的理论出现概率作为标准，如果指标在分析期内的实际出现概率低于理论出现概率的50%或以下，该指标属于冷态；如果指标在分析期内的实际出现概率高于理论出现概率的50%或以上，该指标属于热态。有了这个标准，就能科学准确地衡量一个指标是处于热态还是处于冷态了。

例如蓝球号码形态走势图里大中小形态的中形态指标理论出现概率为37.5%，那么也就是说在100次开奖中，中形态指标出现的次数理论上为37.5次，在10次开奖中理论出现3.75次。如果在实战中我们发现该形态指标在分析期内已经频繁或连续出现了6次，那么我们根据上面的指标冷热判断标准完全可以判定该指标的出现处于一种热态。如图3-5所示，2010098~2010103期的期间"中形态"指标连续出现了6次，实际出现概率高于理论概率50%，因此该指标属于热态。

"热者恒热"也通常称为"强者恒强"，指某个指标短期内连续或反复出现的现象。例如图3-5蓝球号码形态走势图内，偶形态指标在2010085~2010095期的阶段内连续出现10期，形成了该指标出现情况"热者恒热"的奇特现象，又如小形态指标在2010096~2010101期的阶段内连续出现6期以及中形态指标在2010098~2010103

期的阶段内连续出现6期，均是"强者恒强"的经典表现。

期号	蓝球	小	中	大	0	1	2	大	小	奇	偶	质	合
2010083	12	1	1	大	0	1	1	大	1	1	偶	1	合
2010084	3	小	2	1	0	2	2	1	小	奇	1	质	1
2010085	8	1	中	2	1	3	2	2	小	1	偶	1	合
2010086	8	2	中	3	2	4	2	3	小	1	偶	2	合
2010087	10	3	中	4	3	1	1	大	1	3	偶	3	合
2010088	12	4	1	大	0	1	2	大	1	4	偶	4	合
2010089	1	小	2	1	0	1	3	2	小	奇	1	1	合
2010090	14	3	2	大	1	1	2	大	1	1	偶	1	合
2010091	16	2	4	大	3	1	2	大	2	1	偶	2	合
2010092	2	小	5	1	4	1	2	2	小	3	偶	质	1
2010093	6	1	中	2	0	2	1	2	小	4	偶	1	合
2010094	10	2	中	3	1	2	2	大	1	5	偶	2	合
2010095	14	3	1	大	2	1	2	大	2	6	偶	3	合
2010096	3	小	2	1	0	2	1	1	小	奇	1	质	1
2010097	1	小	3	2	1	1	3	2	小	奇	2	质	1
2010098	7	1	中	3	2	1	3	3	小	奇	3	质	3
2010099	6	2	中	4	1	2	3	4	小	3	偶	1	合
2010100	8	3	中	5	1	2	3	5	小	3	偶	2	合
2010101	6	4	中	6	0	3	1	6	小	3	偶	3	合
2010102	10	5	中	7	1	1	1	大	1	4	偶	4	合
2010103	9	6	中	8	0	3	2	大	2	奇	1	5	合
2010104	2	小	1	9	1	2	2	大	3	1	偶	质	1
2010105	11	1	中	10	2	3	2	大	2	奇	1	质	2
2010106	16	2	1	大	3	1	1	大	2	1	偶	1	合
2010107	16	3	2	大	4	2	1	大	3	2	偶	2	合
2010108	7	4	中	1	5	1	1	3	小	奇	1	质	1
2010109	15	5	1	大	0	1	4	大	1	奇	2	1	合

图3-5

指标在蓝球走势图中呈现"强者恒强"（热者恒热）的现象比比皆是。由于指标具有的固有特性，那么一个指标在短期出现的概率大大高于其他同类的指标，从而出现所谓的强者恒强的情况：某些指标最近多次出现，但在下面的几期中还会频繁出现，稍微休息两三期之后，又会强劲登场；某些指标在近期常常出现，但是我们预测它该出现转折的时候，它就是不转折，还是一路高歌。

指标"强者恒强"的固有特性我们在实战应用中又称之为指标的"惯性原理"，彩民朋友完全可利用这种规律的必然现象并把握住这个机会高概率地、正确地选择某个指标。

这里有一点我们要清楚地知道，个别指标在其同类指标中理论概率是极高的，因此这个指标呈现的"热者恒热"是一种常态。这种常态就是最有价值的规律特征，实战中完全可以利用这种规律特征去高概率地选择或缩小指标的出现范围，从而提高正确选择指标的概率。

"冷者恒冷"也通常称为"弱者恒弱"，指某个指标在多期内没有出现或极少出现的现象，是属于典型的遗漏偏态。

如图3-5里，大中小形态的大形态指标在2010096~2010105期的阶段内连续遗漏了10期，我们根据指标的冷热判断标准可以清楚地知道，这时大形态指标的出现情况就形成了"冷者恒冷"或称"弱者恒弱"的现象。同样，奇形态指标在2010085~2010095期的阶段内同样遗漏了10期，均属"冷者恒冷"的趋势现象。

如果出现了这种现象，我们千万要避开冷态指标的选择，防止该指标继续呈现冷态。假设一个指标呈现"冷者恒冷"的状态，完全可以期期排除该指标的出现，即使当期出现了也即是排除错误了也只是仅出现一次错误，可以从头分析；但是如果期期追冷，只会导致错误很多期，即使正确也只是一期而已，完全违背了高概率选择指标的宗旨。

"热者恒热"和"冷者恒冷"是相反相成的两个方面。用哲学的话语来说，它们之间即有斗争性又有统一性。斗争性是指它们之间是完全相反的两个方向，一个热到沸点，一个冷到冰点；统一性是指它们都是因为某一指标连续出现和连续遗漏所造成的一种极致状态。我们在实战中遇到或预测到指标会呈现这两种状态的某一种，那么完全可以遵循它们特定的规律特征从而高概率地选择或者排除某个指标，从另一个层面也揭示了一个经典的指标选择定律：追热不追冷。

不论是"热者恒热"还是"冷者恒冷"都是相对于该指标理论概率的比较下反映出来的。指标在阶段内连续出现的概率超过理论概率的50%或以上，可以量化为"热者恒热"；指标阶段内连续出现的概率低于理论概率的50%或以下，同样可以量化为"冷者恒冷"。

3. 规律之三：指标中出的"求均衡"。

"求均衡"指某一个指标在一个期间长期不出之后，总会在另一个期间进行回补。均衡趋势是随机游戏的一个重要特征。既然指标以"偏态"开始，又会以"均态"结束，那么我们在实战中就需要在"偏态"发生后，在另一个期间去求均衡。在发生周期"非等量"现象之后，会出现短间隔的反复出现或遗漏，完成一个"回补""调偏"的过程。

在利用蓝球走势图进行选号的实战中,每个走势图中指标出现的可能性均有很大差异,即"非等量"现象始终存在。譬如,当某个指标已经连续3期都没有出现,即遗漏3期时,那它继续遗漏的可能性有多大呢?只有在充分了解了指标的"非对称""非等量"规律特征之后,才能运用"求均衡"的应用理论来判断可能出现的变化。

一个指标在短阶段内表现为多次出现的惯性状态,其出现概率远远超出了该指标的理论出现概率,呈现一种偏态趋势;那么在随后的一个期间里,我们完全可以预期该指标在阶段内的整体出现概率要回归到理论概率左右,即在接下来的过程中该指标出现的情况会相对减少,通过"调偏"以求"均衡"。

如图3-6所示,在蓝球号码形态走势图中,"大小"形态指标中的"小"形态指标在2010092~2010101期的10期内出现了8期,并且包含一个6次连续惯性出现,因为小形态指标多次并有连续的出现,因而导致大形态指标在短期内多次并有连续多期的遗漏,这就是指标的"非等量"发展现象。小形态指标的连续出现是"强者恒强",而大形态指标的连续遗漏也是"弱者恒弱"。这是"非等量"在发挥作用。

如果此时"求均衡"发挥了作用,则会有如下表现:小形态指标在遗漏出现之后,短期内还会反复出现遗漏,进行调偏"回补"大形态指标的冷态。此时,该指标处于"冷热相互转化"的过渡状态。小形态指标在10期内出现8次并6次连续出现的状态为热态,热态不会骤然转冷,它必有一个缓冲的过渡过程,那么短期内的再次出现就是一个缓冲信号,之后极可能转冷。

蓝球号码形态走势图

期号	蓝球	小	中	大	0	1	2	大	小	奇	偶	质	合
2010083	12	1	1	大	0	1	1	大	1	1	偶	1	合
2010084	3	小	2	1	0	2	2	1	小	奇	1	质	1
2010085	8	1	中	2	1	3	2	2	小	1	偶	1	合
2010086	8	2	中	3	2	4	2	3	小	2	偶	2	合
2010087	10	3	中	4	3	1	1	大	1	3	偶	3	合
2010088	12	4	1	大	0	2	1	大	2	4	偶	4	合
2010089	1	小	2	1	2	1	3	1	小	奇	1	质	1
2010090	14	1	3	大	2	1	2	大	1	1	偶	1	合
2010091	16	2	4	大	3	2	1	大	2	2	偶	2	合
2010092	2	小	5	1	4	1	2	1	小	3	偶	1	质
2010093	6	1	中	2	0	2	1	2	小	4	偶	1	合
2010094	10	2	中	3	1	1	1	大	1	5	偶	2	合
2010095	14	3	1	大	1	1	2	大	2	6	偶	3	合
2010096	3	小	2	1	0	2	1	1	小	奇	2	质	1
2010097	1	小	3	2	1	1	2	2	小	奇	2	质	1
2010098	7	1	中	3	2	1	3	3	小	奇	2	质	1
2010099	6	2	中	4	0	1	4	4	小	1	偶	1	合
2010100	8	3	中	5	1	2	2	5	小	2	偶	2	合
2010101	6	4	中	6	0	3	1	6	小	3	偶	3	合
2010102	10	5	中	7	2	1	3	大	1	4	偶	4	合
2010103	9	6	中	8	0	1	3	大	2	奇	1	5	合
2010104	2	小	1	9	1	2	2	1	小	1	偶	1	质
2010105	11	1	中	10	2	3	2	大	1	奇	1	质	2
2010106	16	2	1	大	3	1	1	大	2	2	偶	1	合
2010107	16	3	2	大	1	1	2	大	3	2	偶	2	合
2010108	7	4	中	1	5	1	3	1	小	奇	1	质	1
2010109	15	5	1	大	0	1	4	大	1	奇	2	1	合
2010110	1	小	2	1	1	1	5	1	小	奇	3	质	1
2010111	10	1	中	2	1	1	6	1	小	1	偶	1	合
2010112	16	2	1	大	3	1	7	大	1	2	偶	2	合
2010113	10	3	中	1	4	1	8	大	2	3	偶	3	合
2010114	2	小	1	2	5	1	9	1	小	奇	1	质	1
2010115	15	1	2	大	0	1	10	大	1	奇	2	1	合
2010116	7	2	中	1	1	1	11	1	小	奇	1	质	1
2010117	1	小	1	2	2	1	12	2	小	奇	4	质	2
2010118	5	小	2	3	3	1	2	3	小	奇	5	质	3

图 3-6

（求均衡 强者恒强）（求均衡 弱者恒弱）（求均衡 调偏"回补"）

如果近期一个指标在短阶段内表现为多次未出现的遗漏状态，其出现概率远远低于了该指标的理论出现概率，呈现一种偏态趋势；那么在随后的一个期间里，我们完全可以预期该指标在阶段内的整体出现概率要回归到理论概率左右，在接下来的过程中该指标往往会在另一个期间内连续或多次出现，进行回补以求均衡。

我们再看图3-6蓝球号码形态走势图中的"大小"形态指标中的"大"形态指标，在2010092~2010101期阶段内经过8次遗漏并出现一个连续6期的遗漏，其出现概率远远低于了理论概率，因此呈现一种偏态，随后为了中长期指标的"求均衡"的需求，即进入了"调偏回补"的旅途中，在接下来的2010102~2010115期共计14期开奖中大形态指标频繁出现了10次，从而完成阶段性调偏回补。

在图3-6蓝球号码形态走势图中，小形态指标经历了"强者恒强"的火热表现后，必然要"调偏"进行降温，所以此时大形态指标的"回补"也就是必然的趋势，这时就是我们精准选择大形态指标为当期选号条件的大好时机，千万不能轻易错过！

"求均衡"原理是概率论在彩票实战指标分析中的具体应用，它如同指南针一样，能根据地磁场自动调节指针左右的摆动，最终指针指向南方。这个"南方向"就是指标的理论概率，也就是该指标实际出现概率或高或低后必然回归的均衡点。

非等量的"强者恒强"或"弱者恒弱"的现象发生之后，还往往表现出另一种特异的求均衡现象——"强后之缓"或"弱后之补"。

什么是"强后之缓"呢？强后之缓就是指某个指标处于"强弩之末"的状态。打个比方，在奥运会上的田径百米赛跑中，运动员以每秒10多米的速度向终点冲刺，到达终点后，因为巨大的惯性运动不可能一下子停下来，总会再冲出一段距离后才能停下来，这就是缓冲的物理作用。

同样的道理，"强后之缓"，关键在于一个"缓"字。而这个"缓"就是求均衡的原理，我们据此可判断当期指标是否能够出现。例如某个指标已经连续5期出现，亦表现为典型的"强者恒强"，之后仅遗漏1期就来个"强后之缓"的再次出现。这个"缓"不单单是当期高概率捕捉排序号码的大好时机，而且根据"缓"这个缓冲的信号来提示我们这个指标接下来进入冷态的可能性很高，也即是告诉我们在接下来的开奖中不用重点关注这个指标或可以完全排除这个指标。

我们这时再看图3-6蓝球号码形态走势图。走势图内大中小形态指标的小形态指标在2010096~2010101期的6期内连续惯性出现，呈现"强者恒强"的偏态，在求均衡的作用下势必要调偏。2010102、2010103期小形态指标在遗漏2期后在2010104期再次出现，这就是"强后之缓"的缓冲信号，之后果然连续遗漏了3期，也即是连续进行了3期的调偏。在小形态指标出现遗漏的同时，大形态指标会多次或连续出现，这也是对大形态指标之前遗漏的一种必然的"回补"。

一般而言，当某个指标在一个周期内多次中出之后，接下来出现的概率就比较小了。如果该指标"昙花一现"地以"强后之缓"的高姿态出现，那么我们就可以很有把握地认为这个指标已经由热转冷，接下来的阶段内更是高概率选择同类指标中其他指标的绝佳机会了。

"弱者恒弱"之后的"弱后之补"则比较好理解。就像行走于沙漠之人，在奄奄一息之时突然遇到水源，狂饮数口之后，喘口气还要再喝。"弱后之补"关键是一个"补"字。例如某个指标已经连续遗漏了8期，相当于沙漠里奄奄一息的那个人的状态；紧接着在随后因为该指标的出现回补了2期，就好比渴口之人看到了水源狂饮了两大口；那么在连续呈现惯性状态出现2期又连续遗漏了2期后，即狂饮了两口后需要喘口气停顿一下；在随后的7期内连续出现，真是久旱逢甘霖，连续狂饮了。其实，"弱后之补"的求均衡现象，同样是一个非常好的高概率选择该指标的机会。

如图3-6蓝球号码形态走势图内大小形态的大形态指标。在走势图中形态指标在2010096~2010101期的阶段内连续遗漏了6期，可以说是"弱者恒弱"一点也不夸张。大形态指标终于在2010102期出现了，2010103期再次出现，遗漏1期喘口气后在接下来的2010105、2010106、2010107期连续出现三期达到最高峰，我们可以看到大数指标在后面又进行了多次的和连续的回补进行调偏。这是"弱后之补"的经典案例，这也是在阶段内连续高概率捕捉指标的最佳时机，当然也是高概率选择蓝球中奖号码的机会。

4.总结

纵观三大规律特征，非对称、非等量是彩票指标常见的趋势发展，而求均衡的作用，则是需要大家重点关注的高概率选择指标的最佳时机了。

我们只有结合指标在实际开奖中的表现状态进行领悟和模拟，才能逐渐驾驭指标选择应用三大规律特征。也只有这样，才可以成为时常和中奖号码约会的人，否则也只好望梅止渴了。

最后必须指出的是，彩票均衡论不单单在双色球蓝球选号的指标选择中起着核心的指导作用，而且在其他所有彩种的指标选择中也同样具有举足轻重的地位。它的出现，它的系统性和科学性，最终会促使彩票分析技术上升到一个崭新的高度，它永远是彩票分析技术的领航者。

（二）蓝球号码三效应原理

我们通过长期的观察和分析后发现，蓝球号码虽然只有16个，但是在开奖中却具备奖号的集聚特征、发散特征和惯性特征，我们在实战中也会时常应用该三大特征进行选号，因此通常也称为三效应原理。

首先，集聚特征是指相邻期次之间，开出的蓝球号码间差值的绝对值小于2时所发生的一系列奖号特征；简单点说，就是连续两期的蓝球中奖号码之间的跨度比较小的情况。

我们可以举个例子来看看：比如2005030期和2005031期的05与07、2005033期与2005034期的07和09，2005036期和2005037期的15和16，等等，像这些就是蓝球在开奖中集聚特征的典型表现。在平时的选号当中，如果彩民朋友能够比较准确地判断这一特征在什么时候会有所表现的话，那选中蓝球号码就是轻而易举的事情了。

第二种是发散特征。指的是相邻期次之间的蓝球号码间的差值在7以上的，蓝球号码前后表现振动幅度比较大，与刚刚提到的集聚特征正好对立的情况。简单点说，就是连续两期的蓝球号码之间的跨度比较大的情况。

我们也来举例看看：比如2005026期和2005027期的07和15，2005029期和2005030期的14和05，2005038期和2005039期的16和09，这两组就是明显的发散特征的表现了。在蓝球的分析中，这个效应与聚集效应明显相关联，它经常在最近3期蓝球号码出现"聚集效应"的情况下出现，这也提示我们，如果发现蓝球号码"扎堆"出现在某个数字周围两三期了，那么接下来我们在选择蓝球号码的时候，就可以大胆地运用"发散特征"跨越区域选择来捕捉蓝球号码。同样，这也是"求均衡"原理的一种具体表现。

第三种是惯性特征。不过在蓝球开奖号码的中出表现里惯性一般是针对"集聚特征"而言的，一般当连续两期的蓝球号码开出非常密集时，在之后1~2期中就可以用惯性特征来描述蓝球号码的走势了。

还是举例来看看。比如：第66~68期中，前两期，也就是第66期和67期开出的蓝球号码分别是04和05，属于集聚特征，紧接着第68期中继续集聚，开出了奖号05；另外，还有在第57~59期中，前两期的蓝球号码分别以奖号11和09开出，紧接着在第59期中再次开出了奖号11。

不难看出，在集聚特征之后，最常见的莫过于惯性特征了。所以，在这里也要提醒大家，当蓝球号码在特定区域连续集聚开出之后，便可以以"惯性特征"来捕捉下一期的号码了。

还有一种最极端的"惯性特征"就是指蓝码出现了重复码。如2005001和

2005002的蓝球号码14，2005015和1005016的蓝球号码15，2005025和2005026的蓝球号码07以及2005037和2005038的蓝球号码16。值得注意的是，这几期蓝码重复码的产生，都是在离它们最近的两期出现聚集效应(而且是差1的聚集效应)的情况下发生的。或许这就是蓝球号码的杀手锏，也是双色球累积奖池从而出现亿元大奖的法宝吧！在多数彩民都不看好某个区域继续弹出蓝球号码时，蓝球号码又重复出现了。提醒彩民务必注意这一点。

以上这三种蓝球开奖号码最常见的三大特征就是三大效应原理的实战应用依据，彩民朋友平时只要稍微地关注一下蓝球号码在阶段内的走势，就能看出阶段中哪一种特征的表现是最频繁的，这样就可以帮助大家简单、快速地判断蓝球号码了。

第二节　蓝球走势图图形特征

通过对蓝球走势图数据的统计后我们会发现一个普遍的有趣现象：走势图内由中奖号码或指标的走势轨迹所构成的图形在一定周期内会有相似的结果，也即某些走势或某种构图形式在前面出现后，时隔不久会再次出现。我们把走势图中普遍存在的图形"历史再现"的现象称为图形相似特征。如图3-7、图3-8、图3-9所示。

2010110	1	7	10	③	2	1
2010111	10	8	11	1	3	⑤
2010112	16	9	12	③	4	1
2010113	10	10	13	1	5	⑤
2010114	1	11	14	③	6	1
2010115	15	12	15	1	7	⑤

图3-7

2010112	13	13	3	5	20	1	17	⑦	1
2010113	8	14	4	5	④	2	18	1	2
2010114	16	15	5	7	1	3	19	2	⑧
2010115	7	16	6	8	④	4	20	3	1
2010116	13	17	7	9	1	5	21	⑦	2
2010117	8	18	8	10	④	6	22	1	3

图3-8

2010108	7	11	4	12	26	26	7	❼	8	5	6	3	20	26	13	26	1
2010109	15	12	5	13	27	27	8	1	9	6	7	4	21	27	14	⑮	2
2010110	1	❶	6	14	28	28	9	2	10	7	8	5	22	28	15	1	3
2010111	10	1	7	15	29	29	10	3	11	8	⑩	6	23	29	16	2	4
2010112	16	2	8	16	30	30	11	4	12	9	1	7	24	30	17	3	⑯
2010113	10	3	9	17	31	31	12	5	13	10	⑩	8	25	31	18	4	1
2010114	1	❶	10	18	32	32	13	6	14	1	9	26	32	19	5	2
2010115	15	1	11	19	33	33	14	7	15	12	2	10	27	33	20	⑮	3
2010116	7	2	12	20	34	34	15	❼	16	13	3	11	28	34	21	1	4

图3-9

走势图中出现图形相似的现象有多种，比如三个中奖号码或指标构成的三角形、三斜连以及四个中奖号码或指标构成的斜三角形、平行四边形等。

我们在实战中就是利用走势图的相似特征去寻找某些常见的相似图形，从而确定高概率蓝球号码或指标。

从严格意义上来讲，走势图中普遍存在的"强者恒强，弱者恒弱"，以及之后常出现的"强后之缓"及"强后之补"均属指标出现或遗漏的相似现象。本节主要以图形相似为主，因此不再赘述，读者可以细心体会运用。

通过统计我们发现，根据蓝球走势图的不同，各种常见相似图形的特性和出现频率也不会相同，那么在实战中就完全可以利用相似图形的规律特征帮助我们选择或排除中奖号码或指标，从而提高中奖概率。

如果在实战中使用常见相似图形出现较少的走势图进行选择蓝球中奖号码或指标时，我们可以根据常见相似图形的这种特性来进行排除中奖号码或指标，从而缩小蓝球号码的选择范围。

相反，如果在实战中使用常见相似图形出现较多的走势图进行选择蓝球中奖号码或指标时，我们完全可以根据常见相似图形的这种特性来进行选择中奖号码或指标，从而提高准确选择蓝球号码的概率。

（一）三个中奖号码或指标构成的常见图形

1. 三角形

三角形即通常所说的中奖号码或指标之间的隔期对称，比如图3-10中2010087期蓝球内码合1、2010088期蓝球内码合2、2010090期蓝球内码和1，连续三期蓝球内码和的构图是1-2-1，这种构图形式叫作三角形。三角形可分为独立的三角形和连续三角形两种。图3-10中所有用黑框圈起的图形都是常见的三角形图形。

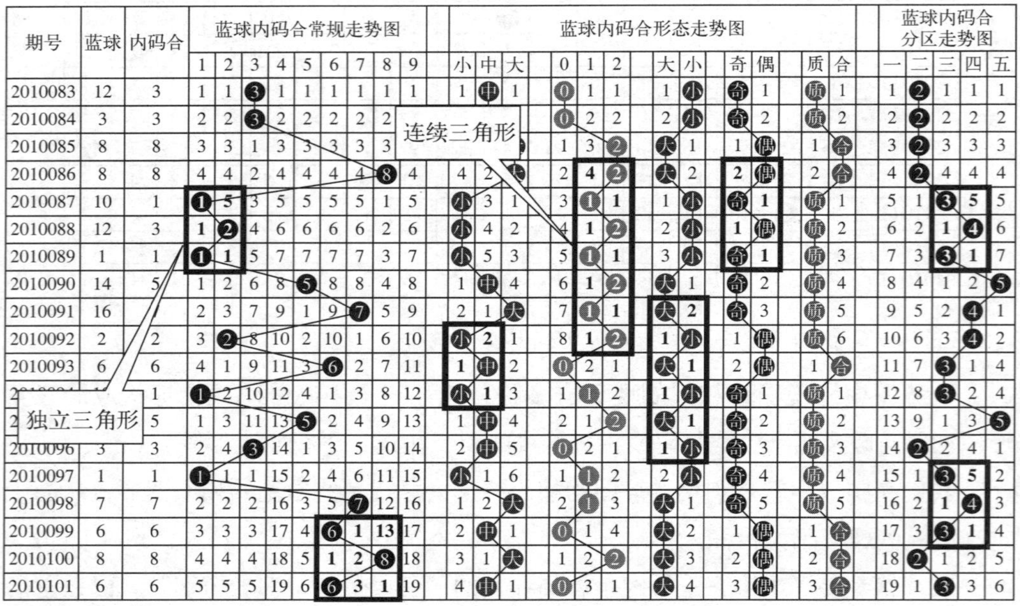

图3-10 蓝球内码合走势图

通过统计我们发现，根据蓝球走势图的不同三角形出现的特性和频率也不尽相同，在实战中完全可以利用其特性和出现频率作为依据帮助我们选择或排除中奖号码或指标，从而提高中奖概率。

如果某一走势图中三角形图形出现频繁并且是一种常态，在实战中恰逢中奖号码或指标走出1~2或者小—中的格局，我们判断该中奖号码或指标接下来的走势连线形成三角形的概率很大，即是走出1-2-1或小—中—小的三角形格局，那么完全可以断定1或小形态一定是我们选择的中奖号码或指标。

相反，如果这个走势图中三角形图形出现的次数极少，即使在实战中恰逢中奖号码或指标走出1-2或者小—中的格局，也完全可以判断该中奖号码或指标接下来的走势连线形成三角形的概率很低，那么完全可以断定1或小形态一定是我们可以高概率排除的中奖号码或指标。

2. 三斜连形

三斜连是指代表三个中奖号码或指标的数字之间第一个数减第二个数的差等于第二个数减第三个数的差，简单地说就是指每个中奖号码或者指标之间是等距的关系。如图3-11就是经典三斜连图形。

2010086	8	4	4	2	4	4	4	❶	4	4	3	4	4	4
2010087	10	5	5	3	5	5	5	1	5	❿	5	4	5	5	5
2010088	12	6	6	4	6	6	6	6	2	6	1	6	⓬	6	6	6

2010141	6	8	17	45	59	3	❻	25	41	2	5	36	13	59	46	1	11
2010142	10	9	18	46	60	4	1	26	42	3	❿	37	14	60	47	2	12
2010143	14	10	19	47	61	5	2	27	43	4	1	38	15	61	⓮	3	13
2010144	11	11	20	48	62	6	3	28	44	5	2	⓫	16	62	1	4	14
2010145	8	12	21	49	63	7	4	29	❽	6	3	1	17	63	2	5	15

14	17	❸
15	❷	1
❶	1	2

图3-11 三斜连经典图形

通过统计我们发现，根据蓝球走势图的不同，三斜连图形出现的特性和频率也不尽相同，在实战中完全可以利用其特性和出现频率作为依据帮助我们选择或排除中奖号码或指标，从而提高中奖概率。

如果某一走势图中三斜连图形出现频繁并且是一种常态，在实战中恰逢中奖号码或指标走出3-2或者6-10的格局，我们判断该中奖号码或指标接下来的走势连线形成三斜连图形的概率很大，即是走出3-2-1或6-10-14的三斜连图形格局，那么完全可以断定1或14一定是我们选择的中奖号码或指标。

相反，如果这个走势图中三斜连图形出现的次数极少，即使在实战中恰逢中奖号码或指标走出3-2或者6-10的格局，也完全可以判断该中奖号码或指标接下来的走势连线形成三斜连图形的概率很低，那么完全可以断定1或14一定是我们可以高概率排除的中奖号码或指标。

3. 锤子形

锤子形是指三期奖号或指标之间有两个数字或指标是相邻的，而另外一个号码或指标远离这两个相邻的号码或指标，如果把这三个号码或指标连成线，相当于一条长线，一头是一个孤立的号码或指标，另一头则是两个相邻的号码或指标，形状类似于锤子。如图3-12就是经典的锤子形图形。

2010097	1	❶	5	1	15	15	4	18	11	15	3	15	9	15	2	15	6
2010098	7	1	6	2	16	16	5	❼	12	16	4	16	10	16	3	16	7
2010099	6	2	7	3	17	17	❻	1	13	17	5	17	11	17	4	17	8

❶	5	7	3	2	1	7	7	2011009	4	❶	2	8	1
1	6	8	4	3	2	❼	8	2011010	13	1	3	9	❹
2	7	9	5	4	3	1	❽	2011011	10	2	4	❸	1

图3-12　锤子形经典图形

以上都是典型的锤子形图形。在实战中我们通常把一些变异的锤子形也列入范围之内，同样可以帮助我们选择或者排除中奖号码或指标的范围，如图3-13所示。

2010089	1	❶	7	5	7	7	7	7	3	7	2	7	1	7	7	7
2010090	14	1	8	6	8	8	8	4	8	3	8	2	8	⓮	8	8
2010091	16	2	9	7	9	9	9	5	9	4	9	3	9	1	9	⓰

2010104	1	7	❷	8	22	22	3	6	4	1	2	22	16	22	9	22	13
2010105	11	8	1	9	23	23	4	7	5	2	3	⓫	17	23	10	23	14
2010106	16	9	2	10	24	24	5	8	6	3	4	1	18	24	11	24	⓰
2010107	16	10	3	11	25	25	6	9	7	4	5	2	19	25	12	25	⓰

2010117	1	❶	13	22	35	35	16	1	17	14	4	12	29	35	22	5
2010118	5	1	14	23	36	❺	17	2	18	15	5	13	30	36	23	6
2010119	9	2	15	24	37	1	18	3	19	❾	6	14	31	37	24	7
2010120	16	3	16	25	38	2	19	4	20	1	7	15	32	38	25	5	⓰
2010121	15	4	17	26	39	3	20	5	21	2	8	16	33	39	26	⓯	1

2010127	1	❶	3	31	45	1	5	11	27	2	4	22	39	45	32	6	7
2010128	12	1	4	32	46	2	6	12	28	3	5	23	⓬	46	33	7	8
2010129	16	2	5	33	47	3	7	13	29	4	6	24	1	47	34	8	⓰
2010130	16	3	6	34	48	4	8	14	30	5	7	25	2	48	35	9	⓰

❹	31	1	11	2	22	6
1	32	2	12	3	❻	7
2	33	3	13	4	1	❽
3	34	4	14	5	2	❽

图3-13　锤子形经典图形

通过统计我们发现，根据蓝球走势图的不同，锤子形图形出现的特性和频率也不尽相同，在实战中完全可以利用其特性和出现频率作为依据，帮助我们选择或排除中奖号码或指标，从而提高中奖概率。

如果某一走势图中锤子形图形出现频繁并且是一种常态，在实战中恰逢中奖号码或指标走出1-7的格局，我们判断该中奖号码或指标接下来的走势连线形成锤子形图形的概率很大，即走出1-7-6或1-7-8的锤子形图形格局，那么完全可以断定6和

8一定是我们选择的中奖号码或指标的范围。即便是考虑到走出不规则的锤子形图形，我们也可以把当期的中奖号码或指标锁定在5~9的很小范围内。

相反，如果这个走势图中锤子形图形出现的次数极少，即使在实战中恰逢中奖号码或指标走出1-7的格局，也完全可以判断该中奖号码或指标接下来的走势连线形成锤子形图形的概率很低，那么完全可以断定6和8一定是我们可以高概率排除的中奖号码或指标，从而缩小了中奖号码或指标的选择范围。

（二）四个中奖号码或指标构成的常见图形

四个中奖号码或指标构成的图形往往比三个中奖号码或指标构成的图形更好把握，因为当前面三期中奖号码或指标已经出现之后，接下来，在第四期会继续出现哪个中奖号码或指标与前三期的中奖号码或指标结合构成另外一个图形，往往比第三个中奖号码或指标的走向更好判断。以下是蓝球走势图里四个中奖号码构成的常见图形。

1. 斜三角形

斜三角形图形也属于三角形图形的一种，但不是特别规则的三角形，通常是有三个中奖号码或指标连成一条线，构成三角形的一条边，并且整个三角形图形轨迹中首尾两个中奖号码或指标相同或相近。如图3-14内各个图形所示。

2010109	15	12	5	13	27	27	8	1	9	6	7	4	21	27	14	15	2
2010110	1	1	6	14	28	28	9	2	10	7	8	5	22	28	15	1	3
2010111	10	1	7	15	29	29	10	3	11	8	10	6	23	29	16	2	4
2010112	16	2	8	16	30	30	11	4	12	9	1	7	24	30	17	3	16

2010124	2	7	2	28	42	6	2	8	24	6	1	19	36	42	29	3	4
2010125	9	8	1	29	43	7	3	9	25	9	2	20	37	43	30	4	5
2010126	5	9	2	30	44	5	4	10	26	1	3	21	38	44	31	5	6
2010127	1	1	3	31	45	1	5	11	27	2	4	22	39	45	32	6	7

2010138	5	5	14	42	56	5	1	22	38	13	2	33	10	56	43	6	8
2010139	9	6	15	43	57	1	2	23	39	9	3	34	11	57	44	7	9
2010140	15	7	16	44	58	2	3	24	40	1	4	35	12	58	45	15	10
2010141	6	8	17	45	59	3	6	25	41	2	5	36	13	59	46	1	11

3	42	1	14	5
1	43	2	15	1
1	44	3	16	2
2	45	1	17	5

0	2	1
1	1	2
2	1	2
0	2	1

2010109	15	5	1	大
2010110	1	小	2	1
2010111	10	1	中	2
2010112	16	2	1	大

图3-14 斜三角形图形

通过统计我们发现，根据蓝球走势图的不同，斜三角形图形出现的特性和频率也不尽相同，在实战中完全可以利用其特性和出现频率作为依据帮助我们选择或排除中奖号码或指标，从而提高中奖概率。

如果某一走势图中斜三角形图形出现频繁并且是一种常态，在实战中恰逢中奖号码或指标走出15-1-10的格局，我们判断该中奖号码或指标接下来的走势连线形成斜三角形图形的概率很大，即是走出15-1-10-14、15-1-10-15、15-1-10-16的锤子形图形格局。那么完全可以断定14、15、16一定是我们选择的中奖号码或指标的范围。

相反，如果这个走势图中斜三角形图形出现的次数极少，即使在实战中恰逢中奖号码或指标走出15-1-10的格局，也完全可以判断该中奖号码或指标接下来的走势连线形成锤子形图形的概率很低，那么完全可以断定14、15、16一定是我们可以高概率排除的中奖号码或指标，从而缩小中奖号码或指标的选择范围。

2. 梯形

梯形即四个中奖号码或指标里的第一个和第四个为同一个中奖号码或指标，而第二个、第三个中奖号码或指标发生同位遗传的现象，从而这四个中奖号码或指标恰好构成一个标准梯形的图案。如图3-15内图形所示。

2010119	9	1	中	1	2010189	1	❶	3	1	7	2010105	13	1	4	大
2010120	15	2	1	大	2010190	14	1	4	❹	2010106	5	小	5	1
2010121	15	3	2	大	2010191	16	2	5	3	❹	2010107	5	1	6	2
2010122	6	4	中	1	2010192	2	❶	6	4	1	2010108	15	1	7	大

图3-15 梯形图形

以上都是典型的梯形图形，但是在实战中我们通常也把一些变异的梯形图形也列入该范围之内，同样可以帮助我们选择或者排除中奖号码或指标的范围，如图3-16内图形所示。

2010097	1	小	2	2						
2010098	7	1	中	3						
2010099	6	2	中	4		2010115	15	1	2	大	1	2	❷
2010100	8	3	中	5	2	合	2010116	7	2	中	1	⓪	3	1
2010101	6	4	中	6	质	1	2010117	1	小	1	2	⓪	4	2
2010102	10	5	中	7	质	2	2010118	5	小	2	3	⓪	5	3
2010103	9	6	中	8	质	3	2010119	9	1	中	4	1	❶	4
2010104	2	小	1	9	合	2010120	16	2	1	大	2	1	❷

图3-16 变异的梯形图形

通过统计我们发现，根据蓝球走势图的不同梯形图形出现的特性和频率也不尽相同，在实战中完全可以利用其特性和出现频率作为依据，帮助我们选择或排除中奖号码或指标，从而提高中奖概率。

如果某一走势图中梯形图形出现频繁并且是一种常态，在实战中恰逢中奖号码或指标走出中-大-大的格局，我们判断该中奖号码或指标接下来的走势连线形成梯形图形的概率很大，即走出中—大—大—中的梯形图形格局，那么完全可以断定中形态一定是我们选择的指标。

相反，如果这个走势图中梯形图形出现的次数极少，即使在实战中恰逢形态指标走出中-大-大的格局，也完全可以判断该指标接下来的走势连线形成梯形图形的概率很低，那么完全可以断定中形态指标一定是我们可以高概率排除的指标，从而缩小了指标的选择范围。

只要我们在实战中判断中奖号码或指标的走势轨迹是梯形，不论它是典型梯形或不规则梯形，那么我们会知道第一个和第四个中奖号码或指标一定是相同的。

3. 平行四边形

这种图形是最多见的，即四个中奖号码或指标之间前两个的连线与后两个的连线形成两条平行线，其中前两个中奖号码或指标之间的距离与后两个中奖号码或指标之间的距离是等距的，如图3-17内图形所示。

										3	5	1	4
										4	2	2	1
1	1	3	4	偶	1	2	3	1	4	5	1	3	4
2	1	2	奇	1	1	3	3	2	5	6	2	4	1
3	1	1	1	偶	1	4	1	3	6	7	1	5	4
4	1	2	奇	1	1	5	3	4	7	8	2	6	1

2010140	15	4	35	4	16	44	4	2	3	24	40	1
2010141	6	6	36	5	17	45	1	3	6	25	41	2
2010142	10	1	37	1	18	46	2	4	1	26	42	3
2010143	14	3	38	1	19	3	3	5	2	27	43	4

图3-17　平行四边形图形

以上都是典型的平行四边形图形，但是在实战中我们通常也把一些变异的平行四边形图形也列入该范围之内，因为某些走势图中这种变异的平行四边形出现的很多，如果能举一反三地加以利用，同样可以帮助我们选择或者排除中奖号码或指标的范围，如图3-18内图形所示。

❶	2	1									
1	3	❷									
2	❶	1									
❶	1	2	2010089	1	1	7	❶	7	5	7	7	7	7	3	7
1	❶	3	2010090	14	3	8	1	8	❸	8	8	8	8	4	8
2	2	❷	2010091	16	5	9	2	9	1	❺	9	9	5	9
❶	3	1	2010092	2	2	10	3	❷	2	10	1	10	10	6	10
1	4	❷	2010093	6	6	11	4	1	3	11	2	❻	11	7	11

					8	11	❸	3	16
小	1	2	大	4	9	12	1	❹	17
1	2	大	1	小	10	13	❸	1	18
小	3	1	2	大	11	14	❸	2	19
小	4	2	大	1	12	15	❸	3	20
1	5	大	1	小	13	16	1	❹	21

图3-18 变异的平行四边形图形

通过统计我们发现，根据蓝球走势图的不同，平行四边形图形出现的特性和频率也不尽相同，在实战中完全可以利用其特性和出现频率作为依据帮助我们选择或排除中奖号码或指标，从而提高中奖概率。

如果某一走势图中平行四边形图形出现频繁并且是一种常态，在实战中恰逢中奖号码或指标走出1-2-1的格局，我们判断该中奖号码或指标接下来的走势连线形成平行四边形图形的概率很大，即是走出1-2-1-2的平行四边形图形格局，那么完全可以断定2一定是我们选择的中奖号码或指标。

相反，如果这个走势图中平行四边形图形出现的次数极少，即使在实战中恰逢形态指标走出1-2-1的格局，也完全可以判断该指标接下来的走势连线形成平行四边形图形的概率很低，那么完全可以断定2一定是我们可以高概率排除的指标，从而缩小了指标的选择范围。

只要我们在实战中判断中奖号码或指标的走势轨迹是平行四边形图形，不论它是典型的平行四边形或不规则的平行四边形，平行四边形图形中首尾两个中奖号码或指标一定是相同的。

4. 竹节形

即四个中奖号码或指标朝同一方向前进，连续三期左行或连续三期右行，我们把类似的图形叫作竹节形图形，如图3-19内图形所示。

2010117	1	①	13	21	35	35	16	1	17	14	4	12	29	35	22	2	5
2010118	5	1	14	22	36	⑤	17	2	18	15	5	13	30	36	23	3	6
2010119	9	2	15	23	37	1	18	3	19	⑨	6	14	31	37	24	4	7
2010120	16	3	16	24	38	2	19	4	20	1	7	15	32	38	25	5	⑯

2010143	14	10	19	47	51	5	2	27	43	4	1	38	15	61	⑭	3	13
2010144	11	11	20	48	52	3	28	44	5	2	⑪	16	62	1	4	14
2010145	8	12	21	49	53	7	4	29	⑧	6	3	1	17	63	2	5	15
2010146	1	①	22	50	54	8	5	30	1	7	4	2	18	64	3	6	16

10	47	2	27	1	15	⑦	3	①	21	15	1	4	12	22	2
11	48	3	28	2	⑥	1	4	1	22	③	2	5	13	23	3
12	49	4	④	3	1	2	5	2	23	1	⑤	14	24	4
①	50	5	1	4	2	3	6	3	24	2	1	15	25	⑧

图3-19　竹节形图形

通过统计我们发现，根据蓝球走势图的不同，竹节形图形出现的特性和频率也不尽相同，在实战中完全可以利用其特性和出现频率作为依据帮助我们选择或排除中奖号码或指标，从而提高中奖概率。

如果某一走势图中竹节形图形出现频繁并且是一种常态，在实战中恰逢中奖号码或指标走出1-5-9的格局，我们判断该中奖号码或指标接下来的走势连线形成竹节形图形的概率很大，那么完全可以断定大于9的中奖号码或指标一定是我们选择的范围。

相反，如果这个走势图中竹节形图形出现的次数极少，即使在实战中恰逢形态指标走出1-5-9的格局，也完全可以判断该指标接下来的走势连线形成竹节形图形的概率很低，那么完全可以断定大于9的中奖号码或指标一定是我们可以高概率排除的指标，从而缩小了指标的选择范围。

一般蓝球走势图中如果出现这种图形，接下来蓝球号码或指标走势轨迹的落点会反转掉头，有时反弹的力道很强劲，这时我们可以利用图形接下来的趋势缩小号码或指标的选择范围。

（三）其他常见图形

1. 心电图形

即走势图里中奖号码或指标的走势轨迹连续左右波动，且每次波动的距离不会低于3，如果把图形旋转90度角看极像心电图形，因此叫作心电图形。如图3-20内图形所示。

2010012	13	13	41	18	3	5	15	49	20	16	1	21	17	⑬	14	4	35
2010013	8	14	42	19	4	6	16	50	⑧	17	2	22	18	1	15	5	36
2010014	16	15	43	20	5	7	17	51	1	18	3	23	19	2	16	6	⑯
2010015	7	16	44	21	6	8	18	⑦	2	19	4	24	20	2	17	7	1
2010016	13	17	45	22	7	9	19	1	2	20	5	25	21	⑬	18	8	2
2010017	8	18	46	23	8	10	20	2	⑧	21	6	26	22	1	19	9	3

2010004	5	5	33	10	1	⑤	7	41	12	8	3	13	9	4	6	17	27
2010005	13	6	34	11	2	6	8	42	13	9	4	14	10	⑬	7	18	28
2010006	5	7	35	12	3	2	9	43	14	10	5	15	11	1	8	19	29
2010007	5	8	36	13	4	⑤	10	44	15	11	6	16	12	2	9	20	30
2010008	15	9	37	14	5	1	11	45	16	12	7	17	13	3	10	⑮	31
2010009	4	10	38	15	④	2	12	46	17	13	8	18	14	4	11	1	32
2010010	13	11	39	16	2	3	13	47	18	14	9	19	15	⑬	12	2	33

2010130	16	3	6	34	48	4	8	14	30	5	7	25	2	48	35	9	⑯
2010131	6	4	7	35	49	5	⑥	15	31	6	8	26	3	49	36	10	1
2010132	15	5	8	36	50	6	1	16	32	7	9	27	4	50	37	⑮	2
2010133	1	①	9	37	51	7	2	17	33	8	10	28	5	51	38	1	3
2010134	6	1	10	38	52	8	⑥	18	34	9	11	29	6	52	39	2	4

2010107	16	10	3	11	25	25	6	9	7	4	5	2	19	25	12	25	⑯
2010108	7	11	4	12	26	26	7	⑦	8	5	6	3	20	26	13	26	1
2010109	15	12	5	13	27	27	8	1	9	6	7	4	21	27	14	⑮	2
2010110	1	①	6	14	28	28	9	2	10	7	8	5	22	28	15	1	3
2010111	10	1	7	15	29	29	10	3	11	8	⑩	6	23	29	16	2	4

图3-20 心电图图形

通过统计我们发现，根据蓝球走势图的不同，心电图图形出现的特性和频率也不尽相同，在实战中完全可以利用其特性和出现频率作为依据帮助我们选择或排除中奖号码或指标，从而提高中奖概率。

如果某一走势图中心电图图形出现频繁并且是一种常态，在实战中恰逢中奖号码或指标走出13-8的格局，我们判断该中奖号码或指标接下来的走势连线形成心电图图形的概率很大，完全可以断定大于8的中奖号码或指标一定是我们选择的范围。

相反，如果这个走势图中心电图图形出现的次数极少，即使在实战中恰逢形态指标走出13-8的格局，也完全可以判断该指标接下来的走势连线形成心电图图形的概率很低，那么完全可以断定大于8的中奖号码或指标一定是我们可以高概率排除的指标，从而缩小了指标的选择范围。

2. 帽子形

即中奖号码或指标在走势图中连续出现的轨迹连线像一顶立起的礼帽形态，而且起点和终点的2-3个中奖号码或指标均是相同的，因此称作帽子形，如图3-21内图形所示。

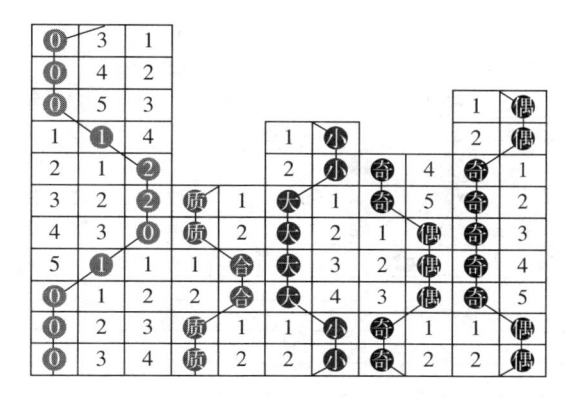

图3-21　帽子形图形

通过统计我们发现，根据蓝球走势图的不同，帽子形图形出现的特性和频率也不尽相同，在实战中完全可以利用其特性和出现频率作为依据帮助我们选择或排除中奖号码或指标，从而提高中奖概率。

如果某一走势图中帽子形图形出现频繁并且是一种常态，在实战中恰逢中奖号码或指标走出质质—合合—质的格局，我们判断该中奖号码或指标接下来的走势连线形成帽子形图形的概率很大，即是走出质质—合合—质质的帽子形图形格局，完全可以断定质形态指标一定是我们选择的指标。

相反，如果这个走势图中帽子形图形出现的次数极少，即使在实战中恰逢形态指标走出质质—合合—质的格局，也完全可以判断该指标接下来的走势连线形成帽子形图形的概率很低，那么完全可以断定质形态指标一定是我们可以高概率排除的指标，从而缩小了指标的选择范围。

3. WM形

即中奖号码或指标在走势图中连续出现轨迹的连线像立起的字母"W"或"M"形态，而且起点和终点以及两个顶点的中奖号码或指标分别是相同的，因此称作WM形，如图3-22内图形所示。

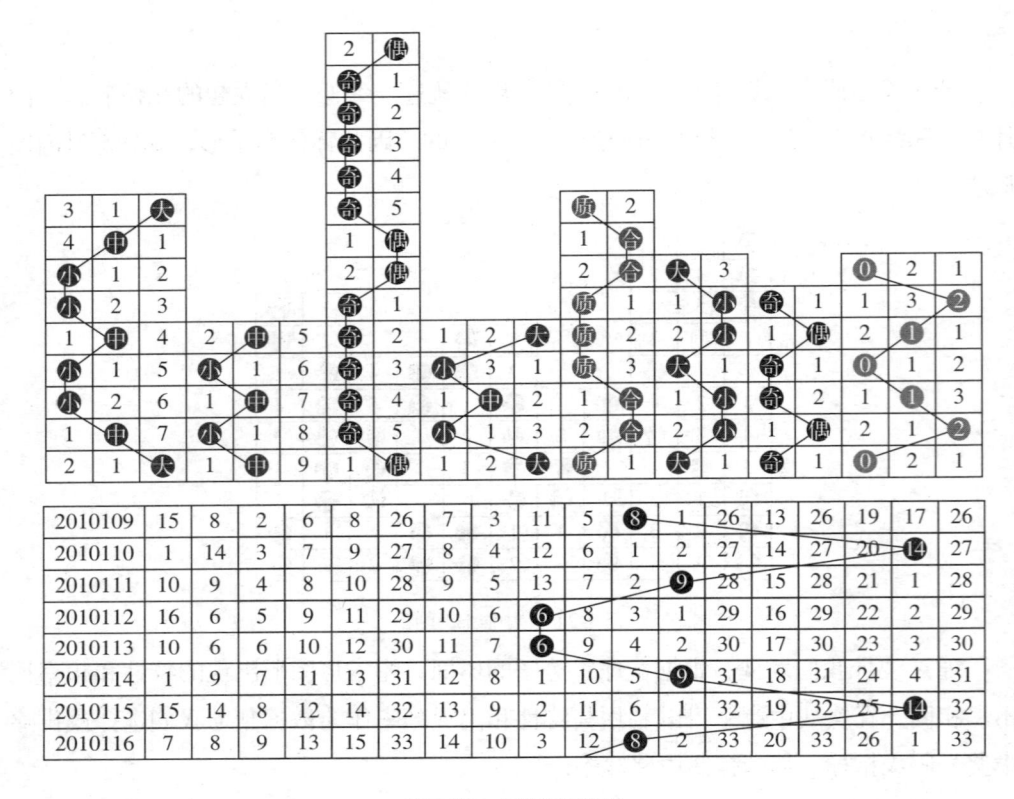

图3-22 WM形图形

以上都是典型的WM形图形,但是在实战中我们通常也把一些变异的WM形图形也列入该范围之内,因为某些走势图中这种变异的WM形图形出现的很多,如果能举一反三地加以利用,同样可以帮助我们选择或者排除中奖号码或指标的范围,如图3-23内图形所示。

第三篇 双色球蓝球选号战术 401

2010141	6	6	36	5	17	45	1	3	❻	25	41	2
2010142	10	1	37	❶	18	46	2	4	1	26	42	3
2010143	14	3	38	1	19	❸	3	5	2	27	43	4
2010144	11	0	❶	2	20	1	4	6	3	28	44	5
2010145	8	8	1	3	21	2	5	7	4	29	❽	6

2010131	6	6	26	3	7	35	16	2	❻	15	31	6
2010132	15	4	27	4	8	36	❹	3	1	16	32	7
2010133	1	1	28	❶	9	37	1	4	2	17	33	8
2010134	6	6	29	1	10	38	2	❺	6	18	34	9
2010135	10	1	30	❶	11	39	3	6	1	19	35	10
2010136	10	1	31	❶	12	40	4	7	2	20	36	11
2010137	6	6	32	1	13	41	5	8	❻	21	37	12

2010108	7	7	3	6	4	12	26	1	7	❼	8	25
2010109	15	4	4	7	5	13	❹	2	8	1	9	26
2010110	1	1	5	❶	6	14	1	3	9	2	10	27
2010111	10	1	6	❶	7	15	2	4	10	3	11	28
2010112	16	5	7	1	8	16	3	❺	11	4	12	29
2010113	10	1	8	❶	9	17	4	1	12	5	13	30
2010114	1	1	9	❶	10	18	5	2	13	6	14	31
2010115	15	4	10	1	11	19	❹	3	14	7	15	32
2010116	7	7	11	2	12	20	1	4	15	❼	16	33

2010089	1	1	7	❶	7	5	7	7	7	3	7
2010090	14	3	8	1	8	❸	8	8	8	4	8
2010091	16	5	9	2	9	1	9	❺	9	5	9
2010092	2	2	10	3	❷	2	10	1	10	6	10
2010093	6	6	11	4	3	11	2	❻	11	7	11
2010094	10	1	12	❶	2	4	12	3	12	8	12

2010097	1	1	15	❶	5	1	15	6	4	15	11	15
2010098	7	7	16	1	6	2	16	7	5	❼	12	16
2010099	6	6	17	2	7	3	17	8	❻	1	13	17
2010100	8	8	18	3	8	4	18	9	1	2	❽	18
2010101	6	6	19	4	9	5	19	10	❻	3	1	19
2010102	10	1	20	❶	10	6	20	11	1	4	2	20

小	1	11	大	4
1	2	大	1	小
2	中	1	大	1
3	1	大	1	小
4	中	1	大	小
小	1	2	大	1

图3-23 变异的WM形图形

通过统计我们发现，根据蓝球走势图的不同，WM形图形出现的特性和频率也不尽相同，在实战中完全可以利用其特性和出现频率作为依据，帮助我们选择或排除中奖号码或指标，从而提高中奖概率。

如果某一走势图中WM形图形出现频繁并且是一种常态，在实战中恰逢中奖号码或指标走出质—合—质—合的格局，我们判断该中奖号码或指标接下来的走势连线形成WM形图形的概率很大，即是走出质—合—质—合—质的WM形图形格局，完全可以断定质形态指标一定是我们选择的指标。

相反，如果这个走势图中WM形图形出现的次数极少，即使在实战中恰逢形态指标走出质—合—质—合的格局，也完全可以判断该指标接下来的走势连线形成WM形图形的概率很低，那么完全可以断定质形态指标一定是我们可以高概率排除的指标，从而缩小指标的选择范围。

这里我们需要知道的是，如果能判断中奖号码或指标会走WM形图形，那么会有两次正确选择当期中奖号码或指标的机会，那就是WM形图形中的第二个顶点和终点。

以上汇总的是蓝球走势图中常见的有规律特征的图形，除此之外尚有其他一些比较典型的图形有待彩民自己去观察总结并在实战中加以运用。

第三节　蓝球走势图分类特征

我们在前面系统地介绍了蓝球走势图原理特征和蓝球走势图图形特征，下面将分别对每种蓝球走势图的分类特征进行进一步的梳理，让大家更全面地了解和总结蓝球走势图的规律特征并高效地在实战中运用，从而提高中奖概率。

在实战中运用每个蓝球走势图分类特征进行选号时不需要复杂运算，可以像查字典一样简单快速度，而且有相当高的准确率。

当然任何一种方法都只能是间隔性的准确，不能像数学公式期期照搬，我们在运用此方法时，要灵活运用，以期获取意想不到的收获。

（一）蓝球号码走势图分类特征

1.通过总结，蓝球号码常规走势图有如下分类特征可以在实战中进行应用

（1）蓝球号码常规走势图中每个号码的出现概率理论上都是均等的，可是在实

际开奖中总会有3~5个蓝球号码连续遗漏的期数达到20~50期或个别号码遗漏的期数更长。根据这个分类特征，我们在实战中即可寻找3~5个连续遗漏期数较长的号码可以每期排除掉，从而缩小蓝球中奖号码的选择范围。如图3-24中的阴影部分即是遗漏期数较多且可以在阶段内每期排除的蓝球号码。

期号	蓝球	\multicolumn{16}{c}{蓝球号码常规走势图}															
		1	2	3	4	5	6	7	8	9	10	11	12	13	14	15	16
2010083	12	1	1	1	1	1	1	1	1	1	1	1	⑫	1	1	1	1
2010084	3	2	2	❸	2	2	2	2	2	2	2	1	2	2	2	2	2
2010085	8	3	3	1	3	3	3	3	❽	3	3	3	2	3	3	3	3
2010086	8	4	4	2	4	4	4	4	❽	4	4	4	3	4	4	4	4
2010087	10	5	5	3	5	5	5	5	1	5	⑩	5	4	5	5	5	5
2010088	12	6	6	4	6	6	6	6	2	6	1	6	⑫	6	6	6	6
2010089	1	❶	7	5	7	7	7	7	3	7	2	7	1	7	7	7	7
2010090	14	1	8	6	8	8	8	8	4	8	3	8	2	8	⑭	8	8
2010091	16	2	9	7	9	9	9	9	5	9	4	9	3	9	1	9	⑯
2010092	2	3	❷	8	10	10	10	10	6	10	5	10	4	10	2	10	1
2010093	6	4	1	9	11	11	❻	11	7	11	6	11	5	11	3	11	2
2010094	10	5	2	10	12	12	1	12	8	12	⑩	12	6	12	4	12	3
2010095	14	6	3	11	13	13	2	13	9	13	1	13	7	13	⑭	13	4
2010096	3	7	4	❸	14	14	3	14	10	14	2	14	8	14	1	14	5
2010097	1	❶	5	1	15	15	4	15	11	15	3	15	9	15	2	15	6
2010098	7	1	6	2	16	16	5	❼	12	16	4	16	10	16	3	16	7
2010099	6	2	7	3	17	17	❻	1	13	17	5	17	11	17	4	17	8
2010100	8	3	8	4	18	18	1	2	❽	18	6	18	12	18	5	18	9
2010101	6	4	9	5	19	19	❻	3	1	19	7	19	13	19	6	19	10
2010102	10	5	10	6	20	20	1	4	2	20	⑩	20	14	20	7	20	11
2010103	9	6	11	7	21	21	2	5	3	❾	1	21	15	21	8	21	12
2010104	2	7	❷	8	22	22	3	6	4	1	2	22	16	22	9	22	13
2010105	11	8	1	9	23	23	4	7	5	2	3	⑪	17	23	10	23	14
2010106	16	9	2	10	24	24	5	8	6	3	4	1	18	24	11	24	⑯
2010107	16	10	3	11	25	25	6	9	7	4	5	2	19	25	12	25	⑯
2010108	7	11	4	12	26	26	❼	8	5	6	3	20	26	13	26	1
2010109	15	12	5	13	27	27	1	9	6	7	4	21	27	14	⑮	2
2010110	1	❶	6	14	28	28	2	10	7	8	5	22	28	15	1	3
2010111	10	1	7	15	29	29	3	11	8	⑩	6	23	29	16	2	4
2010112	16	2	8	16	30	30	11	4	12	9	1	7	24	30	17	3	⑯
2010113	10	3	9	17	31	31	12	5	13	⑩	2	8	25	31	18	4	1
2010114	1	❶	10	18	32	32	13	6	14	11	1	9	26	32	19	5	2
2010115	15	1	11	19	33	33	14	7	15	12	2	10	27	33	20	⑮	3
2010116	7	2	12	20	34	34	15	❼	16	13	3	11	28	34	21	1	4

图3-24

（2）蓝球号码常规走势图中三斜连形、斜三角形、心电图形等图形较为常见，三角形和竹节形图形一般间隔一段周期后会出现，其他图形较为罕见，因此实战中我们完全可以利用这种分类特征进行选择或排除蓝球中奖号码。

（3）蓝球号码常规走势图中每个号码的走势轨迹在一段期间内跨度很大，这个阶段内我们可以选择距离上期蓝球号码较远的号码；在另一个阶段内每个号码的走势轨迹又很集中跨度很小，这个阶段内可以选择距离上期蓝球号码较近的号码。它们之间的这种走势轨迹也是冷热交替出现的，实战中完全可以仔细体会这种变化，从而更好地把握蓝球号码的趋势动态。

（4）蓝球号码常规走势图中每个号码的走势轨迹一般一个方向连续前进三期后必然逆转向相反的方向出现。实战中完全可以利用号码的这种走势特征进行缩小号码的选择范围。

2. 通过总结，蓝球号码形态走势图有如下分类特征可以在实战中进行应用

（1）蓝球号码形态走势图里大中小、012路形态指标走势呈现三角形、斜三角形、梯形和WM形的图形比较常见，实战中可以利用这个图形的频繁出现高概率地选择形态指标；同时，也可以利用其他图形的极少出现排除一些出现概率极低的形态指标，缩小指标的选择范围。

（2）蓝球号码形态走势图里大小、奇偶和质合形态指标的走势中出现三角形、平行四边形、梯形和帽子形的图形非常常见，它们之间往往连续或交替出现，实战中可以利用这些图形的频繁出现高概率地选择形态指标；同时，也可以利用其他图形的极少出现排除一些出现概率极低的形态指标，缩小指标的选择范围。

尤其注意关注大小、奇偶和质合形态指标连续出现的规律特征，我们在实战中完全可以根据这个特征选择形态指标，这也完全符合追热避冷的选号原则。

（3）蓝球号码形态走势图里每个形态指标一般连续出现的次数为3~5，然后该指标出现反转遗漏；在阶段内各个形态指标会交替或单次出现后，接下来某一个形态指标会呈现连续或多次出现的状态，周而复始地重复"交替单次"和"连续多次"的相互转换。

3. 通过总结，蓝球号码分区走势图有如下分类特征可以在实战中进行应用

（1）蓝球号码分区走势图里出现三角形、平行四边形和WM形的图形比较常见，偶尔或跳跃性出现三斜连形、梯形，实战中可以利用这个图形的频繁出现高概率地选择分区指标，同时也可以利用其他图形的极少出现排除一些出现概率极低的分区指标，缩小分区指标的选择范围。

（2）蓝球号码分区走势图中分区指标多次重复出现的情况很少，一般重复出现1~2次即反转遗漏。

（二）蓝球号码振幅走势图分类特征

1. 通过总结，蓝球号码振幅常规走势图有如下分类特征可以在实战中进行应用

（1）蓝球号码振幅常规走势图中每个号码振幅的出现概率理论上都是均等的，可是在实际开奖中总会有3~5个蓝球号码振幅连续遗漏的期数达到20~50期或个别号码遗漏的期数更长。根据这个分类特征，我们在实战中即可寻找3~5个连续遗漏期数较长的号码振幅可以每期排除掉，从而缩小蓝球中奖号码的选择范围。

（2）蓝球号码振幅常规走势图中竹节形、心电图形两种图形较为常见，三斜连图形一般间隔一段周期后会出现，其他图形较为罕见，因此实战中我们完全可以利用这种分类特征进行选择或排除蓝球中奖号码。

（3）蓝球号码振幅常规走势图中每个号码振幅的走势轨迹在一段期间内比较集中，这个阶段内我们可以选择距离上期蓝球号码振幅较近的号码振幅；在另一个阶段内每个号码振幅的走势轨迹又很零散，这个阶段内可以选择距离上期蓝球号码振幅较远的号码振幅。它们之间的这种走势轨迹一般也是交替出现的，实战中完全可以仔细体会这种变化，从而更好地把握蓝球号码振幅的趋势动态。

（4）蓝球号码振幅常规走势图中，每个号码振幅的走势轨迹一般一个方向连续前进三期后必然逆转向相反的方向出现。实战中完全可以利用号码振幅的这种走势特征进行缩小号码的选择范围。

2. 通过总结，蓝球号码振幅形态走势图有如下分类特征可以在实战中进行应用

（1）蓝球号码振幅形态走势图里大中小、012路形态指标走势呈现三角形、平行四边形、梯形和WM形的图形比较常见，实战中可以利用这个图形的频繁出现高概率地选择形态指标；同时，也可以利用其他图形的极少出现排除一些出现概率极低的形态指标，缩小指标的选择范围。

小中形态指标和012路形态指标在走势中连续出现的情况很普遍，如果在一个阶段内指标以单次或跳跃性出现的状态居多，那么在另一个阶段内一定会以指标连续性出现的状态进行回补以求平衡，它们之间会交替或连续出现。

（2）蓝球号码振幅形态走势图里大小、奇偶和质合形态指标的走势中出现三角形、平行四边形、梯形和帽子形的图形极其常见，它们之间往往连续或交替出现，实战中可以利用这些图形的频繁出现高概率地选择形态指标；同时，也可以利用其

他图形的极少出现排除一些出现概率极低的形态指标，缩小指标的选择范围。

尤其注意关注大小、奇偶和质合形态指标连续出现的规律特征，我们在实战中完全可以根据这个特征选择形态指标，这也完全符合追热避冷的选号原则。

（3）蓝球号码振幅形态走势图里每个形态指标一般连续出现的次数为3~6，然后该指标出现反转遗漏；在阶段内各个形态指标会交替或单次出现后，接下来某一个形态指标会呈现连续或多次出现的状态，周而复始地重复"交替单次"和"连续多次"的相互转换。

3.通过总结，蓝球号码振幅分区走势图有如下分类特征可以在实战中进行应用

（1）蓝球号码振幅分区走势图里出现三角形、三斜连形、梯形的图形比较常见，偶尔或跳跃性出现平行四边形或WM形，实战中可以利用这个图形的频繁出现高概率地选择分区指标，同时也可以利用其他图形的极少出现排除一些出现概率极低的分区指标，缩小分区指标的选择范围。

（2）蓝球号码振幅分区走势图中分区指标多次重复出现的情况很少，一般重复出现1~2次，极少数最多重复3~4次即反转遗漏。

（三）蓝球尾数走势图分类特征

1.通过总结，蓝球尾数常规走势图有如下分类特征可以在实战中进行应用

（1）蓝球尾数常规走势图中，所有号码尾数在实际开奖中总会有2~4个连续遗漏的期数达到10~30期或个别号码遗漏的期数更长。根据这个分类特征，我们在实战中即可寻找2~4个连续遗漏期数较长的号码尾数可以每期排除掉，从而缩小蓝球中奖号码的选择范围。

（2）蓝球尾数常规走势图中锤子形、竹节形两种图形较为常见，三斜连图形一般间隔一段周期后会出现，其他图形较为罕见，因此实战中我们完全可以利用这种分类特征进行选择或排除蓝球中奖号码。

（3）蓝球尾数常规走势图中每个号码尾数的走势轨迹在一段期间内比较集中，这个阶段内我们可以选择距离上期蓝球尾数较近的号码尾数；在另一个阶段内每个号码尾数的走势轨迹又很零散，这个阶段内可以选择距离上期蓝球尾数较远的号码尾数。它们之间的这种走势轨迹一般也是交替出现的，实战中完全可以仔细体会这种变化，从而更好地把握蓝球尾数的趋势动态。

（4）蓝球尾数常规走势图中，每个号码尾数的走势轨迹一般一个方向连续前进三期后必然逆转向相反的方向出现。实战中完全可以利用蓝球尾数的这种走势特征

进行缩小号码的选择范围。

2. 通过总结，蓝球尾数形态走势图有如下分类特征可以在实战中进行应用

（1）蓝球尾数形态走势图里大中小、012路形态指标走势呈现三角形、平行四边形、梯形和WM形的图形比较常见，实战中可以利用这个图形的频繁出现高概率地选择形态指标；同时，也可以利用其他图形的极少出现排除一些出现概率极低的形态指标，缩小指标的选择范围。

小中形态指标和012路形态指标在走势中连续出现的情况很普遍，如果在一个阶段内指标以单次或跳跃性出现的状态居多，那么在另一个阶段内一定会以指标连续性出现的状态进行回补以求平衡，它们之间会交替或连续出现。

大形态指标出现的较少并偶尔跳跃性回补一次是因为其理论概率很低的缘故，也是在"均衡原理"的作用下必然的趋势结果。

（2）蓝球尾数形态走势图里大小、奇偶和质合形态指标的走势中出现三角形、梯形和帽子形的图形极其常见，它们之间往往连续或交替出现，实战中可以利用这些图形的频繁出现高概率地选择形态指标；同时，也可以利用其他图形的极少出现排除一些出现概率极低的形态指标，缩小指标的选择范围。

尤其注意关注大小、奇偶和质合形态指标连续出现的规律特征，我们在实战中完全可以根据这个特征选择形态指标，这也完全符合追热避冷的选号原则。

（3）蓝球尾数形态走势图里每个形态指标一般连续出现的次数为3~6，然后该指标出现反转遗漏；在阶段内各个形态指标会交替或单次出现后，接下来某一个形态指标会呈现连续或多次出现的状态，周而复始地重复"交替单次"和"连续多次"的相互转换。

3. 通过总结，蓝球尾数分区走势图有如下分类特征可以在实战中进行应用

（1）蓝球尾数分区走势图里出现三角形、三斜连形、平行四边形、WM形图形比较常见，实战中可以利用这个图形的频繁出现高概率地选择分区指标，同时也可以利用其他图形的极少出现排除一些出现概率极低的分区指标，缩小分区指标的选择范围。

（2）蓝球尾数分区走势图中分区指标多次重复出现的情况很少，一般重复出现1~3次即反转遗漏。

（四）蓝球尾数振幅走势图分类特征

1. 通过总结，蓝球尾数振幅常规走势图有如下分类特征可以在实战中进行应用

（1）蓝球尾数振幅常规走势图中所有尾数振幅在实际开奖中总会有3~5个连续遗漏的期数达到20~50期或个别号码遗漏的期数更长。根据这个分类特征，我们在实战中即可寻找3~5个连续遗漏期数较长的尾数振幅可以每期排除掉，从而缩小蓝球中奖号码的选择范围。

（2）蓝球尾数振幅常规走势图中三角形、竹节形、心电图形较为常见，三斜连图形一般间隔一段周期后会出现，其他图形较为罕见，因此实战中我们完全可以利用这种分类特征进行选择或排除蓝球中奖号码。

（3）蓝球尾数振幅常规走势图中每个号码振幅的走势轨迹在一段期间内比较集中，这个阶段内我们可以选择距离上期蓝球尾数较近的振幅；在另一个阶段内每个尾数振幅的走势轨迹又很零散，这个阶段内可以选择距离上期蓝球尾数较远的振幅。它们之间的这种走势轨迹一般也是交替出现的，实战中完全可以仔细体会这种变化，从而更好地把握蓝球尾数振幅的趋势动态。

（4）蓝球尾数振幅常规走势图中，每个尾数振幅的走势轨迹一般一个方向连续前进三期后必然逆转向相反的方向出现。实战中完全可以利用尾数振幅的这种走势特征进行缩小号码的选择范围。

2.通过总结，蓝球尾数振幅形态走势图有如下分类特征可以在实战中进行应用

（1）蓝球尾数振幅形态走势图里大中小、012路形态指标走势呈现三角形、平行四边形、梯形和WM形的图形比较常见，实战中可以利用这个图形的频繁出现高概率地选择形态指标；同时，也可以利用其他图形的极少出现排除一些出现概率极低的形态指标，缩小指标的选择范围。

小中形态指标和012路形态指标在走势中连续出现的情况很普遍，尤以小形态指标更为突出；如果在一个阶段内指标以单次或跳跃性出现的状态居多，那么在另一个阶段内一定会以指标连续性出现的状态进行回补以求平衡，它们之间会交替或连续出现。

（2）蓝球尾数振幅形态走势图里大小、奇偶和质合形态指标的走势中出现三角形、平行四边形、梯形和帽子形的图形极其常见，它们之间往往连续或交替出现，实战中可以利用这些图形的频繁出现高概率地选择形态指标；同时，也可以利用其他图形的极少出现排除一些出现概率极低的形态指标，缩小指标的选择范围。

尤其注意关注大小、奇偶和质合形态指标连续出现的规律特征，我们在实战中完全可以根据这个特征选择形态指标，这也完全符合追热避冷的选号原则。

（3）蓝球尾数振幅形态走势图里每个形态指标一般连续出现的次数为3~6，然后该指标出现反转遗漏；在阶段内各个形态指标会交替或单次出现后，接下来某一个形态指标会呈现连续或多次出现的状态，周而复始地重复"交替单次"和"连续多次"的相互转换。

3. 通过总结，蓝球尾数振幅分区走势图有如下分类特征可以在实战中进行应用：

（1）蓝球尾数振幅分区走势图里出现三角形、平行四边形、梯形图形比较常见，偶尔或跳跃性出现三斜连形或WM形，实战中可以利用这个图形的频繁出现高概率地选择分区指标，同时也可以利用其他图形的极少出现排除一些出现概率极低的分区指标，缩小分区指标的选择范围。

（2）蓝球尾数振幅分区走势图中分区指标多次重复出现的情况很少，一般重复出现1-2次，极少数最多重复3~4次即反转遗漏。

（五）蓝球内码合走势图分类特征

1. 通过总结，蓝球内码合常规走势图有如下分类特征可以在实战中进行应用：

（1）蓝球内码合常规走势图中，所有内码合在实际开奖中总会有2~4个连续遗漏的期数达到10~30期或个别号码遗漏的期数更长。根据这个分类特征，我们在实战中即可寻找2~4个连续遗漏期数较长的内码合可以每期排除掉，从而缩小蓝球中奖号码的选择范围。

（2）蓝球内码合常规走势图中锤子形、竹节形、心电图三种图形较为常见，WM形图形一般间隔一段周期后会出现，其他图形较为罕见，因此实战中我们完全可以利用这种分类特征进行选择或排除蓝球中奖号码。

（3）蓝球内码合常规走势图中，每个内码合的走势轨迹在一段期间内比较集中，这个阶段内我们可以选择距离上期蓝球内码合较近的内码合；在另一个阶段内每个内码合的走势轨迹跨度分散，这个阶段内可以选择距离上期蓝球内码合较远的内码合。它们之间的这种走势轨迹一般也是交替出现的，实战中完全可以仔细体会这种变化，从而更好地把握蓝球内码合的趋势动态。

（4）蓝球内码合常规走势图中，每个蓝球内码合的走势轨迹一般一个方向连续前进三期后必然逆转向相反的方向出现。实战中完全可以利用蓝球内码合的这种走势特征进行缩小号码的选择范围。

2. 通过总结，蓝球内码合形态走势图有如下分类特征可以在实战中进行应用

（1）蓝球内码合形态走势图里大中小、012路形态指标走势呈现三角形、平行

四边形、梯形和WM形的图形比较常见，实战中可以利用这个图形的频繁出现高概率地选择形态指标；同时，也可以利用其他图形的极少出现排除一些出现概率极低的形态指标，缩小指标的选择范围。

大小中形态指标和012路形态指标在走势中连续出现的情况很普遍，如果在一个阶段内指标以单次或跳跃性出现的状态居多，那么在另一个阶段内一定会以指标连续性出现的状态进行回补以求平衡，它们之间会交替或连续出现。

（2）蓝球内码合形态走势图里大小、奇偶和质合形态指标的走势中出现三角形、梯形和帽子形的图形极其常见，它们之间往往连续或交替出现，实战中可以利用这些图形的频繁出现高概率地选择形态指标；同时，也可以利用其他图形的极少出现排除一些出现概率极低的形态指标，缩小指标的选择范围。

尤其注意关注大小、奇偶和质合形态指标连续出现的规律特征，我们在实战中完全可以根据这个特征选择形态指标，这也完全符合追热避冷的选号原则。

（3）蓝球内码合形态走势图里每个形态指标一般连续出现的次数为3~6，然后该指标出现反转遗漏；在阶段内各个形态指标会交替或单次出现后，接下来某一个形态指标会呈现连续或多次出现的状态，周而复始地重复"交替单次"和"连续多次"的相互转换。

3. 通过总结，蓝球内码合分区走势图有如下分类特征可以在实战中进行应用

（1）蓝球内码合分区走势图里出现三角形、三斜连形、心电图形比较常见，实战中可以利用这个图形的频繁出现高概率地选择分区指标，同时也可以利用其他图形的极少出现排除一些出现概率极低的分区指标，缩小分区指标的选择范围。

（2）蓝球内码合分区走势图中分区指标多次重复出现的状态会跳跃性出现，一般重复出现1~3次即反转遗漏。

（3）蓝球内码合分区走势图中所有分区指标在实际开奖中总会有1~3个连续遗漏的期数达到10~30期或个别号码遗漏的期数更长。根据这个分类特征，我们在实战中即可寻找1~3个连续遗漏期数较长的分区指标可以每期排除掉，从而缩小蓝球中奖号码的选择范围。

（六）蓝球内码差走势图分类特征

1. 通过总结，蓝球内码差常规走势图有如下分类特征可以在实战中进行应用

（1）蓝球内码差常规走势图中，所有内码差在实际开奖中总会有2~4个连续遗漏的期数达到10~30期或个别号码遗漏的期数更长。根据这个分类特征，我们在实

战中即可寻找2~4个连续遗漏期数较长的内码差可以每期排除掉，从而缩小蓝球中奖号码的选择范围。

（2）蓝球内码差常规走势图中锤子形、竹节形、心电图三种图形较为常见，WM形图形一般间隔一段周期后会出现，其他图形较为罕见，因此实战中我们完全可以利用这种分类特征进行选择或排除蓝球中奖号码。

（3）蓝球内码差常规走势图中每个内码差的走势轨迹在一段期间内比较集中，这个阶段内我们可以选择距离上期蓝球内码差较近的内码差；在另一个阶段内每个内码差的走势轨迹跨度分散，这个阶段内可以选择距离上期蓝球内码差较远的内码差。它们之间的这种走势轨迹一般也是交替出现的，实战中完全可以仔细体会这种变化，从而更好地把握蓝球内码差的趋势动态。

（4）蓝球内码差常规走势图中，每个蓝球内码差的走势轨迹一般一个方向连续前进三期后必然逆转向相反的方向出现。实战中完全可以利用蓝球内码差的这种走势特征进行缩小号码的选择范围。

2. 通过总结，蓝球内码差形态走势图有如下分类特征可以在实战中进行应用

（1）蓝球内码差形态走势图里大中小、012路形态指标走势呈现三角形、三斜连形、平行四边形、梯形和WM形的图形比较常见，实战中可以利用这个图形的频繁出现高概率地选择形态指标；同时，也可以利用其他图形的极少出现排除一些出现概率极低的形态指标，缩小指标的选择范围。

小中形态指标和012路形态指标在走势中连续出现的情况很普遍，如果在一个阶段内指标以单次或跳跃性出现的状态居多，那么在另一个阶段内一定会以指标连续性出现的状态进行回补以求平衡，它们之间会交替或连续出现。

（2）蓝球内码差形态走势图里大小、奇偶和质合形态指标的走势中出现三角形、梯形和帽子形、WM形的图形极其常见，它们之间往往连续或交替出现，实战中可以利用这些图形的频繁出现高概率地选择形态指标；同时，也可以利用其他图形的极少出现排除一些出现概率极低的形态指标，缩小指标的选择范围。

尤其注意关注大小、奇偶和质合形态指标连续出现的规律特征，我们在实战中完全可以根据这个特征选择形态指标，这也完全符合追热避冷的选号原则。

（3）蓝球内码差形态走势图里每个形态指标一般连续出现的次数为3~6，然后该指标出现反转遗漏；在阶段内各个形态指标会交替或单次出现后，接下来某一个形态指标会呈现连续或多次出现的状态，周而复始地重复"交替单次"和"连续多

次"的相互转换。

3. 通过总结，蓝球内码差分区走势图有如下分类特征可以在实战中进行应用

（1）蓝球内码差分区走势图里出现三角形、三斜连形、心电图形比较常见，实战中可以利用这个图形的频繁出现高概率地选择分区指标，同时也可以利用其他图形的极少出现排除一些出现概率极低的分区指标，缩小分区指标的选择范围。

（2）蓝球内码差分区走势图中分区指标多次重复出现的状态会跳跃性出现，一般重复出现1~3次即反转遗漏。

（3）蓝球内码差分区走势图中，所有分区指标在实际开奖中总会有1~3个连续遗漏的期数达到10~30期或个别号码遗漏的期数更长。根据这个分类特征，我们在实战中即可寻找1~3个连续遗漏期数较长的分区指标可以每期排除掉，从而缩小蓝球中奖号码的选择范围。

（七）蓝球两码组合走势图分类特征

通过总结，蓝球两码组合走势图有如下分类特征可以在实战中进行应用：

（1）蓝球两码组合走势图里出现三角形、三斜连形、竹节形、WM形和心电图形比较常见，实战中可以利用这个图形的频繁出现高概率地选择分区指标，同时也可以利用其他图形的极少出现排除一些出现概率极低的分区指标，缩小分区指标的选择范围。

（2）蓝球两码组合走势图中分区指标多次重复出现的状态极少出现，一般重复出现1~2次即反转遗漏。

（3）蓝球两码组合走势图中，所有分区指标在实际开奖中总会有2~4个连续遗漏的期数达到10~30期或个别号码遗漏的期数更长。根据这个分类特征，我们在实战中即可寻找2~4个连续遗漏期数较长的分区指标可以每期排除掉，从而缩小蓝球中奖号码的选择范围。

（八）蓝球行列分区走势图分类特征

通过总结，蓝球行列分区走势图有如下分类特征可以在实战中进行应用：

（1）蓝球行列分区走势图里出现三角形、三斜连形、平行四边形、竹节形、WM形和心电图形比较常见并交替出现，实战中可以利用这个图形的频繁出现高概率地选择分区指标，同时也可以利用其他图形的极少出现排除一些出现概率极低的分区指标，缩小分区指标的选择范围。

（2）蓝球行列分区走势图中分区指标多次重复出现的走势呈跳跃式周期出现，一般每个指标连续出现3~5次即反转遗漏。

第四章 蓝球走势图及指标实战攻略

技术决定战术，思路决定出路。好的方法还要靠正确的思路去指导实现。我们通过前面的阅读对各种蓝球走势图及其规律特征都有了细致地了解，那么实战中如何使用蓝球走势图进行选号才能达到最佳效果呢？

第一节 蓝球走势图的实战选用

第二章详细地介绍了八大类蓝球走势图，我们知道每个蓝球走势图都由不同的分类走势图组成，这八大类蓝球走势图几乎涵盖了蓝球号码的不同分析角度，不论是哪一类蓝球走势图在实战中应用得法都可以把蓝球中奖号码锁定在极小的范围之内，以最小的投入换来收益最大化；从另一方面来讲，只有提高了蓝球号码的中奖率才能降低投资风险、保证投资收益，也才能离大奖的目标更近一步。

那么，我们在实战中如何选用八大类蓝球走势图呢？

本书中汇总了八大类蓝球走势图，每类都功效巨大，可是现实的问题是我们在实战中不可能每次应用到所有的走势图，因为那样会产生两个问题：一是如果同时使用八大类蓝球走势图就要保证每个走势图数据的完整性，如此一来就会造成巨大的数据统计所带来的工作量；二是如果同时使用八大类蓝球走势图会给使用者带来眼花缭乱的感觉，大量数据、大量指标会造成使用者无所适从的感觉，导致对指标趋势的判断出现偏差，从而出现"差之毫厘谬以千里"的局面。

综上所述，再结合我们在实战中获得的经验来看，蓝球走势图的最佳选择原则是：宁精勿滥，交叉使用，相互印证。

1. 宁精勿滥

每种蓝球走势图就是一种经典的选蓝方法，我们虽然掌握了八种之多，但是在实战中进行每一期蓝球号码分析时不可能同时使用。用的方法越多，错误的概率就越大，反而降低了中奖概率。因此，实战中蓝球走势图使用得越少越好，宁精勿滥。

2. 交叉使用

根据不同蓝球走势图选择的指标在实战中交叉使用，更会创造出其不意的效果。我们在实战中往往会遇到这样的事情，例如根据蓝球尾数走势图看好"大中小"里的小形态指标0、1、2会在当期高概率出现，这时根据蓝球内码合走势图又看好1路形态指标1、4、7同样会在当期高概率出现。蓝球尾数为0、1、2包括蓝球号码10、01、11、12，蓝球内码合为1、4、7包括蓝球号码01、10、04、14、07、16，同时符合两个条件的蓝球号码只有01和10。也就是说如果当期的选择是正确的，那么蓝球号码01和10之间一定包括当期的蓝球开奖号码。

这就是交叉使用的优势。

3. 相互印证

所谓相互印证是指每次应用一种选蓝方法进行选择蓝球号码时，可以同时使用其他方法相互参照。从不同角度分析蓝球号码，看看其结果有没有统一性。如果分析选择是正确的，结果应当完全吻合。如果相符，就再次证明了之前的判断是可靠的，反之如果不相符合，说明之前的分析可能会存在问题，需要重新分析判断。相互印证实则是对选择结果的一种效验。

但是要永远记住，最先使用的蓝球走势图必须为主，参照分析印证使用的蓝球走势图为次，主次必须要分清，千万不能因为使用次要的蓝球走势图获得的结果来绝对性地干扰之前的分析判断。

根据蓝球走势图的选用原则，我们可以获得唯一的走势图选择模式——走势图1+1实战模式。

走势图1+1实战模式即只选择两类蓝球走势图作为我们实战中应用的走势图，这两类走势图在使用前根据"选用原则"必须确定主次关系，那样我们在实战中才会以一类走势图为主进行选择蓝球号码，而另一类蓝球走势图只作为参考印证使用。这样选择的好处在于，一方面可以对通过主要走势图选择的指标或蓝球号码进行印证，一方面可以再次缩小通过主要走势图选择的备选蓝球号码的范围，以达到"一码定蓝"的巨大功效。

例如，我们选择蓝球行列分区走势图和蓝球尾数走势图进行实战，其中前者为主，后再为辅。

假设通过对蓝球行列分区常规走势图进行分析后判断当期蓝球号码会出现在第三行和第四列，第三行包括蓝球号码09、10、11、12，第四列包括蓝球号码04、08、12、16，符合两个条件的号码只有12，也就是说如果判断正确的话当期蓝球中奖号码一定是号码12。

这时我们再看蓝球尾数走势图，假设通过分析后选择当期蓝球尾数为2，那么蓝球号码02和12即为当期蓝球号码的备选号码。

通过蓝球尾数走势图选择的备选号码02和12中包括根据蓝球行列分区走势图选择的备选号码12，根据辅助走势图选择的号码印证了根据主要走势图选择号码的正确性。

如果此时根据蓝球尾数走势图选择的备选号码中不包括根据蓝球行列分区走势图选择的蓝球号码，说明它们之间具有差异性，这时要分析具体原因，重新进行判断选择，避免发生错误的同时也提高了中奖概率。

通过上面假设的案例可见，在实战中遵照"宁精毋滥"的原则，只选用两类蓝球走势图进行"主次分明""相互印证"的"交叉使用"使用，才能达到"层层剥茧""威力无比"的显著效果。

在实战中如若想达到"一码定蓝"的实战功效，单独选用蓝球号码走势图、蓝球两码和组合走势图或蓝球行列分区走势图即可，而选择其他走势图须两类走势图结合使用才能达到该效果。

第二节　蓝球走势图指标选用方法和原则

我们通过蓝球走势图已经对各种指标从分布、数据和图形三方面进行了系统、详细、准确的统计，并且通过对指标的分析后发现并总结了指标分布趋势的规律特征，它们均具有极强的实战价值和指导意义。

万事俱备只欠东风。蓝球走势图以及总结出来的指标规律特征我们都已经具备了，接下来要做的就是进行实战了。只有在实战中准确地选用当期的指标，才能高概率地选择蓝球中奖号码的范围，因此这时指标的选用方法、选用原则以及应用法则显得极其重要。

那么在实战中选用当期指标的方法和原则以及应用法则是什么呢？

(一) 指标选用方法

在实战中利用蓝球走势图发现的规律特征以及当前统计数据来综合分析判断指标在接下来可能或不可能发生的趋势状态，从而正确地选择或排除相应指标，这个流程就是指标选用方法。

指标选用的方法包括正态选择法和反向排除法，简称选择法和排除法，这两种方法是进行指标选择时采用最普遍的而又行之有效的一种方法。

利用指标的规律特征以及当前的统计数据对指标接下来可能出现的趋势进行分析判断后，高概率地选择使用该指标的方法称作是正态选择法。比如根据某一类蓝球走势图可以看到某指标的最大遗漏期数是5，而该指标当前的遗漏期数为4，反转率（反转率=指标当期遗漏或连续出现期数/指标在历史或阶段内最大遗漏或连续出现期数×100%）已经达到了80%（4/5×100%=80%），那么可以判断该指标接下来出现的概率很高；同时也根据蓝球走势图观察并判断该指标在出现"非等量"现象后会在"求均衡"作用下进行调偏回补，从而选择使用该指标，这就是利用"选择法"进行高概率地选择指标。一般情况下指标在遗漏状态下使用选择法的情况居多。

利用指标的规律特征以及当前的统计数据对指标接下来不可能出现的趋势进行分析判断后，高概率地排除该指标在当期出现的方法称为反向排除法。比如根据蓝球走势图可以看到某指标阶段内最大连续出现的期数是6，而该指标当前连续出现了6期，反转率已经达到了100%（8/8×100%=100%），那么判断该指标接下来可以排除的概率很高；同时也根据蓝球走势图观察并判断该指标在出现"非等量"现象后也会在"求均衡"作用下进行调偏回补，从而排除该指标，这就是利用"排除法"进行高概率地排除指标。一般情况下指标在惯性状态下使用排除法的情况居多。

再比如根据蓝球走势图的分类特征可以发现该走势图内指标走势落点形成三角形图形的概率很小，而当前指标在前两期的走势中落点已经形成三角形的一条边，如果本期指标落点折回的话就会形成一个三角形，这时因为已知走势图中出现三角形的概率很低，所以我们排除了本期指标走势落点会形成三角形的情况，那么会形成三角形的那个落点即我们能高概率排除的指标。这是利用走势图中不可能形成某一种图形而最终排除指标的落点达到缩小蓝球中奖号码的选择范围，也可以称作是图形排除法。

假设在0~9十个数字里选择一个数字，如果用选择法来进行选择，理论上成功概率为10%，而运用排除法来排除一个最不可能出现的数字的理论成功概率就是90%。因此，在指标选用的过程中，运用的最为广泛以及成功概率最高的也就是排除法。比如根据阶段内某指标呈现连续出现的状态并且出现概率超过理论概率很多的情况下，接下来完全可以利用排除法把该指标继续出现的可能性排除掉。再比如某指标在连续三次的遗漏状态中呈现1、2、3的递增形式，通过查找历史数据发现，类似情况常常不会再次同量递增，即"非对称"发展，从而排除该指标在再次遗漏时发生达到出现连续遗漏4次即反转的情况。

在指标的选用中选择法的使用最为重要，因为选择法使用的好坏，选用的是否准确，直接关系到选择指标的精准程度，也直接关系到是否把蓝球中奖号码锁定在最小的范围内，是否可以"一码定蓝"。

总体来说，在实战中要综合分析，整体衡量指标选用方法的利弊以及准确概率，再来使用指标的选用方法，那样更科学，成功的概率更高。

（二）指标选用原则

每个指标的重要性是随统计数据及图形的变化而改变的，可能分析选择这期的蓝球中奖号码时，这个指标的作用最大，到了下期，另一个指标就成了关键性的指标了。长期单独使用某个指标来分析选择蓝球中奖号码的条件是不可取的，因为它所表达出来的有效信息十分有限，不能提供更大的选择空间。读者必须要对所选使用的蓝球走势图内所有指标加以综合分析，灵活选用，这就需要一个指标选择的指导思想了。指标的选择和应用究竟要遵循哪些原则呢？

1. 均衡第一

彩票均衡论是指导彩民分析指标、选择指标的大道至简的真理，亘古不变。彩民如能很好地理解、掌握及运用非等量、非对称、求均衡三大原理，那么在博彩中一定能够准确地选择指标，如鱼得水，笑傲江湖。

因此说，彩票均衡论是真正适用于彩票指标分析的唯一实战理论，彩票界永远适用的真理！

2. 审时度势

从某种意义上来说，审时度势的覆盖面很广，涉及研判整体和局部的趋势状态。实战中要真正做到审时度势，要下一番苦功夫才能做到：不但要熟练所有历史数据中指标的趋势变化，更要不断地利用历史数据进行模拟训练与复盘训练。

审时度势包括三观五看。熟能生巧，才能做到审时度势。做到了这一点，对某个指标的研判选择完全可以做到运筹帷幄，中奖于必然中！

三观五看是指标选用原则之一。

三观包括：观大势，观阶段，观局部。

五看包括：一看指标理论概率，二看指标当前遗漏或连续出现期数，三看指标最大遗漏或最大连续出现期数，四看指标遗漏和连续出现的反转率，五看走势图分类特征的出现情况。

所谓的观大势，就是详细地观察某个指标在蓝球走势图中长期的表现状态，从历史数据和图形特征中观察分析指标的变化趋势，以及在彩票均衡论的作用下指标间的互相转化，从而帮助我们更好地掌握每个指标的整体情况。

观阶段是指通过指标分布表观察指标在50期内数据和图形特征的变化情况，或者是5个平均遗漏期之内的变化情况。

而观局部是指观察指标在10期内数据和图形特征的变化情况，或者是平均遗漏期内的变化情况。

指导我们实战中分析判断指标的一般都是阶段期内或局部的趋势变化。在具体实战中，只要对大势有过几次全面系统的了解和掌握就可以，没有必要每期都把现有的几百上千期历史开奖数据都翻看一遍，而只要了解掌握指标最近30~50期的趋势动态，最多不超过80期，就能给我们在指标的分析选择中提供非常有价值的信息。

观察了解掌握每个指标的理论概率是很重要的功课，"春江水暖鸭先知"，只有这样我们才能第一时间感知指标在当前阶段的趋势变化。

如果指标当前处于遗漏状态，那么就观察指标的当前遗漏、最大遗漏以及计算出反转率；如果指标当前处于连续出现状态，那么就观察指标的当前连续出现期数、最大连续出现期数、和计算出反转率；这样不但可以详细地了解指标当前的数据变化，更可以清楚地了解接下来该指标的趋势动态。

指标在走势中形成某种特定的图形其实也是一种意义上的指标，因此了解掌握每个走势图中图形特征的变化及特点也极其重要。

如果走势图中极少出现常见的图形，那么在实战中就完全可以高概率地排除其形成图形的走势落点，相反如果走势图中频繁地出现某种常见的图形，那么在实战中同样即可高概率地选择其形成特定图形的落点，从而准确地选择中奖号码或指标。

"三观"和"五看"都是通过仔细地观察蓝球走势图来完成，只有把它们综合使用、融会贯通，在实战中对指标的选择才能如鱼得水，游刃有余。

3. 宁精勿滥

实战中，不论任何指标，抑或是任何条件，选择使用得越少，精益求精，错误的概率才会越小，相对也就提高了中奖概率，反之结果亦相反。

一般在实战中，首先必须全面观察每个指标在每个蓝球走势图中表现的状态。如果在蓝球走势图中某个指标在阶段内或局部的遗漏、出现的热冷状态等表现得非常突出，那么就可以判断这个指标有"明显态势"可抓。"明显态势"代表指标的遗漏、出现的热冷状态在每个蓝球走势图中的表现情况，据此可以确定选择使用哪几个指标。比如一个指标已经遗漏了8期，该指标呈现出明显的冷态，不但出现概率远远低于它的理论出现概率，并接近实战中最大连续遗漏期数。根据反转率可知，该指标在接下来出现的可信性非常高，那么，这个指标就具有"态势明显"的特征，可以选择使用。

反过来说，如果某个指标从整体上看表现得非常明显，特征性很强，比如蓝球走势图中某指标的理论出现概率很高，但是现在观察到的结果是，它在短期内出现的实际概率低于理论概率很多，出现了"异常"现象，那么，它发生"反转"的可能性极大，这时，该指标就是一个不可忽视的指标，应毫不犹豫地选择。

同样，如果某个指标在近期内出现的次数呈现"偏态"，并且达到了极限，那我们完全可以排除它继续出现的可能性。这样的指标也是应该选择的。比如，若某个指标已经连续出现了4期，接近该指标最大连续出现3次的极限，那么发生"反转"的概率也极高，所以我们完全可以排除该指标接下来继续出现的可能性。

总之，指标的选择必须以蓝球走势图为基础，以统计的数据为准则，以走势图分类特征为依据并结合彩票均衡论来分析判断每个指标，从正反两方面来评判该指标的使用价值。一个指标在蓝球走势图中表现得越有规律，它应用价值越大。

如果某个指标在长期表现很有规律，只是在近期表现得不尽如人意，说明该指标有极大的潜力，接下来会具有很大的表现能力，往往能帮助你在实战中出其不意，屡立战功。

但是要清楚地知道，每个蓝球走势图中"态势明显"的指标不可能一起全部出现，可能会依次出现，或次大"态势明显"的指标率先出现，掩护达到或超越极限的指标首先突围。

　　管理学范畴有一个著名的8020定律，它说，通常一个企业80%的利润来自它20%的项目。这个8020定律被应用到多个/领域：经济学家说，20%的人手里掌握着80%的财富；心理学家说，20%的人身上集中了人类80%的智慧。同样，应用在彩票的指标选择中我们可以说，只有选择20%的指标才能达到80%的准确概率。这个8020定律也从另一个方面说明了必须要精简地选择指标的重要性。指标选择得越少，错误的概率越小，相对成功的概率越高。

　　指标虽然很多，即使是相同的指标，在不同蓝球走势图中表现的状态也有差异。有的一团雾水，朦胧难辩；有的清晰可见，呼之欲出。因此，要想精准地选择条件一击命中中奖号码，就必须找最有规律、状态最明显的指标，那些表现不规律的、不明显的指标则坚决不用，永远记住一个指标选择的铁律——宁精勿滥。

　　宁精勿滥是彩民选择指标的金科玉律，要时刻谨记！

　　4. 追热避冷

　　追热不追冷永远是指标选择的不二法则，多少人因为博冷而家破财散，绝不是危言耸听。指标或条件的偏态永远没有尽头，一切皆有可能发生。博彩中，必须要有控制风险的意识，否则必败无疑。

　　追冷要有技巧，冷态经过微冷、强冷或深冷后定会有解冻的时刻，也就是说冷的指标或条件一旦出现一次后，在均衡原理作用下会继续调偏回补。冷态指标的出现是解冻的信号，是调偏回补的前奏，接下来冷的指标才会在短期内多次出现，这时才是捕捉某个指标的最佳时机。但是要记住，双冷或三冷在某个阶段也可能出现，因此做好计划，控制风险是永远的工作。

　　追热避冷是彩民在进行指标选择时必须时时刻刻一定要铭记的铁律，它会让大家受益终生！

　　5. 攻防兼备

　　实战中往往看好一个指标的出现，而作为重点进攻的目标，可是往往事与愿违，本来不看好的或是作为防守的指标却在开奖中出现了，这种事情数不胜数。给我们的警示是：攻防要兼备，才能无往而不利。

　　6. 步调一致

　　实战中必须要掌握每个指标出现节奏的快慢、冷热间隔的长短，只有这样才能让我们的思维与开奖进行同步协调，只有达到统一，做到步调一致，才能到中奖的最佳阶段。

刚开始可能像学习唱歌一样，会跑调，也可能会跟不上节拍，但是慢慢地感受，慢慢地学习，就会熟能生巧。

去感受指标的起伏变化，就像随着音乐翩翩起舞，又像在品味一杯百年红酒。只有欣赏指标，欣赏条件的变化带给你的快乐，才能达到博彩的最高境界——博彩艺术！

7. 心静自然

博彩需要正确的技术思想和方法，可是过硬的心态也同样重要。彩民有时会因为一个好的指标或其他因素而急功近利，求胜心切，这样必然会引起情绪的波动，导致分析判断的失误，从而会影响技术的发挥。

时刻要谨记，博彩初期是投机，随着时间的推移，慢慢才能转化为一种投资行为，因此必须端正自己的心态，冷静对待得失。

冷静的心态、稳定的发挥是实战中很重要的环节，如果能做到心静自然、稳定发挥，好运自然会来！

（三）指标应用法则

指标选好后，接下来就要对指标逐个进行分析，最后提炼出组合结果，这便是指标的应用环节，也是中奖的重要环节。每个指标即可以单独使用，也可以联合作战；既可交叉使用，也可相互印证。

所谓交叉使用，就是每次在进行指标分析时，需将各种已经选择好的指标分门别类地排列开来，看其中哪个指标最"异常"，"态势最明显"，哪个好选用哪个。在此基础上，各种指标都可以交叉使用，比如大中小形态指标可以和质合形态指标交叉使用，012路形态指标也可以和大小形态指标交叉使用。一定要活学活用，举一反三。

所谓相互印证是指每次应用指标确定中奖号码时，可以同时使用几种指标相互参照，从不同角度分析确认中奖号码，看看其结果有没有统一性。如果分析选择是正确的，结果应当完全一致。

例如在实战中，我们通过蓝球尾数走势图分析确定当期指标小形态，同时还能确定当期指标为奇形态指标，小形态指标包括尾数0、1、2，奇形态指标包括尾数1、3、5、7、9，那么我们通过交叉使用原则就可以判断该指标为1；如果此时还能确定指标是1路形态指标，就再次证明了之前的推断是可靠的。反之，如果有一项或两项不符合，说明指标的分析有问题。相互印证实则是对指标的一种校验。

第三节 "一码定蓝"概率提高方法

熟能生巧的道理谁都明白，因此如能把握"一码定蓝"的技术方法，再结合系统的训练，提高双色球蓝球号码的中奖率是轻而易举的事情。系统的训练主要包括两大方面：模拟训练和实战复盘。

（一）模拟训练

模拟训练是根据历史开奖数据所进行的一种自我的、虚拟的实战训练，包括指标训练和投注训练。

指标的取舍是蓝球选号技术的关键要点，也直接关系到我们根据指标所选择的备选蓝球号码最后是否能够中奖。

很多读者最初在学习和使用选号技术时，大多数在指标取舍的方面会感觉到有些难以把握或完全掌控。其实，解决这个问题的关键就是四个字：模拟训练。进行"指标模拟训练"对每个读者来说至关重要，和学棋时的"打棋谱"有着异曲同工之妙，因此这个过程必不可少。

在训练过程中可以训练自己对某个指标的分析判断，也可以训练自己对某一期全盘指标的研判取舍。我们通过不断模拟训练，不但可以对某个指标不断变化的趋势有个详细的了解，更重要的是在训练的过程中可以更好地领悟"均衡理论"和"图形特征"在指标趋势变化中的动态规律，从而帮助我们在以后实战中更好的、高概率的进行指标的选择和应用。

我们在进行模拟训练时，可以任意选定某个阶段开奖期号的某个指标，然后把截止该期号前的30期或50期或80期数据作为本次训练分析的数据进行使用，最后结合指标的技术参数以及运用均衡理论对所有数据进行综合分析后来决定指标的取舍。

投注训练是指利用历史开奖数据进行的组号投注实战训练。我们可以任选一期为截止开奖期号，通过分析判断选择截止期号前的所有条件指标，然后进行过滤后得出当期中奖号码的出现范围。根据多年的实战经验，初学者最好使用"金字塔作号法"进行投注训练。

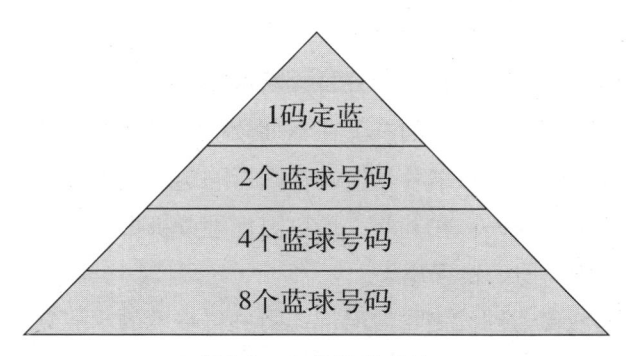

```
        1码定蓝
      2个蓝球号码
     4个蓝球号码
    8个蓝球号码
```

图4-1　金字塔作号法

如图4-1，金字塔作号法就是由下到上分为四层来使用由少到多的指标进行号码过滤，得出的蓝球号码结果也是从多到少。例如由下向上数第一层，我们只要正确选择蓝球号码形态走势图中大形态、小形态或奇形态和偶形态指标其中的一个指标即可在8个蓝球号码内锁定当期的中奖号码，其他依此类推。根据实战经验，使用的指标根据实际情况也是由少到多进行具体调节，一般来说只要正确选择两个指标即可在极小范围内锁定蓝球中奖号码。

每期利用金字塔作号法所得出的投注结果都应该记录存档，然后根据下期或最新开奖号码对每层投注结果的中奖情况进行核对并进行统计，这样做的目的可以逐层提高自己的中奖概率，提升自身的实战能力，逐渐缩小投注号码数量。

如果我们通过训练后在第一层的8个蓝球范围内中奖概率很高，那么接下来就做第2层的投注训练，依此类推可以依次递减到最后一层。如果我们在实际操作中通过不断努力能做到这个地步，并有一定的中奖概率，就完全可以进行实战操作了。

我们无论做任何事情，要想成功都要持之以恒，模拟训练也不例外。只有通过不断的训练，才能逐步地提高我们自身的实战技能，也才能在实战中获得更大的收益。

有付出一定会有回报！不论是实战中想要"一码定蓝"，抑或是实施"蓝球计划倍投"，只有技术上达到熟能生巧、无招胜有招的境界，才能在实战中经常性地随手即可轻易捕捉当期蓝球中奖号码，也才能无风险、无后顾之忧地投入更大的资金依靠购买更多数量的红球号码增加大奖的中奖概率，除此之外别无捷径。

（二）实战复盘

我们在学习中，"模拟训练"固然重要，可是"实战复盘"更是重中之重。实战复盘指的是每次进行模拟训练或者真正实战后，都要根据最新的开奖结果来核对之前所有指标的分析取舍是否正确。

　　如果在开奖之前我们针对指标的分析判断取舍都完全正确，我们也要在开奖之后及时进行复盘后总结一下，自问一下在本期分析中为什么能够正确研判取舍每个指标，有什么样的经验可以总结并且能够在以后的实战中借鉴使用；如果开奖之前分析判断取舍的指标有错误，在开奖之后更要仔细分析失误的原因，吸取失败的教训并在以后尽量杜绝类似的错误出现。

　　如果我们在每次模拟训练或实战后都能够进行细致的实战复盘，那么我们的技术会随着日积月累不但会有显著的提高，并且会有质的飞跃。

　　我们要记住，模拟训练和实战复盘永远是每个想中奖的彩民所必修的一门课程。舍得舍得，只有付出一定的努力才会真正地得到你想要的。

第五章 应用蓝球走势图"一码定蓝"案例解析

通过对八大类蓝球走势图、蓝球走势图规律特征和蓝球走势图及指标实战攻略三大部分由浅入深地学习了解，绝大多数读者对利用蓝球走势图进行选择蓝球号码的技术方法及流程应该十分清晰明了。在此基础上，本章对实战案例的解析也即三大部分的实战综合应用，可以帮助读者进一步熟悉和掌握实用的选蓝技术。如果读者能将全部内容融会贯通，再经过不断地模拟训练和实战复盘，笔者可断言——定会达到"一码定蓝"的最高境界。

使用蓝球走势图进行实战选号的战法分为两种，一种称为单兵战法，另一种称为组合战法，每种战法的最终目的都是为了精准地"一码定蓝"。

在实战中利用唯一的一类蓝球走势图选择1~2个蓝球号码作为投注号码的方式，我们称为单兵战法。

每一类蓝球走势图中的指标数量是有限的，因此在实战中要使用单兵战法进行精准选择蓝球号码时，就需要对使用的蓝球走势图中有限的指标有能力进行精准地判断选择，才能达到以最少的号码命中蓝球号码或达到"一码定蓝"最高境界，这不但要求我们必须把本书中的选蓝技术熟能生巧、举一反三地融会贯通，而且更要经过不断模拟训练和实战复盘。

在实战中利用固定的两类或两类以上的蓝球走势图选择1~2个蓝球号码作为投注号码的方式，我们称为组合战法。

选择两类或两类以上蓝球走势图同时进行组合实战，相对于单兵战法使用的一类蓝球走势图中的指标数量多了很多，可选择使用好指标的机会也增加了许多，因此在实战中也能更好地帮助我们精准地选择好指标，达到以最少的号码命中蓝球号码或达到"一码定蓝"最高境界。

一般情况下我们不建议读者同时使用超过两类以上的蓝球走势图，因为不但要统计制作更多的数据图表,而且对太多的走势图也不能同时做到了如指掌,反而会影响实战分析研判的准度。

下面我们重点介绍的两个实战案例是只依靠一类蓝球走势图实施的单兵战法,读者通过对这两个案例的举一反三和融会贯通后,完全有能力利用第七章提供的模拟训练专用走势图进行"组合战法"的模拟训练,在此也希望每个读者都要完成这个功课。

第一节 单兵战法之蓝球号码走势图实战案例

如图5-1所示,我们使用蓝球号码走势图(2010083~2010095期)预测2010096期蓝球开奖号码为例进行实战解析。

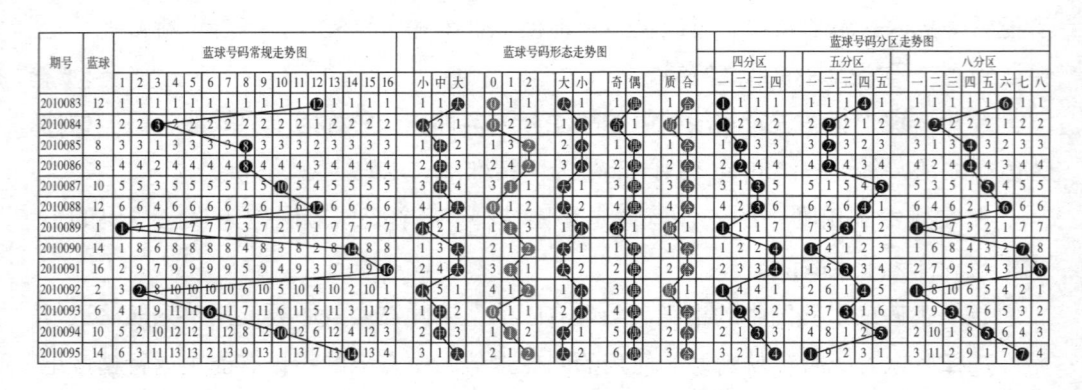

图 5-1 蓝球号码走势图(2010083~2010095期)

看图的目的就是选择好的指标进行使用,从而精准地选择蓝球中奖号码,这就要求我们一定要按照第四章中指标选用原则进行分析研判。

这里需要特别说明的是,审时度势是指标的选用原则之一,它包括三观五看。三观包括观大势,观阶段,观局部。简单地说,所谓的三观就是详细地观察某个指标在蓝球走势图中长期、中期和短期内的表现状态,从历史数据和图形特征中观察分析指标的冷热变化趋势,以及在彩票均衡论的作用下指标之间是如何进行互相转化,从而帮助我们更好地了解和掌握每个指标的情况。这里我们不再详述,读者可自行通过后面的模拟训练专用各种蓝球走势图去细心体会领悟。

下面将按照笔者实战中实际使用的思路流程进行逐步展开解析。

1. 观察蓝球号码常规走势图，寻找可用的指标

通过图5-1中蓝球号码常规走势图我们可以看到，2010092、2010093、2010094、2010095接连四期蓝球号码走出02-06-10-14递增式的竹节形图形。

观察历史数据可以知道，出现这种图形后下期蓝球号码的落点一定会反转掉头；再看图中2010083~2010095期的阶段之间蓝球号码落点偏右的情况居多，因此我们考虑下期蓝球号码的落点反弹力度会较大，至少应该越过中线或出现偏左的趋势（中线是指以蓝球号码08为中点的竖线）。因此，我们首先研判2010096期蓝球号码的落点在中线以左的区域内，也即是指蓝球备选范围为01~08。后来的开奖事实也证明，蓝球中奖号码在接下来的6期开奖中落点都在中线以左的范围内，也就是在蓝球号码01~08范围内出现。

通过前面掌握的蓝球号码常规走势图分类特征我们可知：在实际开奖中总会有3~5个蓝球号码连续遗漏的期数达到20~50期或个别号码遗漏的期数更长。根据这个分类特征，我们在实战中可寻找连续遗漏期数较长的号码可以高概率排除掉。据此，图5-1蓝球号码常规走势图中蓝球号码04、05、07、09、11、13、15共7个遗漏值均达到13期的号码进入了我们的视线，尤其是04、05、07在备选蓝球号码范围之内，从而又再次缩小了之前蓝球备选号码的范围。后来的开奖事实也证明，蓝球号码04、05、09、11、13、15均连续遗漏超过20期，尤其是04和13更是出现了超过70期的遗漏。

通过对蓝球号码常规走势图中"具有明显态势"指标的分析研判，我们可以得出这样的蓝球备选号码范围：01、02、03、06。

2. 观察蓝球号码形态走势图，寻找可用的指标

通过图5-1中蓝球号码形态走势图我们可以看到，大中小形态中的小形态指标在2010083~2010095期共计13期中只出现了3次，分别为2010084期、2010089期、2010092期，它们之间分别间隔了4期、2期，截至目前小形态指标遗漏3期。

我们知道蓝球号码走势图内小形态指标的理论出现概率31.25%，在13期中出现4次属于理论范围值内，因此目前阶段内小形态指标出现的次数低于理论值约33%。依据"均衡原理"我们知道，在求均衡作用下，该指标在阶段内会"调偏回补"以求平衡。所以，接下来我们看好"小形态"指标的出现，也即是选择蓝球号码01、02、03、04、05作为备选号码。事实上也是如此，在接下来的开奖中小形态指标连续出现了两次，完美地达到了阶段内的平衡。当然，这是后话，在这里说的

目的就是让读者更深刻地了解指标是永远遵循"均衡原理"运行的。

蓝球号码形态走势图中012路形态指标和大小形态指标的趋势不是十分明朗，遵循"宁精勿滥"的指标选用原则，不予使用。

我们再看蓝球号码形态走势图中的奇偶形态指标，在13期的走势图中奇形态指标只出现了2次，远远低于50%的理论出现概率，在均衡原理"求均衡"的作用下一定会调偏回补；最重要的是，截止2010095期已经连续遗漏了6期没有出现，反转率几乎达到100%（历史数据中奇形态指标连续遗漏最大值为6）。因此，接下来奇形态指标出现的概率极高，也即是把蓝球号码01、03、05、07、09、11、13、15作为2010096期高概率的备选号码。

蓝球号码形态走势图中质合形态指标中质形态指标也处于调偏回补的时机，出现的概率也很大，但我们依然遵循"宁精勿滥"的指标选用原则，不予使用。

通过对蓝球号码形态走势图中"具有明显态势"指标的分析研判，我们可以得出这样的蓝球备选号码范围：01、03、05。

3. 观察蓝球号码分区走势图，寻找可用的指标

通过观察蓝球号码分区走势图发现五分区中第二区指标已经遗漏了9期，在均衡原理"求均衡"作用下反转出现的概率比较高，也就是说第二区指标包括的蓝球号码03、08、13出现的概率较高。虽然这个指标不能作为重要的指标参与研判从而缩小蓝球备选号码范围，但是可以通过这个指标在最后的备选号码选择"重中之重"的号码。

通过观察蓝球号码分区走势图的四分区和八分区，没有特别明显或高概率的指标可以选择使用，同样遵循"宁精勿滥"的指标选用原则，不予使用。

4. 综合分析，交叉应用得出备选蓝球号码

通过蓝球号码常规走势图我们选择了蓝球号码01、02、03、06作为备选号码，同样我们通过蓝球号码形态走势图也选择01、03、05作为备选号码。根据交叉应用的原则，只有蓝球号码01、03同时符合之前的分析判断，因此我们选择这两个号码作为2010096期蓝球备选号码。

通过蓝球号码分区走势图我们又看好第二区指标的出现，也就是说蓝球号码03、08和13出现的概率较高，而现在我们选择了01和03作为本期的备选号码，那么可以说蓝球号码03是备选号码中的重中之重，必须重点关注。

2010096期蓝球中奖号码为03，事实胜于雄辩，说明我们之前的分析判断是完

全正确的。

第二节 单兵战法之蓝球行列分区走势图实战案例

期号	蓝球	蓝球特殊行列分区走势图 行分区				列分区				蓝球常规行列分区走势图 行分区				列分区			
		一	二	三	四	一	二	三	四	一	二	三	四	一	二	三	四
2010016	13	5	❷	3	1	7	❷	2	1	7	1	❸	2	❶	5	1	1
2010017	8	6	1	❸	2	8	1	3	❹	8	❷	1	3	1	6	2	❹
2010018	1	❶	2	1	3	❶	2	4	1	❶	1	2	4	❶	7	3	1
2010019	16	1	❷	2	4	1	3	❸	2	1	1	2	❹	1	8	4	❹
2010020	5	2	1	3	❹	2	❷	1	3	2	❷	4	1	❶	9	5	1
2010021	8	3	2	❸	1	3	1	2	❹	3	❷	1	3	❶	10	6	2
2010022	5	4	1	3	2	4	❷	3	1	4	❷	1	3	❶	11	7	3
2010023	5	5	4	2	❹	5	❷	4	2	5	❷	7	4	❶	12	8	4
2010024	14	6	5	❸	1	6	❷	5	3	6	1	8	❹	1	❷	9	5
2010025	9	7	❷	1	2	7	1	6	❹	7	2	❸	1	2	1	10	❹
2010026	12	❶	1	2	3	8	❷	7	1	❶	3	1	2	❶	2	11	1
2010027	1	❶	2	3	4	❶	1	2	3	❶	2	3	4	❶	3	12	3
2010028	1	❶	3	4	5	❶	2	9	3	❶	2	4	5	❶	4	13	3
2010029	7	1	4	5	❹	1	3	10	❹	1	❷	4	5	1	5	❸	4
2010030	10	❶	5	6	1	2	4	11	❹	2	1	❸	6	2	❷	1	5
2010031	12	❶	6	7	2	3	❷	12	1	3	2	3	7	3	1	2	❹
2010032	15	1	7	❸	2	4	1	❸	2	1	4	2	❹	4	1	❸	1
2010033	4	2	8	1	❹	❶	2	1	3	❶	4	2	1	5	3	❸	❹
2010034	8	3	9	❸	1	1	3	2	❹	1	❷	3	1	6	4	2	❹
2010035	2	4	❷	1	2	❶	4	3	1	❶	❷	3	2	7	❷	3	1
2010036	5	5	1	3	❹	❶	1	4	2	❶	❷	3	2	❶	1	4	2
2010037	11	❶	2	3	1	2	1	❸	3	❶	2	❸	2	2	1	❸	3
2010038	12	❶	3	4	2	3	❷	1	4	3	2	❸	6	2	3	1	❹
2010039	13	1	❷	5	3	4	❷	2	5	4	3	1	❹	❶	4	2	1
2010040	13	2	❷	6	4	5	❷	3	6	5	2	1	❹	❶	5	3	2
2010041	13	3	❷	7	5	6	❷	4	7	6	5	3	❹	❶	6	4	3
2010042	15	4	1	❸	6	7	1	❸	8	7	6	4	❹	1	7	❸	4

图5-2 蓝球行列分区走势图（2011016~2011042期）

使用蓝球行列分区走势图进行分析选择蓝球号码，我们需要了解的是：不论是选择相同或是不同的行列走势图，只要能正确选择指标出现的一列和一行，那么就能达到"一码定蓝"；如果正确选择指标出现的范围在一行两列或者一列两行内，即可在两个号码内选中蓝球号码；需要注意的是，尽量避免不要选择同是行或者同是列的指标进行使用，如在图5-2蓝球行列分区常规走势图中选择一行，又在蓝球行列分区特殊走势图中选择一行进行交叉使用，因为那样获得的备选号码数量很多，不利于实战投注。

我们也建议读者在实战中尽量以选择出现在一行或一列的好指标为主，另外的指标选择最好是出现在两列或两行内，主次分明就会获得中奖率高的两个备选号码。因此，行列分区的最佳实战模式为：一行两列和一列两行。

如图5-2所示，我们使用蓝球行列分区走势图（2010016~2010042期）预测2010043期蓝球开奖号码为例进行实战解析。

1. 观察蓝球特殊行列分区走势图的行分区，寻找可用的指标

我们通过观察蓝球特殊行列分区走势图的行分区会发现，指标在第四区内已经连续遗漏了6期，根据均衡原理及反转率预计反转出现的概率比较高；再从图形的走势来看，如果指标的落点在第四区，那么2011041期、2011042期和即将开奖的2011043期就会形成2-3-4格局的三斜连形图形，与2011033期、2011034期、2011035期形成的4-3-2格局的图形形成了遥相呼应。而且根据分类特征我们知道三斜连图形也是蓝球行列分区走势图中常见的图形，因此我们有理由相信接下来指标的落点出现在第四区内的概率很高。

蓝球特殊行列分区走势图行分区的第四区包括蓝球号码是4个，分别为04、05、06、07，这也是我们选择的蓝球备选号码。

细心的读者也许会发现，2011043期之前开奖的6期蓝球中奖号码均为10以上的蓝球号码，从均衡原理的角度分析，接下来出现小号码蓝球的概率也很高。从这一方面也印证了我们选择的蓝球备选号码没有方向性的错误。

2. 观察蓝球特殊行列分区走势图的列分区，寻找可用的指标

通过观察蓝球特殊行列分区走势图的列分区会发现，指标在第一区和第四区内已经分别连续遗漏了7期和8期，根据均衡原理及反转率计算，预计反转出现的概率很高。

蓝球特殊行列分区走势图列分区的第一区和第四区包括蓝球号码是8个，分别

为01、02、03、04、07、08、09、10，这也同样是我们选择的蓝球备选号码。

根据分类特征我们知道，在蓝球行列分区走势图中规则及不规则的WM形图形出现的较多，2011017~2011021期、2011020~2011026期、2011030~2011034期、2011032~2011037期均为WM形。我们再看2011043期，如果指标的落点出现在第一区，那么2011035~2011043期就又形成了一个典型的WM形。因此，指标出现在第一区的机会我们应该重点关注，也就是重点关注蓝球备选号码01、02、03、04。

3. 观察蓝球常规行列分区走势图，寻找可用的指标

通过蓝球特殊行列分区走势图选择的指标已经够用，再者蓝球常规行列分区走势图中的指标也没有"具有明显态势"可用的，遵循"宁精勿滥"的指标选用原则，不予采用蓝球常规走势图中的指标。

4. 综合分析，交叉应用得出备选蓝球号码

通过蓝球特殊行列分区走势图的行分区走势图，我们选择了蓝球号码04、05、06、07作为备选号码，同样我们通过列分区走势图也选择01、02、03、04、07、08、09、10作为备选号码。根据交叉应用的原则，只有蓝球号码04、07同时符合之前的分析判断，因此我们选择这两个号码作为2011043期蓝球备选号码。

通过行分区走势图我们又看好指标在第一区出现，也就是说蓝球号码01、02、03、04出现的概率较高，而现在我们已经选择了04和07作为本期的备选号码，那么可以说蓝球号码04是备选号码中的重中之重，必须重点关注。

2011043期蓝球中奖号码为04，事实胜于雄辩，再次说明我们之前的分析判断是完全正确的。

第六章 蓝球"尾合差"综合战法

红球号码是宝藏之门的一把大锁,蓝球号码就是打开这把锁的金钥匙。我们即使找到宝藏,也只有找到金钥匙才能打开这把锁,才能真正地拥有这些宝藏。否则,即使找到宝藏,因为没有金钥匙也只能望洋兴叹了。蓝球号码,就是开启财富之门的金钥匙。

本章综合在一起介绍的蓝球尾选号法、蓝球内码合选号法和蓝球内码差选号法,在实战中既可以单独使用,又可以联合应用,因为后者实战效果更佳,所以我们称之为蓝球"尾合差"综合战法。

第一节 蓝球尾选号法

双色球蓝球号码从01~16共有16个,每期开奖只能开出一个蓝球号码,也就是说蓝球号码的理论中奖概率为6.25%。

通过16个蓝球号码我们可以观察到这样一个现象,那就是所有蓝球号码的尾数均是0~9之间的数字。把16个蓝球号码按照同一个尾数划分后是这样的:

尾数为1的蓝球号码包括:01、11

尾数为2的蓝球号码包括:02、12

尾数为3的蓝球号码包括:03、13

尾数为4的蓝球号码包括:04、14

尾数为5的蓝球号码包括:05、15

尾数为6的蓝球号码包括:06、16

尾数为7的蓝球号码包括:07

尾数为8的蓝球号码包括：08

尾数为9的蓝球号码包括：09

尾数为0的蓝球号码包括：10

通过尾数划分后可以看到，如果在实战中能够正确选择当期蓝球开奖号码的一个尾数，那么在1~2个蓝球号码内就可以命中当期的蓝球号码。

这种通过选择蓝球号码尾数来最终选择蓝球号码的选号模式，把16选1轻松转化为10选1，降低了选号的难度。这种选号方法我们称为尾数分析选蓝法。

我们既然把蓝球号码的尾数作为分析使用的条件，那么和断列3D号码的百位号码一样，同样可以进行蓝球号码尾数的统计和分析。只有详细地对蓝球号码尾数进行统计和分析，才能获得科学的分布信息和统计数据，从而指导帮助大家准确地分析选择最新一期的蓝球号码尾数，最终高概率地锁定蓝球号码。

蓝球号码尾数作为条件进行统计，同断列3D号码的百位号码一样分为指标分布表和指标参数表，其中指标参数表包括指标遗漏明细表和指标惯性明细表。只有统计制作出以上三个图表才算真正完成了一套完整的蓝球尾数统计表。表6-1为蓝球尾数指标分布表，表6-2为蓝球尾数指标遗漏明细表，表6-3为蓝球尾数指标惯性明细表，表内使用2009001~2009020期共计20期开奖数据，因为制作方法与之前断区3D号码的指标分布表、指标参数表都完全相同，这里制作方法及过程不再赘述。

表6-1 双色球蓝球尾数指标分布表（2009001~2009020期）

期号	开奖号码	蓝尾	大	中	小	0路	1路	2路	重	大	小	奇	偶	质	合
2009001	04 21 23 24 30 31-04	4		1	中数	5	2	1路	1		1	小数	7	偶数	5	合数
2009002	10 14 17 25 29 33-14	4		2	中数	6	3	1路	2	2		小数	8	偶数	6	合数
2009003	02 03 06 15 25 30-02	2	3	1	小数	4	1	2路	3	3		小数	9	偶数	质数	1
2009004	03 11 13 17 28 31-03	3	4		中数	1	0路	2	1	重	4	小数	奇数	1	质数	2
2009005	01 03 08 15 17 21-13	3	5		中数	2	0路	3	2	重		小数	奇数	2	质数	3
2009006	06 12 18 20 26 33-02	2	6	1	小数	1	4	2			3	小数	1	偶数	质数	4
2009007	01 05 12 23 25 26-15	5	7		中数	1	2	5	2	大数	1		奇数	1	质数	5
2009008	04 15 16 22 32 33-02	2	8		1	小数	3	2路	3	3	1	小数	1			6
2009009	08 15 21 30 32 33-02	2	9		2	小数	4	7	3	4		小数	1		质数	7
2009010	03 10 17 19 20 24-02	2	10		3	小数	5	2	5	3		小数	3		偶数	8
2009011	02 04 13 14 18 23-15	5	11		中数	1	6	9	2路	6	大数	1	奇数	1		9
2009012	05 11 14 17 18 28-01	1	12	1	小数	7	1路	1	1	重	1	小数	奇数	2	质数	10
2009013	04 08 09 21 26 27-09	9	大数	2	1	0路	2	3	2	大数	1		奇数	3	1	合数
2009014	03 06 09 14 15 18-02	2	1		小数	3	4	3	2		3	小数	奇数	2	质数	2
2009015	02 04 06 15 17 32-05	5	2		中数	1	2	2路	3	2	1		奇数	3	质数	3
2009016	02 07 13 16 20 33-03	3	3		中数	2	0路	4	2	重		小数	1	偶数	质数	3
2009017	06 14 15 19 25 26-08	8	大数	1		3	1	2路	2	重	1			偶数	1	合数
2009018	02 05 06 19 27 30-15	5	1		中数	1	2	2路	2	1	大数	2	奇数	1	质数	1
2009019	06 17 19 20 26 27-04	4	2		中数	5	3	1路	1	2	1	小数	1	偶数	1	合数
2009020	03 05 07 10 19 23-13	3	3		中数	6	0路	1	2	重	2	小数	奇数	1	质数	1

表6-2　双色球蓝球尾数指标遗漏明细表

项目	大	中	小	0路	1路	2路	重	大	小	奇	偶	质	合
中奖概率	0.19	0.5	0.31	0.38	0.31	0.31	0.44	0.44	0.56	0.5	0.5	0.56	0.44
统计期数	855	855	855	855	855	855	855	855	855	855	855	855	855
最大遗漏	23	9	25	14	16	16	10	12	6	9	6	6	11
次大遗漏	20	7	20	13	14	14	9	11	5	7	5	5	10
当前遗漏	0	1	2	1	0	6	1	0	1	0	2	0	2
中出可信度	—	0.5	0.52	0.38	—	0.89	0.44	—	0.56	—	0.75	—	0.69
遗漏反转率	—	0.14	0.1	0.08	—	0.43	0.11	—	0.2	—	0.4	—	0.2

项目	大	中	小	0路	1路	2路	重	大	小	奇	偶	质	合
统计期数	855	855	855	855	855	855	855	855	855	855	855	855	855
遗漏总次数	131	213	175	194	164	172	208	202	202	220	221	206	207
最大遗漏	23	9	25	14	16	16	10	12	6	9	6	6	11
遗漏1次	25	105	53	68	50	57	81	90	109	117	99	123	85
遗漏2次	20	54	40	52	26	34	62	51	48	62	62	52	56
遗漏3次	16	25	18	27	21	20	29	25	21	26	30	15	24
遗漏4次	14	18	18	16	24	18	16	11	16	9	10	7	19
遗漏5次	18	5	17	9	13	11	8	7	6	2	11	3	4
遗漏6次	2	3	12	11	9	10	5	5	2	2	9	6	9
遗漏7次	3	1	6	4	3	5	4	8	0	1	0	0	3
遗漏8次	5	0	3	2	3	3	1	1	0	0	0	0	3
遗漏9次	8	2	4	1	5	4	1	2	0	1	0	0	1
遗漏10次	4	0	0	0	4	1	1	0	0	0	0	0	2
遗漏10次以上	16	0	4	4	6	9	0	2	0	0	0	0	1
最佳遗漏范围	1~9	1~3	1~5	1~4	1~5	1~5	1~3	1~3	1~3	1~2	1~3	1~2	1~4

表6-3　双色球蓝球尾数指标惯性明细表

项目	大	中	小	0路	1路	2路	重	大	小	奇	偶	质	合
中奖概率	0.19	0.5	0.31	0.38	0.31	0.31	0.44	0.44	0.56	0.5	0.5	0.56	0.44
统计期数	855	855	855	855	855	855	855	855	855	855	855	855	855
最大惯性	4	9	4	7	6	6	8	5	12	6	9	11	6
次大惯性	3	8	3	6	5	5	6	5	11	5	7	10	5
当前惯性	1	—	—	—	1	—	—	1	—	2	—	2	—
中出可信度	0.17	—	—	—	0.25	—	—	0.24	—	0.14	—	0.12	—
惯性反转率	0.33	—	—	—	0.2	—	—	0.2	—	0.4	—	0.2	—

续表

项目	大	中	小	0路	1路	2路	重	大	小	奇	偶	质	合
统计期数	855	855	855	855	855	855	855	855	855	855	855	855	855
惯性总次数	131	212	175	193	165	171	208	202	202	221	220	207	206
最大惯性	4	9	4	7	6	6	8	6	12	6	9	11	6
惯性1次	104	108	112	121	102	109	109	109	90	99	117	85	123
惯性2次	22	52	40	39	42	40	61	48	51	62	62	56	52
惯性3次	4	23	20	18	11	14	21	21	25	30	26	24	15
惯性4次	1	12	3	7	5	6	10	16	11	10	9	19	7
惯性5次	0	12	0	6	4	1	4	5	7	11	2	4	3
惯性6次	0	1	0	1	1	1	2	2	5	9	2	9	6
惯性7次	0	1	0	1	0	0	0	0	8	0	1	3	0
惯性8次	0	2	0	0	0	0	0	1	0	0	0	3	0
惯性9次	0	1	0	0	0	0	0	0	2	0	1	1	0
惯性10次	0	0	0	0	0	0	0	0	0	0	0	2	0
惯性10次以上	0	0	0	0	0	0	0	0	2	0	0	0	0
最佳惯性范围	1~2	1~3	1~2	1~2	1~2	1~2	1~3	1~3	1~3	1~2	1~4	1~2

不知史无以鉴未来。我们既然已经对蓝球尾数的历史数据通过统计表进行了详细、科学、系统的统计和分析，那么接下来在每期实战中就完全可以同断列或断行3D号码的各个位置号码一样，充分利用指标分布表、指标参数表的规律特征以及参数数据对当前期蓝球尾数走势进行准确的趋势分析和精确的判断，从而高概率地选择蓝球号码。

在实战中，如果通过对蓝球尾数统计表的分析判断后，认为当期蓝球尾数为大数指标出现的概率很高，那么大数指标包括7、8、9，也就是说蓝球尾数为7、8、9。我们知道，在16个蓝球号码里尾数为7、8、9的蓝球号码只有07、08、09。如果当期分析判断是正确的，那么07、08、09三个蓝球号码中一定会包括当期的蓝球开奖号码。

同理，如果分析判断后，当期蓝球尾数为大数指标和0路指标同时出现的概率很高，那么大数指标包括7、8、9，0路指标包括0、3、6、9，符合它们同时出现的号码只有交集号码9。也就是说当期蓝球尾数为9。我们知道，在16个蓝球号码里尾数为9的蓝球号码只有09。如果当期分析判断是正确的，那么蓝球号码09一定会是当期的蓝球开奖号码。

第二节　蓝球内码合选号法

双色球蓝球号码从01~16共有16个，每个蓝球号码均是由十位和个位数字组成，如蓝球号码01、08、12等。

我们为了在实战中能准确地选择蓝球号码，那么就要多角度地去观察和分析蓝球号码，从而了解蓝球号码各个层面的不同视角的趋势变化。

双色球中，每个蓝球号码的十位和个位数字相加之和称为内码合，如蓝球号码08，0+8=8，即蓝球号码08的内码合为8；又如蓝球号码13，1+3=4，蓝球号码13的内码合为4。经过统计，蓝球号码的内码合的范围值是1~9（没有内码合为0的蓝球号码），每个内码合所对应的蓝球号码如下：

内码合为1的蓝球号码包括：01、10

内码合为2的蓝球号码包括：02、11

内码合为3的蓝球号码包括：03、12

内码合为4的蓝球号码包括：04、13

内码合为5的蓝球号码包括：05、14

内码合为6的蓝球号码包括：06、15

内码合为7的蓝球号码包括：07、16

内码合为8的蓝球号码包括：08

内码合为9的蓝球号码包括：09

通过内码合划分后可以看到，如果在实战中能够正确选择当期蓝球号码的内码合，那么在1~2个蓝球号码内就可以命中当期的蓝球号码。

这种通过分析蓝球号码内码合来最终选择蓝球号码的选号模式，把16选1轻松转化为9选1，同样也降低了选号的难度。这种选号方法我们称为内码合选蓝法。

我们既然把蓝球号码的内码合作为分析使用的条件，那么和蓝球号码尾数分析一样，同样可以进行内码合的统计和分析。只有详细地对内码合进行统计和分析才能获得科学的分布信息和统计数据，从而指导帮助大家准确地分析最新一期的蓝球号码内码合，最终高概率地锁定蓝球号码。

蓝球号码内码合作为条件进行统计，同尾数分析一样分为指标分布表和指标参数表，其中指标参数表包括指标遗漏明细表和指标惯性明细表。只有统计制作出以上三个图表，才算真正完成了一套完整的蓝球内码合统计表。表6-4为蓝球内码合指标分布表，表3-5为蓝球内码合指标遗漏明细表，表3-6为蓝球内码合指标惯性明细表，表内使用2009001~2009020期共计20期开奖数据，因为制作方法与之前断区3D号码的指标分布表、指标参数表都完全相同，这里制作方法及过程同样不再赘述。

表6-4 双色球蓝球内码合指标分布表（2009001~2009020期）

期号	开奖号码	内码合	大	中	小	0路	1路	2路	重	大	小	奇	偶	质	合
2009001	04 21 23 24 30 31-04	4	1	中	5	4	1路	1	1	1	小	2	偶	2	合
2009002	10 14 17 25 29 33-14	5	2	中	6	5		2路	2	大	1	奇	1	质	1
2009003	02 03 06 15 25 30-02	2	3	1	小	6	2	2路	3	1	小	1	偶	质	2
2009004	03 11 13 17 28 31-03	3	4	中	1	0路	3		重	2	小	奇	1	质	3
2009005	01 03 08 15 17 21-13	4	5	中	2	1路	2		1	3	小	1	偶	1	合
2009006	06 12 18 20 26 33-02	2	6	1	小	1	2路	2	4	小	1	偶	质	2	
2009007	01 05 12 23 25 26-15	6	7	中	0路	2		重	大	1	3	偶	1	合	
2009008	04 15 16 22 32 33-02	2	8	1	小	1	3	2路	1	小	4	偶	质	1	
2009009	08 15 21 30 32 33-02	2	9	2	小	2	4	2路	2	1	小	5	奇	1	质
2009010	03 10 17 19 20 24-02	2	10	3	3	5	2路	2	1	小	6	偶	质	2	
2009011	02 04 13 14 18 23-15	6	11	中	1	0路	6	1	重	1	小	7	奇	1	合
2009012	05 11 14 17 18 28-01	1	12	小	1	1路	2	重	2	小	奇	1	质	1	
2009013	04 08 09 21 26 27-09	9	大	2	0路	1	3	1	大	1	奇	2	1	合	
2009014	03 06 09 14 15 18-02	2	1	3	小	1	2路	2	1	小	奇	偶	质	1	
2009015	02 04 06 15 17 32-05	5	2	中	1	2路	3	大	奇	偶	质	2			
2009016	02 07 13 16 20 33-03	3	3	中	0路	4	2	重	1	小	奇	2	质	3	
2009017	06 14 15 19 25 26-08	8	大	1	3	1	5	2路	重	大	1	2	偶	1	合
2009018	02 05 06 19 27 30-15	6	1	中	4	0路	6		重	大	2	1	偶	2	合
2009019	06 17 19 20 26 27-04	4	2	中	5	1	1路	2	1	小	1	偶	3	合	
2009020	03 05 07 10 19 23-13	4	3	中	6	2	1路	3	2	1	小	4	偶	4	合

表6-5 双色球蓝球内码合指标遗漏明细表（2009001~2009020期）

项目	大	中	小	0路	1路	2路	重	大	小	奇	偶	质	合
中奖概率	0.25	0.5	0.25	0.31	0.38	0.31	0.44	0.5	0.5	0.56	0.44	0.63	0.37
统计期数	855	855	855	855	855	855	855	855	855	855	855	855	855
最大遗漏	23	9	25	22	12	12	10	8	7	8	10	7	12
次大遗漏	17	8	20	20	10	11	9	7	6	7	8	6	10
当前遗漏	0	1	2	3	0	5	2	0	1	0	1	0	1
中出可信度	—	0.5	0.44	0.67	—	0.84	0.69	—	0.5	—	0.44	—	0.37
遗漏反转率	—	0.12	0.1	0.15	—	0.45	0.22	—	0.17	—	0.12	—	0.1

续表

项目	大	中	小	0路	1路	2路	重	大	小	奇	偶	质	合
统计期数	855	855	855	855	855	855	855	855	855	855	855	855	855
遗漏总次数	157	218	151	185	196	183	213	211	211	217	217	195	196
最大遗漏	23	9	25	22	12	12	10	8	7	8	10	7	12
遗漏1次	40	105	37	58	58	53	79	106	104	128	98	126	68
遗漏2次	33	60	29	44	55	44	59	51	51	54	54	38	47
遗漏3次	22	30	14	27	27	25	37	31	26	19	28	17	33
遗漏4次	13	13	16	20	22	17	19	10	12	7	19	9	17
遗漏5次	17	4	17	10	12	17	7	2	11	6	5	3	10
遗漏6次	4	4	9	9	11	8	5	5	5	1	5	1	9
遗漏7次	4	0	6	7	5	8	5	5	2	1	4	1	3
遗漏8次	3	1	7	2	1	4	0	1	0	1	3	0	3
遗漏9次	6	1	3	2	2	3	1	0	0	0	0	0	2
遗漏10次	3	0	4	3	2	1	1	0	0	0	1	0	3
遗漏10次以上	12	0	9	3	1	3	0	0	0	0	0	0	1
最佳遗漏范围	1~6	1~3	1~6	1~4	1~4	1~5	1~3	1~3	1~3	1~2	1~3	1~2	1~4

表6-6 双色球蓝球内码合指标惯性明细表（2009001~2009020期）

项目	大	中	小	0路	1路	2路	重	大	小	奇	偶	质	合
中奖概率	0.25	0.5	0.25	0.31	0.38	0.31	0.44	0.5	0.5	0.56	0.44	0.63	0.37
统计期数	855	855	855	855	855	855	855	855	855	855	855	855	855
最大惯性	4	8	4	5	7	7	7	8	10	8	12	7
次大惯性	3	7	3	4	6	5	5	6	7	8	7	10	6
当前惯性	1	—	—	—	3	—	—	1	—	1	—	1	—
中出可信度	0.18	—	—	—	0.01	—	—	0.24	—	0.25	—	0.24	—
惯性反转率	0.33	—	—	—	0.5	—	—	0.17	—	0.12	—	0.1	—

项目	大	中	小	0路	1路	2路	重	大	小	奇	偶	质	合
统计期数	855	855	855	855	855	855	855	855	855	855	855	855	855
惯性总次数	157	217	151	184	196	183	212	211	211	217	217	196	195
最大惯性	2	8	4	5	7	7	7	7	8	10	8	12	7
惯性1次	115	108	104	119	126	118	128	104	106	98	128	68	126
惯性2次	23	54	32	46	50	45	49	51	51	54	54	47	38
惯性3次	13	29	14	12	14	14	21	26	31	28	19	33	17
惯性4次	1	13	1	5	2	3	9	12	10	19	7	17	9
惯性5次	0	9	0	2	2	4	11	2	5	6	10	3

续表

惯性6次	0	2	0	0	1	0	0	5	5	5	1	9	1
惯性7次	0	1	0	0	1	1	1	2	5	4	1	3	1
惯性8次	0	1	0	0	0	0	0	0	1	3	1	3	0
惯性9次	0	0	0	0	0	0	0	0	0	0	0	2	0
惯性10次	0	0	0	0	0	0	0	0	0	1	0	3	0
惯性10次以上	0	0	0	0	0	0	0	0	0	0	0	1	0
最佳惯性范围	1~2	1~3	1~2	1~2	1~2	1~2	1~2	1~3	1~3	1~3	1~2	1~4	1~2

方法是可以复制的，举一反三极其重要。

既然对蓝球号码内码合的历史数据通过统计表进行了详尽的统计和分析，那么接下来在每期实战中就完全可以同蓝球尾数一样，充分利用指标分布表、指标参数表的规律特征以及参数数据，对当前期蓝球号码内码合的走势进行准确的趋势分析和精确的判断，从而高概率地选择蓝球号码。

在实战中，如果对蓝球号码内码合统计表进行分析判断后，认为当期蓝球号码内码合为小数指标出现的概率很高，那么小数指标包括0、1、2，也就是说蓝球内码合为0、1、2。我们知道，蓝球号码中没有内码合为0的号码，那么在16个蓝球号码里内码合为1、2的蓝球号码只有01、02、10、11。如果当期分析判断是正确的，那么这4个蓝球号码中一定会包括当期的蓝球开奖号码。

如果我们还能断定当期蓝球内码合为2路指标同时出现的概率很高，那么2路指标包括2、5、8，也就是说当期蓝球内码合为2、5、8。在16个蓝球号码里内码合为2、5、8的蓝球号码有02、11、05、14、08。

综合分析，只有蓝球号码02、11符合我们当期的选择。

如果当期分析判断是正确的，那么蓝球号码02、11里一定会包括当期的蓝球开奖号码。

第三节　蓝球内码差选号法

双色球蓝球号码从01~16共有16个，每个蓝球号码均是由十位和个位数字组成。如蓝球号码01、08、12等。

只有多视角、多层面地去观察和分析蓝球号码的历史数据，才能准确地掌握蓝球号码的趋势变化，从而在实战中准确地选择蓝球号码。

　　双色球中，每个蓝球号码十位与个位数字相减后正数的差值称为内码差。如蓝球号码15，5-1=4，即蓝球号码15的内码差为4；又如蓝球号码09，9-0=9，蓝球号码09的内码差为9。经过统计，所有蓝球号码的内码差的范围值是0~9，每个内码差所对应的蓝球号码如下：

　　内码差为1的蓝球号码包括：01、10、12

　　内码差为2的蓝球号码包括：02、13

　　内码差为3的蓝球号码包括：03、14

　　内码差为4的蓝球号码包括：04、15

　　内码差为5的蓝球号码包括：05、16

　　内码差为6的蓝球号码包括：06

　　内码差为7的蓝球号码包括：07

　　内码差为8的蓝球号码包括：08

　　内码差为9的蓝球号码包括：09

　　内码差为0的蓝球号码包括：11

　　通过内码差划分后可以看到，如果在实战中能够正确选择当期蓝球号码的内码差，那么在1~3个蓝球号码内同样可以命中当期的蓝球号码。

　　这种通过分析蓝球号码内码差来最终选择蓝球号码的选号模式，同样把16选1轻松转化为10选1，这种选号方法我们称为内码差选蓝法。

　　既然蓝球号码的内码差可以作为一个实战中分析使用的条件，那么和蓝球号码尾数分析一样，同样可以进行内码差的统计和分析。只有对内码差进行详细统计和分析，才能获得科学的分布信息和统计数据，从而指导帮助大家准确地分析最新一期的蓝球号码内码差，最终高概率地锁定蓝球号码。

　　蓝球号码内码差作为条件进行统计，同样可分为指标分布表和指标参数表，其中指标参数表包括指标遗漏明细表和指标惯性明细表。只有统计制作出以上三个图表，才算真正完成了一套完整的蓝球内码差统计表。表6-7为蓝球内码差指标分布表，表6-8为蓝球内码差指标遗漏明细表，表6-9为蓝球内码差指标惯性明细表，表内使用2009001~2009020期共计20期开奖数据，因为制作方法与之前断区3D号码的指标分布表、指标参数表都完全相同，这里制作方法和过程同样不再赘述。

表6-7 双色球蓝球内码差指标分布表（2009001~2009020期）

期号	开奖号码	内码差	大	中	小	0路	1路	2路	重	大	小	奇	偶	质	合
2009001	04 21 23 24 30 31-04	4	1	中	5	4	1路	1	1	1	小	2	偶	2	合
2009002	10 14 17 25 29 33-14	3	2	中	6	0路	1	2	重	2	小	奇	1	质	1
2009003	02 03 06 15 25 30-02	2	3	1	小	1	2	2路	1	3	小	1	偶	质	2
2009004	03 11 13 17 28 31-03	3	4	中	1	0路	3	1	重	4	小	奇	1	质	3
2009005	01 03 08 15 17 21-13	2	5	1	小	1	4	2路	1	5	小	2	偶	质	4
2009006	06 12 18 20 26 33-02	2	6	2	小	5	2路	2	6	小	2	偶	质	5
2009007	01 05 12 23 25 26-15	4	7	中	1	3	1路	1	3	7	小	3	偶	1	合
2009008	04 15 16 22 32 33-02	2	8	1	小	4	1	2路	4	8	小	4	偶	质	1
2009009	08 15 21 30 32 33-02	2	9	2	小	5	2	2路	5	9	小	5	偶	质	2
2009010	03 10 17 19 20 24-02	2	10	1	小	6	3	2路	6	10	小	6	偶	质	3
2009011	02 04 13 14 18 23-15	4	11	中	1	7	1路	1	7	11	小	7	偶	质	合
2009012	05 11 14 17 18 28-01	1	12	中	8	1路	2	重	12	小	奇	1	质	1
2009013	04 08 09 21 26 27-09	9	大	2	1	0路	3	2	3	大	1	奇	偶	质	合
2009014	03 06 09 14 15 18-02	2	1	3	小	1	4	1	4	1	小	4	偶	质	1
2009015	02 04 06 15 17 32-05	5	2	中	1	2	2路	1	2	大	1	奇	偶	质	合
2009016	02 07 13 16 20 33-03	3	3	中	2	0路	2	1	重	3	小	奇	1	质	2
2009017	06 14 15 19 25 26-08	8	大	1	3	1	5	2路	重	大	1	奇	1	偶	合
2009018	02 05 06 19 27 30-15	4	1	中	4	2	1路	1	3	1	小	2	偶	2	合
2009019	06 17 19 20 26 27-04	4	2	中	5	3	1路	2	2	2	小	3	偶	3	合
2009020	03 05 07 10 19 23-13	2	3	1	小	4	1	2路	3	3	小	4	偶	质	1

表6-8 双色球蓝球内码差指标遗漏明细表（2009001~2009020期）

项目	大	中	小	0路	1路	2路	重	大	小	奇	偶	质	合
中奖概率	0.19	0.44	0.37	0.31	0.38	0.31	0.38	0.38	0.62	0.56	0.44	0.62	0.38
统计期数	855	855	855	855	855	855	855	855	855	855	855	855	855
最大遗漏	23	10	12	15	11	18	14	12	5	8	10	5	11
次大遗漏	20	9	11	10	9	13	10	11	4	7	8	4	10
当前遗漏	0	3	1	3	0	1	2	0	1	0	1	0	3
中出可信度	—	0.82	0.37	0.67	—	0.31	0.62	—	0.62	—	0.44	—	0.76
遗漏反转率	—	0.33	0.09	0.3	—	0.08	0.2	—	0.25	—	0.12	—	0.3

项目	大	中	小	0路	1路	2路	重	大	小	奇	偶	质	合
统计期数	855	855	855	855	855	855	855	855	855	855	855	855	855
遗漏总次数	131	198	184	187	187	189	217	190	190	217	217	198	198
最大遗漏	23	10	12	15	11	18	14	12	5	8	10	5	11
遗漏1次	25	77	60	54	52	52	85	73	113	128	98	116	80
遗漏2次	20	49	49	45	42	56	61	40	44	54	54	56	49
遗漏3次	16	31	21	37	34	26	36	30	20	19	28	16	20
遗漏4次	14	20	16	22	25	17	17	14	9	7	19	4	17

续表

遗漏5次	18	6	19	5	13	16	7	8	4	6	5	4	9
遗漏6次	2	6	6	6	7	5	3	8	0	1	5	0	6
遗漏7次	3	3	5	4	6	2	5	6	0	1	4	0	3
遗漏8次	5	2	2	5	4	5	4	1	2	0	1	3	0	7
遗漏9次	8	3	1	2	2	4	0	4	0	0	0	0	2
遗漏10次	4	1	1	6	0	3	1	1	0	0	1	0	2
遗漏10次以上	16	0	4	1	2	4	1	4	0	0	0	0	3
最佳遗漏范围	1~9	1~4	1~5	1~4	1~4	1~5	1~3	1~4	1~2	1~2	1~3	1~2	1~4

表6-9 双色球蓝球内码差指标惯性明细表（2009001~2009020期）

项目	大	中	小	0路	1路	2路	重	大	小	奇	偶	质	合
中奖概率	0.19	0.44	0.37	0.31	0.38	0.31	0.38	0.38	0.62	0.56	0.44	0.62	0.38
统计期数	855	855	855	855	855	855	855	855	855	855	855	855	855
最大惯性	4	8	7	6	5	5	9	5	12	10	8	11	5
次大惯性	3	7	6	4	4	4	5	4	11	8	7	10	4
当前惯性	1	—	—	—	1	—	—	1	—	1	—	3	—
中出可信度	0.17	—	—	—	0.21	—	0.23	—	0.25	—	0.09	—
惯性反转率	0.33	—	—	—	0.25	—	0.25	—	0.12	—	0.3	—

项目	大	中	小	0路	1路	2路	重	大	小	奇	偶	质	合
统计期数	855	855	855	855	855	855	855	855	855	855	855	855	855
惯性总次数	131	197	184	187	187	188	216	190	190	217	217	198	198
最大惯性	4	8	7	6	5	5	9	5	12	10	8	11	5
惯性1次	104	105	96	113	119	127	127	113	73	98	128	80	116
惯性2次	22	55	55	55	40	44	58	44	40	54	54	49	56
惯性3次	4	20	23	11	18	15	21	20	30	28	19	20	16
惯性4次	1	5	5	7	7	1	8	9	14	19	7	17	6
惯性5次	0	7	2	0	3	1	1	4	5	6	9	4
惯性6次	0	1	2	1	0	0	0	8	5	1	6	0
惯性7次	0	1	1	0	0	0	0	6	4	1	3	0
惯性8次	0	3	0	0	0	0	0	0	3	1	7	0
惯性9次	0	0	0	0	0	0	0	4	0	0	2	0
惯性10次	0	0	0	0	0	0	0	1	1	0	2	0
惯性10次以上	0	0	0	0	0	0	0	4	0	0	3	0
最佳惯性范围	1~2	1~2	1~2	1~2	1~2	1~2	1~2	1~4	1~3	1~2	1~4	1~2

同蓝球尾数以及蓝球内码合一样，通过统计表对蓝球内码差做了全面的统计和分析，接下来就是充分利用指标分布表、指标参数表的规律特征以及参数数据，对当前期蓝球号码内码差的走势进行准确的趋势分析和精确的判断，从而高概率地选择蓝球号码。

在实战中，如果对蓝球号码内码差统计表进行分析判断后，认为当期蓝球号码内码差为小数指标和0路指标同时出现的概率很高，那么小数指标包括0、1、2，0路指标0、3、6、9，同时符合条件的内码差只有0，即选择当期蓝球号码内码差为0，在16个蓝球号码里内码差为0的蓝球号码只有11。如果当期分析判断是正确的，那么蓝球号码11一定是当期的蓝球开奖号码。

第四节　选蓝法选用原则

为了高概率中奖，双色球选号的过程中准确选择蓝球号码的重要性不言而喻。蓝球尾数分析选蓝法、内码合选蓝法以及内码差选蓝法都是化繁为简的选择蓝球中奖号码的方法，它们使用了蓝球号码的尾数、内码合、内码差作为统计和分析的条件，每个条件均在0~9的范围内按照大中小、012路、重合码以及奇偶、大小、质合共计6类13个指标来进行统计和分析，图表统一、指标统一、分析技术也是统一，这样极大地方便读者进行学习使用。

在实战中，每种选蓝方法的条件所属指标的重要性是随统计数据的变化而改变的，可能分析这期的蓝球号码时，这个条件所属指标的作用最大，到了下期可能另一个条件所属的指标就成了关键性的指标了。长期单独使用某个条件或某个指标来分析选择蓝球号码的方法是不可取的，因为它所表达出来的信息也十分有限，不能提供更大的选择空间。

读者必须要对所有选蓝方法或每个方法所属的所有指标加以综合分析、灵活选用，才能达到一个最佳的效果。指标的选用原则在前面部分的章节中已经说明，这里重点说明一下选蓝方法的选用原则。

1. 宁精毋滥

我们虽然掌握了三种选蓝方法，但是在实战中进行每一期分析时不可能同时使用。用的方法越多，错误的概率就越大，反而降低了中奖概率。因此，实战中选蓝方法使用得越少越好，宁精毋滥。

2.交叉使用

每种不同选蓝方法的指标在实战中可以交叉使用，更会创造出其不意的效果。我们在实战中往往会遇到这样的事情，例如根据尾数分析选蓝法看好小数指标0、1、2会在当期高概率出现，这时根据蓝球内码合选蓝法又看好1路指标1、4、7同样会在当期高概率出现。蓝球尾数为0、1、2包括蓝球号码10、01、11、12，蓝球内码合为1、4、7包括蓝球号码01、10、04、13、07、16，同时符合两个条件的蓝球号码只有01和10。也就是说，如果当期的选择是正确的，那么蓝球号码01和10之间一定包括当期的蓝球开奖号码。

这就是交叉使用的优势。

3.相互印证

所谓相互印证是指每次应用一种选蓝方法进行选择蓝球号码时，可以同时使用其他方法相互参照，从不同角度分析蓝球号码，看看其结果有没有统一性。如果分析选择是正确的，结果应当完全吻合。如果相符，就再次证明了之前的判断是可靠的，如果不相符合，说明之前的分析可能会存在问题，需要重新分析判断。相互印证实则是对选择结果的一种校验。

但是要永远记住，必须以最先使用的选蓝方法为主，参照分析印证使用的方法为次，主次必须要分清，千万不能因为使用次要的选蓝方法获得的结果来绝对性地干扰之前的分析判断。

第七章 高概率计算公式选蓝法

前面系统地介绍了各种不同的选择蓝球号码的技术。下面为了开拓大家的分析选号思路，特整理三种在网络上彩民中间流传的利用计算公式高概率选择蓝球号码的技术方法供大家在实战中学习使用，一方面做到让大家明白"条条大路通罗马"和"多维思考"的启迪作用，另一方面在实战中偶尔运用该技术方法往往会达到意想不到的奇效。

第一节 五期断蓝法

五期断蓝法是利用近5期的蓝球号码来判断当期蓝球中奖号码的方法。这种方法其实是属于利用公式计算来选择蓝球中奖号码的范畴，也就是通过简单的数学运算即可得出蓝球中奖号码范围的方法。我们这里把它单独拿出来进行讲解，一是因为它简单易用，最重要的更是因为这种选择蓝球号码方法的准确率较高的缘故。

在双色球游戏中，可以用来分析和判断蓝球的方法有很多，像分析遗漏值、寻找盘面热点、判断奇偶大小等，五花八门、不计其数；当然最终还是要有效才行。我们要讲解的五期段蓝法因为方法比较简单，不用考虑大小奇偶、冷点热点，只要列出近5期的蓝球号码，然后再进行一个简单的运算就可以。

具体的操作方法我们来看一下。在依次列出双色球近5期的蓝球中奖号码后，首先计算出这5期蓝球中奖号码的平均值，然后再把平均值加4和减4，最后会得到两个结果作为一个取值范围，这个就是下一期中蓝球中奖号码的选号范围了，若平均值有小数的话，可以四舍五入来取整。

我们举例来看。

比如我们要判断第2009068期的蓝球中奖号码，首先列出前5期，也就是第2009063~2009067期的蓝球中奖号码，分别是16、15、02、04和05；5期的蓝球中奖号码的平均值是8，然后用8加4和减4，得到的结果分别是12和4，那么，可以考虑的范围就是奖号04~12了；最后，在第2009068期中开出了蓝球中奖号码是05，是在判断的取值范围之内的。

再举个例子看看。例如要判断第2009052期的蓝球中奖号码，还是列出前5期的蓝球号码，分别是16、01、06、04和07；计算后，5期蓝球中奖号码的平均值是6.8，小数点后面四舍五入，平均值是7，然后继续用7加4和减4，得到的结果分别是11和3，也就是说，第2009052期的蓝球中奖号码可以在奖号03~11之间来选择，最后，当期开出的蓝球中奖号码是08，也是在判断的范围之内的。

再继续举例。

例如要判断第2010035期的蓝球中奖号码，还是列出前5期的蓝球号码，分别是05、04、08、09和12；计算后，5期蓝球中奖号码的平均值是7.6，小数点后面四舍五入，平均值是8，然后继续用8加4和减4，得到的结果分别是12和4，也就是说，第2010035期的蓝球中奖号码可以在奖号04~12之间来选择，最后，当期开出的蓝球中奖号码是10，也是在判断的范围之内的。

例如要判断第2010036期的蓝球中奖号码，还是列出前5期的蓝球号码，分别是04、08、09、12和10；计算后，5期蓝球中奖号码的平均值是8.6，小数点后面四舍五入，平均值是9，然后继续用9加4和减4，得到的结果分别是13和5，也就是说，第2010036期的蓝球中奖号码可以在奖号05~13之间来选择，最后，当期开出的蓝球号码是08，也是在判断的范围之内的。

例如要判断第2010037期的蓝球中奖号码，还是列出前5期的蓝球号码，分别是08、09、12、10和08；计算后，5期蓝球中奖号码的平均值是9.4，小数点后面四舍五入，平均值是9，然后继续用9加4和减4，得到的结果分别是11和3，也就是说，第2010037期的蓝球中奖号码可以在奖号03-11之间来选择，最后，当期开出的蓝球中奖号码是06，也是在判断的范围之内的。

双色球蓝球中奖号码的历史数据中这种例子还有很多，在这里就不一一列举了。可以看出，运用这种方法判断蓝球中奖号码范围的准确率比较高，而且操作起来非常简单，最重要的是参考价值也很高，一般通过运算之后，都能将蓝球中奖号码的选号范围缩小一半甚至是一半以上，这样的情况下，彩民朋友只要再加入1~2

项其他指标（利用蓝球走势图选择的指标）的分析，很容易便能将当期蓝球中奖号码的备选范围缩减到1~3个之间。

当然，在运用这种方法时，有时候在计算5期奖号平均值这一步，得到的结果不一定都是整数，如果碰到有小数点的情况，基本上可以用四舍五入的方法来取整数，像在我们之前举的几个例子中就是用了四舍五入的方法，大家在操作中千万要注意。

另外，我们可以看到，这种运用5期号码分析的方法，每一次都是用新的数字（最近五期蓝球中奖号码）在进行运算，所以这就是一种动态的分析法，因为每期开出的蓝球中奖号码各不相同，所以每一次的平均值也是不同的，这样的话就能够比较客观地进行蓝球中奖号码的分析，这也正是这一种方法准确率较高的原因了。

大家在实战中不妨运用这种方法通过简单的运算来锁定蓝球中奖号码范围，然后再结合对蓝球走势图中其他指标的分析进行排除多余的蓝球号码，从而在极小的范围内选择当期蓝球中奖号码；我们在实战中利用这种层层剥笋、层层推进的选蓝模式完全可以极大地提高正确选择每期蓝球中奖号码的中奖率，时常命中蓝球中奖号码也不是什么困难的事情了。

当然，不管什么方法都不可能100%地保证每一期蓝球中奖号码范围都能正确选择，所以，对于我们在这里中介绍的五期断蓝法，大家可以对历史开奖数据进行对错统计并根据蓝球号码当前的走势情况选择性的运用。

运用五期段蓝法选择蓝球中奖号码的准确率很高，即使偶尔出现错误，但极少出现连续多期错误的情况，因此在实战中大可放心选择使用。不论我们选择使用任何选号方法都是以高概率选择为原则，我们不能因为某种方法技术偶尔的失误率就因噎废食地放弃高概率。

第二节　矩阵杀蓝法

矩阵杀蓝法是从网络上流行的选蓝技巧中收集并验证的排除蓝球号码（俗称为杀）的好方法，此方法一般每期可排除掉4个蓝球号码，准确率约为80%。

此法原来只有顺杀法一种，经过很多人的提炼和应用，又增加了逆杀法，由原来的杀掉4个蓝球号码，扩展到可以杀掉8个蓝球号码。还对其出错的情况进行了分析研究，找到了一些应对的办法，使得准确率也有了提高。

（一）杀蓝矩阵

我们把双色球玩法所包含的16个蓝球号码分成01 05 09 13、02 06 10 14、03 07 11 15、04 08 12 16四组，把它们分别放入下面的矩阵中：

表7-1　蓝球号码矩阵列表

矩阵一区	矩阵二区	矩阵三区	矩阵四区
01、05 09、13	02、~~06~~ 10、14	▶03、~~07~~ 11、15	▶04、08 12、16

本矩阵的特点是：每个矩阵单元有4个号，这4个号排成两行两列。整个矩阵有四个单元，每个单元的上下行组成了整个矩阵的上下行，整个矩阵共是两行八列。

我们可以把每个矩阵单元称作区，把每区上行的第一个数作为这个区的标识，如矩阵单元01、05、09、13上行的第一个数是01，我们就把这个单元标识为矩阵一区。其他以此类推。

（二）基本杀法

按照上面的矩阵，根据双色球玩法前两期的蓝球开奖号码来进行杀号，从前第一期的蓝球号码数起，数到上期蓝球号码，再从上期蓝号继续往下数同样的数，数到哪个数结束时，就把这个数所在矩阵区的四个蓝球号码杀掉。这个杀法我们称为顺时针杀号法。

同样按照上面的矩阵，根据双色球玩法前两期的蓝球开奖号码来进行杀号。从前第二期的蓝球号码数起，数到上期蓝球号码，再从上期蓝号继续往下数同样的数，数到哪个数结束时，就把这个数所在矩阵区的四个蓝球号码杀掉。这个杀法我们称为逆时针杀号法。

还是让我们举例进行说明吧。

例如：2004098期蓝球号码03，2004099期蓝球号码02，那么2004100期可以杀掉哪些蓝球号码呢？

1. 顺时针杀号法

从蓝球号码02开始计数，经蓝球号码06到03一共为2个数，如表7-2中箭头所示。接下来则从蓝球号码03开始计数2个数，经蓝球号码07到04。蓝球号码04所在区的04 08 12 16四个蓝球号码则根据顺时针杀法可以排除掉，如表7-2蓝球号码矩阵列表顺时针杀号所示。

表7-2　蓝球号码矩阵列表顺时针杀号

矩阵一区	矩阵二区	矩阵三区	矩阵四区
01、05 09、13	02、~~06~~ 10、14	▶03、~~07~~ 11、15	▶04、08 12、16

2. 逆时针杀号法

从蓝球号码03开始计数，经蓝球号码06数到02一共为2个数，如表7-3中箭头所示。接下来同样从蓝球号码02开始计数2个数，经蓝球号码05到01。蓝球号码01所在区的01、05、09、13四个蓝球号码则根据逆时针杀法可以排除掉，如表7-3蓝球号码矩阵列表逆时针杀号所示。

表7-3　蓝球号码矩阵列表逆时针杀号

矩阵一区	矩阵二区	矩阵三区	矩阵四区
01、~~05~~ 09、13	02、~~06~~ 10、14	03、07 11、15	04、08 12、16

这个例子通过基本杀法中的顺时针、逆时针的不同杀法共计排除了01、05、09、13、04、08、12、16八个蓝球号码。而2004100期蓝球开奖号码为15，当期杀号完全正确。

（三）换行

我们在数数杀号时，遇到一行数完再数另一行时，如何换行呢？这时，要把整个矩阵的上下行看作是首尾相连的，即：上行的首与下行的尾相连，下行的首与上行的尾相连。例如顺数到上行的08，可接着下行的09往下数，顺数到下行的16时，可接着上行的01往下数。逆数与此相反。只要记住08与09相邻，01与16相邻即可。

（四）技术要领

1. 可以顺时针数，也可逆时针数

有时不论顺数还是逆数，都数到同一区，这时就只能杀去该区的4个蓝球号码。

例如：已知上两期蓝球号码为07、15那么2004119期可以杀掉哪些蓝球号码呢？

顺时针杀：从07起经04、08、09、13、10、14、11到15是八个数，再从15起经12、16、01、05、02、06、03八个数到07，就杀07所在区的03 07 11 15四个数，

逆时针杀：从15起经11、14、10、13、09、08、04到07是八个数，再从07起经03、06、02、05、01、16、12八个数到15，就杀15所在区的03 07 11 15四个数，

2004119期双色球蓝球开奖号码为06，当期所杀蓝球号码完全正确。

顺时针杀与逆时针杀均落在同一区，故本例只杀了四个蓝球号码。

2. 绝杀

当连续3期的蓝球号码都落在同一区时，可把这个矩阵区的四个蓝球号码全部杀掉。

例如：双色球2004年087、088、089连续开出的蓝球号码是矩阵二区的14，在杀2004090期蓝球号码时就可把矩阵二区的蓝球号码02、06、10、14全部杀掉。

又如：双色球2004年116、117、118连续开出的蓝球号码03、07、15都在矩阵三区，那么在杀2004119期蓝球号码时就可把矩阵三区的03、07、11、15全部杀掉。

历史数据表明：从开始双色球玩法以来，极少有过连续四期蓝号开在同一区的情况，可大胆杀掉。故称之为绝杀。

3. 解决杀错的问题

连续两期蓝球号码开在同一矩阵区的情况比较多些，而且出现这种情况时在当期所杀的蓝球号码是错误的，往往会包含当期的蓝球开奖号码。从2003001期起到2005006期的全部209期中，属于这种情况的就出现64期。实战中如果遇到这种情况，解决的方法就是运用逆向思维，把本来准备杀掉的蓝球号码保留作为蓝球备选号码即可。

这种逆向思维选蓝法仅仅适用于连续两期蓝球号码同区不同号码的情况 如连续两期开出的蓝球号码为同号，则不能用此法，直接杀掉相同号码所在矩阵区的四个蓝球号码即可。

(五) 总结

实战中使用本杀法基本上可把蓝球杀号控制在8个，把双色球蓝球号码16选1变为8选1，运用得好的话，还可能变为4选1，大大降低了蓝球号码的选号难度，节约了成本。

同其他任何选蓝方法一样，此法也不会是百分之百的准确，在实际运用中，大家可结合本书中讲解的其他方法选择性地使用，效果会更好。

第三节 公式杀蓝法

在双色球游戏中，判断蓝球的方法有很多种，可以用上一期的开奖号码、期号、开奖日期等作为分析指标来判断当期的蓝球号码。接下来，为大家列举32种简单、实用的通过简单公式计算即可排除蓝球号码和蓝球尾数的方法。

当然，不管什么方法都不可能每一期都成功排除，所以，对于我们在这里介绍的利用公式计算排除蓝球的方法，大家可以根据每个计算公式历史中出情况的统计和当前的走势情况选择性的运用。

（一）32种杀蓝公式及实战解析

（1）运用上期所开出的蓝球号码加6，所得到的尾数，作为当期被排除的蓝球尾数。来举个例子看看，比如我们在分析第2009081期蓝球号码时，可以用上期蓝球，也就是第80期的蓝球06加6，相加得数是12，那么，在第81期中就可以排除尾数是2的奖号，分别是奖号02和12，结果当期开出的蓝球号码是03。

在运用这种方法时有一点要提醒大家，就是当上期奖号加6后的和大于16时，就要用得数减去16，再取尾数。比如上一期的蓝球号码是13，13加6等于19，这个时候就要用19减去16，等于3，最后，3是当期可以排除的尾数。

（2）运用上期蓝球号码加10和减10，所得到的尾数的绝对值作为当期可以排除的蓝球尾数；同样，如果得数大于16的话就要减去16。比如：在分析第2009075期的蓝球号码时，可以用上期的蓝球号码13分别加10和减10，得到23和3，再把23减去16等于7，最后，取3和7作为当期排除的尾数，也就是当期可以不考虑奖号03、07以及13。

（3）用上期的蓝球号码减7，得到的尾数作为当期可以排除的蓝球尾数；同样，在得数大于16的情况下，要用得数减去16。还是来举个例子看看，比如我们要分析第2009091期的蓝球号码，可以用上期蓝球14减去7，得数是7，那么，7就是当期被排除的蓝球尾数，也就是奖号07在当期可以不考虑。最后，在第2009091期摇奖活动中开出的蓝球号码是04。

（4）运用上期的摇奖期号，加上上期开奖日期的和除以16，最后的得数就是当期可以排除的蓝球号码。还是以第2009091期为例，在分析这一期蓝球号码的时候，用上期的期号和开奖日期相加，也就是90加4，得数是94，再用94除以16，等于5，那么在第2009091期中就可以排除蓝球05，最后，当期开出的蓝球号码是04。

另外，这种方法还可以稍稍转变一下，用当期的摇奖期号和开奖日期相加，再除以16。也就是用91加6除以16，最后的得数是6，那么06也可以作为当期被排除的蓝球号码，而在第2009091期中开出的蓝球号码是04。

（5）运用上期期号的个位数加1后的尾数，作为本期排除的蓝球尾数。举个例子，比如我们要分析双色球游戏第2009083期的蓝球号码，那么，就上期期号的个位数也就是2，加上1，等于3，那么，当期可以排除的蓝球尾数就是3了，结果，在第2009083期中开出的蓝球是奖号04。

（6）运用上两期蓝球相加的和，作为本期排除的蓝球，注意，在得数大于16的时候，要减去16。还是来举例看看。比如我们要分析第2009089期的蓝球号码，用上两期的蓝球号码，分别是06和02相加，得数是8，那么08就是当期可以排除的蓝球号码；最后，在2009089期的摇奖活动中开出的蓝球号码是04。

（7）运用上一期中第1位的红球号码加3，得数就是本期中可以排除的蓝球号码。还是来看一个例子。比如我们要分析第2009091期的蓝球号码，先找到上期也就是第2009090期中第1位的红球号码，当期开出的第1位的红球号码是07，然后，就用7加上3，得数是10，那么，10就是在第2009091期中可以排除的蓝球号码了；最后当期的蓝球是以奖号04开出的。

（8）用上一期蓝球号码的个位和十位互换位置，换位后的号码就是当期可以排除的蓝球号码，需要注意的是，如果互换位置后的号码大于16的话，就要减去16。比如我们要分析第2009082期蓝球号码，先看一下第2009081期开出的蓝球，是奖号03，十位和个位互换位置后是30，然后用30减去16，等于14，那么，14就是第2009083期可以被排除的蓝球号码，最后，当期开出的蓝球号码是02。

（9）用上上期的蓝球号码除3后取余数，再加上期蓝球号码，最后的得数就是当期可以排除的蓝球。我们来举例看看，比如我们在分析第2009091期的蓝球号码时，先找出上上期也就是第2009089期的蓝球04除3，余数是1，再用1加上期也就是第2009090期的蓝球号码14，最后的得数是15，那么，15就是在第91期中可以排除的蓝球，最后，当期开出的蓝球号码是04。

（10）用上两期蓝球的尾数分别相加和相减，所得值左右各取3位，最后，不在这个范围内的同尾号可以全部作为排除的尾数。

以第2009092期蓝球号码为例，来看看这种方法的具体操作。首先将上两期的蓝球尾数4和4相加等于8，取左右各3位是5、6、7、8、9、0、1；再用上两期的蓝球尾数相减等于0，取左右各3位是7、8、9、0、1、2、3；可以看出，两组尾数中，没有发生同尾号的分别是5、6、2、3，那么，当期中应该不会开出尾数是2、3、5、6的奖号，也就是说可以排除奖号02、03、05、06、12、13、15以及16；结果当期开出的蓝球号码是04。

（11）连续两期蓝号进行相减（最大蓝号—最小蓝号），二者之间的差为下期排除的蓝号。例：2007087期蓝号09，086期蓝号16，最大蓝号—最小蓝号（16-9=7），号码07为2007088期需要排除的蓝球号码。错误周期为5期。

（12）隔两期蓝号进行相减（最大蓝号—最小蓝号），二者之间的差为下期排除的蓝号。例：2007087期蓝号09，2007084期蓝号10，最大蓝号—最小蓝号（10-9=1），号码01为2007088期需要排除的蓝球号码。错误周期为7期。

（13）隔三期蓝号进行相减（最大蓝号—最小蓝号），二者之间的差为下期排除的蓝号。例：2007087期蓝号09，2007083期蓝号05，最大蓝号—最小蓝号（9-5=4），号码04为2007088期需要排除的蓝球号码。错误周期为3期。

（14）每期开奖的最大红球号码减去当期蓝号的差为下期所要排除的蓝球号码。例：福彩双色球2007087期蓝号09，红球最大号码为21，21-9=12。号码12为2007088期需要排除的蓝球号码。错误周期为4期。

（15）两期蓝号进行相加，二者之和减去最大蓝号为下期所要排除的蓝号。例：福彩双色球2007087期蓝号09，2007086期蓝号16（16+9-16=9），号码09为2007088期需要排除的蓝球号码。错误周期为4期。

（16）每期开奖的红球由小到大依次相加，其相加结果以最接近最大蓝号为界线，所得到的和数为下期需要排除的蓝号。例：2007087期红球号码：01、03、04、05、08、21，号码1+3+4+5=13，号码13为2007088期需要排除的蓝球号码。错误周期为4期。

（17）当期最大红球号码与最小号码的差，差数大于16时，减去最大蓝号16所得到的结果为下期需要排除的蓝号。例：2007087期红球号码：01、03、04、05、08、21，号码21-1=20，20-16=4，号码04为2007088期需要排除的蓝球号码。错误周期为5期。

（18）连续两期蓝号进行相加取其个位号码，个位号码即为下期所要排除的蓝球小号码。蓝球小号码范围为1~10。例：2007087期蓝号09，2007086期蓝号16，号码（16+9=25），个位号码为5，号码05为2007088期需要排除的蓝球号码。错误周期为5期。

（19）利用当期期数尾排除当期的同尾蓝号。例：2007088期的期数尾是8，第2007088期排除蓝号08，错误周期为4期。

（20）排除同期尾出现过的蓝号。例：2007078期的蓝号是01，第2007088期排除蓝号01，错误周期为3期。

（21）用15减去上期蓝球号码，得出的数就是下期要杀的蓝号尾数。例如：双色球第2009013期双色球蓝号开出09，用15－09＝06，绝杀蓝号6尾的06和16两个号码，结果第2009014期开蓝号02，杀号成功！再用15-2=13，杀掉3尾的03和13，结果第2009015期开05，杀号又正确！我们再用15-5=10，杀0尾，结果第2009016期开03，我们又杀对蓝号。

（22）用19减上期蓝号得出的数即为下期要杀的尾数。例如：双色球第2009001期蓝号开04，用19-04=15，绝杀蓝号5尾的05、15两个号码，结果2009002期开蓝号14，杀号成功！我们再用19-14=05，杀掉05、15，结果双色球第2009003期蓝号开02，杀号又成功！我们一鼓作气，再用19-02=17，杀掉07，结果第2009004期蓝球号码开03。

（23）用21减上期蓝号得出的数就是下期要杀的尾数。例如：双色球第2009020期蓝号开13，用21-13=08，杀掉08，结果第2009021期开09；再用21-09=12，杀2尾，结果第2009022期开08；再用21-08=13，杀3尾，结果第2009023期开08，杀号正确。

（24）用上两期蓝号的头和尾相加的数即为下期要杀的蓝号尾数。例如：双色球第2009018期开15，第2009019期开04，两期的头尾相加即1+4=5，杀掉5尾(05、15)，结果第2009020期开13，杀号成功！再用0+3=3，杀掉3尾，结果第2009021期开09；再用1＋9=10，杀掉0尾，结果第2009022期蓝号开出08。

（25）用上两期蓝号的尾和头相加的数就是下期要杀的尾数。例如：第2009021期开09，第2009022期开08，用9＋0＝09，杀9尾，结果2009023期开08；再用8＋0＝08，杀8尾，结果第2009024期开12；再用8+1=9，杀掉9尾，结果第2009025期开11。

（26）用上二期蓝号尾相加得出的数就是下期要杀的尾数。例如：第2009023期蓝号开08，第2009024期开12，8+2=10，杀0尾，结果下期开11；再用2+1=3，杀

3尾，结果第2009026期开16。

（27）用上期蓝号尾与隔一期蓝号尾相加得出的数即为下期要杀的尾数。例如：第2009028期开10，与隔一期即2009026期的16相加，即为0+6=6尾，杀06和16，结果第2009029期开13；再用2009029期的13与27期的06相加得出09尾，杀9尾，结果第2009030期开出07。

（28）用上期蓝号乘以2得出的数即为下期要杀的尾数。例如：第2009029期开出13，用13×2=26，绝杀6尾，结果第2009030期开07；再用7×2=14，绝杀04和14，结果第2009031期开01。

（29）用上期蓝号尾乘4得出的数即是下期要杀的尾数。例如：第2009029期开13，用3×4=12，绝杀2尾，结果第2009030期开07；再用7×4=28，绝杀8尾，结果第2009031期开01；再用1×4=4，绝杀4尾，结果第2009032期开06。

（30）用上期蓝号加7或减7，注意蓝号大于14则减7，小于14则加7，得出的数即为下期要杀的尾数。例如：双色球第2009006期开02，用2+7=9，杀9尾，结果第2009007期开15，完全正确！再用15-7=8，杀掉8尾，结果下期开02，我们再用2+7=9，杀9尾，结果第2009009期开02。

（31）用上期蓝号加2得出的数即为下期要杀的蓝号尾数。例如：第2009029期开13，用13+2=15，杀掉5尾，结果下期开07；再用07+2=9，杀掉9尾，结果第2009031期开01；我们再用1+2=3，绝杀3尾的03、13，结果第2009032期开出06。

（32）用上期蓝号加6等于的数就是下期蓝号要杀的尾数。例如：第2009029期蓝号开13，用13+6=19，绝杀9尾，结果第2009030期开07；再用07+6=13，绝杀03和13，结果下期开01；再继续用01+6=7，绝杀7，结果下期蓝号开06，例子不胜枚举。

（二）12种方法齐用锁定蓝号——多种杀蓝公式综合使用实战案例

实战中我们往往是把多种杀蓝公式同时使用，这样可以极大地帮助我们缩小蓝球中奖号码的选择范围，从而节约投注资金、提高中奖概率，使投资收益最大化。

下面例子中，我们把第21~32种共计12种杀蓝公式方法同时使用，成功地杀掉了8~9个蓝球尾数，只需购买1~3个蓝球就能命中当期蓝球中奖号码。

例如：第2009026期双色球蓝号开16，我们同时用上述12种杀号法来杀号：第1种杀1尾，第2种杀3尾，第3种杀5尾，第4种杀7尾，第5种杀2尾，第6种杀7尾，第7种杀8尾，第8种杀2尾，第9种杀4尾，第10种杀9尾，第11种杀8尾，第12种杀2尾，成功杀掉1、3、5、7、2、8、4、9等8个尾数，只需投注0、6尾数的10、06、16即可，结果第2009027期开06，完全正确。

再用上述方法依此杀掉9、3、5、7、2、7、4、3、8等9个尾数，只剩下0尾，选10投注下期，结果2009028期开10，一码定蓝。我们再依此杀掉5、9、1、0、7、6、2、4等8个尾，只需购买3、8尾的03、13、08，结果第2009029期果然开出13，我们又连续中奖！例子实在太多了，有兴趣的朋友不妨逐期验证。

最后还要重复说明，不管什么方法都不可能每一期都成功排除，所以，对于我们在这里介绍的利用公式计算排除蓝球的方法，大家可以根据每个计算公式历史中出情况的统计和当前的走势情况选择性的运用。

俗话说得好：方法是死的，人是活的。只要每个读者能举一反三、融会贯通地思考并灵活运用，一定能找到更好的技术方法用于选号中奖。

第四篇
双色球实战操作指南

好经验、好工具直接用，比自己慢慢摸索好过千万倍。

导读

如何才能学好本书内的技术？

双色球选号和组号的实战策略有哪些？

如何制作双色球投资计划？

如何做个合格的彩民？

投注彩票有哪些注意事项？

彩票合买的优势是什么？如何签署合买协议？

配套开发的彩霸王双色球软件有什么大优势？

如何正确操作彩霸王双色球软件？

笔者根据以往的经验为读者朋友们一一展开说明，力争简洁明了地帮助读者解疑释惑，助力读者朋友们更好地学习运用本书内的技术，从而提高中奖概率，早日抱得大奖归。

第一章 实战策略经验

广大彩民朋友们虽然认真地学习了本书的前三个部分，但是在实操投注的过程中可能或多或少遇到学习、使用以及经验方面等诸多问题，笔者根据网络上彩民朋友的反馈汇总后发现主要集中在以下三个方面：

1. 如何才能更好地学习和使用书内的技术？
2. 在实操过程中，选号、组号、优化的策略经验有哪些？
3. 如何制定双色球的投注计划？

本章为彩民朋友一一详尽解答。

第一节 如何才能学好技术

想要学习好、运用好本书内的技术，关键是必须做到以下两点：一是要不断地模拟训练，二是要经常地实战复盘，二者相辅相成，缺一不可。下面逐一展开说明，对广大读者朋友们进行统一的答复。

一．模拟训练

模拟训练是根据历史开奖数据所进行的一种自我的、虚拟的实战训练，包括指标训练和投注训练。

指标的取舍是彩票选号技术的关键要点，也直接关系到我们根据指标所选择的备选号码最后是否能够中奖。

很多读者最初在学习和使用选号技术时，大多数在指标取舍的方面会感觉到有些难以把握或完全掌控。其实，解决这个问题的关键就是四个字：模拟训练。进行

"指标模拟训练"对每个读者来说至关重要,和学棋时的"打棋谱"有着异曲同工之妙,因此,这个过程必不可少。

在训练过程中可以训练自己对某个指标的分析判断,也可以训练自己对某一期全盘指标的研判取舍。我们通过不断的模拟训练,不但可以对某个指标不断变化的趋势有个详细的了解,而且更重要的是在训练的过程中可以更好地领悟"均衡理论"在指标趋势变化中的动态规律,从而帮助我们在以后实战中更好地、高概率地进行指标的选择和应用。

我们在进行模拟训练时,可以任意选定某个阶段开奖期号的某个指标,然后把截止到该期号前的30期或50期或80期数据都可以作为本次训练分析的数据进行使用,最后结合指标的技术参数以及运用均衡理论,对所有数据进行综合分析后来决定指标的取舍。

投注训练是指利用历史开奖数据进行的组号投注实战训练。我们可以任选一期为截止开奖期号,通过分析判断选择截止期号前的所有条件指标,然后进行过滤后得出当期中奖号码的出现范围。根据多年的实战经验,初学者最好使用"金字塔作号法"进行投注训练,如图1-1所示。

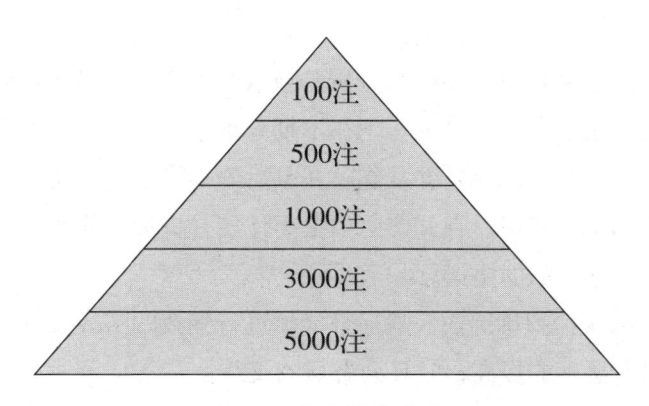

图1-1 金字塔作号法

金字塔作号法就是由下到上分为五层来使用由多到精的条件进行号码过滤,过滤后得出的投注号码结果也是从多到少。根据实战经验,过滤的结果从第一层到第五层分别为5000注、3000注、1000注、500注、100注共五个档次,使用的条件根据实际情况也是由多到精进行具体调节,以过滤后的注数为标准。

每期利用金字塔作号法所得出的投注结果都应该记录存档,然后根据下期或最新开奖号码对每层投注结果的中奖情况进行核对并进行统计。这样做的目的,可以逐层提高自己的中奖概率，提升自身的实战能力，逐渐缩小投注号码数量。

如果我们通过训练后，在第一层的5000注范围内中奖概率很高，那么接下来就做其他四层的投注训练，依此类推递减到最后两层。如果我们在实际操作中通过不断努力能做到这个地步，并有一定的中奖概率，就完全可以进行实战操作了。初学者如果认为第一层5000注的范围有些苛刻，也可以增加到10000注左右，其他层也同样相应增加。初学者可以根据自身的提高以及实际情况再逐渐缩小范围，效果也是一样的。

我们无论做任何事情，要想成功都要持之以恒，模拟训练也不例外。只有通过不断的训练，才能逐步地提高我们自身的实战技能，也才能在实战中获得更大的收益。

有付出一定会有回报！

二、实战复盘

我们在学习中，"模拟训练"固然重要，可是"实战复盘"更是重中之重。实战复盘指的是每次进行模拟训练或者真正实战后，都要根据最新的开奖结果来核对之前所有指标的分析取舍是否正确。

如果在开奖之前我们针对指标的分析判断取舍都完全正确，我们也要在开奖之后及时进行复盘后总结一下，自问一下在本期分析中为什么能够正确研判取舍每个指标，有什么样的经验可以总结并且能够在以后的实战中借鉴使用。如果开奖之前分析判断取舍的指标有错误，在开奖之后更要仔细分析失误的原因，吸取失败的教训并在以后尽量杜绝类似的错误。

如果我们在每次模拟训练或实战后都能够进行细致的实战复盘，日积月累，我们的技术不但会有显著的提高，并且会有质的飞跃。

我们要记住，模拟训练和实战复盘永远是每个想中奖的彩民的必修课程。

第二节　选号和组号的实战策略

绝大多数情况下，很多读者的问题经过汇总提炼后集中体现在：在实操过程中，选号、组号、优化、投注的策略和经验有哪些？

其实，每个读者都是一个不折不扣的彩民或者准彩民，既然是个体那么就一定会存在差异。引申这句话的意思就是，虽然绝大多数读者朋友的问题具有共性，但是落实到每个人身上，会有一定的差异。

笔者不可能根据每个读者不同的实际情况来具体回答这个问题，只能针对下面不同的使用场景或不同的自身条件来给出不同的建议，读者朋友们可以根据自己的实际情况对号入座或举一反三应用即可。

一、选号的实战策略

场景1：根据资金量多少，制定选号策略

如果彩民在当期投注时，可以支配或者投入的资金量比较多或自由，那么不论单独使用任何一种战法或联合使用多种战法，在选择条件、指标或者红蓝号码的范围时都可以适当扩大选择的范围，这样可以一定程度上保证当期投注结果的中奖率。

如果彩民在当期投注时，可以支配或投入的资金很少，有限或者固定，那么选号的策略只有以下两种，必选其一：

第一种：单独使用一种战法

使用排序定位战法选号，每个位置上最多只能选择1~3个号码，然后根据组合后红球号码的数量和自己的投注金额，再决定如何组号和优化，进一步降低投入资金符合自己的投资预期。

使用断区转换战法选号，可以直接判断哪个行列可以排除掉，也可以每个断行和断列位置上选择1个号码，然后再根据组合后红球号码的数量和自己的投注金额，再决定是否或如何组号和优化，进一步降低投入资金符合自己的投资预期。

使用走势图战法选号就比较简单，可以清晰明了地根据自己的投注资金选择红球和蓝球号码的个数。如果选择的号码过多，再考虑是否组号或优化，进一步降低投入资金符合自己的投资预期。

以上选号策略只针对红球，如果蓝球的选号个数增多，那么最终投注的号码数量会成几何倍数增长，因此建议每期选择1个蓝球，或者选择多个蓝球与红球投注号码轮次组合，后者不会增加投注号码量。

世间万物，有利就有弊。轮次组合最大的缺点是，即使选择的红球投注号码里包括6个红球，选择的蓝球号码也包括当期的开奖号码的蓝球号码，有可能因为轮次组合的缘故导致6个红球与1个蓝球不在同一注号码中，错失大奖。

第二种：联合使用多种战法

同时使用排序定位、断区转换以及走势图三种选号战法，每种战法选择的条件适当缩小到一定比例，组合过滤后获得的投注号码量就会很少，基本上可以满足因资金量少导致每期投注量受限或固定的需求。

场景2：根据选号时间多少，制定选号策略

有的彩民朋友每天有充足的时间用于休闲，那么就完全可以使用不同的战法分析选号，然后再综合分析每种战法获得结果的趋同性。理论上，如果正确分析，使用任何战法的分析结果中都一定包含中奖号码。也可以综合研判、权衡利弊后，使用其中一种战法分析选号后的结果作为最终的投注号码。

如果每天用于彩票分析选号的时间很少，或者只能去附近的投注站点选号投注，那么建议这部分彩民朋友们首选利用走势图战法进行分析选号，方便高效。

当然，使用我们根据本书内核心技术配套开发的"彩霸王"双色球富豪版软件更是一种节省时间提高效率的最佳途径，软件可以自动更新开奖数据和各种分析数据，还有高效的智能推荐和超级过滤功能，是双色球玩家不可多得的好工具。推荐有电脑的读者朋友登录我们官网下载安装后学习了解。

场景3：根据学习能力，制定选号策略

如果你是学习能力很强的一种人，完全可以把书内的所有技术学会用好，实战时举一反三、灵活运用。

学习能力强的人，学习的技术比较全面，在实战时往往能根据实际情况自我判断应该使用的选号策略，例如使用哪种战法，如何组号，使用哪种优化技术，如何制定投入计划等，一般均会目的明确，有的放矢。

如果是学习能力偏弱的人，全面了解了书内的技术后，可以选择其中适合自己的或自己喜欢的技术进行重点学习，同样可以在实战中如鱼得水。

不论每个人的学习能力强弱，最忌讳的是：学会了无数种的选号技术，可惜的是"样样通样样松"，没有一种技术是自己的强项。往往是屡屡受挫，自信心受到极大打击，抑或是每次选号想用这种技术又想用那种技术，最后纠结不已，导致严重丧失应有的分析、研判和决策能力。如此这般，循环往复，要能中奖那才是怪事。

终极建议：

"以小博大"是每个彩民购彩的宗旨。不论资金量多少，每个彩民都希望投入最少的资金获得最大的奖项。因此，笔者建议每期联合使用多种战法进行选号投注，效果最佳。

通过排序战法、断区转换战法或走势图战法各选择几个非常看好的条件，最后通过组号优化获得最终投注结果，这样做可以极大提高效率和中奖率。

反之，如果单独使用一种战法，每期通过分析判断可能特别看好的条件非常有限，这样组号优化后也会导致最终号码数量巨大，无法达到适合自己投入的标准。如果为了降低投注量贸然增加不看好的或模棱两可的条件，势必导致错误出现，一着不慎满盘皆输。

二、组号的实战策略

本书中讲解了排序定位战法、断区转换战法和走势图战法，不论使用哪种战法最终获得的备选红球号码只能通过以下几种方式进行组号：单式，复式，胆拖，矩阵。这里不对蓝球与红球的组号策略进行阐述，因为我们都知道多一个蓝球最终的投注号码数量也会多一倍。

笔者根据经验，针对读者在实战中经常遇到的投入资金和选号数量两类应用场景，有如下建议：

第一类场景：投注资金少

假设遇到"红球备选号码多"情况的建议：

如果当期红球备选号码多，可手中投注资金少，那么首选使用的组号方式就是旋转矩阵。应用它组号可以获得极少数的单注号码。如果备选号码中包括6个红球的话，那么最低可以保证中得一个5个红球的奖项，但是中6个红球的可能性只有7%左右。

次选的组号方式是胆拖投注。应用这种组号方式也可以获得相比复式组号少得多的号码数量，但是如果不想降低中奖概率，必须能选择1~2个出现概率很高的红球号码作为胆码。

实战中，我们做任何选择均有利有弊，只能根据自身需求来选择最适合自己的方式即可。

假设遇到"红球备选号码少"情况的建议：

如果当期红球备选号码少，手中投注资金也少，那么首选使用的组号方式就是单式组号。如果组号后获得号码的投入资金超过手中的投注资金，要么通过走势图战法进行备选号码的再次确认并缩减，要么通过优化的手段来缩减投注号码量，从而减少投入资金。

第二类场景：投注资金多

假设遇到"红球备选号码多"情况的建议：

如果当期红球备选号码多，手中可利用的投注资金也多，选择的备选号码中包括6个红球概率很高的话，如果不想漏掉一丝一毫的中奖机会，那么首选使用的组号方式就是复式。

复式组号最大的弊端是：资金投入量最多；复式组号最大的优势是：只要备选号码中包括6个红球，那么中二等奖的概率是百分之百的（即使蓝球不中奖的前提下）。

作为彩民，永远要切记一点：彩票有风险，投注需谨慎。

一击命中固然皆大欢喜，可是买彩票就是买概率，一击命中的概率有多高，我们谁也无法确定。所以，我建议朋友们永远不要把鸡蛋放在一个篮子里或者押注在一次机会上。

假设遇到"红球备选号码少"情况的建议：

如果当期红球备选号码少，手中可利用的投注资金多，那么首选使用的组号方式还是复式组号，次选使用胆拖组号方式。但是，建议在之前备选号码的基础上，可以再次增加备选号码的范围，以此增加中奖几率。

第三节　双色球投资计划

我们购买彩票的行为，有实际投入资金，有预期收益，从宽泛的角度上看也可以算是一种投资行为。投资，必须要有计划，无计划的投资只会让彩民们陷入深渊。

有很多彩民朋友不喜欢做投资计划，今天投入几十元、明天投入几百元，中奖的时候却只中很少的一点点。这样的现象并不少见，因此做一个合理的投资计划也就显得尤为重要了。

一般而言，投资计划有5个重要组成部分：一是期望值；二是可以投入的资金；三是重点选定蓝球号码；四是计划周期；五是止损计划。这五个部分缺一不可，否则就不叫投资计划了。在做好相应的投资计划之后，我们就可以准备好足够的资金开始实施了，以保证计划的连续性。

　　首先在没有买彩票之前，我们就应该想到这次我要赚多少钱，能赚多少钱？这个期望值每个朋友都应该有，只是不一样而已。重点选定投注的蓝球号码在整个计划中是最关键的部分，它直接关系到你投资的成败。双色球投资计划重点是针对蓝球的计划，只要蓝球中出，红球如果同时中奖，那么就会锦上添花。

　　计划周期不宜太长，通常5期为最佳周期，最长不能超过15期。因为在5期内得到回报，可以使我们的心理压力得到释放，而资金上的压力也同样得到缓解。一般超过15期的计划，便不能看作是好计划。而5期左右的计划则可以使我们保持好胜利的心态，在以后买彩票的过程中不会出现盲目的心理。

　　最后是止损计划，有很多朋友在实战中不能理智地对待。止损计划是指当你选定的号码在你的计划期内没有开出来后，应该马上停止，或者再重新起步。这样是为了保证自己的资金不至于因为一个不成功的计划而全军覆没，可以留住资金再重新做计划。

　　双色球投资计划只针对守一个蓝球而言，因此双色球投资计划也称为双色球蓝球倍投计划。大家都知道，只要中一个蓝球就有5元奖金，如果此时红球号码再中3个或以上，随之而来的奖金也会水涨船高，最低翻1倍，或百倍以上甚至更多。所以说，只要我们在执行双色球投资计划中能保证蓝球中奖，盈利是最低预期，如果蓝球中奖的同时红球号码也能中3~6个不等，那么完全可以获得超预期收益。

　　我们在本书的前面章节讲解了如何选号、如何组号、如何优化、如何选蓝球等专业的技术内容，这里根据实战经验推出4种双色球投资计划，意在抛砖引玉，引导读者朋友们购彩有节制、购彩有计划，有的放矢地做好双色球彩票投资。

一、双色球长期投资计划

　　在双色球投资计划中，15期投资计划属于长期投资计划。我们选择的蓝球号码只要在计划期间中出，那么按照表1-1所示就一定会获得预期的收益。

　　例如，如果蓝球在计划的第五期中出，当期投入32元，累计投入62元，最终本计划盈利18元。

　　需要提醒注意的是：双色球投资计划均是按照本期投资是上期投资的2倍计算投入资金，而且双色球投资计划是按照一注投注号码计算资金，也就是说按照一个篮球计算，如果实战中红球投注号码有多组，那么实际投入资金和盈利金额会因此相应增加。

表1-1　双色球15期投资计划

期数	投入	总投入	盈利
1	2元	2元	3元
2	4元	6元	4元
3	8元	14元	6元
4	16元	30元	10元
5	32元	62元	18元
6	64元	126元	34元
7	128元	254元	66元
8	256元	510元	130元
9	512元	1022元	258元
10	1024元	2046元	514元
11	2048元	4094元	1026元
12	4096元	8190元	2050元
13	8192元	16382元	4098元
14	16384元	32766元	8194元
15	32768元	65534元	16386元

二、双色球短期投资计划

在双色球投资计划中，5期投资计划属于短期计划。我们选择的蓝球号码只要在计划期间中出，那么按照表1-2所示同样会获得预期的收益。短期投资计划有三种计划方案，彩民朋友可以根据实战中的实际需求酌情选择使用。

例如，表1-2 双色球5期投资计划中，如果蓝球在计划的第3期中出，当期投入40元，累计投入70元，最终本投资计划盈利30元。

如果5期内蓝球会中出的概率很高，虽然表1-2双色球5期投资计划盈利一般，但是非常适合彩民朋友自己购买。如果确保5期内蓝球会中出，表1-3双色球5期投资计划盈利可观，适合彩票合买。如果确保5期内蓝球会中出，表1-3双色球5期投资计划盈利非常可观，更是适合彩票合买。

量出而入，风险和收益永远是成正比的，我们每个彩民根据自己的实际情况找到适合自己的计划才是最好的。

表1-2 双色球5期投资计划

期数	投入	总投入	盈利
1	10元	10元	15元
2	20元	30元	20元
3	40元	70元	30元
4	80元	150元	50元
5	160元	310元	90元

表1-3 双色球5期投资计划

期数	投入	总投入	盈利
1	50元	50元	75元
2	100元	150元	100元
3	200元	350元	150元
4	400元	750元	250元
5	800元	1550元	450元

表1-4 双色球5期投资计划

期数	投入	总投入	盈利
1	200元	200元	300元
2	400元	600元	400元
3	800元	1400元	600元
4	1600元	3000元	1000元
5	3200元	6200元	1800元

第二章 彩民购彩须知

第一节 如何做合格的彩民

"2元可中1000万"是国家福彩中心用于彩票双色球玩法的官方宣传口号。彩民为什么购买彩票？答案也就不言而喻了。抛开人所共知的公益性目的不说，吸引彩民"义无反顾"地投身彩票行业的一个巨大的动力，就是"高额奖金"的诱惑。

购买彩票是一个"以小搏大"的行为，即期望用较小的投入获得巨大的回报。从某种意义上说，投注彩票可算是一种投资行为，因为它符合"将收入不用于消费，而是出于增值的目的去运作"的投资概念。

彩票投注具有范围性、灵活性和可操作性的优势，并不逊于历史悠久的股票行业，且越来越被广大彩民所看好，尤其是奖金几十万、百万乃至千万元的超级大乐透、双色球等大盘玩法，更为彩民朋友所追捧。

不论何种彩票玩法，掌握一种最佳的选号投注技术，只是向成功迈出的重要环节，好的博彩心态、好的风险控制意识、好的投注计划也是成功过程中必不可少的关键要素。

选号、组号的技术前面已经详细讲解，那么在购买彩票之前，每个彩民首先要从心态上、风险控制上以及制定投注计划三方面进行自我评定，选择最适合自己的好方法并长期坚持下去。

如果您做不到下面的第一点，您可能是个问题彩民，接下来要修正和调整自己的心态；如果您做不到第二点，您要十分小心您的资金链会断裂或因此影响到您的正常生活；如果您做不到第三点，您只能算一个最普通的初级彩民而已。如果这三点您都做到了，那么恭喜您，您一定是一名合格的职业彩民。

第一点，心态最重要。买彩票，也是在买快乐，更是一种投资理财的方式。

既是投资理财，就要遵循一定的原则。首先，要理智购彩并理智地看待彩票输赢。购买彩票，可能使你梦想成真，也可能让你血本无归，所以保持一个良好的心态，量力而行，理智地购买彩票是第一位的。输与赢辩证统一，相伴相生，彩票投注者千万不能将输赢看得太重，功利性也不可太强，一味贪图不劳而获，结果可能适得其反。

不想当将军的士兵不是个好士兵，同样，不想中大奖的彩民更不是一个标准的彩民。想中奖反映了彩民积极向上的心态，它是一种动力，支撑着每一位彩民继续朝自己既定的目标前进。这时，每个彩民千万要端正自己的心态，不能痴迷、盲目、不顾一切地追求大奖而成为问题彩民。

问题彩民的心理处于应激性的不健康状态，我们称之为"彩票中奖综合征"。这些彩民平日里满脑子想的都是彩票号码，看到车牌号、房间号的瞬间都能和彩票号码联系起来，整天思考的也都是如何才能中大奖以及中了大奖后怎么办的问题，严重甚至影响了自己的工作和家庭的生活。他们普遍具有一个共同的特点：就是在每期选择投注号码时总是信心百倍，底气十足，认为自己选择的号码一定会中奖，赋予极高的期望值；在等待开奖的时候总觉得心急如焚，坐立不安，患得患失，既想中奖又怕不中奖的复杂心理交织、碰撞在一起；开奖后突然发现没有中奖，立即变得垂头丧气，心理受到很大的打击。如果某一次因为小小的失误与大奖失之交臂，更是捶胸顿足、自责不已。

想中奖固然是好事情，但是把中奖看得太重了乃至影响了正常的工作生活，那说明心态已经转变了，已经往极端的不健康趋势发展，而此时也会因为心态的变化，大脑的思维和分析问题的角度必定会出现顽固和偏执，从而会严重影响正确的思维和判断能力，这时必然会影响技术的使用和发挥，又怎么会中奖呢？

作为一个合格的彩民，最重要的就是必须时刻保证头脑的冷静和思维的理性，而这些都是在良好的、正确的心态上才能建立的。虽然每个人都是为中大奖的目的而去，但是具有良好的心态，就可以用清醒的头脑、理性的思维，再结合最佳的选号技术去正确地分析判断当期中奖号码的各种趋势变化，最后制定周密的计划去购买彩票，这样才能高概率地达到中奖的目的。因此，拥有和保持良好的心态是保证中奖的重要基础。

这里强烈建议大家一定要保持"心静自然"的健康心态去研究彩票号码、分析彩票号码、投注彩票号码，那样会受益无穷。

第二点，风险要控制。"2元可中1000万"，高收益一定伴随着高风险，它们是孪生兄弟。高风险、高收益使彩票市场成为一个风险与收益共存、挑战与机遇共生的地方。这时，充满挑战和机遇的博彩活动更需要理性的投资策略来进行指导。

投机是人的天性，无论是谁，无论在哪，都有某种投机性。投机是博彩者存有的普遍心态，这也无可厚非，毕竟不是每个人都能发现彩票的中奖规律。彩市复杂多变，既为投资者提供了盈利的机会，也给投机者带来了获利的可能性。投机者遵循的是风险原则，而投资者遵循安全大于风险的原则。投机的结果不可预知，而投资则要评估项目的风险和收益。投资是战略，投机是战术，赌博则是盲目蛮干。因此，投资眼光远比投机心理好。

众所周知，买彩票是有风险的，而且风险还不小。彩票的风险在于你如果没有中奖，那么你的投资就会颗粒无收。既然有风险，那么我们从投资开始就必须要想办法控制风险，而控制风险的过程其实就是提高中奖概率的过程。只有中奖概率提高了，投注的风险才会降低。

从控制风险的角度来说，一是彩民的投注资金要控制好。一般的工薪阶层每个月投入的购彩资金不超过月收入的5%为宜，这样，每个人不会为购彩资金的支出而影响工作和生活，更不会引起心态上的连锁反应。有些人总想进行一次大的投入来进行翻本盈利，或总想投入所有资金达到中奖目的来改变目前的人生状态，那样只会导致越陷越深不能自拔。二是彩民的投注方法要控制好。双色球玩法蓝球"16选1"因为中奖率高，每期可选择2~3个蓝球进行投注来回收投入资金控制风险不失为一种好的办法。

目前，分散投资风险也是最常用的手法。"不要把所有的鸡蛋都放在一个篮子里"，应该是博彩者的格言。宁可收益少点，也要使资金安全一些。

第三点，计划要周密。购买彩票，必须行之有法。法就是彩票投资时使用的技法、战法。没有规矩，难成方圆。没有计划，难有成果。彩票游戏之所以深受彩民朋友喜爱，不仅是由于它简单有趣、天天开奖，更重要的是，彩票的中奖号码具有可预测性。正如足彩、进球彩游戏，在了解了赛事、球队、教练、队员等相关情况下，极可能对胜、平、负以及进球量有一定的判断把握，从而选对比赛结果，赢得奖金。在购买彩票时，同样可以通过好的选号技术分析历史中奖号码，判断近期或当期极有可能出现的号码，以此制定出彩票投注计划，在有计划的投资过程中获得回报。

以双色球玩法为例，每个彩民不但可以制作双色球蓝球投资计划、复式投注计划，更可以制作胆拖计划以及根据套餐制订各种计划进行投注。合买是目前网络上流行的一种由多个人合伙购买彩票的方式，不但降低风险，而且中奖概率还能得到很大提高，值得我们在实战中推广使用。每个人完全可以根据自己的实际情况或资金的使用情况，制定出适合自己的计划进行实施。

"彩票是智者的游戏，不是愚者的赌局"。通过以上可以清楚地知道，如果掌握一种好的技术，再配合好的心态，好的风险控制，好的投注计划，那么你一定是一个合格的彩民，更会在以后的博彩游戏中获得更大的收益。

第二节　投注彩票十不要

1. 不要过量投入

彩民在购买彩票上的资金投入不能影响了个人、家庭的经济状况。玩彩的投入在个人的经济收入中一定不能占据过高的比例，不超过5%为健康的支出。

2. 不要过高奢望

现实生活的经验告诉我们：希望越大，失望也就越大。玩彩也是同样的道理，如果我们总是对大奖抱有过高的奢望，就会让自己身心俱疲，也就无法体验玩彩的乐趣。

3. 不要失去希望

拥有希望的生活是美好的，拥有希望的日子是阳光灿烂的。尽管说在玩彩的日子里，更多时候我们会面对投注未果的情况，但我们不能因此而失去希望。

4. 不要自我责备

或许，你曾经距大奖是那么近，也或许只差那么一个数字你就成为大奖得主，但我们切不可因此而自我责备，要从现在开始，放飞崭新的梦想。

5. 不要盲目攀比

彩民队伍中，不乏一掷千金的彩民，但我们不能盲目地与人家攀比，要充分考虑个人情况，说不定，你无意中投入的两元钱就能够为你带来大奖。

6. 不要自我封闭

团结就是力量。彩民朋友一定不要自我封闭，可以考虑与周围的朋友联合起来进行投注，这样中奖会更容易些。

7. 不要过多研究

对于号码的走势、开奖的情况我们需要关注，但不可每天占用过多地时间去研究，研究的时间越长，付出的精力越多，我们的期望值也就会更多，其实，玩彩需要一份平常心。

8. 不要沉迷其中

玩物丧志是万万要不得的。彩票是一种游戏，我们一定要本着玩的心态来面对，切不可沉迷其中，影响正常的工作与生活。

9. 不要轻易放弃

如果自己选择好投注号码，不应该因为别人的一点建议就轻易改变，中途放弃只会给自己带来太多的遗憾。

10. 不要陷入迷信

一些彩民在玩彩时相信迷信，为了中奖烧香拜佛，祈求幸运能够降临到自己的头上，事实上，这样只会使自己背上沉重的包袱！

第三节 彩票合买攻略

很多彩民在双色球选号投注中往往会遇到这样尴尬的情况：通过技术的学习和运用，每期选号结果达到一定数量时中奖概率非常不错，可是因为投注资金的制约以及中取大奖的不确定性，不可能在长时间里每期进行一定数量的投入，于是当某一期选号后因为投注数量少而与大奖擦肩而过，只能追悔莫及，捶胸顿足。

这种情况在彩民中间可以说时有发生，怎么办？

最佳的解决渠道只有一个——彩票合买。

在当今网络联通世界的高科技信息时代，网络购彩也成了时下流行的购彩方式之一，并且发展的势头与前景越来越好，彩票合买更是成了网络购彩的一大亮点。

彩票合买是由一个人或多个人选号后在网络上发单并由多个人共同出资投注，中奖后按照投入资金比例分配收益的一种购买彩票的方式。通常由多个人组成的彩票合买的购彩形式称为彩票合买联盟。彩票合买联盟一般是由几个人或几十人组成的合买小组，由几个预测分析技术比较好的人每期选择号码制作计划，在信誉度极高的彩票网站上进行发单，发单后联盟成员可以共同购买这个投注计划内包含的所有号码。每个彩民购买的金额可以根据自己的经济能力而定，如果中奖，那么在扣税后由网站把剩余奖金按照每个人的资金投入比例自动分配到每个人的账户里。

一般彩票合买都是以联盟的形式进行，因为通过网络彼此间熟悉了解，信任度比较好，沟通的效果也是最好的。

最重要的一点是：合买联盟的所有人之间都没有任何的经济往来，每个人都有自己独立的资金账户，每个人的账户也都是个人独立操作并且托管在信誉度极高的网站上，因此合买联盟的每个成员之间更多的是一种技术上的合作。

2009年7月15日在淘宝网上由451人共同合买的双色球2009082期中，仅购买1444注，投入2888元即中得当期的一等奖1注，喜获奖金1009万元。平均计算，每人投入6.5元，却换来人均22372元的奖金收益。

这种彩票合买的形式也被很多彩民引申到网下进行，在亲属、同事以及在投注站结识的志同道合的彩友之间进行同样的彩票合买操作。

据报道，黑龙江一下岗女工与两个同学合买彩票7年，终于在2007年中秋夜中取1100万元大奖。据悉，45岁的王女士是大庆一位下岗职工，买福彩已有几年时间。3年前她曾和两位同学合买彩票，中了个小奖，三人觉得在一起买彩比较"和财"，就一直坚持合买。此前三人都没有中过大奖。在双色球第2007112期，她们花了6元钱投注了3组号码，其中一组号码中得当期的头奖，其他两注彩票分别中得四等奖和五等奖，奖金分别为200元和10元。王女士称，每次选号都是由她和两位同学一起研究，最后三人各选出几个号码，反复组合。当期红球中奖号码07、11、14、16、25、32和蓝球11就是她们三人各选两个号码中出的。

一、彩票合买的优势

彩票合买的最大优势就是经济实惠。购买彩票时，只买一组或几组的话很难中奖，如果打几十组、几百组或者上千组时就不一样了，但是因为个人的资金有限，这时和别人合资购买，就自然成为众多彩民的首选，这样一来既可扩大中奖概率，又可分担风险，一举两得。

合买优势之一：提高中奖概率。

"众人拾柴火焰高"。合买的资金比较充足，有了充足的资金就可以操作比较多的号码，每期就可以制作出周密的投注计划进行高概率地捕捉中奖号码。因为操作的号码较多，从而极大地提高了中奖概率。

合买优势之二：降低投注风险。

合买的本质是大家共同出资购买同一个投注计划，从而分散降低了每个人的投注风险。例如，双色球每期投注200注。如果不参加合买，单独靠一个人每期投入是很难长期支撑下去的，因为谁也不能保证一次购买就可以100%中奖。

但是大家进行合买的情况就完全不同了。假如有20人参加合买，每期购买200注号码，投入400元，算下来每个人每期只要投入20元钱就可以操作200注的投注计划。因此，彩票合买的优势就显现出来了。

彩市有句流行语说得好"投机十注，不如合买百注"，也正是说明了合买的重要性。可以看出，合买既提高了中奖概率，又降低了投注风险，经济实惠，因此是未来大众博彩的主流形式。单打独斗的投注方式，在不久的将来只适合一些技艺高超的技术型彩民或资金比较雄厚的职业彩民使用了。

二、彩票合买的劣势

彩票合买的缺点就是容易引发合作者之间的经济纠纷。主要体现在网下合买的方面。

在具体的彩票合买实施中，彩民们会经常因为对合买的相互约定不清而产生多方面的纠纷，甚至造成经济损失。尤其是中奖后在奖金分配上的纠纷，让彩民们对合买是既喜爱又惧怕，长期处在苦恼和郁闷中。

不少律师事务所均发现有彩民因合买产生纠纷后寻求法律帮助的记录，但很多都没有有效的法律依据，给审理带来很大难度，因而只有极少数的案例能得到正式受理。

浙江省杭州市首例合买彩票纠纷案就是一个典型的例子。2007年9月，杭州彩民因合买第2007067期足彩中了500万元大奖，但持有彩票的周鸿在领奖后却拒绝与合买人王永一起分红，原因就是双方只是通过电话和QQ聊天简单约定，并没有签订有效的合购协议，最后只得走上法庭。为此，法院在审理和取证过程中也是颇费周折，通过省体彩中心等多方取证，最后从周鸿发布的网络寻求合作购买足球彩票信息、周鸿与王永的QQ聊天记录、电话通话记录以及周鸿支付王永10万元等得到证据，并依法判决周鸿赔偿合买人王永93.83万元。

为什么彩票合买会产生问题呢？主要的关键在于彩票合买双方（多方）之间约定不全。

彩民因合伙购买彩票而生纠纷的案件，很多都不能给予受理，因为这些案件在协议上都呈现出约定不全的问题，关键在于彩民们对此缺少法律意识。

这些问题主要表现有：其一，普遍都是口头协议，没有书面约定，出现纠纷时无凭无据，造成利益受损；其二，即使有文字协议也是很简单的粗略约定，协议中对权利和义务的约定不明确，如出资、分成、兑奖等关键问题没有做详细和具体的约定，容易产生歧义，造成纠纷；再有，就是在纠纷发生时不知道如何妥善处理，不懂得搜集证据、通过正当法律途径解决。

对于这些现象，如何保护好自身的利益，愉快合买是最重要的问题。这里建议彩民们关键要注意以下几个问题：

首先对这样的事情不要因为都是熟人或朋友，为了图省事而只做一个口头约定，一定要形成书面协议。因为没有白纸黑字的协议，不只是合买彩票有风险，任何一种合伙行为都会存在风险，口头协议的内容不易确定，一旦引起争议，举证难度大。另外，在约定时一定要注意付款时间及方式、中奖后分成比例，违约责任要清楚写明，并且保存好协议的原件。这样在发生纠纷时才能避免因无据可查而导致律师无法受理；此外，如果发生纠纷，首先要咨询律师，并在律师的指导下做好证据搜集和准备工作，最大限度地保护好自己的利益。

三、那么如何避免因为彩票合买产生的不必要纠纷

彩票是智者的游戏，不是愚者的赌局。

彩票合买可以在网上和网下进行。互联网上有一些小的彩票网站或骗子网站也提供这种合买服务，首先在此警告大家不要轻易相信并使用。要知道，双色球、超级大乐透等中大盘玩法的奖金动辄都是几十万元、几百万元乃至上千万上亿元，没有信誉度极高的网站做保障，即使中奖也极有可能领不到奖金。如果彩民在网下进行彩票合买，彩友之间必须用书面文字的形式共同签署一份彩票合买协议，明确每一个人的权利和义务，以及号码的选择、每期的投入、奖金的分配等，以免中大奖之后产生不必要的纠纷。签署有效协议是避免纠纷的最好方式。由于协议是很正式的文件，所以它的内容最好能找到律师代写，以保证措辞严谨、权利义务明确，这样就可以最大限度地避免纠纷。

为了能减少彩民的损失，下面特附录一份彩票合买协议书，提供给彩民参考使用。由于每次的合买人数有多有少，所以使用时就需要在合买人的数量和分成比例的地方，按实际人数做相应调整。当遇到纠纷和有人违约时，协议是最有力的证据，这时要及时拿出才可以很好地保护自身权益。

同时，彩民朋友也需要注意，根据民法规定，合买协议的签署应是在双方平等、协商、自愿的前提下进行的，一旦签署就拥有了法律效力，任何一方出现违约行为都要按约定负担责任。协议签署后需人手一份，各自妥善保管。

附：彩票合买协议书

甲方：×××　　身份证号：×××

乙方：×××　　身份证号：×××

丙方：×××　　身份证号：×××

上述各方本着自愿平等，诚实信用的原则，经友好协商，现就合买彩票事宜达成如下合作协议：

一、合作内容

各方共同出资×××元用于购买彩票，按×：×：×的比例进行出资，由出资各方共同进行选号、购买及领奖，合作收益按本协议第三条约定的分成方式分配。

二、权利和义务

（1）协议各方确保各自比例的出资分四季度、于每季度第一个月的1号汇入账号为×××的账户内，卡/存折由×××持有。各方必须保证资金的及时到位，如逾期不出资，视为违约，由违约方承担应出资金额的百分之二十作为违约金赔偿对方；

（2）每期彩票的购买必须经各方一致同意，擅自购买造成损失要向其他方赔偿；如有分歧协商不成，可以自行购买，若中奖视为个人所有，但必须提供其他方以书面形式做出放弃购买该中奖彩票的书面声明，否则视为共同购买；

（3）各方约定，彩票中奖之后，由各方共同到彩票兑奖机关领取奖金，除有书面的委托，则不得由一方或其中几方代领；如擅自领取奖金，视为违约，守约方除有权要求其支付利益分成部分，还可要求违约方支付奖金数额的20%作为赔偿金。

三、利益分成

各方约定，彩票中奖后，各方按×：×：×的比例进行分成。

四、协议的变更、解除

（1）本协议自各方签字盖章后生效，即具有法律约束力，任何一方不得随意变更。如需要变更时，各方应协商并签订新的书面协议。

（2）若在本协议履行过程中发生争议，各方应协商解决。任何本协议未尽事宜，各方应本着互谅互让的精神协商加以解决，如果不能解决，提交当地法院诉讼。

（3）协议各方中任一方未履行本协议条款，导致协议不能履行或不能完全履行时，其他方有权随时变更、解除协议，并有权追究其违约责任。

五、协议的生效及其他

本协议有效期为自×年×月×日至×年×月×日。协议自各方签字盖章后生效。协议期满后如需继续合作，可以续签协议。

甲方：×××　　联系方式：×××　　×年×月×日

乙方：×××　　联系方式：×××　　×年×月×日

丙方：×××　　联系方式：×××　　×年×月×日

第三章 彩霸王双色球软件操作指南

"工欲善其事,必先利其器",古语很生动地说明了"好工具"的重要性。也就是说,只要你把工具选对了,任何事情做起来都会省力省时、得心应手。也应了中国那句老话:手巧不如家什妙。在彩票双色球实战中,专业工具的最大特点就是让大家选号、组号、优化、兑奖等变得更方便、更快捷、更高效。

彩霸王双色球富豪版软件就是双色球专业工具中最重要的一种,俗称彩票软件,是根据本书内多种核心技术配套开发的工具软件,通过大量双色球玩家的使用和中奖反馈,真正称得上是实战中不可多得的好工具!

第一节 彩霸王双色球软件简介及特色

一、软件简介

"彩霸王"双色球富豪版软件专业用于双色球玩法,是配合本书内"断区转换法"和"排序定位法"的两大核心选号技术独用的一款智能化彩票软件。

软件内配置先进的排序定位和行列断区图表统计系统,对各种图表的有价值的各项数据参数进行精确、科学、完整的统计,帮助广大用户在实战中精确分析、高效使用。

软件内的"排序定位"和"断区转换"两大高级过滤功能系采用独创的排序算法与断层覆盖算法,其科学精密的极限算法首次应用于乐透型彩票软件。

"排序定位"功能是通过对投注号码中每个排序号码尾数的定位限定来缩小中奖号码的选择范围,从而帮助用户提高中奖概率,是运用"排序定位法"的用户实现功效最大化的专业运算平台。

"断区转换"功能是帮助用户在几十注断区3D号码与110万注双色球红球号码之间任意转换,从而高概率选择中奖号码范围的高级过滤功能。用户只要针对几十注断区3D号码做到正确的分析判断,即可达到在最小范围内、最高概率地锁定双色球红球中奖号码的神奇功效,因而这个功能也被形象地称为"乾坤大挪移",真正是名副其实的二等奖选号之王。更为神奇的是,该过滤程序采用超越常规的"断层覆盖算法",在压缩率高达40%~98%的极限情况下,只要用户正确选择断区3D号码,在极少的号码范围内同样可以保证双色球二等奖的存在。

　　软件不但拥有"排序定位"和"断区转换"这样强大的过滤系统,还内嵌了保证程度最高的、矩阵算法最优化、矩阵结果最少的"双色球旋转矩阵公式"。旋转矩阵是投注乐透型彩票必不可少的实用工具,可以帮助彩民在节省大量投注资金的情况下,同样可以获得相应的奖项。选六型的"中6保5"矩阵公式,可以帮助用户任意操作8~28个红球号码进行旋转矩阵,随心所欲,游刃有余!

　　用户综合使用"排序定位""断区转换"与"旋转矩阵"三大过滤功能,完全可以实现"定位旋转矩阵""断层旋转矩阵"的战术运用,这也是本款软件的一大专利特色。在100%地达到相应旋转矩阵保证程度的前提下,可以极大限度地缩小中奖号码的选择范围,功效之巨大,绝无仅有。在帮助用户极限缩减投注数量、节省大量投注资金的情况下,却丝毫不会降低中得大奖的概率,帮助用户直奔大奖而去。

　　作为一款智能化的软件,"智能排序""智能冷号""智能热号"也是本软件的亮点功能。一键点击后,不但自动统计相关数据,并且智能推荐超过90%准确概率的参数范围,方便、快捷、高概率,小小的功能可以发挥出巨大的能量,极大地缩小了中奖号码的选择范围。

　　软件取精华、去糟粕,操作简易流畅,功能强悍精妙,运算速度极快,绝对是双色球投资者最佳的中奖助手。软件不但可以实时在线升级版本、数据更新,而且图表分析、参数查询、组号过滤、投注条件的导入导出、投注结果的保存打印、中奖查询等全方位为用户提供贴心周到的一条龙服务,让用户操作起来得心应手、方便灵活。

　　软件秉承"科学分析指标,高概率选择号码"的博彩原则,根据统计学、概率学原理,详尽地统计指标,利用图表直观地显示各项统计数据及相关参数,通过独特的视角展示各种技术指标的规律,从而帮助彩民高概率地把握指标的趋势动态,精准地进行选择号码,为中奖保驾护航。

二、软件特色

断区转换是软件的最核心功能之一，具有巨大的实战价值

断区转换功能是根据书内独特的选号技术——"断区转换法"设计研发的。断区转换功能在实战中占有极其重要的地位。如果我们在当期通过对行列断区图表的统计数据以及参数能够进行精准的分析判断，精确地选择当期的断列3D号码（即断列的百、十、个位）和断行3D号码（即断行的百、十、个位），那么在实战中，通过这个参数过滤后获得的几注到几百注不等的投注号码中，就一定会包括当期双色球的6个红球中奖号码。

经过统计，断列3D号码中百位号码的取值范围在0~4区间，但是实战中绝大多数情况下出现概率极高的区间为0~2区间，占96%，尤其0的出现概率在理论上为82.56%，实战中一般情况下取值为0，几乎不用选择；断列十位号码的取值范围在0~5区间，但是实战中绝大多数情况下出现概率极高的区间为0~4区间，占91%；断列个位号码的取值范围在0~6区间，但是实战中绝大多数情况下出现概率极高的区间为3~6区间，占86%。

我们再统计，断行3D号码的百位号码的取值范围在0~4区间，但是实战中绝大多数情况下出现概率极高的区间为0~2区间，占95%，尤其0的出现概率在理论上为80.75%，实战中一般情况下取值为0，几乎不用选择；断行十位号码的取值范围为0~5区间，但是实战中绝大多数情况下出现概率极高的区间为0~4区间，占88%；断行个位号码的取值范围为0~6区间，但是实战中绝大多数情况下出现概率极高的区间为3~6区间，占88%左右。

断列3D号码百十个位置和断行号码一共六个位置，如果选取每个位置上的高概率范围出现区间依次为：

断列百位：0~0

断列十位：0~4

断列个位：3~6

断行百位：0~0

断行十位：0~4

断行个位：3~6

那么通过"断区转换"后断列3D号码百十个位置、断行3D号码百十个位置共计六个位置同时正确中出的概率为$1/1×5×4×1×5×4=1/400$。我们通过断区转换

功能高概率获得的投注号码几注到几百注可以达到1/400的中奖概率，相对于双色球红球中奖号码的理论中奖概率1/1100000来比较，概率提高了近2750倍左右，不但降低了选号难度，还极大地提高了中奖概率。

  彩民朋友们都知道，福彩3D、体彩排列3等选3型小盘玩法彩票的直选中奖率为1/1000，也因为它们中奖率高而深受众多彩民的喜欢。而现在通过"断区转换"的技术和功能，把双色球6个红球号码的中奖概率提高到1/400，显而易见，比选3玩法的中奖概率还提高了许多，难度也降低了很多，而它们的奖金更是不能在同一个档次上进行比较的。

  强大、科学的断区转换功能，真正地降低了双色球红球号码的选号难度，提高了中奖概率，与本书"排序定位法"共同称为最核心、最前沿的技术，真正的名副其实。

  软件内置最核心的算法是基于"断区转换"功能自主研发设计的"断层覆盖算法"，在压缩率高达40%~98%的极限情况下，只要用户正确选择断区3D号码（包括断列3D号码、断行3D号码），在极少的号码范围内同样可以保证中得双色球的6个红球中奖号码，也即中得双色球二等奖。

  例如，假设我们通过对行列断区图表的数据统计及参数分析后，得出当期断列3D号码为134，断行3D号码为034，那么通过"彩霸王"双色球富豪版软件的"断区转换"功能，输入参数断列号码134、断行号码034，过滤后获得的投注号码为108注（不考虑蓝球）；这时我们再看所有33个双色球红球号码通过6列六行的排列后得到的行列分布表内用手工排除掉第1、3、4列所包括的号码，再排除掉第三、四行所包括的号码，共计排除掉18个号码，剩余的15个号码的全部选6型组合为5005注号码。我们可以清楚地看到，同样是断列号码134和断行号码034的参数设置，可是前后获得的投注结果却相差悬殊，前者通过软件"断区转换"获得的过滤结果仅是后者通过手工过滤后组合结果的2.16%。通过这一个例子就可以清晰地体现了软件中"断区转换"功能的强大与神奇，这里需要说明的是，只要我们之前所选择的断列3D号码和断行3D号码准确无误，那么当期双色球的6个红球中奖号码会100%地出现在利用软件过滤后的108注结果内，中得当期的双色球二等奖；如果这时蓝球中奖号码的选择也同样正确，那么就会成功地中得一注当期双色球最大的奖项，奖金会高达几百万元乃至千万元不等！

  在实战中同样达到中奖目的并节省98%投入资金的情况下，没有人会舍弃"彩霸王"双色球富豪版软件中强大的"断区转换"功能的运用而去进行手工断区过滤组号。在信息高度发达的今天，在互联网普及的今天，在电脑走进千家万户的今天，在彩民步入技术性博彩的今天，软件的快捷、方便、强大是手工组号无法比拟及替代的产品，会给千万彩民带来丰厚的收益！

第二节　彩霸王双色球软件功能及应用价值

一、强大科学的“数据统计”功能

软件上方的“排序定位”和“行列断区”功能区，是具有强大科学的“数据统计”功能区，本书中“排序定位法” 和“断区转换法”两大选号技术所涉及的图表以及相关的数据参数，都可以通过此软件功能自动计算并显示，用户可以轻轻松松地一键完成所有图表数据的统计，不但方便快捷，而且精确高效。

“数据统计”功能的图表包括如下内容：

（1）双色球开奖号码各个位置号码的排序定位图表六大类13个指标的数据分布统计、遗漏和惯性参数统计，如图3-1所示。

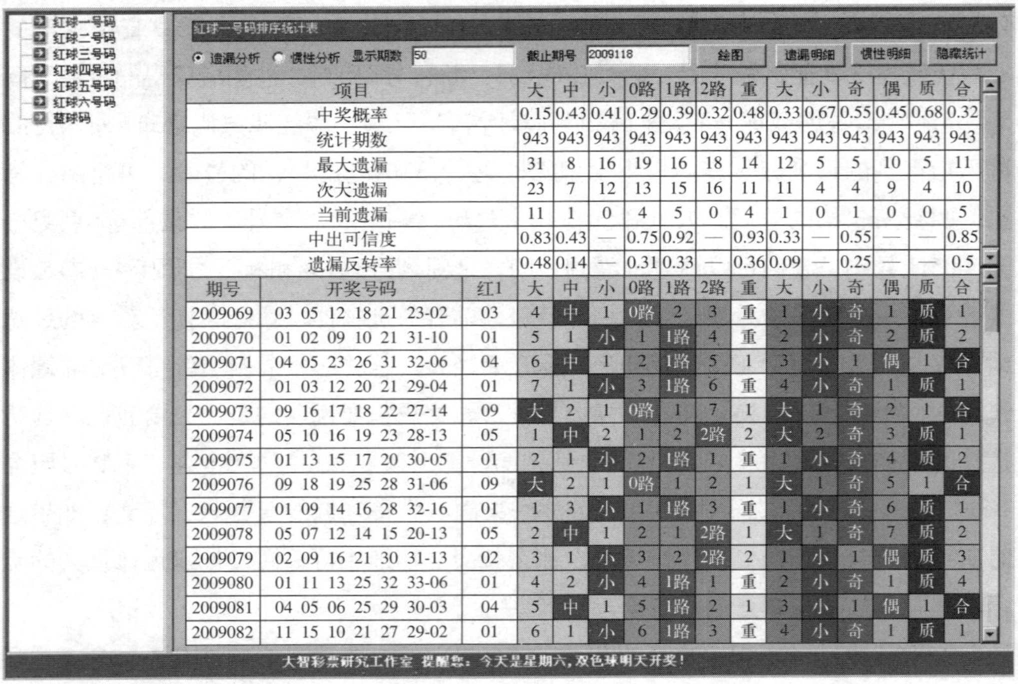

项目	大	中	小	0路	1路	2路	重	大	小	奇	偶	质	合
中奖概率	0.15	0.43	0.41	0.29	0.39	0.32	0.48	0.33	0.67	0.55	0.45	0.68	0.32
统计期数	943	943	943	943	943	943	943	943	943	943	943	943	943
最大遗漏	31	8	16	19	16	18	14	12	5	5	10	5	11
次大遗漏	23	7	12	13	15	16	11	11	4	4	9	4	10
当前遗漏	11	1	0	4	5	0	4	1	0	1	0	0	5
中出可信度	0.83	0.43	—	0.75	0.92	—	0.93	0.33	—	0.55	—	—	0.85
遗漏反转率	0.48	0.14	—	0.31	0.33	—	0.36	0.09	—	0.25	—	—	0.5

期号	开奖号码	红1	大	中	小	0路	1路	2路	重	大	小	奇	偶	质	合
2009069	03 05 12 18 21 23-02	03	4	中	1	0路	2	3	重	1	小	奇	1	质	1
2009070	01 02 09 10 21 31-10	01	5	1	小	1	1路	4	重	2	小	奇	2	质	2
2009071	04 05 23 26 31 32-06	04	6	中	1	2	1路	5	1	3	小	1	偶	1	合
2009072	01 03 12 20 21 29-04	01	7	1	小	3	1路	6	重	4	小	奇	1	质	1
2009073	09 16 17 18 22 27-14	09	大	2	1	0路	1	7	1	大	1	奇	2	1	合
2009074	05 10 16 19 23 28-13	05	1	中	2	1	2	2路	2	大	2	奇	3	质	1
2009075	01 13 15 17 20 30-05	01	2	1	小	2	1路	1	重	1	小	奇	4	质	2
2009076	09 18 19 25 28 31-06	09	大	2	1	0路	1	2	1	大	1	奇	5	1	合
2009077	01 09 14 16 28 32-16	01	1	3	小	1	1路	3	重	1	小	奇	6	质	1
2009078	05 07 12 14 15 20-13	05	2	中	1	2	1	2路	1	大	1	奇	7	质	2
2009079	02 09 16 21 30 31-13	02	3	1	小	3	2	2路	2	1	小	1	偶	质	3
2009080	01 11 13 25 32 33-06	01	4	2	小	4	1路	1	重	2	小	奇	1	质	4
2009081	04 05 06 25 29 30-03	04	5	中	1	5	1路	2	1	3	小	1	偶	1	合
2009082	11 15 10 21 27 29-02	01	6	1	小	6	1路	3	重	4	小	奇	1	质	1

图3-1　红球一号码排序统计

（2）双色球红球号码的断区转换图表和蓝球分析图表的六大类13个指标的数据分布统计、遗漏和惯性参数统计，以及后区分析图表的相关数据统计和参数统计，如图3-2所示。

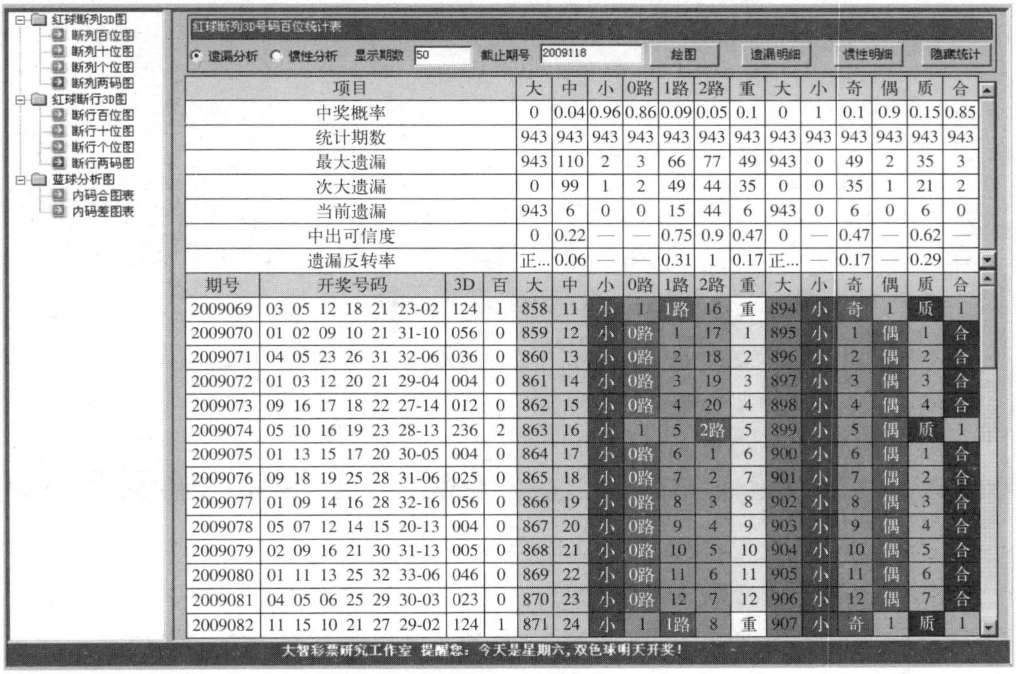

项目	大	中	小	0路	1路	2路	重	大	小	奇	偶	质	合
中奖概率	0	0.04	0.96	0.86	0.09	0.05	0.1	0	1	0.1	0.9	0.15	0.85
统计期数	943	943	943	943	943	943	943	943	943	943	943	943	943
最大遗漏	943	110	2	3	66	77	49	943	0	49	2	35	3
次大遗漏	0	99	1	2	49	44	35	0	0	35	1	21	2
当前遗漏	943	6	0	0	15	44	6	943	0	6	0	6	0
中出可信度	0	0.22	—	—	0.75	0.9	0.47	0	—	0.47	—	0.62	—
遗漏反转率	正...	0.06	—	—	0.31	1	0.17	正...	—	0.17	—	0.29	—

期号	开奖号码	3D	百	大	中	小	0路	1路	2路	重	大	小	奇	偶	质	合
2009069	03 05 12 18 21 23-02	124	1	858	11	小	1	1路	16	重	894	小	奇	1	质	1
2009070	01 02 09 10 21 31-10	056	0	859	12	小	0路	1	17	1	895	小	1	偶	1	合
2009071	04 05 23 26 31 32-06	036	0	860	13	小	0路	2	18	2	896	小	2	偶	2	合
2009072	01 03 12 20 21 29-04	004	0	861	14	小	0路	3	19	3	897	小	3	偶	3	合
2009073	09 16 17 18 22 27-14	012	0	862	15	小	0路	4	20	4	898	小	4	偶	4	合
2009074	05 10 16 19 23 28-13	236	2	863	16	小	1	5	2路	5	899	小	5	偶	质	1
2009075	01 13 15 17 20 30-05	004	0	864	17	小	0路	6	1	6	900	小	6	偶	1	合
2009076	09 18 19 25 28 31-06	025	0	865	18	小	0路	7	2	7	901	小	7	偶	2	合
2009077	01 09 14 16 28 32-16	056	0	866	19	小	0路	8	3	8	902	小	8	偶	3	合
2009078	05 07 12 14 15 20-13	004	0	867	20	小	0路	9	4	9	903	小	9	偶	4	合
2009079	02 09 16 21 30 31-13	005	0	868	21	小	0路	10	5	10	904	小	10	偶	5	合
2009080	01 11 13 25 32 33-06	046	0	869	22	小	0路	11	6	11	905	小	11	偶	6	合
2009081	04 05 06 25 29 30-03	023	0	870	23	小	0路	12	7	12	906	小	12	偶	7	合
2009082	11 15 10 21 27 29-02	124	1	871	24	小	1	1路	8	重	907	小	奇	1	质	1

图3-2　红球断列3D号百位统计

通过以上这些功能图表，用户需要做的就是运用“彩票均衡论”，利用强大科学的统计数据以及精确的参数报告进行当期条件指标的分析判断，高概率地进行取舍，从而高效地选择中奖号码的范围。

每种图表不但数据准确、可以实时更新，而且各项参数实战意义巨大。只有通过这些设计独特的统计分析图表，才能给彩民展示出每个指标、条件的规律特征和趋势动态，帮助彩民在最小的范围内选择中奖号码，绝对是彩民中奖的最佳助手。

二、顶级核心的“超级过滤”功能

软件的“超级过滤”功能就像人的大脑一样，无疑是软件的中枢系统，能汇总各种分析数据参数，运算处理所有条件，精准、快捷地出具投注结果。

超级过滤功能界面如图3-3所示。

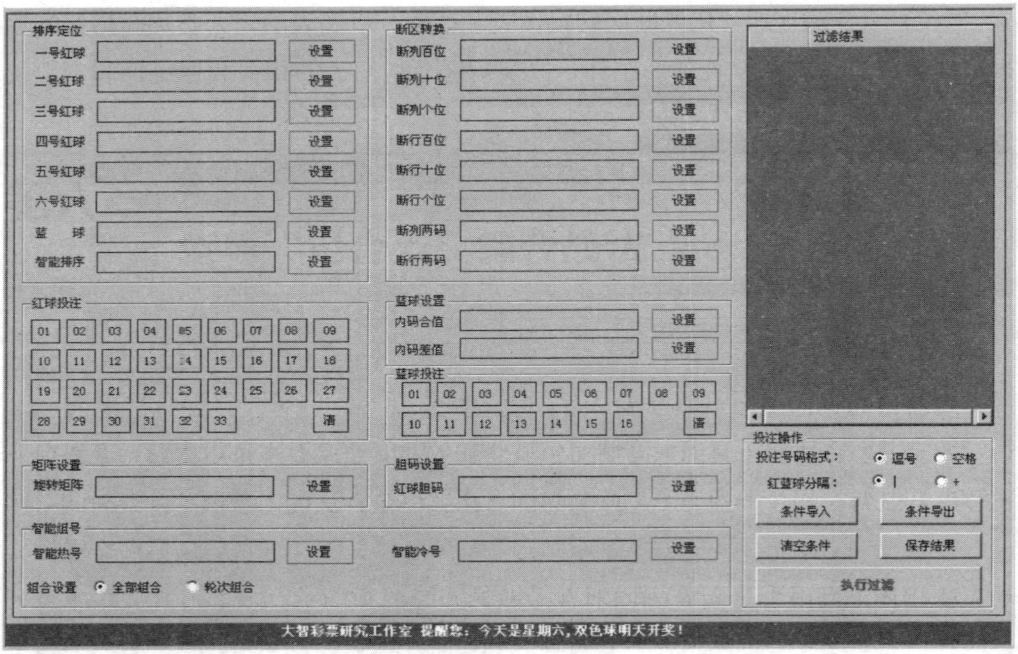

图3-3 超级过滤功能界面

"超级过滤"包括很多功能设置，这里重点介绍排序定位、断区转换、蓝球设置、旋转矩阵、智能排序、智能热号、智能冷号以及投注操作等八大功能。

（1）排序定位。用户通过"排序定位"图表统计分析后，所选择的当期指标参数可以在该功能界面点击对应排序号码位置的"设置"按钮，然后点击所选择的参数数字后点击"确定"即可。

假设当期双色球红球第一位置排序尾选择参数为0、1、2，如图3-4所示。点击"设置"后进入图3-5第一位排序尾设置界面，点选数字0、1、2后改变为深颜色，最后点击"确定"，即可完成设置。

图3-4 排序定位设置界面

图3-5 球尾设置界面

（2）断区转换。用户通过"行列断区"图表统计分析后，所选择的当期指标参数可以在该功能界面点击对应断区号码位置的"设置"按钮，然后点击所选择的参数数字后点击"确定"即可。

假设当期双色球红球号码断列百位号码取值参数为1，如图3-6所示。点击"设置"后进入图3-7前区断列百位设置界面，点选数字1后改变为深颜色，最后点击"确定"，即可完成设置。

图3-6 断列设置界面

图3-7 红区断列百位设置界面

（3）蓝球设置。用户通过蓝球分析图表统计分析后，所选择的当期指标参数可以在该功能界面点击对应位置的"设置"按钮，然后点击所选择的参数数字后点击"确定"即可。

假设当期双色球蓝球内码合取值参数为1、3、4，如图3-8所示。点击"设置"后进入图3-9蓝球内码合值设置界面，点选数字1、3、4后改变为深颜色，最后点击"确定"，即可完成设置。

图3-8 蓝球设置界面

第四篇　双色球实战操作指南

图3-9　蓝球内码和尾设置界面

（4）智能排序。用户首先点击图3-10的"设置"按钮，进入到图3-11"智能排序值数据报告"的界面，通过对智能统计的"排序范围"的数据报告进行分析后，进行各个位置排序值的最后设置。

假设当期排序值选择参数为第一位置使用概率为80%的排序值，第二位置选择使用概率为90%的排序值，第三、四、五、六位置选择使用概率为80%的排序值，如图3-11"智能排序值数据报告"的设置界面，依次点选使用的排序值后改变为深颜色，最后点击"确定"，即可完成设置。

图3-10　智能排序界面

位置	80%排序值	90%排序值	100%排序值	理论排序值
第一位	01—08	01—10	01—20	01—28
第二位	03—14	03—17	02—26	02—29
第三位	07—21	06—22	03—29	03—30
第四位	14—27	10—27	05—31	04—31
第五位	18—30	17—32	07—32	05—32
第六位	26—33	24—33	11—33	06—33

截止期号　2009118

图3-11　智能排序值数据报告界面

通过本书之前的讲解我们知道，排序值分为理论排序值和实际排序值两种。

双色球红球号码理论排序值就是指理论上每个双色球红球号码的最大出现范围，例如第一位红球号码的理论出现范围是01~28。双色球六个位置红球号码理论排序值如下：

第一位红球排序值：01~28

第二位红球排序值：02~29

第三位红球排序值：03~30

第四位红球排序值：04~31

第五位红球排序值：05~32

第六位红球排序值：06~33

实际排序值是指双色球某一个位置红球在实际统计期内出现的最大范围，"彩霸王"双色球富豪版软件中使用的"排序值"概念就是指实际排序值。例如一个统计阶段内双色球第一位红球号码的出现范围是01~19，那么01~19其实就是第一位红球的实际排序值。实战中，假设我们知道了统计期内第一位红球号码的实际排序值是01~19，那么在实战选择第一位红球时就把在理论排序值（01~28）内选号变成了在实际排序值（01~19）内进行选号，极大降低了选号难度。

在双色球游戏中，所有红球号码一共包含1107568个组合，100%地覆盖了所有的排序值。但是，从2003001期双色球开奖截至2008032期的700多期数据中可以看到，历史开奖号码的每个位置上红球号码开出的实际排序值远远小于理论排序值。通过表3-1中的数据可以看到，随着实战中每个排序值的范围不同，每个位置上红球号码的中奖概率也随之变化。

表3-1　双色球红球号码排序值统计表（2003001~2008032期）

排序位置	80%排序值	90%排序值	100%排序值	理论排序值
第一位红球	01-07	01-11	01-19	01-28
第二位红球	03-14	03-17	02-24	02-29
第三位红球	03-21	03-23	03-29	03-30
第四位红球	13-27	11-28	05-31	04-31
第五位红球	19-31	13-32	03-32	05-32
第六位红球	26-33	24-33	11-33	06-33
所需注数	370797注	718485注	1072212注	1107568注

说明：

① 100%排序值指在实际开奖中各位置号码出现概率为100%的实际排序值；

② 90%排序值指在实际开奖中各位置号码出现概率为90%的实际排序值；

③ 80%排序值指在实际开奖中各位置号码出现概率为80%的实际排序值；

④ 以上统计数据为2003001~2008032期共703期开奖数据

例如，第一位红球号码的理论排序值是01~28，但从2003001~2008032期所有的开奖数据的第一位红球号码从来没有超过19，因此若在01~19之间选择第一位置红球号码，准确率可以达到100%；这里100%的排序值也就是通过统计后获得的2003001~2008032期开奖数据中第一位红球号码的实际排序值。同理,若在01~11之间进行选择第一位置红球号码，准确率能达到90%，如果在01~07之间进行选号，准确率也能达到80%。

通过观察表3-1双色球红球号码排序值统计表的统计数据，再去对照双色球历史开奖号码数据，我们可以获得一个用于选号使用的实战规律：根据排序值范围进行选号，不但可以明显地降低双色球每个位置红球号码的选择难度，缩小每个位置上红球号码的选择范围，还依然能保证很高的准确率。这个极其实用的实战规律，可以让彩民选择当期红球中奖号码范围的准确率保持在一个较高的水平，选号的方向性和针对性也大大增强。实践证明，利用实际排序值进行双色球红球选号具有巨大的实战意义。

假设在实战中，我们通过排序定位技术能确定02、08、13、16共四个号码是第一位红球备选号码，极有可能包括当期的第一位红球开奖号码。通过表3-1可知，如果我们想达到100%的准确率，那只有选择所有的备选号码；如果想达到90%的准确率，依据第一位红球号码出现的排序区间为01~11，那么在02、08、13、16四个号码中只有前二个红球备选号码符合条件，从而我们就可以排除掉号码13和16；同理，如果确保选号的正确率为80%，其选号区间为01~07，我们的备选号码就剩下了一个红球号码08；一般实战中，80%的准确率是最后的底线，虽然概率相对降低，但是我们看到第一位置上的红球备选号码也只剩下了一个号码；也就是说，即使剩下一个号码还保持着80%的中奖概率,完全可以进行实战。

这个例子生动地说明了在实战中应用实际排序值进行选择双色球红球号码，可以有效地筛选和过滤号码，为双色球的红球选号提供一个清晰明朗的方向，能更精准地指导我们进行双色球红球选号实战。

"彩霸王"双色球富豪版软件内的智能排序功能,可以自动计算并提供双色球开奖至今所有开奖数据的实际排序值统计,让我们在实战中可以一目了然地观察到双色球各个位置红球不同中奖概率的排序值,这有助于我们准确地分析和选择每个位置的排序值,从而极大地缩小双色球红球号码的选号范围、提高中奖概率。

我们了解了排序值的实战价值,那么实战中"彩霸王"双色球富豪版软件该如何应用呢?

第一步:智能统计。打开软件进入"智能排序"界面,点击"开始分析",软件会自动统计并展示所有双色球开奖数据的排序值数据报告。

第二步:个人分析。

第一,直接使用,功效俱佳。实战中,每个双色球红球位置我们一般可以直接全部"点选"使用90%排序值,高概率过滤掉大约40万注双色球红球号码组合,也就是直接去掉了1/3还多的双色球红球号码组合,缩小投注数量的功效极其显著。因为概率极高,效果奇佳,很多双色球彩民几乎每期都要采用智能排序功能制作双色球红球号码的大底,在此基础上再添加其他条件过滤缩水。

激进一点的彩民在使用"彩霸王"双色球富豪版软件的智能排序功能时,所有红球位置直接设置为80%排序值,双色球红球组合1107568注直接过滤掉736771注,一个功能直接强悍地把双色球红球号码组合过滤了2/3,功效之强大可想而知。我们还要清楚地知道,这不是盲目激进,因为这样设置成功的概率最低80%,是大概率事件。

第二,"对照"开奖数据"分析"智能排序值数据,安全高效两不误。为了安全起见,我们所有位置可以初步选择使用90%排序值,然后观察上期每个双色球红球开奖号码是否脱离智能排序值数据报告显示的80%排序值。

根据历史经验总结,某个位置上的红球号码一般很少连续脱离80%排序值范围,因此一旦上期某个位置红球号码如果脱离对应的80%排序值范围,那么下期极有可能会迅速回归,而且概率会超过90%以上。这时,我们就可以把这个位置的红球选择使用80%排序值,在安全的前提下可以进一步精确双色球红球号码的选号范围,这也是保守型的彩民在使用这个功能时一种高性价比的选择。

掌握并应用好上述经验,就能更好地使用智能排序功能,从而可以准确地选择某个位置的排序值范围,最终达到极度缩小双色球红球号码投注数量、提高中奖概率的目的。

(5）智能热号。用户首先点击图3-12的智能热号"设置"按钮，进入到图3-13的智能热号设置界面，设置分析期数和截止期号后（图3-13中期数分析设置为5，截止期号为2009118期），点击"开始分析"按钮进行分析，然后通过对"智能热号数据分析报告"进行分析后，选择使用推荐结果或自定义，最后进行设置。

图3-12 智能热号设置按钮

开奖期号	热号个数	中出0个	中出1个	中出2个	中出3个	中出4个	中出5个	中出6个
2009103	23	928	128	30	2	4	5个	47
2009104	23	929	129	31	3个	5	1	48
2009105	23	930	130	33	1	6	5个	49
2009106	23	931	131	33	3个	7	1	50
2009107	24	932	132	34	1	8	5个	51
2009108	21	933	133	35	2	9	5个	52
2009109	19	934	134	2个	3	10	1	53
2009110	21	935	135	1	4	4个	2	54
2009111	21	936	136	2	5	1	5个	55
2009112	20	937	137	3	6	4个	1	56
2009113	18	938	138	4	3个	1	2	57
2009114	19	939	139	5	3个	2	3	58
2009115	22	940	140	6	1	3	5个	59
2009116	22	941	141	7	3个	4	1	60
2009117	24	942	142	8	1	5	6个	61
2009118	21	943	143	9	2	6	6个	62

分析条件：
期数分析：5
截止期号：2009118
使用最新期号

智能热号数据分析报告
本期热号个数：18
当期高概率范围数（90%以上）：4、3、5、2
当期推荐范围：4、3、5

设置热号里保留的号码个数
○ 使用推荐结果：4、3、5
○ 自定义

图3-13 智能热号设置界面

什么是热号？在实战中有什么价值？为了方便读者或用户了解智能热号，下面进一步说明热号及热号的实战价值。

热号的定义是指在前N期双色球红球中奖号码中出现次数最多的号码，我们统称为热号。N期是个正整数，可以是3期、5期、6期等，没有固定的量化值，但是实战中我们总结出4~7期的热号范围值最有价值。

那么热号在实战运用中有什么实战价值呢？热号的实战价值在于通过分析前N期中热号的出现总个数，以及在最新开奖中出现的个数，从而排除掉不可能出现的号码组合，极大地缩小中奖号码的选择范围。

如图3-13所示，我们设置热号分析期数（N）为5期，截至期号为2009118期，也就是统计截至2009118期前5期双色球红球中奖号码中热号的出现总个数。经过统计后可以通过图3-13看到本期热号的出现总个数为18个，接下来我们需要做的就是判断这18个热号中在最新一期的开奖中会出现几个的问题。

热号在最新一期会出现几个？实战中分为以下七种情况，实战意义如下：

第一种情况为出现0个热号。如果分析判断这18个热号在最新开奖中会出现0个，那么这18个号码所涉及的所有组合在当期实战中可以完全排除，极大缩小选号范围。

第二种情况为出现1个热号。如果判断这18个热号在最新开奖中会出现1个，那么包括这18个热号中0个、2个或2个以上热号的所有投注组合也同样可以完全排除掉，只保留包括18个热号中任意1个号码的投注组合。

第三种情况为出现2个热号。如果判断这18个热号在最新开奖中会出现2个，那么包括这18个热号中0个、1个、2个以上热号的所有投注组合也同样可以完全排除掉，只保留包括18个热号中任意2个号码的投注组合。

第四种情况为出现3个热号。如果判断这18个热号在最新开奖中会出现3个，那么包括这18个热号中0个、1个、2个以及3个以上热号的所有投注组合也同样可以完全排除掉，只保留包括18个热号中任意3个号码的投注组合。

第五种情况为出现4个热号。如果判断这18个热号在最新开奖中会出现4个，那么包括这18个热号中0个、1个、2个、3个以及4个以上热号的所有投注组合也同样可以完全排除掉，只保留包括18个热号中任意4个号码的投注组合。

第六种情况为出现5个热号。如果判断这18个热号在最新开奖中会出现5个，那么包括这18个热号中0个、1个、2个、3个、4个热号的所有投注组合也同样可以完全排除掉，只保留包括18个热号中任意5个号码的投注组合。

第七种情况为出现6个热号。如果判断这18个热号在最新开奖中会出现6个，那么包括这18个热号中0个、1个、2个、3个、4个、5个热号的所有投注组合也同样可以完全排除掉，只保留包括18个热号中任意6个号码的投注组合。也就是说，当期双色球的6个红球中奖号码一定会出现在这18个热号的投注组合内。

实战中可以通过两种方式进行分析判断当期热号的出现个数，从而缩小双色球红球中奖号码的选择范围，一是智能推荐，二是人工分析。

智能推荐如图3-13所示。输入期数分析、截止期号，点击"开始分析"按钮后，下方可以自动显示"智能热号数据分析报告"，该报告对本期热号个数、当期高概率范围数（90%以上）、当期推荐范围共计三项重要数据进行了详细的分析和结果推荐。使用软件智能热号推荐功能的优势在于一键完成，轻轻松松地排除掉几万注或几十万注不等的双色球红球中奖号码，而且无任何人为因素，准确率可以高达90%以上。

人工分析如图3-13所示。根据图内右侧热号出现个数的统计表，按每种热号中出个数的遗漏或惯性趋势来分析判断哪种情况最可能出现或最不可能出现，再结合智能推荐结果选择出现概率最高的热号中出个数，最后在自定义栏输入进行设置即可。人工分析后判断取舍的优势在于参数的范围选择精确，从而排除垃圾号码的威力强大；缺点是人工分析准确概率相对降低。在实战中，因为该功能杀号威力强大，建议使用。

以图3-13为例，假设我们当期通过分析判断后使用自定义结果3，通过软件过滤后排除掉的垃圾号码有728720注。双色球红球号码组合共计1100000注，使用自定义功能排除掉728720注垃圾号码，可见其杀号威力巨大。

（6）智能冷号。用户首先点击图3-14的智能冷号"设置"按钮，进入到图3-15智能冷号设置界面，设置分析期数和截止期号后（图3-15中期数分析设置为7，截止期号为2009118期），点击"开始分析"按钮进行分析，然后通过对"智能冷号数据分析报告"进行分析后，选择使用推荐结果或自定义，最后进行设置。

图3-14 智能冷号按钮

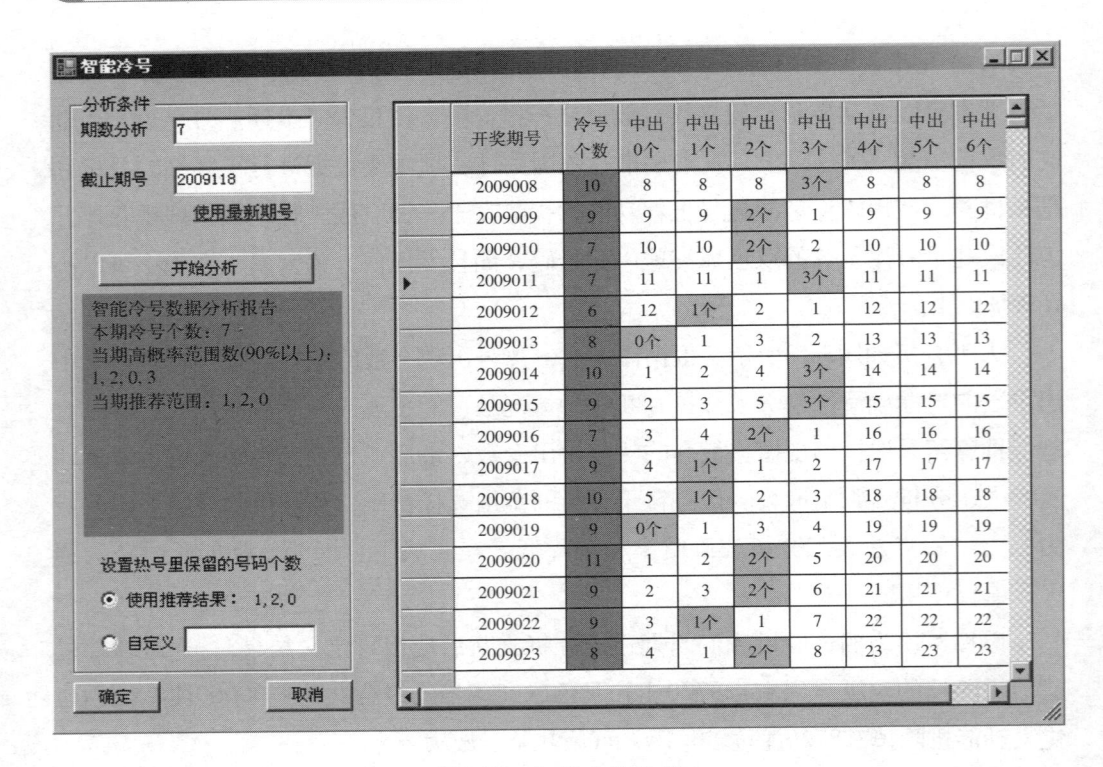

开奖期号	冷号个数	中出0个	中出1个	中出2个	中出3个	中出4个	中出5个	中出6个
2009008	10	8	8	8	3个	8	8	8
2009009	9	9	9	2个	1	9	9	9
2009010	7	10	10	2个	2	10	10	10
2009011	7	11	11	1	3个	11	11	11
2009012	6	12	1个	2	1	12	12	12
2009013	8	0个	1	3	2	13	13	13
2009014	10	1	2	4	3个	14	14	14
2009015	9	2	3	5	3个	15	15	15
2009016	7	3	4	2个	1	16	16	16
2009017	9	4	1个	1	2	17	17	17
2009018	10	5	1个	2	3	18	18	18
2009019	7	0个	1	3	4	19	19	19
2009020	11	1	2	2个	5	20	20	20
2009021	9	2	3	2个	6	21	21	21
2009022	9	3	1个	1	7	22	22	22
2009023	8	4	1	2个	8	23	23	23

图3-15 智能冷号界面

什么是冷号？在实战中有什么价值？为了方便读者或用户了解智能冷号，下面进一步说明冷号及冷号的实战价值。

冷号的定义是指在前N期双色球红球开奖号码中出现次数最少的号码，我们统称为冷号。N期是个正整数，可以是7期、9期、11期等，没有固定的量化值，但是实战中我们总结出7~11期的冷号范围值最有价值。

那么冷号在实战运用中有什么实战价值呢？冷号的实战价值在于通过分析前N期中冷号的出现总个数，以及在最新开奖中出现的个数，从而排除掉不可能出现的号码组合，极大地缩小中奖号码的选择范围。

如图3-15所示，我们设置冷号分析期数（N）为7期，截止期号2009118期，也就是统计截止到2009118期前7期双色球红球中奖号码中冷号的出现总个数。经过统计后可以通过图3-15看到本期冷号的出现总个数为7个，接下来我们需要做的就是判断这7个冷号中在最新一期的开奖中会出现几个的问题。

冷号在最新一期会出现几个？实战中分为以下七种情况，实战意义如下：

第一种情况为出现0个冷号。如果分析判断这7个冷号在最新开奖中会出现0

个，那么这7个号码所涉及的所有组合在当期实战中可以完全排除，极大缩小选号范围。

　　第二种情况为出现1个冷号。如果判断这7个冷号在最新开奖中会出现1个，那么包括这7个冷号中0个、2个或2个以上冷号的所有投注组合也同样可以完全排除掉，只保留包括7个冷号中任意1个号码的投注组合。

　　第三种情况为出现2个冷号。如果判断这7个冷号在最新开奖中会出现2个，那么包括这7个冷号中0个、1个、2个以上冷号的所有投注组合也同样可以完全排除掉，只保留包括7个冷号中任意2个号码的投注组合。

　　第四种情况为出现3个冷号。如果判断这7个冷号在最新开奖中会出现3个，那么包括这7个冷号中0个、1个、2个以及3个以上冷号的所有投注组合也同样可以完全排除掉，只保留包括7个冷号中任意3个号码的投注组合。

　　第五种情况为出现4个冷号。如果判断这7个冷号在最新开奖中会出现4个，那么包括这7个冷号中0个、1个、2个、3个以及4个以上冷号的所有投注组合也同样可以完全排除掉，只保留包括7个冷号中任意4个号码的投注组合。

　　第六种情况为出现5个冷号。如果判断这7个冷号在最新开奖中会出现5个，那么包括这7个冷号中0个、1个、2个、3个、4个冷号的所有投注组合也同样可以完全排除掉，只保留包括7个冷号中任意5个号码的投注组合。

　　第七种情况为出现6个冷号。如果判断这7个冷号在最新开奖中会出现6个，那么包括这7个冷号中0个、1个、2个、3个、4个、5个冷号的所有投注组合也同样可以完全排除掉，只保留包括7个冷号中任意6个号码的投注组合。也就是说，当期双色球的6个红球中奖号码一定会出现在这7个冷号的投注组合内，但是实战中这种情况极少出现。

　　实战中可以通过两种方式进行分析判断当期冷号的出现个数，从而缩小双色球红球中奖号码的选择范围，一是智能推荐，二是人工分析。

　　智能推荐如图3-15所示。输入期数分析、截止期号，点击"开始分析"按钮后，下方可以自动显示"智能冷号数据分析报告"，该报告对本期冷号个数、当期高概率范围数（90%以上）、当期推荐范围共计三项重要数据进行了详细的分析和结果推荐。使用软件智能冷号推荐功能的优势在于一键完成，轻轻松松地排除掉几万注、几十万注不等的双色球红球投注号码，而且无任何人为因素，准确率可以高达90%以上。

以图3-15为例，使用智能推荐结果0、1、2，过滤后排除掉的垃圾号码有95360注。双色球红球号码组合共计1100000注，使用智能冷号功能在90%以上的高概率下就可以轻松地排除掉95360注垃圾号码，实战意义巨大。

人工分析如图3-15所示。根据图内右侧冷号出现个数的统计表，按每种冷号中出个数的遗漏或惯性趋势来分析判断哪种情况最可能出现或最不可能出现，再结合智能推荐结果选择出现概率最高的冷号中出个数，最后在自定义栏输入进行设置即可。人工分析后判断取舍的优势在于参数的范围选择精确，从而排除垃圾号码的威力强大；缺点是人工分析准确概率相对降低。在实战中，因为该功能杀号威力强大，建议使用。

同样以图3-15为例，假设我们当期通过分析判断后使用自定义结果1，通过软件过滤后排除掉的垃圾号码有639540注。双色球红球号码组合共计1100000注，使用自定义功能排除掉639540注垃圾号码，可见其杀号威力是多么的巨大。

（7）旋转矩阵。软件内置双色球红球号码中6保5的旋转矩阵公式，结合排序定位功能同时进行过滤使用，称为定位旋转矩阵，结合断区转换功能同时进行过滤使用，称为断层旋转矩阵，均为更高级别的旋转矩阵。

图3-16为超级过滤功能之旋转矩阵功能设置界面。我们把双色球红球备选号码进行旋转矩阵之前，必须在红球投注区选择相应的备选号码，然后才能点击"设置"按钮进入旋转矩阵设置界面，如图3-17所示。点选"不执行旋转"代表该区备选号码不进行旋转矩阵，点选"执行旋转"代表该区备选号码进行旋转矩阵并参与过滤，点选后可以选择"确定"或"取消"设置。

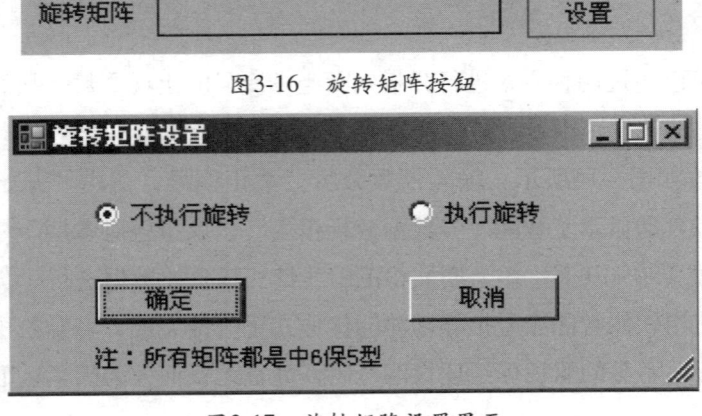

图3-16 旋转矩阵按钮

图3-17 旋转矩阵设置界面

(8) 投注操作。

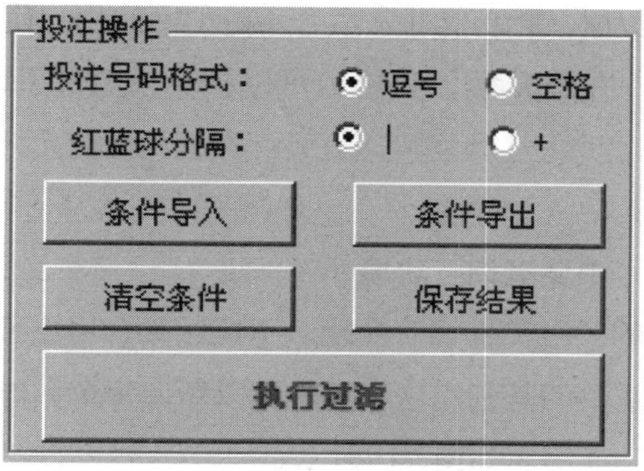

图3-18 为投注操作功能界面

投注操作包括投注号码格式、红蓝球分隔、条件导入、条件导出、清空条件、保存结果共计6个选项，是软件内超级过滤功能之一的辅助功能。

投注号码格式与红蓝球分隔的功能是为了方便通过网络投注的用户专业设计的功能，可以极大满足网络投注时用户对投注格式的需求。

例如选择"逗号"、红蓝球分隔为"+"后的投注号码形式为01，02，03，04，05，06+01；选择"空格"、红蓝球分隔为"+"后的投注号码形式为01 02 03 04 05 06+01。

再如选择"逗号"、红蓝球分隔为"｜"后的投注号码形式为01，02，03，04，05，06｜01；选择"空格"、红蓝球分隔为"｜"后的投注号码形式为01 02 03 04 05 06｜01。

条件导出、条件导入的功能可以方便用户进行条件的保存和使用，以及用户间条件的交流。

清空条件是指把当前超级过滤功能界面所选择使用的条件进行快速清除。

保存结果的功能是指把过滤后的投注结果进行保存，方便开奖后及时进行兑奖或复盘训练使用，快捷准确。

三、简单方便的"系统管理"功能

系统管理包括自动更新数据、手动更新数据、软件在线升级三个功能。

（1）自动更新数据即是在电脑连接互联网的前提下，软件可以通过此功能自动去远程服务器更新开奖数据。

（2）手动更新数据功能即用户通过手工添加的方式更新开奖数据，支持添加、修改、删除开奖数据，此功能非常适合不能上网的用户使用。

（3）通过"软件在线升级"功能，可以把当前软件升级到最新版本，快捷方便。

四、快捷实用的"中奖查询"功能

软件内置了独特的"中奖查询"功能，不但让每个用户可以快捷、准确、方便地进行兑奖查询，更重要的是利用这个功能可以帮助每个彩民进行模拟实战的复盘训练。"中奖查询"功能演示如图3-19所示。

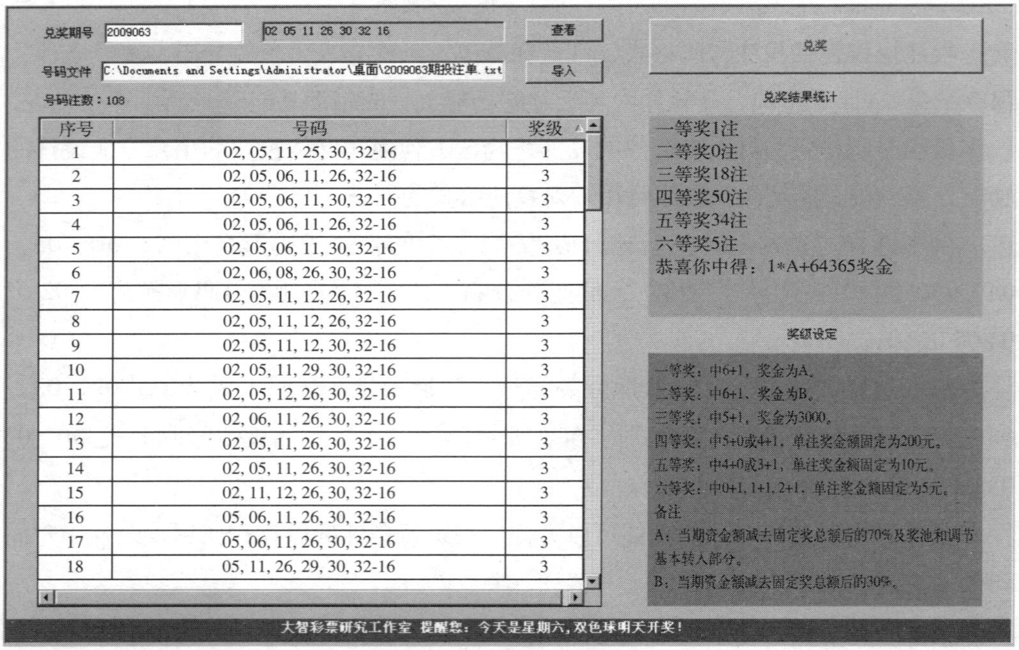

图3-19 中奖查询功能界面

每个用户只有通过不断的学习，不断地进行模拟实战以及复盘训练，才能提高自己使用软件和驾驭软件的能力，从而提升自身的中奖能力。

所有彩民都要清楚地明白一点：世界上没有1+1=2中奖公式，否则博彩行业也不会存在。只有掌握好的技术，使用好的工具，进行不断的学习训练，才能到达中奖的彼岸。

运气不可或缺，但是要记住：只有99%的学习、学习、再学习加上1%的运气才等于中奖。

五、优质贴心的"商务服务"功能

"彩霸王"双色球富豪版彩票软件不但技术理念独特,设计科学合理,核心功能强大,而且具有完善优质的商务服务。

官网www.cpfxj.com是广大读者、软件用户获得优质商务服务的唯一官方网站,是专业的彩票技术交流平台。

欲下载试用软件、获得最完整软件实战技术的朋友都可以登录官网www.cpfxj.com,还能获得更多、更详细的彩票实战技术和相关资讯服务。

第三节 彩霸王双色球软件操作指南

《双色球终极战法》第一版发行后,广大读者对"彩霸王"双色球富豪版软件内断区转换的"断层覆盖算法"智能极度压缩投注号码数量高达48%~98%的神奇功效产生了极大兴趣,纷纷登录网站下载使用,使用后普遍反馈很好,尤其对强大的号码压缩功能表示叹服。本书内对"彩霸王"双色球富豪版软件的实战操作流程及要点做详细的讲解,便于读者们更好地了解以及实战应用。

使用"彩霸王"双色球富豪版软件,实战中按照以下操作指南设置条件后即可过滤,获得当期投注号码。

一、设置红球过滤条件

"彩霸王"双色球富豪版软件中选择红球的核心功能是排序定位和断区转换,是否能花最少的钱在最小的投注范围内锁定红球中奖号码,全凭我们对排序定位图表和行列断区图表分析研判的准确性而定。

实战中,排序定位或者断区转换任意一个功能的条件如果能使用到极致,也就是说选择的非常精准,都可以在极小的范围内锁定红球中奖号码组合。因此从这个层面来说,这两个功能没有主次之分,我们完全可以根据个人的喜好以及当期条件的准确率来选择使用。

实战中建议用户按照如下流程进行红球过滤条件的选择和设置。

（1）排序定位设置。每期必用的红球过滤条件。

我们每期通过观察分析排序定位的各个图表，选择设置使用的条件。一般建议排序定位每个位置选择3~4个数字为佳，如果遇到个别位置指标特别好的，可以精选。

需要注意的是：

如果遇到同时使用断区转换功能，并且断区条件可以精确选择的话，那么排序定位的每个位置选择范围可以适当扩大到5个数字左右，这时排序定位要起到辅助的功效，必须以稳定和高概率为主。

如果本期断区各个位置上没有好条件可以选择使用，那么排序定位的每个位置最好精确到1~3个数字，只能这样才能降低过滤后投注号码数量，但是同时中奖概率降低的风险也伴随而来。

（2）智能排序设置。每期必用的红球过滤条件，而且准确率极高。

智能排序一般每个位置都选择90%排序值。如果上期某个位置脱离80%的范围，那么当期该位置可以选择80%排序值。

（3）红球投注。可选择使用的过滤条件。

一般彩民会习惯观察投注站或者网络上的双色球走势图选择当期红球中奖号码的大致出现范围，或者与朋友交流时获得一个稳定的红球组合大底，在概率较高的前提下可以在红球投注区设置使用参与过滤，从而缩小中奖号码范围。

实战时，我们建议在使用走势图选号技术时选择的红球号码数量尽量多一些，如果没有太大的把握尽量不要杀掉太多的号码。

（4）断区转换设置。每期必用的红球过滤条件。

我们每期通过观察分析行列断区的各个图表，选择设置使用的条件。如果遇到个别位置的指标特别好的，可以精选。一般建议每个断区位置上最多选择2个数字，断列百位和断行百位上每期固定选择数字0即可，概率高达80%以上。

需要注意的是：

如果遇到同时使用排序定位功能，并且排序条件可以精确选择的话，那么每个断区位置选择范围可以适当扩大到2~3个数字，这时断区只起到辅助的功效，必须以稳定高概率为主。

如果本期排序各个位置上没有好条件可以使用，那么每个断区位置最好精确到1~2个数字，只能这样才能降低投注量，但是同时中奖概率降低的风险也伴随而来。

如果断区每个位置上选择数字过多，就要选择使用断区两码，否则投注数量会居高不下，导致投入资金过多。

（5）旋转矩阵设置。可以选用的过滤条件。

旋转矩阵功能是把双刃剑，在花最少的钱并可以保证获得一定奖项的同时，中6个红球的概率只有7%左右。也就说，使用旋转矩阵的巨大代价是大概率牺牲大奖为前提的，所以是否使用这个功能取决于用户的期望值。

（6）智能组号。每期必用的过滤条件。

实战中，智能热号一般选择5期热号，智能冷号一般选择9期进行智能分析，然后使用推荐结果参与过滤。因为自动推荐选择的范围比较大，因此概率极高，但是过滤号码的效果没有使用自定义设置的明显。实战中可以结合实际情况选择使用。

（7）红球胆码。可选择使用的过滤条件。

红球胆码就是最看好在当期出现的红球号码，可以是一个，也可以是多个。一般实战中选择1~2个胆码参与过滤，过滤效果极其显著，如果失误也会导致满盘皆输，所以要小心谨慎地挑选1~2个出现概率比较高的红球号码使用。

二、设置蓝球过滤条件

（1）蓝球设置。每期必用的过滤条件。

内码合值和内码差值是选择蓝球的核心功能，如果能相辅相成地应用得当，即可在1~2个蓝球内锁定当期蓝球中奖号码。

实战选择时需要注意的是：

如果遇到内码合值条件可以精确选择的话，那么这时内码差值条件应该起到辅助的功效，选择范围可以适当扩大，保证稳定、高概率地选择蓝球。

同样，如果遇到内码差值条件可以精确选择的话，那么内码合值条件要同时起到辅助的功效，选择范围可以适当扩大，保证稳定、高概率地选择蓝球。

实战中尽量不要同时精确选择内码合值和内码差值的条件，虽然这样可以极度精确蓝球号码的范围，但同时中奖概率降低的风险也随之提升了无数倍。

（2）蓝球投注。可选择使用的过滤条件。

一般彩民会习惯观察投注站或者网络上的双色球走势图选择当期蓝球中奖号码的出现范围，在概率较高的前提下可以在蓝球投注设置使用参与过滤，从而缩小中奖号码范围。

实战时，我们建议选择的蓝球号码数量多一些，如果没有太大的把握，尽量不要排除太多的蓝球号码。

三、设置辅助过滤条件

（1）组合设置。可选择使用的过滤条件。

只有实战中选择了多个蓝球才会考虑是否使用这个功能。

假设实战中选择的红球和蓝球号码范围均包括当期的中奖号码，那么只有选择"全部组合"才能100%地包括当期中奖号码；如果选择"轮次组合"，只能保证中得一个二等奖，是否一定能中大奖则不能确定，除非红球组合和蓝球很巧合地轮次组合在一起。

使用轮次组合的优势在于：可以多选蓝球，总投注数量不变，在保证命中二等奖的前提下，有中取大奖的可能。

（2）投注操作。可以选择使用。

投注格式和红蓝分隔符号是为了便于彩民通过购彩网站上传投注号码所设计的，实战中选择符合购彩网站所要求的投注格式设置即可。

四、条件选择设置的一些经验

我们在实战中选择分析图表选择过滤条件时，必须要时刻提醒自己遵守以下三个规定：

第一，看好应用的条件必须绝对精确，而且一旦认定绝不修改；

第二，不是十分确定的条件尽量把选择范围绝对放大，这样在高概率的前提下同样可以起到缩小投注量的效果；

第三，不看好的条件绝对不用。

"彩霸王"双色球富豪版软件"超级过滤"内每个条件都可以单独使用或联合使用，不限制条件数量。但是需要说明的是，使用的条件越多，每个条件的范围越小，那么过滤后获得的投注号码数量越少；如果条件设置得太苛刻了，导致条件之间相互矛盾的话，就会没有过滤结果，这时我们就要重新审视条件，看看哪个或者哪几个条件有问题，要重新分析和修正。

使用条件的目的是过滤号码筛选出当期中奖号码的范围，通俗地讲就是杀号。条件用得越多，错误的概率也随之提升，所以说，条件也是一把双刃剑，用好了在极少的范围内即可捕获大奖，用不好就会与大奖越走越远。

在实战中选择条件时要一点点加条件，要稳定地加，不能为了精确到几组投注号码每次选号时就要用到所有条件，那样只会提高出错的概率。

第四章 作者图书及软件简介

本章对作者所出版的彩票图书、配套图书开发的彩票软件以及为彩民学习技术搭建的交流平台——官网www.cpfxj.com进行简单的介绍,希望大家在学习好技术、利用好工具的前提下不断提高自身的博彩技术,从而更有力地冲击1000万元大奖的高峰。

大奖总是留给有准备的人!

第一节 "职业彩民"系列丛书导读

"职业彩民"系列丛书是以我们多年实战经验总结及技术研发为蓝本,为广大彩民精心打造的最实用的专业彩票技术专著系列书籍,一切以实战为中心,帮助彩民朋友走向技术博彩、专业博彩之路。

1.《3D/排列3精准选号大揭秘——排序精选法实战分析》

《3D/排列3精准选号大揭秘——排序精选法实战分析》为"职业彩民"系列丛书的第一本。

本书内深入浅出地详细讲解了作者独创的"排序精选法",旨在力求破解困扰无数彩民的数字3型彩票选号难题。

排序法是经过无数彩民实战验证过的具有科学性和权威性的中奖技术，适用于福彩3D、排列3、时时乐和时时彩等所有数字3型彩票玩法。

排序法完全颠覆了福彩3D、排列3等数字3型彩票的传统战术战法，通过独特的角度透视中奖号码规律，完美融汇了6大类技术指标、13小类分指标，以史鉴今，直击彩票选号机密。

只要严格地遵循书中介绍的原理和方法进行学习领悟，不断地模拟实战和复盘训练，作者可以极高的概率断言——中奖是轻而易举的事情！作者更敢断言，只要熟能生巧并融会贯通地运用排序法技术，"时常中奖"不再是梦想！

2.《双色球擒号绝技》

《双色球擒号绝技》为"职业彩民"系列丛书的第二本。

博彩，需要机会，更需要分析与把握；中奖，需要运气，更需要方法与技巧。

《双色球擒号绝技》一书独创双色球立体高层次实战技术，从红球选号技术、红球组号技术以及红球优化技术三大战略出发，再结合独特的"一码定蓝"的蓝球选号绝技，深入浅出地详解双色球擒号绝技，是彩民进行双色球投注时必备的中奖宝典。

3.《3D中奖精妙战术——胆码·合值·跨度》

《3D中奖精妙战术——胆码·合值·跨度》为"职业彩民"系列丛书的第三本。

本书详细介绍了目前彩民最关注的"定胆码、选合值、选跨度"三种锁定中奖号码的关键技术。作者凭借多年研究心得和实战经验，首次向广大彩民披露如何在一分钟之内快速确定2个高概率的胆码，如何利用合值、跨度精选中奖号码的神奇方法。

本书配备了大量的实战统计数据，开发了一整套实战性极强的对照图表，便于准确查找，快捷使用。此外，书中提供的经典、正宗的胆、合、跨实战技术，弥补了国内外彩票书籍重理论、轻实战的缺陷，让彩民朋友在学习掌握精准选号技术的同时，真正体会到中奖的无限乐趣，是彩民购彩的必备工具书。

4.《超级大乐透终极战法》

《超级大乐透终极战法》为"职业彩民"系列丛书的第四本。

超级大乐透玩法自从在中国上市发行以来，以"2元也中1000万"的巨额奖金吸引了所有人的眼球。在实战中，使用什么技术、如何进行选号才能高概率地中得大奖也自然成了所有彩民朋友最为关心的焦点问题。

《超级大乐透终极战法》一书就是从真正实战、绝对实战的角度出发，利用科学系统的概率统计方法，通俗易懂地阐述了独特的排序定位技术、断区转换技术以及后区选号技术。其中最为顶级珍贵的是作者首次公开了历经多年研究、不断淬炼而集成的最前沿的、最核心的、最科学的终极选号技术——断区转换法，是帮助彩民采用3D的模式并且低于3D的难度来轻松地玩转超级大乐透，真正的匪夷所思，堪称典范的终极技术，也一定会成为技术型彩民的最爱。

本书秉承"统计是生命，概率是科学，永远靠数据说话"的理念宗旨，详尽地告诉了广大彩民"千万大奖是怎样炼成的",同时也揭示了一个永远不变的真理:只有"技术博彩"才是成就"千万富翁"的必然成功之路!

中奖才是硬道理,终极战法是决胜超级大乐透的不二法宝!

5.《双色球终极战法》

《双色球终极战法》为"职业彩民"系列丛书的第五本。

作者通过本书首次公开了通俗易懂、简约神奇的利用3D模式轻松玩转双色球玩法的顶级选号技术——断区转换法。应用断区转换法,不但可以轻松降低双色球红球的选号难度,而且可以极大地提高双色球红球号码的中奖概率,帮助彩民把中大奖概率从1/1780万提高到1/10000,中二等奖的概率从1/110万提高到1/625,与中奖概率为1/1000的3D玩法相比,其中奖难度还要降低了许多。

《双色球终极战法》还展示了独家成功研发的双色球"断层覆盖算法",在选择同等数量红球号码的前提下,可以把组合后的投注号码数量极度压缩掉48%~98%,最为神奇的是,在达到极高压缩率的同时却依然保证100%的中奖概率。

断区转换法是目前彩票界最新的、最前沿的顶级双色球红球选号技术。以断区转换法为核心的终极战法。再配合使用书中的高级蓝球选号技术,最终能立体化地帮助彩民打造围剿双色球大奖的天罗地网,堪称双色球选号技术的终结者。

百舸争流,群雄争霸;千万大奖,花落谁家?能让彩民中大奖的方法就是好方法、好技术。事实会证明一切!

《双色球终极战法》是《双色球擒号绝技》的伴侣书,如能珠联璧合地结合运用,一定威力无比,受益无穷!

6.《双色球蓝球中奖绝技》

《双色球蓝球中奖绝技》为"职业彩民"系列丛书的第六本。

《双色球蓝球中奖绝技》一书是对作者根据多年实战经验提炼并经过众多彩民验证的"一码定蓝"高效实战技术的详细讲解。

作者从独家汇总的八大类"蓝球走势图"入手，由浅入深地逐步介绍蓝球走势图的规律特征、指标实战攻略以及"一码定蓝"实战案例。它是帮助彩民降低双色球投注风险、保证投资收益、冲击千万大奖必备的蓝球中奖宝典。

7.《时时彩技巧与实战攻略》

《时时彩技巧与实战攻略》为"职业彩民"系列丛书的第七本。

《时时彩技巧与实战攻略》从真正实战、绝对实战的角度出发，对时时彩选号技巧、时时彩投注攻略两大核心技术进行了由浅入深的剖析，简明易懂地展示出一整套稳定、高效并经过大量验证的时时彩实战技术。

本书不但是每个时时彩玩家必看的选号投注指南，更是每个职业玩家必备的投资赢利宝典。如果玩家能真正地融会贯通并学以致用，那么在高效规避投资风险的同时一定能最大化地获得稳定的投资收益。

8.《3D型彩票直选定位攻略》

《3D型彩票直选定位攻略》为"职业彩民"系列丛书的第八本。

"看图中奖不是梦想"。本书内独创的利用3D型彩票直选定位图进行选号的技术，通过对大中小线和012路线以及重合线"三线合一"的独特技术分析，能快捷、方便、精准地帮助彩民朋友锁定彩票定位号码及号码间各种位置关系，最终精确高效地预测奖号。

本书用通俗易懂的语言、简洁明快的技术图形，从不同角度、不同层次精辟地阐述了定位应用理论技术神奇定位选择中奖号码的精髓。它按照定位图的原理、制作、解析、实战的次序深入浅出、脉络清晰，不但博采众长，去伪存真，更是独树一帜，是一部不可多得的数字型彩票技术分析专著。

本书适用于所有数字3型彩票玩法，是彩票玩家必备的直选定位中奖宝典。

第二节　"彩霸王"系列彩票软件

1. "彩霸王"系列彩票软件之一："彩霸王"数字三专业版

软件设计开发：

"彩霸王"数字三专业版是根据《3D/排列3精准选号大揭秘》《3D中奖精妙战术》两本书中核心选号技术理念而设计，配套图书使用效果最佳。

本软件被许许多多的读者和中奖用户冠以"排序中奖之王""彩民救星""中奖利器"等赞誉，堪称是"拓展彩民选号思路""解决彩民选号难题"的最新武器。

不论获得什么样的赞誉，为彩民打造最实用的彩票选号软件是我们永远不变的宗旨。

因为专注，所以专业。

软件综合特点：

精简易用：界面友好，操作简单，好懂易用。

功能强大：软件的特色功能精简强大、朴实高效。

智能高概：内置的智能推荐功能实用无比，概率极高。

综合来说，运用本软件可以帮助用户使用最精简的条件选择最精简的号码，不但轻松地降低了失误率，更是极大地提高了彩民的中奖概率。

软件适用范围：

软件适用于福彩3D、体彩排列3、上海时时乐、重庆时时彩四种玩法投注时使用。

软件特色功能：

（1）强大科学的数据统计功能。

用户通过软件内的"排序定位"功能，可以轻松进行高端选号技术——"排序精选法"的分析使用，实用高效。

软件内置独特的排序图表、合值图表、跨度图表以及直选图表，并且每种图表附录精准的遗漏和惯性的统计分析。这些图表通过科学的统计数据，可以帮助彩民高效精准地选择排序号码、合值、跨度以及百、十、个位等决定性条件，是彩民中奖的绝佳助手。

例如，彩民在实战中如果能通过"排序精选法"精准定位1个排序2号码，那么凭借这一个条件的选择，就可以把当期中奖号码轻松锁定在10~30注组选以内。

（2）高效精准的智能推荐功能。

智能超级稳定的推荐：高概率的智能超级稳定的推荐，不但可以智能化地为用户的每次选号保驾护航，更可以每期帮助用户过滤掉大量垃圾号码，从而节省不必要的资金浪费。

智能杀号分解式推荐：软件内置数种80%以上高概率的智能杀号分解式推荐，期期可以高概率使用，简单方便，威力强大。选号、杀号一键完成，高效快捷。

（3）精简实用的超级过滤功能。

软件实用工具内包含组选和直选过滤器，过滤器的所有内置功能精简实用，过滤功能精准强大，运算速度堪称一流。

精简强大的过滤器不但可以进行排序号码和直选号码的超级过滤，而且对胆码、合值、跨度、和值、组型、智能大底、自定义两码、自定义分解式等在选号中占有重要位置的超级条件同样可以实现快速精准过滤，帮助彩民最大限度地层层过滤掉出现概率极低的号码，从而在最小范围内选择中奖号码；超级过滤器内置的高级限量容错功能，更是为彩民撑起了一顶大大的"保护伞"，在允许范围内，即使出现条件选择错误的情况下，也同样可以确保中奖号码的存在。

（4）方便快捷的辅助功能。

①开奖数据支持手动和自动更新，快捷方便；

②软件具有在线版本升级功能，也可以手动升级最新版本；

③软件具有可信度计算功能，轻松计算指标中出可信度；

④软件具有投资计算器功能，支持制订三种模式的投资计划。

2."彩霸王"系列彩票软件之二："彩霸王"乾坤定位大师

软件设计开发：

"彩霸王"乾坤定位大师是基于科学独特的乾坤图、定位理论为技术核心，并完美地融合了概率论、数理统计、软件工程等科学为一体而精心开发的专业用于直选定位选号的彩票软件。

"彩霸王"乾坤定位大师可以帮助彩民朋友通过独特的角度科学高效地进行"直选定位"选号从而达到中奖的目的，经过大量的用户长期验证，无愧于"直选定位王"的称号。

软件综合特点：

精简易用：界面友好，操作简单，好懂易用。功能强大：软件的特色功能精简强大、实用高效。

综合来说，使用"彩霸王"乾坤定位大师可以帮助彩民高概率地选用最精简的条件，并通过强大的过滤功能获得最少的直选号码，不但降低了选号的难度，同时也极大地提高了彩民的中奖率。

软件适用范围：

软件适用于福彩3D、体彩排列3、排列5、上海时时乐、重庆时时彩五种玩法投注时使用。

软件特色功能：

（1）强大独特的统计功能。

软件具有强大的数据统计功能，可以快速进行"乾坤定位图"的数据统计。

软件内置独特的定位乾坤图、两码合乾坤图、两码差乾坤图、两码积乾坤图，每种图形均附录精准的数据分析；乾坤图内天、地、人三条趋势线在乾坤定位论的精确导航下，再结合科学的统计数据和统计规律，可以帮助彩民高效精准地选择百十个位及各个位置和积差等决定性中奖条件，是帮助彩民直选中奖的绝佳助手。

千招会不如一招精。只要应用得法，通过软件准确分析选择条件并过滤，在10注内即可命中直选中奖号码。

（2）精简实用的过滤功能。

软件内置乾坤过滤器，功能精简实用，过滤功能精准强大，运算速度堪称一流。

乾坤过滤器不但可以进行定位号码的超级过滤，而且百十、百个、十个等任意两码和、积、差等在选号中占有极其重要位置的超级条件同样可以实现快速精准过滤，帮助彩民最大限度地层层过滤掉出现概率极低的号码，从而在最小范围内锁定直选中奖号码。

（3）软件其他功能。

①软件支持手动和自动更新开奖数据，快捷方便。

②软件支持在线自动升级最新版本功能。

3."彩霸王"系列彩票软件之三："彩霸王"时时彩智能版

软件设计开发：

"彩霸王"时时彩智能版是一款集成了独家算法，并完美融合了概率论、数理统计、软件工程、投资学等科学理论于一体，专门针对数字型彩种研发的囊括独特"当期求中方案"和高概率"智能追号计划"两大核心功能的高级智能化彩票软件。

"彩霸王"时时彩智能版软件，是每个时时彩玩家的必备工具。

软件综合特点：

（1）界面友好，操作简单，好懂易用。

（2）软件基础功能强大，各种图表，走势，过滤器，投资计算等工具一应俱全。

（3）软件智能化程度极高，可实时自动更新图表数据，自动推荐投注计划方案，中出概率极高。

软件适用范围：

软件适用于福彩3D、体彩排列3、重庆时时彩、新疆时时彩、江西时时彩五种玩法投注时使用。

软件特色功能：

①独特的当期求中方案。

软件内置独特、科学的数据图表及强大的智能推荐功能，可帮助用户一目了然地、高效率、高概率地判断选择当期选号的条件，仅需几个简单的步骤即可高命中率地锁定几注到十几注组选号码；如结合直选分析，投注号码更是少之又少，可极大地提高号码命中率和投资收益率。

②智能高概率追号计划。

软件内置独特算法的前二直选、后二直选、前三直选、后三直选、前三组六、后三组六、前三双胆、后三双胆、前三独胆、后三独胆、各个位置定位胆等多种模式的追号计划方案，均为一键智能出号，实时验证，计划成功率极高；灵活使用计划方案，即可获得一定收益。

③软件其他功能。

软件内置便捷的过滤工具，科学的投资计算器以及开奖报警器等一应俱全。软件高度智能，自动更新开奖数据与官方永远保持同步，各种图表、方案均自动实时更新。

4."彩霸王"系列彩票软件之四："彩霸王"大乐透富豪版

"彩霸王"大乐透富豪版是专业用于超级大乐透玩法，配合本书内"排序定位法""断区转换法"两大核心选号技术独用的一款智能化彩票软件。

软件内配置先进的排序定位和行列断区图表统计系统，对各种图表有价值的各项数据参数进行精确、科学、完整的统计，帮助广大用户在实战中精确分析、高效使用。

软件内的"排序定位"和"断区转换"两大高级过滤功能系采用独创的排序算法与断层覆盖算法，其科学、精密的极限算法首次应用于乐透型彩票软件。

"排序定位"功能是通过对投注号码中每个排序号码尾数的定位限定来缩小中奖号码的选择范围，从而帮助用户提高中奖概率，是运用"排序定位法"的用户实现功效最大化的专业运算平台。

"断区转换"功能是帮助用户通过特殊的转换方式，把几十万注的超级大乐透前区号码转化为简易的几十注断区3D号码的形式进行科学分析，从而高概率选择中奖号码范围的高级过滤功能。用户只要针对几十注断区3D号码做到正确的分析判断，即可达到在最小范围内、最高概率地锁定超级大乐透前区中奖号码，因而这个功能也被形象地称为"乾坤大挪移"。

更为神奇和核心的是，该过滤程序采用自创的超越常规的"断层覆盖算法"，在压缩率高达40%~98%的极限情况下，只要用户正确选择断区3D号码，在极少的号码范围内同样可以保证中出超级大乐透前区中奖号码，如果再辅以精准的后区号码选择，同样可以在最小的范围内中得价值高达近千万元奖金的一等奖。

软件不但拥有"排序定位"和"断区转换"这样强大的过滤系统，还内嵌了保证程度最高、矩阵算法最优化、矩阵结果最少的"超级大乐透旋转矩阵公式"。旋转矩阵是投注乐透型彩票必不可少的实用工具，可以帮助彩民在节省大量投注资金的情况下同样可以获得相应的奖项。超级大乐透前区选五型的"中5保4"矩阵公式，可以帮助用户任意操作6~34个前区号码进行旋转矩阵，随心所欲，游刃有余；独有的后区"中2保1"矩阵公式，也可以帮助用户在最少的号码范围内中得最大的奖项。

用户综合使用"排序定位""断区转换"与"旋转矩阵"三大过滤功能，完全可以实现"定位旋转矩阵""断层旋转矩阵"的战术运用，这也是本款软件的一大专业特色。在100%地达到相应旋转矩阵保证程度的前提下，可以极大限度地缩小中奖号码的选择范围，功效之巨大，绝无仅有。在帮助用户极限缩减投注数量、节省大量投注资金的情况下，却丝毫不会降低中得大奖的概率。

5."彩霸王"系列彩票软件之五："彩霸王"双色球富豪版

"彩霸王"双色球富豪版是一款专业用于双色球玩法，配合"排序定位法"、"断区转换法"两大核心选号技术专用的智能化彩票软件。

软件内置的"排序定位"和"断区转换"高级过滤功能系采用独特的排序算法与断层覆盖算法，其科学、精密的极限算法首次应用于乐透型彩票软件。

"排序定位"功能是通过对投注号码中每个排序号码的定位限定来缩小中奖号码的选择范围，从而帮助用户提高中奖概率，是运用"排序定位法"的用户实现功效最大化的专业运算平台。

"断区转换"功能是帮助用户在几十注断区3D号码与110万注双色球红球号码之间任意转换，从而高概率选择中奖号码范围的高级过滤功能。用户只要针对几十注断区3D号码做到正确的分析判断，即可达到在最小范围内、最高概率地锁定双色球红球中奖号码，因而这个功能也被形象地称为"乾坤大挪移"，是名副其实的二等奖选号之王。更为神奇的是，该过滤程序采用超越常规的"断层覆盖算法"，在压缩率高达40%~98%的极限情况下，只要用户正确选择断区3D号码，在极少的号码范围内同样可以保证双色球二等奖的存在。

软件不但拥有"排序定位"和"断区转换"这样强大的过滤系统，还内嵌了保证程度最高、矩阵算法最优化、矩阵结果最少的"双色球旋转矩阵公式"。旋转矩阵是投注乐透型彩票必不可少的实用工具，可以帮助彩民在节省大量投注资金的情况下同样可以获得相应的奖项。选六型的"中6保5"矩阵公式，可以帮助用户任意操作8~28个红球号码进行旋转矩阵，随心所欲，游刃有余！

用户综合使用"排序定位""断区转换"与"旋转矩阵"三大过滤功能，完全可以实现"定位旋转矩阵""断层旋转矩阵"的战术运用，这也是本款软件的一大专利特色。在100%地达到相应旋转矩阵保证程度的前提下，可以极大限度地缩小中奖号码的选择范围，功效之巨大，绝无仅有。在帮助用户极限缩减投注数量、节省大量投注资金的情况下，却丝毫不会降低中得大奖的概率。

作为一款智能化的软件，"智能排序""智能冷号""智能热号"也是本软件的亮点功能。一键点击后，不但自动统计相关数据，并且智能推荐超过90%准确概率的参数范围，方便、快捷、高概率，小小的功能可以发挥出巨大的能量，极大地缩小了中奖号码的选择范围。

软件取精华、去糟粕，操作简易流畅，功能强悍精妙，运算速度极快，绝对是双色球投资者最佳的中奖助手。软件不但可以实时在线升级版本、数据更新，而且图表分析、参数查询、组号过滤、投注条件的导入导出、投注结果的保存打印、中奖查询等全方位为用户提供贴心周到的一条龙服务，让用户操作起来得心应手、方便灵活。

软件秉承"科学分析指标，高概率选择号码"的博彩原则，根据统计学、概率学原理详尽地统计指标，利用图表直观地显示各项统计数据及相关参数，通过独特的视角展示各种技术指标的规律，从而帮助彩民高概率地把握指标的趋势动态，精准地选择号码，为中奖保驾护航。

第三节　网站简介

彩朋分析家www.cpfxj.com（简称彩朋网）是专业彩票技术分析类网站，是国内首家自主研发彩票技术、出版彩票图书、开发彩票软件的顶级彩票网站。

网站以服务彩民为宗旨，围绕国内数亿彩民，打造一个职业化、专业化的彩票技术平台。网站秉承"一切为了彩民快速中奖"的服务方向，为彩民提供专业级别的彩票技术、软件和信息咨询服务。

网站设有"最新技术""彩票软件""彩票图书"等专业精品栏目，面向广大的彩民朋友提供彩票软件开发、彩票图书出版、图书软件销售、彩票技术服务等优质服务。

网站拥有"彩票均衡论""排序精选法""直选定位法""两胆王速算法""排序定位法""断区转换法"等诸多核心彩票理论，自主研发的彩票技术及彩票软件，是彩票技术及软件行业当之无愧的领跑者。

自主创作并全国热销的"职业彩民"彩票系列丛书，目前已经出版了《3D/排列3精准选号大揭秘》（第二版）《3D中奖精妙战术》（第三版）《双色球擒号绝技》（第三版）《双色球终极战法》（第二版）《双色球蓝球中奖绝技》《超级大乐透终极战术》（第二版）《时时彩技巧与实战攻略》《3D型彩票直选定位攻略》《3D型彩票中奖战术精华》。

实用彩票技术图书的出版，在彩民中获得极大的反响，好评如潮。在给彩民带来技术和收益的同时，我们其他的技术专著也在陆续创作和出版中。

走近我们，了解我们，您不仅可以领会到最新的、最前沿的设计理念和独特的专业技术，更可以亲身感受到我们所提供的专业、完美、周到的服务。

彩票风向家真正是彩民获得博彩技术的殿堂！

我们因为专注，所以专业。

官网：www.cpfxj.com

第五章 最新彩票双色球游戏规则

中国福利彩票双色球游戏规则

第一章 总 则

第一条 根据《彩票管理条例》《彩票管理条例实施细则》《彩票发行销售管理办法》(财综[2012]102号)等有关规定，制定本规则。

第二条 中国福利彩票双色球游戏(以下简称双色球)由中国福利彩票发行管理中心(以下称中福彩中心)发行和组织销售，由各省、自治区、直辖市福利彩票销售机构(以下称各省福彩机构)在所辖区域内销售。

第三条 双色球采用计算机网络系统发行，在各省福彩机构设置的销售网点销售，定期开奖。

第四条 双色球实行自愿购买，凡购买者均被视为同意并遵守本规则。

第五条 不得向未成年人销售彩票或兑付奖金。

第二章 投 注

第六条 双色球投注区分为红色球号码区和蓝色球号码区，红色球号码区由1~33共33个号码组成，蓝色球号码区由1~16共16个号码组成。投注时选择6个红色球号码和1个蓝色球号码组成一注进行单式投注，每注金额人民币2元。

第七条 购买者可在各省福彩机构设置的销售网点投注。投注号码经投注机打印出兑奖凭证，交购买者保存，此兑奖凭证即为双色球彩票。

第八条 购买者可选择机选号码投注、自选号码投注。机选号码投注是指由投注机随机产生投注号码进行投注，自选号码投注是指将购买者选定的号码输入投注机进行投注。

第九条 购买者可选择复式投注。复式投注是指所选号码个数超过单式投注的号码个数，所选号码可组合为每一种单式投注方式的多注彩票的投注。具体规定如下：

（一）红色球号码复式：是指从红色球号码中选择7个号码以上(含7个号码)，从蓝色球号码中选择1个号码，组合为多注单式投注号码的投注；

（二）蓝色球号码复式：是指从红色球号码中选择6个号码，从蓝色球号码中选择2个号码以上(含2个号码)，组合为多注单式投注号码的投注；

（三）全复式：是指从红色球号码中选择7个号码以上(含7个号码)，从蓝色球号码中选择2个号码以上(含2个号码)，组合为多注单式投注号码的投注。

第十条 购买者可对其选定的投注号码进行多倍投注，投注倍数范围为2~99倍。单张彩票的投注金额最高不得超过20000元。

第十一条 双色球按期销售，每周销售三期，期号以开奖日界定，按日历年度编排。

第十二条 若因销售终端故障、通信线路故障和投注站信用额度受限等原因造成投注不成功，应退还购买者投注金额。

第三章　设奖

第十三条 双色球按当期销售额的50%、15%和35%分别计提彩票奖金、彩票发行费和彩票公益金。彩票奖金分为当期奖金和调节基金，其中，49%为当期奖金，1%为调节基金。

第十四条 双色球采取全国统一奖池计奖。

第十五条 双色球奖级设置分为高奖级和低奖级，一等奖和二等奖为高奖级，三至六等奖为低奖级。当期奖金减去当期低奖级奖金为当期高奖级奖金。各奖级和奖金规定如下：

一等奖：当奖池资金低于1亿元时，奖金总额为当期高奖级奖金的75%与奖池中累积的资金之和，单注奖金按注均分，单注最高限额封顶500万元。当奖池资金高于1亿元(含)时，奖金总额包括两部分，一部分为当期高奖级奖金的55%与奖池中累积的资金之和，单注奖金按注均分，单注最高限额封顶500万元；另一部分为当期高奖级奖金的20%，单注奖金按注均分，单注最高限额封顶500万元。

二等奖：奖金总额为当期高奖级奖金的25%，单注奖金按注均分，单注最高限额封顶500万元。

三等奖：单注奖金固定为3000元。

四等奖：单注奖金固定为200元。

五等奖：单注奖金固定为10元。

六等奖：单注奖金固定为5元。

第十六条 双色球设置奖池，奖池资金由未中出的高奖级奖金和超出单注奖金封顶限额部分的奖金组成，奖池资金用于支付一等奖奖金。

第十七条 调节基金包括按销售总额的1%提取部分、逾期未退票的票款、浮动奖奖金按元取整后的余额。调节基金用于支付不可预见的奖金支出风险，以及设立特别奖。动用调节基金设立特别奖，应报财政部审核批准。

第十八条 当一等奖的单注奖金低于二等奖的单注奖金时，将一等奖和二等奖的奖金总额相加，由一等奖和二等奖的中奖者按注均分；当二等奖的单注奖金低于三等奖单注奖金的两倍时，由调节基金将二等奖的单注奖金补足为三等奖单注奖金的两倍。

第十九条 双色球的当期奖金和奖池资金不足以兑付当期中奖奖金时，由调节基金补足，调节基金不足时，用彩票兑奖周转金垫支。在出现彩票兑奖周转金垫支的情况下，当调节基金有资金滚入时优先偿还垫支的彩票兑奖周转金。

第四章　开奖

第二十条 双色球由中福彩中心统一开奖，每周二、四、日开奖。

第二十一条 双色球每期开奖时，在公证人员封存销售数据资料之后，并在其监督下通过摇奖器确定开奖号码。摇奖时先摇出6个红色球号码，再摇出1个蓝色球号码。

第二十二条 每期开奖后，中福彩中心和各省福彩机构应向社会公布开奖号码、当期销售总额、各奖级中奖情况及奖池资金余额等信息，并将开奖结果通知销售网点。

第五章　中奖

第二十三条 双色球根据购买者所选单式投注号码(复式投注按其包含的每一注单式投注计)与当期开奖号码的相符情况，确定相应的中奖资格。具体规定如下：

一等奖：投注号码与当期开奖号码全部相同(顺序不限，下同)，即中奖；

二等奖：投注号码与当期开奖号码中的6个红色球号码相同，即中奖；

三等奖：投注号码与当期开奖号码中的任意5个红色球号码和1个蓝色球号码相同，即中奖；

四等奖：投注号码与当期开奖号码中的任意5个红色球号码相同，或与任意4个红色球号码和1个蓝色球号码相同，即中奖；

  五等奖：投注号码与当期开奖号码中的任意4个红色球号码相同，或与任意3个红色球号码和1个蓝色球号码相同，即中奖；

  六等奖：投注号码与当期开奖号码中的1个蓝色球号码相同，即中奖。

  第二十四条 高奖级中奖者按各奖级的中奖注数均分该奖级奖金，并以元为单位取整计算；低奖级中奖者按各奖级的单注固定奖金获得相应奖金。

  第二十五条 当期每注投注号码只有一次中奖机会，不能兼中兼得，特别设奖除外。

第六章 兑　奖

  第二十六条 双色球兑奖当期有效。中奖者应当自开奖之日起60个自然日内，持中奖彩票到指定的地点兑奖。逾期未兑奖视为弃奖，弃奖奖金纳入彩票公益金。

  第二十七条 中奖彩票为中奖唯一凭证，中奖彩票因玷污、损坏等原因不能正确识别的，不能兑奖。

  第二十八条 兑奖机构可以查验中奖者的中奖彩票及有效身份证件，中奖者兑奖时应予配合。

第七章　附则

  第二十九条 本规则自批准之日起执行。

中国福利彩票发行管理中心

附：设奖及中奖奖金图表如下：

奖级	中奖条件 红色球号码	中奖条件 蓝色球号码	奖金分配	说明
一等奖	●●●●●●	●	"当奖池资金低于1亿元时，一等奖奖金总额为当期高奖级奖金的75%与奖池中累积的资金之和，单注奖金按注均分，单注最高限额封顶500万元。当奖池资金高于1亿元（含）时，一等奖奖金总额包括两部分，一部分为当期高奖级奖金的55%与奖池中累积的资金之和，单注奖金按注均分，单注最高限额封顶500万元；另一部分为当期高奖级奖金的20%，单注奖金按注均分，单注最高限额封顶500万元。"	选6+1中6+1
二等奖	●●●●●●		二等奖奖金总额为当期高奖级奖金的25%，单注奖金按注均分，单注最高限额封顶500万元。	选6+1中6+0
三等奖	●●●●●	●	单注奖金额固定为3000元	选6+1中5+1
四等奖	●●●●● ●●●●	 ●	单注奖金额固定为200元	选6+1中5+0或中4+1
五等奖	●●●● ●●●	 ●	单注奖金额固定为10元	选6+1中4+0或中3+1
六等奖	●● ● 	● ●	单注奖金额固定为5元	选6+1中2+1或中1+1或中0+1